Et In Academia Ego

Angela Windholz

ET IN ACADEMIA EGO

Ausländische Akademien in Rom zwischen künstlerischer Standortbestimmung und nationaler Repräsentation

SCHNELL + STEINER

Abbildung der vorderen Umschlagseite:
Bernhard Sehring, Ideal-Projekt für ein Deutsches Künstlerheim und -Werkstatt in Rom,
Berlin 1886, Taf. I.

Frontispiz:
Johann Heinrich Füssli, Der Künstler verzweifelnd vor der Größe der antiken Trümmer,
1778/80, Rötel, braun laviert, Kunsthaus Zürich

Gedruckt mit Unterstützung der Gerda Henkel Stiftung, Düsseldorf

Bibliografische Informationen der Deutschen Bibliothek: Die Deutsche Bibliothek verzeichnet
diese Publikation in der Deutschen Nationalbibliografie; detaillierte bibliografische Daten sind im
Internet unter http://dnb.ddb.de abrufbar.

1. Auflage 2008
© 2008 Verlag Schnell & Steiner GmbH, Leibnizstraße 13, 93055 Regensburg
Satzherstellung: Echtzeit Medien, Nürnberg
Umschlaggestaltung: Anna Braungart, Tübingen
Druck: Erhardi Druck GmbH, Regensburg
ISBN 978-3-7954-2060-4

Alle Rechte vorbehalten. Ohne ausdrückliche Genehmigung des Verlags ist es
nicht gestattet, dieses Buch oder Teile daraus auf fototechnischem oder
elektronischem Weg zu vervielfältigen.

Weitere Informationen zum Verlagsprogramm erhalten Sie unter:
www.schnell-und-steiner.de

Inhaltsverzeichnis

Dank 11

Warum weiterhin Rom? Zum Thema 13

I. Historische Voraussetzungen der Akademiegründungen in Rom

1. Institutionelle Vorbilder und Traditionen 27
   - Die Französische Akademie in Rom 27
   - Der Ablauf der Rompreiswettbewerbe und des Rompreises. 40
   - Die Pflichtarbeiten: Kopien 52
   - Akademiegründungen in Europa und akademisches Leben in Rom 56

2. Ziele der akademischen Künstlerausbildung in Rom 60
   - Erwartungen an die „höhere" Kunst 60
   - Nationale Geschichte und nationale Kultur? 65
   - Bilder für die Nation – Nationalstil oder römische Überlieferung? 68
   - Öffentliche und monumentale Kunst 73
   - Anfänge expansionistischer Kulturpolitik 76
   - Die römische Mission: *Capitale del mondo* 80

3. Zur Rekonstruktion einer idealen Bautypologie für Kunstakademien 87
   - Zum Forschungsstand 87
   - Idealentwürfe 90
   - Gebaute Akademien 102
   - Arrangements in Ex-Konventen 107
   - Der Wandel der Akademiearchitektur – Sakralisierung und Säkularisierung 108
   - Katalog 112

II. Die Spanische Akademie

1. Vorgeschichte der Akademiegründung 135
   - Anfänge des Rompreisverfahrens und frühe Bemühungen um eine Akademie 135
   - Die Krise der Rompreise und Akademiekritik 140
   - Die spanischen Künstler in Rom zu Anfang des 19. Jahrhunderts 141
   - Die Verhinderung der Akademiegründung durch den Vatikan 143
   - Der Fortgang der Studien und nationale Argumente für die Spanische Akademie . . 145

2. Die Gründung der Spanischen Akademie in Rom........................... 150
   Emilio Castelar und die Erste Spanische Republik 1873...................... 150
   Die Gründung der Akademie – der Griff nach den religiösen Stiftungen......... 152
   Die Präambel zum Dekret der Akademie................................. 152
   Die Aufgaben der Kunst bei Emilio Castelar.............................. 155
   Das Gründungsdekret der Akademie – die Förderung der Historienmalerei...... 157

3. Spanien repräsentieren – Sehnsucht nach Norden.......................... 160
   Rompreiswettbewerbe, Probearbeiten und Kopien.......................... 160
   Aktstudium.. 163
   Landschaftsstudien.. 165
   Ausstellungen – die Außenwahrnehmung der Akademie..................... 167

4. Künstler statt Kleriker – Die Umwandlung des Klosters zur Akademie......... 170
   Idealvorstellungen einer Akademie in Rom............................... 170
   Eine Kirche als Akademie.. 172
   Ein Kloster als Akademie... 174
   Die Profanierung des Klosters... 177
   Kunstort oder Kunsthort?.. 182

5. Anhang Spanische Akademie.. 187

III. DIE BRITISCHE AKADEMIE

1. Akademiepläne im 18. Jahrhundert...................................... 195
   Die *Academy* im Umkreis der *Society of Dilettanti* und frühe Akademieentwürfe... 195
   Die Parodie Joshua Reynolds auf die Mitglieder der römischen Akademie........ 205
   Akademische Romstudien nach dem Scheitern der ersten Britischen Akademie.... 207
   Die Einrichtung des Rompreises an der *Royal Academy*..................... 211

2. Die Britische Akademie in Rom im 19. Jahrhundert......................... 214
   Die Gründung der *British Academy of Arts* in Rom 1821..................... 214
   Repräsentative Zugeständnisse – eine Akademie zum Wohl der Nation?......... 218
   Abwendung vom römischen Klassizismus................................ 222
   Rückkehr nach Italien – Via Margutta................................... 225

3. Die nationale Großakademie.. 227
   Zehn Jahre Fusionsplanung 1900–1911.................................. 227
   Der englische *Prix de Rome* und Gründung der vereinten *British School*......... 230
   England auf der römischen Jubiläumsausstellung 1911...................... 232
   Die Teilreplik der Londoner St. Paul's Kathedrale – Kompliment oder Provokation? 234
   Edwin Lutyens' Umbau des Britischen Pavillons........................... 239

4. Anhang Britische Akademie.. 245

IV. Die Deutsche Akademie

1. Eine Akademie in Rom vor Reichsgründung? 255
Die Gründungsbemühungen im Umkreis Winckelmanns 255
Akademiekritik 257
Kunst zum Wohl der Nation – die Eingabe an den Wiener Kongreß 1814 259
Akademische Zirkel und Kunstvereine 262
Andrang und Verarmung 267
Romantische Idealentwürfe für ein deutsches Künstlerheim in Rom 270

2. Eine kaiserliche Akademie in Rom? 276
Monumentale Kunst für die Nation 276
Die politische Dimension eines Künstlerhauses in Italien 278
Akademiegedanken in Preußen 284
Akademieträume: Die Villa Strohl-Fern 286
Die Krise der Rompreise und der italienischen Kunstreise 293

3. ‚Ein Platz an der Sonne' 295
Die Künstlerhäuser *Villa Serpentara* und *Villa Romana* 295
Jüdische Stiftungen 305
Antideutsche Ressentiments 309
Noch eine Herausforderung: Die *Città d'Arte* in der Valle Giulia 312

4. Die Stiftung der Villa Massimo 314
Eduard Arnhold in Italien 314
Maximilian Zürcher: Rekonstruierend bauen 319
Die Restauration der *Villa Suburbana* 326
Arnholds Akademie – Harmonisierungsbestrebungen 330

V. Die Amerikanische Akademie

1. Zur Vorgeschichte der akademischen Romreisen 337
Die Entwicklung der Künstlerausbildung in Nordamerika 337
Frühe Italienreisen nordamerikanischer Künstler 341
Die Antike und die Renaissance als Vorbild 344
Der Impuls der Weltausstellung in Chicago 1893 347
Die *American Renaissance* 351

2. Eine Römische Architektenschule für die American Renaissance 353
Nachwuchsförderung der Firma McKim, Mead & White 353
Eine Akademie nach französischem Vorbild 358
Rom oder Paris? 359
Die Einrichtung des Rompreises 361

3. Von der *Architectural School* zur *American Academy* 365
    Die Akademie sucht Öffentlichkeit: „Friends, Romans, Countrymen" 365
    Zehn Millionäre 370
    Die *American Academy* auf dem Gianicolo 372

4. Der Neubau der Akademie der Firma McKim, Mead & White 375
    Bau im Wettstreit 375
    Eine italo-amerikanische Fassade 378
    Römische Details 383

5. Anhang Amerikanische Akademie 385

VI. Zusammenfassende Überlegungen

1. Die Genese der Nationalakademien in Rom 393

2. Fassade und Villa 397

3. Akademienationalismus. 402

4. Akademieimperialismus 406

5. Von Historisierung und Kopie zu Ästhetisierung und Kult 410

6. *Et in Academia ego* – die Akademie als Kunstwerk. 416

Bibliographie 425

Abbildungsnachweis 456

Personenregister 459

Ortsregister 464

Sachregister 467

Für Ingrid, Edgar und Giampaolo

Dank

Die vorliegende Arbeit stellt die überarbeitete und aktualisierte Fassung meiner Dissertation dar, die im Januar 2005 von der Philosophischen Fakultät der Humboldt-Universität zu Berlin angenommen wurde. Betreut hat die Arbeit Horst Bredekamp, dem ich hiermit meinen großen Dank zum Ausdruck bringen möchte. Das Zweitgutachten hat Andreas Beyer erstellt, dem ebenso für seine Kritik und wichtigen Hinweise gedankt sei.

Gefördert wurde das Dissertationsvorhaben durch ein Stipendium der Gerda Henkel Stiftung, welches mir erlaubte, unter idealen Bedingungen in Rom, Madrid, London und Berlin zu arbeiten – in die Malkastenstrasse nach Düsseldorf geht daher mein ganz besonderer Dank. Neben der großzügigen Förderung durch die Gerda Henkel Stiftung schulde ich wichtige Anregungen auch der Einladung an das Getty Research Institute als Fellow im Getty Scholar Year: Duration – Persistence of Antiquity. Die neun Monate in Los Angeles in der leicht schwebenden Atmosphäre des Getty Centers ermöglichten nicht nur die Überarbeitung des ursprünglichen Manuskripts, sondern auch vertiefende Fragestellungen durch das internationale und interdisziplinäre Colloquium. Danken möchte ich besonders Gail Feigenbaum, Charles Salas und Thomas Crow vom Getty Research Institute und meinen Kollegen der kalifornischen Zeit Yannis Hamilakis, Frederick Bohrer und Ian Balfour.

In Rom gewährte mir die Bibliotheca Hertziana über die Jahre ideale Arbeitsbedingungen und ich möchte mich auch dafür bei den Direktorinnen Elisabeth Kieven und Sybille Ebert-Schifferer, allen Mitarbeiterinnen und Kolleginnen, den Bibliothekaren und Bibliothekarinnen und Kustoden bedanken. In London gaben mir Nicola Gray vom Archiv der Royal Society of the Arts und Mark Pomeroy vom Archiv der Royal Academy of Arts nicht nur auf unbürokratischem Weg Auskunft, sondern halfen auch mit eigenen Transkribierungen. In Madrid war die Hilfe von Blanca Ruilope Urioste, Direktorin der Bibliothek und des Archivs der Escuela Técnica Superior de Arquitectura und ihrer Assistentin Susana Feito Crespo und auch von Cristina González Martín im Archivo General del Ministerio de Asuntos Exteriores, sehr wertvoll. Dank sei auch den Akademien in Rom ausgesprochen, zu deren Archiven ich Zulaß fand, besonders dem Direktor der Spanischen Akademie Enrique de Alvaro und der Bibliotheksleiterin der Amerikanischen Akademie Christina Huemer und dem Archivio Capitolino, Rom.

Ich bin froh, in Albrecht Weiland einen engagierten Verleger gefunden zu haben und danke den Mitarbeitern vom Verlag Schnell & Steiner, vor allem Viola Keilbach, die den Text lektoriert hat.

Ein schwerer zu beschreibender aber umso herzlicherer Dank den Freunden der letzten Jahre, sei es in Rom, Berlin oder Los Angeles: Marieke von Bernstorff, Anja Brug, Anil Bushan, Costanza Caraffa, Martin Dönike, Christoph Frank, Beate Fricke, Klaus Gallwitz, Claudia Gerken, Henrike Grüber, Hana Gründler, Tobias Kämpf, David Knipp, Francesca Martini, Golo Maurer, Martin Raspe, Jürgen Schilling, Elisabeth Schröter, Ulrike Tarnow, Erik Thunø, Boris Hars Tschachotin, Sara Ventroni, Gerhard Wolf, Nino Zchomelidse, Katja Zelljadt und Silvia Zörner und ganz besonders Georg Schelbert.

Rome is of all the places the worst to study in,
for the same reason that it is the best to lounge in.
William Hazlitt

Warum weiterhin Rom?

Zum Thema

Noch um die Wende zum 19. Jahrhundert galt Rom mit seinen Kunstschätzen, öffentlichen und privaten Kunstakademien, den internationalen Kunstpreisen und Kunstausstellungen als zeitlose Schule der Kunst. Das neoklassizistische Kunstgeschehen konzentrierte sich auf die Stadt, sie bot ein Experimentierfeld für neue stilistische Entwicklungen und für sich wandelnde Vorstellungen der künstlerischen Ideale, fest gegründet auf dem unangefochtenen klassischen Kanon, wie er in der faszinierenden Erscheinung der antiken Zeugnisse präsent war.[1] *Grand Tour* und Rompreis waren die obligatorischen Etappen jeder Künstlerkarriere[2] der westlichen Welt. Doch mit Abklang des Neoklassizismus mußte auch Goethe einsehen, daß „der Rekurs auf Antike und Mythologie seine Verabredungskraft endgültig eingebüßt hatte und allenfalls in einem unbekümmerten Synkretismus zur Übersetzung in die Zeitgenossenschaft taugte."[3] Das vielfach ausgemachte Ende Roms als internationales Zentrum der Kunst, schien spätestens mit dem Verlust der päpstlichen Macht endgültig besiegelt. 1871 wurde Rom Hauptstadt des geeinten Italiens und das moderne Leben brach in die antiken Mauern ein. Während sich die stehengebliebene Zeit der ewigen Stadt dem Fortschritt öffnete, verblaßte das in die Vergangenheit gerichtete Sehnsuchtsziel.

Fanden die politischen Hoffnungen des 18. Jahrhunderts in den Gesellschaften der Antike, besonders in der Kultur der Griechen ihr Vorbild, hatte die Nachahmung der antiken Kunst während der Restauration, nachdem das neue Zeitalter ausgeblieben war, eine grundsätzlich andere, nunmehr imperiale und nicht demokratische Bedeutung. Erst in der zweiten Hälfte des 19. Jahrhunderts rückte die Idee der politischen Selbstbestimmung unter dem Gewand der Nationalstaaten wieder näher und die antike Kunst diente noch einmal dazu, den Anspruch auf die Nachfolge der antiken Staatswesen zu verkünden.

Zunächst sprach jedoch immer weniger für die noch im 18. Jahrhundert fast obligatorische Studienreise nach Rom. Die Kunstsammlungen der europäischen Hauptstädte waren im Laufe des 19. Jahrhunderts so gewachsen, daß sie sowohl durch originale Kunstwerke, als auch durch Kopien einen Eindruck der antiken Kultur, aber auch der italienischen Renaissance vermitteln konnten. Erst recht innerhalb der Avantgarden herrschte Skepsis bezüglich der künstlerischen Relevanz der römischen Kunstschätze.[4] Die Ende des 19. Jahrhunderts längst erfolgreichen antiakademischen Bewegungen richteten ihre Aufmerksamkeit auf diametral den klassischen Modellen entgegengesetzte Inspirationsquellen. Andere, exotischere Länder als Italien boten sich als Studien- und Reiseziele an; die realistischen Künstler interessierte die Wirklichkeit ihrer sozialen wie örtlichen Umgebung, die Impressionisten begnügten sich mit einer Wiese und Landstrichen auch ohne antike Ruinen oder historische Bedeutung. Der Erfolg und die technische Perfektion der Schule Jacques-Louis Davids lockten die Künstler zu Studienzwecken vermehrt nach Paris, dessen Anziehungskraft zunehmend die Tradition der Studienaufenthalte in Rom erschütterte.

---

1 Vgl. den Tagungsband Rom – Europa. Treffpunkt der Kulturen 1780–1820, hrsg. von Paolo Chiarini und Walter Hinderer, Würzburg 2006. Wiederholt herangezogene Literatur wird nur im ersten Verweis vollständig angegeben. Anhangs- und Abbildungsangaben beziehen sich, soweit nicht anders vermerkt, auf das jeweilige Kapitel.

2 Da bis zu Beginn des 20. Jahrhunderts Frauen weder in den Akademien noch an den wissenschaftlichen Instituten zugelassen waren, wird im folgenden fast ausschließlich von Männern die Rede sein und bei den Begriffen „Künstler" bzw. „Wissenschaftler" nur das männliche Genus verwendet.

3 Andreas Beyer, Prosa versus Poesie. Schadow und Goethe, in: Wechselwirkungen. Kunst und Wissenschaft in Berlin und Weimar im Zeichen Goethes, hrsg. von Ernst Osterkamp, Bern u. a. 2002, S. 267–96, S. 288.

4 Über den tiefen Bruch, mit dem sich die ästhetische Moderne von den klassischen und bis ins 18. Jahrhundert gültigen idealen Modellen der antiken Literatur und der antiken Kunst verabschiedet vgl. Silvio Vietta, Ästhetik der Moderne. Literatur und Bild, München 2001.

Während für Archäologen die zunehmende Grabungsaktivität[5] und für Historiker die Öffnung der vatikanischen Archive durch Papst Leo XIII. 1881 konkrete Gründe boten,[6] sich in Rom institutionell niederzulassen, war der Versuch, dauerhafte Aufenthalte für Künstler zu organisieren, im Lauf des 19. Jahrhunderts und in Hinblick auf die Avantgarden also keineswegs selbstverständlich. Dennoch – und die Gründe hierfür sollen in diesem Buch erörtert werden – hatte der *Prix de Rome* um die Jahrhundertwende als höchste akademische Auszeichnung europaweit Konjunktur. Durch die Gründung von Akademien verschiedener Nationen gegen Ende des 19. Jahrhunderts in Rom wurde die römische Studienreise nicht nur aufrechterhalten, sondern sogar bestärkt.

Die vorliegende Arbeit beschäftigt sich also nicht mit der Gründung der wissenschaftlichen Zweige bzw. Institutionen, die zum Teil gleichzeitig oder in Kooperation mit den Akademien gegründet wurden, sondern mit der Gründung künstlerischer Studieneinrichtungen in Rom. Letzteren wurde im Gegensatz zu den wissenschaftlichen Institutionen in der historischen Forschung bisher kaum Beachtung geschenkt. Während für die Stammakademien in den jeweiligen Ländern Einzelstudien vorliegen, ist das Phänomen der Akademien in Rom bisher weitgehend unbeachtet geblieben. Obwohl sie eng mit den heimischen Einrichtungen verbunden waren und den Höhepunkt der Ausbildung des nationalen Kunststudiums darstellten, wurden sie in der Forschung höchstens gestreift. Zu manchen der ausländischen Akademien in Rom liegen zum Teil aus Anlaß eines Jubiläums Gründungsgeschichten vor, die aber, in der Form monographischer Chronologien, das Hauptmotiv der Gründungsdynamik, den internationalen Zusammenhang und eine kunst- und kulturhistorische Deutung vermissen lassen.[7]

Das Vorbild für die ausländischen Akademien war die französische Akademie in Rom, die 1666 unter Ludwig XIV. als künstlerische Eliteschule konzipiert wurde und begabte französische Künstler durch direkten Kontakt mit den italienischen Kunstwerken zur Meisterschaft führen sollte. Zwei Jahrhunderte waren vergangen, während der es, trotz zahlreicher Versuche der seit 1803 in der *Villa Medici* untergebrachten Akademie nachzueifern, zu keinen vergleichbaren Einrichtungen anderer Nationen in Rom gekommen war. Erst um die Wende zum 20. Jahrhundert etablierten sich ausländische Akademien in der Ewigen Stadt in dichter Folge.

Es waren dies in erster Linie die Akademien der Spanier, Engländer, Amerikaner und Deutschen, deren jahrzehntelange Gründungsbemühungen schließlich mit anspruchsvollen Akademieneubauten gekrönt wurden: 1873 erhielt die Spanische Akademie einen Sitz, in den Jahren 1910–

---

5   Die empirische Erforschung der Antike ließen Arbeitsstätten in unmittelbarer Nähe der Überreste nötig erscheinen. Am 21. April 1829 gründete ein Freundeskreis aus Gelehrten, Künstlern und Diplomaten in Rom das *Instituto di corrispondenza archeologica*, dessen Schirmherrschaft später Friedrich Wilhelm IV. übernahm. Preußen finanzierte das Institut ab 1859 regelmäßig. 1874 wurde die bis dato preußische Staatsanstalt zum Reichsinstitut. Im selben Jahr kam es zur Gründung einer deutschen Abteilung in Athen.

6   Die *École Française de Rome* wurde 1875 (die *École Française d'Athènes* existiert seit 1846) und das *Deutsche Historische Institut* 1880/81 gegründet. Es folgten Österreich (1881), die Vereinigten Staaten (1894), Ungarn (1894), Großbritannien (1901), Holland (1904), Spanien (1910), Schweden (1925), Polen (1927), Rumänien (1931), Belgien (1939), Finnland (1954), Dänemark (1956) und Kanada (1978). Nach dem zweiten Weltkrieg wurde die Unione als internationaler Zusammenschluß der historischen und archäologischen Institute gegründet – zuzüglich der zehn italienischen Institute in Rom vereint sie insgesamt 23 Institute aus 18 verschiedenen Ländern. Die Geschichte der archäologischen und historischen Institute in Rom ist außer in Einzelstudien auch in einem Sammelband behandelt worden: Speculum mundi. Roma centro internazionale de ricerche umanistiche. Unione internazionale degli Istituti di Archeologia, Storia e Storia dell'Arte in Roma, hrsg. von Paolo Vian, Rom o. J. [1992].

7   Vgl. die Literaturhinweise in den jeweiligen Kapiteln. Einen inspirierenden Ansatz in der Interpretation der Interaktionen der Beteiligten verfolgte Fikret K. Yegül in seiner Studie über die ersten Jahrzehnte der Architektenausbildung an der Amerikanischen Akademie in Rom: ders., Gentlemen of Instinct and Breeding. Architecture at the American Academy of Rome, 1894–1940, New York – Oxford 1991.

14 bauten die Amerikanische, Britische und Deutsche Akademie geradezu im Wettlauf. Wie die Französische Akademie waren sie, im Unterschied zu ihrer heutigen multidisziplinären Funktion, zunächst ausschließlich dem Aufenthalt von Künstlern zugedacht. Ihnen ist in dieser Studie die Hauptaufmerksamkeit gewidmet, auch wenn während des hier interessierenden Zeitraumes andere Länder, wie das Kaisertum Österreich durch die Wiener Akademie und Rußland durch die St. Petersburger Akademie ebenfalls Rompreisprogramme unterhielten. Allerdings kam es weder zu einer russischen noch zu einem österreichischen Akademiebau vor dem Ersten Weltkrieg.[8]

Nach dem Ersten Weltkrieg folgten in einer zweiten Gründungswelle weitere Institute, so daß es 1928 in Rom schon achtzehn ausländische Kulturinstitute aus vierzehn Ländern gab. Trotz des in dieser späteren Phase überwiegenden wissenschaftlichen Schwerpunkts wurden immer auch künstlerische Sparten eingerichtet, die in der Tradition der Französischen Akademie jeweils auch die Funktion einer Auslandsakademie übernahmen. In besagtem Jahr erschienen zum ersten Mal die *Annales institutorum quae provehendis humanioribus disciplinis artibusque colendis a variis in urbe erecta sunt nationibus,* die von Eugénie Strong, Govert Hoogewerff, Mario Recchi und Vincenzo Golzio herausgegeben wurden. Diese Reihe, die sich mit den Aktivitäten der ausländischen Akademien und Institute auf dem Gebiet der Kunst, Geschichte und Archäologie beschäftigen sollte, zeugt mit den aufwendigen Jahrbüchern von der erstmaligen Wahrnehmung der außergewöhnlich großen Ansammlung internationaler Kulturinstitute in Rom. Eugénie Strong verfasste hierin eine erste Übersicht über die Gründungen dieser ausländischen Institute,[9] der 1935 Mario Casalini mit seiner Gesamtdarstellung aller kulturellen Einrichtungen in Rom folgte.[10]

Heute unterhalten vierundzwanzig Länder Akademien bzw. Kulturinstitute in Rom.[11] Und die Idee, dort Studienaufenthalte für Künstler und Wissenschaftler zu ermöglichen, scheint bis heute nichts an ihrer Attraktivität eingebüßt zu haben. In keiner anderen Stadt der Welt hat sich dieses Phänomen einer universalen Versammlung von Kunst und Wissenschaft gewidmeten Instituten wiederholt, weshalb Arnold Esch Rom als europäischen Erinnerungsort oder Welt-Topos titulierte.[12]

8 Der lange im Palazzo Venezia installierten Akademie Österreichs ist daher kein eigenes Kapitel gewidmet. Sie wird hier nur in Grundzügen skizziert, da sie erst in den dreißiger Jahren des 20. Jahrhunderts ein eigenes Gebäude erhielt und insofern ein Aspekt der Untersuchung, nämlich der architekturikonographische Vergleich für sie entfällt. Das gleiche gilt auch für die in den damaligen Quellen des öfteren erwähnte Russische Akademie, die angeblich 1916 in der Villa Abamelek – also wie die Spanische und Amerikanische Akademie auf den westlichen Ausläufern des Gianicolo, gegründet werden sollte, deren Bestand tatsächlich jedoch ungeklärt ist. Vgl. Olga Adamiscina, Villa Abamelek, Rom o. J. [1992]; Carla Benocci, Villa Abamelek, Mailand 2001; Ivan I. Tučkov, Villa Abamalek v Rime, Villa Abamelek a Roma, in: Pinakoteka, 16/17, Moskau 2003 (2004), S. 196–99 und Isa Belli Barsali, Ville di Roma, Rom 1983², S. 441.

9 Vgl. Istituti stranieri in Roma, in: Annales institutorum quae provehendis humanioribus disciplinis atribusque colendis a variis in urbe erecta sunt nationibus, hrsg. von Eugénie Strong, Govert Hoogewerff, Mario Recchi und Vincenzo Golzio, Palazzo Ricci, Rom 1928, S. 15–60. In den letzten erschienenen Jahrgängen 1940–42 wurden die französischen und englischen Institute als Feindeseinrichtungen nicht mehr berücksichtigt. Der Aufsatz von Eugénie Strong erschien in kürzerer Form auch in: Capitolium, 4. Jg., Mailand – Rom 1928/1929, S. 94–111 und in: Atti del Convegno Nazionale di Studi Romani, Rom 1928–29, S. 117–124.

10 Vgl. Mario Casalini, Le istituzioni culturali di Roma, Mailand – Rom 1935, hierin das Kap.: Le accademie estere a Roma, S. 143–56.

11 Die folgenden Jahreszahlen in Klammern beziehen sich auf das Gründungsdatum bzw. bei eigenen Institutsbauten auf die Baudaten: Portugal (1866, noch an die Nationalkirche gebunden), Ungarn (1893/seit 1927 im Palazzo Falconieri), Rumänien (1931), Holland (1933), Belgien (1937), Österreich (1937), Schweden (1938), Schweiz (1949), Finnland (1950), Norwegen (1955), Dänemark (1962), Japan (1962), Argentinien (1965/80), Ägypten (1966), Lateinamerika (1966), Brasilien (1978), Kanada (1978), Polen (1992), und Rußland (bis ca. 1990). Für eine Übersicht neueren Datums über die in der Valle Giulia angesiedelten Institute vgl. Fabrizio Aggarbati und Maristella Casciato, Le Accademie e gli Istituti di cultura straniera, in: L'Area flaminia, l'auditorium, le ville, i musei, hrsg. von Flaminio Lucchini, Rom 1988, S. 153–76.

12 Arnold Esch, Archäologie des Ewigen. Rom als europäischer Erinnerungsort, in: Frankfurter Allgemeine Zeitung, 23. März 2005, S. N3.

Am ehesten ließe sich die Präsenz der Akademien in Rom noch mit den internationalen archäologischen Instituten in Athen vergleichen, die, obwohl in erster Linie der archäologischen Forschung bestimmt, anfänglich auch für Künstler offenstanden und wie die römischen Institutionen mit kultureller Werbung und politischer Einflußnahme beauftragt waren.[13] Parallelen, wenngleich in viel kleinerem Maßstab, haben sich auch in Florenz ergeben, das um die vorletzte Jahrhundertwende von europäischen und amerikanischen Künstlern und Wissenschaftlern als kulturelles Zentrum anderen europäischen Städten vorgezogen wurde und deren interessierte Präsenz ähnliche Institutsgründungen nach sich zog.[14] Ferner lassen sich gewisse Gemeinsamkeiten in der kulturellen Funktion der ausländischen Botschaften in Istanbul ausmachen, die ebenfalls einer synchronen Bauphase im 19. Jahrhundert entstammen und unter dem Vorzeichen kultureller Repräsentation westlicher Nationalstaaten heute noch die Frühphase der ausländischen Akademien widerspiegeln, als die Botschaften in Rom auch reisenden Wissenschaftlern und Künstlern Unterkunft gewährten.[15] Die Einrichtung von Künstlerhäusern neueren Datums in anderen Metropolen wie Paris, New York, Los Angeles oder auch Berlin folgt, freilich unter gewandelten Voraussetzungen, dem Beispiel des römischen Prototyps, bleibt aber, wie die anderen Beispiele auch, was Anzahl und Bedeutung der Institute betrifft weit hinter Rom zurück.

Allerdings muß bei den gemeinhin „Akademie" genannten Häusern zwischen Künstlerhäusern und Kulturinstituten unterschieden werden – auch wenn in neuerer Zeit einzelne Einrichtungen oft eine Doppelfunktion übernehmen, wie z. B. die Villa Aurora in Los Angeles. In diesen Fällen ist der Übergang zu bekannten Einrichtungen auswärtiger Kulturarbeit nicht mehr weit, wie den Goethe-Instituten (1951),[16] dem British Council (1934), der Società Dante Alighieri (1889), der Alliance Française (1883) und dem Instituto Cervantes (1991); sie haben keine Künstlerresidenzprogramme im klassischen Sinne, sondern dienen der Vermittlung der jeweiligen Landessprache und Kultur. Von beiden Einrichtungstypen, Künstlerhaus und Kulturinstitut, scheinen die Akademien in Rom jedoch die historischen Vorläufer zu sein, und es ist interessant zu sehen, wie sich Funktion und Erwartungen im Verlauf der Gründung der Akademien selbst verschieben, vom eindeutigen kulturellen Nehmen in der ewigen Stadt während der Frühphase zu einer, wie wir sehen werden, vermischten Zielsetzung zwischen kultureller Bereicherung und der Repräsentation nationaler Kultur im Moment der Institutionalisierung.

In der hier zu erbringenden Rekonstruktion der Gründungsmotivationen bot sich die Konzentration auf die Akademien Englands, Spaniens, Deutschlands und Nordamerikas insofern als sinnvoll an, da sie alle in den letzten vier Jahrzehnten vor dem Ersten Weltkrieg gegründet und gleichzeitig gebaut wurden. Ihnen sind die vier zentralen Kapitel gewidmet. Die Gleichzeitigkeit und Prominenz

---

13 Das geht vor allem aus der Gründungsgeschichte der *École Française d'Athènes* hervor. In Athen befinden sich die *École Française d'Athènes* (1846), das *Deutsche Archäologische Institut* (1874), *The American School of Classical Studies at Athens* (1881), *The British School at Athens* (1886), das *Österreichische Archäologische Institut* (1908), die *Scuola Archeologica Italiana di Atene* (1909), das *Svenska Institutet i Athen* (1948), die *École Suisse d'Archéologie en Grèce* (1964), *The Canadian Institute in Greece* (1975), das *Nederlands Instituut in Athene* (1975), *The Australian Archaeological Institute at Athens* (1980), das *Suomen Ateenan-instituutti* (1985), *Det Norske Institutt i Athen* (1989), *Det Danske Institut i Athen* (1992) und *The Irish Institute of Hellenic Studies at Athens* (1996).

14 In Florenz befinden sich das *Kunsthistorische Institut Florenz* (1897), die *Villa i Tatti, The Havard University Center of Renaissance Studies* (1959), die *Villa Spelman, The Johns Hopkins Center for Italian Studies* (1971), das *Institut Français*, vgl. Isabelle Renard, L'Institut français de Florence, 1900–1920. Un'épisode des relations franco-italiennes au début du XXe siècle, Rom 2001, das *Dutch University Institute for Art History Florence* (1958) und das Künstlerhaus *Villa Romana*, vgl. Accademie e istituzioni culturali a Firenze, hrsg. von Francesco Adorno, Florenz 1983.

15 Vgl. den Überblick über die westlichen Botschaften in Istanbul in: Barbara Schwantes, Die Kaiserlich-Deutsche Botschaft in Istanbul, zugl. Diss., Frankfurt am Main u. a. 1997.

16 Die Goethe-Institute gingen aus der 1925 gegründeten Deutschen Akademie hervor.

dieser Gründungsinitiativen ermöglichen auch einen Vergleich dieser Akademien untereinander, einen Vergleich, der unter anderem einen kulturellen Wettbewerb zwischen den Ländern deutlich macht: Durch wechselseitige Beobachtung der jeweiligen institutionellen Prozesse kam es zu einer kompetitiven Konstellation, aber auch zur teilweisen Übernahme der Satzungen. Verschiedene Schriftstücke belegen das gegenseitige aufmerksame Verfolgen der Baukampagnen der Institute, das bis zu direkten Gegenüberstellungen von Bauumfang und Kosten reichen konnte.

Über die Institutionsgeschichte hinausgehend werden so auch die Bauten der Akademien in die Untersuchung und die Interpretation einbezogen und Vergleiche der jeweiligen Akademiegebäude mit vorangegangenen Akademiebauten, mit Paradebeispielen nationaler Architektur, wie auch mit den zeitgleich entstehenden Akademien angestellt. Anhand bauikonographischer Fragestellungen wird die Analyse der Gründungsdynamiken und der Institutionsgeschichte methodisch erweitert. Da weder Nikolaus Pevsner in seiner Geschichte der Kunstakademien noch andere bisher eine Studie über die spezifische Bautypologie und Architektur der Akademien vorgelegt haben,[17] wird in einem Abschnitt des ersten Kapitels, wenngleich äußerst knapp, die Entwicklung einer Typologie der Kunstakademien nachgezeichnet, vor allem um eine erste Grundlage für die typologische Einordnung der im folgenden behandelten römischen Akademiebauten zu schaffen.

Die vorliegende Arbeit konzentriert sich also besonders darauf, für die keineswegs selbstverständliche Gründung der vier nationalen Kunstakademien und für ihre Ortswahl Rom während des Aufstiegs der Avantgarden und der Krise akademischer Kunst nach Gründen zu suchen. Zunächst ließen sich die weiterhin angewandten konservativen Methoden des Kunststudiums als Erklärung heranziehen. Akademische und kunsttechnische Ausbildung bedeutete am Ende des 19. Jahrhunderts noch immer, daß ein Künstler die Werke der Kunstgeschichte kannte, ihre Herstellungstechniken beherrschte und sein eigenes Werk in Beziehung zu dieser Tradition setzte. Die Akademien lehrten mit ihrer zweihundertjährigen Praxis der Romreise als krönendem Abschluß weiterhin den klassischen Kanon und die material- und manualtechnischen Voraussetzungen zur Wiedergabe einer von den Akademien selbst definierten Norm zwischen Natur- und Idealschönem. Diese traditionelle Künstlerausbildung bestand noch lange parallel zu den neuen künstlerischen Strömungen.

Während des hier interessierenden Zeitraums, von der Mitte des 18. Jahrhunderts bis 1914, traten die Akademien als staatliche Institutionen weitgehend an die Stelle der bisherigen Ausbildungswege der Künstler. Die handwerklich geprägte Lehre, die der Künstler in der Werkstatt eines Meisters erhielt, entfiel zunehmend zugunsten einer Ausbildung innerhalb der Akademien, worauf der Künstler in den privaten Ateliers der Akademieprofessoren vorbereitet wurde. Als sich mit Zunahme der Institutionalisierung der Kunstausbildung der Künstlerberuf einerseits verbürgerlichte und andererseits immer größeren Zulauf fand, boten die akademischen Auszeichnungen und die Auswahlverfahren zunächst Möglichkeiten der Differenzierung und entwickelten sich zu neuen Formen der Karrierestrategie.[18]

Neben den ausbildungsimmanenten Gründen der Romreise spielten demnach auch karrierespezifische Differenzierungsstrategien bei der Preisvergabe eine Rolle. Über lange Zeit war ein „Italiengereister" Künstler deutlich höher angesehen. Im 18. Jahrhundert manifestierte sich der Unterschied

---

17 Zur Geschichte des Akademiewesens vgl. Nikolaus Pevsner, Die Geschichte der Kunstakademien, München 1986 und Carl Goldstein, Teaching Art. Academies and Schools from Vasari to Albers, Cambridge 1996.

18 Vgl. Matthew Craske, Art in Europe 1700–1830. A History of the Visual Arts in an Era of Unprecedented Urban Economic Growth, Oxford – New York 1997, 1. Kap. Für Frankreich sind die Karriere- und Marktstrategien detailliert aufgezeigt worden: Harrison C. und Cynthia A. White, Canvases and Careers. Institutional Change in the French Painting World, Chicago 1993².

zudem in der Betitelung. Die Künstler, die ihre Befähigung auf Reisen erworben hatten, wurden als „Virtuosi" bezeichnet und unterschieden sich von gewöhnlichen Malern.[19] Das auf Reisen erworbene Wissen nobilitierte, und die Ewige Stadt „weihte" ihre Besucher, indem sie den Künstlern durch die authentische Begegnung mit den größten Werken der Kunst, geradezu in die Schönheit initiierte. Erst mit dieser Reise zur Antike und zu den Werken und dem Wirkungsort der Alten Meister wurde man, so scheint es, vollständig Künstler.[20]

Seit Einrichtung des *Prix de Rome,* zunächst in Frankreich im 17. Jahrhundert und dann nach dessen Vorbild im restlichen Europa, galt: Gewann ein Künstler den letzten und größten Wettbewerb innerhalb der akademischen Laufbahn, den Rompreis, wurde damit sein Künstlertum von der Akademie und auch der Öffentlichkeit bestätigt. Er teilte mit letzteren Instanzen – und darum umso berechtigter – die Hoffnung, ein großer Künstler zu werden. Im Laufe des 19. Jahrhunderts, während der zunehmenden Institutionalisierung des *Prix de Rome,* wurde die Vorbereitung auf einen akademischen Aufenthalt in Rom sogar zum Hauptziel: Die Ausbildung in den großen Ateliers der Akademieprofessoren zielte auf den *Prix de Rome.* Trocken stellte beispielsweise der ehemalige Davidschüler Antoine Gros über seinen Atelierunterricht fest, daß seine Aufgabe hauptsächlich sei, Künstler auszubilden, um sie auf Staatskosten nach Italien zu senden.[21] Um die Jahrhundertwende zum 20. Jahrhundert hieß es auch im *Larousse* über die *École des Beaux-Arts* schlicht nur noch: „L'École prépare les artistes aux differents concours pour le grand prix de Rome".[22]

Bei diesen in Frankreich perfektionierten Erfolgsstrategien für Künstlerkarrieren ging es nicht in erster Linie um die Freisetzung von Kreativität. Die akademischen Strukturen, ihre institutionelle Exklusivität und die gesellschaftlichen Beziehungen zielten vor allem auf einen Künstler, der zu einer technisch virtuosen, stilistisch unanfechtbaren und nach festen Regeln geschaffenen Kunst begabt war.[23] Innerhalb dieses geschlossenen Systems, in dem der Staat, der die Akademien und damit die Ausbildung der Künstler finanzierte,[24] oftmals auch der spätere Auftraggeber und Abnehmer war, wurde die Institution gegenüber dem einzelnen Künstler zur problematischen, da fast einzigen Bezugsgröße, in deren Abhängigkeit er geriet. Auf diese enge Bindung von Ausbildung und Laufbahn an die regelgebende Akademie zielte schließlich die andauernde Kritik. William Morris, für den die Akademie „die übelste Versammlung von Snobs, Speichelleckern und Egoisten" war,[25] vertrat die Meinung, daß die Akademie schließlich Klüngel fördere und innerhalb ihres tautologischen Mechanismus eine unabhängige Kunstkritik erfolgreich abwehren könne.[26]

---

19 In Nürnberg wurde beispielsweise Anfang des 18. Jahrhunderts zwischen „Virtuosi, die ihre Befähigung auf Reisen erworben haben, und gewöhnlichen Malern" unterschieden, vgl. Pevsner 1986, S. 120.

20 Aufschlußreich für die anhaltende Bedeutung der Romreise noch nach der Krise des Neoklassizismus sind beispielsweise die Schilderungen Ludwig Richters über den Traum einer Romreise unter seinen Malerkollegen, vgl. Ludwig Richter, Lebenserinnerungen eines deutschen Malers (1885), Dachau 1918, S. 71 ff oder auch Eberhard Haufe, Deutsche Briefe aus Italien. Von Winckelmann bis Gregorovius, erw. Aufl., München 1987.

21 Jean Baptiste Delestre, Gros et ses ouvrages ou Mémoires historiques sur la vie et les travaux de ce célèbre artiste, Paris 1867, S. 94.

22 Zitiert nach Pevsner 1986, S. 279.

23 Vgl. Pierre Bourdieu, Manet and the Institutionalization of Anomie, in: Ders., The Field of Cultural Production. Essays on Art and Literature, hrsg. von Randal Johnson, New York 1993, S. 239–53.

24 Vgl. Wilfried Feldenkirchen, Staatliche Kunstfinanzierung im 19. Jahrhundert, in: Kunstpolitik und Kunstförderung im Kaiserreich. Kunst im Wandel der Sozial- und Wirtschaftsgeschichte. Kunst, Kultur und Politik im Deutschen Kaiserreich, Bd. 2, hrsg. von Ekkehard Mai, Hans Pohl und Stephan Waetzold, Berlin 1982, S. 35–54, S. 36.

25 William Morris, in: The Comonwealth, 12. April 1890, zitiert nach Pevsner 1986, S. 19. Auch aus dem Ambiente der Akademien selbst gab es wiederholte Reformforderungen, vgl. Roberto d'Azeglio, Delle Accademie di Belle Arti, Turin 1859.

26 Vgl. White 1993².

In der Protesthaltung der Avantgarden, die sich aus den akademischen Auswahlprozeduren, wie Salon oder Rompreiswettbewerb zurückzogen, sah Pierre Bourdieu letztendlich jedoch auch eine Reaktion auf die, angesichts der zunehmenden Anzahl von Künstlern nicht mehr ausreichenden, Verfahren der akademischen Auswahl. Die Avantgarden schufen sich ein neues „Feld" der kulturellen Produktion und damit neue Bereiche gesellschaftlicher Exklusion – so zumindest die strukturalistische Erklärung.[27]

Doch kehren wir zurück zur Praxis der Akademien: An die Stelle der schwindenden akademischen Reisegründe, das Kopieren der alten Meisterwerke und Fresken, das Erleben der Kunst im historischen Kontext, die Suche nach Kreativität und einem im Süden oder in der Antike vermuteten Genius,[28] trat vermehrt, so ließe sich überlegen, das Fremde,[29] das Klima,[30] das Licht und das südliche Leben, aber vor allem der institutionelle und ästhetische Rahmen, den die Akademie der künstlerischen Tätigkeit verlieh. Dem hier zu rekonstruierenden Anspruch nach befand sich eine Akademie möglichst in einer der geschichtsträchtigen und stimmungsvollen Villen Roms, in herausragender Lage, umgeben von prächtigen Gärten, und bot ein den Botschaften ähnliches repräsentatives Ambiente. Zu den jährlich in festlichem Rahmen veranstalteten Ausstellungen kamen sowohl die Regenten des Gastlandes und des Heimatlandes als auch andere wichtige Persönlichkeiten aus Politik, Kultur und Wissenschaft. Die Veranstaltungen der Akademien waren gesellschaftliche und diplomatische Anlässe, die ausgefeilten Ritualen folgten und öffentliche Aufmerksamkeit erregten.

Schon die Auswahl für eines der begehrten Romstipendien an der französischen Akademie in Rom, der Wettbewerb um den *Prix de Rome,* war wichtiger Bestandteil der Ritualisierung der Romreise. Die jährlich zelebrierten Wettbewerbe waren Ereignisse von breiter Öffentlichkeit. Ganz Europa kannte die Namen derer, die die Pariser Akademie als Sieger nach Rom schickte, auch wenn sich die Abschlußwerke ein um das andere Jahr kaum unterschieden, und selten das 19. Jahrhundert überlebten. Der siegreiche Künstler konnte sich in seinem Schaffen bestätigt fühlen. Ihm war eine gesicherte Zukunft beschieden und er war auserwählt, auf den Spuren nicht nur seiner mit dem Rompreis ausgezeichneten Vorgänger, sondern auch der Alten Meister, die seit Jahrhunderten in Rom ihre bewunderten Werke hinterließen, zu wandeln.

27 BOURDIEU 1993, S. 239–53.
28 Zur weitverbreiteten Überzeugung des 19. Jahrhunderts, daß Kreativität an besondere Orte, vorzüglich im Süden und im Schatten der antiken Überreste, gebunden war und der zentralen Rolle Roms als Ort der Kunstausbildung vgl. Jonah Siegel, Haunted Museum. Longing, Travel, and the Art-Romance Tradition, Princeton University Press 2005.
29 Vgl. Richard Wrigley, Infectious Enthusiasms. Influence, Contagion, and the Experience of Rome und Chloe Chard, Crossing Boundaries and Exceeding Limits. Destabilization, Tourism and the Sublime, in: Transports. Travel, Pleasure, and Imaginative Geography, 1600–1830, hrsg. von Chloe Chard und Helen Langdon, Studies in British Art 3, New Haven – London 1996, S. 75–116 bzw. S. 117–49.
30 Johann Joachim Winckelmann hat in seiner Geschichte der Kunst des Alterthums (1764) die Theorie von Jean Baptiste Dubos (1719), daß das Klima einen entscheidenden Einfluß auf den Charakter der Völker ausübe, um das politische Klima erweitert. Indem er vom natürlichen und politischen Klima auf die Qualität von Gesellschaft und Kunst schloß, erschien ihm die Skulptur der griechischen Klassik nicht nur als Glücksprodukt eines idealen Klimas, sondern auch als Triumph politischer Freiheit. Daß in Rom noch immer Reste dieser antiken Freiheit Bestand hatten, spricht laut Winckelmann ebenso für die Stadt. Vgl. Johann Joachim Winckelmann, Gedanken über die Nachahmung der griechischen Werke in der Malerey und Bildhauer-Kunst, 1756, Einleitung und ders., Geschichte der Kunst des Alterthums, 1764, 1. Teil, 1. Kap., S. 26. Dem Klima wurde nicht nur die Ermöglichung eines ‚schöneren' Lebens, sondern auch der fördernde Einfluß auf eine erhöhte Sinnlichkeit zugemessen, die wiederum in Kreativitätsmodellen der damaligen Zeit als Voraussetzung der künstlerischen Kreativität bewertet wurde, vgl.: Kunst – Zeugung – Geburt. Theorien und Metaphern ästhetischer Produktion in der Neuzeit, hrsg. von Christian Begemann und David E. Wellbery, Freiburg 2002. Zu mentalen und physischen Reaktionen auf das südliche Klima vgl. auch Chloe Chard, Lassitude and Revival in the Warm South, in: Pathologies of Travel, hrsg. von Richard Wrigley und George Revill, Amsterdam – Atlanta 2000, S. 175–205

Es ist nachvollziehbar, daß diese höhere „Weihe", die die Pariser Akademie und ihr römischer Ableger durch ihre Inszenierungen und Bräuche einzelnen Künstlern zu verleihen verstand und die der im Grunde landesinternen Angelegenheit eines Akademiesprößlings zu internationaler Öffentlichkeit verhalf, auch für Künstler und Akademien anderer Länder erstrebenswert war.

Für die Ende des 19. Jahrhunderts im Vergleich zu Frankreich einerseits verspäteten und im Hinblick auf die modernen Kunstströmungen andererseits unzeitgemäßen Akademiegründungen in Rom ließen sich zudem politische Umstände anführen, wie beispielsweise die späte nationalstaatliche Einigung im Fall Deutschlands. Sie stellt allerdings nur eine unzureichende Erklärung dar, da die älteren zentralregierten Monarchien wie Spanien oder England ebenso lange keine eigenen Akademien in Rom eröffneten. Auch ihnen genügten über zwei Jahrhunderte die kleinen, halbprivaten und selbstverwalteten Zirkel zu Zwecken der Kunststudien in Italien. Die Frage bleibt also weiterhin bestehen, warum um die Jahrhundertwende diese Studienateliers auf einmal unter großen finanziellen Opfern ausgebaut wurden, und zwar paradoxerweise genau zum Zeitpunkt, als die staatlich-akademischen Kunstreisen samt ihrer Rahmenbedingungen in ihrer Auseinandersetzung mit der italienischen Kunst und der Antike von immer mehr Künstlern hinterfragt wurden.

Geht man den historischen Umständen und den Motiven der Beteiligten nach, finden sich sowohl beim Staat als auch unter den Künstlern Befürworter und Gegner der Akademien in Rom. Die Argumentation der Befürworter bewegt sich ambivalent zwischen kultureller Offenheit, künstlerischem Austausch und humanistischem Bildungsideal einerseits und patriotisch gefärbter Repräsentation der Nation bzw. Positionierung am internationalen Kunstmarkt andererseits.

Wie die Akademien zu diesen Zwecken gestaltet werden sollten, blieb umstritten: Das antike, namenstiftende Vorbild, der Hain des Akademos – ein freier Zusammenschluß von Philosophen – war in den meisten europäischen Akademien schon längst einer durch Statuten geregelten Körperschaft gewichen. Der Spagat zwischen freiem Kunstaustausch und öffentlicher Kunstschule unter staatlicher Schirmherrschaft mit Zertifikatsgewalt war für alle ausländischen Akademien in Rom problematisch. Die Kunstakademien definierten sich ähnlich den Akademien der Wissenschaften zwischen so verschiedenen Polen wie der privaten Interessensgemeinschaft und der offiziellen, öffentlich geförderten Anstalt und damit zwischen freien oder der jeweiligen Staatsraison ausgelieferten Studien. Die Akademien in Rom standen vor der Wahl, entweder die Ausbildung der Künstler durch ein reguläres Lehrprogramm zu vervollkommnen oder, so die jedoch meist enttäuschte Hoffnung der Künstler, fertig ausgebildete Künstler in ihrer freien Betätigung zu unterstützen. Die jeweilige Antwort auf die Frage, wie weit die Akademien noch als Ausbildung oder schon als Kunstförderung betrachtet wurden, rechtfertigte, bzw. verbot die staatliche Einflußnahme.

Diese sozialen und repräsentativen Ansprüche der öffentlichen Künstlerausbildung im 19. Jahrhundert, wie sie in der Diskussion um die Akademien zu tage traten, führen zu Fragen nach den politischen Beweggründen der staatlichen Kunstförderung. Letztere rekurrierten auf die vielfach erörterten und auch hier relevanten historischen Überzeugungen und nachaufklärerischen Hoffnungen in die pädagogische und „sittliche" Funktion von Kunst, vorgeblich einer „höheren" Kunst, wie sie in den kunsttheoretischen Auslegungen zur Historienmalerei definiert wurde.[31] Die staatliche Unterstützung der Kunst, so die verbreitete Meinung, diente in ihrer identitätsstiftenden Wirkung dem Wohl der Nation. Auf diese Überzeugung folgte innerhalb der patriotischen Bewegungen der Romantik bald der Wunsch nach einer politisch wirksamen nationalen Kunst und der Abkehr von

---

31 Vgl. hierzu das Kapitel I. 2.

der klassischen Tradition. Die daraus resultierende Suche nach einem „Nationalstil" schwächte wiederum die römischen Akademieinitiativen. Doch selbst die zunehmende Sorge um eine nationale Kunst und der im Laufe des 19. Jahrhunderts in ganz Europa gesteigerte Nationalismus, welche sich als ideologische Hemmnisse den Gründungen in Rom entgegenstellten, verhinderten diese nicht.[32] Es scheint, daß ein Teilaspekt der akademischen Auslandspräsenz, nämlich der Anspruch, sich als Kulturnation gegenüber einer internationalen Öffentlichkeit darzustellen, als Beweggrund überwog.

Auch die Vorteile, die die römische Stadtregierung in der Ansiedlung der Kulturinstitute und damit einer kulturellen Elite sah, gingen auf die Bemühungen der italienischen Einigung und der antiklerikalen Tradition des *Risorgimento* zurück, die von der Idee getragen waren, der Kunst eine der Religion überlegene moralisch-ethische Funktion zuzuweisen und damit die Kirche ihrer gesellschaftlichen Rolle zu entheben. Indem einige Künstler in der gewandelten Auftragslage des bürgerlichen Zeitalters ihre Kunst in den Dienst der Gesellschaft stellten und deren sozialen Nutzen propagierten, hofften sie auf öffentliche Anerkennung und Entlohnung.[33] Dazu konnten die Akademien dienen; sie bildeten eine verbindende Instanz zwischen Künstler, Gesellschaft und Staat und einen Rahmen, in dem Künstler ihre gesellschaftliche Stellung und Kunst definierten.

An der Entstehungsgeschichte der Akademien lassen sich insofern frühe Rahmenbedingungen und Charakteristika kulturellen Austausches – aber auch der auswärtigen Kulturpropaganda bzw. Kulturpolitik, wie sie sich besonders gegen Ende des 19. Jahrhunderts formierte und damit zwischen den Polen Humanismus und Nationalismus bzw. internationalen Austausches und kolonialer Dominanz stand – exemplifizieren. Die auswärtige Kulturpolitik, die im Zeitalter des Spätkolonialismus erstmals ihre Zielsetzungen entwickelte, war dem Nachweis der eigenen kulturellen Überlegenheit verpflichtet und bot darin ein Argument für ein Auslandsinstitut, zumal in Rom, dem kulturellen Zentrum der Antike und der westlichen Zivilisation.

Ein Staat, der als Kulturnation gelten wollte, suchte nach Identifikationsmodellen und brachte dabei die eigenen Gründungsmythen ins Spiel, die in einen Zusammenhang mit der antiken Überlieferung gesetzt wurden und oft sogar ein Nachfolgeverhältnis zum Imperium Romanum beanspruchten.[34] So galt zum Beispiel in England, daß sich der englische ‚imperial spirit' aus einem gemischten genetischen Erbe zusammensetzte, welches den alten Briten, den klassischen Römern, den Angelsachsen und Dänen zu verdanken ist. Großbritanniens Weltherrschaft wurde damit als Antritt des römischen Erbes historisch hergeleitet.[35] Auch im Nacheifern der antiken Kunst stritten die modernen Nationen letztendlich um die Legitimität der Nachfolge Roms, verfingen sich jedoch in Widersprüchen bei dem gleichzeitigen Versuch, eine nationale Kultur, die von den römisch imperialen Maßstäben abweichen mußte, zu etablieren. Generell schien jedoch die westliche Welt die

---

32 Die postulierten Forderungen werden im folgenden zwar referiert, allerdings bleibt das Problem, ob es nationale Stile überhaupt gibt, bzw. ob diese entwickelt wurden, außerhalb der Reichweite einer methodisch relevanten Fragestellung. Vgl. hierzu auch Überlegungen bei Klaus von Beyme, Nationale Baustile. Ideologie und politische Grundlagen, in: Ders., Die Kunst der Macht und die Gegenmacht der Kunst. Studien zum Spannungsverhältnis von Kunst und Politik, Frankfurt am Main 1998, S. 221–38.

33 Vgl. Oskar Bätschmann, Ausstellungskünstler. Kult und Karriere im modernen Kunstsystem, Köln 1997.

34 Vgl. Roman Presences. Receptions of Rome in European Culture, 1789–1945, hrsg. von Catharine Edwards, Cambridge 1999 und auch die einzelnen Ländern gewidmeten Beiträge in: Images of Rome. Perceptions of Ancient Rome in Europe and the United States in the Modern Age, hrsg. von Richard Hingley, Journal of Roman Archaeology, Supl. 44, Portsmouth, Rhode Island 2001 oder L'Antichità nell'ottocento in Italia e Germania, hrsg. Karl Christ und Arnaldo Momigliano, Berlin – Bologna 1989.

35 Vgl. Richard Hingley, An Imperial Legacy. The Contribution of Classical Rome to the Character of the English, in: Images of Rome. Perceptions of Ancient Rome in Europe and the United States in the Modern Age, hrsg. von Richard Hingley, Journal of Roman Archaeology, Supl. 44, Portsmouth, Rhode Island 2001, S. 145–65, S. 14.

griechisch-römische Vergangenheit zu nutzen, um eine kulturelle Tradition und Distinktion zu schaffen – was jedoch auch hieß, Teile der Welt vom kulturellen Erbe und damit auch von anderen Ansprüchen auszuschließen.[36] Zumal gegen Ende des 19. Jahrhunderts diente die Behauptung kultureller Überlegenheit schließlich auch der Rechtfertigung machtpolitischer Expansion.

Dabei bleibt die Frage, die Benedict Anderson 1991 stellte, gültig: „I had offered no intelligible explanation of exactly how, and why, new-emerging nations imagined themselves antique. What appeared in most of the scholarly writings as Machiavellian hocuspocus, or as bourgeois fantasy, or as disinterred historical truth, struck me now as deeper and more interesting. Supposing 'antiquity' were, at a certain historical juncture, the *necessary consequence* of 'novelty?'"[37] Die postulierte Antwort auf seine Frage ließe sich auch auf die Akademien ausweiten: War die Akademiegründung in Rom eine Reaktion auf den radikalen Umsturz der akademischen Regeln durch die Avantgarden, eine Reaktion auf den Traditionsverlust innerhalb der künstlerischen Lehre? In verschiedenen Studien zum Historismus im 19. Jahrhundert wird ähnlich argumentiert: Je stärker der Bruch mit der Vergangenheit durch politische und gesellschaftliche Veränderungen war, um so mehr wurde das, was drohte, verloren zu gehen, in Erinnerung gerufen und rekapituliert.[38]

Vielleicht sah man in der Investition in die Akademie und ihre traditionellen Ideale auch eine Möglichkeit, die – so befürchteten manche Beteiligte – mit den modernen Bewegungen auf den Abweg geratene Kunst noch einmal zur Ordnung zu rufen? Kenyon Cox, ein Wandmaler im Umkreis der Amerikanischen Akademie in Rom, beschreibt die künstlerischen Traditionen in seinem Gemälde „Tradition" als eine schützenswerte kleine Flamme (Abb 1). Die als thronende Göttin personifizierte antike Kunst vererbt das ewige Licht der Tradition an Literatur und Malerei der Neuzeit, personifiziert durch zwei Renaissancedamen, bei denen ein Genius fröstelnd Halt sucht.

Noch 1925 wurde die Akademie von Edwin H. Blashfield, ebenfalls einem Mitbegründer der Amerikanischen Akademie, pseudoreligiös als junge Frau mit Nimbus personifiziert (Abb. 2). In der einen Hand hält sie die Märtyrerpalme als Zeichen des Durchhaltevermögens und der Glaubenssicherheit, in der anderen Hand ein Pferdegeschirr. Würde man das Geschirr als Verweis auf Pegasus lesen, so müßte man jedoch ebenfalls zugeben, daß das phantasiebeflügelte Pferd ausgebrochen ist und nicht mehr der *Academia* beiseite steht – eine Lesart, die so wohl kaum erwünscht gewesen sein mag. Es bleibt nichts als ein schwacher Verweis auf die antike Mythologie, der sich mit dem christlichen Palmenattribut und dem Nimbus vermischt und zum Zeichen gezügelten Daseinswandels der *Academia* mutiert.

Doch neben jenem – angesichts der Moderne – verängstigt intensivierten Blick in die Vergangenheit wurde das künstlerische Rominteresse um die Jahrhundertwende noch von anderen Seiten genährt und inspirierte die zeitgenössischen Künstler; allerdings eher außerhalb des engen Korsetts der um künstlerische Stabilisierung bemühten akademischen Rompreisregelungen. Parallel zur historistischen Kunstrezeption bahnte sich ein weit über die bildende Kunst hinausgehender neuer Blick auf die Antike an. Für Friedrich Nietzsche, Sigmund Freud und Aby M. Warburg gewährte die an-

---

36 Vgl. Social Constructions of the Past. Representation as Power, hrsg. von G. C. Bond und A. Gilliam, London 1994 diskutiert die Implikation von Wissensbildung, Geschichtsrekonstruktion und Archäologie in der Machtausübung über die nicht-westliche Welt, vgl. bes. Martin Bernal, The Image of Ancient Greece as a Tool for Colonialism and European Hegemony, S. 119–28.

37 Benedict Anderson, Imagined Communities. Reflections on the Origin and Spread of Nationalism, London – New York 1991², S. xiv.

38 Vgl. Hayden White, Metahistory. The Historical Imagination in Nineteenth-Century Europe, Baltimore 1975, S. 140.

Abb. 1: Kenyon Cox, Tradition, 1916, Cleveland Museum of Art

tike Kunst Aufschluß über die existentialistische Haltung der antiken Menschen und schien damit dem Bürger der Jahrhundertwende Orientierung in der eigenen Seelenbeschaffenheit zu bieten.[39] Im historischen, literarischen und philosophischen Renaissancismus suchte das 19. Jahrhundert in der Epoche der Renaissance wiederum ein Erklärungsmuster für die eigene Epoche des *fin de siècle* und ihre psychologische Disposition zur Antike.[40] Die heidnische Religiosität und der tragisch stoische Fatalismus, welche Aby Warburg in der Antike festmachte und die in deren Kunstwerken fortbestanden, schienen der Verfassung des modernen Menschen vertraut: „Durch das Wunderwerk des normalen Menschenauges bleiben in Italien im starren Steinwerk der antiken Vorzeit, Jahrhunderte überdauernd, den Nachfahren gleiche seelische Schwingungen lebendig."[41]

Die Suche nach einer anderen Lebenshaltung in der Vergangenheit und nicht nur nach künstlerischen Vorbildern scheint jedoch auch den geregelten Akademiebetrieb in Rom vereinnahmt zu haben, wenngleich weit entfernt von der intendierten und bewußten Annäherung eines Nietzsches, Warburgs oder Freuds. In der Rekonstruktion des konkreten Ablaufs und der performativen Aspekte des Romaufenthaltes der Künstler stellt sich die Frage, inwieweit sich die Stipendiaten mit den Alten

39 Vgl. Richard H. Armstrong, Compulsion for Antiquity. Freud and the Ancient World, Cornell University Press, Ithaca 2005; Aby M. Warburg, Der Bilderatlas Mnemosyne, hrsg. von Martin Warnke unter Mitarbeit von Claudia Brink, Abt. 2, Bd. 2, Aby Warburg. Gesammelte Schriften. Studienausgabe, hrsg. von Horst Bredekamp, Michael Diers u. a., Berlin 2000, Einleitung, S. 3–6 und Friedrich Nietzsche, Versuch einer Selbstkritik, Vorwort von 1886 zu: Die Geburt der Tragödie aus dem Geist der Musik, in: Friedrich Nietzsche, Werke in drei Bänden, hrsg. von Karl Schlechta, Darmstadt 1997, Bd. I.

40 Vgl. Renaissance und Renaissancismus von Jacob Burckhardt bis Thomas Mann, hrsg. von August Buck, Tübingen 1990.

41 WARBURG 2000, S. 3–6, bes. S. 5.

Abb. 2: Edwin H. Blashfield, Academia, 1925

Meistern identifizierten, ja inwieweit diese rückwärtsgewandte Fremd-Identifikation alle Beteiligten der Akademie berührte und der Rekurs auf Antike oder Renaissance sowohl für die ‚Kulturnation' wie auch für den ‚Mäzen' den Hintergrund bildete: Indem einerseits die Akademien in den römischen Villen die Künstler nicht nur ständig den großen Meisterwerken der Antike und Renaissance aussetzten, und sie zwangen, diese zu kopieren, boten sie andererseits eine prächtige Bühne, vergangenes Künstlerdasein gleichsam nachzuspielen. Waren also die Akademien in ihrer gebauten und funktionalen Struktur, die eine umfassende Inszenierung der Künstlerexistenz im Stile vergangener Epochen ermöglichte, einschränkungslos ein Phänomen des Historismus?[42] Indem der Blick im folgenden vor allem auf die Akademien selbst und auf die tatsächlichen Entstehungsbedingungen der damals geschätzten Kunst, die in ihrer Vergangenheitsfixierung bis zur Selbstaufgabe ging, gelenkt wird, stellt sich die Frage nach den physiologischen und psychologischen Optimierungsversuchen künstlerischen Schaffens im 19. Jahrhundert und nach den Auswirkungen, die diese Rituale auf die Definition des Künstlers und die Bedeutung seiner Werke für die Gesellschaft hatten.

Pevsner hat mit seiner Methode, der Geschichte der Kunst auch als Geschichte des Umgangs mit Kunst und zwar „nicht so sehr im Sinne von Wandlungen der Stile, als vielmehr von Wandlungen der Beziehungen zwischen dem Künstler und der ihn umgebenden Welt"[43] nachzugehen, eine Möglichkeit aufgezeigt, die auch die neueren Arbeiten zur Akademiegeschichte aufgegriffen haben. Sie alle gehen jedoch weiterhin von der für die Kunstgeschichte des 19. Jahrhunderts typischen Gegenüberstellung zwischen einerseits zukunftsgerichteten Erscheinungen wie den Avantgarden und der zum Niedergang verdammten akademischen Kunst anderseits aus. In der vorliegenden Betrachtung der ausländischen Akademien in Rom soll jedoch die in ihnen gepflegte Beschäftigung mit der Vergangenheit auch als performative Gesamtinszenierung gelesen und vielleicht als ein den Avantgarden ähnlicher Ausbruchsversuch aus dem Zwang zum akademischen Meisterwerk gewertet werden.[44] Diese im Abschlußkapitel ausführlicher dargelegte These sucht das Phänomen der Akademiegründungen als kollektiven Kunstakt zu entschlüsseln und damit auch innerhalb der akademischen Kunstwelt Praktiken nachzuweisen, die die traditionellen Kategorien des Kunstwerks hinterfragten.

Die vorliegende Arbeit also untersucht die außenpolitischen Strategien der Akademiegründungen, den Wandel der Auffassungen der gesellschaftlichen Rolle von Kunst, Konzepte künstlerischer Lehre, aber auch die sehnende Suche nach einem idealen Ort und einem anderen Lebensstil für das Schaffen einer immer mehr in Zweifel gezogenen Kunst nach akademischen Regeln.

---

42 Zur Wechselwirkung zwischen historischem Interesse und ästhetischen Vorstellungen bzw. zur Geschichte als ästhetische Kategorie vgl. Hannelore und Heinz Schlaffer, Studien zum ästhetischen Historismus, Frankfurt am Main 1975, Einleitung.

43 Nikolaus Pevsner im Vorwort zur Neuauflage von: Academies of Art, Past and Present, Cambridge 1940, repr. New York 1973, zitiert nach PEVSNER 1986, S. 17.

44 Pevsners Ansatz einer umfassenden Geschichte der Akademien wurde noch zweimal kollektiv in kleinerem Maßstab aufgegriffen: The Academy. Five Centuries of Grandeur and Misery. From the Carracci to Mao Tse-tung, Art News Annual XXXIII, hrsg. von Thomas B. Hess und John Ashbery, New York 1967. Der Band setzte sich jedoch weniger mit den Institutionen an sich als vielmehr mit einer als akademisch bezeichneten Kunst auseinander. Der Aufsatzband Academies of Art between Renaissance and Romanticism, Leids Kunsthistorisch Jaarboek V-VI, 1986–87, Leiden 1989 gibt in den Einzelbeiträgen einen guten Überblick über die gesellschaftlichen, pädagogischen und wirtschaftlichen Wandlungen der Kunstakademien in Italien, Spanien, Frankreich, den Niederlanden, Deutschland, Österreich, Polen, England, Irland und Dänemark samt einer aktualisierten Bibliographie. Über die Interferenzen zwischen Avantgardebewegungen und Akademien im 19. Jahrhundert in Italien, Frankreich, England und Deutschland liegt in: Concetto Nicosia, Arte e Accademie nell'Ottocento. Evoluzione e crisi della didattica artistica, Bologna 2000 eine Arbeit vor, die sich vor allem mit den Reformen der Akademien beschäftigt, durch welche der angewandten Kunst ein größerer Raum zugesprochen wurde. Eine frühe Auseinandersetzung stammt von Georg Habich, Alte und neue Akademien, in: Die Kunst für Alle, hrsg. von Friedrich Pecht, XIV. Jg., München 1899, S. 335–45. Vgl. auch die schon genannte Studie GOLDSTEIN 1996.

I. Historische Voraussetzungen der Akademiegründungen in Rom

1. Institutionelle Vorbilder und Traditionen

Die Französische Akademie in Rom

Vorbild der ausländischen Akademien in Rom war die *Académie de France*, die im Jahr 1666 gegründet wurde und damit zum Gründungszeitpunkt der anderen Akademien in Rom schon auf eine über zweihundertjährige Geschichte zurückblicken konnte.[1] Sie war die erste Einrichtung, die einen umfassend geregelten und staatlich finanzierten Romaufenthalt von Künstlern in Rom institutionalisierte und späteren Akademiegründungen in Rom folgten dem Modell ihrer im 18. Jahrhundert weitgehend abgeschlossenen Institutsstruktur. Ihre Rolle innerhalb der Entwicklung der Künstlerausbildung, die Grundzüge ihrer Aufgabenstellung und ihre Vorbildfunktion sollen hier knapp umrissen werden.

Noch vor der Eröffnung einer französischen Akademie in Rom nahm die Zahl der nach Rom reisenden Künstler ständig zu, und manche von ihnen ließen sich länger in der Ewigen Stadt nieder, wobei sie von römischen Einrichtungen unterstützt wurden. Die römischen Künstlergilden und später die *Accademia di San Luca* organisierten und regelten die Werkstattaufnahme und Unterkunft bei den heimischen Meistern. Innerhalb der Gilden entwickelten sich daher schon früh

---

1   Ihre Geschichte hatte im Gegensatz zu den anderen Akademien bereits seit Ende des 19. Jahrhunderts das Interesse der Forschung erregt, vgl. Correspondance des directeurs de l'Académie de France à Rome avec les surintendants des batiments, publiée d'apres les manuscrits des Archives nationales par Anatole Montaiglon, sous le patronage de la direction des beaux-arts, 18 Bde., Paris 1887–1912 (im folgenden Correspondance); Franchi Verney della Valetta, L'Académie de France à Rome 1666–1903, Turin 1903; Henry Lapauze, Histoire de l'Académie de France à Rome, 2 Bde., Paris 1924; Jean-Paul Alaux, Académie de France a Rome, ses directeurs, ses pensionnaires, Paris 1933 und André Chastel, La Villa Médicis. École française de Rome – Académie de France à Rome, 3 Bde., Rom 1989–1991 und auf der Grundlage neuer Quellenforschung Dietrich Erben, Paris und Rom. Die staatlich gelenkten Kunstbeziehungen unter Ludwig XIV, Berlin 2004, S. 137–218. Zur Geschichte der Französischen Akademie in Rom während des 19. Jahrhunderts vgl. den Tagungsband: L'Académie de France à Rome aux XIXe et XXe siècles. Entre tradition, modernité et création; actes du colloque, org. von Claire Chevrolet, Jean Guillemain u. a., hrsg. von Anne-Lise Desmas, Collection d'histoire de l'art de l'Académie de France à Rome; 2, Paris 2002 und die Edition der Akademieakten ab 1795: Correspondance des directeurs de l'Académie de France a Rome. Nouvelle série, Vol. 1, Répertoires, hrsg. von Georges Bunel, Rom 1979 (im folgenden Correspondance nouvelle série).

27

Abb. 3: Cornelis Cort, Accademia di Belle Arti, Kupferstich nach Jan Van Der Straet, vor 1578. Corts Stich zeigt in programmatischer Weise den Lernprozeß an der Accademia di San Luca in Rom. Die verschiedenen künstlerischen Tätigkeiten sind durch Inschriften identifiziert: pictvra; fvsoria, scvlptura, anatomia, architectvra und incisoria. Der Stich trägt die Widmung an Giacomo Buoncompagni, dessen Vater, Papst Gregor XIII., die Gründung der römischen Accademia di San Luca förderte.

internationale Arbeitszirkel und Studienmöglichkeiten. Vorformen von Künstlerherbergen boten die kirchlichen Stiftungen der verschiedenen Länder, die in ihren Pilgerhospizen auch Künstler der entsprechenden Herkunftsländer unterbrachten.

Als frühes Projekt eines Zentrums für fremde Künstler in Rom kann die gleichzeitig mit der Gründung der *Accademia di San Luca* (1593) geplante Herberge für ausländische Künstler gelten. Damit beabsichtigten die Akademiker besonders für norditalienische und nordalpine Künstler eine vorläufige Unterkunft solange bereitzustellen, bis diese bei einem bestimmten Meister eingeschrieben waren. Ein weiteres Anliegen der römischen Akademie war, den Künstlern durch Aufnahme in die *Accademia di San Luca,* die „ottimi e più rari esemplari delle arti stesse, onde va Roma superba", also die römischen Kunstschätze näher zu bringen.[2]

2   Breve Papst Gregors XIII., zitiert nach PEVSNER 1986, S. 69.

Im Laufe des 17. Jahrhunderts wuchs vor allem die französische Künstlerkolonie, und zu den Mitgliedern der *Accademia di San Luca* zählten mittlerweile zehn Franzosen, unter ihnen Nicolas Poussin, Simon Vouet und Charles Errard. Ihre immer gewichtigere Rolle im römischen Kunstleben kulminierte schließlich 1658 in der Berufung Poussins an die Spitze der *Accademia di San Luca*.[3]

Sie trugen das im Umkreis der römischen Akademie und ihrer theoretischen Hintergründe entstandene Verständnis von Kunst und Künstler nach Paris, und begannen sich insbesondere Gedanken über die Ausbildung und gesellschaftliche Positionierung des Künstlers zu machen. Der 1648 gegründeten *Académie Royale* verhalf schließlich ihr Vizeprotektor, Jean-Baptiste Colbert, zum Durchbruch gegen die Gilde, – integrierte damit aber die Künstlerausbildung fester in die Hierarchie des Absolutismus.[4] So war zwar die gesellschaftliche Stellung des Künstlers gehoben, aber die Mitglieder der Pariser Akademie waren in ihrer engen Bindung an den Hof und die Zentralregierung deren wirtschaftlichen und repräsentativen Anliegen ausgeliefert.[5] Die Hauptaufgabe der Akademie war die gehobene und theoretische Ausbildung der Künstler, welche die handwerklich ausgerichtete Lehre in den Meisterwerkstätten ergänzen sollte. Während dort die kunsttechnologischen Fertigkeiten, wie Farbherstellung und -auftrag usw., gelehrt wurden, boten die Akademien für fortgeschrittene Kunststudenten im Bereich der praktischen Ausbildung vor allem die Möglichkeit zu gemeinsamen Aktstudien – eine Praxis, die die Akademien monopolisieren sollten. Die künstlerische Beherrschung des menschlichen Aktes war die Grundlage aller Malerei und Bildhauerkunst. Sie erlaubte die Darstellung menschlicher Aktionen, um die es in der, nach akademischen Kriterien, vornehmsten Gattung, der Historienmalerei, alleinig ging. Auch die weiteren Hilfsmittel wie Anatomie, Proportionslehre, Geometrie, Perspektive wurden von der Akademie gelehrt. Während die Lehrlinge in der Zunft und den Werkstätten aus dem aktuellen Werkprozeß lernten, indem sie dem Meister zur Hand gingen, verselbständigte sich im Aktzeichnen die künstlerische Übung und löste sich die Ausbildung von der Herstellung eines konkreten Werks. Die Theoretisierung der Kunst vollzog sich in der Emanzipation des *Disegno*, also der Trennung zwischen Erfindung und Ausführung. Der Unterricht der Professoren in Paris, und nach 1666 auch in Rom, stützte sich so einerseits auf die Traditionen früher kunstpädagogischer Methoden, wie das Kopieren von Zeichnungen, das Zeichnen nach Abgüssen antiker Statuen und nach dem lebenden Modell, die aus den italienischen Werkstätten beispielsweise Leonardos da Vinci oder Francesco Squarciones überliefert sind, andererseits jedoch bot die Akademie den Rahmen einer fortschreitenden Definition der theoretischen und

---

3   Zu den künstlerischen und institutionellen Wechselwirkungen zwischen der französischen Akademie in Rom und der *Accademia di San Luca* vgl. Gil R. Smith, Architectural diplomacy. Rome and Paris in the late Baroque, The Architectural History Foundation, Cambridge, Mass. 1993 und Angela Cipriani, Presenze francesi all'Accademia di San Luca 1664–1675, in: L'idéal classique. Les échanges artistiques entre Rome et Paris au temps de Bellori 1640–1700, hrsg. von Olivier Bonfait, Collection d'histoire de l'art de l'Académie de France à Rome, Paris 2002, S. 223–28 oder auch Werner Öchslin, Aspetti dell'internazionalismo nell'architettura italiana del primo settecento, in: Barocco europeo, Barocco italiano, Barocco salentino, hrsg. von Pier Fausto Palumbo, Lecce 1970, S. 141–55, bes. S. 146 f.

4   Vgl. PEVSNER 1986, S. 97. Zur Vorgeschichte und Gründung der Pariser Akademie vgl. Anatole de Montaiglon, Mémoires pour servir à l'histoire de l'Académie Royale, Paris 1853; Louis Vitet, L'Académie Royale de Peinture et de Sculpture, Paris, 2. Auflage 1870; die Procès-Verbaux der Akademie, veröffentlicht in zehn Bänden zwischen 1875 und 1892 in Paris und Jutta Held, Die Pariser Académie Royale de Peinture et de Sculpture von ihrer Gründung bis zum Tode Colberts, in: Europäische Sozietätsbewegung und demokratische Tradition. Die europäischen Akademien der Frühen Neuzeit zwischen Frührenaissance und Spätaufklärung, 2 Bde., hrsg. von Klaus Garber und Heinz Wismann, Tübingen 1996, 2. Bd., S. 1748–79.

5   Vgl. Jacqueline Lichtenstein, Die königliche Akademie für Malerei und Bildhauerei. Erwünschte Institution oder auferlegter Befehl? in: Europäische Sozietätsbewegung und demokratische Tradition. Die europäischen Akademien der Frühen Neuzeit zwischen Frührenaissance und Spätaufklärung, 2 Bde., hrsg. von Klaus Garber und Heinz Wismann, Tübingen 1996, 2. Bd., S. 1732–47.

Abb. 4: Charles Joseph Natoire, Aktstudien unter der Leitung von Natoire in der Académie Royale, 1745, Courtauld Institute of Art Gallery London

damit letztendlich auch politischen Ansprüche an die Kunst. Durch die Einrichtung der Akademie wurde zwar ein dialektischer Kunstdiskurs etabliert, aber gleichzeitig auch der Zugriff des absolutistischen Staates ermöglicht. Beide Dimensionen dieser weiterhin gültigen Rahmenbedingungen des Akademiewesens wurden in Frankreich im 17. Jahrhundert paradigmatisch durchgespielt.[6]

Doch noch ein weiterer Aspekt der französischen Kunstpolitik, nämlich die Konzentration auf Italien, von der auch die Gründung einer Akademie in Rom zeugt, weist in die Zukunft und über das Frankreich des 17. Jahrhunderts hinaus: Das kunstpolitische Interesse an Rom ist nicht nur zu Recht als Streben Ludwigs XIV. nach der Universalmonarchie gedeutet worden. Als angestammter Sitz der ‚alten' und ‚neuen' Universalmacht – antikes Kaisertum und Papsttum – bildete Rom für den französischen Führungsanspruch zunächst einen politisch-historischen und später auch künstlerischen

6 Vgl. PEVSNER 1986, S. 173 und allgemein zur französischen Kunsttheorie und -politik des 17. Jahrhunderts: Jutta Held, Französische Kunsttheorie des 17. Jahrhunderts und der absolutistische Staat. LeBrun und die ersten acht Vorlesungen an der königlichen Akademie, Berlin 2001; Thomas Kirchner, Der epische Held. Historienmalerei und Kunstpolitik im Frankreich des 17. Jahrhunderts, München 2001.

Bezugspunkt. Die Nachahmung bzw. Übernahme italienischer Kunst sollte Ebenbürtigkeit auf beiden Machtebenen, der weltlichen wie der geistlichen, demonstrieren. So wurde Rom – ehemaliges *Caput mundi* und damit Symbol der Machtfülle schlechthin – mit seinen sowohl antiken wie auch modernen, päpstlichen Monumenten als besonders geeignetes städtisches Vorbild für das zu bauende Paris gesehen: „Im Topos von Paris als der *Nouvelle Rome* gewann der Translationsgedanke eine einprägsame Leitformel"[7] Roms Kunstschätze und altehrwürdigen Adelssitze boten das bevorzugte Muster für die Ausstattung der Residenzen des Sonnenkönigs. Dem bereits praktizierten Aufenthalt französischer Künstler in Rom sollte durch die Einrichtung einer akademischen Dependance nun erst recht Effizienz verliehen und im ganzen eine beschleunigte Nachahmung der begehrten Kunst ermöglicht werden.

Die *Académie de France à Rome* wurde 1666 nach einem Plan gegründet, der auf die 1664 von Charles Perrault im Auftrag Colberts in einem Brief an Poussin entworfene Konzeption und die im selben Jahr von Colbert veröffentlichten Statuten zurückging.[8] Die in der Literatur bisher vertretene Ansicht, es handele sich bei der römischen Einrichtung um eine Zweigstelle oder ein Tochterunternehmen der *Académie de Peinture et de Sculpture* wurde neuerdings von Dietrich Erben zurückgewiesen, da die Konzeption ersterer aus dem Kreis der Berater um Colbert hervorging und nicht aus dem der *Académie* selbst. Die *Académie* vergab zwar Rompreise, aber diese waren bis dato individuell organisierte Reisen. Der Plan, die Romaufenthalte und damit auch die Künstler in ihrer Tätigkeit an eine Institution zu binden, stammte vom *Surintendant des Bâtiments*, Colbert, womit die Gründung der *Académie de France à Rome* letztendlich auf die königliche Kunstadministration zurückging.[9]

Nur kurz nach Colberts Reform der Satzungen der *Académie Royale* 1663, die ihre endgültige Organisation – eine Organisation, die die ursprünglich egalitäre Struktur durch eine hierarchische ersetzen sollte – festlegte, wurden am 10. Februar 1666 auch die Statuten für die *Académie de France à Rome* unterzeichnet. Diese unterstand damit der Aufsicht des *Surintendant des Bâtiments* und nicht der Pariser *Académie de Peinture et de Sculpture*. Letztere durfte die Gewinner des *Prix de Rome*, der den höchsten Rang innerhalb der nur an Studenten der Akademie vergebenen Preise einnahm, noch auswählen, übergab sie aber für den vierjährigen Aufenthalt in Rom der dortigen Institution, die nicht nur die künstlerische Lehre vervollkommnen sollte, sondern auch Unterkunft bot. Den Statuten zu Folge sollten in der römischen Akademie junge Künstler ohne finanzielle Sorgen leben, „sous la direction de quelque excellent maître qui le conduisit dans leur étude, qui leur donnât le bon goût et la manière des anciens".[10]

Die Kandidaten – sechs Maler, vier Bildhauer und zwei Architekten – wurden unter der Bedingung ausgewählt, daß sie Franzosen, katholisch, männlich und ledig waren. Zum Schutz vor den Versuchungen des römischen Künstlerlebens, das vor allem aufgrund der exzentrischen Rituale der *Bamboccianti* berüchtigt war, sollten sie in der Akademie gemeinsam wohnen und einem strengen Lehrplan folgen, bei dem rund um die Uhr Anwesenheit, Kleidung und Tätigkeit kontrolliert wurden. Den Preisträgern oblag ein geradezu mönchischer Tagesablauf, dem zu Folge es den Stipendiaten unter anderem auch untersagt war, zu fluchen und Dolche mit sich zu führen.[11] Neben

---

7   ERBEN 2004, S. IX.
8   Vgl. CORRESPONDANCE, Bd. 1, S. 1/2 und ERBEN 2004, S. 137 ff.
9   Tatsächlich ist diese Klarstellung nicht nur für den Ausgangspunkt und für die Gründungsphase wichtig, sondern auch für die richtige Einschätzung der Verflechtungen zwischen *Académie Royale* und *Surintendent des Bâtiments* und des Kampfs um Einflussnahme auf die römische Akademie während der folgenden Zeit.
10 Colbert an Poussin, zitiert nach PEVSNER 1986, S. 106.
11 Vgl. CORRESPONDANCE, Bd. 1, S. 1/2 und ERBEN 2004, S. 137 ff.

der für damalige Schulen typischen strengen Observanz der Lebensführung spielte aber auch die Auffassung eine Rolle, daß die Kunst und insbesondere die für den Hof geforderten moralisierenden Werke sich auch in der Lebensführung der Produzenten sich spiegeln müsse. Erst recht mit der Formulierung der Kriterien der Historienmalerei setzte sich mehr und mehr die Ansicht durch, daß nur die Tugendhaftigkeit der Künstler zu moralisch anspruchsvoller Kunst führen könne.[12]

Der Tag an der *Académie de France à Rome* begann im Sommer um fünf Uhr morgens bzw. im Winter um sechs Uhr mit Gebet, worauf das zweistündige Lehrprogramm mit Fächern wie Arithmetik, Geometrie, Perspektive und Architekturlehre folgte. Während des gemeinsamen Mittagessens las einer der Kunstschüler Texte der klassischen Literatur und zur griechischen oder römischen Geschichte vor. Der Nachmittag war dem zentralen Anliegen innerhalb des Studienprogramms gewidmet, dem Kopieren nach Meisterwerken. Dabei wurden die für den französischen Hof zu kopierenden Werke den Statuten gemäß vom Rektor ausgesucht. So hieß es im XI. Artikel der Statuten: „S. M. voulant, que les Peintres fassent des copies de tous les beaux tableaux qui seront à Rome, les Sculpteurs des statues d'apres l'Antique et les Architects des plans et des elevations de tous les beaux palais et édifices, tant de Rome que des environs, le tout suivant les ordres du Recteur de ladite Académie."[13]

Doch die Kopie diente nicht nur der Herstellung von römischen Werken für Frankreich, sondern wurde, insbesondere die Antikenkopie, auch als zentrale Ausbildungsmethode geschätzt. Poussin – designierter Direktor der *Académie de France* ebendort – verstand sie als hilfreichste Übung und Vorbereitung. Mit dem Anfertigen von Kopien waren also zwei Ziele verbunden. Zum einen galten sie als ideale Lehrmethode für Künstler, zum anderen konnten unerreichbare Meisterwerke auf diese Weise doch nach Paris gebracht werden – daß es sich dabei um Repliken handelte, galt nur bedingt als Nachteil. Schon die Weisungen Colberts an den ersten Direktor der *Académie* in Rom, Charles Errard, zeigten, daß Paris an Antikenstudien als vorbereitende Übung für zeitgenössische Kunstwerke kaum interessiert war: „Comme nous devons faire en sorte d'avoir en France tout ce qu'il y a de beau en Italie, vous jugez bien qu'il est de conséquence de travailler incessamment pour y parvenir."[14] Selbst wenn alle Kunstwerke kopiert wären, riet Colbert, wieder von vorne anzufangen: „Faites faire aux Peintres les copies de tout ce qu'il y a de beau à Rome; et, lors que vous aurez fait tout copier, s'il est possible, faites les recommencer… faites faire aussy aux Sculpteurs al mesme chose, et faites leur copier tous les beaux bustes et les belles statues qui sont à Rome."[15]

Die Stipendiaten sollten vielmehr Kopien der bedeutendsten in Rom befindlichen Kunstwerke für die königlichen Bauten anfertigen und, um allzu viele Wiederholungen zu vermeiden, ein Verzeichnis anlegen „de tout de ce qu'il y a de beau à Rome en statues, bustes, vases antiques et tableaux, en marquant en marge ce que vous avez desjà fait copier et ceux qui restent encore à faire copier, ou en peinture ou en sculpture"[16]. Die Künstler sahen das anders: „Les Peintres sont dégoustez de copier", schrieb der zweite Direktor Noël Coypel.[17]

---

12 Für Pietro Bellori ergab sich offenbar am Beispiel Raffaels, daß die Summe aller künstlerischen Fähigkeiten auf einer persönlichen *Virtus* beruht; vgl. Jürg Meyer zur Capellen, Die virtus Raffaels, in: Die Virtus des Künstlers in der italienischen Renaissance, hrsg. von Joachim Poeschke, Thomas Weigel und Britta Kusch-Arnhold, Münster 2006. Jean Locquin beschrieb diese Haltung für das 18. Jahrhundert: „L'art est intimement lié à la vertu, et la vertu ne s'acquiert, pense-t-on, que sous la férule, [...]". Ders., La peinture d'histoire en France de 1747 à 1785, Paris 1912, Neuaufl. 1978, S. 113.

13 Vgl. Correspondance Bd. 1, S. 10.

14 Colbert an Charles Errard, 6. September 1669, ebd., S. 24.

15 Colbert an Charles Errard, 23. Juli 1672, ebd., S. 36/37.

16 Colbert an Charles Errard, 14. Dezember 1679, ebd., S. 92.

17 Zusammenfassung eines Briefes von Noël Coypel, 23. August 1673, ebd., S. 48.

Abb. 5: Charles Joseph Natoire, Antikenstudien in den Kapitolinischen Museen, 1759, Cabinet des Dessins, Louvre Paris

Der Kopienwunsch, der neben den ständigen Ankaufsaufforderungen aus Frankreich an die Akademie herangetragen wurde, ging bis ins 18. Jahrhundert immer auch mit konkreten Ausstattungsaufgaben einher und die Formulierung der Pflichten für die Rompreisträger blieb über Jahrzehnte gleich, nämlich die herausragenden Kunstwerke Roms für Paris zu kopieren.[18] Selbst in den folgenden Jahrzehnten, auch während des Rokoko und seiner Emanzipation vom römischen Klassizismus, wurden die Regeln, nach denen die Kopien im Mittelpunkt des Romaufenthaltes standen, keineswegs geändert.[19] Doch nicht nur gegen die Praxis des Kopierens, sondern auch gegen die strengen und rigiden Ausbildungsmethoden, welche Kunst mit militärischem Drill antrainierten, regte sich gegen Ende des 18. Jahrhunderts zunehmend Protest, welchen der Direktor in Rom nach Paris weiterleitete: „On ne commande point au talent, vous le savez mieux que moi … on est né peintre, comme on est né poète; en vain par des règlements on exige pour l'avancement de la peinture qu'on se lève à telle ou telle heure, que l'on se mette à telle ou telle heure à tel autre ouvrage, tous ces ordres fussent – ils émanés du Père éternel (pardon de la comparaison) tout cela et rien, c'est la même chose. Les arts sont toujours été et seront toujours enfants de la liberté … La Peinture ainsi que la Poésie est un beau feu qui nous anime et ne s'allume au commandement de personne, mais quand nos organes sons disposés a recevoir la divine étincelle …"[20]

---

18 Colbert an Charles Errard 1672, ebd., S. 36, Colbert an Noël Coypel 1673, in LAPAUZE 1924, Bd. 1, S. 41, Louis-Antoine d'Antin an Charles-François Poerson 1724, in CORRESPONDANCE Bd. 3, S. 53.

19 Auch Johann Joachim Winckelmann übernahm die Forderung, daß die Ausstattung von Schlössern mit Kopien nach alten Meisterwerken erfolgen sollte, vgl. Wolfgang Savelsberg, „… mit gescheiter Auswahl das Beste" (Erdmannsdorff 1797), in: Ausst.-Kat. Kunst und Aufklärung im 18. Jahrhundert. Kunstausbildung der Akademien, Kunstvermittlung der Fürsten, Kunstsammlung der Universität, Halle – Stendal – Wörlitz 2005, S. 147–60, hier S. 148.

20 Louis Jean François Lagrénée d. Ä. Anfang der achtziger Jahre an den Directeur General der Pariser Akademie, zitiert nach Stefan Germer, Historizität und Autonomie. Studien zu Wandbildern im Frankreich des 19. Jahrhunderts, Hildesheim – Zürich – New York 1988, S. 26.

Doch der Widerstand gegen die Disziplin wurde mit frostiger Autorität vom *Directeur Général des Bâtiments*, Comte d'Angiviller in Paris zurückgewiesen: „On ne peut voir sans peine aujourd'hui que la jeunesse, plus confiante que jamais, semble annoncer qu'elle en sait davantage sur les moyens d'acquérir les talents qu'en savaient les hommes les plus célèbres qui l'ont précédée […] Ces Messieurs doivent se persuader qu'ils ne sont pas les maîtres, que, loin d'être en état de voler de leurs propre ailes, ils ont encore besoin d'étudier, et qu'ils ne peuvent mieux faire, malgré leur répugnance, que de suivre les règles qui ont été établis avec pleine connaissance de cause. Si, parmi eux, quelques-uns trouvent trop dur de s'y conformer, ils sont les maîtres de quitter l'Académie. Je trouverai facilement moyen de les remplacer."[21] Aus seiner Drohung spricht schon die Sicherheit, daß die Institution eine Position innerhalb der Kunstorganisation eingenommen hat, die ihr Zulauf garantiert und daß das Verlassen der Einrichtung nur negative Folgen für ihre Zöglinge bedeuten kann.

Jedes Jahr wurde der Ertrag der Mühen der Akademiestipendiaten auf dem Seeweg nach Paris befördert. Die jährliche Schiffsladung mit Originalen und Kopien, Gipsabgüssen und auch deren Gußformen, die weitere Abgüsse in Paris ermöglichten, unterstreicht den Eindruck von der Akademie in Rom als einer nahe der Rohstoffe angesiedelten Kunstmanufaktur und eines Kunsthandelsstützpunkts.[22] In dem Anspruch, die künstlerischen Ressourcen außerhalb Frankreichs zu nutzen und dem strikten Pragmatismus, mit dem dieses Vorhaben umgesetzt wurde, wird einmal mehr der Ursprung der Institution in Colberts merkantilistischem Wirtschaftsverständnis deutlich.[23] Während bei den individuellen Aufenthalten von Künstlern in Rom, oder später im Rahmen der *Grand-Tour*, auch die humanistische und historische Bildung des Künstlers Ziel der Reise war, überwog im 17. Jahrhundert an der *Académie de France* in Rom eine an der Produktion orientierte Auffassung einer Kunstakademie. In den Quellen gibt sich die *Académie de France à Rome* demnach mehr als Atelierbetrieb denn als erfolgreiche Ausbildungsstätte zu erkennen, und tatsächlich war kaum einem ihrer Stipendiaten bei seiner Rückkehr nach Frankreich durchschlagender Erfolg beschert, es sei denn, er konnte den Ruf der Institution und seine Kontakte zu den Hofkünstlern in ihrem Umkreis nutzen.

Eine erste Infragestellung erfuhr die Institution erst im Zuge der französischen Revolution, die jedoch weniger ihrer Grundidee, als ihrem königlichen Träger galt. Jacques Louis David war einer der letzten Rompreisträger des 18. Jahrhunderts und sein Romaufenthalt zwischen den Jahren 1774 und 1780 hatte seine Wende zum führenden Maler des Neoklassizismus ausgelöst, die ihm eine wichtige Rolle im Pariser Kunstgeschehen der Revolutionsjahre einbrachte. Davids Forderungen nach einem freien Künstlertum im Sinne des in Paris verbreiteten Diktums von Johann Joachim Winckelmann, daß auch in Griechenland die Malerei nur Freigeborenen erlaubt war bzw. eng an ein demokratisches System gebunden war,[24] hatten mit dazu beigetragen, daß der Nationalkonvent 1792 zunächst die Pariser Akademie, 1793 auch deren Dependance in Rom suspendierte und den

---

21 Der Directeur Général des Bâtiments, Comte d'Angiviller am 26. September 1786 an Lagrénée, in: CORRESPONDANCE Bd. 15, S. 105–6.

22 „The French Academy at Rome, the home-away-from-home for the prix de Rome winners, served as a kind of colonial headquarter for the extraction of aesthetic wealth." Albert Boime, The Prix de Rome. Images of Authority and Threshold of Official Succes, in: The Art Journal, Bd. 44, Nr. 3, New York 1984, S. 281–89.

23 Wie sehr die Aufgaben der Akademie in den Merkantilismus eingebettet waren und im Grunde einer Thesaurierung dienten, durch welche die römischen Kunstschätze ähnlich Bodenschätzen nach Frankreich transferiert werden sollten, vgl. ERBEN 2004, S. 144 f.

24 Vgl. Johann Joachim Winckelmann, Gedanken über die Nachahmung der griechischen Wercke in der Mahlerey und Bildhauer-Kunst, Dresden 1755, Einleitung und Thomas Crow, Emulation. Making Artists for Revolutionary France, New Haven – London 1995, bes. S. 27.

Rompreis abschaffte – galt er doch als Institution des *Ancien Regime*.²⁵ Den auf David zurückgehenden Beschluß des Nationalkonvents, die Akademien zu schließen, machte die Regierung des Direktoriums später wieder rückgängig. Ab 1797 wurde der Rompreis von neuem vergeben und 1798 nahm die französische Akademie in Rom nun als *École de Rome* den Betrieb wieder vollständig auf.²⁶

Die französische Revolution hatte weitreichende Auswirkungen auch in Italien. Ab 1797 begann im von Napoleon eroberten Norden Italiens die Beschlagnahmung von Kunstwerken, die nach Paris verbracht und im Louvre ausgestellt wurden.²⁷ Im Februar 1798 besetzten französische Truppen schließlich Rom, riefen die *Repubblica Romana* aus und beseitigten damit zum ersten Mal die fast anderthalb Jahrtausende während Herrschaft der Päpste. Ein Jahr später starb Papst Pius VI. achtzigjährig im Exil in Frankreich. Auch aus Rom wurden nun die berühmtesten Kunstwerke nach Paris abtransportiert.

1800 kehrte von Napoleon geduldet und im Schutze habsburgerischer und neapolitanischer Truppen der in Venedig gewählte Papst Pius VII. nach Rom zurück. Nachdem Napoleon am 2. Dezember 1804 zum französischen Kaiser gekrönt worden war, schuf er, als Teil seines Planes zum *Grand Empire*, 1805 das Königreich Italien und setzte sich selbst die Krone der langobardischen Könige auf. Rom wurde als „zweite Stadt des Kaiserreiches" bezeichnet und blieb bis 1814 unter französischer Regierung. Unter Berufung auf Konstantin und Karl d. Gr. beanspruchte der französische Kaiser die Suprematie über den Papst. Als Pius VII. daraufhin den Kaiser exkommunizierte, wurde er 1809 wie sein Vorgänger exiliert.²⁸

1803 zog die französische Akademie, zuvor im Palazzo Mancini an der Via del Corso untergebracht, in die Villa Medici auf dem Pincio um.²⁹ Die politischen Umwälzungen und napoleonischen Erfolge gegen die Habsburger machten die Wiedereröffnung der französischen Akademie in der Villa Medici, die zuvor den habsburgischen Kaisern bei ihren Rombesuchen als Residenz gedient hatte, nun gegen den Protest der Medici und des Hauses Habsburg-Lothringens möglich. Damit war in Rom eine an die Habsburger gebundene und weithin sichtbar über der Stadt gelegene Immobilie in die Hände Frankreichs übergegangen.

---

25 Vgl. hierzu Édouard Pommier, L'Art de la Liberté. Doctrines et Débats de la Révolution Française, Paris 1991, 2. Kap.: L'antiquité : espérance ou nostalgie? S. 59–91.

26 Vgl. Pierre Vaisse, Il prix de Rome, in: Ausst.-Kat. Maestà di Roma. Da Napoleone all'Unità d'Italia, 2 Bde., Rom 2003, 2. Bd., S. 41–50.

27 Vgl. Ian Jenkins, 'Gods Without Altars'. The Belvedere in Paris, in: Il cortile delle Statue. Der Statuenhof des Belvedere im Vatikan, hrsg. von Matthias Winner u. a., Mainz 1998, S. 459–69.

28 Vgl. Antonio Cretoni, Roma giacobina. Storia della Repubblica Romana del 1798-99, Rom 1971 und Carla Nardi, Napoleone e Roma dalla consulta romana al ritorno di Pio VII (1811–1814), Rom 2005.

29 Die vormalige Villa dei Crescenzi wurde 1564–75 von Nanni di Baccio Bigio und Annibale Lippi für den Kardinal Giovanni Ricci di Montepulciano ausgebaut. 1576 erwarb der Kardinal Ferdinando de' Medici die Villa und ließ Türme und Rückfassade durch Ammannati ausgestalten. Sie blieb darauf im Besitz der toskanischen Großherzöge, auch als dort das Haus Habsburg-Lothringen zur Herrschaft gelangte. Daher hatte die Villa im Frühling 1768 dem Bruderpaar Leopold I. von Toskana und Kaiser Josef II. als Wohnung gedient, und deutsche oder österreichische Künstler fanden im 18. Jahrhundert den toskanischen Gesandten in Rom gelegentlich bereit, ihnen Räume des Palastes zu Ausstellungszwecken zu überlassen; vgl. Friedrich Noack, Das deutsche Rom, Rom 1912, S. 85.

Abb. 6: Gaspar Hadrien Van Wittel, Villa Medici. Ansicht von der Kirche Trinità dei Monti, 1713, Privatsammlung

Abb. 7: Léon Cogniet, Der Künstler in seinem Zimmer in der Villa Medici, 1818, Cleveland Museum of Art

In ihrer hochgelegenen Position, umgeben von dem großen, mit antiken Skulpturen und Spolien geschmückten Park, wurde die Akademie nun sichtbares Objekt der Begierde für die Künstler all jener Länder, die eine solche Einrichtung nicht zur Verfügung stellten. Die sehnsuchtsvolle Imagination der solchermaßen ausgeschlossenen internationalen Künstlerschaft überhöhte dabei die institutionelle Realität, und Henry James faßte den im Lauf des 19. Jahrhunderts entstandenen schwärmerischen Topos des akademischen Glücks in der Villa Medici in passende Worte:

> „I should name for my own first wish that one did n't have to be a Frenchman to come and live and dream and work at the Académie de France. Can there be for a while a happier destiny than that of a young artist conscious of talent and of no errand but to educate, polish and perfect it, transplanted to these sacred shades? One has fancied Plato's Academy – his gleaming colonnades, his blooming gardens and Athenian sky but was it as good as this one, where Monsieur Hébert does the Platonic?"[30]

Schon lange vor der akademischen Nutzung war die Villa Medici berühmt, vor allem wegen ihrer herausragenden Lage, ihren Gärten, ihrer Sammlung, besonders aber als Ort künstlerischer wie wissenschaftlicher Muße. Doch nachdem sie zum Sitz der französischen Akademie erkoren wurde, avancierte auch ihre eher zufällige, durch Um- und Anbauten im Lauf der Zeit gewachsene Gestalt zum Vorbild späterer Akademiebauten in Rom.

Während die vierstöckige Fassade sich schlicht, fast abweisend der Stadt präsentiert, weist nur das zentrale Portal Zierelemente auf und akzentuiert mit dem Balkon und dem Wappen die Mittelachse der Fassade. Die ersten beiden Stockwerke sind fortifikatorisch gebrüscht und bis zum ersten durchlaufenden Gesims an den Ecken rustiziert. Die Fassade wird von dem rückwärtigen Dachabschluß und den beiden Belvederetürmen überragt, die durch einen balustradengesäumten Gang verbunden sind. Die rückwärtige Fassade hingegen ist reich verziert und öffnet sich mit Portikus und Triumphbogenmotiv festlich dem Garten. Seitlich und oberhalb des Triumphbogens schmücken antike Reliefs und Figuren die Fassade, über die Spolien in einer solchen Fülle ornamental verteilt sind, daß diese preziös wie eine reliefgeschmückte Schmuckschatulle erscheint. In den seitlichen Trakten sind Nischen für antike Vollfiguren, Büsten und Torsi eingelassen.

Die Ateliers sind zum Teil im ehemaligen Wirtschaftsflügel der Villa untergebracht, in kleinen Wirtschaftshäuschen im Garten, aber auch in den Mauern und Türmen der den Park nach Nordosten begrenzenden Aurelianischen Stadtmauer. Die noch im 16. Jahrhundert angelegte Gestaltung des Parks mit Grotten, Brunnen, künstlichem Hügel, künstlichen Wasserläufen und Skulpturenschmuck ist voller Anspielungen auf den Musenhügel Parnaß. Alte Veduten und Pläne wie der Faldastich aus *Li Giardini di Roma* von 1667 zeigen im hinteren Teil des Parks einen künstlich aufgeschütteten Hügel als Parnaß (Abb. 9).[31] Als Zitat des kastalischen Quells bzw. der von Pegasus aufgeschlagenen Quelle Hyppokrene des Helikon steigt von der Hügelspitze ein von dem römischen Aquädukt Aqua Vergine gespeister Wasserlauf herab, der die vier „Fontane di musaia" im geometrischen Garten speist.

Ursprünglich befand sich am Fuß des Hügels auch noch eine künstliche Felsenhöhle in Anspielung an die korykische Grotte und vor der Stadtfassade der Villa war, wie auf einem Fresko von Jacopo Zucchi in der Villa selbst zu sehen, ein Pegasusbrunnen geplant.[32] Die Ausgestaltung

---

30 Henry James, Italian Hours 1900–1909, New York 1968, S. 288.

31 Er wurde auf Wunsch Kardinal Riccis auf den Ruinen eines *templum fortunae* aufgeschüttet.

32 Ausführlich zu Architektur und Baugeschichte vgl. Glenn M. Andres, The Villa Medici in Rome, zugl. Diss., 2 Bde., Princeton, New Jersey 1971, und CHASTEL 1989–1991.

Abb. 8: Gaspar Hadrien Van Wittel, Villa Medici, Gartenfassade, 1685, Galleria Palatina Florenz

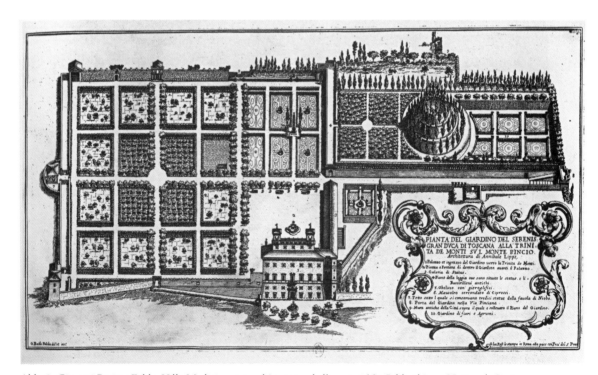
Abb. 9: Giovani Batista Falda, Villa Medici, vue cavalière prise de l'ouest, 1667, Bibliothèque Nationale Paris

Abb. 10: Villa Medici, Portraitgalerie der Akademiemitglieder im Atelier des Direktors der französischen Akademie, Charles Émile Auguste Durand

Abb. 11: Villa Medici, ornamental eingelassene Spolien an der Loggia del Bosco

des Villensitzes vereint in einem Maße wie sonst nur die Villa Lante in Bagnaia (Viterbo) somit in Einzelmonumenten die den Musen heiligen Orte: die Quellen des Pegasus, den Helikon, den Parnaßberg und Grotten. Die Gartengestaltung liest sich in der Zusammenfassung verschiedener mythologischer Themen als Ort der Musen und der künstlerischen Inspiration.[33]

Wenngleich die auf mythologische Evokation zielende Ikonographie der Villa Medici im 19. Jahrhundert in ihrer Wirkung nachließ, so suchten die späteren Akademiebauten doch die ästhetische Wirkung der Gartengestaltung der Villa Medici nachzuahmen. Die Aufstellung antiker Skulpturen und Brunnen, das Anlegen künstlicher Wäldchen und Ruinen und die ornamental-symmetrische Applikation kleiner Spolien auf der Fassade der Loggia del Bosco (Abb. 11), wurden unverzichtbare Elemente der Anlage jener später nach dem Vorbild der Villa Medici gestalteten Akademien. Eine ebenso unverzichtbare Ausstattungskomponente wurde die seit Mitte des 18. Jahrhunderts nach dem Vorbild der römischen und florentiner Akademien angelegte Portraitgalerie der Akademiemitglieder (Abb. 10).[34]

Nach dem Einzug der *Académie de France* in die Villa Medici, 1803, fanden als kanonische Studienobjekte für die Stipendiaten die Abgüsse des Apoll vom Belvedere, des vatikanischen Antinoos, der kapitolinischen Venus, des Diskuswerfers, des bronzenen Herkules des Konservatorenpalastes, wie auch als anspornende Mahnung zwei Künstlerportraits, die Büsten von Poussin und Raffael, Aufstellung.[35] Darüber hinaus wurden für die neue Nutzung der Villa eine Bibliothek, ein Saal für Aktzeichnen und ein Ausstellungssaal eingerichtet.

Der Ablauf der Rompreiswettbewerbe und des Rompreises

Die Regeln der Rompreiswettbewerbe der Pariser Akademie, nach denen die zukünftigen Romstipendiaten ausgewählt wurden, hatten sich bis Ende des 18. Jahrhunderts eingespielt und wurden von den anderen Akademien Europas ab 1750 mit nur geringen Abweichungen übernommen. Der französische Wettbewerb um den *Prix de Rome* wurde bis 1863, dem Jahr der großen Akademiereform, von der *Académie Royale* organisiert, während die Vorbereitung und Ausbildung der Künstler seit 1796, als sich die Zuständigkeiten zwischen Kunstlehre und akademischem Künstlerverband

33 Die Musen, Töchter der Mnemosyne und des Zeus, besingen die Herrschaft des Vaters (Hesiod Theog.). Walten sie zunächst noch auf dem Olymp (bzw. dem Helikon), verbindet erst die römische Dichtung die Musen mit dem Parnaß, an dessen Fuß Apollo Delphi gründete. Weiter wird überliefert, daß die Musen sich gern an Quellen, überhaupt an (fließendem?) Wasser aufhalten und sich darin sogar baden (Hesiod Theog. 6 ff). Dies führte zur Vermischung der bildlichen Vorstellungen von Musen und Nymphen, vgl. Elisabeth Schröter, Die Ikonographie des Themas Parnaß vor Raffael. Die Schrift- und Bildtraditionen von der Spätantike bis zum 15. Jahrhundert, zugl. Diss., Hildesheim 1977 und Claudia Cieri Via, Le Muse. Storia di un'immagine. Le compagne di Apollo, Art e Dossier 5, 1990, Nr. 46, S. 22–27. In frühen mythographisch-enzyklopädischen Texten sind Parnaß, Musen und Pegasus getrennte Themen. Erst im Laufe des 14. Jahrhunderts mehren sich Bildbeispiele, in denen Pegasus als Erwecker der Musenquelle am Parnaß dargestellt ist. Der Parnaß, Wohnsitz des Apollon und Dionysos und Reigenplatz der Musen, steht für das Zusammenspiel zwischen Natur und Kunst. Zu der sich wandelnden Ikonographie des Parnaß vgl. SCHRÖTER 1977. Auch die Innendekoration der Villa Medici folgt der Parnaß- und Musenthematik: Philippe Morel, Le Parnasse astrologique. Les décors peints pour le cardinal Ferdinand de Médicis. Etude iconologique, in: CHASTEL 1989–1991, Bd. 3.

34 Die Portraits sind einzeln abgebildet in: CORRESPONDANCE NOUVELLE SERIE, S. 155–295. Zu den Portraitsammlungen der italienischen Akademien vgl. Stefano Susinno, I ritratti degli accademici, in: Accademia di San Luca, Rom 1974, S. 201–70.

35 Das Hauptgeschoß des Wirtschaftsflügels wurde als Galerie antiker Statuen genutzt. Vgl. den Gebäudeplan von Charles Norry 1817–1818, in: CHASTEL 1989–1991, Bd. 1, Abb. 187 und M. Cagiano de Azevedo, Le Antichità di Villa Medici, Rom 1951.

Abb. 12: Constant Moyaux' Telegramm mit der Nachricht des Rompreises, „Moyaux a le grand prix: Bluchard"

auf zwei getrennte Institutionen aufteilten, der *École des Beaux-Arts* oblag. Die beiden Institutionen blieben jedoch eng verflochten, da die Mehrzahl der an der *École* unterrichtenden Professoren nicht nur ebenfalls Mitglied der *Académie* war, sondern sich schon von ihrer Ausbildung her kannte und bei Berufungen, sowohl innerhalb der *École* als auch in der *Académie* gegenseitig stützte. Den wichtigsten Karriereschritt in diesem System bedeutete der Rompreis, da den Rückkehrern eine Anstellung als Akademieprofessor, in der staatlichen Kunstadministration oder im Städtebau sicher war.[36] Aufschluß über die im Lauf des 19. Jahrhunderts fast beamtenartige Künstlerkarriere geben beispielsweise die Aufzeichnungen und Briefe des französischen Architekten Constant Moyaux (1835–1911), der eine vom französischen Ausbildungssystem vorgezeichnete modellhafte Karriere durchlief: Er studierte in der Provinzialakademie von Valenciennes, an der er 1852 den ersten Preis gewann. Dieser erlaubte ihm den Wechsel an die *École des Beaux-Arts* in Paris, wo er 1861, nach dem immerhin sechsten Versuch den *Grand prix de Rome* errang. Nach seinem vierjährigen Aufenthalt in der Villa Medici in Rom erhielt er eine leitende Position in der staatlichen Baubehörde in Paris. In seinen Briefen berichtet er von der Spannung und dem Bangen während der Preisverfahren, von der außerordentlichen Freude, dem Stolz und der Anerkennung nach der Preisvergabe; seine zahlreichen Dankes- und Empfehlungs-

---

36 Zum künstlerischen Alltag und Aufenthalt an der französischen Akademie in Rom vgl. Jacques Lethève, La vie quotidienne des artistes français au XIXe siècle, Paris 1968 und Francis Wey, Rome. Description et Souvenirs, Paris 1872.

Abb. 13a – 13f: Alexis Lemaistre, L'École des Beaux-arts dessinée et racontée par un elève ..., Paris 1889

a. Das Programm für den Wettbewerb wird von den Delegierten des Instituts gebracht

b. Die Bekanntgabe des Programms

c. Aufruf in die Logen

d. Aufbruch zu den Logen

e. Die Anfertigung der Entwurfsskizzen in den Logen

f. Versiegelung der Werke im Wettbewerb

schreiben zeichnen heute noch ein Bild von einem Ambiente, in dem diplomatische Geschicklichkeit mindestens ebenso wie künstlerische Begabung ausschlaggebend für ein Weiterkommen war.[37]

Der Wettbewerb um den Rompreis erforderte also größten Einsatz, und der Ausgang war dabei sicherlich in hohem Maß von der Willkür und dem persönlichen Verhältnis zu den Professoren abhängig. Wenn sich zahlreiche Künstler trotz der geringen Aussichten auf den ersten Preis bis zu achtmal bewarben, dann zeugt dies auch von der damit verbundenen großen Hoffnung auf eine gesicherte Zukunft.

Der Rompreis für Malerei war anfänglich ausschließlich für das Genre der Historienmalerei ausgeschrieben. Um zum Hauptwettbewerb zugelassen zu werden, waren zwei Vorauswahlverfahren

37   Moyaux war zufriedener Akademiestipendiat, und krönender Ausdruck seines Wohlbefindens sind die ebenfalls in der Korrespondenz überlieferten Gedichte zu Ehren des Direktors der *Académie de France* während der sechziger Jahre, Jean-Victor Schnetz. Vgl. Constant Moyaux, Correspondence, Lettres de Constant Moyaux, architecte, écrites à M. Victor Delzant, 1852 – 1886 – académie de Valenciennes – académie des Beaux-Arts de Paris – villa Médicis, à Rome – Sicile – Grèce – Retour a Paris, in: Getty Research Institute, Special Collection, ID 850462. Die ca. 150 bisher unveröffentlichten Briefe des französischen Regierungsarchitekten und Professors geben Aufschluß über die Lehrjahre an den verschiedenen Schulen, die Preisverfahren, über Lehrer und Kollegen und die Studienjahre an der Villa Medici in Rom (1861–1865).

zu überwinden. Das erste entschied über eine gemalte Entwurfsskizze nach einem vorbestimmten Thema aus der Mythologie oder der christlichen oder weltlichen Geschichte, das zweite bestand in der Anfertigung einer Aktstudie. Die jährlichen zehn Finalisten führten schließlich in der letzten Stufe des Wettbewerbs ein Historiengemälde nach einem von der Akademie vorgeschlagenen Thema aus, wofür ihnen zweieinhalb Monate zustanden. Während dieser langen Zeit arbeiteten sie in Einzellogen, zu denen niemand Zutritt hatte – daher die Bezeichnung der Teilnehmer als *logiste* – an der Ausführung ihres Abschlußwerkes.[38]

Die langwierigen und strengen Auswahlverfahren, wie sie von der *Académie Royale* veranstaltet wurden, steigerten den Druck und die Erwartung der Kandidaten. Aber die Spannung betraf nicht nur die Teilnehmer und Veranstalter. Das Arrangement mit den unter Klausur arbeitenden Bewerbern, das dreimonatige Erwarten der Ergebnisse und schließlich die öffentliche Ausstellung und Diskussion der Wettbewerbsbeiträge vermittelten die Spannung auch nach außen. Das Ergebnis der Finalrunde erregte die Aufmerksamkeit der Öffentlichkeit, und der Gewinner, zuvor ein vielleicht unbekannter junger Kunststudent, war mit einem Mal bekannt.[39] Schließlich haftete der Verleihung des Rompreises selbst, die die Akademie würdevoll vollzog, in ihrer alljährlichen immer gleichen Prozedur etwas Rituelles an. Hector Berlioz schilderte die weihevolle Zeremonie, mit der den Künstlern – mittlerweile wurden neben Architekten, Bildhauern, Malern und Graphikern auch Komponisten gekürt – die höchste Auszeichnung, die sie im Laufe ihrer Ausbildung jemals erreichen konnten, verliehen wurde:

> „Tous les ans, le même jour, à la même heure, debout sur la même marche du même escalier de l'institut, le même académicien répète la même phrase au lauréat qui vient d'être couronné. Le jour est le premier samedi d'octobre; l'heure la quatrième de l'après-midi: la marche d'escalier la troisième; l'académicien, tout le monde le connaît; la phrase la voici: 'Allons, jeune homme, macte animo; vous allez faire un beau voyage… la terre classique des beaux-arts… […] un ciel inspirateur … vous nous reviendrez avec quelque magnifique partition…; vous êtes en beau chemin.' Pour cette glorieuse journée, les académiciens endossent leur bel habit brodé de vert; ils rayonnent, ils éblouissent. Ils vont couronner en groupe un peintre, un sculpteur, un graveur, un architecte et un musicien. Grande est la joie au gynécée des Muses."[40]

Jedes Jahr am gleichen Tag und zur gleichen Stunde, am selben Ort und sogar mit denselben Worten wurden die Rompreisträger ernannt. Die Akademiker in ihren Festgewändern unterstrichen den weihevollen Charakter der Krönung der jungen Talente. Spöttisch berichtete Berlioz über die Freude in der Musenschmiede und die pompöse Prozedur, die jedoch das Pariser Publikum in großer Zahl anzuziehen und das Interesse der Öffentlichkeit auf die Kunst zu lenken vermochte. Alles nährt den Verdacht, daß die ausgefeilten Zeremonien und die feierlichen Handlungen so wichtig waren, um zu betonen, daß es innerhalb der reglementierten und institutionalisierten Verfahren doch noch um

---

38 Zu Unterrichtspraxis, dem Wettbewerb und den Modalitäten des Rompreises für die Maler vgl. Ausst.-Kat. Les concours des Prix de Rome de 1797 à 1863, hrsg. von Philippe Grunchec, École Nationale Supérieure des Beaux-Arts Paris 1983, S. 19–39; Ausst.-Kat. The Grand Prix de Rome. Paintings from the École des Beaux-Arts; 1797–1863, hrsg. von Philippe Grunchec, Washington D. C. – New York 1984 und Ausst.-Kat. Les concours d'Esquisses peintes 1816–1863, hrsg. Philippe Grunchec, École Nationale Supérieure des Beaux-Arts, 2 Bde., Paris 1986.

39 Vgl. auch die Zeugnisse der Schüler Davids über die Rompreiswettbewerbe in: Crow 1995, S. 23 f.

40 Hector Berlioz, Mémoires, Paris 1881, zitiert nach Antoinette LeNormand, Le concours de Rome, in: Ausst.-Kat. La sculpture française au XIXe siècle, hrsg. von Anne Pingeot, Paris 1986, S. 49–50.

Abb. 14: Preisverleihung im Pariser Salon 1824. Die Medaglien wurden im Salon Carré des Louvre den Künstlern von Karl X. übergeben

Kunst und den kreativen Künstler ging, zumal sich die Wettbewerbsbeiträge Jahr für Jahr trotz wechselnder Bewerber erheblich ähnelten. Bei der Preisverleihung des *Prix de Rome* handelte es sich um einen hochgradig performativen Vorgang, einem Akt der Taufe vergleichbar; bei der Ausrufung des „meistversprechenden Künstlers von Frankreich" ging es nicht um wahr oder falsch, sondern darum, ob die Aussage, den großen Künstler ausfindig gemacht zu haben, glückte oder nicht glückte.[41] Damit sie gelang und glaubhaft wurde, bedurfte es der rituellen, festgelegten Prozedur und eines ästhetischen Ereignisses, welches ein zunehmend kritischeres Kunstwerkurteil kompensierte.

Einerseits wurde die Lehrzeit von Wettbewerben und Auswahlverfahren geprägt und drängte die Studenten zu einer fast infantilen Befolgung von Normen und zu einer Ausrichtung auf die Bewertung der Autoritäten. Andererseits glich die mit den Preisverleihungen verbundene Praxis des exaltierten Lobes und der öffentlichen Heraushebung Initiationsriten und steigerte eine frenetische Spannung.[42]

41 Aufschlußreich ist beispielsweise auch die Beschreibung der Preisverleihung des Concorso Clementino an der römischen *Accademia di San Luca*, vgl. Emma Caniglia, Il concorso Clementino del 1824. Storia e cronaca di una celebrazione accademica, in: Le 'scuole mute' e le 'scuole parlanti'. Studi e documenti sull'Accademia di San Luca nell'Ottocento, hrsg. von Paola Picardi und Pier Paolo Racioppi, Rom 2002, S. 357–93.

42 „The system's whole functioning is dominated by the existence of a steady succession of *concours* or competitions with honorific awards, the most important being the annual Grand Prix competition, which rewarded the victor with a sojourn in the Villa Médicis.[...] the incredible docility that it assumes and reinforces in students who are maintained in an infantile dependency by the logic of competition and the frantic expectations it creates (the opening of the Salon gives rise to scenes of pathos), and the normalization brought by collective training in the ateliers, with their initiation rites, their hierarchies linked as much to seniority as to competence, and their curricula with strictly defined stages and programmes." BOURDIEU 1993, S. 241.

Abb. 15: Bartolomeo Pinelli, Zeremonie der Preisverleihung des Concorso Clementino im Salon des Capitols, 1824, Kupferstich, Archiv Accademia di San Luca, Atti della premiazione, fol. 1v

Mit dem Rompreis und dem fünfjährigen Romaufenthalt waren wiederum Pflichtarbeiten verbunden, die im Grunde eine teilweise Wiederholung der Aufgaben des Wettbewerbs darstellten:[43] Im ersten Jahr war der Stipendiat verpflichtet, einen lebensgroßen Akt, „nach der Natur gemalt" als Belegarbeit nach Paris zu senden, im zweiten Jahr zwei Akte nach der Natur und zwei Zeichnungen nach der Antike, im dritten Jahr eine Entwurfskomposition für ein Historienbild, im vierten Jahr eine Kopie eines Werkes eines Alten Meisters und im fünften Jahr schließlich ein Historienbild mit mehreren lebensgroßen Figuren. Bei diesen Regeln blieb es, mit geringfügigen Änderungen, bis 1863, als die Bildungsreform die Studienzeit in Rom auf vier Jahre beschränkte.[44] Die Belegarbeiten, die obligatorischen Kopien, die Probearbei-

43 Da im Laufe des 19. Jahrhunderts etwa elfmal die Statuten verändert wurden, sind hier die im Kern unveränderlichen Regeln genannt. Vgl. CORRESPONDANCE NOUVELLE SERIE, S. 134. Hier auch der Abdruck der Statuten von 1897. Die vorausgehenden Statuten sind in den Bänden der CORRESPONDANCE chronologisch publiziert.

44 Vgl. Paul Duro, The Lure of Rome. The Academic Copy and the Académie de France in the Nineteenth Century, in: Art and the Academy in the Nineteenth Century, hrsg. von Rafael Cardoso Denis, Manchester 2000, S. 133–49, S. 148, Anm. 23: Statuts et Reglements de l'Académie de France..., Rome, Archives de l'Institut de France (Beaux-Arts) 5 E 12.

ten, verschiedene Entwurfsskizzen, Aktstudien und ein großes Historienbild, dessen Sujet zunächst bestimmt, später frei wählbar war, wurden nach Paris geschickt, dort ausgestellt und der Bewertung durch den Sekretär der *Académie* anheimgegeben, der wiederum einen Bericht und eine Beurteilung durch die Pariser Akademiemitglieder an den Direktor der Stipendiaten nach Rom zurücksandte.[45]

In der Hierarchie der Studienobjekte, die sich an dem von Roger de Piles um 1700 entwickelten Punktesystem zu orientieren schien,[46] standen die Werke Raffaels an erster Stelle und wurden den Stipendiaten empfohlen oder ihnen als Kopien abverlangt. An ihm sollten die Künstler vor allem Komposition und Bilderzählung studieren. So galt Raffael auch als lehrreichstes Vorbild hinsichtlich der komplexen Anforderungen der Historienmalerei an den Bildaufbau und die narrative Struktur. Angesichts des natürlichen Ablaufs eines geschichtlichen Ereignisses erforderte die malerische Wiedergabe besonderes kompositorisches Können und Abstraktionsvermögen. Verworrene Begebenheiten mußten innerhalb der Regeln der Einheit von Zeit und Raum erzählt und zu einer verständlichen Aussage und einer ästhetisch harmonischen Struktur komponiert werden.

Während Raffael im Lehrplan für Ausgewogenheit und Bedeutungsfülle stand, repräsentierte Correggio eher malerische Qualitäten im Detail; an seinem Werk wurden ästhetische Reize, wie das *sfumato* geschult. In der Hierarchie folgte weiter Tizian als Vertreter der venezianischen Malerei, die sich vor allem durch ihr Kolorit auszeichnete.[47] Insgesamt lag in der Hierarchisierung der Künstler nicht nur die Tendenz, die *Querelle des ancients et modernes* zugunsten der Klassizisten zu entscheiden, sondern auch, ganz im Einklang mit dem vasarischen Topos des *disegno* versus *pittura*, den zeichnerischen und konzeptionellen Qualitäten einen höheren Stellenwert einzuräumen.

Nicht nur wegen seiner Klassizität oder seines kompositorischen Könnens blieb Raffael das beliebteste Vorbild unter den Alten Meistern, sondern weil er darüber hinaus die besonderen Qualitäten aller anderen Maler in seinem Werk vereinigte, wie Antoine Chrysostôme Quatremère de Quincy noch 1824 betonte:

> „[…] nul n'a été aussi loin que Michel-Ange dans la science du dessin, que Titien dans la vérité de la couleur, que Corrège pour le charme du pinceau et du clair obscur, que Raphaël pour l'invention et la composition. Mais quand on compare ensuite chacun de ces quatre grands peintres entre eux, on ne saurait disconvenir que Raphaël n'ait plus approché de chacun de ces trois rivaux, dans ce qui fait leur mérite (on peut le dire) exclusif, que chacun d'eux n'a égalé Raphaël dans les parties propres à ce dernier. Et voilà où se découvre son incontestable prééminence."[48]

---

45 Zum 19. Jahrhundert vgl.: Albert Boime, The Academy and French Painting in the Nineteenth Century, London 1971 und BOIME 1984, S. 281–89. Die Kopien wurden im Musée des Études der École des Beaux-Arts in Paris ausgestellt. Darauf ging später der Plan vom Direktor der École des Beaux-Arts, Charles Blanc, zurück, in Paris ein Museums für Kopien einzurichten, vgl. Albert Boime, Le Musée des copies, in: Gazette des Beaux-Arts, Bd. 64, 1964, S. 237–47.

46 Roger de Piles, Cours de peinture par principes, Vortrag gehalten an der *Académie Royale de Paris* um 1700, (publ. 1708).

47 Zum Wandel der künstlerischen Wertschätzung einzelner Schulen im 19. Jahrhundert vgl. Francis Haskell, Rediscoveries in Art. Some Aspects of Taste, Fashion and Collecting in England and France, New York 1976 und Francesca Castellani, 'Balbutier la langue de Titien'. Il magistero della pittura veneta attraverso i viaggi e le copie dei pensionnaires, in: L'ACADÉMIE DE FRANCE À ROME AUX XIXE ET XXE SIÈCLES 2002, S. 93–106, hier S. 96 ff.

48 A. C. Quatremère de Quincy in der Tradition von André Félibiens und Anton Rafael Mengs, in: Histoire de la vie et des ouvrages de Raphaël, Paris 1824, S. 386. Vgl. auch Carl Gregor Herzog zu Mecklenburg, Correggio in der deutschen Kunstanschauung in der Zeit von 1750–1850, Studien zur deutschen Kunstgeschichte, Bd. 347, zugl. Diss., Baden-Baden 1970.

Die Einschätzung der Werke Michelangelos blieb problematisch. Nicht nur Raffael stand vor Michelangelo, sondern auch Domenichino und die Caracci,[49] ebenso wie Guido Reni und Guercino. Daß die Rompreisträger Kopien nach Michelangelos *Jüngstem Gericht* anfertigten, ist erstmals für das Jahr 1756 bezeugt und war besonders aus neoklassizistischer Sicht, die Michelangelo zwar als Genie erkannte, aber seine „wilde" Kraft fürchtete, nicht zu empfehlen:

„Les productions de ce grand homme vous paraîtront moins intéressantes que celles de Raphaël. Vous y verrez un pinceau hardi, mais sauvage, conduit par une imagination bizarre et trop souvent extravagante, tracer des figures, dont le dessin est extraordinairement savant, mais beaucoup trop chargé […] Vous serez rebuté, choqué du style rustique et raboteux de ce génie […]"[50]

Wenngleich das Interesse an Michelangelo seit der Mitte des 17. Jahrhunderts zunahm, wurden Raffaels Werke weiterhin bevorzugt. Dabei standen sich Kategorien der Perfektion und der Innerlichkeit, die einerseits mit Raffael verbunden wurden, und andererseits Kategorien der Genialität, des Übermenschlichen und Sublimen, die mit Michelangelo assoziiert wurden, gegenüber.[51] Sir Joshua Reynolds warnte seine Studenten vor der Enttäuschung, die die regellose – und daher von akademisch trainierten Kunststudenten als mißraten empfundene – Malweise Michelangelos hervorrufen konnte:

„A young artist finds the work of Michel Angelo so totally different from those of his own master, or of those with whom he is surrounded, that he may be easily persuaded to abandon and neglect studying a style, which appears to him wild, mysterious, and above his comprehension, and which he therefore feel no disposition to admire […] It is necessary therefore, that students should be prepared for the disappointment which they may experience at their first setting out."[52]

Zumal während des Neoklassizismus standen Raffaels Werke für die gelungene Synthese der antiken Schönheit mit einer lebendigen Natürlichkeit. Aber auch im 19. Jahrhundert behauptete Raffael den ersten Platz als Lehrmeister der Romreisenden, und seine Werke blieben die bevorzugten Vorlagen für Kopien.[53] Die Besichtigung der Werke Raffaels im Original rechtfertigte allein schon die lange Reise. Für Jean-Auguste-Dominique Ingres, der sich zunächst von 1806–20 und ein zweites Mal von 1834–41 als Direktor der Französischen Akademie in Rom aufhielt, war Raffael, *il divino*, das große Vorbild; er bezeichnete ihn als „un dieu descendu sur la terre" und „un second créateur" und spricht damit der romantischen Verehrung Raffaels aus dem Herzen, wie sie in den zahlreichen

---

49 Vgl. LOCQUIN 1978, bes. das Kap.: Le Programme des études et l'Enseignement traditionnels, S. 98–107.

50 Marc Antoine Laugier, Manière de bien juger des ouvrages de peinture, Paris 1771, S. 172, zitiert nach LOCQUIN 1978, S. 101

51 Zur Raffaelrezeption in der französische Kunst vgl. Martin Rosenberg, Raphael and France. The Artist as Paradigma and Symbol, Pennsylvania State University Press 1995 und Ausst.-Kat. Raphael e l'art françaises, Paris 1983. Zum Rezeptionswandel Raffaels und Michelangelos vgl. Baldine Saint Girons, Michel-Ange et Raphaël. Les enjeux d'une confrontation 1662–1824, in: Les Fins de la peinture, Actes du colloque organisé par le Centre de Recherches Littérature et Arts visuels, 9.–11. März 1989, hrsg. von René Démoris, Paris 1990, S. 173–94.

52 Joshua Reynolds, The Fifteenth Discourse, in: The Literary Works of Sir Joshua Reynolds. First President of the Royal Academy, hrsg. von Henry William Beechy, 2 Bde., London 1855.

53 Aufschlußreich bezüglich der Raffaelbegeisterung ist auch die Beauftragung und Sammlung von Raffaelkopien durch die preußischen Könige Friedrich Wilhelm III. und Friedrich Wilhelm IV., die im Raffaelsaal in der Orangerie in Potsdam ausgestellt wurden. Vgl. Robert Bussler, Der Rafael-Saal. Verzeichnis der im Königlichen Orangeriehause zu Sanssouci auf Allerhöchsten Befehl ausgestellten Copien nach Gemälden von Rafael Sanzio, Berlin 1858, 2. Aufl. 1861 und Götz Eckardt, Die Orangerie im Park von Sanssouci, Potsdam Sanssouci 1988.

Abb. 16: Marco Bonafede, Kopie nach Raffaels Jesaja in San Agostino Rom, 1779

Abb. 17: Casto Plasencia, Kopie nach Michelangelos Jesaja in der Sixtinischen Kapelle Vatikan, 1874–77

kunstwissenschaftlichen Biographien aber auch fiktiven Schilderungen des Lebens des Künstlers jener Zeit zum Ausdruck kam.[54] Daß selbst Bildhauer von Raffaels Figurenfindungen und Kompositionen profitierten, wird am Werk Bertel Thorwaldsens deutlich, der vielfach mit Hilfe von Stichen einzelne Details aus Raffaels Werken sowohl in seinen Reliefkompositionen, aber auch in seinen vollplastischen Skulpturen adaptierte.[55]

Erst um die Mitte des 19. Jahrhunderts wurde nach und nach eine größere Auswahl italienischer Kunstwerke als Kopiervorlage zugelassen. Die Akademie achtete lediglich darauf, daß nicht zu viele Wiederholungen angefertigt wurden. Im Kreis von Gustave Moreau, der sich während seines Italienaufenthaltes 1857–59 auch für Vittore Carpaccio und die frühen Venezianer interessierte, griff die Venedigbegeisterung um sich.

---

54 Zum Raffaelkult in Deutschland vgl. Elisabeth Schröter, Raffael-Kult und Raffael-Forschung. Johann David Passavant und seine Raffael-Monographie im Kontext der Kunst und Kunstgeschichte seiner Zeit, in: Römisches Jahrbuch für Kunstgeschichte, Bd. 26, Tübingen 1990, S. 303–97. Zitate ebd., S. 306; Gisold Lammel, Raffael und die deutsche Kunst in der ersten Hälfte des 19. Jahrhunderts, in: Lebenswelt und Kunsterfahrung. Beiträge zur neueren Kunstgeschichte, Ulrike Krenzlin (Hg.), Berlin 1990, S. 130–57; Hans Belting, Das unsichtbare Meisterwerk. Die modernen Mythen der Kunst, München 1998, 4. Kap.: Der Traum Raffaels und BÄTSCHMANN 1997, S. 87 f.

55 Auf diese vielfachen Zitate hat Chris Fischer vom Statens Museum for Kunst, Museum for Tegnekunst, Kopenhagen auf einer Tagung der Dänischen Akademie in Rom, 11.–13. Oktober 2006, hingewiesen. Das gleiche gilt für Eugène Delacroix, vgl. Sara Lichtenstein, Delacroix and Raphael, New York u. a. 1979.

Zum erstenmal in der Akademiegeschichte war nun, 1878, auch ein Werk Giovanni Battista Tiepolos Vorlage für eine Kopie[56] – eine bezeichnende Entwicklung für die Ausstattungsmalerei in Frankreich, die sich in den letzten Jahrzehnten des 19. Jahrhunderts mehr und mehr am italienischen Rokoko orientierte.[57] Einer Statistik zu Folge erreichte der Andrang junger Kopisten in den Uffizien um 1850 den historischen Höchststand.[58]

Die französischen Architekten studierten, sofern sie nicht in privaten Ateliers ausgebildet wurden, an der 1671 ebenfalls durch Colbert gegründeten *Académie royale d'architecture*, und wurden auf die Konkurrenz um den Rompreis vorbereitet. Die Wettbewerbsmodalitäten brachten es mit sich, daß vor allem begabte Zeichner unter den Architekten ausgezeichnet wurden und weniger visionäre Planer. Oftmals entstammten die Preisträger auch französischen Architektendynastien. Erst 1717 wurde das Wettbewerbsverfahren um den Romaufenthalt in den Statuten verankert, und der Gewinner des ersten Preises sollte gleichzeitig der Gewinner des mehrjährigen Romaufenthaltes mit der königlichen Pension sein. Doch bis zur Französischen Revolution und sehr zum Ärger der Akademie behielt sich die Krone eine Autonomie in der Vergabe des königlichen Stipendiums vor.[59]

Das architektonische Thema des Wettbewerbs wurde jährlich im Mai bekanntgegeben und eine Vorauswahl nach der Begutachtung von ersten Skizzen getroffen. Diese waren bindend für die Ausführung des fertigen Projektes. Wich letzteres von der Entwurfskizze ab, konnte dies den Ausschluß aus dem Verfahren bedeuten. Die fertigen Entwürfe wurden in anonymer Form öffentlich ausgestellt.

Die Architekturstudenten, die in Paris antike Bauwerke nur anhand von Publikationen kannten, erwartete in Rom zur Zeit der großen Ausgrabungen eine vollkommen andere Situation, da sie dort direkt mit der Realität der Ruinen und den sie erforschenden Architekten und Archäologen in Berührung kamen. Ab 1778 wurden die Bauaufnahmen antiker Monumente für die Stipendiaten der *Académie de France* in Rom obligatorisch, was oftmals auch deren zeichnerische Rekonstruktion hieß; somit beschäftigten sie sich verstärkt mit archäologischen Problemen. Ihre Probearbeiten glichen zunehmend archäologischen Bauaufnahmen und ihre Rekonstruktionen fußten auf ihrem wachsenden altertumkundlichen Wissen.[60]

Nicht nur diese Bauaufnahmen, sondern auch die Entwürfe selbst zeugten vermehrt von dem intensivierten Antikenstudium. In Paris wurde der wenig realistische Ansatz vieler Probearbeiten und Idealprojekte bedauert, die zu sehr an den antiken Vorbildern, die nichts mit den zeitgenössischen Bedürfnissen zu tun hätten, orientiert wären. Anläßlich der 1762 nach Paris gesandten Zeichnungen

---

56 CASTELLANI 2002, S. 96 ff und Francis Haskell, Tiepolo e gli artisti del secolo XIX, in: Sensibilità e razionalità del settecento, hrsg. von Vittore Branca, Florenz 1967, Bd. 2, S. 481–97, S. 491.

57 Vgl. Ausst.-Kat. The Second Empire 1852–1870. Art in France under Napoleon III, Philadelphia 1978 und Ausst.-Kat. Le Triomphe des Mairies. Grands décors républicains à Paris, 1870–1914, hrsg. von Thérèse Burollet u. a., Paris 1986.

58 Vgl. Rieke van Leeuwen, Kopiëren in Florence. Kunstenaars uit de Lage Landen in Toscane en de 19de-eeuwse kunstreis naar Italië, Florenz 1985, S. 192.

59 Zum Rompreis für Architekten in den frühen Jahren vgl. SMITH 1993 und ERBEN 2004, S. 167–80.

60 Vgl. für das 18. Jahrhundert den Ausst.-Kat. „Les prix de Rome" Concours de l'Académie Royale d'Architecture au XVIIIe siècle. Text von Jean-Marie Pérouse De Montclos. École Nationale Supérieure des Beaux-Arts; Inventaire Général des Monuments et des Richesses Artistiques de la France, Paris 1984 und für das 19. Jahrhundert: Pierre Pinon, Les envois de Rome 1778–1968. Architecture et archéologie, Rom 1988; Ausst.-Kat. Roma antiqua. Grandi edifici pubblici; „Envois" degli architetti francesi 1786–1901, hrsg. von Paola Ciancio Rossetto und Giuseppina Pisani Sartorio, École Française de Rome; École Nationale Supérieure des Beaux-Arts, Paris – Rom 1992; Ausst.-Kat. Frammenti di Roma Antica nei disegni degli architetti francesi vincitori del Prix de Rome 1786–1924, hrsg. von Massimiliano David u. a., Novara 1998 und Ausst.-Kat. Italia antiqua. Envois degli architetti francesi 1811–1950. Italia e area mediterranea, École Nationale Supérieure des Beaux-Arts, hrsg. von Annie Jacques u. a., Paris – Rom 2002. Generell zur Lehre der Architektur an der *Académie* und später an der *École* vgl. The Architecture of the École des Beaux-Arts, hrsg. von Arthur Drexler, London 1977.

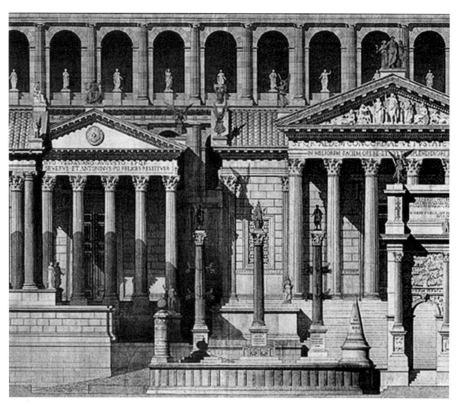

Abb. 18: Constant Moyaux, Envois (Probearbeit) des vierten Jahres, Forum Romanum, Tabularium, Vespasianstempel, Concordia Tempel und Septimus Severus Bogen in Rom, 1865

von Julien-David Leroy und Jean François Thérèse Chalgrin beklagte sich der Marquis de Marigny, Directeur Général des Bâtiments: „Je voudrais que nos architectes s'occupassent plus des choses relatives à nos mœurs et à nos usages que des temples de la Grèce."[61]

Das Problem bestand für die Zeitgenossen darin, daß die Architekten nicht wie erhofft nach den Prinzipien antiker Baukunst oder dem *Goût* der antiken Baumeister arbeiteten, sondern diese schlichtweg imitierten und dabei keine zeitgemäße Architektur entwickelten: „les élèves avaient mis des colonnes partout".[62] Nachdem die Ergebnisse des alljährlich anzufertigenden freien Entwurfs zunehmend aus überdimensionierten und unrealisierbaren Projekte bestanden, wurde die freie Entwurfsarbeit 1786 sogar komplett zugunsten der Antikenaufnahmen eingestellt.

Auch das Regelwerk der Architekten unterlag im Laufe des 19. Jahrhunderts kaum Veränderungen. Die Probearbeiten der ersten drei Jahre bestanden aus jeweils vier architektonischen Detailstudien, wobei im dritten Jahr eine Bauaufnahme des zugehörigen antiken Gebäudes samt einer Konstruktionszeichnung als Belegarbeit nach Paris zu entsenden war. Im vierten Jahr waren Zeichnungen zu einem selbst ausgewählten antiken Gebäude in Italien gefordert, die auch Rekonstruktionszeichnungen des ursprünglichen Zustandes und Zeichnungen bedeutender Details umfaßten. Zusätzlich zu den Rekonstruktionszeichnungen, die in den Besitz des Staates übergingen, wurde eine theoretische, architekturhistorische Einordnung des untersuchten Gebäudes gefordert. Im fünften Jahr fertigten die Stipendiaten ihre Abschlußarbeit an; einen Entwurf für

---

61 Zitiert nach AUSST.-KAT. LES PRIX DE ROME, S. 14.

62 So Jean-Laurent Legeay bei seiner Rückkehr nach Paris 1770, zitiert nach AUSST.-KAT. LES PRIX DE ROME, S. 14.

Abb. 19: Henri Chapu, Sein Zimmer in der Villa Medici, Brief an seine Eltern, 10. Mai 1856, Musée Municipal Melun

ein öffentliches Gebäude mit Grundrissen, Ansicht und Schnitten, der später, wenngleich nicht umgesetzt, so zumindest publiziert wurde.[63]

Reisen außerhalb Roms, in andere Gegenden Italiens wurden erst nach erfolgreichem Abschluß des dritten Jahres und Abgabe der obligatorischen Probearbeiten genehmigt. Über diese Exkursionen mußte Bericht in Form von Zeichnungen und Tagebüchern erstattet werden. Erst seit 1845, nachdem durch Eugène Viollet-le-Duc und John Ruskin die Aufmerksamkeit auch auf die nichtklassischen Stile gelenkt worden war, wurden Studienaufenthalte auch außerhalb von Italien erlaubt.[64] Für Studienaufenthalte in Griechenland übernahm ab 1846 die *École Française d'Athènes* eine ähnliche Funktion, wie die Villa Medici in Rom.

Die Bildhauer mußten ebenfalls zwei Vorauswahlverfahren überwinden, um zum Hauptwettbewerb um den Rompreis zugelassen zu werden. Am ersten Tag schufen sie einen Entwurf, im zweiten Verfahren, das vier Tage zu je sieben Stunden dauerte, eine Aktstudie nach lebendem Modell. Das entscheidende Werk bestand in einem Flachrelief von 1,14 m x 1,46 m oder einer Figur von ca. einem Meter Höhe zu Themen der antiken Mythologie oder sakralen bzw. profanen Geschichte.

Während des Romaufenthaltes bestanden die Belegarbeiten der Bildhauer im ersten Jahr in einer Kopie in Marmor eines antiken Werkes, die in den Besitz des Staates überging, im zweiten und

---

63 Ein Beispiel ist der Prachtband: Les grands prix de Rome d'architecture de 1850 aÌ 1900. Extraits des programmes des concours, École nationale supérieure des beaux-arts, Paris 1900.

64 Einen Überblick über die Regeln für die Architekten gibt PINON 1988, S. 47–70.

dritten Jahr sollten die Bildhauer eine lebensgroße Figur in Flachrelief oder vollplastisch aus Ton anfertigen und im vierten Jahr ein Modell einer vollplastischen Gruppe und ein Modell einer lebensgroßen Figur schaffen, die sie dann im fünften Jahr in Marmor ausführen mußten.[65] Langsam öffnete sich auch der Kanon des Studienmaterials für die Bildhauer von der antiken Skulptur auf neuzeitliche Vorbilder. Auf dem Weg nach Rom, eine Station in Florenz einlegend, schildert der französische Bildhauer Henri Chapu 1856 seine Begegnung mit den Werken Michelangelos und Lorenzo Ghibertis, die diesen Wandel der künstlerischen Wertschätzung und besonders das neuerwachte Interesse für Michelangelo dokumentiert. Bemerkenswert ist Chapus Beteuerung, daß ihn die Werke, obwohl sie ihm durch Abgüsse ja schon bekannt wären, nicht minder beeindruckt hätten:

„[…] la chapelle des Médicis ou se trouve les tombeaux de Julien et de Laurent de Médicis, quoique je connaissais déjà les moulages ils ne m'ont pas moins fait grand plaisir, et je me serais laissé aller a une admiration exclusive de Michelange, si je n'avais trouvé aussi a Florence quelques beaux morceaux de sculpture antique tels que le groupe d'Ajax et de Patrocle sous la loge de lances, la vénus de Médicis, les Lutteurs, l'Apolline, le faune dansant mal restauré par Michelange, mais ce qui en est antique est charmante des beaux bronzes, e tant d'autre choses que je n'ose entreprendre de nommer.

Le Persée de Benvenuto ne me paraît pas mériter la si grande admiration qu'on lui a donnée et dont lui même parle beaucoup dans ses mémoires. Les portes du Baptistères de Ghiberti sont évidemment remarquables a un certain point de vue les deux autres portes ne me paraissent pas moins curieuses et d'un bon caractère […]."[66]

Doch auch auf Chapu machten letztlich die klassischen Kunstschätze Roms einen noch größeren Eindruck. Wie er im selben Brief berichtet, wurde er von seinen Kollegen der Villa Medici mit Wein aus Orvieto am Ponte Milvio erwartet und stand dem künstlerischen Totalangebot von Akademie und Kunststadt erstmal sprachlos gegenüber.

Die Pflichtarbeiten: Kopien

Ganz in der Tradition früher Lehrmethoden – die Empfehlung des Kopierens von Meisterzeichnungen von Cennino Cennini gehört zu den frühesten Überlieferungen dieser Praxis, der als zweiter Schritt das Zeichnen nach dreidimensionalen Kunstwerken, wie nach antiken Statuen folgte[67] – legte die französische Akademie während der Romaufenthalte ihrer jungen Künstler Wert auf das systematische Kopieren der von ihr gewählten Vorlagen. Dies galt als förderlichste Vorbereitung für ein eigenes Werk, das durchaus als eine Assemblage auserwählter, vorbildlicher Beispiele der

---

65 Vgl. Antoinette LeNormand, Le concours de Rome, und dies., L'Académie de France à Rome. Les envois de Rome, in: Ausst.-Kat. La sculpture française au XIXe siècle, hrsg. von Anne Pingeot, Paris 1986, S. 49–57.

66 Brief von Henri Chapu wahrscheinlich an seinen Lehrer Francisque Duret aus Rom am 19. Februar 1856, in: The Getty Research Institute, Special Collection ID 860885.

67 Cennino Cennini, Il libro dell'arte (1390), Kap. XXVII, Reprint Vicenza 1982. Dieselben Empfehlungen stammen von Leonardo und Dürer, vgl. Jean Paul Richter, The Notebooks of Leonardo da Vinci, 2 Bde. New York 1970, 2. Bd., S. 243 und Dürer "Van der malery" 1513, in: Hans Rupprich, Dürer. Schriftlicher Nachlaß, 3 Bde., Berlin 1956–1969, 2. Bd. 1966, S. 99 f. Einen Überblick über die Lehrmethoden in Renaissance und Barock gibt der Aufsatzband: Children of Mercury. The Education of Artists in the Sixteenth and Seventeenth Centuries, hrsg. von Brown University, Providence – Rhode Island 1984, S. 28–39.

Bildkomposition, der Farbgebung, der Zeichnung, der anatomischen und perspektivischen Darstellung geschaffen werden konnte. Für ein eigenes Werk sollten sich die Studenten also bestenfalls Vorbilder suchen, „die ähnliche Formen aufwiesen, wie diejenigen des Stoffes, den sie behandeln wollten."[68]

Dabei wurde dem Hauptvorbild, Raffael, von Reynolds 1774 eine ähnliche Vorgehensweise bescheinigt: Raffael habe, um zu einer idealen Schönheit zu gelangen, nicht nur seinen Lehrmeister, sondern ebenso viele andere Künstler imitiert, so daß nicht nur seine Kunst, sondern seine Methode Vorbild für alle nachfolgenden Maler wurde.[69] Das Künstlerische beweise sich in einer Nachahmung, die dennoch ein originelles Ergebnis erziele. Nochmals und in ähnlicher Weise wurden Kunstnachahmung (Kopie) und selektive Naturnachahmung im ersten Drittel des 19. Jahrhunderts von Quatremère de Quincy, dem einflußreichen Pariser Generalintendanten der Künste, dem sowohl die Pariser Akademie, die Französische Akademie in Rom als auch die *École des Beaux-Arts* unterstanden, verteidigt, der jedoch die Bedingung künstlerischer Verarbeitung folgendermaßen postulierte: Voraussetzung einer fruchtbaren Nachahmung sei, daß das Genie das Genie erkenne und von ihm lerne.[70] Dabei mußte es nicht gezwungenermaßen zu stilistischen Übernahmen kommen. Raffael hätte, so Quatremère in seiner Monographie über den Künstler, von Michelangelo zwar Motive entliehen, aber ohne sich dessen Stils zu bedienen. Raffael assimilierte vielmehr etwas von Michelangelos „geistiger" Stärke, die Raffaels eigener Begabung die Richtung gewiesen hätte.[71]

Doch abgesehen von dem seit der Antike andauernden Disput über *Imitatio* bzw. *Superatio*[72] und jenen schwer faßbaren Wirkungen künstlerischer „Befruchtung", bedeutete die Anfertigung einer Kopie, sich zu den oft weit entfernten Originalen zu begeben und sich direkt mit ihnen auseinanderzusetzen.[73] Tatsächlich konnten die heimischen Akademien niemals ihre Sammlungen mit dem Angebot der Kunststätten Italiens messen.

---

68 Rapport sur les ouvrages envoyés de Rome..., Archives de l'institut. L'Académie des Beaux-Arts. Séance publiques, Vol. VI, 4. Oktober 1828. Übersetzt zitiert nach BOIME 1971, S. 123.

69 Vgl. Joshua Reynolds, A Discourse. Delivered to the students of the Royal Academy on the Distribution of the Prizes, December 10, 1774 by the President: „We should imitate the conduct of the great artists in the course of their studies, as well as the works which they produced, when they were perfectly formed. Raffaelle began by imitating implicitly the manner of Pietro Perugino, under whom he studied; so his first works are scarce to be distinguished from his master's, but soon forming higher and more extensive views, he imitated the grand outline of Michael Angelo. He learnt the manner of using colours from the works of Leonardo da Vinci and Frate Bartolomeo; to all this he added the contemplation of all the remains of antiquity that were within his reach, and employed others to draw for him what was in Greece and distant places. And it is from his having taken so many models that he became himself a model for all succeeding painters, always imitating, and always original. If your ambition therefore be to equal Raffaelle, you must do as Raffaelle did; take many models, and not take even him for your guide alone to the exclusion of others. And yet the number is infinite of those who seem, if one may judge by their style, to have seen no other works but those of their master, or of some favourite whose manner is their first wish and their last." Zitiert nach: The Literary Works of Sir Joshua Reynolds, first President of the Royal Academy, hrsg. von Henry William Beechy, 2 Bde., London 1855.

70 Diesen Gedanken formulierte Herder bereits 1773 in seiner Preisschrift für die Berliner Akademie, Ursachen des gesunkenen Geschmacks bei den verschiednen Völkern, da er blühete „Nur also Genies können und müssen Genies bilden und rückbilden zur Ordnung, Schönheit und dem Gleichmaße ihrer erkennenden oder fühlenden oder ausübenden Kräfte: denn auch hier würkt Wahrheit und Schöne nur durch Gleichgefühl und Nachahmung. [...] Genies, die also gebildet sind und weiter bilden, sind Ebenbilder der Gottheit an Ordnung, Schöne und unsichtbaren Schöpferskräften, Schätze ihres Zeitalters, Sterne im Dunkeln, die durch ihr Wesen erleuchten und scheinen, so viel es die Finsternis aufnimmt." Berlin 1775, S. 68.

71 A. C. Quatremère de Quincy, Essai sur la nature, le but et les moyens de l'imitation dans les beaux-arts, Paris 1823 und ders., Histoire de la vie et des ouvrages de Raphaël, Paris 1824. Vgl. hierzu auch Jean-Claude Lebensztejn, De l'imitation dans les beaux-arts, Paris 1996, S. 7–32.

72 Eine konzentrierte Erörterung der Paradigmenwechsel bei Götz Pochat, Imitation und Superatio in der bildenden Kunst, in: Imitatio. Von der Produktivität künstlerischer Anspielungen und Mißverständnisse, hrsg. von Paul Naredi-Rainer, Berlin 2001, S. 11–47. Ebenfalls genauer auf die Ziele und kunsttheoretischen Hintergründe der Kopierpraxis gehen BOIME 1971, Kap. 6, The Academic Copy und GOLDSTEIN 1996, Kap. 6, The Copy, ein.

73 Vgl. dazu ausführlicher KAPITEL VI. 5.

Abb. 20: Louise Seidler, Kopie nach Raffael, Madonna mit dem Stieglitz, 1821, Weimar

Neben die hohen Erwartungen, die an die Tätigkeit des Kopierens gestellt wurden, traten jedoch um die Wende zum 19. Jahrhundert, zumal mit der Neuorientierung künstlerischer Wertmaßstäbe in der Romantik mit ihrem Geniekult, auch große Zweifel, ob die Künstler in dieser Art der völligen Hingabe an die Meisterwerke einem künstlerischen Können tatsächlich näher kämen bzw. nicht vielmehr ihre persönliche Ausdrucksweise und Einbildungskraft ganz ersticken würden. Bekannt ist Asmus Jacob Carstens Versuch einen Ausweg aus dieser Situation zu finden, indem er die antiken Abgüsse der Kopenhagener Akademie nicht abzeichnete, sondern sie nur durch Betrachtung zu verinnerlichen suchte, um dann aus der Konzentration auf die Erinnerung heraus das „Wesen" der Antike in seine eigenen Werke einfließen zu lassen.[74] Carstens Kritik an der Lehrmethode der Akademien in der Fixierung auf historische Vorbilder hatte in England, Frankreich und Spanien Vorläufer: so in Reynolds Karikaturen der Akademiker in den fünfziger Jahren des 18. Jahrhunderts,[75] in Francisco Goyas Kritik an den „toten" akademischen Idealen, seiner Forderung nach absoluter künstlerischer Freiheit und Verdammung jeglicher Dogmen in der künstlerischen Lehre 1792[76] und in Jacques-Louis Davids 1793 im Nationalkonvent erschienenen *Discours du citoyen David, député du département de Paris, sur la nécessité de supprimer les Académies.*[77]

---

74 Vgl. Renate Barth, Asmus Jakob Carstens – Lebensskizze, in: Ausst.-Kat. Asmus Jakob Carstens. Goethes Erwerbungen für Weimar, Schleswig-Holsteinisches Landesmuseum, Schleswig 1992, S. 97 und Kapitel IV. 1.

75 Vgl. Kapitel III. 1.

76 Vgl. Jutta Held, Goyas Akademiekritik, in: Münchner Jahrbuch der bildenden Kunst, Serie III, XVII, 1966, S. 214–24 und Kapitel II. 1.

77 Vgl. Richard Chafee, The Teaching of Architecture at the École des Beaux-Arts, in: The Architecture 1977, S. 61–110, besonders S. 65–71, Pevsner 1986, S. 196–99 und Kapitel I.1.

Unter Jean-Auguste-Domique Ingres, dem Direktor der französischen Akademie in Rom während der Jahre 1835–40, kam es hinsichtlich des obligatorischen Kopierens zu Reformversuchen. Der Kopie wurde innerhalb des Romaufenthalts nun ein geringerer Stellenwert zugewiesen: das zu kopierende Werk sollte rascher und nur skizzenhaft nachgezogen und nicht mehr bis zur Vollendung ausgearbeitet werden, und die Anfertigung der Kopie wurde vom vierten auf das erste Jahr verschoben. Damit konnte die Beobachtungsfähigkeit der Studenten im ersten Studienjahr angeregt werden, aber zwischen der Kopie und dem eigenen Abschlußwerk genug Zeit verstreichen, um den Studenten frei von dem befürchteten lastenden und lähmenden Einfluß der Alten Kunst zu machen.[78]

Weitere Konflikte innerhalb der Praxis des Kopierens entzündeten sich an den Grenzen der Nachahmung: Wie konnte der freiere Pinselstrich eines Rubens oder Velasquez ohne eine ebenso freie Gestik nachgeahmt werden und dennoch Deckungsgleichheit erreicht werden? Wollte man den Ausführungsprozeß kopieren, also eine instinktive malerische Geste, mußte man sich von der peniblen Wiedergabe der äußeren Erscheinung der Leinwand verabschieden.[79] Doch Ingres' Optimierungsversuche beschränkten sich auf Marginalien; die französische Akademie entkräftete die Widersprüche, vertraute weiter der Kopie der Alten Meister als tauglichste Übung und lehnte Reformvorschläge ab. Dieses Vertrauen in die Vorbildfunktion war allerdings keineswegs auf die Akademie beschränkt. Auch in den meisten der privaten Ateliers zeichneten und malten die Schüler, aber auch Autodidakten, nach Meisterwerken in den europäischen Museen oder nach Stichwerken und die Frage war damals weniger, *ob* sie kopierten, sondern wen und besonders *wie*.[80]

Im Laufe des 19. Jahrhunderts wurde neben dem immer präziseren Erlernen der manualtechnischen Prozedur immer mehr auch eine immaterielle Aneignung mit eingerechnet. Bei der Tätigkeit des Kopierens sollte der Student mit einer „Disposition of mind and body' similar to that of his model" arbeiten – also in der seelisch-physischen Haltung des Alten Meisters.[81] Während des Kopierens sollten demnach nicht nur die materialtechnischen, sondern auch die kreativen Qualitäten der Alten Meister emuliert werden und sich später im eigenen Werk individualisiert aber als künstlerische Qualität widerspiegeln.

Die Lehrer und Schüler dachten, durch die Kopie nicht nur eine Replik herzustellen und das Kunstwerk damit gewissermaßen zu besitzen, sondern der Bildgenesis näher zu kommen, also sich dem Schöpfer in der Einfühlung in sein Werk anzunähern, und dem Geheimnis seiner zeitlosen Wirkung auf die Spur zu kommen. Paul Duro, der sich neben Albert Boime ausführlicher mit den an das Kopieren geknüpften Erwartungen beschäftigt hat, beschrieb sie folgendermaßen: „The belief that to reproduce the original was in some way to posses it, thereby making the imitation not a simple reproduction of appearances, but an evocation of the essence of another."[82] Im Kopieren gepriesener Werke bestand nicht nur ein Versuch, sich durch Fleiß und auf systematische Weise künstlerisches Können anzueignen, sondern in der Nachahmung ging es durchaus auch um die Suche nach künstlerischer Inspiration und der Annäherung an das, und die Aneignung von dem, was als wahre Kunst anerkannt war.

---

78 Schon 1817 hatten erste Reformversuche zur Folge, daß die Kopie nicht mehr die Abschlußarbeit des fünften Jahres war, sondern diese im vierten Jahr vorbereitete, vgl. BOIME 1971, S. 126.

79 Vgl. DURO 2000, S. 133–49.

80 Vgl. Victor Stoichita, „Kopieren wie einst" oder: Degas und die Meister, in: Wege zu Degas, hrsg. von Wilhelm Schmid, München 1988, S. 366–82.

81 John La Farge, Considerations on Painting, New York – London, 1896, S. 201. La Farge hatte eine Zeit in Paris im Atelier von Thomas Couture gearbeitet und war dort mit der Praxis des Kopierens vertraut gemacht worden. Später gehörte er dem Kreis der Gründer der Amerikanischen Akademie in Rom an, siehe auch KAPITEL V.1.

82 DURO 2000, S. 133–49, S. 134. Vgl. auch BOIME 1971, hier S. 123/24.

Eine wirkliche Änderung der mittlerweile zweihundert Jahre währenden Praxis der akademischen Romaufenthalte trat erst in der zweiten Hälfte des 19. Jahrhunderts ein. 1863 wurden im Zuge des ersten tatsächlich tiefgreifenden Reformwerks die Kopienregeln von der französischen Akademie gelockert. Parallel zum ersten *Salon des refuses* im selben Jahr machte sich, ausgehend von Viollet-le-Duc Kritik gegen die Predigten des Klassizismus der Akademie laut. Am Ausbildungssystem der *École des Beaux-Arts* und an der Preisverleihungspraxis der *Académie* wurde kritisiert, daß sie sich längst von der Zeitgenossenschaft entfernt hätten. Die Reform im Jahr 1863 übergab das Preisurteil schließlich einer akademieexternen Jury, die Altersbeschränkung für die Teilnahme am Wettbewerb wurde heruntergesetzt und der Aufenthalt in Rom zwischenzeitlich auf vier Jahre beschränkt. Gleichermaßen wurde die Aufsicht über die *École des Beaux-Arts* und die *Académie de France* in Rom der *Académie* aus der Hand genommen und einer staatlichen Behörde unterstellt.[83]

Ein Jahrzehnt später, als die Gründungen der anderen ausländischen Akademien in Rom nach französischem Modell kurz vor ihrer Umsetzung standen, meldete die deutsche *National Zeitung* vom 12. Oktober 1893 überrascht, daß die Pariser Akademie ihre höchste Preisauszeichnung, den *Prix de Rome*, von einem Romaufenthalt freistellen wollte:

> „Die Pariser Akademie der bildenden Künste hat die Einrichtung des römischen Preises, der den besten Schülern der Akademie einen mehrjährigen Aufenthalt in Rom ermögliche, sie zu gleich aber dazu nöthigte, aufgehoben. In dortigen Künstlerkreisen findet dieser Entschluß großen Beifall. Der Bildhauer Rodin urtheilt in der „Vie contemporaine", daß der „Prix de Rome" die Talente, die damit bedacht wurden, in ihrer Entwicklung geradezu aufgehalten habe [...]."

Tatsächlich blieb allerdings alles beim Alten – noch über zweihundert Jahre nach ihrer Gründung empfing die französische Akademie in Rom jedes Jahr die Schar der Rompreisträger, die nun wieder bis zu fünf Jahre in der Ewigen Stadt blieben. Überblickt man die Probe- und Abschlußarbeiten der *École des Beaux-Arts* vom Ende des 18. Jahrhunderts bis zum Ende des 19. Jahrhunderts, stellt man fest, wie geringe Wandlungen sich im Rompreisverfahren und in seinen Wettbewerbsbeiträgen in all den Jahren vollzogen haben.[84]

Akademiegründungen in Europa und akademisches Leben in Rom

Wie sahen die Voraussetzungen der Romreise für die anderen europäischen Kunststudenten aus? Kehren wir noch einmal ins 18. Jahrhundert zurück, in dem nahezu alle europäischen Höfe nicht nur mehr oder weniger dem Modell des französischen Absolutismus, sondern auch seinem System zur Künstlerausbildung folgten. In den Hauptstädten und größeren Zentren des Alten Kontinents, aber auch in Amerika wurden Kunstakademien gegründet; wie z. B. 1703 in Berlin, 1704 in Wien, 1712 in Bordeaux, 1729 in Edinburgh, 1735 in Stockholm, 1744 in Madrid, 1757 in St. Petersburg, 1766 in London, 1774 in Lissabon, 1816 in Rio de Janeiro, 1828 in New York usw. Pevsner zählte für das Jahr 1740 fünfundzwanzig und für 1790 schon hundert bestehende Akademien.[85] Nach dem Muster

---

83 Vgl. Albert Boime, The Teaching Reforms of 1863 and the Origins of Modernism in France, in: The Art Quarterly, Vol. 1, Nr. 1, New York 1977, S. 1–39 und Harrison C. und Cynthia A. White, Canvases and Careers. Institutional Change in the French Painting World, Chicago 1993².

84 Vgl. Ausst.-Kat. Les concours des Prix de Rome 1983; Ausst.-Kat. Les concours d'Esquisses peintes 1986; Ausst.-Kat. The Grand Prix de Rome 1984 und Pierre Vaisse, Il prix de Rome, in: Ausst.-Kat. Maestà 2, 2003, S. 41–49.

85 Vgl. Pevsner 1986, S. 144.

der französischen Romstipendien sandten auch diese Akademien, neben den direkt durch die entsprechenden Fürstenhäuser entsandten Künstlern, ihre ausgezeichneten Schüler zur Vollendung ihrer Ausbildung nach Rom und versuchten dort ähnliche Einrichtungen wie die französische Akademie zu etablieren. So wies der Hof- und Staatskanzler und Protektor der Wiener Akademie, Wenzel Anton Fürst Kaunitz, am 25. Mai 1770 die österreichische Kaiserin Maria Theresia darauf hin, daß

> „Ludwig XIV. zwar durch seine großen Unternehmungen, und Eroberungen das französische Reich sehr erweitert und seinen Namen groß gemacht hat: […] Die von ihm errichteten und reichlich gestifteten Kunst-Akademien zu Paris und Rom waren die ersten von dieser Art und legten den Grund zum Flor, womit Frankreich von diesem Gesichtspunkte betrachtet, dermal vor allen übrigen Ländern pranget […]."[86]

Aber auch ohne über eine Einrichtung wie die *Académie de France à Rome* zu verfügen, versammelten sich die Künstler in Rom zum gemeinsamen Akt- und Antikenzeichnen sowie zum Kopieren italienischer Kunstwerke, zum Vermessen der antiken Bauwerke, zu archäologischen Studien und zur Dokumentation der archäologischen Funde.[87] Oftmals wurden ihnen von der heimischen Akademie renommierte Künstler als Betreuer in Rom zugewiesen: Anton Rafael Mengs und Anton von Maron waren für die Wiener,[88] Johann Friedrich Reiffenstein für die St. Petersburger,[89] Carlo Albacini für die portugiesischen,[90] Friedrich Rehberg für die Berliner[91] und Francisco Preciado de la Vega für die spanischen Stipendiaten zuständig.[92]

---

86 Walter Wagner, Die Geschichte der Akademie der bildenden Künste in Wien, Wien 1967, S. 37/8.

87 Für das 18. Jahrhundert bietet der Ausst.-Kat. Art in Rome in the Eighteenth Century, hrsg. von Edgar Peters Bowron und Joseph J. Rishel, Philadelphia, Pennsylvania 2000 und für das 19. Jahrhundert der AUSST.-KAT. MAESTÀ 1/2 einen ersten Einblick in die Bedeutung Roms als internationaler Studienort. Parallel zur römischen Ausstellung *Maestà di Roma* fanden zwei Tagungen statt, deren Tagungsakten im zweiten Fall veröffentlicht wurden: Accademie e Accademismo 1770–1870, Giornate di studi in memoria di Stefano Susinno, Villa Medici, Accademia di San Luca, Galleria Nazionale d'Arte Moderna, organisiert von Olivier Bonfait, Rom 9.–11. Juni 2003 und Fictions of Isolation. Artistic and Intellectual Exchange in Rome during the First Half of the Nineteenth Century, Analecta Romana Instituti Danici, Supplementum 37, hrsg. von Lorenz Enderlein und Nino Zchomelidse, Rom 2006.

88 Zur Geschichte des österreichischen Rompreises vgl. Walter Wagner, Die Rompensionäre der Wiener Akademie der Künste 1772–1848. Nach den Quellen im Archiv der Akademie, 1. Teil: Anfänge und Krisenzeit während der Revolutionskriege, in: Römische Historische Mitteilungen, Bd. 14, 1972, S. 65–109; ders., Die Rompensionäre der Wiener Akademie der Bildenden Künste 1772–1848. Nach den Quellen im Archiv der Akademie, 2. Teil: Die Zeit des Vormärz, in: Römische Historische Mitteilungen, Bd. 15, 1973, S. 13–66 und auch den Ausst.-Kat. Österreichische Künstler und Rom. Vom Barock zur Secession, Wien 1972, S. 53–60.

89 Ab den sechziger Jahren des 18. Jahrhunderts wurde der römische Antiquar Johann Friedrich Reiffenstein (1719–1793) zum Repräsentanten der russischen Kunstakademie in Rom und hatte die Oberaufsicht über die jungen russischen Kunststudenten inne. Aloys Hirt erwähnte später in seinem Verzeichniß der bekanntesten jetztlebenden Künstler in Rom (ca. 1787): „Rußische Pensionaires sind auch ungefähr 6 hier, aber außer Copien habe ich noch nichts gesehen. Ein Landschaftsmaler, Theodor genannt (Feodor Michailowitsch Matwejew), ist darunter, der obwohl seine Sachen sehr mittelmäßig sind, doch den Vorzug vor seinen Landsleuten zu verdienen scheint." in: Ein Potsdamer Maler in Rom. Briefe des Batoni-Schülers Johann Gottlieb Puhlman aus den Jahren 1774–1787, hrsg. von Eckhart Götz, Berlin 1979, S. 331–39, S. 339; vgl. auch Harald Tausch und Rolf H. Johannsen, Aloys Hirt: Verzeichniß der bekanntesten jeztlebenden Künstler in Rom, in: Aloys Hirt. Archäologe, Historiker, Kunstkenner, hrsg. von Claudia Sedlarz, Laatzen 2004 S. 299–366. Die Petersburger Akademie verlieh unter Alexander I. die große Goldmedaille, die ein sechsjähriges Italienstipendium gewährte. Zur Petersburger Akademie vgl. Julius Hasselblatt, Historischer Überblick der Entwickelung der Kaiserlich Russischen Akademie der Künste in St. Petersburg. Ein Beitrag zur Geschichte der Kunst in Russland, St. Petersburg – Leipzig 1886, S. 55. Zum Russischen Rompreis im 18. Jahrhundert vgl. Letizia Tedeschi, Roma, la „madre comune delle belle arti". L'Italia, i pensionnaires russi e l'antico, in: Dal mito al progetto. La cultura architettonica dei maestri italiani e ticinesi nella Russia neoclassica, hrsg. von Nicola Navone, Accademia di Architettura, Mendrisio 2004, S. 142–73, im 19. Jahrhundert KAPITEL VI., Anm. 41 und 44.

90 Vgl. STRONG 1928 und NOACK 1912, S. 96.

91 Vgl. KAPITEL IV. 1.

92 Vgl. KAPITEL II. 1.

Aus dieser Praxis erwuchsen erstmals Mitte des 18. Jahrhunderts konkrete Initiativen zur Etablierung nationaler Akademien in Rom, für die auch schon architektonische Entwürfe angefertigt wurden.[93] Parallel zu diesen Versuchen bildeten sich privat organisierte Zeichenschulen, oftmals in den Ateliers der angesehenen, in Rom ansässigen Künstler, die einen Schülerkreis um sich versammelten. Zuweilen wurden auch diese Atelierschulen, wie sie Anton Raffael Mengs, Pompeo Batoni, Tommaso Conca, Alexander Trippel, Charles-Louis Clerisseau, Johann Heinrich Füssli oder, während der vorübergehenden Schließung der französischen Akademie von 1793 bis 1798, auch Felice Giani unterhielten, Akademien genannt und standen den fremden Künstlern offen.[94] Ebenso war den Romreisenden die Teilnahme an Zeichenübungen in der französischen Akademie und in der *Accademia di San Luca* erlaubt.[95] Als 1755 die in der französischen Akademie veranstaltete öffentliche Aktmalklasse eingestellt wurde, trat die 1754 von Papst Benedikt XIV. zeitgleich mit dem Kapitolischen Museum gegründete *Accademia del Nudo* auf dem Kapitol in Funktion, und die auswärtigen Künstler konnten dorthin ausweichen.[96] Die Ausrichtung der *Accademia del Nudo,* die unter Aufsicht der *Accademia di San Luca* ausschließlich eine Aktmalklasse unterhielt, zeugt von dem zentralen Stellenwert des Aktstudiums innerhalb der akademischen Ausbildung, zumal aufgrund des neuen Interesses am nackten Körper im Neoklassizismus.[97] Für die Aktmalklasse bestimmten die Professoren der *Accademia di San Luca*, darunter Giovanni Paolo Pannini und Anton Rafael Mengs, wöchentlich wechselnd die Posen des männlichen Modells – weibliche Modelle waren im Kirchenstaat verboten – und unterrichteten die Schüler im Aktzeichnen. Die Ergebnisse wurden von einer Jury der Professoren der *Accademia di San Luca* beurteilt und ausgezeichnet. Diese Auszeichnungen besaßen durchaus einen internationalen Stellenwert, und oft brachte der Gewinn einer Medaille der *Accademia del Nudo* im Heimatland große Anerkennung, die sich in der Verlängerung der Stipendien bzw. in Extrastipendien vom Hof äußerte. Der Spanier Damián Campeny (1771–1853) gewann z. B. 1802 die Silbermedaille der *Accademia del Nudo* und erhielt daraufhin eine Pension vom spanischen König.[98] In den Jahren von 1755 bis 1800 wurde

93 Vgl. die jeweiligen KAPITEL.
94 Vgl. Carlo Sisi, L'educazione accademica, in: AUSST.-KAT. MAESTÀ 1, S. 279–81 und Stella Rudolph, Felice Giani. Da accademico „de'Pensieri" a Madonnero, in: Storia dell'arte, IX., Bde. 30–31, 1977, S. 175–86.
95 Vgl. Carlo Pietrangeli, L'Accademia di San Luca, Rom 1974 und Hellmut Hager, L'Accademia di San Luca e i concorsi di architettura, in: Ausst.- Kat. Æqua potestas. Le arti in gara a Roma nel Settecento, hrsg. von Angela Cipriani, Rom 2000, S. 117–24; Gerardo Casale, Rapporti tra l'Accademia di San Luca e i Portoghesi a Roma, in: Giovanni V. di Portogallo (1707–1750) e la cultura romana del suo tempo, hrsg. von Sandra Vasco Rocca, Rom 1995, S. 377–84; Olivier Michel, I pittori francesi e i concorsi dell'accademia di San Luca nel XVII secolo, in: I disegni di figura nell'Archivio Storico dell'Accademia di San Luca, 1. Bd., Concorsi e accademie del secolo XVII., hrsg. von Angela Cipriani und Enrico Valeriani, Rom 1988, S. 7–13 und Soledad Cánovas del Castillo, Artistas españoles en la Academia de San Luca de Roma, Boletín de la Real Academia de Bellas Artes de San Fernando, Nr. 68, Madrid 1989, S. 155–209.
96 Vgl. Maria Pia Donato, Accademie romane. Una storia sociale, 1671–1824, Neapel 2000.
97 Vgl. auch Martin David Myrone, Body-building. British Historical Artists in London and Rome and the Remaking of the Heroic Ideal, 1760–1800, zugl. Diss., Courtauld Institute of Art, London 1998. Daß diese Praxis auch die Gefahr der Lebensferne in sich barg, kritisierte später Diderot, indem er gegen den Anatomieunterricht Stellung nahm: „Die sieben Jahre, die man in der Akademie zubringt, um nach dem Modell zu zeichnen, glaubt ihr die gut angewendet? Und wollt ihr wissen, was ich davon denke? Eben während diesen sieben mühseligen und grausamen Jahren nimmt man in der Zeichnung eine Manier an; alle diese akademischen Stellungen, gezwungen zugerichtet, zurechtgerückt wie sie sind, alle die Handlungen, die kalt und schief durch einen armen Teufel ausgedrückt werden, und immer durch ebendenselben armen Teufel, der gedungen ist, dreimal die Woche zu kommen, sich auszukleiden, und sich durch den Professor wie eine Gliederpuppe behandeln zu lassen, was haben sie mit den Stellungen und Bewegungen der Natur gemein? Der Mann, der in Eurem Hofe Wasser aus dem Brunnen zieht, wird er durch jenen richtig vorgestellt, der nicht dieselbe Last zu bewegen hat und, mit zwei Armen in der Höhe, auf dem Schulgerüst diese Handlung ungeschickt simuliert?" Diderots Versuch über die Malerei, übersetzt und mit Anmerkungen versehen, in: Propyläen I, 1799, zitiert nach Udo Kultermann, Geschichte der Kunstgeschichte. Der Weg einer Wissenschaft, Wien – Düsseldorf 1966, S. 67.
98 Margaret F. MacDonald, British Artists at the Accademia del Nudo in Rome, in: ACADEMIES OF ART 1989, S. 77–94, S. 78. Vgl. auch Carlo Pietrangeli, „L'accademia del nudo" in Campidoglio, in: Strenna dei Romanisti, Bd. 20, Rom 1959, S. 123–29; Luigi Pirotta, I direttori dell'Accademia del Nudo in Campidoglio, in: Strenna dei

die *Accademia*, neben zahlreichen italienischen Künstlern, von 24 Franzosen, 2 Korsen, 20 Deutschen, 20 Spaniern, 16 Flamen, 8 Schweizern, 8 Portugiesen, 5 Engländern, 4 Polen und 2 Russen besucht.[99]

1812 wurden unter der napoleonischen Regierung Roms als Ersatz der päpstlichen Kunstpatronage neue Kunstschulen für italienische und ausländische Künstler gegründet, mit regelmäßigen, kostenlosen Kursen, so z. B. im aufgelösten *Collegio Germanico* an der Piazza Sant'Apollinare. Dort wurden auch Preisverfahren veranstaltet, wobei neben verschiedenen Auszeichnungen auch ein von Antonio Canova gestiftetes Stipendium zu gewinnen war. Infolge des öffentlichen Lehrangebots, sowohl der italienischen als auch der französischen Akademie, fanden Künstler, die aus anderen Ländern stammten, in diesen Akademien zwar keine Unterkunft, aber Anschluß an die neuesten künstlerischen Strömungen und internationalen Austausch.[100]

Die Beherbergung harrte jedoch mit dem sich mehr und mehr in akademischen Institutionen vollziehenden Ausbildungsgang der Künstler immer dringender einer Lösung. Während die Künstler zuvor im Betrieb des Meisters wohnen konnten, waren sie nun, da ihre Ausbildung immer ausschließlicher an die Akademie gebunden war, zunehmend allein auf sich gestellt. Mit der Auflösung der alten Zunftregeln der Künstlerausbildung, fielen die Künstler auch aus dem wirtschaftlichen System der Werkstatt. Die akademischen Romaufenthalte wurden sowohl von den wirtschaftlichen Bedingungen als auch von den professionell-sozialen Bindungen her immer riskanter.

Auch aus diesem Grund bildeten sich mittlerweile ländergebundene Einrichtungen aus. Im Palazzo Venezia waren während der napoleonischen Zeit die römischen Ateliers der Akademien der anderen italienischen Staaten, vor allem der Lombardei und Venetiens, untergebracht, deren Stipendiaten dort für jeweils drei Jahre unter der Leitung von Canova und Giuseppe Tambroni arbeiteten.[101] Während der Palazzo Farnese Sitz der Botschaft des Königreichs Neapel war, wohnten die Rompreis-Künstler der von Carlos III. gegründeten neapolitanischen Akademie unter der Leitung von Vincenzo Camuccini in dessen Dependance, der Farnesina.[102]

Jene um die Mitte des 18. Jahrhunderts entstandenen Initiativen zur Gründung von ausländischen Akademien wurden – auch vor dem Hintergrund des verstärkten Nationalismus nach den Befreiungskriegen – in den zwanziger Jahren des 19. Jahrhunderts neu in Angriff genommen.[103] Um die wirtschaftliche Situation der Künstler zu verbessern und ihnen nach dem Rückgang adeliger Kunstankäufe einen neuen Markt zu erschließen, konstituierten sich gleichzeitig Künstlervereine, wie jene *Società degli Amatori e Cultori di Belle Arti* auf Initiative von Bertel Thorvaldsen, Pietro Tenerani und Horace Vernet,[104] ein internationaler Künstlerverein, der ab Mitte des 19. Jahrhunderts durch Ausstellungen und Promotion die in Rom arbeitenden Künstler einem bürgerlichen Publikum zugänglich machen wollten.[105]

Romanisti, Bd. 30, Rom 1969, S. 327 und Liliana Barroero, I primi anni della scuola del Nudo in Campidoglio, in: Benedetto XIV e le arti del disegno, hrsg. von Donatella Biagi Maino, Saggi e Ricerche, Istituto per la Storia della Chiesa di Bologna, Bd. 10, Rom 1998, S. 367–84.

99 Sie existiert heute noch unter dem Namen *Scuola Libera del Nudo* in Anbindung an die staatliche Kunstakademie Roms.
100 Vgl. LE SCUOLE MUTE 2002.
101 Das Italienische Königreich verteilte 1804 vier Stipendien à 5000 Lire im Jahr für drei Jahre, vgl. Gérard Hubert, La sculpture dans l'Italie napoléonienne, Paris 1964, S. 131.
102 Vgl. Isa Belli Barsali, Ville di Roma, Lazio 1, Rom 1983², S. 133 und Costanza Lorenzetti, L'Accademia di Belle Arti di Napoli, 1752–1952, Florenz 1953, hier auch der Abdruck des königlichen Dekrets zum Rompreis von 1815, S. 381–82.
103 Vgl. KAPITEL II. 1., III. 2. und IV. 1.
104 Vgl. Catalogo delle opere esposte pubblicamente nell'Aprile del 1832 dalla Società degli Amatori e Cultori delle Belle Arti in Via di Ripetta N. 70, Roma 1832; Statuto della Società degli Amatori e Cultori delle Belle Arti, Roma 1830 und Statuto della Società degli Amatori e Cultori delle Belle Arti, Roma 1840, alle im Besitz der Bibliotheca Hertziana, Rom.
105 Vgl. Peter Springer, Die „Società di Belle Arti e Cultori di Belle Arti", in: Vom realen Nutzen der Bilder. Kunstmarkt u. Kunstvereine, hrsg. von Peter Gerlach, Aachen 1994, S. 75–90 und Rosella Siligato, Le due anime del Palazzo. Museo Artistico Industriale e la Società degli Amatori e Cultori di Belle Arti, in: Il Palazzo delle Esposizioni, hrsg. von Rosella Siligato, Rom 1990, S. 165–81. Über die Veränderung der gesellschaftlichen Stellung der Künstler und der zunehmenden Bedeutung von Verkaufsausstellungen, vgl. BÄTSCHMANN 1997.

Die einzige ausländische Akademie, die als staatliche Einrichtung tatsächlich in ihren Funktionen vollständig ausgebildet war, blieb jedoch bis in die siebziger Jahre des 19. Jahrhunderts die französische Akademie in Rom. Trotz der zunehmenden Angriffe auf ihre effektive, aber neuen Entwicklungen gegenüber verschlossene Funktion blieb sie geschätztes, zuweilen mit Neid betrachtetes Vorbild. Konnten die anderen Länder auch keine Akademie in Rom eröffnen, so wurden die Wettbewerbe um den Rompreis und die Regeln der Probearbeiten, abgesehen von nebensächlichen Detailfragen, nach dem Vorbild der französischen Statuten ausgeschrieben.

Als schließlich, zweihundert Jahre nach Etablierung der französischen Akademie in Rom, die Gründungen der anderen nationalen Akademien gelangen, hatten sich jedoch die ästhetischen Parameter, die zur Perfektion der Künstlerausbildung in Rom führten, grundsätzlich gewandelt. Der Bruch zwischen Akademismus und Moderne brachte nicht nur eine Umwertung künstlerischer Werte mit sich, sondern disqualifizierte auch Kenntnisse und Fertigkeiten, die an der Kunstakademie mühsam und langwierig eingeübt worden waren. Auch die Entwicklung neuer Medien, wie der Fotografie, nahm der Begegnung mit der Antike oder der italienischen Kunst ihre Notwendigkeit. Lawrence Alma Tadema beispielsweise brauchte weder Vorlagen vor Ort anzufertigen noch ein authentisches Reiseerlebnis, sondern nutzte Fotografien aus Italien für seine Gemälde, die wie Musterbücher an die Stelle von Vorlagezeichnungen und Stichen traten. Durch die neuen technischen Entwicklungen vollzog sich eine Veränderung der gesamten Profession des Künstlers, die den Lebensnerv des akademischen Unterrichts traf und schließlich den gesamten Arbeitsablauf und Akademiealltag mit seinen Konventionen revolutionierte. Darüber hinaus stellten die modernen Verkehrswege, welche private Stippvisiten zu den Kunststädten erlaubten, das Prinzip des mehrjährigen Aufenthalts in Rom umso mehr in Frage.[106]

Die Frage nach den Hoffnungen, die trotz dieser Entwicklungen mit den aufwendigen Akademiegründungen in Rom verbunden waren, weist auf die Traditionen öffentlicher Kunstförderung und die Ziele, welche mit der Künstlerausbildung in Rom verfolgt wurden. Es scheint, daß diese Zielsetzungen auch noch zur Wende zum 20. Jahrhundert weitgehend auf sozial-ästhetischen Theorien fußten, die gegen Ende des 18. Jahrhunderts im Zuge der Aufklärung entwickelt worden waren.

2. Ziele der akademischen Künstlerausbildung in Rom

Erwartungen an die „höhere" Kunst

Die ästhetischen Überlegungen des ausgehenden 18. Jahrhunderts kreisen, inspiriert vom deutschen Idealismus, um die Frage nach dem Versöhnungspotential des Schönen und der erzieherischen Wirkung von Kunst. Zum einen manifestiere sich eine erzieherische Wirkung der Kunst, nach Schillers ästhetischer Erziehung des Menschen (1795), durch ästhetische Handlung an sich, die im künstlerischen Tun, neben dem ästhetischen einen heilenden Effekt auf die menschliche Existenz habe, zum anderen jedoch auch durch Betrachtung von Kunst, die durch visuelle Evidenz Beispiele tugendhaften Handelns oder heldenhafter Existenz vorführen und damit „zum Höheren führen" sollte.[107]

---

106 Zur Frage nach dem Gebrauch der Fotografie zur Künstlerausbildung vgl. Dietmar Schenk, „Hilfsmittel ... in ausgiebigster Weise" (Anton von Werner). Fotografien in den Sammlungen der Berliner Kunstakademie und Kunstgewerbeschule, in: Ausst.-Kat. Eine neue Kunst? Eine andere Natur! Fotografie und Malerei im 19. Jahrhundert, hrsg. von Ulrich Pohlmann und Johann Georg Prinz von Hohenzollern, München 2004, S. 325–31.

107 Literatur in Auswahl: Werner Hager, Geschichte in Bildern, Hildesheim – Zürich – New York 1989; Historienmalerei in Europa. Paradigmen in Form, Funktion, und Ideologie, hrsg. von Ekkehard Mai, Mainz 1990, darin

Die zuständige Kunstgattung zur Verbildlichung solcher *Exempla* war die Historienmalerei.[108] Als Darstellung handelnder Menschen und der damit einhergehenden Fülle von Aussageebenen wurde die Historienmalerei seit der Renaissance traditionell als höchste und anspruchsvollste Gattung betrachtet und damit auch als das Hauptziel der akademischen Kunstausbildung. In der akademischen Kunsttheorie wurde die kanonische Definition und Wirkung der Historienmalerei reflektiert und die geeignete Ausbildung der Künstler für ihre Ausübung festgeschrieben.[109] Johann Georg Sulzer hatte gegen Ende des 18. Jahrhunderts der „Historie" drei Aufgabenbereiche zugewiesen: 1. diene sie „zur Unterstützung der Andacht in Tempeln", 2. „zur Erweckung patriotischer Gefühle" und 3. „zur Nahrung für Privattugenden in den Zimmern".[110] Die staatliche Förderung der Künstlerausbildung folgte den kunsttheoretischen Kriterien der Gattungshierarchie und zielte ausdrücklich auf die erzieherische Wirkung der Historie, auf den moralischen Appell in den Werken, die tugendhafte Handlungen historischer Helden erzählten.

Bei dieser „sittlichen" Zielsetzung bedurfte es einer Kunst, die sich nicht als Reflexion der alltäglichen Wirklichkeit begriff und diese abbildete, was den als niedrig eingestuften Gattungen der Portrait-, der Genre- oder der Landschaftsmalerei zugeschrieben wurde, sondern einer „höheren" Kunst, die von idealen Dingen sprach, die nicht der Alltagswelt entstammten. In ihr sollten Ruhmestaten und Heldentum, nach den Revolutionen des 18. Jahrhunderts vermehrt auch moderne Bürgertugenden wie soziales und verantwortungsvolles Handeln oder Aufopferung für die Gemeinschaft thematisiert werden.

Sowohl Neues und Altes Testament als auch die antike Mythologie dienten als Quellen für moralische und tugendreiche *exempla*; nach der Französischen Revolution zunehmend auch Überlieferungen aus den antiken Republiken und, während der Bildung der Nationalstaaten, nationale Mythen. Die Antike bot jedoch in den griechischen und römischen Heldensagen und den römischen *exempla virtutis* nicht nur thematische Vorlagen, sondern in ihren Kunstwerken auch formales Vorbild für die Historienmalerei. Da man in der italienischen Kunst der nachmittelalterli-

besonders Frank Büttner, Bildung des Volkes durch Geschichte. Zu den Anfängen öffentlicher Geschichtsmalerei in Deutschland, S. 77–94 und Ausst.-Kat. Bilder der Macht – Macht in Bildern. Zeitgeschichte in Darstellungen des 19. Jahrhunderts, hrsg. von Stefan Germer und Michael F. Zimmermann, Berlin 1997. Zu den gesellschaftlichen Zielen ästhetischer Erziehung und der Beziehung zwischen Historienmalerei und öffentlicher Tugend in England bzw. Irland vgl. John Barrel, The Political Theory of Painting from Reynolds to Hazlitt. The Body of the Public, New Haven – London 1986 und Fintan Cullen, Visual Politics in 1780s Ireland. The Roles of History Painting, in: The Oxford Art Journal, Bd. 18, 1995, Nr. 1, S. 58–73. Für die Debatte um öffentliche Kunstförderung in Amerika ist die umfassende Studie von Lillian B. Miller, Patrons and Patriotism. The Encouragement of the Fine Arts in the United States 1790–1860, Chicago – London 1969² zu nennen.

108 Frank Büttner legt Wert auf eine begriffliche Unterscheidung zwischen Historienmalerei, eine Bezeichnung, die sich sowohl auf die Schilderung historischer Ereignisse, als auch biblischer und mythologischer Szenen bezieht, und der reinen Geschichtsmalerei, die sich, mit Zunahme des historischen Bewußtseins gegen Ende des 18. Jahrhunderts, ausschließlich realhistorischen Ereignissen widmete, vgl. Frank Büttner, Aufstieg und Fall der Geschichtsmalerei. Ein Überblick über die Gattungsgeschichte und Gattungstheorie in Deutschland vom späten 18. bis zum frühen 20. Jahrhundert, in: Geschichte zwischen Kunst und Politik, hrsg. von Ulrich Baumgärtner und Monika Fenn, München 2002, S. 34–58, Anm. 1. Für den Fall, daß der Künstler die Ereignisse als Zeitgenosse oder sogar als Augenzeuge miterlebt hat, prägte Werner Hager die Bezeichnung der Ereignismalerei, vgl. Werner Hager, Das geschichtliche Ereignisbild. Zur Typologie des weltlichen Geschichtsbildes bis zur Aufklärung, München 1939. Diese Unterscheidung ist in unserem Zusammenhang nicht weiter wichtig, da die Akademien in erster Linie an der Pflege der Historienmalerei im Sinne der althergebrachten Bezeichnung interessiert waren.

109 Vgl. Thomas W. Gaehtgens Einleitung zu: Historienmalerei, hrsg. von Thomas W. Gaehtgens und Uwe Fleckner, Berlin 1996, bes. S. 40 ff.

110 Johann Georg Sulzer, Allgemeine Theorie der Schönen Künste 1771–1774, 1792², Bd. 2, S. 623, zitiert nach Monika Wagner, Allegorie und Geschichte. Ausstellungsprogramme öffentlicher Gebäude des 19. Jahrhunderts in Deutschland, Tübingen 1989, S. 38.

Abb. 21: Joseph Anton Koch, Der Künstler als Herkules am Scheideweg, 1791, Staatsgalerie, Graphische Sammlung Stuttgart

chen Jahrhunderte die formalen Gesetzmäßigkeiten der antiken Kunst wiedererstanden sah, wurde neben der Kunst der Antike auch die Kunst der Renaissance Vorbild. In der fortwährenden Präsenz der Antike verfügte Rom genau über jenen *genius loci*, den die Künstler suchten.

Der nach Aufklärung und Revolution verstärkt erzieherische Impetus der Historienmalerei ging mit einem gewandelten stilistischen Anspruch einher. Mit der erhofften didaktischen Wirkung der heroischen Themen wurde ebenfalls die Wiederaufnahme antiker Stile verknüpft. In Frankreich sollte die Wiederbelebung des Kanons der klassischen Kunst auch aus dem „verrottenden" Geschmack und der Regellosigkeit der „petite manière" im Rokoko herausführen. Der „große Stil" der Historienmalerei setzte ein besonderes künstlerisches Können voraus: Er bedeutete nicht nur die Antikisierung der Darstellungsmittel, die Bewältigung des Großformats, sondern auch die Vereinigung der verschiedensten Spezialfähigkeiten der anderen Gattungen, wie Akt-, Portrait-, Landschafts- und Tiermalerei in einer Künstlerpersönlichkeit. Denn das Großformat schloß die feine Ausarbeitung der historischen Accessoires keinesfalls aus, welche neben der Figurendarstellung, die sich an der antiken Skulptur maß, ebenfalls der antiken Welt entstammten. Als ‚antik' ließen sich somit Stilelemente als auch Details identifizieren. Diese hatten nicht nur eine historisierende, sondern auch eine ästhetisch nobilitierende Funktion.[111]

---

111 „Ob klassische Nacktheit oder hellenistisches Gewandmotiv, ob Imperatorenhaltung oder Priesterpose: Die offensichtlichen Entlehnungen aus dem antiken Repertoire dienten dazu, beliebigen historischen Momenten den Glanz des klassischen Altertums zu borgen. Mit solchen formalen Übernahmen verband sich politischer Anspruch. Durch die formale Angleichung nationaler Ursprungsszenen an die Antike sollte deren Gleichrangigkeit mit ihr manifestiert werden." Stefan Germer, Erfindung der Nationen durch die Kunst, in: Ausst.-Kat. Mythen der Nationen. Ein europäisches Panorama, hrsg. von Monika Flacke, Berlin 1998, S. 33–52, S. 47.

So wurden seit der Antike geläufige Darstellungen oder aus der religiösen Tradition vertraute christliche Bildstoffe außerhalb des ursprünglichen Kontextes verwendet und dadurch der Aussage des neuen Inhaltes Bedeutung und Gewicht verliehen. Einem regionalhistorischen Ereignis konnte in diesem Sinne ein Antikenzitat wie ein zweiter Text unterlegt werden, der ihm eine universelle Wichtigkeit verlieh.[112] Dazu trat die seit Winckelmann verbreitete Vorstellung, daß die antike Schönheit auch eng mit den politischen Idealverhältnissen der antiken Gesellschaft zusammenhing, welche die Künstler erst befähigte, ein Schönheitsniveau hervorzubringen, das die Natur nicht erreicht hatte. Winckelmann beschrieb die griechische Kunst als Ergebnis einer idealen Gesellschaft und prägte damit die Engführung eines modernen Freiheitsbegriffs mit der griechischen Antike. Unter dem Einfluß seiner These der Korrespondenz von Stilentwicklung und Staatsentwicklung war mit der Hoffnung auf politische Befreiung im Zuge der französischen Revolution und auf ein ‚neues' Griechenland auch die Hoffnung auf eine neue Kunst verknüpft. Schönheit und Grazie der antiken Bildwerke seien, so Winckelmann, letztlich als Annäherung an jene Idealvorstellung von vollkommener Harmonie zu verstehen, die dem Künstler als Genie eingegeben worden sei. In der idealen Form der klassischen Kunst, die die Natur sowohl nachahme als auch übertreffe, zeige sich die wahre Natur und Seele des Menschen. In der Begegnung mit diesem Ideal, bzw. der Nachahmung der antiken Kunst werde auch die Humanität des nachgeborenen Betrachters selbst gefördert.[113]

Georg Wilhelm Friedrich Hegel begründete später die antikisierende Darstellung historischer Begebenheiten in den Künsten auch mit dem Zuwachs an Allgemeingültigkeit der im Kunstwerk thematisierten Fakten und Begebenheiten. Die Verlagerung in die weit zurückliegende Vergangenheit erlaube nicht nur den Vorteil der Rekapitulation der Idealität des heroischen Zeitalters, sondern erlaube in der durch Historisierung abstrakteren Wiedergabe des Inhaltes künstlerische Freiheit und Individualität:

„In dieser Befreiung von der Zufälligkeit des Aeußeren erhält der Künstler, wenn die Thaten, Geschichten, Charaktere alten Zeiten angehören, in Betreff auf das Partikuläre und Individuelle freiere Hand für seine künstlerische Gestaltungsweise. Er hat zwar auch wohl historische Erinnerungen, aus denen er den Inhalt in die Gestalt des Allgemeinen herausarbeiten muß, aber das Bild der Vergangenheit hat schon, wie gesagt, als Bild den Vorteil der größeren Allgemeinheit, während die vielfachen Fäden der Vermittlung von Bedingungen und Verhältnissen mit ihrer ganzen Umgebung von Endlichkeit zugleich die Mittel und Haltpunkte an die Hand geben, um die Individualität, deren das Kunstwerk bedarf, nicht zu verwischen. Näher gewährt dann ein heroisches Zeitalter den Vorteil vor einem späteren, ausgebildeteren Zustande, daß der einzelne Charakter und das Individuum überhaupt in solchen Tagen das Substantielle, Sittliche, Rechtliche noch nicht als gesetzliche Nothwendigkeit sich gegenüber findet und dem Dichter insofern das unmittelbar vorliegt, was das Ideal fordert."[114]

Doch im Gegensatz zur Verallgemeinerung, die Hegel beschreibt, sollte im akademischen Bereich die Verortung des Bildthemas im Vergangenen glaubhaft sein und dem Künstler gelingen. Zur Steigerung der Glaubhaftigkeit wurde in der Historienmalerei also durchaus auf Detailgenauigkeit Wert gelegt:

---

112 Auch in den Gattungen der Genre- und Sittenmalerei entlehnten Maler ikonographisches Vokabular aus anderen, beispielsweise christlichen Kontexten, wie etwa Hogarths „borrowings", vgl. Werner Busch, Nachahmung als bürgerliches Kunstprinzip. Ikonographische Zitate bei Hogarth und in seiner Nachfolge, Hildesheim – New York 1977.

113 Vgl. WINCKELMANN, 1764, Einleitung.

114 Georg Wilhelm Friedrich Hegel, Vorlesungen über die Ästhetik, I. Teil: Die Idee des Kunstschönen oder das Ideal, III. Kap. Das Kunstschöne oder das Ideal, B. Bestimmtheit des Ideals, II. Die Handlung, 1. Der allgemeine Weltzustand, zitiert nach der Jubiläumsausgabe, hrsg. von Hermann Glockner, Stuttgart 1971⁵, S. 260.

Sie verlangte vom Künstler eine immer umfassendere Kenntnis der materiellen Welt der Antike, für die durch die archäologischen Forschungen im Mittelmeerraum und den Antikensammlungen besonders in Rom immer neue Beispiele geliefert wurden.

Ein Problem bestand für die Maler in der weit spärlicheren Überlieferung antiker Malerei im Vergleich zu Skulptur und Architektur, welche sich nur durch eine Rezeption antiker Plastik und Vasenmalerei kompensieren ließ. Auch deshalb verwiesen die Akademien auf das Studium der Werke Raffaels, welche bis dahin als gelungenste Annäherung an die antike Malerei galten.[115] Über die Fortschritte der Lehre an der königlichen Akademie der Künste zu Berlin 1787 hieß es beispielsweise:

> „Mit allem diesem glaubte die Akademie die Theile der Kunst noch nicht erschöpft zu haben. Sie hielt es für ihre Pflicht, ihre Zöglinge in den grossen Vorzügen des Raphael im Ausdrucke zu unterrichten, und da in Geschichtsmalereyen die Gruppen unter sich in gewissen Beziehungen stehen müssen, die, verabsäumt, das Gemählde unangenehm machen; so verband sie damit die Composition oder Gruppierung der Figuren."[116]

Voraussetzung für die Ausübung dieser Kunst war eine hochspezialisierte Ausbildung der Künstler, und gerade der Romaufenthalt galt für die Beherrschung der Historie, mehr noch als für die anderen Gattungen, als unverzichtbare Grundlage. Die gesonderte Erziehung zum Historienmaler war den begabteren Malern gleich einem höheren Studium vorbehalten, dessen krönender Abschluß in der Verleihung des Rompreises lag. Indem sich die europäischen Akademien auf die Lehre der Historienmalerei konzentrierten, war ihr Romstudienprogramm bis zur Mitte des 19. Jahrhunderts ausschließlich dem Training idealistischer Bilderzählung in der Begegnung mit der heroischen Überlieferung der antiken Kunst gewidmet. Der Romaufenthalt brachte mit seiner Zusatzqualifikation darüber hinaus auch eine europaweite Hierarchisierung unter den Künstlern mit sich, die sich auch darin äußerte, daß ausschließlich Historienmaler als Professoren an die Akademien berufen werden konnten.[117]

Bei allen akademischen Wettbewerben folgten die Preissummen der Gattungshierarchie. In Preußen beispielsweise wurden 1788 von Freiherr von Heinitz in einer Nachricht für Künstler die vom König ausgesetzten Preisgelder aufgelistet, wobei die beiden ersten Preise selbstverständlich der Historienmalerei gewidmet waren. Mit sehr viel niedrigeren Preissummen folgten die Landschaftsmalerei, die Bühnendekorationen und die Genrestücke – ganz am Ende stand die Portraitmalerei.[118]

Der Landschaftsmalerei wurde auch dann im akademischen Preisverfahren nicht Rechnung getragen, als sie sich längst zur gleichwertigen Gattung entwickelt hatte. Erst 1817 reagierte die französische Akademie auf die Entwicklung und stand auch der Landschaftsmalerei einen Rompreis zu. In der Einschränkung auf „historische" Landschaftsmalerei ordnete sie die Gattung jedoch wieder den Ansprüchen der Historienmalerei unter.[119] Weiterhin wurde die Landschaftsmalerei im aka-

---

115 Vgl. Kapitel I. 1.
116 Bergrat Johann Gottfried Moelter in einer Rede zum Geburtstag König Friedrich Wilhelm II. am 5. Oktober 1787, zitiert nach Hans Müller, Die königliche Akademie der Künste zu Berlin 1696–1896, 1. Teil, Berlin 1896, S. 168.
117 Im Fall von England vgl. Gill Perry, „Mere face painters"? Hogarth, Reynolds and Ideas of Academic Art in Eighteenth-Century Britain, in: Academies, Museums and Canons of Art, hrsg. von Gill Perry und Colin Cunningham, New Haven – London 1999, S. 124–68.
118 Vgl. Müller 1896, S. 175.

119 Chiara Stefani, Études d'après nature et tableaux composés. Les débats à l'Académie des Beaux-Arts, dès l'institution à la suppression du grand Prix de Peinture de Paysage Historique 1817–1863, in: Studi di storia dell'arte, Nr. 11, 2000, S. 221–40 und dies, ‚Observations sur le paysage' Une pièce justificative concernant l'institution du grand prix de paysage historique, in: L'Académie de France à Rome aux XIXe et XXe siècles 2002, S. 47–53. Vgl. auch Suzanne Gutwirth, Jean-Charles-Joseph Rémond 1795–1875, Premier Grand Prix de Rome du Paysage historique, in: Bulletin de la Société de l'Histoire de l'Art Français, 1981, S. 189–218.

demischen Ambiente als sekundäre Gattung aufgefaßt; beispielhaft sei hier die Entgegnung des amerikanischen Künstlers und Kunstkritikers William Dunlaps auf die Landschaftsmaler Thomas Cole und Charles Robert Leslie von 1837 erwähnt:

> „Leslie places his particular branch [die Landschaftsmalerei, Anm. d. Verf.] (as Cole does his) on a level with history painting. It is very natural that it should be so; but until I am convinced that it requires as great variety and amount of knowledge to represent a landscape, or a scene of familiar life, as it does a great historic event: or that landscape, or domestic scene, can fill the mind, like the contemplation of a picture, representing an event on which the destinies of mankind depended, - an event which will influence those destinies to all eternity - I must continue to differ from my two amiable and enlightened friends."[120]

In Dunlaps Erwägungen kam wieder die traditionelle Wertung zur Geltung, daß die Historienmalerei gebildetere Künstler voraussetzte, da sie jene Bedeutungstiefe erreichen solle, die universale Werte exemplifiziere. Die Landschafts-, bzw. Genremalerei sei dagegen weniger komplex und könne, da sie keine menschlichen Handlungen zeige, auch keine moralisch erzieherische Wirkung oder gedankliche Prozesse auslösen.

Nationale Geschichte und nationale Kultur?

Im Jahr 1774 begann die *Académie Royale* unter Comte d'Angiviller jährlich verschiedene Historienbilder in Auftrag zu geben. Der König war entschlossen, „faire exécuter chaque année quatre ou cinq tableaux dans le genre de l'Histoire", um das Interesse an der vornehmsten künstlerischen Aufgabe neu zu entfachen.[121] Die Neuerung war dabei, daß neben den antiken Sujets nun auch die Episoden der modernen Geschichte Frankreichs in das Auftragsprogramm miteinbezogen wurde: „Traits célèbres et des actions nobles et vertueuses de notre histoire".[122] Schließlich wurde ein Ausschreibungsprogramm mit sechs antiken und zwei neuzeitlichen Themenstellungen erarbeitet, „propres à ranimer la vertu et les sentiments patriotiques".[123] Nachdem 1774, also schon vor der Französischen Revolution, Themen aus der Geschichte Frankreichs in die oben erwähnten Aufträge zu den Historienbildern einflossen, fand auch in anderen Ländern zunehmend eine Hinwendung zur eigenen „nationalen" Geschichte statt.[124] 1786 wurden z. B. an der Berliner Akademie durch Daniel Chodowiecki Preisthemen aus der Geschichte Brandenburgs eingeführt:

---

120 William Dunlap, History of the Rise and Progress of the Arts of Design in the United States, 2 Bde., New York 1834, 2. Bd., S. 367.
121 Locquin 1978, S. 48.
122 Hubertus Kohle differenziert begrifflich zwischen Historienmalerei, als Wiedergabe der klassisch-antiken Begebenheiten und Geschichtsmalerei, als Wiedergabe regionalhistorischer Ereignisse, vgl. ders., Adolph Menzels Friedrich-Bilder. Theorie und Praxis der Geschichtsmalerei im Berlin der 1850er Jahre, München – Berlin 2001, S. 123–94. Dieser Differenzierung wurde hier nicht gefolgt, da die für die jeweilige Richtung reklamierten Eigenschaften sich im hiesigen größeren Kontext vielfach überschneiden. Vgl. Kapitel I. 2.
123 Comte d'Angiviller an J.-B.-M. Pierre, 27. Juni 1775, zitiert nach Locquin 1978, S. 49 f.
124 Locquin 1978, S. 48 ff.

„1) Schwerin stirbt unter der Fahne seines Regiments den Tod des Vaterlandes. Aus Pauli's Leben grosser Helden. 1. Theil

2) Friedrich, der grösste Held und König, tritt, nach erhaltenem Siege dahin, wo der entseelte Körper seines ersten Feldmarschalls auf dem Bette der Ehren gestreckt liegt, und Ihm gehen die Augen über. Eben daraus. Und

3) der blessirte Major Kleist liegt nackend, mit einem Russischen Husarenmantel bedeckt, neben einem Wachtfeuer: Ein russischer Husar wirft ihm ein Achtgroschenstück auf den Mantel. Aus der Vorrede zu Kleist's Werken 1761."[125]

Die hier genannten Episoden trugen zwar noch den übernationalen heroischen Charakterzug der Tugendexempel der Herrscher, spätestens allerdings nach den napoleonischen Kriegen folgte innerhalb der europäischen Nationalbewegungen die Suche nach einer republikanischeren, bzw. volksnäheren „Nationalgeschichte".

Diese Themen aus der nationalen Geschichte zielten – besonders nach der Französischen Revolution – über die allgemeine Erziehung zur Sittlichkeit der antikisierenden Tugendprogramme hinaus. Beschäftigung mit dem Ursprung des eigenen Volkes, der Geschichte einer als „Nation" zu definierenden Gruppe sollte zu deren Befreiung von Fremdherrschaft beitragen. Da das Wesen der Nation aber weder definiert noch gegeben war, wurden im Rahmen der „Invention of Tradition" (Hobsbawm) überall ähnliche Verfahren einer patriotischen Überlieferungsbildung angewendet.[126]

Das zunehmende Interesse an Sujets aus der neueren Landesgeschichte hing auch mit einem generell wachsenden Bewußtwerden und Interesse an der Geschichte selbst und ihrer immer größer werdenden Bedeutung für die Wahrnehmung der eigenen Zeit zusammen, wovon nicht zuletzt auch die entstehende Geschichtsphilosophie zeugt. Dazu bedurfte es einerseits der Abkehr von der Vorstellung einer statischen Vergangenheit, dem Bild der einheitlichen Antike, und andererseits der Hinwendung zur individuellen Vergangenheit einer Gruppe oder Region. Eine wichtige Rolle für die Erkenntnis historischen Wandels kam dabei gerade den Antikenstudien Winckelmanns zu, der durch die empirisch beobachteten Stilunterschiede und Normabweichungen antiker Kunstwerke auf unterschiedliche historische Bedingungen schloß: „Geschichte wird entdeckt als der Erklärungsgrund von Kunst".[127]

Nachantiken Völkern und ihrer nicht der klassischen Welt zugehörigen Geschichte wurde erstmals eine Ebenbürtigkeit zuerkannt. Grundlage der sich daraus entwickelnden nationalindividuellen Ästhetik wurde das von Johann Gottfried Herder herausgegebene Manifest, *Von deutscher Art und Kunst*, 1773. Gegen Ende des 18. Jahrhunderts wurde der Ursprung dieser kulturellen Identität und des Cha-

---

125 MÜLLER 1896, S. 164.
126 Die berühmteste Definition des 19. Jahrhunderts, was eine Nation sei, stammt von dem französischen Religionswissenschaftler Ernest Renan. Er wies erstmals darauf hin, daß eine Nation von ihrer Idee her unabhängig von den Wechselfällen der dynastischen oder militärischen Geschichte sei, sondern vielmehr von der kollektiven Überzeugung von der Richtigkeit des Nationengedankens abhänge. Vgl. die Rede Renans am 11. März 1882 an der Sorbonne, Was ist eine Nation? in: Grenzfälle. Über alten und neuen Nationalismus, hrsg. von Michael Jeismann und Henning Ritter, Leipzig 1993. Aus der großen Anzahl von Studien zum Nationalismus seien hier folgende Titel genannt: Nationalismus, hrsg. von Heinrich August Winkler, Königstein 1985; Eric J. Hobsbawm, Nationen und Nationalismus. Mythos und Realität seit 1780, Frankfurt am Main – New York 1991. Bezüglich der Bedeutung des Nationalen im Kunstdiskurs vgl. als kurze Einführung, Etienne François und Hagen Schulze, Das emotionale Fundament der Nationen, in: AUSST.-KAT. MYTHEN DER NATIONEN 1998, S. 17–32. Die Forschung und Literatur zur Frage der Schaffung nationaler Konzepte hat in den letzten Jahrzehnten ebenso rapide zugenommen, so daß hier nur die zwei Titel genannt werden, die sich für vorliegende Arbeit als besonders hilfreich erwiesen haben: Anne-Marie Thiesse, La création des identités nationales. Europe XVIIIᵉ-XXᵉ siècle, Paris 2001 und Nation und Nationalismus in Europa. Kulturelle Konstruktion von Identitäten. Festschrift für Urs Altermatt, hrsg. von Catherine Bosshardt-Pfluger u. a., Frauenfeld u. a. 2002.
127 Zur maßgeblichen Rolle der Kunst und Kunstgeschichte bei der Entwicklung der modernen Auffassung von Geschichte, vgl. SCHLAFFER 1975, S. 8.

rakters im „Volk" als „wahrem Träger des Nationalgenius" verortet. Herder führte die Individualität des Volks auf die Sprache zurück – in ihr und der Volksdichtung stecke der Geist eines Volkes – und sah in der Sammlung der Volksdichtung aller Völker die Chance, sich von der kulturellen Dominanz französischer Prägung zu befreien.[128] Kultur bedeutete nun nicht mehr nur Nähe zum herrschenden klassischen Modell, sondern auch Originalität und Authentizität. In der historischen Forschung, vor allem der nordeuropäischen Länder traten die Mythen und Sagen des Nordens ins Blickfeld, die, wie Ossian, die Edda usw., gegen die Internationalität des Klassizismus gestellt und mit der identitätsstiftenden Bedeutung der Mythen der griechisch-römischen Antike verglichen wurden.

Die nationale Kultur, in der Herder zunächst einen Nachweis der Eigenständigkeit und Individualität einzelner Menschen oder Gruppen sah, wurde ihm schließlich zum Garanten der freien Lebensäußerung. In seiner Preisschrift für die Münchner Akademie, *Über die Wirkung der Dichtkunst auf die Sitten der Völker in alten und neuen Zeiten* beschrieb Herder 1778 die antiken Mythendichter als Lehrer der eigenen Geschichte und die Rolle der Kunst und Kultur als identitätsstiftend.[129] Indem sie nach selbstbestimmtem Willen gestaltet würde, schaffe Kultur Freiheit und stehe damit in Opposition zu fremdbedingtem Sein. Die Frage, *welche* Kultur diese Freiheit garantiere oder erfülle, wurde infolge des die Französische Revolution europaweit begleitenden Rufes nach Selbstbestimmung der Völker immer virulenter.

Eine eigene, nationale Kultur – wozu durchaus auch ein nationaler Kunststil gerechnet wurde – mußte allerdings ebenso erst definiert werden wie die Nation selbst.[130] Bei der Erklärung kultureller Übereinstimmungen zwischen Bewohnern einer bestimmten Region war die Erforschung ihrer Geschichte und eine Rekonstruktion der Vergangenheit unabdinglich. Obwohl es im Inhalt gerade auf Unterschiede gegenüber anderen Nationen ankam, waren die Verfahrensweisen sehr ähnlich. In ganz Europa kam es nach gleichem Muster zur Suche der Eigenheit bzw. Gemeinsamkeit von Völkern, deren Charakterisierung unter Indienstnahme der Mythenfindung und Geschichtsschreibung entstand.[131]

Für die künstlerische Wiedergabe der historischen Begebenheiten mußten einerseits die Vorstellungen der Vergangenheit präzisiert werden,[132] andererseits trug die Imagination und Bildfindung der Künstler zur Konstruktion des nationalen Geschichtsbildes maßgeblich bei. Mehr noch als Texte sollten Bilder und Kunstwerke die eigene Geschichte visuell verdeutlichen, verbreiten und somit zur Stiftung von nationaler Identität beitragen. Aus dieser gewichtigen, tatsächlich politischen Aufgabe erklärt sich einer der Gründe, warum die gehobene Künstlerausbildung zur Historienmalerei bzw. zur „Monumentalkunst" im öffentlichen Interesse lag, Rom gleichzeitig allerdings als Studienort in Frage gestellt wurde.

---

128 Ich folge hier THIESSE 2001, S. 37–41. Inwieweit das jeweilige Bild der „Nation" ein Konstrukt, eine „imagined community", darstellt, findet sich vor allem in Hobsbawms Konzept einer „invention of tradition": The Invention of Tradition, hrsg. von Eric Hobsbawm und Terence Ranger, Cambridge 1983. Vgl. auch ANDERSON 1991. Zur Rolle der archäologischen Forschung bei der Begründung historischer Identität vgl. Cultural Identity and Archeology. The Construction of European Communities, hrsg. von Paul Graves-Brown, Siân Jones und Clive Gamble, London – New York 1996.

129 In: Johann Gottfried Herder, Sämtliche Werke, Bd. 8, hrsg. von B. Suphan, Berlin 1892, S. 334–436.

130 Es überrascht nicht, daß bei dem erwachenden Interesse an Ursprung und Charakter der Nation die Theorien der Menschenrassen und der Kunststile etwa gleichzeitig entstanden. Zu Vorstellungen eines Nationalcharakters bzw. eines Nationalstils vgl. Hubert Locher, Stilgeschichte und die Frage der „nationalen Konstante" in: Zeitschrift für schweizerische Archäologie und Kunstgeschichte, Bd. 53, Zürich 1996, S. 285–94 und Konrad Lotter, Ästhetik des Nationalen. Entstehung und Entwicklung der nationalen Ästhetik in Deutschland 1770–1830, ebd. S. 205–31.

131 Anne-Marie Thiesse, Die Rückkehr der Nationen im postnationalen Zeitalter, in: Le Monde diplomatique, 23. Februar 2003.

132 Vgl. SCHLAFFER 1975, S. 25.

Bilder für die Nation – Nationalstil oder römische Überlieferung?

Die Berliner Ausstellung *Mythen der Nationen* (1998) ging der Rolle künstlerischer Medien für die nationale Geschichtskonstruktion der europäischen Länder nach. Kein Land kam, so ihr Fazit, bei der Etablierung und Verbreitung seiner Gründungsmythen ohne den Einsatz von Bildern aus. Thematisch wie stilistisch galt es, von dem im Grunde konstruierten Konzept der Differenziertheit der Nation zu überzeugen. Die Kunst sollte jedoch nicht nur die vermeintlich gemeinsame Nationalvergangenheit thematisieren, sondern gleich einem kollektiven Zeugnis aus der alten Zeit emporsteigen, indem sie sich stilistisch an Kunst vergangener Epochen orientierte. Paradoxerweise aber lieferten traditionell die antike Kunst und die italienische Renaissance – schon aufgrund der Studiensituation der Künstler – eben jene universalen Vorbilder, die doch unverwechselbar und national sein sollten. Die Forderung nach einer nationalen Kunst betraf also sowohl deren Inhalt, als auch die Suche nach einem nationalen Stil. Beides stand in Widerspruch zu der Ausbildung der Rompreisträger, die weiterhin die klassische Kunst studierten, die Meisterwerke der antiken und italienischen Kunst kopierten und keine oder nur vage Vorstellung davon besaßen, was die eigene, die englische, deutsche, französische oder spanische Kunst bzw. ihr Stil sein könnte.[133] Erst mit der zunehmenden Erfassung und Sammlung einheimischer „Kunstalterthümer" nahm eine eigene Kunstgeschichte und ein, allerdings oftmals fragwürdiger, „Nationalstil" in der Vorstellung Gestalt an.[134] In Deutschland fand diese Suche beispielsweise in der zunehmenden Dürerverehrung oder der Aufwertung gotischer Architektur, die bekanntermaßen auch Frankreich für sich in Anspruch nahm, Ausdruck.

Der Ruf nach einer neudeutschen patriotischen Kunst, wie ihn die Nazarener ausgerechnet in Rom erhoben, richtete sich nicht mehr nur gegen den Einfluß der französischen Hofkunst während des 18. Jahrhunderts, sondern auch – zumindest implizit – gegen den republikanischen Klassizismus als Kunstsprache der französischen Revolution und Ausdruck jenes „Sanskulotten-Patriotismus", der „keinen andern Zweck haben [konnte], als jede Individualität der Völker zu zerstören."[135] Der spätere Frankfurter Archivar und Historiker Johann Friedrich Böhmer schrieb 1818 aus Rom:

> „Ich kann mich der Ansicht meiner hiesigen Kunstfreunde nicht verschließen, dass, wenigstens vorläufig, uns Deutschen nur das vom nationalen Geist Beseelte nützen kann. National nicht universal, ist jetzt unser aller Losung."[136]

In Rom hatten die europäischen Akademien bis dahin nach einem gemeinsamen Kunstideal gesucht, nicht nach nationaler Kunst, wie sie jetzt in postrevolutionären Kreisen gefordert wurde.

---

133 Dabei überrascht es wenig, daß die „antiklassischen" Künstler wie beispielsweise Caspar David Friedrich, der bezeichnenderweise auf die Italienreise verzichtete, auch nationalistisch instrumentalisiert wurden. Vgl. Werner Busch, Zur Topik der Italienverweigerung, in: Italiensehnsucht. Kunsthistorische Aspekte eines Topos, hrsg. von Hildegard Wiegel, München 2004, S. 203–10.

134 BEYME 1998, S. 221–38.

135 Vgl. der anonyme Artikel: Einige Betrachtungen über Kunst und Nation, in: Inland, 1. Jg. 1829, S. 731–32, 735–36, 739–41, 743–45, hier S. 731, zitiert nach WAGNER 1989, S. 31/32. Vgl. auch Karen Hagemann, Francophobia and Patriotism. Anti-French Images and Sentiments in Prussia and Northern Germany during the Anti-Napoleonic Wars, in: French History, Vol. 18, Nr. 4, Dezember 2004, S. 404–25.

136 Johann Friedrich Böhmers Leben, Briefe und kleinere Schriften, hrsg. von J. Janssen, Bd. 1, Freiburg 1868, S. 58, zitiert nach Wilhelm Schlink, „Der Charakter ganzer Nationen in den Künsten". Jacob Burckhardt über das Verhältnis von Volk und Nation zur Kunst, in: Zeitschrift für schweizerische Archäologie und Kunstgeschichte, Bd. 53, Zürich 1996, S. 307–12, S. 307. Vgl. auch Kurt K. Eberlein, Johann Friedrich Böhmer und die Kunstwissenschaft der Nazarener, in: Festschrift für Adolph Goldschmidt, Leipzig 1923, S. 126–38.

Die Abkehr vom universellen Klassizismus hing aber weniger mit der tatsächlichen Anwendung von Nationalstilen zusammen – meist wurde nur in theoretischen Manifesten ein Nationalcharakter postuliert –,[137] als vielmehr mit der romantischen Ablehnung allgemeingültiger und daher erlernbarer Regeln für die Kunst. Aus den offiziellen, immer mehr patriotisch geprägten Debatten verschwand auch eine der akademischen Hauptideen des 18. Jahrhunderts, die Pflege des institutionellen Austausches, der Kontamination und des Wettbewerbs unter den europäischen Künstlern, wie sie in Rom an der römischen *Accademia di San Luca* und den internationalen akademischen Zirkeln tatsächlich noch stattfanden.[138] Verehrten z. B. französische Romantiker in den 1820er Jahren englische Malerei als anregende Alternative zur Schule Davids, mißtrauten die neuen nationalistischen Wortführer dem Wert dieser Fremdinspiration. Die ehemalige internationale akademische „Republik" wurde durch die aufkommenden Nationalismen in der Politik und, jenen nacheifernd, in der Kunst vermehrt zersetzt.[139] Jede der Gründungen der nationalen Akademien in Rom hatte mit diesen Widersprüchen zu kämpfen. Je mehr die Debatten – zumal nach den Freiheitskriegen – das Thema der Nationalkunst umkreisen, umso mehr wurde Rom als Studienort in Frage gestellt: Die Kunst der Ewigen Stadt galt während der napoleonischen Zeit in wachsendem Maße als Vorbild einer imperialen Kultur. Weiterhin boten ihre Motive eine Ikonographie für den neoklassizistischen Stil des Empire und damit für die Monarchien der Restauration, die ja oft genug nationalen Befreiungsbewegungen feindlich gegenüberstanden. Ebensowenig bot die Ewige Stadt regionalhistorische Vorlagen, Kostüme, Mobiliar, den passenden *genius loci* für nordische Heldentaten.[140]

Doch hinter diesen äußerlichen Problemen verbarg sich ein weit schwerwiegenderes, und zwar die politische Enttäuschung über die Französische Revolution, die auf das heftige Ersehnen eines neuen Griechenlands, wie es auch von Friedrich Hölderlin besungen wurde, folgte. Das in der Literatur erwartete neue Heldengedicht blieb ebenso aus, wie in der bildenden Kunst die griechische Nacktheit den Repressalien der Restauration angemessen war.

Hegel schrieb in seinen Vorlesungen über die Ästhetik einen Abgesang auf die Hoffnungen auf die Wiederkehr einer heroischen, homerischen, epischen Kunst. Mit Blick auf den historischen Moment und den Stand der griechischen Zivilisation zu Homers Zeiten machte er den kulturellen Unterschied auf drastische Weise deutlich, bis hin zu Schilderungen von abweichenden Alltagsproblemen der Griechen und seiner eigenen Zeitgenossen. Der Philosoph suchte die Begründung für das Fehlen einer genuinen Kunsterneuerung in generellen Betrachtungen zur Völkerbiographie und erklärte das heroische Zeitalter nur möglich als das Stadium der ersten Bewußtwerdung eines gemeinschaftlichen Organismus:

---

137 Vgl. LOCHER 1996, S. 285–94 und LOTTER 1996, S. 205–31 und Michael Maurer, „Nationalcharakter" in der frühen Neuzeit. Ein mentalitätsgeschichtlicher Versuch, in: Transformationen des Wir-Gefühls. Studien zum nationalen Habitus, hrsg. von Reinhard Blomert u. a., Frankfurt am Main 1993, S. 45–81.

138 Ekkehard Mai ging sogar soweit, den akademischen Anspruch an die Historienmalerei, ihren Rekurs auf die objektiven Mittel, wie sie jahrhundertlang die ideale Malerei der „maniera grande" für sich in Anspruch nahm, als Vorstufe der Internationalisierung der künstlerischen Praxis der Moderne zu sehen, vgl. Ekkehard Mai, „Nur Geschichte allein ist zeitgemäß". Die Akademien und die Historienmalerei im 19. Jahrhundert, in: Neue Zürcher Zeitung, 30.–31. März 2002.

139 Vgl. Holger Hoock, The King's Artists. The Royal Academy of Arts and the Politics of British Culture 1760–1840, Oxford 2003, S. 123 und CRASKE 1997, S. 137 und 142 f.

140 Vgl. GERMER 1998, S. 33–52, S. 41.

"..., so fällt das echte epische Gedicht wesentlich in die Mittelzeit, in welcher ein Volk zwar aus der Dumpfheit erwacht und der Geist soweit schon in sich erstarkt ist, seine eigene Welt zu produzieren und in ihr sich heimisch zu fühlen, umgekehrt aber alles, was später festes religiöses Dogma oder bürgerliches und moralisches Gesetz wird, noch ganz lebendige, von dem einzelnen Individuum als solchem unabgetrennte Gesinnung bleibt und auch Wille und Empfindung sich noch nicht voneinander geschieden haben."[141]

Ein heroisches Zeitalter war im Europa des 19. Jahrhunderts nicht mehr gegeben, wenngleich die napoleonischen Kriege kurzzeitig immer wieder den Glauben aufblitzen ließen, an einer politischen Erhebung neuer Völker und deren Selbstbestimmung teilzuhaben. Die Möglichkeit der künstlerischen Orientierung an der Antike stellte Hegel schließlich mit dem Hinweis auf die christliche Religion in Frage: „Dieser Zug [i. e. religiöse Liebe, Anm. der Verf.] macht das seelenvolle, innere, höhere Ideale aus, das jetzt an die Stelle der stillen Größe und Selbständigkeit der Antike tritt."[142] Die Hoffnungen auf politische Änderung verschoben sich aufgrund der Begrenztheit des politischen Handlungsspielraums auf das Erstehen der Nation, welches ähnlich wie die Kunst mit religiösen Erlösungswünschen beladen wurde. In der christlichen Religiosität bzw. einer nationalkulturellen Selbstvergewisserung, in der sich eklatant der Unterschied zur Antike festmachen ließ, suchten nun auch die romantischen Künstler und besonders die Nazarener in Rom nach einer künstlerischen Position.

Und trotz dieses immanenten Antagonismus, daß Rom einer „Nationalkunst" keine Vorbilder liefern konnte, verstärkte sich nach dem Wiener Kongreß die Forderung nach nationalen Akademien in Rom, um sich in ihnen, wie paradox das auch klingen mag, auf die „eigene" Kunst zu konzentrieren. Der Lukasbund fand in Rom und in den mittelalterlichen Zentren Italiens und nicht an der heimischen Akademie Anregungen zur religiösen und puristischen Kunsterneuerung. Angestoßen durch die Nazarener, die sich neben dem frühen Raffael auf mittelalterliche Kunst und altdeutsche Meister besannen, suchten nun auch andere europäische Künstlergruppen nach einer nationalen Kunstsprache und Kunsterneuerung. Sie schwankten ebenso wie die Nazarener zwischen alten regionalen künstlerischen Überlieferungen und einem geglätteten Akademismus, und verfielen zumeist auf die Nachahmung des in Rom entwickelten nazarenischen oder puristischen Kanons – erst recht als die Freskenzyklen in der Casa Bartholdy und dem Casino Massimo, die die Nazarener in Rom verwirklichen konnten, als erste gelungene Umsetzung einer erneuerten Freskomalerei galten.[143] Rom blieb dabei paradoxerweise weiterhin seiner alten Funktion treu, einer internationalen Künstlerschaft Teilhabe an aktuellen künstlerischen Experimenten zu garantieren.

141 Georg Wilhelm Friedrich Hegel, Ästhetik. Mit einer Einführung von Georg Lukács, 2 Bde., Frankfurt am Main 1973², Bd. 2, Teil III, Abschnitt III, Kap. III, C. I. 1. c., Die eigentliche Epopöe, S. 407 f.

142 HEGEL 1973², Bd. 2, Teil III, Abschnitt III, KAPITEL I, 2. a. Der romantische Inhalt, S. 193.

143 In England waren es bekanntermaßen die Präraffaeliten, die in Rom mit den Grundsätzen der Nazarener in Berührung gekommen waren und sie weiterentwickelten. Vgl. Keith Andrews, Nazarener und Präraffaeliten, in: Ausst.-Kat. Präraffaeliten, hrsg. von Klaus Gallwitz, Baden-Baden 1973, S. 67–68, und ders., Die Nazarener, München 1974. Vgl. auch Ausst.-Kat. Die Nazarener in Rom. Ein deutscher Künstlerbund der Romantik, hrsg. von Klaus Gallwitz, Rom 1981. Zur französischen Rezeption der Nazarener vgl. Sabine Fastert, Deutsch-Französischer Kulturaustausch im frühen 19. Jahrhundert am Beispiel der Nazarener, in: Münchner Jahrbuch der bildenden Kunst, 3. Folge, Bd. LII, München 2001, S. 159–84. Über die Düsseldorfer Akademie kamen amerikanische Kunststudenten mit der nazarenischen Kunstanschauung in Berührung. Vgl. Ausst.-Kat. The Hudson and the Rhine. Die amerikanische Malerkolonie in Düsseldorf im 19. Jahrhundert, Düsseldorf 1976. Vgl. zu Spanien: Francesco de Fontbona, Accademie e Nazareni, in: Raffaello e l'Europa, Atti del IV. Corso internazionale di Alta Cultura, hrsg. von Marcello Fagiolo und Maria Luisa Madonna, Rom 1990, S. 735–55 und Alexandre Cirici Pellicer, Los Nazarenos catalanes y sus dibujos en el Museo de arte moderno, in: Anales y Boletín de los Museos de Arte de Barcelona,

Abb. 22: Luís García Sampredo, Alegoría de la Cultura Española, 1894, Real Academia de San Fernando Madrid

Ein spätes Beispiel dieser Widersprüchlichkeit ist der Versuch der Madrider Akademie 1893, die Maler zu einer eindeutigen und umfassenden Darstellung der Nationalkultur, der *Hispanidad* anzuregen. Allerdings brachte die Ausschreibung des Wettbewerbs zu einem Monumentalgemälde mit dem Thema: „Die spanische Kultur symbolisiert durch die Versammlung großer Männer" eher ernüchternde Ergebnisse. Die preisgekrönten Gemälde orientierten sich eng an Paul Delaroches *Hémicycle* (Abb. 31), Ingres' *Apotheose des Homer* und Friedrich Overbecks *Triumph der Religion in den Künsten* und wurden in dieser eklektischen „Fremdorientierung" kaum den Erwartungen an eine genuin spanische Kunst gerecht.[144]

Wie unzeitgemäß schon den Zeitgenossen dieser Versuch erschien, mit Hilfe der getreuen Wiederaufnahme historischer Stile eine nationale Identität in der Kunst zu entwickeln,[145] klingt in den Briefen des jung verstorbenen Dichters Wilhelm Müller aus Italien an:

„Raschen Ganges und sicheren Blickes, Schritt haltend mit ihrer Zeit und ihrem Lande, wandelte die junge Schöpfung [die ‚neue' Kunst, Anm. d. Verf.] ihrer Vollendung entgegen, an der ewigen Natur sich erwärmend, rundend und erhellend, und stark und unermüdlich in jeglicher Arbeit durch den Glauben und die Liebe. Da trat ihr nicht fern vom Ziele die akademische Gelehrsamkeit in den Weg, verstüm-

Vol. III, 2, 1945, S. 59–93. Zur russischen Rezeption der Nazarener vgl. Gudrun Calov, Russische Künstler in Italien. Ihre Beziehungen zu deutschen Künstlern, insbesondere zu den Nazarenern, in: Beiträge zu den europäischen Bezügen der Kunst in Rußland, Bd. 1, hrsg. von Hans Rothe, Giessen 1979, S. 13–40.

144 Oscar E. Vázquez, Defining Hispanidad. Allegories, Genealogies and Cultural Politics in the Madrid Academy's Competition of 1893, in: Art History, Vol. 20, Nr. 1, 1997, S. 100–123.

145 Vgl. John Hutchinson, Cultural Nationalism and Moral Regeneration, in: Nationalism, hrsg. von John Hutchinson und Anthony Smith, Oxford – New York 1994, S. 123 f. Wie sich der nationale Anspruch an die Kunst im Lauf des 19. Jahrhunderts zuspitzte, erläutern verschiedene Beiträge in: Art, Culture and National Identity in Finde-Siècle Europe, hrsg. von Michelle Facos und Sharon L. Hirsh, Cambridge 2003. Der Aufsatzband geht ebenfalls dem verstärkten Bemühen im 19. Jahrhundert nach, Nationalbewußtsein und kulturelle Identität durch Kunst auszudrücken bzw. zu entwerfen.

melte Marmorkörper, optische Blendlaternen und große geniale Borstpinsel in den Händen tragend, und wußte damit so viele Taschenspielerkünste zu machen, und sprach so zierlich und so geläufig in fremd und vornehm klingenden Worten von Diesem und von Jenem, daß das schlichte, ehrliche, unbefangene Wesen nicht wußte, wie ihm geschehen war, und halb willig, halb unwillig, der stolzen Führerin den Arm gab, die es dann leitete und gängelte, zog und zerrte bis – in die Werkstätten des David, Gérard, Camuccini, Canova und ihrer Bewunderer und Nachahmer in Deutschland.*

Das ganze Bestreben der vielverschrieenen, sogenannten altdeutschen Malerschule in Rom ist, wenn ich nicht sehr irre, die verirrte Kunst, aus den Fesseln der aufgedrungenen Führerin gelöst, nach dem Punkte zurückzuführen, wo diese ihr zuerst begegnete. Die Bemühung ist gutgemeint, aber eitel: denn die Künstler vergessen, die Zeit auch mit zurückzuschrauben, daher ihr lauter Widerspruch den ruhigen Genuß der neuen mittelalterlichen Bilder auf eine schneidende Weise stört. Ich meine nicht den äußeren Widerspruch, in dem die Gegenwart mit den Meisterwerken der Vergangenheit steht, die ihre Zeit in sich haben: ich vermisse in den genannten Bildern eben diese nothwendige Zeit, oder finde eine unschickliche; denn das Mittelalter läßt sich nun einmal nicht durch deutsche Haare und Röcke, noch durch Fasten und Kasteien in uns hineinzwingen. Die Kunst kann die Zeit nicht formen, aber die Zeit beherrscht die Kunst.

*) *Hiermit soll keinem etwa Geschmack und Kunstfertigkeit abgesprochen werden, dazu sind die angeführten Namen zu berühmt; aber, was hinreicht Kaiserpaläste anständig zu zieren, giebt deswegen unsrer Zeit keine eigene Kunst. Das ist das Ziel."*[146]

Die Orientierungslosigkeit zwischen einem Rückzug in die Vergangenheit und einer Zeitgenossenschaft erstreckte sich über alle drei Kunstgattungen. Wie sollte die zeitliche Kluft zwischen Themen und Stil gelöst werden? Jacques-Louis David wählte mit dem *Schwur der Horatier* 1784 noch ein *Exemplum* mutiger Selbstaufgabe aus der Antike, erzählte es im antiken Gewand und spielte dennoch auf das Zeitgeschehen an. Aber bei Johann Heinrich Wilhelm Tischbeins Gemälde, *Konradin von Schwaben und Friedrich von Baden im Gefängnis ihr Todesurteil erfahrend*, barg die Gewandfrage ein Problem, das der Maler zu lösen suchte, indem er die Protagonisten im mittelalterlichen Kostüm darstellte und damit prompt Kritik erntete. Zumal beim Eindringen aktueller Stoffe in die Historienmalerei, wie jüngerer politischer Ereignisse, oder auch bei den Denkmälern für berühmte Zeitgenossen war die angemessene Darstellungsweise umstritten: Sollten die Helden heroisch nackt, antikisierend in Toga, im historischen Zeitkostüm, in altdeutscher Tracht oder nach der aktuellen Mode gekleidet erscheinen?[147]

In der Architektur erhitzte die Debatte über die Stile die deutschen Baumeister,[148] und eine Folge davon war, daß der Rompreis für Architekten auf den Besuch der zentralitalienischen mittelalterlichen Städte und später auf ganz Europa ausgeweitet wurde. In der Skulptur verlief der Konflikt verhaltener. Hier blieb bis weit über die Mitte des 19. Jahrhunderts hinaus der klassizistische Kanon

---

146 Vgl. Wilhelm Müller, Rom, Römer und Römerinnen. Eine Sammlung vertrauter Briefe aus Rom und Albano mit einigen späteren Zusätzen und Belegen, Berlin 1820, Bd. 1, S. 7–9. Der Dichter veröffentlichte seine Aufzeichnungen kurz nach seiner Italienreise. In eine ähnliche Richtung ging auch die bekannte Kritik Goethes, die er gemeinsam mit Heinrich Meyer in dem Text „Neudeutsche religiöspatriotische Kunst", Weimar 1817, veröffentlichte.

147 Der Forderung nach antikisierenden Gewändern des 18. Jahrhunderts, wie z. B. bei W. G. Becher, Vom Costume, 1776, S. 41 f, der betonte, daß durch die antike Gewandung der Dargestellte gleichsam in die Gesellschaft der olympischen Götter entrückt werde, wurde in wachsendem Maß zuwidergehandelt. Im Falle von Schadows Denkmalstatuen vgl. Wolfgang Schöller, ‚Veredelt, aber nicht fremd'. Johann Gottfried Schadow und der sogenannte Kostümstreit, Georges-Bloch-Jahrbuch des Kunstgeschichtlichen Seminars der Universität Zürich, 3, 1996, S. 171–83 und im Falle von Antonio Canovas Napoleonstatue vgl. David O'Brien, Antonio Canova's Napoleon as Mars the Peacemaker and the Limits of Imperial Portraiture, in: French History, Vol. 18, Nr. 4, Dezember 2004, S. 354–78.

148 Vgl. in etwa die Streitschrift von Heinrich Hübsch, In welchen Style sollen wir bauen? Karlsruhe 1828.

unberührt, und Versuche, die mittelalterliche Plastik wieder mehr ins Blickfeld zu rücken, gab es nur vereinzelt. Der Neoklassizismus und schließlich der Neobarock schienen für das Erreichen einer monumentalen Wirkung geeigneter, wie die vielen Denkmäler des 19. Jahrhunderts zeigen. So blieb Rom für die Bildhauer länger unhinterfragtes Ziel der Ausbildung und bis ins 20. Jahrhundert wiederholt aufgesuchter Ort für die Ausführung großer Denkmalprojekte, zumal auch Material und spezialisierte Handwerker nirgends besser zur Verfügung standen.[149]

Öffentliche und monumentale Kunst

Ein mit der Forderung nach großformatiger, historistischer Kunst einhergehendes Problem war seit der Verbürgerlichung des Kunstmarkts der Mangel an Abnehmern. Wie sollte das anspruchsvolle Niveau gehalten werden, wenn die überwiegende Anzahl der Kunstliebhaber durchaus Gefallen an den „niedrigeren" Gattungen hatte? Der Artikel *Dictionnaire des Beaux-Arts* in der vielgelesenen *Encyclopédie méthodique* von 1788–92 faßte unter dem Stichwort *Histoire* die kunstorganisatorische Vorstellung über die Historienmalerei aus der Perspektive der akademischen Doktrin am Ende des 18. Jahrhunderts zusammen. So wurden die Maler einerseits dazu angehalten sich der hohen Anforderungen an Wissen und Ausbildung bewußt zu sein, andererseits die öffentlichen Instanzen wie Staaten, Städte oder Fürsten aufgerufen, Aufträge zu vergeben. Die Pflege der Historienmalerei und mit ihr die Wahrung einer erzieherischen Wirkung durch idealistische Kunst wurde auch wegen ihres wirtschaftlichen Nachteils zu einem öffentlichen Anliegen und bedurfte der Förderung durch staatliche Einrichtungen.[150] Auch wenn das Bürgertum aufgrund seiner stets wachsenden Bedeutung immer mehr zum eigentlichen Adressaten der „sittlichen" Kunst wurde, so blieb seine tatsächliche Bedeutung als Auftraggeber oder auch nur als Abnehmer der großen Gattung gering, hinter der zumeist weiterhin Institutionen in enger Verbindung zur Obrigkeit als Auftraggeber standen.

Der Kunstmarkt wurde vielmehr vom privaten Sammler bestimmt, der eher ein Abnehmer des Genres, aber nicht der großformatigen „tugendbrünstig, heldisch moralischen Kunst"[151] war. Während die Genremalerei, die Landschaftsmalerei oder die Portraitmalerei ihre privaten Abnehmer fanden, hatte die Historienmalerei, welche von den Akademien als würdigste Gattung gelehrt wurde, keinen Markt. Wenn diese Werke der Gesellschaft oder dem Staat tatsächlich ideologisch dienen und dazu breite Schichten einer wie auch immer zu definierenden Öffentlichkeit erreichen sollten, mußte sowohl die Ausbildung, als auch die Finanzierung und die Aufstellung dieser Werke vom Gemeinwesen oder staatlichen Instanzen garantiert werden.[152] Wegweisend für den propagandistischen

---

149 Vgl. z. B. die Kapitel zu Berliner Bildhauern im Ausst.-Kat. Berlin und die Antike. Architektur, Kunstgewerbe, Malerei, Skulptur, Theater und Wissenschaft vom 16. Jahrhundert bis heute; hrsg. von Willmuth Arenhövel und Christa Schreiber, 2 Bde., Berlin 1979.

150 Vgl. Thomas W. Gaehtgens in: HISTORIENMALEREI 1996, S. 45/46.

151 Philipp Fehl, Kunstgeschichte und die Sehnsucht nach der hohen Kunst. Winckelmann, Fiorillo und Leopoldo Cicognara, in: Johann Dominicus Fiorillo. Kunstgeschichte und die romantische Bewegung um 1800, hrsg. von Antje Middeldorf Kosegarten, Göttingen 1997, S. 450–76, S. 471.

152 Das Problem der fehlenden Auftraggeberschaft war auch eine Folge des gesellschaftlichen Wandels, vgl. Jürgen Habermas, Strukturwandel der Öffentlichkeit. Untersuchungen zu einer Kategorie der bürgerlichen Gesellschaft, Neuwied – Berlin 1962. Hier ist der Begriff der Öffentlichkeit, nach Habermas, schon postfeudal aufgefaßt: „‚Öffentlich' in diesem engeren Sinne wird synonym mit staatlich; das Attribut bezieht sich nicht mehr auf den repräsentativen ‚Hof' einer mit Autorität ausgestatteten Person, vielmehr auf den nach Kompetenzen geregelten Betrieb eines mit dem Monopol legitimer Gewaltanwendung ausgestatteten Apparats." Ebd. S. 32. Grundlegend für die Theorien in Frankreich zur Förderung öffentlicher Kunst bzw. Historienmalerei im 18. Jahrhundert ist: GERMER 1988, I. 2.

Einsatz von Historienbildern war Frankreich, und zwar sowohl zunächst das vorrevolutionäre in der Verherrlichung der Monarchie[153] als auch später das revolutionäre in der Verherrlichung der Republik.[154]

Aber nicht nur von Seiten der sich bildenden Kunstinstitutionen, sondern auch von Seiten der Künstler wuchs die Überzeugung, daß ihre Kunst von einer übergeordneten, allerdings interesselosen bzw. idealistischen Instanz zu fördern sei – erst recht als der „autonome" Künstler, zwar frei von den ehemaligen Auftraggebern wie Kirche und Hof, in Ermangelung einer geregelten Abnehmerschaft seiner Werke in die Abhängigkeit vom bürgerlichen Kunstmarkt geraten war. Hier fand sich das ‚Genie' auf unangebrachte Weise als Diener des bürgerlichen Geschmacks wieder, dem Abweichungen ebenso wenig zuzumuten waren, wie den ehemaligen Abnehmern. Nur in markgerechter Anpassung oder durch neue Formen der künstlerischen Selbstvermarktung, wie Ausstellungen, konnte die Existenz als autonomer Künstler gesichert werden.[155]

Auch aus diesem Grund richteten sich die Hoffnungen der Künstler auf das bürgerliche Gemeinwesen. Die vermeintlich unparteiische öffentliche Hand sollte aus dem Dilemma heraushelfen, daß die Kunst ihr Publikum in jener postfeudalen Gesellschaft suchte, die es erst noch zu bilden galt: Akademische und staatliche Kommissionen sollten einerseits idealistische Experimente finanzieren und andererseits Aufträge für große, an den Freskenzyklen der Renaissance sich messende Werke für ein am Überindividuellen, jedoch Nationalen interessiertes Publikum vergeben.

Angesichts einer zu einenden oder zu regierenden Nation lag die Priorität seitens der fürstlichen bzw. staatlichen Kunstförderung, aber auch die Ambition vieler Künstler in der Ausschmückung öffentlicher Gebäude, die durch vaterländische Sujets den Patriotismus fördern sollten. Im Unterschied zum 18. Jahrhundert wurde Historienmalerei nun verstärkt als Monumentalmalerei verstanden und – mit diesem gewandelten Anspruch an Öffentlichkeit – nun zunehmend von Vereinen und staatlichen Stellen unterstützt.[156] In Preußen wurde öffentliche Kunst ab 1862 systematisch durch die Landeskunstkommission gefördert, die nach 1871 erhebliche Summen zur Verfügung hatte. Kultusminister Falk gab 1874 einen Erlaß zur Pflege der Monumentalmalerei heraus, in dem er betonte, „daß die Ausführung monumentaler Arbeiten wie nichts anderes geeignet sein dürfte, ein lebendiges Interesse an der Kunst auch da zu erwecken, wo der Sinn dafür an sich wenig Anregung findet. Es scheint geboten, hierfür namentlich solche Gebäude ins Auge zu fassen, welche dem öffentlichen Verkehr möglichst frei stehen und die Augen der Gesamtbevölkerung auf sich ziehen."[157]

Auch wenn die Tradition der Ausschmückung von Kirchen und Festräumen in Schlössern oder Rathäusern mit historischen Zyklen nie unterbrochen wurde, wandelten sich nun Aufwand und Anspruch, und die profanen Ausstattungen traten langsam in den Vordergrund. Die Bildprogramme wurden nun mit aktuellen politischen Absichten konzipiert und griffen auf alle Arten öffentlicher Bauten über, wie Theater (Schinkels Schauspielhaus in Berlin 1819, Christian Friedrich Tieck), Museen (Glyptothek München 1820, Peter Cornelius), Universitäten (Aula Bonn 1823, Carl Heinrich

---

153 Vgl. ERBEN 2004; KIRCHNER 2001 und Alexandra Bettag, Die Kunstpolitik Jean Baptiste Colberts. Unter besonderer Berücksichtigung der Académie Royale de Peinture et de Sculpture, Weimar 1998.
154 BÜTTNER 2002, S. 34.
155 Vgl. BÄTSCHMANN 1997, S. 10 und 1. Kap.
156 Vgl. WAGNER 1989, S. 38 und Susanne von Falkenhausen, Italienische Monumentalmalerei im Risorgimento 1830–1890. Strategien nationaler Bildersprache, Berlin 1993, S. 8 ff. Vgl. auch den zitatreichen Aufsatz von Eliana Carrara, Dall'arte per una nazione all'arte della nazione. La pittura di storia come ‚genere nazionale'. Testimonianze di un dibattito 1840–1871, in: Mitteilungen des Kunsthistorischen Institutes in Florenz, Nr. 47, 2003, Florenz 2004, S. 248–57.
157 Erlaß nach den Akten für die Ausmalung des Rathauses in Erfurt (Stadtarchiv Erfurt, Sig. 1-2/022-812, fol. 6f), zitiert nach BÜTTNER 2002, S. 42.

Hermann), Gerichtssäle (Koblenz 1825, Carl Stürmer und Hermann Stilke), Kuranlagen (Baden-Baden 1844, Jakob Götzenberger), Rathäuser und Bahnhöfe. Die Entwürfe waren jedoch von so hohem Anspruch getragen, daß manche nie vollendet wurden.[158] Paradoxerweise – bedenkt man den nationalpatriotischen Impetus – waren für diese Ausstattungen nun wiederum die italienischen Wandfresken vor allem der Hochrenaissance künstlerisches wie kunsttechnologisches Vorbild, und oftmals erhielten ehemalige Rompreisstipendiaten oder die Schüler von Peter von Cornelius Aufträge, da sie Technik und Format der Wandmalerei beherrschten.[159]

Davon ausgehend, daß die Kunst im Sinne der Historie beanspruchte, sich „in der sozialen, politischen und religiösen Wirklichkeit ihrer Zeit selbst zu verankern und in sie hineinzuwirken",[160] erschöpfte sich die didaktische Aufgabe der Historienmalerei nicht im Bestreben, nur ein historisches Bewußtsein bei den Bürgern zu wecken; die Geschichte wurde mit einem aktuellen politischen Programm verknüpft. Diese ideologische Didaktik bediente sich der Geschichte als anschauliches Beispiel für die Gegenwart.[161] Die von Künstlern und Kunsttheoretikern geforderte Etablierung einer staatlich geförderten vaterländischen Kunst als Monumentalkunst und als Mittel sittlicher Bildung, mit der Absicht, Kunst und Künstler mit Volk und Nation zu verschmelzen, wurde pragmatisch durch die Akademien und ihre Rompreisverfahren verfolgt.[162]

Dabei vollzog der Begriff des Monumentalen im Lauf des 19. Jahrhunderts einen Bedeutungswandel und bezeichnete erst Ende des 19. Jahrhunderts dem heutigen Verständnis des Begriffs naheliegende Eigenschaften, wie gewaltig, erhaben, imposant usw. Ursprünglich bezeichnete die ins Deutsche übernommene lateinische Vokabel „Monument", ähnlich dem lateinischen Wortsinn, ein Denkmal, Mahnmal, historisches Zeugnis – also Objekte historischen und künstlerischen Ursprungs, deren Idee oder gedanklicher Inhalt zeitlos gültig war und nicht dem Vergessen ausgesetzt werden sollte. Im Laufe des Jahrhunderts traten neben diese Kriterien die inhaltliche Wichtigkeit der Überlieferung und gewisse materielle Charakteristika, wie die Würde der Machart und die Dauerhaftigkeit des Materials. Ein Beispiel für den Bedeutungswandel des Begriffs findet sich in Friedrich Nietzsches Kritik am übertriebenen Historismus, in der er den mißbräuchlichen Umgang mit der „monumentalen Historie" in den Künsten anklagte, der dem Neuen entgegenstünde. Nietzsche benutzte den Begriff zwar noch als Bezeichnung historischer Objekte, aber bei diesen als „Monument" bezeichneten Objekten handelte es sich schon um bedeutende Geschichtszeugnisse. „Monumental" beschrieb bei Nietzsche also „bedeutsam", aber noch nicht ästhetisch-physische Eigenschaften eines

---

158 Vgl. das Verzeichnis der Monumentalmalerei von 1800–1870 in: Helmut Börsch-Supan, Die Deutsche Malerei von Anton Graff bis Hans von Marées 1760–1870, München 1988, S. 488–96 und WAGNER 1989.

159 Ein Beispiel ist auch der Salone Rosse im spanischen Priesterkolleg in Rom selbst, für dessen Neuausstattung zwei ehemalige spanische Rompreisträger beauftragt wurden, vgl. Angela Windholz, Religiöse Kunst im Spannungsfeld romantischen Nationalismus' und römischer Tradition – Die Darstellung der Tugenden und der geistigen Werke der Barmherzigkeit im "Salone rosso" des spanischen Priesterkollegs Santa Maria de Monserrato in Rom von 1857, in: FICTIONS OF ISOLATION 2006, S. 167–93.

160 Wolfgang Hardtwig, Traditionsbruch und Erinnerung. Zur Entstehungsgeschichte des Historismusbegriffs, in: Geschichte allein ist zeitgemäß. Historismus in Deutschland, Tagungsband des Ulmervereins, hrsg. von Michael Brix und Monika Steinhäuser, Lahn Gießen 1978, S. 17–27, S. 25.

161 Vgl. Heinz Toni Wappenschmidt, Allegorie, Symbol und Historienbild im späten 19. Jahrhundert, München 1984, bes. das Kap.: Zur kulturpolitischen Rolle der Historienmalerei, S. 48/49 und S. 51.

162 Hinsichtlich der Berliner Akademie vgl. Ulrich Scheuner, Die Kunst als Staatsaufgabe im 19. Jahrhundert. Kunstpolitik und Kunstpraxis, S. 13 ff, S. 27 und S. 38 und Ekkehard Mai, Die Berliner Kunstakademie im 19. Jahrhundert, S. 431 ff, bes. S. 439 und 458 ff, beide in: Kunstverwaltung, Bau- und Denkmal-Politik im Kaiserreich, hrsg. von Ekkehard Mai und Stephan Waetzoldt, Berlin 1981.

Kunstwerks, wie Größe, Materialität oder stilistische Mittel, die später mit „monumental" im Sinne von gewaltig, für die Ewigkeit geschaffen usw. beschrieben werden.[163]

Um die Jahrhundertwende wurde mit „monumental" schließlich ein Kunstwerk beschrieben, das laut Meyers Großem Konversationslexikon von 1909 „nicht für den Privatgebrauch, oder für vorübergehende Zwecke bestimmt ist, sondern der Öffentlichkeit dient und lange dauern soll. Inschriften sind monumental, wenn sie in Stein oder Erz, Malereien, wenn sie im großartigen Stil an Wänden ausgeführt sind. Ernst und Gediegenheit der Darstellung und Größe der Auffassung und des Inhalts sind Grundbedingungen der monumentalen Malerei wie der monumentalen Kunst überhaupt."[164]

Die Dauerhaftigkeit des Materials trat also immer mehr an die Stelle einer zeitlosen Idee. Hans Sedlmayr äußerte in diesem Zusammenhang seine katholisch-religiös motivierte Materialismuskritik von der „Religion der Denkmäler", bei der das Urerlebnis des Ewigen nicht mehr als *Zeitloses* gefaßt wird, sondern als ein alle Zeiten überdauerndes, materiell Unvergängliches, zum Zwecke einer sogenannten „schlechten Unendlichkeit".[165]

Anfänge expansionistischer Kulturpolitik

Am Beispiel der deutschen Debatte läßt sich die gegen Ende des 19. Jahrhunderts nach der Nationenbildung zunehmend expansionspolitisch geprägte Auffassung der Kunstförderung ablesen. Wurde während des frühen Einigungsprozesses der deutschen Staaten der Kunst als Ahnherrin der deutschen Identität, als Wegbereiterin einer politischen Zusammengehörigkeit oder als Instrument nationaler Selbstfindung eine nach innen gerichtete Rolle zugeschrieben, war nach erfolgreichem Abschluß der Reichsgründung Kultur eine Instanz, die in ein direktes Verhältnis zur kriegerischen Stärke gestellt wurde:

> „[…] haben die Deutschen das Verdienst, im sechzehnten Jahrhundert die Fesseln der römischen Herrschaft gebrochen und durch die Reformation die Geister befreit zu haben, so können sie im neunzehnten das kaum geringere beanspruchen, in Europa dem französischen Übergewicht nicht nur in der Politik, sondern auch im Reiche der Kunst und des Geschmacks ein Ende bereitet zu haben. Es war das aber eine Fremdherrschaft, die kaum weniger verderblich und entnervend auf die Welt lastete, als einst die römische! Die Geschichte unserer heutigen Kunst, ist daher zugleich die unserer geistigen Befreiung und erhält erst durch sie ihre Bedeutung."[166]

Dieser Gedanke der Befreiung von fremder Dominanz im kulturellen wie im kriegerischen Bereich wurde schließlich weiterentwickelt, hin zu jener für die frühen Konzepte auswärtiger Kulturpolitik zentralen Überzeugung, daß die kulturelle Standhaftigkeit eines Volkes diesem die Berechtigung

---

163 Vgl. Friedrich Nietzsche, Vom Nutzen und Nachteil der Historie für das Leben, in: Unzeitgemäße Betrachtungen, Leipzig 1874, in: ders., Werke, Kritische Gesamtausgabe, Abt. 3, Bd. 1, hrsg. von G. Colli und M. Montinari, Berlin – New York 1972.

164 Den Bedeutungswandlungen des Begriffs „monumental" geht Horst Bredekamp in der Einführung zu Ferdinand Pipers Einleitung in die monumentale Theologie nach. Vgl. Horst Bredekamp, Monumentale Theologie. Kunstgeschichte als Geistesgeschichte, in: Ferdinand Piper. Einleitung in die monumentale Theologie. Eine Geschichte der christlichen Kunstarchäologie und Epigraphik, Gotha 1867, Nachdruck Mittenwald 1978, S. E9–E15.

165 Hans Sedlmayr, Verlust der Mitte. Die bildende Kunst des 19. und 20. Jahrhunderts als Symptom und Symbol der Zeit, Salzburg 1950, S. 29.

166 Vgl. Franz von Reber, Geschichte der neueren deutschen Kunst, Leipzig 1884, Bd. 3, S. 467.

zur Expansion verleihe, gegebenenfalls auch zu gewalttätiger. Ein ‚Kulturvolk' darf ein anderes Volk, mit der Behauptung, es sei minder kultiviert, dominieren. Das Verständnis auswärtiger Kulturpolitik im Sinne der Indienstnahme der Kultur und Kunst als Alibi imperialistischer Machtausweitung war die damals meist verbreitete Auffassung von Kulturpolitik. Sie legitimierte bis ins zwanzigste Jahrhundert hinein Kulturpropaganda im Ausland.[167]

Edward Said zeigte auf, daß Kultur und Kolonialpolitik bewußt und unbewußt kooperierten, um ein System der Dominanz aufzubauen, das über militärische oder wirtschaftliche Macht hinausging: Eine Fremdherrschaft wurde durch Vorstellungen und Ideen kultureller Werte und Hierarchien, die Herrscher und Beherrschte teilen sollten, gedanklich vorbereitet. So entstand eine stabilisierende kollektive Sicht auf Geschichte und Gegenwart, die nicht nur das Recht der Europäer – als Erben der kulturellen Überlieferung des Abendlandes – auf Herrschaft fundierte, sondern quasi ein Muß, eine Berufung zur Dominanz postulierte, die alternative Lösungen unvorstellbar werden ließ.[168]

Dennoch war das tatsächliche Selbstverständnis einer sich erst ihren Aufgaben oder ihrer Existenz bewußt werdenden Kulturpolitik angesichts der angespannten weltpolitischen Lage vor Ausbruch des Ersten Weltkrieges kontrovers. Es bewegte sich zwischen den Polen eines Versuchs kultureller Kommunikation durch kulturelle Selbstdarstellung und einer die Kultur ausnutzenden Machtpolitik, die sich beide in der Ansiedlung der Akademien in Rom ausdrückten.

Karl Lamprecht, Mitbegründer der Gesellschaft zur Förderung deutscher auswärtiger Kulturpolitik und Begründer des Leipziger Instituts für Kultur und Universalgeschichte,[169] entwickelte um das Jahr 1908 erstmals den Begriff „auswärtige Kulturpolitik", den er im Kreis Friedrich Althoffs, der auch bei der deutschen Akademieinitiative beteiligt war, und Adolf Harnacks inhaltlich definierte.[170] Lamprechts Konzept auswärtiger Kulturpolitik stand einerseits im Dienste internationaler Verständigung auf der Grundlage langfristiger Analyse welthistorischer Entwicklungstrends, analytischer Durchdringung in- und ausländischer Kultur und politischer Beratung. Die wissenschaftliche Auseinandersetzung mit der eigenen nationalen Kultur war Voraussetzung nationaler Selbstbehauptung und darin spätes Erbe von Herders Postulat, durch nationale Identität zur Freiheit zu gelangen.[171] Andererseits behielt Lamprecht aber auch den wirtschaftlichen Vorteil im Auge: „ich denke daß ich das Wort ‚äußere Kulturpolitik' vor etwa 4–5 Jahren geprägt habe. […] In der Tat wird auch eine äußere Kulturpolitik in der angegebenen Richtung unserem Wirtschaftsleben, so weit es auf äußeren Absatz angewiesen ist, eine außerordentliche und durch nichts anderes zu ersetzende helfende Grundlage" bieten.[172]

---

167 Rüdiger vom Bruch, Weltpolitik als Kulturmission. Auswärtige Kulturpolitik und Bildungsbürgertum in Deutschland am Vorabend des Ersten Weltkrieges, Paderborn u. a. 1982, S. 101.

168 Vgl. Edward W. Said, Culture and Imperialism, New York 1993. Vgl. auch Pierre Bourdieu, Über die kulturelle Distinktion als Klassenunterschied. Outline of a Sociological Theory of Art Perception, in: The Field of Cultural Production, hrsg. von Randal Johnson, New York 1993, S. 215–37.

169 Karl Lamprecht gehörte mit Althoff zu den Ideatoren zur Gründung der „Kaiser-Wilhelm-Gesellschaft zur Förderung der Wissenschaften". Als Begründer des Verbandes für internationale Verständigung hatte Lamprecht sowohl Kontakt zum Reichskanzler von Bülow wie auch zu dessen Nachfolger Bethmann Hollweg und zu dem Vorsitzenden der Deutschen Friedensgesellschaft Alfred H. Fried. 1914 verfaßte er die Programmschrift: Die Nation und die Friedensbewegung, Berlin – Leipzig 1914. Vgl. Bruch 1982, S. 92; Roger Chickering, Karl Lamprecht. A German Academic Life, 1856–1915, Atlantic Highlands, New Jersey 1993; ders., Imperial Germany and a World without War. The Peace Movement and German Society 1892–1914, Princeton, New Jersey 1975 und ders., The Lamprecht Controversy, in: Historikerkontroversen, Göttingen 2000, S. 15–29.

170 Vgl. Wissenschaftsgeschichte und Wissenschaftspolitik im Industriezeitalter. Das System Althoff in historischer Perspektive, hrsg. von Wolfgang vom Brocke, Hildesheim 1991.

171 Vgl. Kapitel I. 2.

172 Karl Lamprecht über auswärtige Kulturpolitik auf geistigem Gebiete, Manuskripte ca. 1913/14 in: Nachlaß Lamprecht. Zitiert nach Bruch 1982, Anm. 273.

So diente die damalige Völkerverständigung auch nominell weniger einem globalen Allgemeinwohl als der Prosperität der eigenen Nation. In der Tat wurde Lamprecht widersprüchlich beurteilt; zum einen als „the most prominent of the academic historians in the peace movement",[173] zum andern aber stellte der Schweizer Völkerrechtler Otfried Nippold bei Lamprecht als „prominentem Mitglied des alldeutschen Verbandes" imperialistische Tendenzen fest, und das Spektrum der Urteile über seine Person reichte vom Weltbürger bis zum Chauvinisten.[174] Tatsächlich demaskierte Lamprecht letztendlich sich selbst: „Seit November v. Jrs. arbeite ich unter dem Zeichen der Reziprozität und in literarischem, künstlerischem und wissenschaftlichem Gewande, das in Schweden Stimmung für Deutschland machen und in immer weiteren schwedischen Kreisen unauffällig das Verlangen nach einem engen Anschluß an Deutschland wecken und stärken soll", das ganze laufe über vier Vertrauensmänner, damit „jeder Anschein amtlicher Beeinflussung vermieden" werde."[175] Seine Doppelzüngigkeit scheint charakteristisch für die Kulturpolitik der Jahrhundertwende.

Im kulturellen Gewand kamen in der Kulturpolitik auch außerkulturelle Ziele zum Tragen. Noch in den zwanziger Jahren wurde Kulturpolitik im politischen Handwörterbuch von Eduard Spranger folgendermaßen definiert: Sie habe entweder die Hervorbringung von Kultur zur Aufgabe – „ethische Kulturidee" –, oder sie suche die Kultur für Machtzwecke einzusetzen, wofür die geistigen Kulturkräfte des eigenen Volkes im Ausland „moralische Eroberungen" erringen und dies entweder im Dienst der Hervorbringung von Kultur selbst oder zur Förderung wirtschaftlicher und machtpolitischer Interessen machen sollten.[176] Der preußische Kultusminister Carl Heinrich Becker benannte die Doppelfunktion knapp: „Kulturpolitik heißt bewußte Einsetzung geistiger Werte im Dienste des Volkes und des Staates zur Festigung im Innern und zur Auseinandersetzung mit anderen Völkern nach außen."[177] Die öffentliche Debatte spiegelte die gesamte Bandbreite der möglichen Stoßrichtung auswärtiger Kulturpolitik um die Jahrhundertwende, deren Artikulation Kurt Düwell auf das begriffliche Spektrum, Kulturausstrahlung, kulturelle Selbstinterpretation, kulturelle Expansion, Kulturpropaganda und Kulturimperialismus festlegte.

In einem Schreiben des Reichskanzlers Theobald von Bethmann Hollweg an Lamprecht vom 21. Juni 1913 mischte sich in die diffusen Vorstellungen vom Nutzen der Kulturpolitik für eine nationale Weltpolitik der Zweifel an der Reife einer nationalen deutschen Kultur und Standfestigkeit im Ausland, die auch in Zusammenhang mit den oben geschilderten Verlustängsten eigener Identität interessant sind:

> „Ich bin mit Ihnen von der Wichtigkeit, ja der Notwendigkeit einer auswärtigen Kulturpolitik überzeugt. Ich verkenne nicht den Nutzen, den Frankreichs Politik und Wirtschaft aus dieser Kulturpropaganda zieht, noch die Rolle, die die britische Kulturpolitik für den Zusammenhalt des britischen Weltreichs spielt. Auch Deutschland muß, wenn es Weltpolitik betreiben will, diesen Weg gehen. Wenn auch die Regierung durch Unterstützung und Anregung manches helfen kann, so muß doch – das liegt in der Natur der Sache – das meiste und die ganze Kleinarbeit von der Nation selbst geleistet werden. Was Frankreich und England auf diesen Gebieten leisten, ist nicht eine Leistung ihrer Regierungen, sondern eine solcher der nationalen Gesamtheit, der Einheit und Geschlossenheit ihrer Kulturen, des zielsicheren Geltungswillens der Nation selbst. Wir sind noch nicht so weit. Wir sind unseres inneren Wesens, unseres

---

173 Chickering 1993.
174 Vgl. Bruch 1982, S. 92.
175 Zitiert nach Bruch 1982, S. 98/99.
176 Vgl. Eduard Spranger, Artikel „Kulturpolitik", in: Politisches Handwörterbuch, Bd. 1, Berlin 1923, S. 1087, zitiert nach: Deutsche auswärtige Kulturpolitik seit 1871, hrsg. von Kurt Düwell und Werner Link, Köln – Wien 1981, S. 2/3.
177 Carl Heinrich Becker, Kulturpolitische Aufgaben des Reiches, Leipzig 1919, S. 13.

nationalen Ideals nicht sicher und bewußt genug. Es liegt wohl in der Eigenart unserer doch wohl individualistischen und noch nicht ausgeglichenen Kultur, daß sie nicht die gleiche suggestive Kraft hat wie die britische und französische, daß nicht jeder Deutsche im Auslande seine Heimat in sich abbildet, wie der Franzose Paris und der Engländer die britische Insel. […] Wir sind ein junges Volk, haben vielleicht allzuviel noch den naiven Glauben an die Gewalt, unterschätzen die feineren Mittel und wissen noch nicht, daß, was die Gewalt erwirbt, die Gewalt niemals erhalten kann."[178]

Während der Reichskanzler für die Förderung kultureller Politik im Ausland war, um – so der weitverbreitete Gedanke damals – das, was die Gewalt an Einflußzonen in der Welt erwarb, zu erhalten, drängte die konservative Presse jedoch schon ganz im Zeichen des Krieges auf die militärische Tat und widersetzte sich der geistreichen Betrachtung: „Das durch Gewalt Erworbene wird aber auf lange hinaus auch nur die Gewalt sichern können."[179] Vermittelnd äußert sich Chefredakteur Röder der süddeutschen *Conservativen Correspondenz* am 24. 12. 1913 in einem Leitartikel mit dem Titel „Kulturgeschwätz": Gewalt und Kultur seien keine Gegensätze, vielmehr verschaffe die Kultur als „höchste Sittlichkeit" der von ihr erzeugten Gewalt „die Legitimität des Weltwillens".[180]

Mit Kultur sollte die faktische Gewalt, zum einen als kriegerische Handlung zum andern in Form wirtschaftlicher Dominanz, verträglicher erscheinen. In den Medien wurde zumindest versucht vor Ausbruch des ersten Weltkrieges, die Massen durch einen internationalen Wettbewerb der Sympathiewerbung auf die Allianzen einzuschwören, und vor diesem Hintergrund lassen sich die englischen Bemühungen auf der römischen Weltausstellung 1911 und die Akademiegründungen der Deutschen, Amerikaner und Engländer durchaus als Werben um Italien interpretieren.[181] Tatsächlich wurden Allianzen auch aufgrund kultureller und mentalitätsrelevanter Vorlieben und Abneigungen geschlossen,[182] doch verwundert es kaum, daß bei diesen Strategien die Akademien in Italien unter den Verdacht einer imperialistischen Expansion und des Gerangels um Einflußsphären gerieten, und die internationale Aufmerksamkeit und gegenseitige Kontrolle hinsichtlich der Akademiegründungen in Rom stiegen.[183]

Unter den genannten Prämissen geriet das Romstipendium gegen Ende des 19. Jahrhunderts außenpolitisch unter zweierlei sich gegenseitig widersprechende Zwänge. Zum einen kam einer nationalen Akademie in Rom die hervorragende Funktion der Kulturrepräsentanz vor der Weltöffentlichkeit sowie der Brückenschlag zur römischen Kultur als einem Zentrum des Weltkulturerbes zu. Andererseits sollte ein typisch nationaler Zug in Kunst und Kultur von der Überlegenheit der jeweiligen Nation zeugen, der sich naturgemäß aus den römischen Kunstschätzen nicht deduzieren ließ.

Angesichts des hohen politischen Stellenwertes der Kunst, überrascht es nicht, daß die Akademien in Rom in dieser Diskussion direkt betroffen waren und ihr Nutzen und Schaden abgewogen wurden. Die politischen Debatten über die Rolle der Kunst in der innenpolitischen Meinungsbildung, und gleichermaßen über die außenpolitischen Hoffnungen und Skrupel, hatten direkte Auswirkung auf die öffentliche Finanzierung der Akademien und ihre Funktionsbestimmungen.

---

178 Reichskanzler Bethmann Hollweg an Karl Lamprecht, 21. Juni 1913, GStA PK, Rep. 92, Nachlaß Schmidt-Ott, A LXXVII, Kulturförderung im Ausland.
179 Neue preußische Kreuzzeitung, zitiert nach BRUCH 1982, S. 100.
180 Zitiert nach BRUCH 1982, S. 101.
181 Vgl. KAPITEL III. 3.
182 Vgl. Jürgen Kloosterhuis, Deutsche Auswärtige Kulturpolitik und ihre Trägergruppen vor dem ersten Weltkrieg, in: DEUTSCHE AUSWÄRTIGE KULTURPOLITIK, S. 7–41.
183 Vgl. die jeweiligen KAPITEL.

Die römische Mission: *Capitale del mondo*

Doch nicht nur die einzelnen Länder erwogen die Vor- und Nachteile der Akademiegründungen in Rom. Ebenso nahm der junge Nationalstaat Italien Einfluß auf die Gründungsinitiativen. So galt die Aufmerksamkeit der italienischen und römischen Kulturpolitik in allen Phasen der frühen Hauptstadtplanung der Ansiedlung von ausländischen Kulturinstitutionen.

Nachdem Italien und Rom seit Jahrhunderten entweder als künstlerische Fundgrube oder, von ökonomisch oder politisch mächtigeren Staaten, zum Vergleich selbstherrlicher kultureller Projektionen genutzt wurden,[184] eroberten im Zuge der nationalen Einigung die Italiener selbst Rom. Am 20. September 1870 durchbrachen die italienischen Truppen die Stadtmauern an der Porta Pia und nahmen gegen den geringen Widerstand päpstlicher Verteidiger die Stadt ein. Nach Auflösung des Kirchenstaates blieb dem Papst nur, unter Aufgabe aller Bewegungsfreiheit der Rückzug in den Vatikan, während die Ewige Stadt kurz darauf zur Hauptstadt des geeinten Italiens erklärt wurde. Die Stadt, deren Einnahme das Streben der Italiener um die nationale Einigung durchaus noch ein weiteres Mal motiviert hatte, und die als Kapitale die Nation krönen sollte, war jedoch als Hauptstadt in ihrer veralteten urbanen Substanz in etwa so ungeeignet, wie sich ein Antiquitätenladen zur Einrichtung von Büros anbietet. Rom hatte nichts gemein mit den europäischen Hauptstädten des 19. Jahrhunderts, in denen die bürgerliche Revolution schon längst sichtbaren Ausdruck gefunden hatte. Rom war ein Städtchen mit unebenen Gassen an einem unbefestigten Flußufer, von Handel und Industrie isoliert.[185] Aber es ging bei der Wahl der Hauptstadt offensichtlich nicht um Fragen der Infrastruktur. Denn Rom war keine Stadt, sondern vielmehr eine Idee.[186]

Während noch die gesamte erste Hälfte des 19. Jahrhunderts der Blick rückwärts auf die kulturelle Degeneration und den Verfall der römischen Gesellschaft gerichtet wurde, setzte das *Risorgimento* auf einmal ein neues Signal: Mit der „Wiedererschaffung" Italiens und der nunmehr ausgerufenen italienischen Selbstbestimmung erhielt Rom die Funktion, Zentrum des geeinten Italiens zu werden. Die neuerlangte Einheit Italiens fand in Rom ihr Symbol, allerdings für den Preis eines Opfers. Nur zu bald erwiesen sich die Hoffnungen auf eine Koexistenz von nationaler Unabhängigkeit und Katholizismus als irrig.[187] Da der Papst nicht freiwillig auf die Stadt verzichtete – war sie doch ebenso das Symbol der weltlichen Macht der Kirche – blieb dem neuen Staat keine Wahl: Wollte er Rom, mußte er dies mit der Feindschaft der Kirche bezahlen.

Auch die Römer selbst stellten sich als schwierige Bewohner der Hauptstadt heraus, die bisher keine andere politische Organisationsform als die Papstherrschaft kannten und den neuen Entwicklungen und fremden Menschen, den Politikern und Verwaltungsbeamten, die über Rom hereinbrachen, mit Unverständnis und Mißtrauen entgegensahen. Neben dem alten Rom entstanden neue Viertel für die „nuova gente", die sich nur aus einem Grund mit der schäbigen Realität arrangierten, nämlich dem, daß es diejenige *Roms* war:

---

184 ESCH 2005, S. N3.

185 „Questa nostra necropoli" entfährt es dem mit dem Umzug der Regierung beauftragten Finanzminister Quintino Sella, vgl. Fiorella Bartoccini, Quintino Sella e Roma. Idea, mito e realtà, in: Quintino Sella tra politica e cultura 1827–1884, Atti del Convegno Nazionale di Studi, Turin 1984, S. 245–62, S. 248.

186 Vgl. Federico Chabod, Storia della politica estera italiana dal 1870–1896, Bari 1962, Kap.: L'idea di Roma, S. 179–323.

187 Auch Ferdinand Gregorovius hing dieser Hoffnung auf eine versöhnliche Zwischenlösung nach: „Meine Absicht war immer: Rom zur Republik zu erklären, dem Papst die Stadt und ihren Distrikt zu lassen, den Römern aber das italienische Bürgerrecht zu geben. So bliebe der kosmopolitische Charakter Roms erhalten. Wenn er ausgelöscht wird, so wird eine Lücke in der europäischen Gesellschaft entstehen." In: Ders., Römische Tagebücher, hrsg. von Friedrich Althaus, Stuttgart 1892, S. 286.

„tutto quel bianco, dall'altra parte, sono i quartieri nuovi... Settantamila impiegati, famiglie, servi... un attendamento di barbari disarmati e affamati, che se ne stanno accoccolati lassù, guardando Roma e odiandola, perché non la possono capire ...il clima ci espelle, la febbre ci assale, gli affittacamere e i proprietari ci scortano vivi.... Ma se lo mettano bene in testa: ormai a Roma ci siamo e ci resteremo."[188]

Trotz aller Widrigkeiten entstanden keine Zweifel an der Richtigkeit der Entwicklung. „L'idea si imponeva: l'idea in cui la vita contingente, povera, meschina magari, della città e dei suoi abitanti, spariva, e rimaneva solo il significato morale, religioso, politico e culturale della millenaria tradizione."[189]

Für den schnellen Umzug des Königs, des Parlaments, der Regierung, der Minister und der Angestellten fehlte es schlichtweg an Gebäuden, es gab weder Regierungs-, noch Verwaltungsbauten und nicht einmal Kasernen, Schulen, Universitäten, Ausstellungssäle oder dergleichen, die kurzfristig umgewidmet hätten werden können. Eine fiebrige Bautätigkeit prägte die Jahre bis zur Jahrhundertwende, der zunächst die alten Villen innerhalb der Mauern zum Opfer fielen bis schließlich jedes freie Stück Land im weiteren Stadtgebiet von den Spekulanten ergriffen wurde.

Aber der Umbau der alten Stadt zur Hauptstadt brachte die Zerstörung der zeitlosen, ja zeitentfremdeten Atmosphäre und damit jener geschichtsträchtigen, symbolischen Existenz der Stadt mit sich. Auf den Anblick des Zusammenpralls der Moderne mit der Geschichte reagierten vor allem die auswärtigen Gäste in Rom äußerst sensibel. In ihren Reaktionen werden die Ernüchterung und der Widerstreit zunehmend konkurrierender „Romideen" deutlich, da sich „Roma aeterna" nun zu „Roma capitale", zur Hauptstadt eines neu konstruierten Staatsgebildes wandelte. Die Modernisierung eines Ortes begehbarer Geschichte bedauerten die in Rom forschenden Historiker, wie Carl Justi, Jacob Burckhardt oder Ferdinand Gregorovius, und lebten in dem Widerspruch, einerseits der modernen Entwicklung zuzustimmen, aber andererseits ebenso den römischen Zustand der gleichsam stehengebliebenen Zeit als Voraussetzung für ihr Schaffen zu schätzen.[190] Auch die Künstler sahen, wie Rom ihnen als historische Kulisse durch die radikalen Bauprojekte abhanden zu kommen drohte: „alles wird Rom verlieren, seine republikanische Luft, seine kosmopolitische Weite, seine tragische Ruhe."[191]

---

188 Matilde Serao, La conquista di Roma, Florenz 1885, S. 342.

189 CHABOD 1962, S. 189.

190 Vgl. Andreas Beyer, Leben in Gegenwart des Vergangenen. Carl Justi, Jacob Burckhardt und Ferdinand Gregorovius in Rom vor dem Hintergrund der italienischen Einigung, in: Rom, Paris, London. Erfahrung und Selbsterfahrung deutscher Schriftsteller und Künstler in den fremden Metropolen, hrsg. von Conrad Wiedemann, Stuttgart 1988, S. 289–300.

191 Ferdinand Gregorovius zitiert nach Johannes Hönig, Ferdinand Gregorovius. Eine Biographie, Stuttgart 1944, S. 318. Ähnlich an anderer Stelle: „So sehr ich dem Prinzip, welches diese Veränderung hervorbringt, anhänge, so sehr bin ich doch den alten Formen der alten Roma angewöhnt, um nicht vor allem das Verschwinden zweier Wesenheiten dieser Stadt zu beklagen: der kosmopolitischen Luft, die wir hier geatmet haben, und der majestätischen Ruhe, die sie als ein Mantel der Jahrhunderte und Zeiten bisher so feierlich umhüllt hat." Ebd., S. 339. Der Verlust des Kosmopolitischen kam wiederholt zur Sprache und schien eine der größten Sorgen der fremden Beobachter. Sprach aus dieser damals immer wieder geäußerten Befürchtung des Verlusts des Kosmopolitischen nicht auch die Angst vor dem Nationalismus? War im Vergleich zu den anderen europäischen Ländern das Klima der Konkurrenz und der Feindschaft untereinander im Kirchenstaat nicht so spürbar? Gustav Seibt beschreibt die institutionelle Position der katholischen Kirche als *supra partes*, wie sie erst im vereinten Europa wieder zu schaffen versucht wurde: „Mit dem Ende des Kirchenstaates verschwand auch der letzte Rest des alteuropäischen Kosmopolitismus von der europäischen Landkarte. Europa trat einen Riesenschritt voran zum Europa der Vaterländer – im selben Winter wurde auch das deutsche Reich gegründet. Wir haben keinen Grund dem Kirchenstaat nachzutrauern und suchen doch inzwischen wieder gemeineuropäische Institutionen." In: Ders., Die italienische Eroberung Roms, in: Vorträge aus dem Warburg-Haus, Bd. 5, Berlin 2001, S. 39–73, S. 73.

Italien, das nun die „terza Roma, non aristocratica, non imperiale, non pontifica, ma italiana"[192] ausrief, mußte dieses kosmopolitische Erbe in Würde übernehmen. Quintino Sella, der italienische Finanzminister, der die Hauptstadtplanung maßgeblich in die Hand nahm, wurde von Theodor Mommsen eines Abends im Jahr 1871 zur Seite genommen: „Ma che cosa intendete fare a Roma? Questo ci inquieta tutti: a Roma non si sta senza avere dei propositi cosmopolitici. Che cosa intendete di fare?"[193] Die Welt schaute auf Rom und war dabei zu vorderst an der Frage interessiert, wie die Stadt in Zukunft mit ihrer historischen Bedeutung umgehen würde und weniger an den italienischen Problemen, wie Raummangel, Straßenbau oder Steuergesetze. Es ging also um die Rechtfertigung des italienischen Nationalstaates, Roms Erbe anzutreten und eine Stadt zu regieren, die, gemeinsam mit dem Vatikan, ein Gedenkort der europäischen Geschichte war. Im Vergleich dazu wirkten der italienische König und das italienische Parlament klein und unvermögend. Das moderne Italien mußte sich, so die verbreitete Meinung, ein Ziel stecken, daß über den Nationalstaat hinaus reichte, um nicht im Vergleich zur Weltgeltung des Vatikans immer klein auszusehen. „L'Italia politica a Roma doveva trovarsi un fine più che nazionale, quando non intendesse rimaner piccina, piccina di fronte al Vaticano…"[194]

Sowohl von außen als auch von innen drängte die Frage, wie der „Idee" Roms beizukommen war. Federico Chabod führte diesen Druck auf den Fortbestand des zu Anfang des 19. Jahrhunderts entstandenen Nationengedanken zurück, dem zu Folge jedem Volk eine besondere „Mission" zukäme. Insbesondere nachdem sich mit dem Papststurz die Idee einer christlichen Republik zerschlagen hatte, bedurfte, so Chabod, die daraus hervorgehende Nation Italiens einer eigenen moralischen Rechtfertigung, die die ‚Italianità' als Grundlage der Nation legitimierte. Es mußte also eine Mission gefunden werden, die einerseits das Erbe des kirchlichen Universalanspruchs antreten, andererseits natürlich nationalen Zwecken dienen sollte. Rom also, das ‚dritte' Rom, zeigte auch Italien den Weg zu seiner ganz speziellen Mission, nämlich einen aus der Geschichte abgeleiteten Kosmopolitismus.[195]

Das Papsttum ließ sich den Anspruch auf die universellen und menschheitsverbindenden Aufgaben freilich nicht so leicht abnehmen. Die politische Klasse hingegen war vorwiegend laizistisch und stand der römischen Kirche feindlich gegenüber. Die Mehrheit der Bevölkerung sah sich wiederum einer administrativen Welt gegenüber, die nicht nur unbekannt war, sondern mit neuen Umgangsformen und moralischen Werten ins innerste des Althergebrachten eingriff. Die Nation konnte weder auf einen Katechismus verweisen, noch dem Ritual und dem Zeremoniell der Kirche anfangs etwas entgegensetzen. Um Akzeptanz werbend mußte sich der Staat auf Traditionen beziehen und Werte verteidigen, die bislang von der Kirche als moralischer Instanz vertreten wurden.[196]

---

192 So Giosué Carduccis Festrede aus Anlaß des achthundertjährigen Bestehens der Universität Bologna, zitiert nach BEYER 1988, S. 294.

193 Quintino Sella in einer Rede vor dem Parlament, zitiert nach CHABOD 1962, S. 189.

194 CHABOD 1962, S. 190. Neben dem weiterhin vertretenen Anspruch des Papsttums nach Weltgeltung quälte den jungen Staat auch die Sorge, vor dem Vatikan immer schäbig auszusehen und nur Paläste zu beziehen, die alle „niedriger" als der Vatikan gewesen wären, so Gino Capponi, zitiert nach CHABOD 1962, S. 190.

195 Vgl. CHABOD 1962, S. 195.

196 Benedetto Croce in seinen Reflektionen über den Zusammenhang zwischen Risorgimento und Rinascimento: La crisi italiana del Cinquecento e il legame del rinascimento col Risorgimento, in: La Critica, Novembre 1939. Vgl. Carlo Dionisotti, Rinascimento e Risorgimento. La questione morale. in: Il rinascimento nell'ottocento in Italia e Germania – Die Renaissance im 19. Jahrhundert in Italien und Deutschland, hrsg. August Buck und Cesare Vasoli, Jahrbuch des italienisch-deutschen historischen Instituts in Trient, Berlin – Bologna 1989, 157–69.

Gegen den drohenden Aufstand von Kirchentreuen und Papsttreuen wurden neben den moralischen Versicherungen die *Leggi eversivi* angewendet, die die Unterdrückung der religiösen Korporationen betrafen, und nicht nur der Kirche ihre materielle Grundlage entziehen, sondern auch mögliche Kanäle und Zusammenschlüsse des Protestes unterbinden sollten.[197] In den aufgelösten Klöstern richtete man Ministerien, Schulen und Kunstinstitutionen – darunter die auswärtigen Akademien – ein[198] und suchte durch Bildung und Aufklärung dem Klerikalismus entgegenzuwirken.[199] Im Zuge der Abschaffung der weltlichen Macht der Kirche stellte sich der junge Staat die Aufgabe, Rom zu einem Zentrum der Wissenschaft zu machen.[200] Es waren insbesondere die Visionen Sellas, der mit seiner berühmten Metapher Roms als Kopf und Gehirn der Nation, die römische Mission an den Wissenschaften, den humanistischen Antikenstudien und der Kunst festmachte:

> „non è soltanto per portarvi dei travet che siamo venuti… perché questo organismo, perché questa nostra cara patria sia perfetta, dobbiamo voler che sia armonica; dobbiamo volere che abbia un capo che corrisponda al corpo, in guisa che entrambi possano funzionare bene; quindi nel mio modo di vedere le funzioni direttive, il cervello deve essere nella testa; e la testa è Roma."[201]

An die Stelle des herrschenden „Obskurantismus" der Kirche in Rom sollte nun die Wissenschaft treten und „Licht" gegen jene verbreiten, die weiterhin Augen und Ohren vor der Entwicklung des modernen Nationalstaates verschließen wollten: „se vi è una necessità a Roma è proprio quella del contrapposto scientifico al Papato. È importantissimo che qui avvenga il cozzo delle teorie, delle opinioni scientifiche, onde da questo urto emerga la luce…"[202] Dabei dachte Sella nicht nur daran, nationale Institutionen in Rom zu konzentrieren oder auszubauen – wie etwa di *Accademia dei Lincei* den Humanwissenschaften zu öffnen – sondern plante, internationale Institute nach Rom zu holen und die schon bestehenden Institute, deren Tätigkeitsfelder sich bisher allerdings auf Archäologie, Geschichtswissenschaften oder Kunst beschränkten, in ihrer Arbeit zu unterstützen.[203] Das damit nach Rom zu lockende kulturelle Bürgertum versprach auch eine Verstärkung der laizistischen, aufgeklärten und progressiven gesellschaftlichen Kräfte, die in anderen Hauptstädten das

---

197 Mit der Ausrufung des Königreichs Italien 1861 begann der Kirche gegenüber die Politik der Einschränkung, was sich vor allem auf die kirchlichen Einrichtungen auswirkte. Mit den leggi eversive vom 7. Juli 1866 Nr. 3036 und 15. August 1867 Nr. 3848 wurde eine große Anzahl religiöser Orden und Kongregationen aufgelöst und ihre Besitztümer in den Besitz des Staates überführt. Mit dem Gesetz vom 19. Juni 1873 n° 1402 Serie 2ᵃ 1873 traten die Gesetze auch im Stadtgebiet Roms in Kraft. In dem zehnbändigen Opus zur Enteignung der Religiösen Orden im 19. Jahrhundert von dem Franziskaner Gabriele Cuomo wird die Enteignung dem antiklerikalen Einfluß der Freimaurer auf die liberalen Regierungen zugeschrieben: „Alla caduta del Governo borbonico, gli Ordini Religiosi, […] furono colpiti nuovamente dalle Leggi eversive, emanate dal Governo liberale-massonico del giovane Regno d'Italia e vissero una seconda dolorosa odissea. La massoneria, messa al bando da vari Stati e Governi, nel 1848 trovò accoglienza nel Piemonte e quando riuscì ad impadronirsi del Governo, emanò nel giro di pochi anni una seria incalzante di Leggi e disposizioni contro la Chiesa e gli Ordini Religiosi, che culminarono con la legge-decreto del 7 Luglio 1866 che aboliva tutte le Corporazioni Religiose esistenti nel Regno d'Italia." Vgl. Gabriele Cuomo, Le Leggi Eversive del secolo XIX e le vicende degli Ordini Religiosi della Provincia de Principato Citeriore, Bd. IV, La Legge-decreto del 7 luglio 1866 sopprime tutti gli Ordini Religiosi del Regno d'Italia, Mercato S. Severino 1972, S. 483. Vgl. auch Hugo Walther, Die Freimaurerei. Ein Beitrag zur Geschichte der politischen Geheimbünde, Wien 1910, der bekräftigt, daß es maßgeblich im Interesse der Freimaurer lag, den Einfluß der Kirche auf die Gesellschaft zurückzudrängen.
198 Vgl. KAPITEL II. 4.
199 Vgl. I Ministeri di Roma Capitale. L'insediamento degli uffici e la costruzione delle nuove sedi, Roma Capitale 1870–1911, Bd. 13, Venedig 1985.
200 Vgl. CHABOD 1962, S. 202.
201 Quintino Sella zitiert nach BARTOCCINI 1984, S. 249. Vgl. Auch Guido Quazza, L'utopia di Quintino Sella. La politica della scienza, Istituto per la Storia del Risorgimento italiano, Turin 1992 und Quintino Sella tra politica e cultura 1827–1884, Atti del Convegno nazionale di Studi, hrsg. von Cristina Vernizzi, Turin 1986.
202 Quintino Sella zitiert nach BARTOCCINI 1984, S. 256.
203 Vgl. BARTOCCINI 1984, S. 257.

öffentliche Leben bestimmten. Daneben erweiterten derartige Institutionen die Selbstdarstellung des neuen Staates durch ihre Zeremonien des Kunstlebens und der Wissenschaft, mit denen sich die säkularisierte Gesellschaft eine Alternative zu den religiösen Ritualen und päpstlichen Traditionen der Stadt schuf. Allerdings konnten auf wissenschaftlichem Gebiet keine der hochgesteckten Ziele verwirklicht werden, da abgesehen von den Geschichtswissenschaften keine internationalen Forschungstätigkeiten nach Rom verlegt wurden.[204]

Wie verwoben mit diesen Bemühungen die italienische Freimaurerei war, die viele Politiker zu ihren Mitgliedern zählte und offen die antiklerikale und aufklärerische Politik unterstützte und prägte, wird besonders in der Person Ernesto Nathans, dem Großmeister der Loge und späteren Bürgermeister von Rom, deutlich. Seine Familie, besonders die Mutter, war mit den Hauptakteuren des *Risorgimento*, Giuseppe Mazzini und Giuseppe Garibaldi befreundet. Nathan kam daher schon früh mit den Ideen Mazzinis in Berührung, deren treuer Anhänger er bis zu seinem Tod 1921 bleiben sollte. Neben seinen politischen Aktivitäten, in denen er sich hauptsächlich um soziale Fragen kümmerte, hatte er seit 1896 das Amt des Großmeisters der italienischen Freimaurerloge inne. Doch neben dem sozialen Engagement, sah Nathan die Aufgaben der Freimaurer aufs engste mit jener patriotischen Herausforderung Italiens verknüpft, die italienische „Mission" zu verfolgen:

> „quale l'atteggiamento politico della Massoneria? Quello di raffermare in ogni occasione l'esistenza dell'Italia risorta, di una grande Nazione degna di tradizioni gloriosissime negli annali dell'umana civiltà, anelante a progresso e libertà, l'una dell'altro ministra: di adoperarsi, al di sopra di ogni scuola e partito, a spianare la via che il Paese deve percorrere nella sua missione tra le genti: di bandire, sopratutto, tra le popolazioni il verbo dell'Italia nuova, la fede viva nel suo avvenire, il culto del patriottismo, la sete d'idealità […]."[205]

Ganz aus diesem Geist und im Kreis der Freimaurer erfolgte die Gründung der *Società Dante Alighieri* 1889, die italienische Kultur und Sprache in der Welt verbreiten sollte und zu deren Mitbegründern auch Nathan gehörte. Andererseits gingen von den Freimaurern auch internationale Signale aus, wie der Pariser Kongreß 1917 zur Gründung einer „Società delle Nazioni" bzw. „Lega delle Nazioni".[206] In einem ähnlichen Spagat zwischen Nationalismus und Internationalität vollzog sich in Rom 1911 das Jubiläum der Ausrufung des italienischen Königreiches, das auch für die Gründung der ausländischen Akademien entscheidende Impulse lieferte. Als Nathan 1907 zum Bürgermeister von Rom gewählt wurde, und damit als bekennender Freimaurer und Nichtadeliger ein Novum in diesem Amt war, konnte er die schon länger geplanten Festlichkeiten zum 50jährigen Jubiläum entscheidend im Sinne der nationalen Mission prägen. Als ein Fest des laizistischen Italiens geplant, sollte in einer dreigeteilten Jubiläumsausstellung Rom mit Kunst, Archäologie und Geschichte, Turin mit Industrie und Technik und Florenz u. a. mit einer Blumenausstellung glänzen und der Welt die Errungenschaften und Entwicklungen der jungen Nation vorführen.[207] Der Kirche, der in der römischen Ausstellung keinerlei Rolle zugestanden wurde, blieb nur der Boykott,[208] und die *Civiltà*

204 Vgl. CHABOD 1962, S. 283.
205 Zitiert nach: Scritti massonici di Ernesto Nathan, hrsg. von Giuseppe Schiamone, Foggia 1998, S. 7.
206 Aldo A. Mola, Storia della Massoneria italiana dalle origini ai nostri giorni, Mailand 1992.
207 Vgl. AUSST.-KAT. ROMA 1911 und bes. Renato Nicolini, L'Esposizione del 1911 e la Roma di Nathan, in AUSST.-KAT. ROMA 1911, S. 45–52. Zu Nathan vgl. die Biographien von Maria I. Macioti, Ernesto Nathan. Un sindaco che non ha fatto scuola, Rom 1983, bes. S. 122–25 und Alessandro Levi, Ricordi della vita e dei Tempi di Ernesto Nathan, Florenz 1927 und den Tagungsband, Roma nell'Età Giolittiana. L'Ammistrazione Nathan, Atti del Convegno di Studio, Rom 1984.
208 Alberto Caracciolo, Il „fatale millenovecentoundici". Roma ed Europa fra mostre e congressi, in: AUSST.-KAT. ROMA 1911, S. 39.

Abb. 23: Ernesto Nathan, 1845–1921, Bürgermeister von Rom und Großmeister der Loge

Cattolica beklagte aus diesem Anlaß erneut die Usurpation des Kirchenstaates: „Viziate e guaste in radice giacché né sbandieramenti né entusiasmi potranno mai legittimare l'usurpazione violenta dei diritti della Chiesa di Dio."[209]

Während Italien sich im Kreis der europäischen Nationen als laizistischer und moderner Staat vorzeigen wollte, sollten gleichzeitig diese Nationen Rom durch ihre eigene Präsenz ehren und in der Valle Giulia neben der neuerrichteten *Galleria nazionale d'arte moderna* Kunstausstellungen in Nationalpavillons präsentieren. Tatsächlich aber hegte Nathan Pläne, die über die Dauer des Jubiläums hinauswiesen. Er wollte in der Valle Giulia eine „Città d'Arte" begründen und bot den teilnehmenden Ländern der Kunstausstellung an, die Grundstücke der Pavillons zu behalten, wenn sie dort ihre ständigen Kunstausstellungsgebäude errichteten.[210] Die Zeitungen brachten 1911 die Nachricht:

209 Zitiert nach Enzo Forcella, Roma 1911 – Quadri di una esposizione, in: AUSST.-KAT. ROMA 1911, S. 27–38, Anm. 26.
210 Sicher ist auch zu bedenken, daß Venedig in diesen Jahren mit dem erfolgreichen Konzept der Biennale kulturpolitisch und touristisch immer mehr in Konkurrenz zu Rom trat. Vgl. die im Entstehen begriffene Dissertation von Jan A. May, La Biennale di Venezia und ihre Bedeutung für Stadtentwicklung, Tourismus und kulturelles Leben 1895–1945, Technische Universität Berlin.

Abb. 24: Esposizione internazionale di Belle Arti, Valle Giulia, 1911, Rom

„Per la nascente „citta dell'arte" anche l'accademia di San Luca.

La geniale idea del sindaco Nathan di voler fare di Valle Giulia un gran centro, il più importante del mondo, di arte internazionale va attuandosi e presto vedremo quella magnifica area adiacente a Villa Umberto ospitare gli edifici delle accademie d'arte dei maggiori stati del mondo.

Oltre le concessioni già fatte, ora è la volta di uno dei più importanti istituti italiani, la insigne Accademia di S. Luca che vuole anch'essa prendere residenza in quella zona, costruendovi il proprio edificio. Sappiamo che anche la Russia e la Repubblica Argentina hanno iniziato trattative ufficiose per ottenere dal municipio l'area necessaria per la sede della loro Accademia d'arte. Così tutti i grandi stati – meno la Francia e la Spagna che hanno la fortuna di possedere già appositi edifici monumentali – si troveranno riuniti a Valle Giulia, affratellati dalle sublimi idealità dell'arte, qui in questa Roma, che delle arti fu culla e maestra."[211]

Der Artikel faßt das ehrgeizige Projekt in aufschlußreiche Worte: Die „großen" Staaten der Welt – mit „groß" sind im Sprachgebrauch der Zeit wieder die „Kulturnationen" angesprochen, wobei nicht klar ist, ob sie erst dazu gezählt werden, wenn sie eine Akademie in Rom haben oder schon vorher – sollten in Rom ihre Akademien ansiedeln und die Stadt damit als wichtigstes Kunstzentrum der Welt etablieren. Das war also, nachdem die Wissenschaften sich nicht nach Rom haben ziehen lassen,[212] die „Mission" der Stadt: Als Wiege und Meisterin der Kunst sollte Rom der Ort

---

211 Vgl. Angela Windholz, Villa Massimo. Zur Gründungsgeschichte der Deutschen Akademie Rom und ihrer Bauten, Petersberg 2003, Anhang 22, S. 74.

212 Vgl. CHABOD 1962, S. 283.

der internationalen Verbrüderung im „sublimen Geist der Kunst" sein und damit die Kunst zum Ersatz für die Religion erklären, die zuvor Roms zentrale Stellung in der Welt begründete. Ganz entscheidend unterstützt von den Akademiegründungen behauptete sich Rom als kosmopolitisches Zentrum der Kunst und der in seinen Kunstschätzen zu studierenden ewigen Werte.

Bevor jedoch auf das im Einzelnen zu rekonstruierende Geschehen der Gründungen eingegangen werden soll, seien schließlich noch die architektonischen Voraussetzungen der Akademiegründungen analysiert.

3. Zur Rekonstruktion einer idealen Bautypologie für Kunstakademien

Zum Forschungsstand

Kam es zur Akademiegründung und damit zur Wahl einer Immobilie oder eines Baus, scheint, ähnlich wie bei der Formulierung der pädagogischen und ästhetischen Ziele, die Suche nach historischem Anschluß auch bei der Architektur richtungsweisend gewesen zu sein. Bei den Bauten oder Idealentwürfen für die ausländischen Akademien in Rom wurde historischen Idealentwürfen, existierenden Akademiebauten und auch Arrangements wie der Pariser Akademie im ehemaligen *Couvent des Petits-Augustins* oder der *Académie de France* in der Villa Medici Rechnung getragen. Um diese Bezüge sichtbar zu machen, soll im Folgenden ein Überblick über verschiedene historische Modelle von Kunstakademien und ihre sich nach und nach ausbildenden Räumlichkeiten und Funktionen geboten werden, der auch deshalb hier erfolgen muß, da die Wahrnehmung einer eigenen Bautypologie der Kunstakademien und dementsprechend auch die Darstellung ihrer Entwicklung bis heute aussteht. Selbst Pevsner hat sich weder in seiner Geschichte der Kunstakademien mit den Bauten der Akademien beschäftigt, noch tritt sie als Gruppe in seiner „History of Building Types" auf.[213] Ebenso wenig wurde den Anfängen dieser speziellen Bauaufgabe in der frühen Neuzeit nachgegangen.[214] Dieser erstmalige Versuch einer katalogartigen Sammlung verschiedener Projekte, Idealentwürfe und Bauten – mehr kann hier nicht geleistet werden – soll die Herausbildung einer Akademiearchitektur nachzeichnen und Bezugnahmen der im Folgenden behandelten ausländischen Akademien in Rom auf architektonische Vorläufer nachvollziehbar machen.

---

213 Vgl. Nikolaus Pevsner, A History of Building Types, Princeton, New Jersey 1976; ders., Universities Yesterday, in: The Architectural Review, CXXII, 1957, S. 235–39 und PEVSNER 1986. Auch Thilo Schabert, Räume der Gelehrsamkeit. Die Architektur der Akademie, in: Europäische Sozietätsbewegung und demokratische Tradition. Die europäischen Akademien der Frühen Neuzeit zwischen Frührenaissance und Spätaufklärung, hrsg. von Klaus Garber und Heinz Wismann, 2 Bde., Tübingen 1996, 2. Bd., S. 1748–79, mahnt die Beschäftigung mit dem Thema an, verharrt aber in generellen Überlegungen.

214 Allerdings rekonstruiert Christine J. Challingsworth anhand einiger Entwürfe aus dem Umkreis der *Accademia di San Luca* eine Akademietypologie zumindest „auf dem Papier", auf die ich weiter unten zurückkomme, vgl. Christine J. Challingsworth, The 1708 and 1709 Concorsi Clementini at the Accademia di San Luca in Rome and the Establishment of the Academy of Arts and Sciences as an Autonomous Building Type, zugl. Diss., Ann Arbour 1990 und dies., The Academy of Arts and Sciences. A Paper Building Type of the Eighteenth Century, in: An Architectural Progress in the Renaissance and Baroque. Sojourns in and out of Italy. Essays in Architectural History presented to Hellmut Hager on his Sixty-sixth Birthday, hrsg. von Henry A. Millon und Susan Scott Munshower, Papers in Art History from the Pennsylvania State University, Nr. 8, Bd. 2, University Park Pennsylvania 1992, S. 720–63.

Daß die Akademiearchitektur von der Geschichtsschreibung bislang übersehen wurde, erstaunt umsomehr, als der Gattung der Künstlerhäuser in der letzten Zeit verschiedene Studien gewidmet wurden[215] – einer Gattung, die auch in der italienischen Traktatliteratur, zumindest hinsichtlich der praktischen Anforderungen des Ateliers, nachgewiesen werden konnte.[216] Dabei wurden durchaus auch Akademiegebäude in den Traktaten erwähnt, was nicht zuletzt darauf schließen läßt, daß diese bereits als gesonderte Bauaufgabe wahrgenommen wurden. In diesen Beschreibungen finden sich Grundzüge der späteren Akademiearchitektur formuliert, die zunächst unspezifisch erscheinen mögen, aber tatsächlich als Grundvokabular der Akademiearchitektur über Jahrhunderte hinweg beibehalten wurden.

> „Le scuole, le sapienze non importa che sieno troppo vicine alla principal piazza, ma che venghino in luoghi rimoti, & senza strepito. Le academie similmente sieno in luogo rimoto, & di aria allegre & si potranno ornare di ameni giardini, di ombrosi luoghi da passeggiare, & di vaghi ruscelli di acqua, come fece già Cimone Re di Grecia all'academia di Atene."[217]

In Anlehnung an die Überlieferung zur Athener Akademie, der zu Folge Platon außerhalb der Stadt die Freiheit zum Philosophieren suchte,[218] wurde von Pietro Cataneo 1554 auf den griechischen Usus hingewiesen, die Akademien in peripheren Gärten anzusiedeln. In entsprechender Weise fand nach Annibale Caros Berichten das Leben der humanistischen Literaten in den römischen *orti* statt: man traf sich in den Gärten zu Sitzungen der „Akademie", tafelte, rezitierte und disputierte in Loggien, spazierte unter schattigen Pergolen und genoß das Springen kunstvoller Brunnen, die feuchte Kühle und die überraschenden Effekte artifizieller Grotten und Nymphäen.[219] Die erste Umsetzung einer nicht in erster Linie philosophischen oder literarischen, sondern künstlerischen Studien gewidmeten Akademie ist wohl in Lorenzo di Medicis Garten, dem *Orto di San Marco* in Florenz zu sehen, an die Giorgio Vasari folgendermaßen erinnerte:

> „Piu superbia adunque, che arte, ancor che molto valessi, si vide nel Torrigiano scultore Fiorentino; ilquale nella sua giovanezza fu da Lorenzo vecchio de' Medici tenuto nel giardino, che in sulla piazza di san Marco di Firenze haveva quel Magnifico cittadino, in guisa d'antiche, e buone sculture ripieno, che la loggia, i Viali, e tutte le stanze erano adorne di buone figure antiche di marmo, e di pitture, & altre cosi

---

215 Vgl. Künstlerhäuser von der Renaissance bis zur Gegenwart, hrsg. von Eduard Hüttinger, Zürich 1985; Nikia Speliakos Clark Leopold, Artist's Homes in Sixteenth Century Italy, zugl. Diss., Ann Arbor – London 1981; Hans Peter Schwarz, Das Künstlerhaus. Anmerkungen zur Sozialgeschichte des Genies, Braunschweig 1990 und schließlich Franzsepp Würtenberger, Das Maleratelier als Kultraum des 19. Jahrhunderts, in: Miscellanea Bibliotheca Hertziana, Römische Forschungen, Rom 1961, S. 502–13.

216 Nach Francesco di Giorgio Martini haben Künstlerhäuser schlicht und einfach zu sein. Eingangshallen, Höfe oder gar Gärten sind den Palazzi der „nobili" vorbehalten. Vgl. Trattato di Architettura, ingegneria e arte militare (1482), hrsg. von Corrado Maltese, Mailand 1967, Bd. I., S. 567. Leonardo da Vinci fordert Nordlicht als beste Bedingung für die Schaffung der Chiaroscuro-Effekte und ein kleines Zimmer für die Konzentration, vgl. The Literary Works of Leonardo da Vinci, New York 1970³, Bd. I., S. 313/14, Abb. XXXI, Nr. 2 (Paris, MS B. N. 2038.4b).

217 Pietro Cataneo, I quattro primi libri di architettura, Venedig 1554, Lib. I., Kap. 6, delle scude&sapienze und dell'academia.

218 Akademie war eigentlich ein außerhalb Athens gelegener Garten, der Athene und anderen Göttern gewidmet war. In diesem Garten versammelte und unterrichtete Platon ab etwa 385 v. Chr. seine Anhänger. Die sich daraus rasch entwickelnde Schule wurde als Akademie bekannt. Später wurde der Begriff Akademie zunächst auf die nach platonischem Vorbild entstehenden Philosophenschulen und schließlich als Bezeichnung für jede höhere Bildungsinstitution oder Fakultät einer solchen verwendet.

219 Vgl. Fritz Eugen Keller, Zum Villenleben und Villenbau am römischen Hof der Farnese. Kunstgeschichtliche Untersuchung der Zeugnisse bei Annibal Caro, Berlin 1980

fatte cose di mano de'migliori Maestri, che mai fussero stati in Italia, & fuori. Le quali tutte cose, oltre al Magnifico ornamento, che faceuano à quel giardino, erano come una scuola, & Academia à i Giovanetti pittori, e scultori, & à tutti gl'altri: che attendevano al disegno."[220]

Die von Vasari selbst 1563 ins Leben gerufene *Accademia del Disegno* fand ihren ersten dauerhaften Sitz, genannt „Cestello", im Kloster Santa Maria Maddalena de'Pazzi im Borgo Pinti (1567–1628);[221] zu den Räumlichkeiten gehörte ein heute zerstörter *Tempio* (Oratorium), ein oktogonaler Raum mit übereck gestellten Apsiden mit daran anschließenden Unterrichtssälen. In einem der beiden Säle wurden nach der – allerdings zuweilen angezweifelten – Auskunft des Malers Carducci (Bartolommeo?) Portraits der berühmtesten Mitglieder der Akademie und Gemälde, Kartons und Zeichnungen aufbewahrt, während der andere, der für Aktstudien genutzt wurde, Bücher, Globen, Kugeln und mathematische Instrumente beherbergte.[222] Die Vorläuferin der römischen *Accademia di San Luca*, die *Università dei Pittori, Miniatori e Ricamatori*, deren früheste bekannte Statuten auf das Jahr 1478 zurückgehen, hatte ihren ersten Sitz in der später von Sixtus V. zerstörten Kirche San Luca auf dem Esquilin. Die hier wie auch in anderen Akademien festzumachende fromme Ehrerbietung gegenüber dem Heiligen Lukas wurde, wie spätere Beispiele zeigen werden, langsam durch die Huldigung großer Künstler abgelöst.

Filarete griff dieser Tendenz in seiner utopischen Schilderung der Städte Sforzinda und Zagalia und der Ausschmückung des Architektenhauses in seinem Architekturtraktat von 1450 vor. Er schildert einen *tempio*, eine Ruhmeshalle für Künstler des Altertums, dessen Wandmalereien berühmte Künstler in ihrer Tätigkeit zeigen.

„von den Erfindern und Bekennern vieler Künste, welche, größtenteils mit ihren Meisterstücken in den Händen und mit erklärenden Unterschriften versehen, an den Wänden [...] abgemalt waren. Da sah man zunächst die ältesten Baumeister von Menodotus und Velnaron, den Schöpfern des egyptischen Labyrinthes, und von Archimedes an; die Bildhauer und Maler in langen Reihen; jene Götter und Heroen, welche den Menschen diese oder jene Kunst lehrten; die Erfinder wichtiger Handgriffe; ferner allerlei Weltwunder der Architektur, Geschichten aus der Sagenwelt; endlich die Verleumdung des Apelles und die Bildnisse vieler Machthaber und Könige, welche sich der Malerei beflissen und sie dadurch ehrten – kurz, eine grosse Zahl von Leuten, deren Namen wir durch Plinius, Vitruv, Ovid, Vergil, Varro, Quintilian, Lucrez, Xenophon, Hesiod, Diogenes Laertius u. a. erfahren [...] Auch Künstler des Alten Testamentes waren darunter."[223]

Filaretes Gestaltungsidee taucht später durchaus ähnlich im Ausstattungsprogramm der Akademien auf und hat die Funktion der Referenzerweisung gegenüber den großen Künstlern der Vergangenheit.

Die kurz genannten Beispiele nennen Elemente der Akademiearchitektur, die in verschiedener Zusammensetzung zu Konstanten für die Bautypologie wurden: die Abgeschiedenheit in Gärten, die Sammlung antiker Kunstwerke zu Studienzwecken, der Bedarf an einem Sakralraum, der – in der

---

220 Giorgio Vasari, Le Vite de'più eccellenti pittori, scultori e architettori nelle redazioni del 1550 e 1568, Kap. 91, Vol. 2, Teil 3a, hrsg. von Rosanna Bettarini und Paola Barocchi, Florenz 1966–1987.

221 Piero Pacini, Le sedi dell'Accademia del Disegno. Al „Cestello" e alla „Crocetta", Florenz 2001.

222 PACINI 2001, S. 17.

223 Deutsche verkürzte Paraphrase nach: Antonio Averlino Filarete's Tractat über die Baukunst nebst seinen Büchern von der Zeichenkunst und den Bauten der Medici, zum ersten Male hrsg. und bearb. von Wolfgang von Oettingen, Quellenschriften für Kunstgeschichte und Kunsttechnik des Mittelalters und der Neuzeit, Bd. 3, Wien 1890, S. 514.

Tradition der Bruderschaften der Maler – dem Heiligen Lukas gewidmet wurde, die Aneignung der Klosterarchitektur und später die dem Ruhm der Kunst und Künstler gewidmeten Ausstattungsprogramme.

Zur Charakterisierung einer Typologie der Akademiearchitektur wurden diese Elemente jedoch nie herangezogen. Da die Forschung vermutete, daß bei der Planung einer Kunstschule auf den ebenso schwer faßbaren Bautyp der geisteswissenschaftlichen Akademien und Universitäten zurückgegriffen worden sei, unterließ sie eine eigene Untersuchung der Entwicklung einer kunstakademischen Gattung. Die humanistischen Akademien der Renaissance und des Barock tagten in privaten Häusern und Gärten, in Gebäuden anderer Zweckbestimmung. Als diese akademischen Zirkel ihre Mobilität aufgaben, entstanden eigene Bauten, die sich jedoch außer an religiösen Kollegienbauten, Hospitälern auch am Schloßbau des Barock orientierten und, so die Forschung, keine eigenständige Architekturtypologie entwickelten.[224]

Ähnliches gilt zwar auch für die künstlerischen Akademien, aber dennoch wiederholen sich in den Entwürfen bestimmte Motive, die eine eigene Typologie erkennen lassen. Die hier folgende Zusammenstellung früher Akademieentwürfe (1708–1840) soll einen Überblick verschaffen und Gemeinsamkeiten festhalten.[225] Sie zeigt die Entstehung einer, wenngleich heterogenen, durchaus charakteristischen Gattungstypologie auf, die sich bis zu den Akademiebauten des 19. und 20. Jahrhunderts weiterverfolgen läßt und auf die auch die ausländischen Akademien in Rom rekurrierten. Zum Abschluß dieser Betrachtungen soll schließlich auch der Frage nachgegangen werden, inwieweit der architektonische Wandel mit Veränderungen der gesellschaftlichen Funktion von Kunst in Verbindung gebracht werden kann.

Idealentwürfe

Bei den ersten tatsächlich zeichnerisch ausgearbeiteten Entwürfen zu Kunstakademien handelte es sich um Idealentwürfe, die, im Kreis der *Accademia di San Luca* in Rom für Wettbewerbszwecke angefertigt wurden und von denen die künstlerische Begabung und Planungsfähigkeit des Architekten abzulesen sein sollte. Doch trotz ihrer utopischen Zielsetzung können die Entwürfe in engem Zusammenhang mit konkreten Hoffnungen der Akademiker gesehen werden, ihre Institution aus dem Provisorium herauszuführen und ihr ein adäquates Gebäude zu schaffen – einen Wunsch, der sich auch in der wiederholten Wettbewerbsausschreibung für ein Akademiegebäude zeigte.[226]

In den ersten Jahren des 18. Jahrhunderts begannen die Architekten der *Accademia di San Luca* in Rom, die beengt in Räumen der Lukasgilde bei der Kirche SS. Luca e Martina auf dem Forum untergebracht war,[227] sich um ein Konzept für Akademiegebäude zu bemühen. In zwei aufeinanderfolgenden Jahren, 1708 und 1709, und nochmals 1750 lud die *Accademia* dazu ein, mit entsprechenden Entwürfen am Preisverfahren des *Concorso Clementino* teilzunehmen.[228]

---

224 Vgl. Konrad Rückbrod, Universität und Kollegium. Baugeschichte und Bautyp, Darmstadt 1977.
225 Außer Acht gelassen werden hier die anonymen Zeichnungen zu Akademien aufgrund der Schwierigkeit ihrer Datierung, die sich im Archiv der *Accademia di San Luca* befinden, vgl. I disegni di architettura dell'archivio storico dell'Accademia di San Luca, hrsg. von Paolo Marconi, Angela Cipriani und Enrico Valeriani, 2 Bde., Rom 1974, Bd. 2, Kat. Nr. 2313–30.

226 Vgl. CHALLINGSWORTH 1992, S. 720–63.
227 Zum Komplex der Kirche und der Akademielokale auf dem Forum vgl. Karl Noehles, La Chiesa dei SS. Luca e Martina nell'opera di Pietro da Cortona, Rom 1969, S. 140, Abb. 109 und PIETRANGELI 1974, S. 5–28.
228 Von Papst Clemens XI. initiiert, richtete die Akademie seit 1702 jährlich die Concorsi Clementini in den Bereichen Malerei, Plastik und Architektur um jeweils drei zu vergebende Preise aus.

Der Ausschreibungstext des Wettbewerbs von 1708 beschrieb ausführlich die gewünschten Räume für eine *Accademia del Disegno* mit ihren drei Sparten Malerei, Bildhauerei und Architektur. Diese Beschreibung läßt nicht nur Schlüsse auf die von den Akademikern angestrebten Lehrmethoden zu, sondern zeugt von der frühen Ausbildung architektonischer Akademiefunktionen, die später beibehalten und nur geringfügig erweitert wurden:

> „1ª Classe. Si delineasse pianta, spaccato e prospetto con suo indice di una fabbrica da costruirsi in una città principale per l'uso dell'Accademia del disegno, per il che si distribuissero con adatta proporzione tutti i seguenti corpi di sale, ed altro attinente all'esercizio delle tre professioni Pittura, Scultura e Architettura; sala per lo studio dell'ignudo; per le lezioni pubbliche di architettura; per le lezioni di anatomia; per gli studi de'gessi, bassorilievi e disegni; salone per gli annuali pubblici concorsi, per il modello de'panni; per le lezzioni de matematica; per li studi de'lumi e ombre; stanze per le congregazioni accademiche; stanzoni contigui per l'esposizione de'concorsi; tre quarti d'abitazione divisa per li tre maestri annuali di pittura, scultura e architettura, stanze per il budello e modello.
> Una proporzionata chiesa distribuita in modo che si possino udir le Messe dai loggiati delli piani superiori a consumo de li studenti e si cerchi di assegnare a tutte le suddette notate sale, l'ingresso libero per mezzo de'parti a'superiori, ma con la communicazione però interna delle medesime, per il necessario passaggio dall'una all'altra."[229]

Die akademische Lehre bestand demnach in gattungsrelevanten Übungen, wie Aktstudien, Anatomieunterricht, Mathematikunterricht, Zeichnen nach Antiken und nach Vorlagen, Faltenwurf- und Hell-Dunkel-Studien und öffentlichen Vorlesungen zur Architektur. Weitere Räumlichkeiten dienten Versammlungen und Ausstellungen, wie dem Abhalten der jährlichen Wettbewerbe und der Ausstellung der dazu eingereichten Entwürfe. Darüber hinaus enthielt der Entwurf Wohnräume für die Professoren, für den Hausmeister und die Aktmodelle. Als zentraler Teil des zu entwerfenden Akademiegebäudes wurde eine Kirche gefordert, die dem Komplex so eingefügt werden sollte, daß sich die Messe möglichst von allen Arbeitsräumen aus zumindest akustisch verfolgen läßt.[230]

Den beiden ersten Preisen des Jahres 1708, die an Pierre de Villeneuve aus Frankreich bzw. Benedykt Renard aus Polen gingen (Kat.-Nr. 1–4 und 5–7), ist eine Vierflügelanlage auf rechteckigem Grundriß mit leicht bzw. stärker ausgestellten Eckrisaliten gemeinsam. Die zweigeschossigen Gebäude umschließen einen länglichen, arkadengesäumten Hof. In der Achse des Eingangs liegt jeweils im gegenüberliegenden Flügel die ovale bzw. runde Kapelle, deren Apsisrund wie eine Exedra aus der Fassadenflucht hervorspringt. Ihre Kuppeln überragen zentral die Gesamtkomplexe.

Villeneuves Hof schließt an zwei Enden halbkreisförmig ab und bildet ein mit zwei Brunnen geschmücktes Zirkusoval. Der zweite Stock öffnet sich – wie im Wettbewerb gefordert – in doppelsäulengesäumten Loggien zum Hof und erinnert, wie auch die abschließende Rundung des Hofes, an

---

229 Concorso Clementino 1708 zitiert nach: I disegni di architettura, Bd. 1, S. 9–10 und Kat.-Nr. 190–203. Dazu vgl. Christine J. Challingsworth, in: Ausst.-Kat. Architectural Fantasy and Reality. Drawings from the Accademia nazionale di San Luca in Rome, hrsg. von Susan Munshower, Pennsylvania State University 1981, S. 64–73 und ebd. Susan S. Munshower, S. 74–75.

230 Für erste Formulierungen eines eigenen Bautyps der Kunstakademien anläßlich der Concorsi Clementini 1708 und 1709 vgl. Challingsworth 1990. Challingsworth geht den Entstehungsumständen des neuen Bautyps nach und analysiert, ob er eine Veränderung der akademischen Kunstausbildung reflektiert, dazu besonders Kap. VI. Die ausführliche formale Analyse der Entwürfe von 1708 und 1709, ebd. Kap. III. Vgl. auch dies., in: Ausst.-Kat. Architectural Fantasy, S. 64–73.

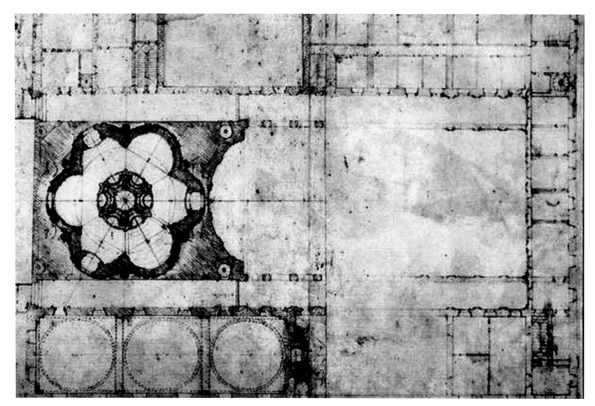

Abb. 25: Francesco Borromini, Grundrißzeichnung S. Ivo alla Sapienza, 1640–60

Francesco Borrominis Lösung der Einbindung S. Ivos in den Palazzo della Sapienza (1563), dessen *coretti* direkt vom zweiten Stock der Hofarkaden der Sapienza zu erreichen sind.[231] Die Hoffassade mit ihren Doppelsäulen ist sowohl französisch wie italienisch inspiriert. Der Aufriß ähnelt Raffaels Palazzo Caffarelli Vidoni, die freistehende Säulenkolonnade jedoch Louis Le Vaus Projekt von 1664 für die Ostfassade des Louvre.

In Villeneuves Entwurf läßt sich desweiteren der Einfluß Giovan Lorenzo Berninis nicht nur am Hofgrundriß mit den zwei Brunnen in der Art des Petersplatzes, sondern auch an der mit freistehenden Säulenpaaren gesäumten Treppe festmachen, die von der *Scala Regia* im Vatikan inspiriert ist. Im ersten Geschoß des linken Seitenflügels führt eine Flucht von vier Ausstellungssälen zum großen Versammlungssaal. Im rechten Seitenflügel brachte Villeneuve eine – in der Ausschreibung nicht geforderte – Portraitgalerie der Päpste und der *Principi* der *Accademia* unter. Es handelt sich dabei um die erste Einrichtung einer Galerie für die in den Akademien in Florenz und in Rom übliche Sammlung mit den Portraits der eigenen Mitglieder. Auffallend ist bei dieser erstmaligen architektonischen Umsetzung eines dazugehörigen Galeriesaales der hohe Anspruch, welcher in der räumlichen Nähe der Künstler mit den Stellvertretern Petris zum Ausdruck kommt.

---

231 Der „Palast der Weisheit" wurde im Auftrag Sixtus V. als eine dem Rechteck einbeschriebene Anlage errichtet, deren einander gegenüberliegende Flügel sich durch jeweils zwei Loggiengeschosse zu einem Innenhof öffnen. Dessen Proportionen und Gliederung wurde von Francesco Borromini an der konkav geführten Fassade der 1643–48 erbauten Universitätskirche Sant'Ivo della Sapienzia wieder aufgenommen, die den Hof nach Osten hin abschließt.

Die vorspringende Kapelle erinnert sowohl bei Villeneuve als auch bei Renard, dem Gewinner des zweiten Preises, an antike Exedren oder Berninis erstes Louvreprojekt. Bei Renards kompakterem Entwurf verweist die Gesamterscheinung der Hauptfassade mit ihrer Kolossalordnung und der überragenden Kuppel auf die Front der Peterskirche. Die Referenzen bei Renard – wie die figurengeschmückte Balustrade als oberer Abschluß oder die Hoffassade mit dem regelmäßigen Theatermotiv – bewegen sich mehr im Bereich des hochbarocken römischen Palastbaus.

So entwickeln beide Entwürfe eine eklektische Zitierweise sakraler und profaner Baudetails, die in ihrer Gesamtheit und in ihrer Grundrißdisposition der Kombination von Kollegiumshof und Kirche, wie sie Borromini mit der Einfügung von Sant'Ivo in Giacomo della Portas Palazzo della Sapienza vorgemacht hat, folgen und darin typisch für spätere Akademieentwürfe sind. In beiden Fällen dienen die Hofarkaden wie bei Borrominis Sant'Ivo der möglichst engen Verschränkung von Kirche und Palast.

Den dritten Preis erhielt Francesco Bellis Entwurf (Kat.-Nr. 8–10), der, in seinem Fall zurecht als Idealprojekt bezeichnet und dreimal so groß wie die anderen Beiträge (1,20x2,50 m), in seiner symmetrischen Grundstruktur der verkreuzten Flügel, zwischen denen sich Höfe und Gärten öffnen, mit Filaretes Ospedale Maggiore in Mailand (beg. 1456), oder den komplexen Plänen Carlo Fontanas für das Ospizio di San Michele in Rom (1700–03) vergleichbar ist. Aufgrund seiner utopischen Größe läßt sich Bellis Plan mit den anderen beiden Wettbewerbsbeiträgen kaum vergleichen, sondern eher mit Entwürfen, bei denen es in erster Linie darum ging, den Eindruck zu erwecken, eine äußerst komplexe Nutzungsanforderung einer geometrischen Ordnung zu unterwerfen.

Ein nicht zum Wettbewerb eingereichter, sondern im selben Jahr aus Anlaß seiner Berufung zum Akademiemitglied der *Accademia di San Luca* als sogenanntes *dono accademico* überreichter Entwurf von Giuseppe Ercolani thematisierte ebenfalls ein Akademiegebäude und folgte freiwillig den Bedingungen des Wettbewerbs (Kat.-Nr. 11–12). Sein dreieckiges Gebäude ging explizit auf die drei Fakultäten der Schwesterkünste ein, die in der Akademie gepflegt wurden und sollte mit seiner dreigeteilten Gebäudestruktur die nächste Generation der Akademieentwürfe prägen. Die in Ercolanis Entwurf dargestellte Gleichwertigkeit der drei künstlerischen Disziplinen nahm auf eine aktuelle Entwicklung der kunsttheoretischen Debatte an der *Accademia di San Luca* Bezug. 1705 erst hatten sich die *Accademici* auf die Ebenbürtigkeit der Malerei, Skulptur und Architektur geeinigt, da allen drei Künsten das Moment der Erfindung zugrunde lag, das sich im Konzept des *disegno* fassen ließ.[232]

Als neues Sinnbild, das ihr bisheriges Emblem, den hl. Lukas, der die Madonna in ihrer mystischen Erscheinung porträtiert, ablöste, wählten die Akademiker ein Dreieck, dessen Schenkel von Pinsel, Meißel und Zirkel gebildet werden und das sie mit dem Horazmotto ÆQUA POTESTAS betitelten. Das Emblem – hier in einem Entwurf Filippo Juvarras – weist auf das mehr idealisierte als tatsächlich vorhandene harmonische Zusammenspiel der bildenden Künste

---

232 Vgl. AUSST.-KAT. ÆQUA POTESTAS. Solche „sprechenden" Grundrisse sind um 1700 sehr beliebt, u. a. bei Dreifaltigkeitskirchen, die ebenfalls einen dreistrahligen Grundriß aufweisen, wie z. B. Kappel in Waldsassen von Georg Dientzenhofer, 1685–89.

Abb. 26: Filippo Juvarra, Entwurf des Emblems der Accademia di San Luca, 1705

hin.²³³ Das Verhältnis zum Göttlichen hat sich zudem gewandelt. Während der hl. Lukas als Maler der Erscheinung Marias der Visualisierung der göttlichen Erscheinung dient, kann in der Form des Dreiecks höchstens noch ein Hinweis auf die göttliche Inspiration gesehen werden oder die Übertragung der Dreifaltigkeit auf das System der Kunstgattungen.

Ercolani entwarf ein Gebäude, welches das Emblem der Akademie formal wiedergibt.²³⁴ Auf dreieckigem Grundriß verbindet er drei Flügel durch runde Räume an den Ecken. Den dreieckigen Mittelraum füllt eine Rundkirche mit drei, in die Spitzen des Dreiecks hineinreichenden Konchen. Auch hier sind die Flügel des Außenbaus mit dem Kirchenbau durch einen Loggiagang verbunden, so daß der Gottesdienst die arbeitenden Künstler akustisch begleiten kann.²³⁵ Die Kirche scheint mit ihrem Eingeschriebensein in den dreieckigen Grundriß der Dreifaltigkeit geweiht zu sein, die natürlich ein perfektes Pendant zur Trias der drei Gattungen darstellte.

Der *Concorso Clementino* von 1709 kam nochmals auf das Akademiethema zurück. Diesmal sollte nur ein Festsaal für die Akademie entworfen werden. Damit richteten die Akademiker die Aufmerksamkeit

---

233 Vgl. Jörg Garms, Le peripezie di un'armoniosa contesa, in: Ausst.-Kat. Æqua potestas, S. 1–7. Vgl. auch Wolfram Prinz, Gli statuti dell'Accademia dell'Arte del Disegno e dell'Accademia di S. Luca a Roma, in: Der Maler Federico Zuccari. Ein römischer Virtuoso von europäischem Ruhm. Akten des internationalen Kongresses der Bibliotheca Hertziana Rom und Florenz, 23.–26. Februar 1993, hrsg. von Matthias Winner und Detlef Heikamp, München 1999, S. 295–99.

234 Ebenfalls im selben Jahr entstand der Entwurf Juvarras zu einem Palast für drei gleichrangige königliche Personen, den er auf dreistrahligem, bzw. sechsstrahligem Grundriß disponierte. Es scheint offensichtlich, daß auch hier eine Anspielung auf die Æqua potestas der Künste vorliegt, zumal Juvarra auch in der Kartusche das Emblem der Akademie, hier in einen Sechsstern eingeschrieben, verwendet. Vgl. I disegni di architettura 1974, Bd. 1, Kat.-Nr. 140–42.

235 Statt eines gezeichneten Grundrisses des dritten Stocks ist dessen Nutzung unter dem zentralen Papstwappen schriftlich festgehalten. Er beherbergt die Wohnungen der Professoren und Angestellten. Vgl. I disegni di architettura 1974, Bd. 2, Kat.-Nr. 2139–2140 und Susan S. Munshower in: Ausst.-Kat. Architectural fantasy, S. 74–75.

nicht mehr auf die Kirche, sondern auf den in den bisher eingereichten Entwürfen vielleicht nicht ausreichend beachteten Festsaal. In der laut Ausschreibung geforderten reichen Ausstattung bot der Entwurf auch Gelegenheit, das harmonische Zusammenwirken der drei Künste auszuprobieren:

> „I^a Classe. Si delineassi in pianta ed elevazione un gran salone di figura ovale per uso d'insigne accademia, capace da poter ricevere personaggi di gran dignità, assieme col loro nobile e copioso corteggio; nel qual salone fussero stabiliti distinti e magnifichi graduati palchi, con scale commode ed ingegnose, senza soggezione ed occupazione del sito, rimettendo alla fertilità dell'ingegno la qualità degl'ornamenti e de'luminari." [236]

Die drei ausgezeichneten Entwürfe zeigen ovale Säle mit verschieden geformten Nischen und eingestellten Säulen, die die Ränge oder Balustraden tragen. Überkuppelt und mit ihrer reichen und eklektischen Ausstattung mit ehemals Kapellen oder Kirchen vorbehaltener Schmuckformen sind die Interieurs typisch für ihre Entstehungszeit. Mit der Gestaltung des Festsaals, welcher für die weltlichen Feierlichkeiten der Akademie neben die akademische Kapelle trat, scheint sich das Interesse von den religiösen auf die akademischen Rituale verschoben zu haben.[237]

Auf Ercolanis treffende Dreiteilung, der die drei Sparten der Akademie und ihr Emblem zugrundeliegen, wurde wenige Jahrzehnte später in den Entwürfen für Akademiegebäude zum Wettbewerb um den französischen *Prix de Rome* wiederholt zurückgegriffen. Eine erste Weiterverarbeitung fand Ercolani jedoch schon zuvor, 1721, in dem Entwurf des Neffen Carlo Fontanas, Carlo Stefano Fontana (?–1740), eines *Tempio „ad formam Stemmatis Accademiae San Lucae"* und 1746 im Entwurf eines *Temple des Arts* von Gabriel-Pierre-Martin Dumont (1713/14–94), *pensionnaire* der Französischen Akademie in Rom von 1742 bis 1746, den letzterer wie Ercolani bei seiner Aufnahme in die Akademie der *Accademia di San Luca* widmete (Kat.-Nr. 13–15).[238]

Jeder der drei Flügel beherbergt eine Kapelle, die jeweils einer der drei künstlerischen Disziplinen gewidmet ist, während der zentrale Raum einem *Temple du Goût* vorbehalten war.[239] Vor allem letzterer Entwurf ist somit beredtes Zeugnis, daß der ‚Geschmack', ‚gusto' oder ‚Taste' im 18. Jahrhundert immer mehr zu einem zentralen Parameter der Kunstqualität erhoben wurde, während sich die Kriterien des Kunsturteils weiter subjektivierten.[240] Die Akademien versuchten das Exklusivrecht auf die Definition und Lehre dieses Geschmackes für sich zu reservieren, nach Kriterien, die sich immer mehr aus der Autonomie der Kunst ableiteten. Durch die Übernahme religiöser Bauformen, wie sie sich in den Entwürfen der *Temple des Arts* ausdrückt, suchte die Akademie nach einem zumindest architektonisch sakralisierenden Rahmen für ein immer schwerer zu fassendes Konzept des Schönen.

Wenn sich auch später die Kunst aus ihrer engen Bindung an die Wissenschaften verabschieden sollte – eine Entwicklung, die sich schließlich in der Trennung zwischen Polytechnikum und *École des Beaux-Arts* ablesen läßt –[241] ist der Ausschreibungstext des *Concorso Clementino* von 1750 noch-

---

236 Concorso Clementino 1708 zitiert nach: I DISEGNI DI ARCHITETTURA 1974, Bd. 1, S. 9.

237 Vgl. I DISEGNI DI ARCHITETTURA 1974, Bd. 1. Kat.-Nr. 208–17.

238 Vgl. SAUR ALLGEMEINES KÜNSTLERLEXIKON s. v.

239 Vgl. I DISEGNI DI ARCHITETTURA 1974, Bd. 2, Kat.-Nr. 2137–2138 und ÖCHSLIN 1970, S. 141–55, hier S. 146–50.

240 Vgl. Hannah Baader, Giudizio, Geschmack, Geschmacksurteil, in: Metzler Lexikon der Kunstwissenschaft, Ideen – Methoden – Begriffe, hrsg. von Ulrich Pfisterer, Stuttgart – Weimar 2003, S. 122–26.

241 Zum sich wandelnden Verhältnis zwischen Technik und Kunst im 18. Jahrhundert vgl. z. B. Horst Bredekamp, Antikensehnsucht und Maschinenglauben. Die Geschichte der Kunstkammer und die Zukunft der Kunstgeschichte, Berlin 2007³, S. 86 ff.

mals von dem Versuch geprägt, naturwissenschaftliche und künstlerische Disziplinen zu verknüpfen: Nach elf Jahren der Unterbrechung des *Concorso Clementino* wurde dieser Wettbewerb an der *Accademia di San Luca* wieder – wahrscheinlich auf Anregung Benedikts XIV. – für ein Akademiegebäude ausgeschrieben, das diesmal mit einer mathematischen Fakultät verbunden werden sollte, ein *Collegio per Scienze e Belle Arti*.[242]

> „I.ª Classe. Un magnifico collegio capace da potervi separatamente insegnare le Matematiche e le Belle Arti di Pittura, Scultura ed Architettura, con due piani di stanze e nel piano terreno una decente chiesa ed un ampio cortile con portici all'intorno, come anche una maestosa scala, oltre le scale minori, con tutti i comodi necessari delle altre officine, per una famiglia composta di 24 studenti, Direttore e Maestri e altri famigli, per uso e custodia dello stesso collegio e chiesa, con farne la pianta geometrica di ciaschun piano, il prospetto e sezione o sia spaccato di tutta l'opera." [243]

Die Beiträge zum *Concorso Clementino*, hielten sich, handelte es sich doch in erster Linie um eine anspruchsvolle Mischform von wissenschaftlicher Hochschule und Kunstakademie für eine kleine Elite von 24 Studenten und eine Kirche, wieder an Schemata religiöser Kollegienbauten: Der spanische Architekt Francisco Sabatini, der den 1. Preis gewann, trennt den Komplex in zwei symmetrische Hauptzentren, wobei das linke fast nur den Dienst- und Wirtschafträumen gewidmet ist und auch im gegenüberliegenden Trakt große Flächen den Wohnräumen vorbehalten sind (Kat.-Nr. 16).[244] Im Obergeschoß befinden sich die Vorlesungssäle und Wohnräume der Studenten. Die Anbindung der Kirche an den zentralen Hof mit dem konkaven Portikus folgt wieder dem hier leicht abgewandelten Schema der Sapienza oder auch dem Jesuitenkolleg in Loyola von Carlo Fontana.

Noch deutlicher ist die Sapienzarezeption bei dem Entwurf des römischen Architekten Gaetano Sintes, dessen Kirche sich mit ihrer konkaven Fassade zu den Hofarkaden hinwölbt (Kat.-Nr. 17–19). Die in den Hof verlegte Haupttreppe hat Sintes als Aufgang zur Kirche konzipiert. Die Kolossalordnung des Portikus mit Balustradenabschluß und Skulpturen der dem Hof zugewandten Kirchenfassade zitiert Gliederungselemente der Bernini-Kolonnaden vor St. Peter. Die Außenfassade scheint wieder dem Konservatorenpalast verpflichtet.

Francesco Collecinis Entwurf, dem wie Sintes auch der 2. Preis zugeschrieben wurde, teilte den Palast deutlich in die vier gewünschten Fakultäten der drei Künste und der Mathematik, denen er jeweils einen Flügel zuwies, während er bei dem dreistrahligen Grundriß der Kirche wiederum auf das Emblem der *Accademia di San Luca* bzw. auf die Entwürfe der „Kunsttempel" Fontanas 1721 und Dumonts 1746 zurückgriff (Kat.-Nr. 20–21).

Im selben Jahr des *Concorso Clementino* zum *Magnifico Collegio*, 1750, – vielleicht auch angeregt durch die Wettbewerbsausschreibung – publizierte Giovanni Battista Piranesi sein *Ampio magnifico Collegio* in den *Opere Varie* (Kat.-Nr. 22). In seinem Entwurf kamen Vorstellungen von antiken

---

242 Vgl. auch Alfonso Gambardella, Sabatini, Sintes, Collecini. Tre architetti per il concorso clementino del 1750, in: Luigi Vanvitelli e il '700 europeo, Atti del Congresso internazionale di Studi, Istituto di Storia dell'Architettura, Università di Napoli 1979, S. 275–81. Die drei Architekten wurden später von Vanvitelli für den Bau der Reggia nach Caserta gerufen.

243 Concorso Clementino 1750 zitiert nach: I DISEGNI DI ARCHITETTURA 1974, Bd. 1, S. 18 und Kat.-Nr. 461–476. Dazu auch Gil R. Smith, in: AUSST.-KAT. ARCHITECTURAL FANTASY, S. 131–35.

244 Vgl. Juan José Fernández Martín, Recursos compositivos en la obra de Francisco Sabatini. Los patios y la elipse. Análisis del concorso clementino de 1750, in: Il disegno di progetto dalle origini al XVIII secolo, Atti del Convegno, Università degli Studi di Roma la Sapienza, hrsg. Michela Cigola und Tiziana Fiorucci, Rom 1997, S. 330–34.

Gymnasien, wie auch von antiken römischen Thermen zum Tragen, wie sie durch antike Quellen überliefert bzw. durch die aktuellen Ausgrabungen angeregt wurden. Die von Vitruv geschilderten Peristyle und Anbauten griechischer Gymnasien bzw. die Raumfolgen römischer Thermen wurden von Piranesi symmetrisiert und auf einem kreisförmigen Grundriß disponiert.[245] In schier maßloser Weise reiht Piranesi säulenflankierte Exedren, Portiken, Atrien, und Loggien zu einem sternförmigen autarken Universum aneinander. Abstrahiert man die Details, lassen sich jedoch wieder die aus den bisherigen Entwürfen bekannten Grundelemente erkennen: die in der Hauptachse gelegene Kirche am Kopfende des Komplexes und die vierstrahlige Struktur für die vier Fakultäten, Mathematik, Malerei, Bildhauerei und Architektur. Obwohl Piranesi nicht am Wettbewerb teilnahm, trug er also den Forderungen des *Concorso Clementino* Rechnung, wobei er noch weitere, in der Ausschreibung nicht erwähnte Einrichtungen hinzufügte, wie eine Reiterei und ein Theater und zahlreiche Brunnen und Teiche. Die Legende seines Entwurfes listet die Einrichtungen seines vielseitigen, selbst in der modernen Welt unerreichten Kulturzentrums auf:

„Pianta di Ampio magnifico Collegio formata sopra l'idea dell'antiche Palestre de' Greci e Terme de' Romani, nella quale si scorgono Maestosi Portici con Scalinate, Anditi con Ale, Atrii con Vestibuli, Tablini con Loggie, Peristillo con Scalone, Laghi e Fontane; Oeci, o siano Salotti con Efebei, o Scuole, Stanze ornate per ricevimento de' Personaggi, Esedre, o Sale grandi, Pinacoteche o Gallerie, Biblioteche, Triclinii, o Refettorii, Cavedi, o Cortili, Tempio co'suoi Campanili, e Sagrestia, Oratorio, Teatro, Cavallerizza, Scuderia, Abitazione per li Studenti, Rettori, Lettori, Sacerdoti ed altri Ufficiali, e.c."

Es wird überliefert, daß die Pensionäre der französischen Akademie Piranesis Können als Architekt angezweifelt hatten und ihn durch ihre Kritik zu dem Entwurf des *Collegio* herausgefordert hätten.[246] Tatsächlich erscheint der überbordende Detailreichtum seines Entwurfes wie eine humorvolle Entgegnung auf diese Kritik, zumal der Architekt auch noch an die Toiletten dachte, die er in seiner Legende am Ende mit dem Symbol zweier Punkte aufführte: "– Cessi posti nelle parti più interne dell'Edificio, e lontani dal Sole." Giovanna Curcio sah in Piranesis komplexem Entwurf des *Collegio*, wie auch der *Carceri* und des Hafens eine Demaskierung jener Versuche des 18. Jahrhunderts, eine Architektur zu entwickeln, die in ihrer artikulierten Riesenhaftigkeit eine vollkommene Funktionalität zum Ziel hatte. Komplexe dieser Größenordnung, wie Bellis Akademieentwurf von 1708 oder die Projekte des „assistenzialismo coatto", die riesigen Armenhäuser in Neapel, Rom oder Palermo im 18. Jahrhundert, waren mit dem Glauben verbunden, Ordnung in die Institutionen oder die Gesellschaft bringen zu können und blieben doch nur „macchine del caos", die Piranesi in seinem Entwurf virtuos ad absurdum führte.[247]

---

245 Die Architektur der Gymnasien nach der Beschreibung Vitruvs umfasst zunächst ein großes Peristyl, d.h. einen von Säulen umgebenen Platz im Umfang von zwei Stadien (371 m), der auf drei Seiten von einfachen Säulengängen, auf der Südseite von einem doppelten Säulengang umgeben ist, innerhalb dessen sich das Ephebeion befindet. An den Seiten waren Bäder, Hallen und sonstige Räumlichkeiten verteilt, wo sich Philosophen, Redner und Dichter zur Unterhaltung zusammenfanden. An das Peristyl schlossen sich weitere Säulengänge, darunter der Xystos, der hauptsächlich den Übungen der Männer gedient zu haben scheint. Mit dem Gymnasium verbunden war meist auch die Palästra, in der die sportlichen Übungen und Spiele der Knaben stattfanden. Sämtliche Räume waren mit Kunstwerken aller Art ausgeschmückt, vor allem mit Standbildern von Göttern und Helden wie Hermes, Apollo und den Musen, Herkules und Eros.

246 Vgl. John Wilton-Ely, Giovanni Battista Piranesi. The Complete Etchings, 2 Bde., San Francisco 1994, Bd. 1, S. 82, Abb. 44 und Andrew Robinson, Piranesi. Early Architectural Fantasies. A Catalogue raisonné of the Etchings, Washington D. C. – Chicago – London 1986, S. 32.

247 Vgl. Giovanna Curcio, Il buon governo e la pubblica felicità. Architetture per la città e lo stato, in: Storia dell'architettura italiana. Il Settecento, hrsg. von Giovanna Curcio und Elisabeth Kieven, Mailand 2000, S. XI–XXXVII.

Inzwischen begann das Akademiethema auch außerhalb von Italien zu interessieren und in den Wettbewerben der *Académie Royale* um den *Grand Prix de Rome* wurden in den folgenden Jahren mehrmals Akademiegebäude ausgeschrieben:[248] Der *Grand Prix* im Jahre 1754 stellte die Aufgabe des Entwurfs einer Akademie für die drei Kunstgattungen, wobei die Ausschreibung bereits die 1708 von Ercolani eingeführte Dreiecksform für die Gebäudedisposition übernahm und ein dreiachsiges Gebäude um einen zentralen Kuppelsaal forderte. Obwohl in Paris die drei Kunstdisziplinen gar nicht in einer Akademie vereint waren, schien das italienische Konzept der Zusammengehörigkeit und Ebenbürtigkeit der Künste für ein Idealprojekt einer alle drei Sparten vereinenden Akademie angestrebt worden zu sein. Aus den Angaben zur Dekoration des zentralen Versammlungssaales in der Preisaufgabe geht der Anspruch auf die Verwirklichung eines Gesamtkunstwerks deutlich hervor:

> „ … Un salon accompagné de trois autres plus petits disposés triangularent et régulièrement autour du plus grand, en sorte que la masse générale de l'édifice ressemble à un triangle dont les angles sont coupés et dont les côtés sont droits ou courbes. Le salon du milieu aura dix toises de diamètre dans œuvre, il pourra être précédé de vestibules et sera plus élevé que les autres. Les élèves auront la liberté de l'éclairer comme bon leur semblera. Ce grand salon sera destiné à des assemblées générales des trois arts: peinture, sculpture et architecture, et sera décoré relativement à ces trois arts. Les trois autres salons serviront aux assemblées particulières de chacun de ces arts, et chacun d'eux sera décoré relativement à l'art auquel il sera destiné. L'échelle des dessins au net aura un pouce et demi pour toise. L'Académie recommande que les esquisses soient assez bien terminées pour qu'on n'en puisse point changer les proportions générales en les mettant au net, et qu'elles soient composées sur une échelles que les élèves prendront à volonté, sans quoi les esquisses ne seront point reçues."[249]

Die ausgezeichneten Entwürfe griffen alle mehr oder weniger auf die Entwürfe der *Temples des Arts* von Fontana und Dumont zurück. Damit diente ihre Architektur weniger der praktischen und theoretischen Lehre, sondern betonte die zeremoniellen Aspekte der korporativen Ehrungen und die ideologischen Ansprüche der Kunstakademie und symbolisierte die Vereinigung der drei Künste, deren Trakte im Zentralraum zusammen trafen (Kat.-Nr. 23–31): Auf rundem Podest erhebt sich Jean René Billaudels überkuppelter Salon mit dreireihigem Säulenkranz. Die Vestibüle, Balustraden und die pavillonartige Laterne sind reich mit Skulpturen besetzt, darunter Pegasusgruppen und Allegorien der Künste, die dem Entwurf eine etwas überzogene szenische Wirkung geben. Das gilt auch für die beiden weiteren Entwürfe von Louis Henri Jardin und Nicolas Sprüngli. In Jardins rundem Eckpavillon ist der Diskuswerfer des Myron aufgestellt, so daß man annehmen kann, daß auch in den beiden anderen Pavillons die Aufstellung berühmter Antiken vorgesehen war. Die ovalen Kartuschen in der Tamburzone enthalten Portraits, bei denen es sich höchstwahrscheinlich um Portraits berühmter Akademiker oder Künstler handelt. Die „Ahnengalerie" der Künstler, wie sie sich zum ersten Mal im Entwurf von Villeneuve 1708 nachweisen ließ (s. o.), hatte sich inzwischen zum festen Bestandteil der Akademieentwürfe entwickelt. Die weitere Dekoration bedient sich antiker Stoffe: Im Kuppelgewölbe ist ein Deckenfresko mit Pygmalion und Galatea angedeutet, eines der Flachre-

---

248 Vgl. AUSST.-KAT. LES PRIX DE ROME 1984, S. 56 und S. 199–200. Auch die *Academia de San Fernando* in Madrid schrieb wiederholt Preise für Akademieentwürfe aus, vgl. Inventario de los dibujos arquitectónicos (de los siglos XVIII y XIX) en el museo de la Real Academia de Bellas Artes de San Fernando in: Academia, Boletín de la Real Academia de Bella Artes de San Fernando, Nr. 91 (und folgende), Madrid 2000, S. 79–237, bes. S. 92–103.

249 Zitiert nach AUSST.-KAT. LES PRIX DE ROME 1984, S. 56, Abb. S. 57–59.

liefs im Erdgeschoß des Salons stellt Apelles und Campaspe dar, im länglichen Entrée zwischen den Supraporten findet sich die Szene der Erfindung des korinthischen Kapitells durch Kalimachus. In einzelnen Ornamenten wie u. a. der *Greca* kündigt sich der Übergang zum Klassizismus an.

Der Grundriß von Sprünglis Entwurf folgt nicht mehr einem gleichschenkligen Dreieck, mit symmetrisch um den Mittelsalon gelegten Flügeln. Den Flügel einer der drei Fakultäten legte Sprüngli in die Mitte der beiden seitlichen Vestibüle und Pavillons. Die Funktion dieses mittleren, auf einen großen Vorraum beschränkten Traktes bleibt damit, wie auch die Nutzung der anderen Räume, unklar. Möglicherweise waren die beiden flankierenden, überkuppelten Pavillons jeweils der Malerei bzw. der Skulptur und der zentrale Raum der Architektur zugeordnet, deren Fakultät damit zwar über weniger Raum verfügte, aber im Bezugssystem eine neue Stellung einnahm. Die Architektur verbindet nun die beiden anderen Disziplinen und erhebt sich damit in den Rang einer die anderen Künste vermittelnden und sich dienstbar machenden Gattung.

Noch auffälliger ist die Wende zum Klassizismus im Entwurf von Balthazar de Bugni nachzuvollziehen, dem jedoch trotz der klassischen Zitate der Kuppelschale des Pantheons und der antikisierenden Giebelfronten in der Fülle des Fassadendekors große Unsicherheit anzumerken ist. Das Gebäude ist wieder in ein gleichschenkliges Dreieck eingeschrieben. Die massiven Gemäuer wirken unbeholfen und sind von schmalen Verbindungsgängen durchbrochen, die zu kleinen runden, in ihrer Funktion unklaren Räumen führen.

Zwei Jahre später, 1756, sendete Marie Joseph Peyre d. Ä., der französische Rompreisgewinner von 1751, einen Akademieentwurf als Abschlußarbeit seines Romaufenthaltes an die *Académie Royale* (Kat.-Nr. 32–33). Mit diesem Projekt nahm eine Reihe monumentaler Akademieentwürfe ihren Anfang.[250] Sein Entwurf, *Plan d'un Bâtiment qui condientdroit les Académies et tout ce qui est nécessaire à l'éducation de la jeuneße*, wurde in Frankreich 1765 in Peyres *Œuvres d'architecture* publiziert; hier ist die Akademie von langen, einem zirkusförmigen Grundriß folgenden Arkadengängen umgeben. Der dem Arkadengeviert eingeschriebene Mittelkomplex reflektiert in seiner Verflechtung runder Räume Piranesis Projekt von 1750 und antike Thermenanlagen. Auch der Schnitt weist auf die von späteren *Prix de Rome*-Gewinnern angefertigten Rekonstruktionen antiker Thermen voraus. Große Exedren sind konkav nach innen genommen und bilden einladende Kolonnaden, die wiederum an Berninis Gestaltung des Petersplatzes erinnern.[251]

1786 wurde in Paris wieder ein Wettbewerb um den *Prix de Rome* mit dem Ziel eines Entwurfes für ein Akademiegebäude ausgeschrieben. Gefordert war aber diesmal eine universale Akademie, die neben der Kunst auch die Geistes- und Naturwissenschaften in sich vereinte, eine *Académie pour les sciences, les lettres e les arts*:

„ ... Le plan, la coupe et l'élévation d'un édifice destiné à rassembler les Académies considérés sous les trois divisions principales des connoissances humaines, sçavoir les sciences, les lettres et les arts. Chacune de ces divisions sera composées des pièces suivantes: des vestibules et antichambres, une salle d'assemblée

---

250 Vgl. The Architecture 1977, S. 112/13. Ein anonymer Entwurf im Archiv der *Accademia di San Luca* zeigt ebenfalls die zirkusähnliche Grundform, in die als Querriegel die Akademiegebäude eingestellt sind, vgl. I disegni di architettura 1974, Bd. 2, Kat.-Nr. 2313–18.

251 Auf einen Aspekt dieses Entwurfes scheint etwas mehr als ein Jahrhundert später der sächsische Architekt Bernhard Sehring für seinen Idealentwurf einer Deutschen Akademie in Rom zurückgekommen zu sein, der ebenfalls sein Akademiegebäude in das Zentrum eines zirkusförmigen Loggienganges stellte. Vgl. Kapitel IV. 2. Vielleicht bezog er sich auch auf den erwähnten anonymen Akademieentwurf im Archiv der *Accademia di San Luca*, wie Anm. oben.

accompagnée de cabinets pour les comités, des salles d'étude, une bibliothèque, une galerie pour les machines, modèles ou morceaux de réception, et un logement de concierge, qui pourra être placé sur les plus petites pièces de ces divisions. Ces Académies auront, en commun, une grande salle de réunion générale pour y prononcer les éloges, discours et panégyriques, dans des assemblées publiques. Les élèves composeront ce projet sur une superficie de dix mil toises au plus, l'Académie laissant la figure du terrain à leur volonté. Les esquisses seront faites sur une échelle d'une ligne pour toise. Les desseins au net, sur une échelle de six lignes pour toise."[252]

Charles Percier, der bei Antoine-François Peyre d. J. studierte, gewann mit seinem Beitrag den *Prix de Rome*. Er entwarf einen kreuzförmigen Grundriß, von dem eine Seite dem Entree und die restlichen Trakte den drei Fakultäten gewidmet sind (Kat.-Nr. 34–35). Sie umgeben eine riesige Rotunde, die *grande salle*, für die Lob- und Festreden und öffentlichen Versammlungen und muten wie eine monumentalisierte Umsetzung der Villa Rotonda Andrea Palladios an. Die rechteckigen Vestibüle zu den Versammlungssälen folgen in Tiefe und Länge einer schlichten und klaren, streng axialen Anordnung. Die in früheren Plänen Peyres oder Piranesis, in Anlehnung an die Thermenarchitektur übliche Komposition verschiedener Raumformen – rund, quadratisch, oval oder achteckig – ist hier aufs äußerste reduziert. Das zentrale Rund wird von vier rechteckigen Körpern umgeben, die sich an den Ecken durchkreuzen, ein Prinzip, das sich in kleinerem Maßstab in der Abfolge der Flure und Säle fortsetzt. Der runde Hauptsaal, für Versammlungen, Lobreden und Huldigungen, ist durch eine Pantheonkuppel nobilitiert, während der Boden zum Zentrum hin abgesenkt ist, wobei die herabführenden Stufen eine Art säulenumkränzte Theaterarena bilden. Wie schon in seinem Entwurf eines Amphitheaters für die *Ménagerie d'un Souverain* verbindet Percier die Pantheonform mit einem Sitzgefälle antiker Theater.[253]

Die strenge neoklassizistische Linie der Außengestaltung, die schmucklosen Seitenwände der Fakultäten und der zentralen Portikus mit seinen sehr enggestellten ionischen Säulen folgt in der Frontalansicht Étienne-Louis Boullées drei Jahre älterem Entwurf von 1783 zu einem Museum. Die alles überlagernde Dominanz des Zentralsaales von Perciers Akademie scheint ebenfalls durch Boullées *Temple à la Renommée* geprägt zu sein und damit die rituelle Verehrung des Künstlers ins Zentrum der akademischen Funktionen zu stellen (Abb. 27).

Der Entwurf von Louis-Robert E. Goust (Kat.-Nr. 36–37), der den zweiten Preis gewann und sich im Schnitt und im Aufriß nicht sehr von Perciers Entwurf unterscheidet, rekurriert jedoch wieder auf die dreistrahligen Entwürfe zu den Kunsttempeln, die er hier zu einem sechssternförmigen Grundriß erweitert, der offenbar auch die alles umfassenden kreisförmigen Kolonnaden von Piranesis *Ampio magnifco collegio* wiederaufnimmt.

1826 wurde an der *École* wieder ein Entwurf für eine Akademie ausgeschrieben, diesmal konkret für die französische Akademie in Rom, die ja schon vor zwei Jahrzehnten vom Palazzo Mancini in die Villa Medici übergesiedelt war. Der erste Preis ging an Léon Vaudoyer, der sich für sein Idealprojekt an der römischen Villenarchitektur orientierte (Kat.-Nr. 38–40). Das Villengebäude selbst reflektiert in seiner Strenge den römischen Palastbau der Renaissance, vorzugsweise des späten Cinquecento. Die Anlage ist durch unterschiedliche Loggienmotive bereichert, die die verschiedenen langgestreckten Hofebenen, ähnlich wie beim Belvederehof des Vatikanischen Palastes oder aber auch bei der Loggia del Bosco der Villa Medici selbst, einfassen und den darin ausgestellten antiken

---

252 Zitiert nach Ausst.-Kat. Les prix de Rome 1984, S. 199–200, Abb. S. 200.

253 Vgl. The Architecture 1977, S. 118–30.

Abb. 27: Étienne-Louis Boullée, Plan d'un Muséum au centre duquel est un temple à la Renommée. Destiné à contenir les statues des grands hommes, Aufriß, 1783, Bibliothèque Nationale Paris

Skulpturen Schutz gewähren. Auch das Serlianamotiv der Gartenfassade der Villa Medici wird von Vaudoyer zitiert. Sein Projekt ist der erste Entwurf für eine Akademie, in welchem sich der neue Sitz der Akademie in der Villa Medici in der Aufnahme von Elementen der römischen Villenarchitektur niederschlug. Eines der herausragenden Charakteristika der römischen Villen, die Verquickung von Natur und Gebäuden blieb für spätere Akademiegebäude in Rom stets vorbildhaft.

Der Überblick über die Idealentwürfe zu Akademiengebäuden im 18. Jahrhundert zeugt also von dem stetigen Interesse sowohl der akademischen Institutionen selbst, als auch vieler Künstler, sich anhand der Wettbewerbe oder aus eigenem Antrieb Gedanken über die Architektur der Akademien zu machen. Gleichzeitig reflektiert dieses Interesse an Akademiebauten auch die zahlreichen zeitgleichen Gründungen von Akademien in ganz Europa.

Bis zur Mitte des 18. Jahrhundert, als die Räume für die Künstlerehrungen noch nicht von zentraler Bedeutung waren und der rituelle Aspekt der Akademien noch nicht so sehr zum Tragen kam wie gegen Ende des Jahrhunderts, sind die verschiedenen Funktionen und Dienstleistungen der Akademie in den Idealentwürfen praktisch ausgebildet: Klassenräume für die praktischen Übungen der drei Gattungen, verschiedene Zeichenräume für Aktstudien, Säle für Studien nach antiken Abgüssen etc; Säle für die Aufstellung der Sammlungen der Akademie, Räume für Ausstellungen und für die Durchführung von Wettbewerben, eine Kapelle bzw. ein diese immer mehr verdrängender Festsaal, Portraitgalerien der Akademiemitglieder oder berühmter Künstler, Ateliers, Werkstätten, Wohnräume, Hof und Garten samt Brunnen.

Vom formalen Gesichtspunkt aus bieten die Entwürfe trotz ihrer Vielfalt einzelne beständige Motive, die immer wieder in mehr oder weniger gewandelter Form auftreten. Danach lassen sie sich verschiedenen Gruppen zuweisen und charakterisieren. So folgen einige Entwürfe, besonders die frühen, in ihrer Kombination von Kollegium, Hof und Kirche dem Modell der Sapienza. Eine weitere Gruppe ließe sich aus jenen Entwürfen bilden, die der Trinität der Künste Rechnung tragen und eine Architektur entwickeln, die die Dreiteilung der Disziplinen widerspiegelt und zuvorderst rituellen bzw. repräsentativen Anforderungen entgegenkommt.

Weitere Motive, die wiederholt auftreten, sind jene – sicher als Wiederaufnahme antiker Gymnasien intendierten – umlaufenden Arkaden-, oder Loggiengänge. Sie tauchen in Zirkuskurven wie bei Peyre auf, wandeln sich in Peristyle, die kreisrund die Komplexe umfassen oder die Stadionform prägen, wie beispielsweise die Hofanlage bei Villeneuve mit ihren runden Abschlüssen. Andere Entwürfe, die sich mehr am Thermenmodell inspirieren, kennzeichnet eine komplexe Anordnung von oft eingewölbten runden oder eckigen Räumen und Exedren, deren Rundungen aus dem Gesamtkomplex herausragen und zumeist die Apsis der Kirche bzw. später den Festsaal beherbergen.

Gebaute Akademien

In den Jahren 1764–88, also gleichzeitig mit den französischen Idealprojekten, entstand das erste, eigens für eine Kunsthochschule errichtete Gebäude, die Akademie der Künste in St. Petersburg nach Entwürfen der Architekten Alexander F. Kokorinov und Jean Baptiste Vallin de la Mothe (Abb. 28, Kat.-Nr. 41–43). Beide waren Architekturprofessoren an der 1757 nach dem Pariser Modell gegründeten Petersburger Akademie und erhielten 1763 von Kaiserin Katharina II. den Auftrag, einen Plan für einen Neubau auszuarbeiten.[254] Vom Anspruch und dem Ausmaß her nimmt diese Akademie eine Sonderrolle ein, in der sie beinahe den bisher bekannten Idealplänen vergleichbar ist.[255] Nur in einer randständigen Lage wie in St. Petersburg war die Realisierung eines derartig auf enzyklopädische Vollständigkeit und utopische Totalität zielenden Raumprogramms möglich, das folglich keine weitere Umsetzung fand.

Das Akademiegebäude für dieses großangelegte Erziehungsprojekt war eines der ersten klassizistischen Gebäude in St. Petersburg und sprengte die im umgebenden Stadtgebiet herrschende urbane und institutionelle Rückständigkeit. Die ca. 200 Meter lange Fassade zieht sich imposant an der Mole des Newaufers entlang. Auf rustiziertem Sockelgeschoß ruht die sich über zwei Stockwerke erstreckende dorische Kolossalordnung (Kat.-Nr. 41–43). Wie sich aus der Beschreibung Johann Gottlieb Georgis 1790 in seinem Petersburger Reiseführer unschwer heraushören läßt, flößte dieser Koloß Respekt ein:

„Die Akademie der Künste nimmt an der Grossen Newa das Quadrat bis zur grossen Perspektive, zwischen der 3. und 2. Linie ein. An der Newa bis zur halben Länge nach der Perspektive steht der 3 Stock hohe, prächtige Palast ganz frei, und der übrige mit hölzernen Häusern umbaute Platz ist Garten und Hof. Zwischen dem Kadettenkorps und der Akademie der Künste, also zwischen der ersten und zweiten Linie, ist am Newaufer ein schöner und offener Platz von der Größe des akademischen Gebäudes. Der Palast der Akademie, mit welchem Katharina II. die Insel verschönerte, ward 1788 bis auf die Kuppel der Nordseite und den Bewurf dreier Seiten fertig. Er hat an allen Seiten 60 Faden (à 7 Fuß = 420 Fuß) Länge und über dem Haupteingange an der Newa eine Kuppel. Die übrigen drei Seiten haben auch Eingänge und an der Hofseite über denselben Balkons mit den Überschriften ‚Textura', ‚Sculptura', ‚Educatio'. Der Hof ist eine Rotunde, in der mancher wegen der Höhe nicht ohne Schwindel in die Wolken sehen kann."[256]

---

254 Vgl. Hasselblatt 1886, S. 68–72 und Louis Hautecoeur, L'architecture classique à Saint-Pétersbourg à la fin de XVIIIe siècle, Paris 1912 und Olga Medvedkova, Catherine II. et l'architecture „à la française". Le cas de Vallin de la Mothe, in: Catherine II. & l'Europe, hrsg. von Anita Davidenkoff, Institut d'études slaves, Paris 1997, S. 35–44.

255 Doch nicht nur wegen der immensen Ausmaße fiel die Russische Akademie aus dem damaligen europäischen Rahmen, sondern auch aufgrund ihrer Kombination von Akademiebetrieb und Erziehungsanstalt. Die Erziehungsanstalt nahm neben jungen Männern auch Kinder auf, um sie früh auf die künstlerische Laufbahn – je nach Eignung, für die handwerklichen Betriebe der königlichen Manufakturen oder für das höhere Akademiestudium – vorzubereiten. In ihrer Kombination von Sekundärschule, Gewerbeschule und Kunstakademie bot die Petersburger Akademie ein Höchstmaß staatlicher Einflußnahme in die Kunsterziehung. Vgl. Basile Baudez, L'académie des beaux-arts des Saint-Pétersbourg 1757–1802. Du Mojik à l'artiste, zugl. Diss., Paris 2000 und Irina Tatarinova, ‚The Pedagogic Power of the Master'. The Studio System at the Imperial Academy of Fine Arts in St. Petersburg, in: Slavonic and East European Studies, Vol. 83. Nr. 3, 2005, S. 470–89.

256 Johann Gottlieb Georgi, Versuch einer Beschreibung der Russisch Kayserlichen Residenzstadt St. Petersburg und der Merkwürdigkeiten der Gegend, St. Petersburg 1790, S. 111, zitiert nach Hasselblatt 1886, S. 70/1.

Nicht nur die Hofansicht des Baus hatte etwas Unheimliches. In dem rechteckigen Vierflügelbau, seinem kreisrunden Mitteltrakt, in dessen Zwickeln weitere Höfe untergebracht sind, herrscht eine labyrinthartige Kleinteiligkeit in der Raumaufteilung vor. Im ersten Stock beherbergt die Raumflucht der Rotunde ein Museum griechischer und römischer Skulptur. Auf derselben Etage sind die Büros der akademischen Hofbeamten, die Räume der Zeichenklassen und weitere Klassenzimmer und Werkstätten untergebracht. Im zweiten Stockwerk folgt im Rundbau das Museum für Malerei; die großen, die gesamte Länge des Newaflügel einnehmenden Galerieräume sind Tizian und Raffael gewidmet. Zwischen diesen beiden großen Sälen des Hauptflügels befindet sich die überkuppelte Festaula, die über dem zentralen Haupteingang gelegen ist. Ihre Rundung mit vorgestelltem Portikus tritt aus der Fassade hervor. Eine Paradetreppe führt in den zweiten Stock, wo sich weitere kleinere Konferenzsäle befinden, darunter auch die runden bzw. achteckigen Säle in den Eckpavillons des Newaflügels. Fünf Zeichenklassen mit Rängen sind im Nordflügel untergebracht. Der dritte Stock beherbergt im Rondell die Architekturklassen und die Alhambrasäle, was vielleicht auf weitere Ausstellungssäle maurischer Kunst hindeutet, des weiteren Säle mit Oberlicht, einen großen Saal für Dekorationsmalerei, immerhin 27 Räume für die Medailleure, einen Saal zum Modellzeichnen und weitere Büros für Beamte.

In dem Grundriß der Petersburger Akademie tauchen einzelne der architektonischen Grundmotive der im vorangegangenen Abschnitt vorgestellten Idealentwürfe wieder auf: Vergleicht man den Petersburger Grundriß z. B. mit dem Entwurf von Villeneuve für den *Concorso Clementino* 1708, lassen sich Gemeinsamkeiten feststellen, wie der längsrechteckige Vierflügelbau mit Eckrisaliten und der runde Saal, der exedraartig aus der Fassade heraustritt. Während dieses bei mehreren Entwürfen nachgewiesene Halbrund meist zu den Akademiekirchen gehörte, übernimmt der entsprechende Saal hier nun säkulare Funktionen: In ihm finden die Lobreden, Preisverleihungen und Ehrungen der Akademiker statt. Die Akademiekapelle hingegen ist im rückwärtigen Flügel des zweiten Stokkes untergebracht und durch keine nobilitierende Architektur mehr ausgezeichnet. Das von Villeneuve bekannte zirkusähnliche Oval des Hofes scheint hier zusammengeschoben und bildet nun ein Rund – einen Hofgarten, der jedoch mit der engen und steilen Fassade weniger zum Verweilen einlädt, sondern eher wie ein Verlies anmutet. Vorläufer der eher seltenen Bauform des Rundhofes, dessen Funktion sich in St. Petersburg zwar auf die Beleuchtung der Galerien beschränkt, der aber sicher als nobilitierendes Element geplant war, sind die Casa di Mantegna in Mantua,[257] die Villa Madama in Rom,[258] der Palazzo Farnese in Caprarola, der Palast Karls V. in Granada oder, zeitlich näher, das Schloß Poppelsdorf in Bonn (1717–40) von Robert de Cotte, von denen allerdings nur der Rundhof in Caprarola wie in St. Petersburg mehrstöckig ummauert ist. Für diese Beispiele ist eine bewußte Rezeption weder nachweisbar noch auszuschließen. Eine Überkuppelung war in St. Petersburg, soweit man aus den statischen Verhältnissen und auch aus dem Plan, der auf dem Portrait Kokorinovs wiedergegeben ist, schließen kann, nicht vorgesehen. Der hier ob der erdrük-

---

257 Vgl. Marion Harder, Entstehung von Rundhof und Rundsaal im Palastbau der Renaissance in Italien. Untersuchungen zum Mantegnahaus in Mantua und zu den Traktaten des Francesco di Giorgio Martini, zugl. Diss., Freiburg 1991. Der Bau zeigt, wie es der Norm für die Häuser des Adels entsprach, absolute Symmetrie in der architektonischen Großform und stellt damit einen Schritt des Künstlers zur Emanzipation innerhalb der sozialen Hierarchie dar. Die Existenz von besonderen Räumen zur Ausübung einer künstlerischen Tätigkeit tritt nach außen nicht in Erscheinung.

258 Vgl. dazu Hartmut Biermann, Der runde Hof. Betrachtungen zur Villa Madama, in: Mitteilungen des Kunsthistorischen Institutes in Florenz, Bd. XXX, 1986, Heft 3, S. 493–536. Im Falle der Villa Madama geht der runde Hof auf die Beschreibung Plinius' des Hofs seiner Villa Laurentina zurück.

Abb. 28: Dmitrii Levitskii, Der Architekt Kokorinov, 1769–70, Portrait aus Anlaß der Einweihung der Akademie der Künste in St. Petersburg, 1770

kenden Höhe der Hoffassade etwas ungeschickt proportionierte Rundhof wurde erst später in den Idealentwürfen zu Akademien oder Museen Gousts, Perciers oder Boulées (Kat.-Nr. 34–35 und Abb. 29) zur pantheonartigen, überkuppelten Rotunde ausgearbeitet.

Nach dem Bau der Petersburger Akademie vergingen einige Jahrzehnte bis ein weiteres europäisches Akademieprojekt tatsächlich baulich in Angriff genommen wurde. Nachdem die *Académie royale de peinture et de sculpture* 1793 durch das Nationalkonvent aufgelöst worden war, fusionierten die Kunstschulen der Akademie wie der *Académie d'architecture* während des Empire unter dem Namen der *École des Beaux-Arts*. Zunächst noch im Louvre untergebracht oder im Collège des Quatre Nations wurde schließlich die europaweit hochbeachtete Pariser *École des Beaux-Arts* ab 1829 auf dem Grundstück des ehemaligen Konvents der Petits-Augustins angesiedelt (Kat.-Nr. 44–45).

Mit dem Umbau der Klosteranlage und dem Neubau für die Akademie wurde zunächst der Architekt François Debret betraut, der das für den Ablauf der Wettbewerbe unverzichtbare *Bâtiment des Loges* mit den Einzellogen für die Rompreis-Konkurrenten errichtete. Sein Schüler und Schwager Félix Duban, der 1829 von seinem fünfjährigen Stipendienaufenthalt an der Französischen Akademie in Rom nach Paris zurückkehrte, übernahm Debrets Aufgabe und überarbeitete in den Jahren 1832–40 das vorausgegangene Projekt. Er trennte die Aufgaben der Akademie, indem er im Kloster und in der Kapelle die Übungssäle unterbrachte (*Cour du Mûrier*) und daran anschließend einen Ausstellungstrakt anbaute (*Salle de Melpoméne*). Im Vorhof fügte er die von Alexandre Lenoirs *Musée des monuments français* hinterlassenen historischen, gotischen Architekturelemente und Baureste der Frührenaissance kulissenartig in die Hofarchitektur ein, wo sie einen Kontrast zum nachträglich von der akademischen Baukommission klassizistisch korrigierten Entwurf der Fassade bilden und, Dubans romantischer Auffassung zu Folge, als Vorbilder für eine eklektische Architektur dienen

Abb. 29: Étienne-Louis Boullée, Plan d'un Muséum au centre duquel est un temple à la Renommée. Destiné à contenir les statues des grands hommes, Grundriß, 1783, Bibliothèque Nationale Paris

sollten. Das von Debret begonnene *Palais d'Études* baute Duban zu einem Museum der akademischen Sammlungen aus.[259]

Im glasüberdachten Innenhof des Vierflügelbaus wurden die akademischen Studienobjekte, wie Abgüsse der Säulen des Jupiter-Stator-Tempels, eines Eckausschnitts des Parthenons und der Meisterwerke antiker Skulptur aufgestellt. Der Eingangsflügel war für die Ausstellung von Abgüssen der Figuren des Parthenons, des Äginatempel und der Niobiden und von Kopien antiker Gemälde vorgesehen. In den Seitenflügeln wurden Beispiele griechischer bzw. römischer Kunst ausgestellt. Der rückwärtige Flügel war zur Hälfte der römischen Wanddekoration, der als *Salle d'Olympie* bezeichnete Raum den Kunstwerken Olympias gewidmet; in der Mitte dieses Flügels befindet sich das *Amphithéâtre d'honneur*, der Saal zur Preisverleihung, dessen halbkreisförmiges Auditorium die Flucht der Fassade durchbricht. Das *Hémicycle* wurde 1836–41 durch Paul Delaroche mit einem monumentalen Wandbild, einer Glorifizierung bedeutender Künstler aller Zeiten ausgestattet, so daß die im *Hémicycle* von der Akademie ausgezeichneten zeitgenössischen Künstler bildlich in den Kreis ihrer berühmten Vorfahren traten.

Insgesamt erinnert der *Palais d'Études* wieder an den frühen Akademieentwurf Villeneuves. Diese Ähnlichkeit gab Christine J. Challingsworth sogar Veranlassung zu fragen, ob Duban während seiner Zeit in Rom an der *Académie de France* die in der *Accademia di San Luca* verwahrten Pläne Villeneuves

---

259 Vgl. David van Zanten, Felix Duban and the Buildings of the École des Beaux-Arts 1832–1840, Journal of the Society of Architectural Historians XXXVII, 1978, S. 161–74, hier S. 163 und THE ARCHITECTURE 1977, S. 78–81.

Abb. 30: École des Beaux-Arts Paris, Palais d'Études, glasüberdachter Innenhof

gesehen hatte.²⁶⁰ So ist das Gebäude der *École* im Rekurs auf Elemente, wie sie schon in den frühen Idealentwürfen gängig waren, typisch für die bisher verfolgte Akademiearchitektur: Es handelt sich wieder um ein längsrechteckiges Gebäude mit einer mittelachsigen Festhalle, die aus dem rückwärtigen Flügel mit ihrer Rundung herausragt und insofern ein Element der antiken Thermenarchitektur aufgreift.

Die Funktionsbestimmung dieses halbrund hervorkragenden Saales hat sich jedoch in Paris ähnlich wie in St. Petersburg gewandelt. In den italienischen Idealentwürfen vom Anfang des 18. Jahrhunderts beherbergte dieser Raum noch eine Kapelle; später entwickelten sich aus diesem Sakralraum Nebenlinien der Akademiearchitektur, wie die Entwürfe der *Temples des Arts*, die auf die Entstehung der pseudo-religiösen Verehrung ästhetischer Normen hinweisen, während in Paris der Saal nun als *Amphithéâtre d'honneur*, als ein Kultraum für zeitgenössische Künstler fungiert.

Schließlich wurde in St. Petersburg, bei einer Akademiegründung, die ganz dem erzieherischen Streben der Aufklärung entsprang und die nicht mehr wie die anderen, italienischen oder französischen Akademien auf der Tradition der Künstlervereinigung bzw. Gilde fußte, die Kapelle in einem architektonisch unauffälligen Raum im zweiten Stock untergebracht, während dem akademischen Festsaal durch Gestalt, Größe und Lage deutlich größere Wichtigkeit zugemessen wurde. Diese Entwicklung setzte sich in den Entwürfen zum *Grand Prix* der Pariser Akademie fort, bei denen der wichtigste Raum der Versammlungssaal für die Preisverleihungen wurde und eine Kapelle oder Kirche gar nicht mehr vorgesehen war. Mit Boullées *Temple à la Renommée* schließlich und dem Entwurf Dubans war der zentrale Raum nur noch dem Kult der Künstler gewidmet. Er hatte keine

---

260 Vgl. Christine J. Challingsworth in: Ausst.-Kat. Architectural Fantasy, S. 64–73, S. 68.

sakrale Bedeutung und religiös kultische Funktion mehr, sondern, in den Preisverleihungen der Akademiker, eine säkulare und memorative Aufgabe. Um es zugespitzt zu formulieren: Der Künstler wurde nun gleichsam an die Stelle des ehemals verehrten Gottes gestellt und durch die akademischen Rituale gepriesen.

Arrangements in Ex-Konventen

Ein weiterer Aspekt, der sich an der *École* beobachten läßt, besteht in ihrer Einrichtung in einem ehemaligen Klostergebäude und ist typisch für die frühen Behausungen der Kunstakademien. Wie schon erwähnt, wurde der *École des Beaux-Arts* in Paris 1816 der *Couvent des Petits-Augustins* zugewiesen.[261] Die meisten europäischen Akademien waren in ehemals anders genutzten Gebäuden beherbergt,[262] auffällend oft jedoch wurden sie in enteigneten Klöstern untergebracht. Nicht nur die akademische Entwurfsarchitektur, sondern auch ihre Gebäudewahl weist auf eine Wandlung der gesellschaftlichen Stellung der Kunst und damit auch der Künstler hin: Nicht nur wandelt sich die Kapelle zum Preissaal und Ort der Laudatio auf den Künstler, oftmals werden auch Klöster zu Kunstakademien.

Nach der Unterdrückung der Jesuitenorden 1773, und später der europaweiten Enteignung religiösen Eigentums durch Napoleon, bot sich die Unterbringung der Künstler in Exkonventen vielerorts an: So zunächst in Wien, wo die Akademie 1786 im St.-Anna Gebäude, ehemals im Besitz der Jesuiten, Unterkunft fand, bis sie 1876 einen Neubau erhielt.[263] Der gleiche Fall begegnet in München, wo die Akademie 1784 aus dem kurfürstlichen Mauthaus in zwei Räume des ehemaligen Jesuitenkollegs bei der Michaelskirche umzog. Die *Accademia di San Luca* war 1804 mit ihrer *Scuola del nudo* und ihrem Ausstellungssaal zwischenzeitlich in dem ehemaligen Kloster delle Convertite am Corso untergebracht und sollte 1810 in das Kloster von Aracoeli umziehen. Nach weiteren Provisorien wurden die akademischen Kurse dann 1825–45 in der Sapienza veranstaltet.[264]

1809 hatte Napoleon auch den Kirchenstaat endgültig seinem Reich einverleibt und die Klöster aufgehoben und unter staatliche Verwaltung gestellt. Das Kloster S. Trinità dei Monti in Rom, nächst der Villa Medici war aufgelöst worden und beherbergte ehemalige Stipendiaten der französischen Akademie; auch Ingres bezog nach seiner Stipendiatenzeit, 1810–14, dort ein Atelier.[265] Des weiteren ist überliefert, daß der Direktor der französischen Akademie den Mitgliedern eines deutschen Künstlerbundes, die sich in Rückgriff auf die mittelalterliche Lukasverehrung als Lukasbrüder bezeichneten, die Erlaubnis bei der französischen Stadtverwaltung Roms besorgte, in das von den Franzosen aufgelöste Kloster Sant'Isidoro zu ziehen.[266] Das Kloster war nicht nur günstig zu mieten, sondern entsprach auch deren Vorstellungen eines gemeinschaftlichen, aber zurückgezogen frommen Künstlertums. 1870 wurde schließlich als ein End- und Höhepunkt dieser Entwicklung auch die Spanische

---

261 Vgl. PEVSNER 1986, S. 177.
262 Die königlich preußische Akademie der Künste war bis zu Beginn des 20. Jahrhunderts im Berliner Marstall, die Londoner Akademie erst im Somerset House, dann im Burlington House, die Madrider Akademie bis 1773 in der Casa de la Panadería, dem Palast der Bäckergilde, und dann im umgebauten Palacio de Don Juan de Goyeneche untergebracht.
263 Vgl. WAGNER 1967, S. 49 f, S. 165 und S. 355 und Abb. 15 und 16.
264 1845 erhielt sie das Gebäude der heutigen *Accademia di Belle Arti*, in der Via di Ripetta, das sie 1873 wieder verlassen mußte, als der *Accademia di San Luca* das Recht auf Lehre abgenommen und der *Accademia di Belle Arti* samt dem Gebäude zugewiesen wurde. 1932 wurden die alten Gebäude bei SS. Martina e Luca abgerissen und ein Neubau nach Plänen von Arnaldo Foschini begonnen. Nach einem Planwechsel wurde der *Accademia di San Luca* 1936 der heutige Sitz, Palazzo Carpegna, zugewiesen. Vgl. PIETRANGELI 1974, S. 24/5.
265 Vgl. FASTERT 2001, S. 161.
266 Vgl. FASTERT 2001, S. 161 und Yves Bruley und Alain Rauwel, La Trinité des Monts. Cinq cents ans de présence française à Rome, Rom 2001, Kap. V.

Abb. 31: Paul Delaroche, Künstler aller Zeiten, 1836–41, Ausschnitt, École des Beaux-Arts Paris, Hémicycle

Akademie in Rom in dem ehemaligen Franziskanerkonvent San Pietro in Montorio eingerichtet.[267] Bemerkenswerter Weise geschah diese Umwidmung religiöser Konvente zu Kunstakademien vor allem in Ländern, in denen die Kirche während des 19. Jahrhunderts ihrer weltlichen Macht enthoben und ihr Besitz teilweise enteignet wurde. In England und Amerika hingegen, in denen die Kirche nie in vergleichbarer Form weltlichen Anspruch vertrat und andere Formen institutioneller Tradition vorherrschten, geschah eine solche Umwidmung – soweit es hier überblickt werden kann – nicht.

Diese frühen akademischen Provisorien und besonders die Aneignung der Klosterarchitektur flossen u. a. auch in die Entwürfe der deutschen Romantiker für eine Deutsche Akademie in Rom ein, welche die zunächst zufälligen und provisorischen Arrangements schließlich nicht nur künstlerisch verarbeiteten, sondern die religiöse Konnotation durchaus willkommen heißen sollten.[268]

Der Wandel der Akademiearchitektur – Sakralisierung und Säkularisierung

Die rekapitulierte Entwicklung der architektonischen Gestalt der Akademien scheint besonders gegen Ende des 18. Jahrhunderts, als sich die Funktion des zentralen Versammlungssaales von einem sakralen Raum zu einem Memorialraum wandelte, eine Wende vollzogen zu haben. Dabei stellt sich die Frage, ob sich der Wandel der räumlichen Bestimmung – ein zunächst religiöser Kult wird zur retrospektiven Verehrung von Kunst und Künstlern – auch in der veränderten Auffassung von Religion und Kunst der damaligen Epoche nachvollziehen läßt?

267 Vgl. Kapitel II. 4.   268 Vgl. Kapitel IV. 1.

Mit der Aufklärung verlor die Religion die Aufgabe, die Sittlichkeit der Menschen zu garantieren. Moralisches Verhalten sollte nun aus der Vernunft heraus gestaltet werden. Die sich mit Kant ankündigende Kontrolle der praktischen Vernunft durch ein ästhetisches Urteilsvermögen[269] baute Friedrich Schiller in seinem Konzept der ästhetischen Erziehung des Menschen aus (1795): „Der Weg zum Kopf muß über das Herz geöffnet werden."[270] Der natürliche Trieb soll freigesetzt und unter ästhetischen Gesetzen im Spieltrieb veredelt werden. Über den ästhetischen Umweg, künstlerisches Spiel oder Imagination, sollten die Gesetze der Kunst auf das praktische Leben übertragen werden und zur schöpferischen Tat, zur Lebenskunst führen.[271]

Neben das rationale Konzept der Kunst als Medium moralischer Inhalte – wie in der Illustration sittlicher Taten innerhalb der Historienmalerei – trat eine Entwicklung, in der die Bewunderung für das künstlerische Erreichen vollkommener Schönheit irrationale Andachtsformen der Religion übernahm und so die Kunstbetrachtung performativ pseudo-kultische Formen des Religiösen annahm. Dabei läßt sich nicht nur ein Prozeß der Aufgabenverschiebung feststellen, sondern die Kunst schien in ihrer Stellvertreterrolle auch bestimmte Erscheinungsformen der Religion zu assimilieren. Orte und Sprache der Kunst bemächtigten sich religiösen Vokabulars, wie in Wilhelm Heinrich Wackenroders *Herzensgiessungen eines kunstliebenden Klosterbruders* 1797, in dem schließlich die für die Romantiker typische Einstellung der Kunstfrömmigkeit zum Ausdruck kam, die zur Resakralisierung der Kunst führte.[272]

So äußerte Karl Phillip Moritz den Gedanken, daß „jedes Werke des ächten Genius … die unverkennbare Spur des Göttlichen an sich trägt."[273] „Enthusiasmus" und „göttlicher Funke" sind zwar Begriffe, die aus der Ästhetik der Aufklärung stammen, aber langsam verankerte sich der Vergleich zwischen göttlicher Instanz und dem Künstler fester: „Nur *schaffen* bringt uns der Gottheit näher; u. der Künstler, der Dichter, *ist* Schöpfer."[274] Carl Ludwig Fernow, der Biograph Carstens' ging noch einen Schritt weiter, indem er vom Künstler forderte, daß seine Kunst ihm zur Religion werden müsse, wofür er – wohl nicht ganz zu Recht – Carstens als Kronzeugen aufruft: „So soll denn auch der Künstler, wie Carstens in wahrer Erkenntnis seines Zweckes wirklich that, seine Kunst hinfort nicht in der Religion, sondern seine Religion, d. i. den Gegenstand seiner reinsten Liebe, seines eifrigsten Strebens, seiner seligsten Gefühle, in seiner Kunst finden."[275]

Diese Identifizierung von Kunst und Religion wurde von Novalis und seinem Kreis als sogenannte Kunstreligion fortgeführt und meinte die „oft hymnische Sakralisierung der Kunst bei gleichzeitiger Ästhetisierung der Religion".[276] Die romantische Position sah die Kunst *als* Religion im Unterschied zum vormaligen Verständnis einer Kunst, die auf Religiöses verwies. Schließlich übernahm sie auch

---

269 Vgl. Birgit Recki, Ästhetik der Sitten. Die Affinität von ästhetischem Gefühl und praktischer Vernunft bei Kant, Frankfurt am Main 2001.

270 Friedrich Schiller, Über die ästhetische Erziehung des Menschen in einer Reihe von Briefen (1795), hrsg. von Wolfgang Düsing, Wien – München 1981, S. 32.

271 Vgl. SCHILLER 1795.

272 Vgl. Renate Liebenwein-Krämer, Säkularisierung und Sakralisierung. Studien zum Bedeutungswandel christlicher Bildformen in der Kunst des 19. Jahrhunderts, zugl. Diss., Frankfurt am Main 1977, S. 227 f.

273 Karl Phillip Moritz, Reisen eines Deutschen in Italien, Berlin 1792, Bd. II, S. 149.

274 Brief Wackenroders an Ludwig Tieck, vgl. Wilhelm Heinrich Wackenroder, Sämtliche Werke und Briefe, historisch-kritische Ausgabe, hrsg. von Silvio Vietta und Richard Littlejohns, 2 Bde., Heidelberg 1991, Bd. 2, S. 101. Vgl. auch Paul Gerhard Klussmann, Andachtsbilder. Wackenroders ästhetische Glaubenserfahrung und die romantische Bestimmung des Künstlertum, in: Festschrift für Friedrich Kienecker zum 60. Geburtstag, hrsg. von Gerd Michels, Heidelberg 1980, S. 69–95, bes. S. 75 ff.

275 Carl Ludwig Fernow, Leben des Künstlers Asmus Jacob Carstens, Leipzig 1806, S. 254.

276 Gunther Stephenson, Kunst als Religion. Europäische Malerei um 1800 und 1900, Würzburg 2004, S. 92 und auch Heide Eilert, Ästhetisierte Frömmigkeit – religiöse Ästhetik. Zur Dialektik der romantisch-nazarenischen Kunstprogrammatik und ihrer Fortwirkung im 19. Jahrhundert, in: Aurora 57, 1997, S. 93–111.

besinnliche und erbauliche Funktionen der religiösen Versenkung: Künstlerische Ergriffenheit trat an die Stelle religiöser Andacht. Indem die Kunst religiöse Erfahrungen assimilierte, versuchte sie, sich selbst zu transzendieren. Die Kunst wurde durch die ihr angetragenen Funktionen selbst zum Gegenstand der Verehrung und zum Religionsersatz; transportierte die Kunst zunächst Glaubensinhalte, wurde sie nun autonom und zu ihrem eigenen Gegenstand.[277]

Im gleichen Maße veränderte sich auch die Auffassung vom Künstler. Das aus der Antike übernommene Modell des Seher-Dichters, des *poeta vates*, in Absetzung vom *poeta faber*, kehrte ab dem 18. Jahrhundert wieder. Der Künstler übernahm in der Folge die Rolle des Heiligen und Inspirierten und erschien als unbewußtes Medium einer göttlichen Instanz, da nämlich „die Dichter nichts anderes sind als Mittler der Götter, Besessene dessen, von dem jeder einzelne gerade besessen ist".[278] Aber er vermittelte nun nicht mehr *religiöse* Inhalte, sondern *ästhetische* und „triumphierte gegenüber dem Konkurrenten, der Anspruch auf das Erbe der Religion erhob, dem Wissenschaftler, weil er nicht der reinen Intellektualität verschrieben war und vor allem nicht der Spezialisierung durch die Fachleute."[279] Das Hauptbeispiel dieser Verehrung, bzw. der Projektion des Künstlers als göttliches Wesen ist vor allem am Raffael-Kult ablesbar.[280] Nachdem noch Vasari Raffael als „sterblichen Gott", „divino", verherrlichte, was sich aber in antikem Sinne auf die Inspiration bezog, wurde bei den Frühromantikern der Künstler tatsächlich „heilig" und Raffael der „Inbegriff des göttlich begnadeten, auserwählten Künstlers."[281] Nicht nur in schriftlichen Werken wurde er verehrt, sondern auch durch die Räume, die ihm in den Akademiegebäuden gewidmet wurden, wie etwa der Raffaelsaal der Akademie in St. Petersburg. Diese waren nicht nur mit Kopien seiner Werke geschmückt, sondern trugen durch ihre Ausstattung mit Portraitbüsten den Charakter von Gedenkräumen. Das bezeugt nicht nur die pseudoreligiöse Verehrung Dürers oder Raffaels auch in der Literatur. Zahlreiche Künstler des 19. Jahrhunderts schließlich malten die berühmtesten Alten Meister und sogar sich selbst als Heilige.[282]

So konnte das Anschauen von Kunst zum „Versenken" in die Kunst, der Künstler zum Schöpfer, die Galerien zu Kunsttempeln, die Werkstatt zum Ort der Inspiration werden. Die Akademien schließlich repräsentierten – auch durch die institutionalisierten Auswahlverfahren – einen Kreis „geweihter" Künstler.

Der Verweis auf den künstlerischen Genius der Künstler speiste sich jedoch nicht nur idealistisch aus der nachaufklärerischen Negation von Normen, Regeln und der Lehrbarkeit von Kunst, sondern zielte auch viel konkreter auf ein neues Selbstverständnis des Künstlers. Denn sicherlich gehörte die Idee vom Genius auch zu einer Strategie der Differenzierung, die von den Akademien mit ihren Prämierungs- und Selektionsstrategien gegen die inflationär zunehmende Anzahl von Künstlern praktiziert wurde.[283] Dabei brachte das Postulat des Genius natürlich unlösbare Wider-

---

277 Das Ideal der Autonomie der Künste wurde erst durch die ästhetischen Theorien Kants, Schillers und Goethes begründet. Die Kategorien der Autonomie waren freilich unterschiedlich: Kant spricht von „Zweckfreiheit", Schiller von „Spiel" und Goethe von „Stil".

278 Platon, Ion, übers. und hrsg. von Hellmut Flashar, Stuttgart 1997, S. 19.

279 Zur Kunst als „Religionsersatz" vgl. Thomas Nipperdey, Wie das Bürgertum die Moderne fand, Berlin 1988, S. 24 ff, Zitat S. 26. Siehe dazu auch: Religion und Gesellschaft im 19. Jahrhundert, hrsg. von Wolfgang Schieder, Stuttgart 1993, Industrielle Welt. Bd. 54 und Werner Hofmann, Das entzweite Jahrhundert. Kunst zwischen 1750 und 1830, München 1995.

280 Zur Geschichte der Bezeichnung des Künstlers als „divino", vgl. Ernst Kris und Otto Kurz, Die Legende vom Künstler. Ein geschichtlicher Versuch, Wien 1934, II. Kap., 3. Deus artifex – Divino artista.

281 SCHRÖTER 1990, S. 303–97, S. 316.

282 Vgl. LIEBENWEIN-KRÄMER 1977, vor allem das Kap., Die Sakralisierung von Kunst und Künstlern im 19. Jahrhundert und ihre Vorstufen, S. 222–352.

283 CRASKE 1997 beschreibt im 1. Kap., S. 35 f, die Etablierung der Geniusidee, vor allem vor dem Hintergrund sozialer und ökonomischer Faktoren und als Teil der Karrierestrategien gegen Ende des 18. Jahrhunderts.

sprüche zum akademischen Kanon mit sich, wie die Unvereinbarkeit von Anpassung und Distinktion, die – wie am Beispiel von John Constable und Caspar David Friedrich deutlich wird – auch in ein und derselben Persönlichkeit bestehen konnten. Beide Biographien zeigen die doppelte Positionierung der beiden Maler als Außenseiter *und* Akademiker.[284] Das Geniuskonzept wird von den Akademien jedoch insofern getragen, als daß sie der Verehrung Raum und Öffentlichkeit schaffen. Die architektonischen Entwürfe für Akademien paßten sich dem Funktionswandel der Kunst und der rituellen Erhöhung der Künstler an und widmeten vormals für den christlich-religiösen Kult verwendete Räume nun dem Künstler selbst oder sogar dem künstlerischen Geschmack (*temple du goût*). Mehrere Fälle der Umfunktionierung ehemaliger Klöster zu Künstlerhäusern oder Akademien und die „ästhetischen Kirchen" der Museen wurden sichtbarer Ausdruck der Sakralisierung der Kunst.[285] Wie wichtig der äußere Rahmen für die so erhöhte Kunst war, geht auch aus folgenden überlieferten Forderungen hervor: In Ludwig Tiecks Künstlerroman, *Franz Sternbalds Wanderungen*,[286] wird die Umwandlung eines Raums, der zuvor als Atelier gedient hatte, in eine Taglöhnerwohnung als Erniedrigung empfunden; Carl Gustav Carus entwickelte die Vorstellung, nur ein Dom sei der angemessene architektonische Rahmen für die Werkstatt eines Malers; Philipp Otto Runge schrieb an seinen Bruder Daniel: „Donnerstag bin ich von Meissen gekommen … die Kirche hat mich ordentlich wieder zu mir selbst gebracht. Lieber Daniel, wenn man in so einem Gebäude arbeiten könnte und wohnen".[287]

---

284 Craske 1997, S. 35 f.
285 Der Begriff der ästhetischen Kirche geht auf Friedrich Hölderlin zurück, er formuliert ihn in einem Brief an seinen Bruder, im April 1799, vgl. auch Heinrich Schrade, Die ästhetische Kirche, in: ders., Schicksal und Notwendigkeit der Kunst, Leipzig 1936, S. 56.
286 Ludwig Tieck, Franz Sternbalds Wanderungen, eine altdeutsche Geschichte, Berlin 1798.
287 Vgl. Schwarz 1990, Einleitung und Würtenberger 1961.

Katalog

Concorso Clementino 1708 – Accademia del Disegno

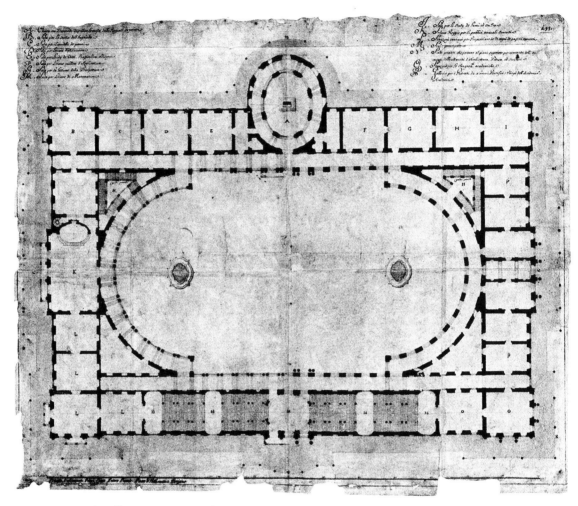

Kat.-Nr. 1: Pierre de Villeneuve, Concorso Clementino 1708, 1. Klasse, 1. Preis, Grundriß, ASL Kat.-Nr. 189, 105 x 135 cm

Concorso Clementino 1708 – Accademia del Disegno

Kat.-Nr. 2: Pierre de Villeneuve, Concorso Clementino 1708, 1. Klasse, 1. Preis, Fassadenansicht, ASL Kat.-Nr. 190, 44 x 125 cm

Kat.-Nr. 3: Pierre de Villeneuve, Concorso Clementino 1708, 1. Klasse, 1. Preis, Hofansicht, ASL Kat.-Nr. 191, 44 x 125 cm

Kat.-Nr. 4: Pierre de Villeneuve, Concorso Clementino 1708, 1. Klasse, 1. Preis, Querschnitt, ASL Kat.-Nr. 193, 46 x 125 cm

Concorso Clementino 1708 – Accademia del Disegno

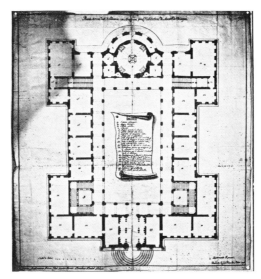

Kat.-Nr. 5: Benedykt Renard, Concorso Clementino 1708, 1. Klasse, 2. Preis, Grundriß, ASL Kat.-Nr. 195, 110 x 110 cm

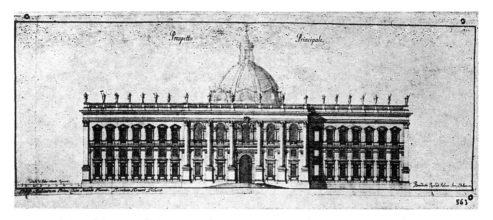

Kat.-Nr. 6: Benedykt Renard, Concorso Clementino 1708, 1. Klasse, 2. Preis, Ansicht, ASL Kat.-Nr. 197, 38 x 105 cm

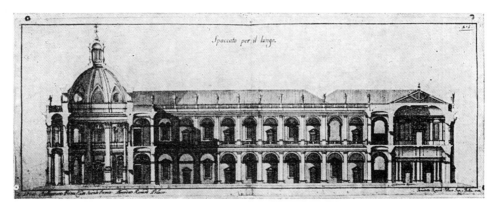

Kat.-Nr. 7: Benedykt Renard, Concorso Clementino 1708, 1. Klasse, 2. Preis, Schnitt, ASL Kat.-Nr. 198, 38 x 105 cm

Concorso Clementino 1708 – Accademia del Disegno

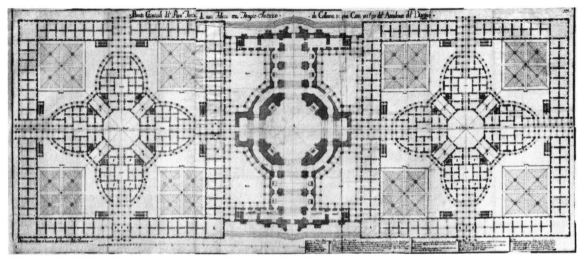

Kat.-Nr. 8: Francesco Belli, Concorso Clementino 1708, 1. Klasse, 3. Preis, Grundriß, ASL Kat.-Nr. 200, 120 x 250 cm

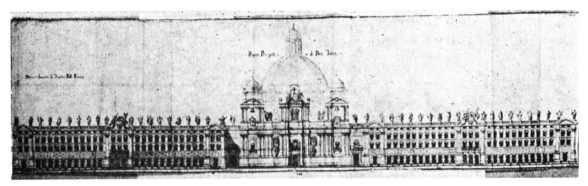

Kat.-Nr. 9: Francesco Belli, Concorso Clementino 1708, 1. Klasse, 3. Preis, ASL Kat.-Nr. 201, 65 x 250 cm

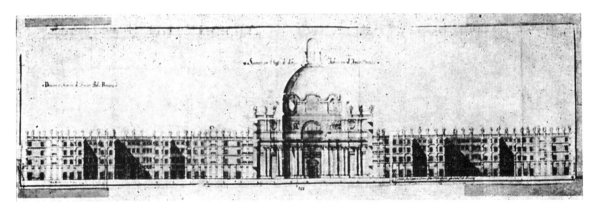

Kat.-Nr. 10: Francesco Belli, Concorso Clementino 1708, 1. Klasse, 3. Preis, ASL Kat.-Nr. 202, 65 x 250 cm

Dono Accademico 1708 – Accademia del Disegno

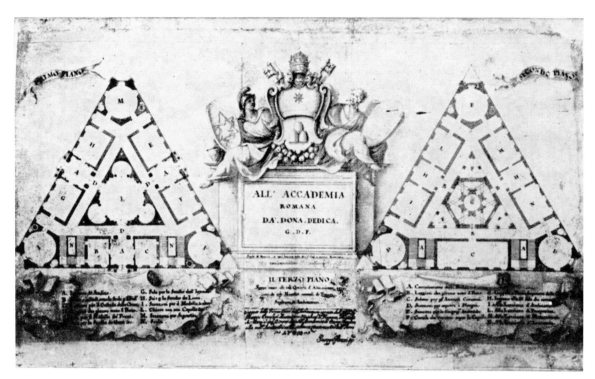

Kat.-Nr. 11: Giuseppe Ercolani, Dono Accademico 1708, Grundriss, ASL Kat.-Nr. 2139, 53 x 89 cm

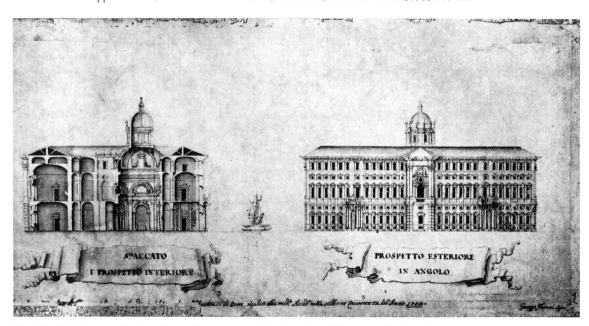

Kat.-Nr. 12: Giuseppe Ercolani, Dono Accademico 1708, Ansicht und Schnitt, ASL Kat.-Nr. 2140, 42 x 82 cm

Dono Accademico 1721 – Tempio „ad formam Stemmatis Accademiae San Lucae"

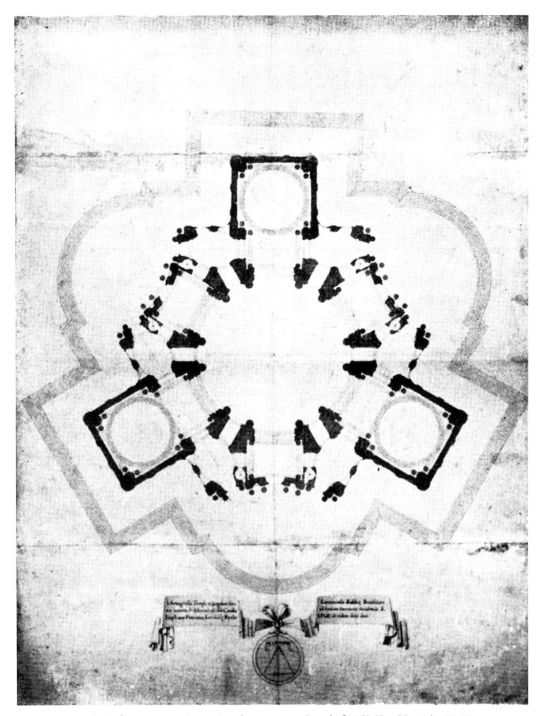

Kat.-Nr. 13: Carlo Stefano Fontana, Dono Accademico 1721, Grundriß, ASL Kat.-Nr. 2141, 98 x 71 cm

Dono Accademico 1746 – Temple des Arts

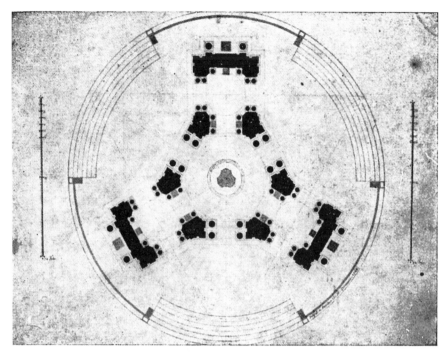

Kat.-Nr. 14: Gabriel-Pierre-Martin Dumont, Dono Accademico 1746, ASL Kat.-Nr. 2137, 47 x 64 cm

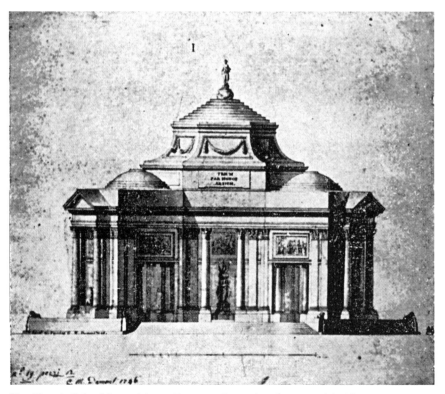

Kat.-Nr. 15: Gabriel-Pierre-Martin Dumont, Dono Accademico 1746, ASL Kat. Nr. 2138, 44 x 51 cm

Concorso Clementino 1750 – Collegio per Scienze e Belle Arti

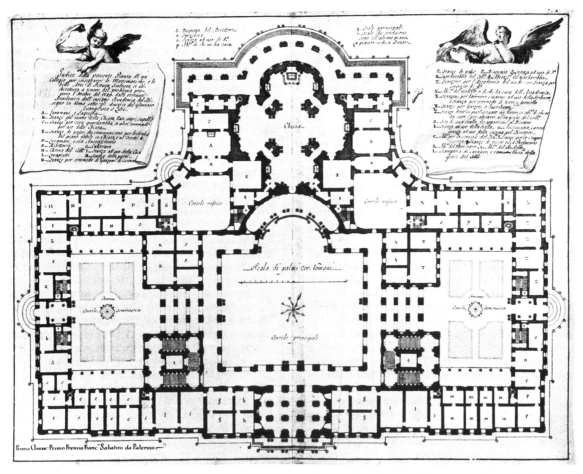

Kat.-Nr. 16: Francesco Sabatini, Concorso Clementino 1750, 1. Klasse, 1. Preis, Grundriß (Ansicht nicht erhalten), ASL Kat.-Nr. 462, 65 x 84 cm

Concorso Clementino 1750 – Collegio per Scienze e Belle Arti

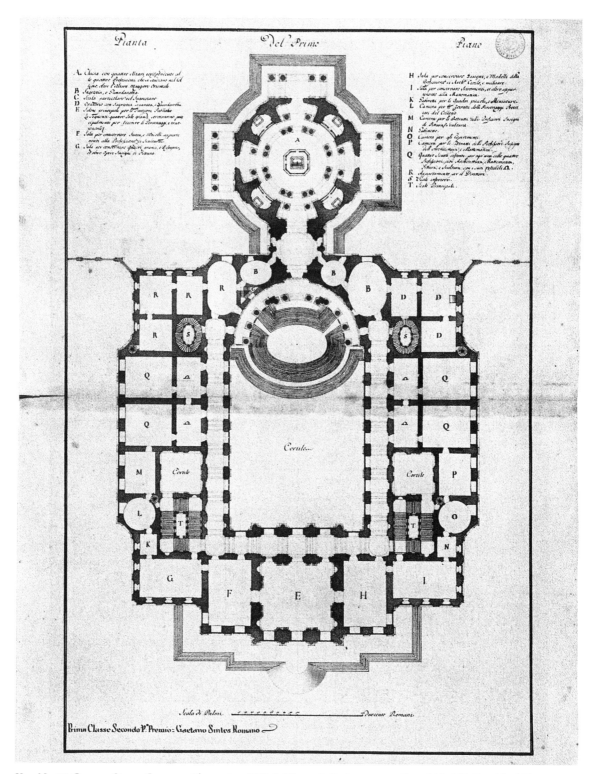

Kat.-Nr. 17: Gaetano Sintes, Concorso Clementino 1750, 1. Klasse, 2. Preis ex aequo, Grundriß, ASL Kat.-Nr. 465, 65 x 84 cm

Concorso Clementino 1750 – Collegio per Scienze e Belle Arti

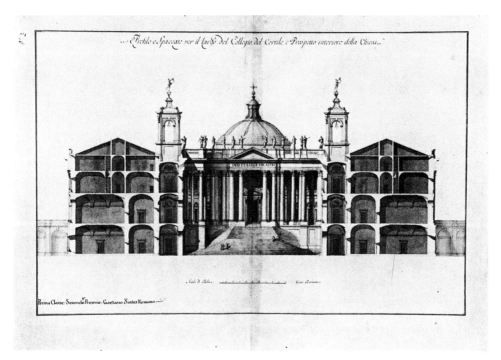

Kat.-Nr. 18: Gaetano Sintes, Concorso Clementino 1750, 1. Klasse, 2. Preis ex aequo, Schnitt, ASL Kat.-Nr. 468, 65 x 84 cm

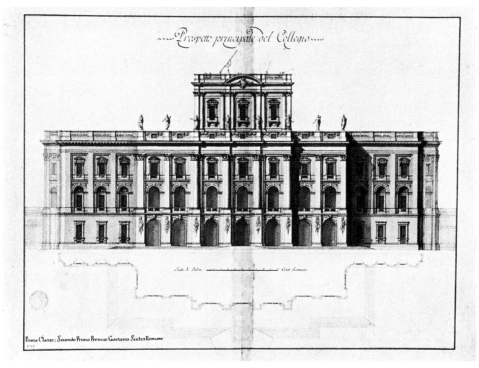

Kat.-Nr. 19: Gaetano Sintes, Concorso Clementino 1750, 1. Klasse, 2. Preis ex aequo, Ansicht, ASL Kat.-Nr. 467, 65 x 84 cm

Concorso Clementino 1750 – Collegio per Scienze e Belle Arti

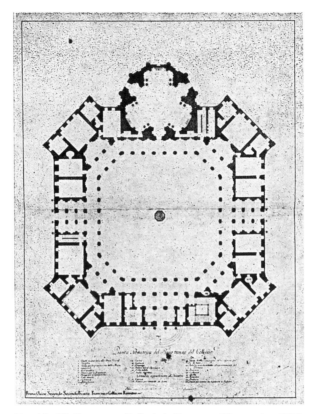

Kat.-Nr. 20: Francesco Collecini, Concorso Clementino 1750, 1. Klasse, 2. Preis ex aequo, Grundriß, ASL Kat.-Nr. 471, 65 x 85 cm

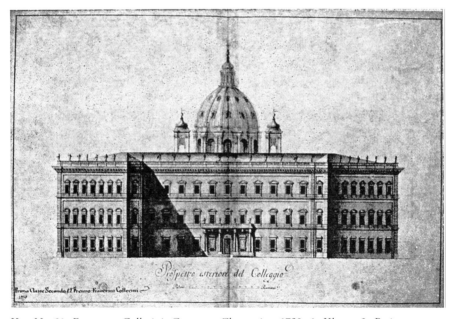

Kat.-Nr. 21: Francesco Collecini, Concorso Clementino 1750, 1. Klasse, 2. Preis ex aequo, Ansicht, ASL Kat.-Nr. 474, 49 x 70 cm

Pianta di ampio magnifico Collegio
formata sopra l'idea dell'antiche Palestre de' Greci, e Terme de' Romani

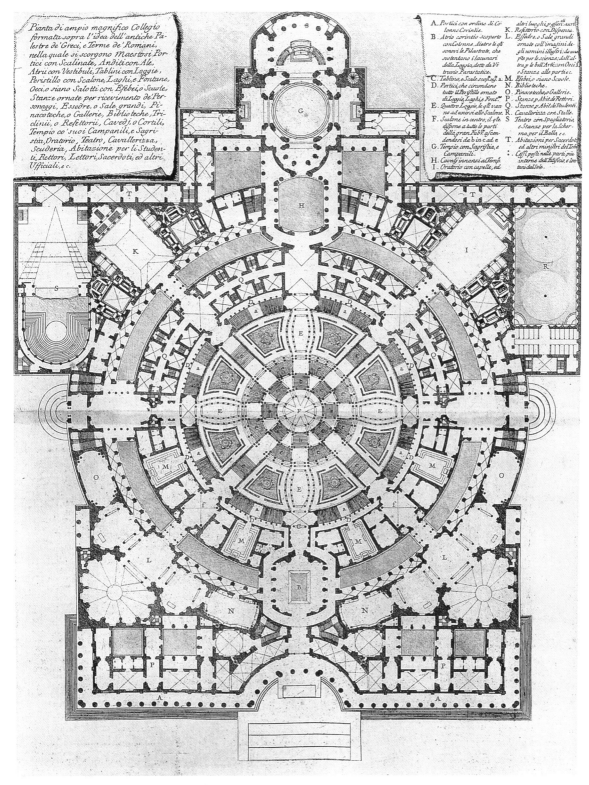

Kat.-Nr. 22: Giovanni Battista Piranesi, Opere Varie 1750

Grand prix 1754 – Académie Royal Paris

Kat.-Nr. 23: Jean René Billaudel, Grand prix 1754, Academié Royale, 2. Preis, Grundriß, 182,7 x 220,2 cm

Kat.-Nr. 24: Jean René Billaudel, Grand prix 1754, Academié Royale, 2. Preis, Schnitt, 170 x 412 cm

Grand prix 1754 – Académie Royal Paris

Kat.-Nr. 25: Jean René Billaudel, Grand prix 1754, Academié Royale, 2. Preis, Ansicht, 172 x 440 cm

Grand prix 1754 – Académie Royal Paris

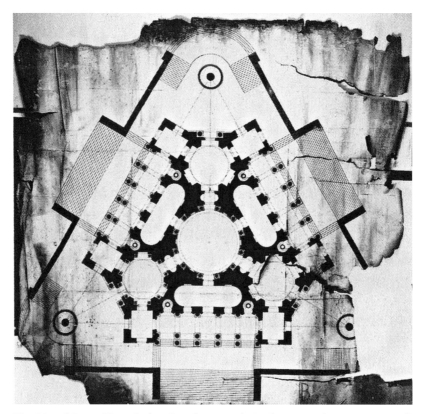

Kat.-Nr. 26: Louis Henri Jardin, Grand prix 1754, Academié Royale, 3. Preis, Grundriß, 240 x 240 cm

Kat.-Nr. 27: Louis Henri Jardin, Grand prix 1754, Academié Royale, 3. Preis, Schnitt, 110 x 120,5 cm

Grand prix 1754 – Académie Royal Paris

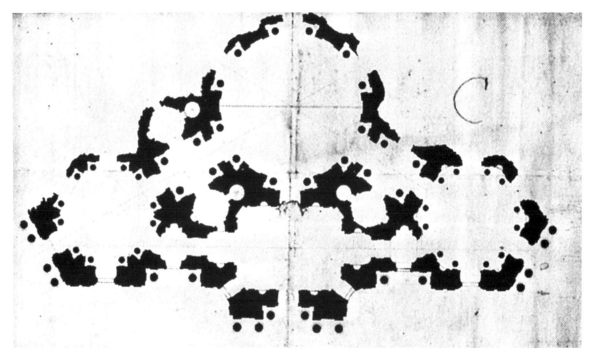

Kat.-Nr. 28: Nicolas Sprüngli, Grand prix 1754, Academié Royale, Grundriß, 107 x 191 cm

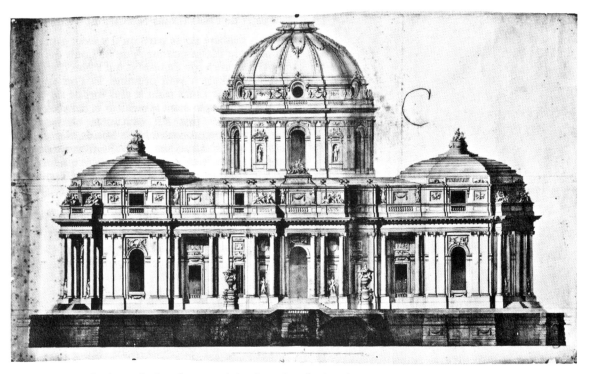

Kat.-Nr. 29: Nicolas Sprüngli, Grand prix 1754, Academié Royale, Ansicht, 103,5 x 179 cm

Grand prix 1754 – Académie Royal Paris

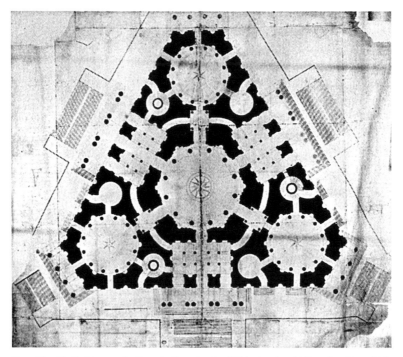

Kat.-Nr. 30: Balthazar de Bugni, Grand prix 1754, Academié Royale, Grundriß, 230 x 260 cm

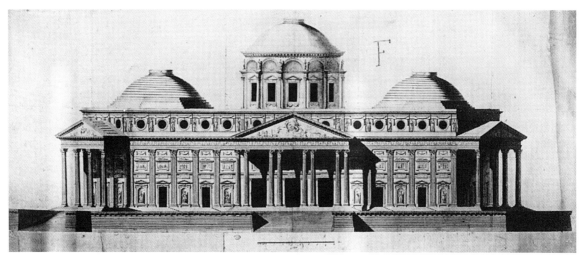

Kat.-Nr. 31: Balthazar de Bugni, Grand prix 1754, Academié Royale, Ansicht, 120 x 288 cm

Marie Joseph Peyre 1756 – Bâtiment qui contientdroit les Académies

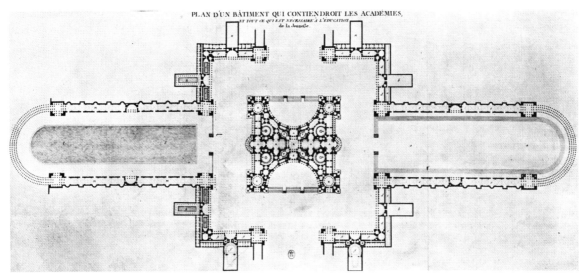

Kat.-Nr. 32: Marie-Joseph Peyre, Bâtiment qui contientdroit les Académies 1756, Envoi de Rome, Grundriß, publiziert 1765

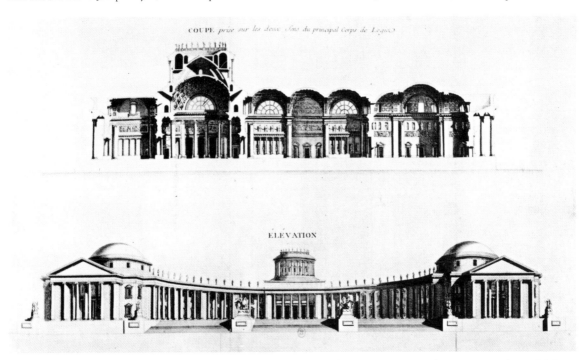

Kat.-Nr. 33: Marie-Joseph Peyre, Bâtiment qui contientdroit les Académies 1756, Envoi de Rome, Ansicht und Schnitt publiziert 1765

Grand prix 1786 – Académie pour les sciences, les lettres et les arts

Kat.-Nr. 34: Charles Percier, Grand prix 1786, Académie Royal, 1. Preis, Grundriß (auf der Originalzeichnung befinden sich auch der Schnitt und die Ansicht, s. u.) 49,5 x 33,4 cm

Kat.-Nr. 35: Charles Percier, Grand prix 1786, Académie Royale, 1. Preis, Schnitt und Ansicht

Grand prix 1786 – Académie pour les sciences, les lettres et les arts

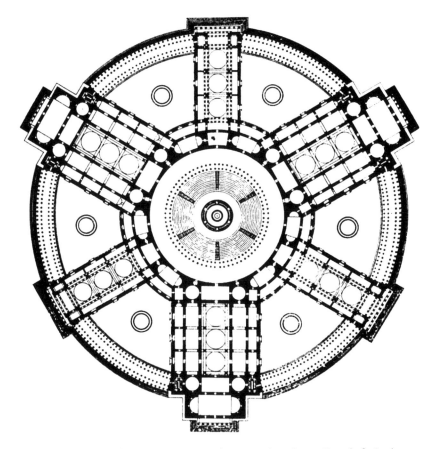

Kat.-Nr. 36: Louis-Robert-E. Goust, Grand prix 1786, 2. Preis, Grundriß, Stich, aus: Collection des prix (cahier VII, pl. 1 et 2) 1785

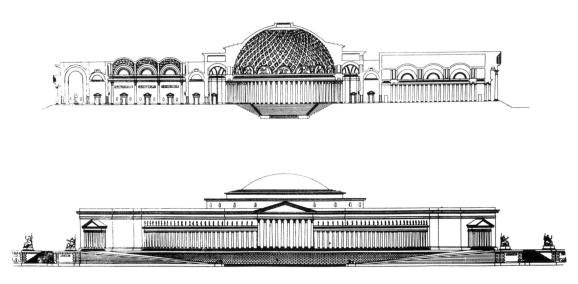

Kat.-Nr. 37: Louis-Robert-E. Goust, Grand prix 1786, 2. Preis, Grundriß, Ansicht und Schnitt, Stich, aus: Collection des prix (cahier VII, pl. 1 et 2) 1785

Grand prix 1826 – Palais pour l'Académie de France à Rome

Kat.-Nr. 38: Léon Vaudoyer, Prix de Rome 1826, 1. Preis, Palais pour l'Académie de France à Rome, Schnitt, École des Beaux-Arts, Paris

Kat.-Nr. 39: Léon Vaudoyer, Prix de Rome 1826, 1. Preis, Palais pour l'Académie de France à Rome, Aufriß, Detail der linken Seite, École des Beaux-Arts, Paris

Kat.-Nr. 40: Léon Vaudoyer, Prix de Rome 1826, 1. Preis, Palais pour l'Académie de France à Rome, Aufriß, Detail der zentralen Ansicht, École des Beaux-Arts, Paris

St. Petersburg – Akademie der Künste

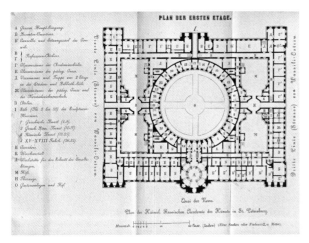

Kat.-Nr. 41: A. F. Kokorinov und J.-B. Vallin de la Mothe, St. Petersburg 1764–88, Akademie der Künste, Grundriß, 1. Stock

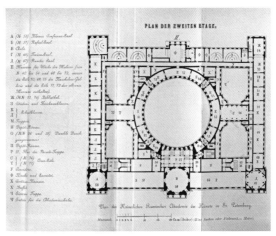

Kat.-Nr. 42: A. F. Kokorinov und J.-B. Vallin de la Mothe, St. Petersburg 1764–88, Akademie der Künste, Grundriß, 2. Stock

Kat.-Nr. 43: A. F. Kokorinov und J.-B. Vallin de la Mothe, St. Petersburg 1764–88, Akademie der Künste, Newaseite

Paris – École des Beaux-Arts

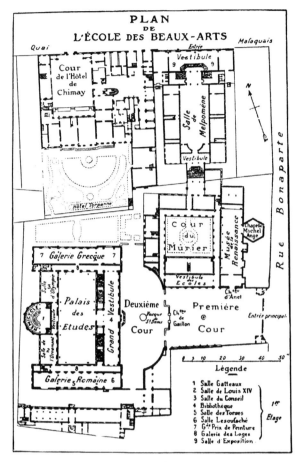

Kat.-Nr. 44: Gebäudeplan der École des Beaux-Arts, Paris 1933

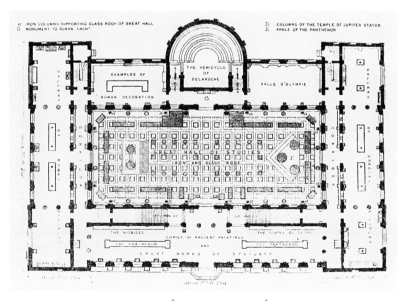

Kat.-Nr. 45: Félix Duban, Palais d'Études, 1834–40, L'École des Beaux-Arts, Paris

II. Die Spanische Akademie

1. Vorgeschichte der Akademiegründung

Anfänge des Rompreisverfahrens und frühe Bemühungen um eine Akademie

Den ersten akademischen Rompreisverleihungen ging auch in Spanien eine Tradition der künstlerischen Bildungsreisen voraus, die durch das Königshaus zugewiesen und finanziert wurden.[1] Bereits 1680, also kurz nach Gründung der Französischen Akademie in Rom, bemühten sich spanische Künstler König Carlos II. zur Gründung einer Akademie in Rom, die von D. Francisco de Herrera, *Maestro Mayor del Real Palacio*, geleitet werden sollte, zu bewegen. Wichtiges Argument für eine Gründung war nicht nur die *Académie de France à Rome*, sondern auch die von den anderen europäischen Dynastien in Rom betriebenen Akademien, wie die der Herzogtümer von Toscana oder Parma, hinter denen Spanien nicht zurückstehen sollte.[2]

Bereits vor dem eigentlichen Gründungsdekret der sich Mitte des 18. Jahrhunderts konstituierenden *Real Academia de San Fernando de Bellas Artes* in Madrid und ihrer Anerkennung im Jahre 1752 durch den spanischen König Fernando VI. wurden schon einzelne Rompreisstipendiaten vom Hof nach Rom entsandt.[3] Doch erst in der Fassung der Statuten von 1757 für die neugegründete Madri-

---

1 Zur Tradition der Italienreisen spanischer Künstler und den frühesten Versuchen der Gründung einer Akademie in Rom vgl. Antonio Bonet Correa, El viaje artístico en el siglo XIX, S. 27–37, bes. S. 30/31 und Esteban Casado Alcalde, El mito de Italia y los pintores de la Academia de Roma, S. 39–57, bes. S. 41–43, beide in: Ausst.-Kat., Roma y el ideal académico. La pintura en la Academia Española de Roma 1873–1903, Madrid 1992; Francisco Calvo Serraller, Las academias artísticas en España, Vorwort zu Nikolaus Pevsner, Las Academias de Arte, Madrid 1982, S. 216; Jesús Urrea Fernández, Relaciones artísticas hispano-romanas en el siglo XVIII, Madrid 2006.

2 Die Eingabe der Künstler an den König warnte ausdrücklich vor einer Inferiorität gegenüber den anderen Nationen: „[...] considerando las conveniencias de crédito y utilidad, que redundaban a la Corona de España por no ser inferior a las demás naciones en esto, se sirvió su Majestad mandar en diferentes ocasiones formar la referida Academia Real (según se intitula de Francis) [...]". Vgl. auch die von D. Luis Pérez Bueno zitierten Dokumente aus dem Archivo Nacional de Simancas, Estado: Roma. Legajo 3063, in: Archivo Español de Arte, Bd. 20, Madrid 1947, S. 155–57 und S. 255.

3 Vgl. Claude Bédat, L'Académie des Beaux-Arts de Madrid 1744–1808, Publications de l'Université de Toulouse, Bd. 19, Toulouse 1974, besonders Kap. IV, Les pensions à Rome, S. 211–33 und José Caveda, Memorias para la Historia de la Real Academia de San Fernando y de las Bellas Artes en España, desde el advenimiento al trono de Felipe V, hasta nuestros dias, 2 Bde., Madrid 1867.

Abb. 1: Pablo Pernicharo, Kopie nach Raffael, Das Götterbanquett, Villa Farnesina, um 1730, Patrimonio Nacional

der Akademie wurden Modalitäten und Regeln für einen Rompreis entworfen. Damit erhielt dieser zwar einen institutionellen Rahmen, aber ein eigenständiges Institut in Rom nach dem Vorbild der französischen Akademie wurde erst ca. 120 Jahre später mit dem Bezug des Klosters San Pietro in Montorio auf dem Gianicolo 1873 verwirklicht.

Im Jahr 1762 wurden von den Akademikern schließlich auch die Aufgaben der Rompreisträger per Dekret festgelegt: Den Malern oblag es, während der ersten fünf Jahre ihres Italienaufenthaltes von einer Auswahl der berühmtesten Gemälde Kopien anzufertigen, worunter hauptsächlich Werke Raffaels fielen. Noch vor der Ankunft Anton Raffael Mengs' in Madrid, am 22. September 1761, bildeten die Werke Raffaels und das Zeichnen nach antiken Statuen und Gipsabgüssen den Schwerpunkt im Lehrplan der *Academia de San Fernando* in Madrid. Diese Entwicklung sollte sich unter Mengs', an Winckelmann orientiertem, reinem Klassizismus, der einen immer stärkeren Einfluß auf den Lehrplan der Akademie gewann, fortsetzen.[4] Die Glorifizierung der Mengsschen Kunstparameter und die ihm entgegengebrachte Verehrung als zweitem Raffael, erreichte einen ihrer Höhepunkte im Jahr 1784, in dem beispielsweise der Rompreisträger Carlos Espinosa statt einer Kopie nach Raffael, Kopien nach einem Selbstbildnis Mengs und einem Bildnis von dessen Frau als Probearbeiten von Rom nach Madrid sandte.[5]

---

4 Mengs war von 1763–69 Ehrendirektor der *Academia de San Fernando* und versuchte in dieser Zeit die Akademie grundsätzlich zu reformieren. 1776 vermachte er der Akademie seine Abgußsammlung antiker Skulpturen. Vgl. Almudena Negrete Plano, La collección de vaciados de Mengs, in: Academia, Boletín de la Real Academia de Bellas Artes de San Fernando, Nr. 92 und 93, Madrid 2001, S. 9–31 und Ausst.-Kat., Mengs. Die Erfindung des Klassizismus, hrsg. von Steffi Roettgen, Padua – Dresden 2001, darin besonders José Luis Sancho und Javier Jordán de Urriés de la Colina, Mengs und Spanien, S. 71–85. Vgl. ebenfalls Steffi Roettgen, Winckelmann e Mengs. Idea e realtà di un'amicizia, in: J. J. Winckelmann tra letteratura e archeologia, hrsg. von Maria Fancelli, Venedig 1993, S. 145–63. Vermutlich flossen die klassizistischen Ideale und die strengere Orientierung an antiken Werken jedoch schon über Felipe de Castro, der sich ebenfalls lange Jahre in Rom aufhielt, in die Statuten der Spanischen Akademie in Madrid ein; vgl. BÉDAT, 1974, S. 217 und auch José Caveda, Memorias para la Historia de la real academia de San Fernando y de las bellas artes en España, desde el advenimiento al trono de Felipe V, hasta nuestros dias, 2 Bde., Madrid 1867, Bd. 1, S. 72–89. Zu Mengs' Raffaelrezeption vgl. Steffi Roettgen, Antonio Raffaello Mengs e Raffaello. Rendiconto di un rapporto programmatico, in: Raffaello e l'Europa, Atti del IV. Corso Internazionale di Alta Cultura, hrsg. von Marcello Fagiolo und Maria Luisa Madonna, Rom 1990, S. 619–53.

5 Vgl. BÉDAT 1974, S. 225.

Die Instruktionen für die Architekten hingegen beinhalteten liberalere und variantenreichere Reiseempfehlungen als diejenigen für die Maler. Nur während der ersten zwei Jahre sollten sie in Rom Bauaufnahmen der berühmtesten Bauwerke erstellen und Vorlesungen zur Mathematik besuchen. In den folgenden vier Jahren waren die anderen Kunststätten Italiens, aber auch Baudenkmäler Deutschlands, Flanderns, Englands und Frankreichs aufzusuchen. Die Bildhauer verpflichteten sich, antike Statuen zu studieren und Abgüsse von ihnen herzustellen. Ziel dieser mit dem Romaufenthalt verbundenen Auflagen, die aus dem Anfertigen von Kopien bzw. Bauaufnahmen bestanden, war sowohl die jungen Künstler zu schulen, als auch mit den Resultaten die heimischen Sammlungen zu vervollständigen, die als Anschauungsmaterial im Unterricht herangezogen werden konnten.[6]

1763 wurde den ersten sechs regulären Stipendiaten in Rom ein Direktor vorgestellt, dessen Aufgabe es war, die künstlerischen Fortschritte und das Betragen der jungen Künstler im Ausland zu überwachen. Die Wahl fiel auf Francisco Preciado de la Vega (1712–89), der sich mit einer Pension, die ihm Philipp V. gewährte, seit 1732 in Rom aufhielt und ebendort bei Sebastiano Conca seine künstlerische Ausbildung vollendet hatte. Er behielt das Amt des Betreuers der spanischen Stipendiaten bis zu seinem Tod 1789 in Rom inne.[7] Wiederholt wurde ihm auch das Amt des Sekretärs (1760–63, 1770–77 und 1784–89) bzw., für drei Jahre, auch das Amt des *Principe* (1764–66) der *Accademia di San Luca* anvertraut.[8]

Durch seine engen Verbindungen zu den römischen Akademien – de la Vega war auch Mitglied der literarischen *Academia dell'Arcadia* – und vor allem seine Kenntnis der französischen Akademie in Rom konnte er deren Organisationsform und Unterrichtssystem nach Madrid vermitteln, wo in direkter Anlehnung an sie die Modalitäten des spanischen Rompreises konzipiert wurden. Ihm selbst – immerhin Direktor der spanischen Rompreisträger – war allerdings untersagt, die Stipendiaten zu unterrichten, da die Madrider Akademie, nunmehr unter der Leitung Mengs', seine künstlerische Begabung geringer als seine theoretischen und administrativen Fähigkeiten einschätzte und sein Werk noch nicht von den klassizistischen Normen Winckelmanns oder Mengs selbst zeugte. Nach der Bestimmung der *Academia de San Fernando* vom 4. September 1763 sollte der Direktor

---

6 Vgl. BÉDAT 1974, S. 215/6. Zu den architektonischen Preisverfahren an der *Academia de San Fernando* vgl. die Einleitung zum INVENTARIO 2000, S. 79–90. Vgl. auch Pedro Moleón, Arquitectos españoles en la Roma del Grand Tour 1746–1796, Madrid 2003.

7 Vgl. María Ángeles Alonso Sánchez, Francisco Preciado de la Vega y la Academia de Bellas Artes. Artistas Españoles que han pasado por Roma, zugl. Diss., Madrid 1961, S. 4. Alonso Sánchez beschäftigt sich mit den ersten 50 Jahren des spanischen Rompreises, die weitgehend mit der Amtszeit von Preciado de la Vega übereinstimmen. Diese Epoche hat in den Archiven der *Accademia di San Luca* in Rom und den Archiven der *Real Academia de San Fernando* in Madrid ihren Niederschlag gefunden und wurde von Alonso Sánchez chronologisch ausgewertet. Zur Etappe nach Preciados Tod bis zur Gründung der Spanischen Akademie auf dem Gianicolo in Rom 1873 und der Amtszeit Antonio Solás als Direktor vgl. Margarita Barrio, Relaciones culturales entre España e Italia en el Siglo XIX. La Academia de Bellas Artes, Bologna 1966. Eine Zusammenfassung des bisherigen Forschungsstandes zur Geschichte der spanischen Akademie bietet die 1998 erschienene Jubiläumspublikation zum 125-jährigen Bestehen der Akademie von Juan Mª Montijana García, La Academia de España en Roma, Madrid 1998, die jedoch über eine Chronologie der Ereignisse nicht hinauskommt.

8 Die *Academia dei pastori dell'Arcadia* wurde nach dem Tod Christinas von Schweden von Giovanni Mario Crescimbeni 1690 im Konvent der Franziskaner San Pietro in Montorio gegründet. Zu den Beziehungen zwischen der *Arcadia* und der römischen Künstlerwelt vgl. Liliana Barroero und Stefano Susinno, Arcadian Rome. Universal Capital of the Arts, in: Ausst.-Kat. Art in Rome in the Eighteenth Century, hrsg. von Edgar Peters Bowron und Joseph J. Rishel, Philadelphia 2000, S. 47–75. Die *pastori* trafen sich zunächst in den umgebenden Gärten von San Pietro in Montorio, später in den Orti Farnesiani und letztendlich in dem 1721 von João V. von Portugal gestifteten und von Antonio Canevari entworfenen akademischen Hain *Bosco Parrasio* am Abhang des Gianicolo. Francisco Preciado de la Vega verfasste unter seinem pastoralen Namen Parrasio Tebano seine *Arcadia Pictórica en sueña, algoría o poema prosaico sobre la teoría prática de la pintura*, die nach seinem Tod 1789 in Madrid erschien.

Abb. 2: Preciado de la Vega, Ruhe auf der Flucht, 1763, Galeria Caylus, Madrid

die Stipendiaten nicht künstlerisch beeinflussen, da diese nur durch die großen Kunstwerke Roms angeregt werden sollten.⁹

An dieser Regelung läßt sich die Direktive Mengs' festmachen, der seit 1761 in Madrid weilte und dort zum einflußreichsten Künstler am Hof und an der Akademie avancierte und die neuesten Methoden des Antikenstudiums und die Programme der fortschrittlichsten in Rom erarbeiteten Theorien und Institutionen an die *Academia de San Fernando* vermittelte. Preciado de la Vega wurde ausschließlich auferlegt, die Akademie in Madrid über die Stipendiaten zu informieren und die Weisungen der Madrider Akademie an die Stipendiaten in Rom weiterzuleiten:

> „Porque no sólo encontraban allí reunidos los modelos más acabados para la imitación, sino las teorías tradicionales del Arte, el auxilio de las escuelas y Academias establecidas, el ejemplo y las prácticas de los mejores profesores que entonces florecían […]."¹⁰

Als Mengs 1777 von Madrid nach Rom zurückkehrte, folgten ihm fünf junge spanische Maler: Francisco Javier Ramos, Francisco Agustín, Buenaventura Salesa, Manuel Napoli und Carlos Espinosa. Zu dieser Gruppe gesellten sich weitere spanische Maler, wie Alejandro de la Cruz und Domingo Álvarez, die unter Mengs Anleitung in den römischen Galerien antike Skulpturen und Mei-

9 „La obligación de Preciado es cuidar de que se perfeccionen en las Artes seis jóvenes que se envían de esta corte, los más hábiles y adelantados que se encuentran. De ninguno tiene que ser maestro; son de tres diferentes Artes. Preciado es solo profesor de Pintura y para aprender de él a pintar o dibujar non enviaría la Academia a Roma a sus discípulos. Conque todo su trabajo se reduce a tener cuidado de que los seis pensionados cada uno en su respectiva profesión observe las ynstrucciones que la Academia tiene dadas para que el pintor y el escultor dibuje, copie, modele y especule los excelentes originales de que abunda aquella Corte." Zitiert nach MONTIJANA GARCÍA 1998, S. 132, Anm. 5. Eine neue Würdigung seines Werks bei Rafael Cornudella i Carre, Para una revisión de la obra pictória de Francisco Preciado de la Vega (Sevilla 1712–1789), in: Locus Amoenus, Barcelona 1997, Vol. 3, S. 97–122.

10 Vgl. CAVEDA 1867, Bd. 1, S. 132.

sterwerke kopierten.¹¹ Diese Künstlergruppe um Mengs bildete parallel zu den Stipendiaten unter Preciado de la Vega eine Privatakademie, die sich auch beim spanischen Botschafter am Heiligen Stuhl, José Nicolás de Azara, traf, um sich anhand seiner Kunstsammlung mit dem antiken Kanon auseinanderzusetzen.

Nach Mengs vorzeitigem Tod 1779 schlug de Azara den Mengsschüler Anton von Maron, der sich schon um die österreichischen Stipendiaten kümmerte, als Nachfolger vor, da er am besten die Maximen Mengs vertreten könnte.¹² Doch der König lehnte den ihm bislang unbekannten Maron ab und wählte statt dessen Preciado de la Vega, der sich nun neben seiner Zuständigkeit für die Stipendiaten der *Academia de San Fernando* auch um die Mengsschüler zu kümmern hatte. Preciado versuchte daraufhin, nachdem nun immerhin zwölf Stipendiaten in Rom anwesend waren und Mengs Ruhm noch für sie zu nutzen war, eine feste Bleibe nach dem Vorbild der französischen Akademie zu finden. Bei der Suche nach einer geeigneten Unterkunft fiel der Blick schon im 18. Jahrhundert, wie auch später wiederholt, auf das immer weniger genutzte Hospiz San Giacomo degli Spagnoli, im Besitz der spanischen *Obra Pía*, an der Piazza Navona.¹³

Aber die in der Folgezeit oftmals vorgetragene Weisung der spanischen Regierung, Mittel der religiösen Stiftung in Form von Monatsraten oder durch Bereitstellung von Räumen den Künstlern zukommen zu lassen, traf auf entschiedenen Widerstand der Kleriker. Es widersprach den religiösen Zielen der *Obra Pía*, Teile ihrer Einkünfte, die in erster Linie für missionarische Mildtätigkeit bestimmt waren, für einen profanen Zweck wie die Unterstützung von Künstlern auszugeben. Der Konflikt, in dem sich auch die Auseinandersetzungen zwischen Kirche und Staat um die weltliche Macht in Spanien spiegelten, sollte sich über hundert Jahre bis zu dem Sieg des säkularisierten Staates über die Kirche und damit zur Bereitstellung des Klosters San Pietro in Montorio für die Akademie hinziehen.¹⁴

So weit es ihm möglich war, nahm sich der Botschafter de Azara der Stipendiaten an und stellte für gemeinsame Studien die Lokale der spanischen Gesandtschaft bereit. Nach dem Tod Preciados richtete er im Palazzo di Spagna eine kleine Abendschule zum Aktzeichnen unter der Leitung eines Mengsschülers ein. Um die dort entstehende kleine Kunstsammlung versammelte sich in den neunziger Jahren des 18. Jahrhunderts ein Kreis Gelehrter und Künstler, der sich jedoch 1798, nach der Ausweisung der spanischen Gesandtschaftsangehörigen durch die römische Republik und dem Weggang de Azaras nach Florenz, auflöste.¹⁵

---

11 Zu den einzelnen Künstlern vgl. Jesús Urrea Fernández. Relaciones artísticas hispano-romanas en el siglo XVIII, Madrid 2006.

12 Vgl. Tiposkript des Vortrags von Javier Jordán de Urríes, La „accademia" spagnola a Roma intorno al 1800, auf der Tagung, Accademie e Accademismo 1770–1870, organisiert von der Università di Roma tre und Académie de France à Rome, Rom 9.–11. Juni 2003.

13 Vgl. auch Simona Ciofetta, Nostra Signora del Sacro Cuore già San Giacomo degli Spagnoli, in: Roma sacra, guida alle chiese della città eterna, Soprintendenza per i Beni Artistici e Storici di Roma, hrsg. von Antonio Federico Caiola und Luciana Cassanelli, Bd. 7, 1996, 2. Jg., Pozzuoli – Neapel 1995, S. 40–44; Francesco Russo, Nostra Signora del Sacro Cuore, Rom 1969, S. 66 ff. Die Gemeinde war das Zentrum der Spanischen Kolonie in Rom. Nach dem politischen Verfall in Spanien während der französischen Revolution und dem starken zahlenmäßigen Rückgang der Spanier in Rom begann der Niedergang der Gemeinde. Nach der Besetzung der Gebäude durch die französischen Truppen 1798 drohte Anfang des 19. Jahrhunderts der Zerfall der Kirche. Sie wurde schließlich in den dreißiger Jahren geschlossen und das Hospiz in die Via di Monserrato verlegt. Später wurde überlegt, aus dem Erlös der Versteigerung der Immobilie an der Piazza Navona die Kosten für den Bau der spanischen Akademie zu finanzieren, s. u.

14 BARRIO 1966, S. 37–40 und BRU 1971, S. 24–26.

15 Vgl. Tiposkript des Vortrags von Javier Jordán de Urríes, La „accademia" spagnola a Roma intorno al 1800, auf der Tagung, Accademie e Accademismo 1770–1870, organisiert von der Università di Roma tre und Académie de France à Rome, Rom 9.–11. Juni 2003.

Die Krise der Rompreise und Akademiekritik

Schon nach wenigen Jahren, in denen die Rompreisvergabe regelmäßig durchgeführt wurde, nahmen die daraus erwachsenden Probleme derart zu, daß diese schließlich nach dem Urteil der Organisatoren gegenüber dem Nutzen überwogen. 1784, nach nur zwei Jahrzehnten – eine erste Unterbrechung fand 1769–78 statt –, wurden die akademischen Wettbewerbe und die regelmäßige Vergabe der Reisestipendien wieder eingestellt. Wirtschaftliche Erwägungen spielten hierbei eine wichtige Rolle: Den Rückkehrern mangelte es an Abnehmern für ihre Werke, ihnen drohte Arbeitslosigkeit und Armut; einige Romreisende litten unter eingeschleppten Krankheiten und ihre automatische Übernahme in den Lehrkörper der Akademien, um ihnen eine Existenz zu ermöglichen, führte zu Prostesten der heimischen Professoren, die sich durch die ehemaligen Preisträger übervorteilt fühlten.[16] Etwa drei Jahre später, 1787, stellte der Kunstgelehrte und Archäologe Aloys Hirt über die Fortschritte der durch den König entsandten Stipendiaten in Rom und die Reformen Mengs' recht ernüchternd fest: „Spanien hat 6 bis 8 Pensionäre hier von denen man aber nichts als mittelmäßige Copien sieht. Mengs Bemühen hat bisher bey dieser Nation noch wenig gefruchtet. Die Pension ist sehr beträchtlich."[17]

Auf Seiten der *Academia de San Fernando* kam es um die Wende zum 19. Jahrhundert zu einer Neueinschätzung der künstlerischen Ausbildung in Spanien selbst. Die Madrider Sammlungen waren, nicht zuletzt durch die Tätigkeit der Stipendiaten in Rom und den gezielten Ankauf antiker und italienischer Werke, gewachsen. Den Akademikern zu Folge gab es inzwischen eine so große Anzahl exemplarischer Werke italienischer und antiker Kunst in Spanien, daß sich Studienreisen nach Italien, zumindest für Maler und Bildhauer, nicht mehr lohnten. Die Kunstsammlung der *Academia* habe, so ist einem Schreiben an Sr. Protector Duque de la Alcudia um 1800 zu entnehmen, die Qualität der Sammlungen der anderen europäischen Akademien übertroffen und böte durch die praktisch an einem Ort zur Verfügung gestellten Kunstobjekte sogar bessere Studienbedingungen als Italien, zumal im Februar 1897 von den Franzosen der Abtransport der römischen Kunstschätze nach Paris beschlossen worden war.[18]

Ein weiterer Grund für die Stillegung der Rompreisvergabe war paradoxerweise die Sorge um den künstlerischen Ruf Spaniens. In einem 1807 durch die Akademiker verfaßten Memorandum über die Voraussetzungen, die spanische Künstler vorweisen sollten, um ein Reisestipendium zu erhalten, wurde dem König gegenüber, der eigenmächtig Reisepensionen vergeben wollte, nochmals betont, daß sichergestellt sein müsse, daß es den ausgewählten Künstlern nicht an Tauglichkeit mangele, da sonst im Ausland der Eindruck entstehen könne, in Spanien stehe die Ausbildung der Künstler hinter derjenigen im Ausland zurück und spanische Künstler müßten in Italien Studienobjekte suchen, weil ihre Heimat arm an künstlerischen Zeugnissen wäre. Die mangelhafte Ausbildung eines Künstlers, so die Befürchtung, könne auf Kulturlosigkeit seines Herkunftslandes zurückgeführt werden.[19]

---

16 Vgl. BÉDAT 1974, S. 229.
17 Vgl. Aloys Hirts Verzeichniß der bekanntesten jetztlebenden Künstler in Rom, in: EIN POTSDAMER MALER, S. 339, neuerdings dazu Susanne Adina Meyer und Serenella Rolfi, L'"elenco dei più noti artisti viventi a Roma" di Alois Hirt, in: La città degli artisti nell'età di Pio VI, hrsg. von Liliana Barroero, Rom 2002, Roma moderna e contemporanea, Bd. 10, S. 241–61.
18 Die Akademiker in einem Schreiben an Sr. Protector Duque de la Alcudia um 1800: „pues habiéndose ya acabado allí aquellos eminentes pintores y escultores cuya fama atraía a sus estudios a los jóvenes más sobresalientes de todas las naciones y por otra parte habiéndose enriquecido la Academia de yesos del antiguo en términos de exceder ya a las demás Academias de Europa y hallarse aquí junto cuanto en Roma y otras ciudades de Italia se ve esparcido y dislocado, no cree la Academia ser conducente enviar pensionados a Roma a hacer lo mismo que pueden con más comodidad en Madrid [...]." Archiv Academia de San Fernando, Leg. 50, zitiert nach BARRIO 1966, S. 4.
19 Vgl. BÉDAT 1974, S. 231/2.

Eine ähnliche Befürchtung wurde in Frankreich schon fünfzig Jahre zuvor geäußert. Auch hier wurde davor gewarnt, daß in Italien der Eindruck entstehen könne, ein Romaufenthalt wäre für die Ausbildung von Künstlern unumgänglich:

> „les étrangers, et surtout les Italiens, se figurent que, parce que nous envoyons quelques-uns de nos jeunes gens étudier à Rome, ils sont en droit de soutenir que l'on ne peut devenir grand peintre que chez eux … Ce raisonnement pouvait être fort bon il y a soixante et dix ans; mais il n'a aucun fondement aujourd'hui … il y a une raison sans réplique, pour prouver que nos peintres n'ont point besoin d'aller chercher ailleurs la perfection de leur Art. Nos meilleurs artistes, à l'exception de deux ou trois, ne furent point à Rome … Il faut donc convenir qu'on peut être un très grand peintre sans devoir rien aux Italiens …"[20]

Bei der Anzweiflung der Nützlichkeit der Rompreisvergabe spielten jedoch neben der Sorge, im Ausland könnte der Eindruck entstehen, Spanien wäre künstlerisch gesehen für junge Künstler uninteressant, auch Ermüdungserscheinungen eine Rolle, die sich im zunehmend neoklassizistisch geprägten akademischen Lehrbetrieb und der altertumskundlichen Kunstpraxis zeigten. Inzwischen hatte eine romantische Haltung die ehemaligen künstlerischen Ideale in Frage gestellt. Die Madrider Professoren, so die Überlieferung, sollen sich aus methodischen Bedenken heraus geweigert haben, eine spanische Akademie in Rom nach dem Vorbild der französischen Akademie zu organisieren.[21] Einen ersten Anstoß zu der Revision bisheriger Methoden gab Francisco Goyas berühmter Brief an die Reformversammlung der *Academia de San Fernando* in Madrid vom 14. Oktober 1792 und seine darin geäußerte Kritik an den „toten" akademischen Idealen, seine Forderung nach absoluter künstlerischer Freiheit und Verdammung jeglicher Dogmen in der künstlerischen Lehre.[22]

Für die anhaltende Unterbrechung der regulären Reisestipendien spielte jedoch neben der Kritik an den Methoden der Künstlerausbildung auch die durch die französische Revolution verursachten politischen Wirren in Italien und die Freiheitskriege in Spanien eine Rolle. Die Stelle des Direktors der spanischen Stipendiaten in Rom blieb nach dem Tod Preciado de la Vegas 1789 bis in das Jahr 1830, also über vierzig Jahre lang vakant. Stipendien wurden nur noch durch den königlichen Hof an bereits etablierte Künstler vergeben, womit die Romreise jedoch ihre ursprüngliche Funktion, Teil der Ausbildung des Künstlers zu sein, verlor. Bei den königlichen Stipendien handelte es sich in diesem Zeitraum eher um dauerhafte Pensionszahlungen, und der Studienaufenthalt in Rom mutierte zu einer unbeschränkten Permanenz.

Die spanischen Künstler in Rom zu Anfang des 19. Jahrhunderts

Richtete sich während der letzten Jahre vor der französischen Revolution die künstlerische Aufmerksamkeit auf Paris, galten nach der in der politischen Katastrophe endenden Revolution und der Besatzung Spaniens durch Frankreich die Pariser Zustände und die französische Kunst als überwiegend frivol und unschicklich, zumal eine antifranzösische Stimmung durch den spanischen Klerus verschärft wurde. Schließlich machte sich der Hass auf die französische Besatzung während der Befreiungskrie-

---

20 Marquis D'Argens, Réflexions critiques sur les différentes Écoles de Peinture, 1752, S. 20–27, zitiert nach LOCQUIN 1978, S. 96.
21 Vgl. ALONSO SÁNCHEZ 1961, S. 11.

22 Vgl. HELD 1966, S. 214–24. Ähnliche Kritik wurde zur gleichen Zeit auch in Frankreich und Deutschland geäußert, vgl. KAPITEL I. 1. und IV. 1.

ge (1808–12), auch in der Beurteilung des zeitgenössischen Kunstgeschehens bemerkbar.[23] Mit der nationalen Bewegung in Spanien verstärkte sich auch dort die Suche nach einem Nationalstil,[24] und Rom konnte sich von neuem gegenüber Paris als Kunstzentrum behaupten, da hier zukunftsweisende Anstöße in Richtung der romantisch-puristischen Kunstmaßstäbe erfolgten.

Erst recht die Suche nach einer erneuerten religiösen Kunst der Nazarener in Rom verfügte für eine Zeitlang über eine länderübergreifende Ausstrahlung und bestätigte noch einmal Roms Rolle als Vermittlerin avantgardistischer Kunstströmungen. Die stilistische Verquickung deutscher Renaissance mit der präraffaellesken italienischen Schule sollte für einen wichtigen Kreis spanischer Künstler, die in Rom arbeiteten und dort den Anschluß an die Nazarener suchten, richtungsweisend werden.[25]

Die erste Generation spanischer Künstler des 19. Jahrhunderts in Rom war noch in Paris ausgebildet worden, wie z. B. José de Madrazo und José Alvarez, die wegen der, während des ersten Jahrzehnts des 19. Jahrhunderts französisch dominierten, Auftragslage zunächst fortfuhren im neoklassizistischen Stil zu arbeiten. Das gleiche traf für die spanischen Bildhauer zu, die über Romstipendien des Königs verfügten, darunter José Álvarez Cubero, Ramón Barba, Damián Campeny und Antonio Solá. Sie wurden bei den Aufträgen von König Carlos IV. an Canova, wie beispielsweise 1804 für die Statuen der Nischen der Statuengalerie der Casa del Labrador in Aranjuez, in die Ausführung eingebunden; ihre Stipendien entsprachen also eher Gehältern von Hofkünstlern.[26]

Als während der napoleonischen Besatzung Spaniens (1808–14) der spanische Hof als Auftraggeber entfiel, setzte sich Canova für die Fortbeschäftigung der spanischen Bildhauer in Rom ein. Dank seiner Vermittlung waren bei der Neuausstattung des Quirinals ab 1811 für Napoleon sowohl Madrazo als auch Alvarez beteiligt, wo sie an der Seite Ingres' und Thorwaldsens arbeiteten, obwohl sie kurz zuvor in Rom inhaftiert worden waren, da sie den Schwur auf Joseph Bonaparte verweigert hatten.[27]

Doch auch wenn die spanischen Künstler in Rom aus Gründen der mageren Auftragslage für den französischen Auftraggeber in der Ausstattung des Quirinals im neoklassizistischen Stil arbeiteten, wandten sie sich vermehrt der Gruppe der deutschen Künstler zu und verfolgten die künstlerischen und theoretischen Positionen der Nazarener. José de Madrazo schätzte deren künstlerische Errungenschaften besonders: „aunque por un camino diverso, se habían emancipado completamente del gusto corruptor" – und deutete mit dem Begriff des „Korrupten" darauf hin, daß aus dem Neoklassizismus revolutionärer Prägung inzwischen der Stil des Empire geworden war. Seine Wertschätzung drückte sich auch darin aus, daß er zwischen 1809–12 die deutschen Landschaftsmaler Johann

---

23 Vgl. Walter L. Bernecker, Sozialgeschichte Spaniens im 19. und 20. Jahrhundert. Vom Ancien Régime zur Parlamentarischen Monarchie, Frankfurt am Main 1990, S. 126.

24 Vgl. THIESSE 2001, Kap. L'offensive contre la Culture unique, S. 29 ff. Vgl. ebd. zu der schon vor den Freiheitskriegen erwachenden Kritik an der französischen Kulturhegemonie in Europa.

25 Vgl. DE FONTBONA 1990, S. 735–55 und Angela Windholz, Religiöse Kunst im Spannungsfeld romantischen Nationalismus' und römischer Tradition – Die Darstellung der Tugenden und der geistigen Werke der Barmherzigkeit im „Salone rosso" des spanischen Priesterkollegs Santa Maria de Monserrato in Rom von 1857, in: FICTIONS OF ISOLATION 2006, S. 167–93.

26 Zu einzelnen Künstlern vgl. AUSST.-KAT. MAESTÀ 1 und Carolina Brook, Storia di una presenza. Gli artisti spagnoli a Roma nella prima metà dell'Ottocento. Vicende e protagonisti dell'Accademia di Spagna prima della sua istituzione ufficiale, in: Scultori nella Roma dell'Ottocento, in: Ricerche di storia dell'arte, Bd. 68, Rom 1999, S. 17–30; dies., Canova e gli scultori spagnoli del primo Ottocento. La figura di Antonio Solá artista „romanizzato", in: Il primato della scultura. Fortuna dell'Antico, fortuna di Canova, hrsg. von Fernando Mazzocca u. a., Bassano del Grappa 2004, S. 293–308 und Javier Jordán de Urríes de la Collina, La Galería de estatuas de la Casa del Labrador de Aranjuez. Antonio Canova y los esultores españoles pensionados en Roma, in: Archivo Español de Arte, Bd. 68, 1995, S. 31–44.

27 Vgl. BARRIO 1966, S. 15; Marina Natoli, Maria Antonietta Scarpati u. a., Il palazzo del Quirinale. Il mondo artistico a Roma nel periodo napoleonico, 2 Bde., Rom 1989 und Ausst.-Kat., Camille de Tournon, le préfet de la Rome napoléonienne 1809–1814, Rom 2001; Javier Jordán de Urríes de la Colina, José de Madrazo en Italia 1803–1819, Teil 1 und 2, in: Archivo Español de Arte, Bd. 65, 1992, S. 351–70 und Bd. 67, 1994, S. 129–48 und BROOK 1999.

Christian Reinhart und Joseph Anton Koch porträtierte.²⁸ Die spanischen Künstler suchten nach der Loslösung vom neoklassizistischen Kunstkanon, bzw. dem internationalen Repräsentationsstil, wie er im Quirinal verwirklicht wurde: Die Bildhauer suchten in Rom den Kontakt zu Thorwaldsen und zu Puristen wie dem Bildhauer Pietro Tenerani;²⁹ die Maler hingegen orientierten sich zunehmend an der Kunst Johann Friedrich Overbecks oder Tommaso Minardis, der ab 1822 für vierzig Jahre die Malereiprofessur an der *Accademia di San Luca* innehatte.³⁰

Die Unterbrechung der akademisch geregelten Rompreisvergabe hatte also zur Folge, daß die sich im kosmopolitischen Ambiente Roms etablierende romantische Strömung, die im Gegensatz zum offiziell proklamierten Neoklassizismus, wie er durch die europäischen Akademien weiterhin gelehrt wurde, stand, in der jungen spanischen Künstlergeneration auf individuelle Weise rezepiert wurde.

Die Verhinderung der Akademiegründung durch den Vatikan

Carlos IV., der 1808 zugunsten seines Sohnes Ferdinands VII. abgedankt hatte, ging 1811 nach Rom ins Exil. In dem Hofstaat, den der Ex-König im Palazzo Barberini und im aufgelassen Kloster Sant'Anselmo auf dem Aventin als Sommersitz bis zu seinem Tod 1819 unterhielt,³¹ fanden die Langzeitstipendiaten als Hofkünstler ein Auskommen. Doch während die Romstipendien zur königlichen Lebenspension geworden waren, die den Künstler zu nichts mehr verpflichteten, nahm der Unmut über offensichtlich fehlinvestierte Gelder bei politischen Beobachtern, wie beispielsweise dem spanischen Botschafter, zu.³²

Am 21. Oktober 1830 wurde auf Vorschlag der *Academia de San Fernando* durch König Fernando VII. der Rompreis neu eingerichtet, neue Statuten wurden entworfen, die in den folgenden Jahren mehrfach nachgebessert werden sollten, und Antonio Solá (1787–1861), der seit 1802 mit einer Pension Carlos' IV. in Rom weilte, wurde zum Direktor der spanischen Stipendiaten ernannt. Solá hatte

28   Vgl. Javier Jordán de Urríes de la Colina, José de Madrazo in Italia 1803–1819, Teil 1, in: Archivo Español de Arte, Bd. 65, 1992, S. 351–370 und Teil 2, in: Archivo Español de Arte, Bd. 67, 1994, S. 129–148, Zitat Bd. 65, S. 356.

29   Vgl. Oreste Raggi, Della vita e delle opere di Pietro Tenerani, del suo tempo e della sua scuola nella scultura, Florenz 1880; Elena DiMajo und Stefano Susinno, Pietro Tenerani da allievo di Thorwaldsen a protagonista del purismo religioso romano. Una traccia biografica, in: Ausst.-Kat. Bertel Thorwaldsen 1770–1844. Scultore danese a Roma, hrsg. von Elena Di Majo, Bjarne Jørnaes und Stefano Susinno, Rom 1989, S. 313–26 und BROOK 1999.

30   Zu Minardis bedeutender Stellung im römischen Ambiente vgl. Ausst.-Kat., Disegni di Tommaso Minardi 1787–1871, Galleria Nazionale d'Arte Moderna di Roma, hrsg. von Stefano Susinno, 2 Bde., Rom 1982 mit weiteren Literaturangaben.

31   Heute Sitz des *Istituto nazionale di studi romani*. In einem Teil des piano nobile befand sich die königliche Wohnung von Carlos IV., die er mit wertvollen Marmorfußböden, Wandmalereien im pompejianischen Stil, kleinen mythologischen Szenen und Malereien ,a la greca' zum Sommersitz ausstatten ließ. Als Künstler waren u. a. Felice Giani und José de Madrazo beteiligt.

32   Rückblickend schrieb am 6. Januar 1828 der spanische Botschafter José Narciso Aparicio verärgert über den nunmehr seit 1801 von seiner Pension zehrenden Ramón Barba: „[...] este artista salió de España para Roma el año 1796 y en 1801 se le pensionó por solos tres años a fin de que en ellos se pudiese perfeccionar quedar en disposición de ganarse la subsistencia por sí, trabajando en su arte; estamos ya en el 1822 y si en veintiún años de pensión para perfeccionarse no se ha perfeccionado aún, entonces opino que seguramente necesita que se le continúe a más del sueldo la pensión para poder vivir cómodamente y sin necesidad de hacer obras; pero si se ha perfeccionado ya, no la veo tan sumamente necesaria para su subsistencia, pues sus talentos, habilidad y reputación le proporcionarán todas aquellas comodidades para las que no prestan el solo sueldo de escultor de Cámara. La ninguna necesidad de trabajar suele ser una gran tentación para no hacer nada. No hay cosa más justa ne más laudable en mi opinión que el que se paguen muy bien los trabajos y habilidades de un buen artista según su mérito, por el que se le proporcionen medios y pensiones vitalicias para que no tenga estímulo ni necesidad de hacer nada, sino por mera ceremonia y sólo para mantener la ilusión, S. M. y V. E. podrán juzgar si este sistema es bien político y acertado [...]". Vgl. Arch. De la Embajada cerca de la Sta. Sede, Leg. 750, zitiert nach BARRIO 1966, S. 30–31.

bei Thorwaldsen gelernt, der ihn 1816 zum Ehrenmitglied der *Accademia di San Luca* vorschlug, wo er ab den dreißiger Jahren auch eine Bildhauerklasse unterrichtete. Seine Berufung sowohl zum Leiter der spanischen Stipendiaten als auch an die *Accademia di San Luca* deutet auf die Etablierung einer romantischeren und naturalistischeren Kunstauffassung auf institutioneller Ebene hin.[33] Seine schriftlichen Äußerungen zu seiner künstlerischen Methodik als Professor zeugen allerdings von der Kontinuität der akademischen Traditionen: die Suche nach einem Idealschönen über wissenschaftliche Studien der Geometrie, Optik und Anatomie, durch selektive Naturbeobachtung und durch das Studium der Alten Meister.[34]

Aufgrund der Erfolge innerhalb der römischen Kunstszene wurde Solá 1842 sowohl zum Direktor der *Accademia di San Luca* als auch zum Mitglied der Akademie von Florenz und der *Virtuosi* al Pantheon ernannt. Durch seine verschiedenen akademischen Ämter erhielten auch die spanischen Stipendiaten eine offizielle Stellung in Rom und Zugang zu den römischen Institutionen, Sammlungen und gehobenen Milieus.

Als per königlichem Dekret vom 7. März 1832 zum wiederholten Male versucht wurde, die nötigen Mittel für die Etablierung einer Akademie in Rom aus dem Fond der Stiftung des Hospitals de Santiago y Montserrat abzuschöpfen, stieß man jedoch weiterhin auf hartnäckigen Widerstand. Don Pedro José Avellá, der Direktor der *Obra Pía*, verweigerte nicht nur die Überlassung von Wohnräumen für die Stipendiaten in den Liegenschaften der *Obra Pía* in Rom, sondern auch die Zahlung ihrer Pensionen, die ebenfalls aus dem Stiftungsfond beglichen werden sollten. Um den Konflikt zu lösen, sollte auch die Meinung der höchsten kirchlichen Instanz eingeholt werden, und die streitenden Parteien baten die päpstliche Regierung um eine Stellungnahme hinsichtlich des Stiftungsvermögens. Von Seiten des Vatikans wurde in dem Ansinnen der Madrider Akademie, ihre Stipendiaten in einem gemeinsamen Haus unterzubringen, zu Recht die Gründung einer spanischen Akademie in Rom erkannt, der sich Gregor XVI. entschieden entgegenstellte.[35] Eine Depesche der Spanischen Botschaft am Heiligen Stuhl vom 2. August 1832 informierte den ersten stellvertretenden Staatsekretär in Madrid, daß die päpstliche Regierung zwar nichts gegen das Zusammenwohnen von jungen Künstlern und ihrem Direktor einzuwenden hätte, aber nicht wünsche, daß dieser Zusammenschluß eine offizielle Benennung als „Akademie" erhielte. Die Bedenken der Pontifikatsregierung richteten sich gegen die mögliche Institutionalisierung des Zusammenschlusses der Künstler und die damit verbundenen Privilegien.[36] Dabei handelte es sich um Begünstigungen wie z. B. den Verzicht auf die städtische Liegenschaftssteuer – ein Vorteil, der, außer den in Rom ansässigen, religiösen, wohltätigen Stiftungen, tatsächlich der französischen Akademie eingeräumt wurde.

---

33 Vgl. THIEME-BECKER, Bd. 31, s. v., S. 221 und HUBERT 1964, S. 220 mit weiterführenden Literaturangaben.

34 „Non v'ha dubbio, o giovani, che il soccorso dell'arte è di somma necessità per formare un tutto bello e di carattere uguale, e quindi per riunire insieme le varie parti di diversi modelli vivi, e quelle che si considerano nelle più eccellenti opere de' grandi maestri. Vale sommamente quest'arte ad aiutar la natura: e parte può acquistarsi, e parte no. Ciò che acquistarsi non può si è il genio o la naturale attitudine che l'uomo non abbia in se stesso. Ciò che acquistarsi può è meditare la natura con retto giudizio e le opere de' grandi ingeni; ed altresì l'imitarle; fattici franchi in conoscere la fisica construzione del corpo umano, la geometria, l'ottica, e le altre scienze ausiliari." Antonio Solás in seiner Ansprache an seine Schüler: Intorno al metodo che usarono gli antichi greci nel servirsi de' modelli vivi per le loro belle opere d'arte. Discorso detto agli alunni dell'insigne e pontifica Accademia romana di S. Luca nella premiazione scolastica del 1835 dal cavaliere Antonio Solá, Roma, Tipografia R.C.A., Biblioteca Apostolica Vaticana 1836. Zu Solás Schriften vgl. Javier Hernando Carrasco, Escultura y teoría neoclásica. A propósito de un discurso de Antonio Solá en la Academia romana de San Luca, in: Norba Arte 1991, Vol. 11, S. 117–25 und auch BROOK 1999, S. 26.

35 Vgl. BARRIO 1966, S. 36 und S. 66.

36 Vgl. BARRIO 1966, S. 67, Anm. 6 und CASADO ALCALDE 1992, S. 43, Anm. 15.

Die Ablehnung von Seiten der Pontifkatsregierung ist um so erstaunlicher, wenn man bedenkt, daß nur fünfzehn Jahre zuvor Pius VII. dem englischen Regenten Georg III. angeboten hatte, einen Palast zur Gründung einer englischen Akademie zur Verfügung zu stellen und damit deutlich signalisierte, daß die englische Akademiegründung im Kirchenstaat willkommen gewesen wäre. Das Entgegenkommen des Papstes gründete sich hier jedoch wohl mehr auf politische als auf künstlerische Interessen und muß als diplomatische Geste verstanden werden.[37] Das Verhältnis zwischen Kirchenstaat und Spanien hingegen litt bereits seit längerem unter den spanischen Revolutionen der zwanziger Jahre, welche einen stark antiklerikalen Charakter hatten und massiv die Einflüsse des Papsttums und der Kirche auf die spanische Politik bekämpften.[38]

Angesichts der zurückhaltenden Reaktion der Pontifikatsregierung blieb der Konflikt um die Finanzierung der Rompreisträger zwischen der religiösen Stiftung von Santiago y Montserrat, der spanischen Regierung und der Pontifikatsregierung ungelöst. Die Gründe für die Ablehnung des neuerlichen spanischen Gesuchs um Abgabe finanzieller Mittel der religiösen Stiftungen für die spanische Akademie in Rom lagen in der generellen Blockade liberaler Politik und der Abwehr staatlicher spanischer Institutionen, und seien es Kunstakademien, im Kirchenstaat.

Der Fortgang der Studien und nationale Argumente für die Spanische Akademie

Als die im erneuerten Rompreisverfahren auserwählten Stipendiaten 1832 in Rom ankamen, war weder die Begleichung ihres Jahresunterhaltes, noch die Bereitstellung ihrer Wohn- und Arbeitsstätten geklärt.[39] Ihren durch die Statuten auferlegten Pflichten kamen die Künstler dennoch nach. Die Berichte Solás an die *Academia de San Fernando* gaben Rechenschaft über die künstlerischen Tätigkeiten der jungen Künstler, die bis in die Einzelheiten denen der ersten spanischen Rompreisträger im 18. Jahrhundert bzw. sogar der französischen Stipendiaten des 17. Jahrhunderts glichen:

> „Estos jóvenes, sin embargo de la estrechez en que viven no han dejado de atender a sus estudios [...], asistiendo de continuo a los Museos y Cámaras del Vaticano, copiando las grandes obras que allí se encierran y frecuentando los estudios de la Insigne Academia de San Lucas, y los arquitectos copiando y midiendo los mejores monumentos de arquitectura de los antiguos, de lo que han sacado mucha utilidad y adelantos en sus respectivas Profesiones."[40]

---

37 Vgl. Kapitel III. 2.
38 Am 14. April 1821 wurden in Spanien finanzielle Spenden nach Rom untersagt, am 26. September 1830 wurde die Autorität der kirchlichen Gerichte eingeschränkt und am 23. Oktober desselben Jahres zahlreiche Klöster geschlossen. Während des liberalen Intermezzos 1820–23, unterstützte die spanische Regierung die Entsendung eines spanischen Botschafters nach Rom, Camon Villanueva, der ein bekennender Verteidiger der Auflösung des Papsttums war. Da Pius VII. ihn nicht akzeptierte, brach 1823 ein diplomatischer Konflikt zwischen Spanien und dem Heiligen Stuhl aus. Im gleichen Jahr wurden die revolutionären Kräfte jedoch durch das Eingreifen Frankreichs gestoppt und die antiklerikalen Gesetze von Ferdinand VII. zum Teil rückgängig gemacht. Mit der Thronbesteigung Isabellas II., 1833, verschlechterte sich das Verhältnis zwischen päpstlicher Regierung und Spanien jedoch erneut: Isabella, die Tochter Ferdinands VII. wurde im Alter von drei Jahren nach Wiedereinführung der weiblichen Thronfolge gegen den Willen konservativer und klerikaler Kreise als spanische Königin proklamiert. Der Bruder Ferdinands VII., Don Carlos, beanspruchte mit Unterstützung des Vatikans ebenfalls die spanische Krone, vgl. Catholic Encyclopedia, Vol. XII, s. v. Pope Pius VII. und Brigitte Journeau, Eglise et État en Espagne au XIXᵉ siècle. Les enjeux du concordat de 1851, Presses Universitaires du Septentrion 2002, S. 13–36 und Emilia Morelli, La politica estera di Tommaso Bernetti, Segretario di Stato di Gregorio XVI., Rom 1953, 5. Kap. und dies., Lo stato pontifico e l'Europa nel 1831–1832, Rom 1966.
39 Vgl. Barrio 1966, Kap. 4.
40 Archiv Ministerio de Estado, Correspondencia con A. Solá, 10. September 1833, zitiert nach Barrio 1966, S. 42.

Noch immer besuchten sie die Kurse der *Accademia di San Luca*, fertigten Kopien nach den Stanzen Raffaels und Bauaufnahmen antiker Monumente an. Die Bildhauer verfolgten neben dem Kopieren antiker Statuen umfassende Studien theoretischer wie praktischer Anatomie an der *Accademia di San Luca*, die nächtlichen Aktmalkurse und einmal wöchentlich eine Vorlesung zur Mythologie, Geschichte und Kostümgeschichte.[41]

Während sich für die Maler und Bildhauer wenig änderte, war auf dem Gebiet der Architektur der Einfluß der Entwicklung hin zum modernen Ingenieursbau und angewandten Studien auszumachen. 1844 wurde in Spanien die *Escuela superiore de Arquitectura* gegründet, die das Architekturstudium von den anderen Kunstgattungen abtrennte. Innerhalb des Lehrplans wurde das Studium der Antike und der klassischen Stile zunehmend von modernen Ingenieurstechniken, hydraulischen Konstruktionen, Tunneln und Brücken in Holland, England und Frankreich und den Industriebauten in Deutschland abgelöst: 1855 war die Reiseroute der Preisträger auch nicht mehr vorbestimmt: „para aplicar en España las realizaciones ya existentes en otras naciones".[42]

Doch den Probearbeiten der ersten Stipendiatengruppe – den Kopien nach Raffael, darunter die *Disputa*, den Detailstudien nach Guercinos Grablegung der Heiligen Petronilla, den Kopien nach antiken Reliefs, den Zeichnungen der Trajansäule und des Antonius und Faustina Tempels –, die 1834 nach Madrid geschickt wurden, legten die Künstler einen Brief bei, in dem sie mit Abbruch ihres Romaufenthaltes drohten.[43] So prekär gestaltete sich ihre finanzielle Lage, so unbefriedigend waren ihre Arbeitsbedingungen, daß ein Jahr darauf die unerträglichen Zustände an die Öffentlichkeit drangen. Im April 1835 erschien in *El Artista* ein Artikel von Eugenio de Ochoa, mit dem Titel *Los Pensionados en Roma*, in dem er die Öffentlichkeit an die Verantwortung des Staates gegenüber den Künstlern und dem internationalen Ansehen Spaniens, erinnerte:[44]

> „Estos jóvenes abandonaron su país y sus familias, bajo la promesa formal de que, inmediatamente después de su llegada á Roma, se les pasaría una cantidad anual suficiente para que no fuera inútil su permanencia en aquella grande capital, y de que se fundaría para todos ellos una Acadèmia Española, como las que tienen los pensionados de las demás naciones, donde vivieran en comunidad, para mayor economía en sus gastos y mejor aprovechamiento en sus estudios. Hasta ahora no se les ha cumplido ni lo uno ni lo otro […] Todos los gobiernos civilizados mantienen en Roma un número considerable de jóvenes dedicados al estudio de las bellas artes; […]. Cuanto más dolorosa debe ser para nuestros jóvenes compatriotas de Roma, la circunstancia de no poder por falta de recursos pecuniarios ponerse con sus obras al nivel de los pensionados de otras naciones!"[45]

---

41 „Es para mí de muchísima satisfacción poder participar a V. Exa. el esmero con el cual los Pensionados de S. M. han cumplido con sus obligaciones en el primer año del goce de su pensión. [...] Para los Pintores fueron el de copiar los frescos de las Cámaras del Vaticano obra del inmortal Rafael de Urbino, para que a un mismo tiempo se penetrasen de la corrección del dibujo, e la invención, composición y expresión de tales obras. Los cartones que remiten a V. Exa. demuestran los adelantos que han hecho en tan poco tiempo en este difícil ejercicio. Los escultores los destinéis a copiar las mejores obras de escultura de los antiguos. Tanto éstos, cuanto los pintores, han dividido dichos estudios principales con otros particulares, y de suma necesidad como son el de un curso completo de Anatomía, teórica y práctica, y el de la Academia del natural todas las noches." Antonio Solá an den Protector der *Academia de San Fernando*, 1833, Archiv Academia de San Fernando, Leg. 50, zitiert nach Barrio 1966, S. 42/43. Zu den Kopien vgl. Esteban Casado Alcalde, La Academia Española en Roma. Las copias (siglo XIX), in: Archivo Español de Arte, Bd. 55, 1982, S. 156–64.

42 Auszüge der Statuten vom 21. Januar 1832 in: Barrio 1966, S. 65. Vgl. ebd. S. 76/77 und S. 79. Hinsichtlich der Wettbewerbe bis 1873 vgl. Esteban Casado Alcalde, Pintores pensionados en Roma en el siglo XIX, in: Archivo Español de Arte, Bd. 59, 1986, S. 363–85.

43 Brief vom 7. Januar 1834 im Archiv der Academia de San Fernando, vgl. Barrio 1966, S. 44/45, Anm. 18.

44 El Artista, Bd. I, Nr. XVI, 1835 Madrid, S. 181–83. Trotz ihres kurzen Erscheinens, 1835/36, gehört *El Artista* aufgrund der hohen Qualität der Beiträge und ihrer Illustrationen zu den bekanntesten spanischen Zeitschriften des 19. Jahrhunderts.

45 El Artista 1835, S. 181/82.

Wie auch in anderen Fällen zu beobachten, wenn Druck auf die eigene Regierung ausgeübt werden sollte, bedienten sich die Künstler oder die Publizisten des Vergleichs mit anderen Ländern, die angeblich ihren Künstlern bessere Bedingungen einräumen und sich dadurch als zivilisiertere Nationen ausweisen würden. Tatsächlich aber besaßen, abgesehen von der konkurrenzlos etablierten Französischen Akademie, nur Österreich im Botschaftssitz im Palazzo Venezia und in privater Form England in der Via degli Artisti bescheidene Ateliers, die den eigenen Künstlern zu Verfügung gestellt wurden.[46]

Auffallenderweise vermied Ochoa in seinem Artikel eine Diskussion des künstlerischen Nutzens der Romreise und umging damit eine der grundlegendsten Fragen. Er betonte vielmehr den repräsentativen Stellenwert des Rompreises und seine Notwendigkeit, um nicht unter das künstlerische Niveau der großen europäischen Nationen zu fallen:

„[…] no nos cansaremos de repetir que es indispensable, si queremos estar en todo lo bueno al nivel de las grandes naciones de Europa, que el gobierno fomente con todas sus fuerzas los progresos de las bellas Artes en España."[47]

In Anbetracht der blamablen Wirkung nach außen wurde demnach eine standesgemäße Versorgung der spanischen Künstler als politische Notwendigkeit gefordert. Ochoa betonte außerdem, dass es aufgrund der zahlreichen Besitztümer der spanischen Regierung in Rom einfach wäre, eine Stätte für die Künstler einzurichten, und zwar ohne den immensen Einsatz, den Frankreich bereit gewesen war, für seine Kunst zu leisten:

„¿Qué idea formarán de nosotros los extranjeros, viendo á aquellos jóvenes españoles en tan lamentable situación? No nos toca á nosotros discutir las consecuencias políticas de este hecho; pero convengamos en que inspira reflexiones muy poco lisongeras para nuestro orgullo nacional. […] Es vergonzoso y ridículo que los pensionados franceses, por ejemplo, posean en Roma una acadèmia magnífica (academia fundad por su gobierno á costa de inmensos sacrificios) donde encuentran sin salir de su casa todos los objetos necesarios para perfeccionarse en su brillante carrera, y que los pensionados españoles, que pudieran y deberían estar tan bien como ellos á menos coste, pasan en aquel país una existencia miserable é inútil para las artes […] y porqué?"[48]

In Briefen aus demselben Sommer versuchten sowohl Solá wie auch Ochoa anhand des Vergleichs mit den anderen Ländern die spanische Regierung unter Druck zu setzen:

„A más la comparación inmediata entre ellos y los Pensionados de las demás Naciones, a quienes no les falta nada de lo más necesario, les tiene en un estado de humillación que mal se puede avenir con el carácter Español, y quizás no podrán soportar por mucho más tiempo."[49]

Grundsätzlich änderte sich jedoch nichts an der Situation. Es kam zwar zu leichten Erhöhungen der Jahresgehälter, aber die Stipendiaten sahen sich dennoch nicht in der Lage, ihren Aufgaben ohne geeignete Ausstattung an Materialien und Werkzeug, ohne Ateliers usw. nachzukommen. Mit

---

46 Vgl. die jeweiligen Kapitel III. 2. und IV. 1.
47 El Artista 1835, S. 182.
48 El Artista, 1835, S. 182/83.

49 Brief A. Solás an seine Excellenz Sr. Conde de Toreno, erster Staats- und Ratssekretär vom 22. Juli 1835. Archiv des Außenministeriums, Personel, Leg. 297, Nr. 22008, zitiert nach Barrio 1966, S. 46. Vgl. auch die jährlichen Mahnungen Solás (1832–37), Barrio 1966, S. 63, Anm. 1.

enttäuschten Hoffnungen kehrten die ersten Rompreisträger von 1832 nach fünf Jahren nach Spanien zurück. Die langjährigen Unterbrechungen der Preisvergabe unter Fernando VII., von 1813 bis 1833, wiederholten sich auch unter Isabella II., von 1833 bis 1868, und Bemühungen um eine feste Bleibe für die Stipendiaten in Rom trugen keine Früchte.

Anders war die Situation der katalanischen Künstler. Barcelonas wirtschaftlicher Aufschwung erlaubte es der regionalen Handelskammer durchgehend Stipendien zu vergeben, und die katalanischen Künstler reisten ohne Unterbrechung nach Rom. Eine Folge ihrer dortigen Präsenz war die Entstehung der katalanischen Schule der Nazarener. José Galofre und Pau Milà y Fontanals, beide große Bewunderer Overbecks, der italienischen Kunst der Frührenaissance und des Purismus von Ingres, wurden determinierend für die katalanische Kunst[50] und begründeten 1833 die separatistische katalanische Kulturbewegung *Reinaxença*.[51] Sogar Ende des 19. Jahrhunderts wurde in Barcelona noch einmal an den spirituell religiösen Ansatz der Nazarener angeknüpft und aus Protest gegen die modernistische Bewegung 1893 der *Círculo de San Lucas* ins Leben gerufen. Der Gründer des Bundes war Juan Llimona, der in Italien vom Agnostiker zum Katholiken konvertiert war.[52]

Neben der anhaltenden Rezeption der Kunst der ersten Generation der Deutsch-Römer, vor allem in Katalonien, gingen die anderen spanischen Rompreisträger im aktuellen akademischen Kanon und im offiziell höchstgeschätzten Genre der Historienmalerei auf.[53] In den seit 1856 auch in Spanien nach dem Vorbild der französischen Salons veranstalteten *Exposiciones Nacionales* wurden den ehemaligen Rompreisträgern mit ihren großformatigen Historienbildern die meisten Ehrungen zuteil.[54] Tatsächlich sind die bekannteren Namen unter den spanischen Künstlern bis zur Jahrhundertwende jene, die noch während der Ausbildung akademische Preise errangen, diese mit einem

---

50 1851 erschien in Madrid José Galofres künstlerisches Manifest des Purismus, El Artista en Italia y demás países de Europa atendido el estado actual de las Bellas Artes. Vgl. auch BONET CORREA 1992, S. 32/33; Corrado Maltese, Nazareni, Accademici di San Luca e Puristi nel Coloquio Ottocento romantico a Roma, in: Las Academias de Arte, VII. Coloquio Internacional en Guanajuato, Mexiko, 1985, S. 59–85 und DE FONTBONA 1990, S. 733–55.

51 Vgl. BONET CORREA 1992, S. 33 und CASADO ALCALDE 1992, S. 43/44, weitere Literaturangaben ebd. in Anm. 17.

52 Vgl. María Elena Gómez-Moreno, Pintura y Escultura Española del Siglo XIX, in: Summa Artis. Historia general de Arte, Vol. XXXV, Madrid 1993, S. 448.

53 In den letzten Jahren erschien in Spanien eine Reihe von Publikationen, die sich mit jenen damals geschätzten, mittlerweile fast vergessenen Künstlern bzw. der offiziellen Kunstszene des 19. Jahrhunderts beschäftigen. Zeichen für eine Neubewertung der Kunst des 19. Jahrhunderts sind auch mehrere wissenschaftliche Auseinandersetzungen mit der Rolle, die die spanische Akademie in Rom für die spanische Kunst spielte. Vgl. Ausst.-Kat. Roma y el ideal académico. La pintura en la Academia Española de Roma 1873–1903, Madrid 1992; für die Zeit bis zur endgültigen Gründung der Akademie vgl. CASADO ALCALDE 1986; für die erste Auswahl nach der Gründung vgl. Esteban Casado Alcalde, Pintores de la Academia de Roma. La primera Promoción, Barcelona – Madrid 1990 und Carlos González und Montse Martí, Pintores españoles en Roma 1850–1900, Barcelona 1987. Carlos Reyero ging in zahlreichen Studien der akademischen Schule nach, vgl. ders., El cadáver exquisito. El desnudo y la muerte en las pinturas de la Academia de Roma 1873–1903, in: AUSST.-KAT. ROMA Y EL IDEAL ACADÉMICO, S. 59–72; ders., La Academia de Roma y la tardía modernización de la pintura en España 1900–1915, in: Anuario del Departamento de Historia y Teoría del Arte, Universidad Autónoma de Madrid, Vol. V, 1993, S. 143–57; ders., El mundo clásico y la pintura en la Academia Española en Roma 1900–1936, in: La visión del mundo clásico en el arte español, Actas de las VI Jornadas de Arte, Madrid, CSIC, 1993, S. 389–401; ders., La recepción de la Vanguardia en los pintors españoles pensionados en Roma o como iniciarse en el desorden a través de la vuelta al orden, in: Anuario del Departamento de Historia y Teoría del Arte, Universidad Autónoma de Madrid, Vol. VI, Madrid 1994, S. 245–48 und ders. La escultura del eclecticismo en España. Cosmopolitas entre Roma y París 1850–1900, Madrid 2004.

54 Vgl. BARRIO 1966, S. 96 und Bernadino de Pantorba, Historia y crítica de las Exposiciones Nacionales de Bellas Artes celebradas en España, Madrid 1980 und J. Gutiérrez Burón, Exposiciones Nacionales de Pintura en España en el siglo XIX, zugl. Diss., Universidad Complutense, Madrid 1987 und Ausst. Kat, Exposiciones Nacionales del siglo XIX. Premios de Pintura, Centro Cultural del Conde Duque, Ayuntamiento de Madrid, Consejeria de Cultura, Madrid 1988.

der Reisestipendien vervollkommneten und danach weiterhin innerhalb des akademischen Wertesystems verharrten. Das erklärt sich mit der Geschlossenheit eines Systems, das alle Stadien einer künstlerischen Laufbahn umspannte. Zumeist bestand kein großer Unterschied zwischen der Jury, die die Auswahl der Stipendiaten berief und derjenigen, die die eingeschickten Arbeiten für die Kunstausstellungen mit Preisen auszeichnete. Beide setzten sich aus Akademieprofessoren und Vertretern der Regierung zusammen. Die Akademieprofessoren wiederum hatten, um in diese Position zu gelangen, die vorgeschriebene Laufbahn beschritten: Studium an der Akademie, akademische Auszeichnungen, Rompreis, Medaillen auf den Kunstausstellungen und schließlich die Professur.[55]

Innerhalb der Kunstentwicklung Spaniens im 19. Jahrhundert lassen sich weniger abweichende Tendenzen, wie sie sich in Frankreich immer mehr durchsetzten, ausmachen. Statt dessen kultivierten vor allem die spanischen Künstler in Rom eine sich im internationalen Kunsthandel erfolgreich etablierende Virtuosität. Die Verkäufe dieser Künstler erreichten, wie Mariano Fortunys über Adolphe Goupil in Paris verkauften Bilder zu zeigen vermögen, weltweit Höchstpreise.[56] Um diesen, wie auch um Eduardo Rosales,[57] beide ehemalige Stipendiaten, die in Rom ansässig blieben, gruppierte sich die sogenannte *Escuela española en Roma*, die in den Jahren 1865–85 eine Vorreiterrolle innerhalb der verschiedenen künstlerischen Gruppierungen in Rom einnahm und mit ihrem *Preziosismus* das Marktmonopol besetzte. Vor allem Fortunys Stil, ein aus dem Luminismus abgeleiteter, hochraffinierter vibrierender Farbauftrag mit einer der japanischen Graphik entlehnten Expressivität, traf den Geschmack der Zeit.[58] Der Erfolg der Spanier in Rom wurde auch als Argument für die Etablierung einer Akademie in Rom genutzt. Nach dem frühen Tod nicht nur Fortunys, sondern auch Rosales realisierte sich tatsächlich die Gründung der Spanischen Akademie in Rom, und ihre Schüler – unter ihnen befanden sich Casado del Alisal, Francisco Pradilla, Vicente Palmaroli, Alejo Vera und José Villegas – wurden in genau dieser Reihenfolge später zu Direktoren der Spanischen Akademie berufen. Der Erfolg der Fortunyschule auf dem Kunstmarkt und der damalige Ruf der Institution bedingten sich gegenseitig.[59]

Doch zunächst hatte sich die Situation der spanischen Stipendiaten noch nicht verändert. Bis zu seinem Tod im Jahr 1861 war Antonio Solá als Direktor der *Asociación de Artistas pensionados Españoles* in der Spanischen Botschaft an der Piazza di Spagna der Ansprechpartner der Stipendiaten.[60] Da noch immer ohne eigenen Akademiesitz, verschaffte er den weiterhin auf sich selbst gestellten spanischen Künstlern Zutritt zu der *Accademia di San Luca* und half ihnen in Rom Wohnung, Ateliers und Kontakte zu finden.[61]

Erst mit der Einnahme Roms am 20. September 1870 durch die Truppen des Königreichs Italien und der Auflösung der päpstlichen Regierung, die sich bisher der Gründung widersetzt hatte,

---

55 Vgl. BARRIO 1966, S. 93. Hierin unterscheidet sich Spanien kaum von Frankreich und der dortigen *École des Beaux-Arts*, vgl. BOIME 1977, S. 2.

56 Vgl. GONZÁLEZ-MARTÍ 1987; Gianluca Berardi, Mariano Fortuny y Marsal. Il successo parigino e il nuovo corso della pittura napoletana dell'Ottocento, in: Paragone, Jg. 52, Nr. 37–38, Florenz 2001, S. 25–50; Rosa Vives, Fortuny visto por Van Gogh, in: Goya, Nr. 274, Madrid 2000, S. 10–16 und Ausst.-Kat. Fortuny e la pittura preziosista spagnola. Collezione Carmen Thyssen-Bornemisza, hrsg. von Tomàs Llorens und Felipe Garín, Neapel 1998.

57 Vgl. Florencio De Santa Ana und Alvarez Ossorio, Rosales y el arte italiano del Renacimiento, in: Bellas Artes, 5. Jg., Nr. 32, Madrid 1974, S. 19–26 und Ausst.-Kat. Exposición de la obra de Eduardo Rosales 1836–1873, Madrid 1973.

58 Wie Anm. 56 und Diego Angeli, Le cronache del caffè Greco, Mailand 1930, S. 80.

59 Zur Amtszeit der jeweiligen Direktoren vgl. Carlos Reyero, La pintura del ochocientos en la Academia de Roma, in: Accademia Spagnola di Storia, Archeologia e Belle Arti Roma, Rom 1992, S. 78–81. Speziell zu Francisco Pradilla, vgl. Wifredo Rincon Garcia, Francisco Pradilla y la pintura de historia, in: Archivo Español de Arte, Jg. 59, 1986, S. 291–303.

60 Vgl. GONZÁLEZ-MARTÍ 1987, S. 17.

61 Für die vier Jahre bis zur Gründung der Akademie wurde nach Antonio Solá noch der Bildhauer José de Vilches als Direktor eingesetzt, vgl. GONZÁLEZ-MARTÍ 1987, S. 17.

veränderten sich die Voraussetzungen vollständig. Zusammen mit der auch in Spanien kurz darauf folgenden politischen Wende, der Gründung der Spanischen Republik, konnte der Weg zur Spanischen Akademie geebnet werden.

2. Die Gründung der Spanischen Akademie in Rom

Emilio Castelar und die Erste Spanische Republik 1873

Wirtschaftliche Krisen, Thronfolgekriege und mangelnde soziale und gesellschaftliche Reformen prägten die Entwicklung Spaniens im 19. Jahrhundert. Am Ende des Jahrhunderts erlitt es den vollständigen Verlust der kolonialen Restgebiete in Übersee. Die fortschrittlich gesinnten Republikaner und Liberalen kämpften gegen die Konservativen für Demokratie, Schulpflicht, Wahlrecht, Freiheit der Religionsausübung und die Trennung von Staat und Kirche. Letzteres lief auf den erwähnten Konflikt zwischen Spanien und dem Vatikan hinaus. Erst mit dem Konkordat von 1851 stellten Spanien und der Vatikan ihre Beziehungen auf eine neue Grundlage. Darin wurde der Kirche weiterhin ein – lähmender – Einfluß auf die Bevölkerung und die staatlichen Organe zugestanden. Die anstehenden Reformen kamen nicht voran, führten zu Unruhen und leiteten die Revolution von 1868, *la Gloriosa,* ein, die den Sturz Isabellas II. zur Folge hatte. Durch die Berufung eines Ersatzkönigs, dem Sohn des italienischen Königs Vittorio Emanuele II., Amadeo D'Aosta, versuchten die konservativen Mächte Europas die Monarchie in Spanien noch einmal zu festigen. Doch obwohl die Wahl Amadeo D'Aostas zum importierten spanischen Thronfolger ein Kunststück der europäischen Diplomatie darstellte, mit dem das Kräftegleichgewicht der Nationen garantiert werden sollte, trat dieser nach nur zwei Jahren resigniert zurück. Am 11. Februar 1873 stimmte das Parlament mangels Alternativen für die Einführung der Republik. Die Erste Spanische Republik erbte die ungelösten, Spanien existentiell bedrohenden Probleme wie z. B. den inneren Streit zwischen Föderalisten und Unitariern, zwischen Monarchisten und Karlisten – Konflikte, die sich während des kurzen Bestehens der Republik in den kantonalistischen Aufständen, im Karlistenkrieg und auch im Kubakrieg entluden.[62]

Dennoch fiel in jene krisengeschüttelten zehn Monate der Spanischen Republik die Gründung der Spanischen Akademie in Rom als ein Kraftakt mit nicht zuletzt außenpolitischer Zielrichtung, der in erster Linie auf Emilio Castelar, den ersten Staatsminister und späteren Staatspräsidenten der Republik zurückzuführen ist.

Emilio Castelar (1832–99) verfocht in seinen Schriften und mit seiner legendären Rhetorik trotz Verfolgung und Exil demokratische, republikanische und antiklerikale Ideen für Spanien.[63] 1866 wurde er nach der Teilnahme an einer Verschwörung gegen die Monarchie zum Tode verurteilt. Er entging der Strafe im Exil und lebte schließlich für zwei Jahre in Italien. In seinen Erinnerungen schilderte er den historischen Kulturreichtum Italiens, aber auch anklagend die Mißstände, die die Papstregierung mit ihrer atavistischen, jeden wirtschaftlichen und kulturellen Fortschritt

---

62 Vgl. BERNECKER 1990, S. 126–68.

63 Vgl. u. a. Manuel González Araco, Castelar, su vida y su morte, Madrid 1900.

unterbindenden Herrschaft kultiviert hatte.[64] Infolge der spanischen Revolution jedoch konnte er 1868 in sein Heimatland und auf seinen Lehrstuhl zurückkehren, wo er fortfuhr, seine republikanischen und demokratischen Ideen zu verkünden. Bekannt in der ganzen Welt als Politiker, brillanter Rhetoriker aber auch als Schriftsteller und Historiker, wurden seine Ideen zu Fragen der Kunst, Geschichte, Völkerkunde, Kulturwissenschaft, Politik und Religion breit wahrgenommen und kommentiert.[65] In seinen freiheitlichen Zukunftsvisionen wünschte er ein vereintes Europa, dessen gegenseitige kulturelle Befruchtung er als Garant einer demokratischen und pazifistischen Gesellschaft beschwor.[66]

Nach dem Rücktritt Amadeos d'Aostas und der Ausrufung der Ersten Republik am 11. Februar 1873 wurde Castelar vom Staatspräsidenten Estanislao Figueras zum ersten Staatsminister berufen. Die Republik sah sich jedoch leeren Staatskassen gegenüber, und die sowieso schon widrigen Umstände wurden noch dadurch erschwert, daß Castelar einer Regierung vorstand, die nicht von Mitgliedern seiner Partei gebildet worden war. Trotz seines hohen persönlichen Bekanntheitsgrads im Ausland fiel die Erste Spanische Republik zunehmend in Isolation. In Europa wuchs Mißtrauen gegenüber der Republik und die Angst vor Chaos in Spanien, das möglichst rasch wieder in den alten, sicheren, durch komplizierte Verflechtungen der Adelshäuser gebundenen Staatenverbund zurückgebracht werden sollte.

Castelar versuchte dagegen durch eine integrierende und mäßigende Politik eine Entwicklung hin zu einer konservativen Republik einzuleiten und – den immensen innen- und außenpolitischen Anfeindungen zum Trotz – das Vertrauen der anderen Staatsregierungen für ein republikanisches Spanien wiederzugewinnen.

Die Akademiegründung muß als ein Mosaikstein dieser Politik gewertet werden. Besonders aufschlußreich sind hier vor allem Castelars eigene Stellungnahmen hinsichtlich einer Akademie in Rom, in der die seiner Kulturpolitik zugrundeliegenden Überzeugungen zu Tage treten.

---

64 Emilio Castelars Erinnerungen an Italien, die er nach seinem dortigen Aufenthalt verfaßte, wurden in Ausschnitten 1873 ins Italienische und 1874 ins Französische, vollständig 1876 ins Deutsche und 1884 ins Italienische übersetzt, vgl. Emilio Castelar, Ricordi d'Italia, aus dem Spanischen von Pietro Fanfani, Florenz, Tipografia della Gazzetta d'Italia, 1873; ders., Erinnerungen an Italien, mit einer Vorrede des Verfassers, Deutsch von Julius Schanz, Leipzig 1876; ders., L'art, la religion et la nature en Italie, Paris 1874 und ders., Ricordi d'Italia, italienisch von Pietro Fanfani und Demetrio Duca, Livorno 1883–1884. Im Vorwort der deutschen Ausgabe werden vor allem strenggläubige Katholiken vor Castelars progressiven Ideen gewarnt.

65 Im folgenden sei nur eine Auswahl der im Ausland zu Lebzeiten Castelars erschienenen Titel zitiert: Miguel Boada y Balmes, Emilio Castelar o Refutación de las Teorías de este orador, y de los errores del credo democrático, New York 1872 und Valencia 1874; Wilfried de Fonville, Amédée 1er et la République espagnole. Lettre adressée à Don E. Castelar, Paris 1873; Aristide Provenzal, Pushkin giudicato da Castelar, Florenz 1874; David Hannay, Don Emilio Castelar, London 1875; M. G. Konrad, Spanisches und Römisches, kritische Plaudereien über Don Emilio Castelar, Pio Nono, den vaticanischen Gott, und andere curiose Zeitgenossen, Breslau 1877; F. De Sandoval, Emilio Castelar. Coup d'œil sur sa vie, son tempérament d'écrivain, son œuvre et les tendances qui s'en dégagent contenant des extraits des plus remarquables discours de l'éliment orateur avec un beau portrait hors texte, Paris 1886; Marie Letizia Rattazzi, Emilio Castelar:. Sa vie, son oevre, son role historique, Paris 1899 und dies., Une époque. Emilio Castelar. Sa vie, son oevre, son role historique. Notes, impressions et souvenirs, Paris 1899.

66 Besonders berühmt waren seine Reden als Abgeordneter der *Cortes* gegen den Kanoniker Manterola im April 1869, in denen er die Trennung von Staat und Kirche forderte, gegen die weltliche Macht des Papstes argumentierte und vor der universalen Autorität der Kirche warnte, da sie gegen die nationale Autonomie der modernen Nationen stehe, vgl. Emilio Castelar, Retificacion al Sr. Manterola sobre la libertad religiosa y la separacion de la Iglesia y el Estado, pronunciada el 12 de Aprile 1869, in: Discursos parlamentarios de Don Emilio Castelar en la Asamblea Constituyente, Bd. 1, Madrid 1873², S. 257–338.

Die Gründung der Akademie – der Griff nach den religiösen Stiftungen

Castelar nutzte die Zeit, in der er das Amt des Staatsministers innehatte, und leitete mit eisernem Willen die Gründung der *Academia de Bellas Artes* in die Wege, wie er sich 1895 in einem Artikel der Ilustración Española y Americana der damaligen Situation erinnerte: „por esfuerzos de voluntad tan firmes, bajo las cataratas y los torrentes de un diluvio tan deshecho."[67] Nach der Aufzählung all jener während seiner kurzen Amtszeit entbrannten Kriege stellte er in seinem Rückblick weiterhin fest, daß es dennoch gelang, in Wissenschaft und Kunst große Erfolge zu verzeichnen. Daß die republikanische Regierung trotz der politischen Komplikationen noch die Kraft fand, sich um Reformen der Kulturverwaltung zu kümmern, die als grundlegende Reformen eines durch die katholische Kirche schon länger am Fortschritt gehinderten Landes gewertet werden können, zeugt von der Wichtigkeit, die der Kultur beigemessen wurde. Durch die Berufung einer unabhängigen Kommission, die, so betonte Castelar, nicht die Ideen und das Programm der Regierung teilte, initiierte er eine liberale Kulturpolitik, deren Ergebnisse sich schon auf der Wiener Weltausstellung im Jahr 1873 bemerkbar machten. Die Früchte des dortigen spanischen Erfolges bestätigten, so Castelar, die Maßnahmen, die darüber hinaus noch durch die Gründung der Akademie in Rom überboten wurden: „y la patria brilló con grande brillo, merced á la severa imparcialidad del Gobierno. Pues hicimos más: fundamos en Roma una grande Academia de Bellas Artes."[68] Die glänzende Teilnahme auf der Weltausstellung und eine Akademie in Rom wurden als Zeichen der Blüte nationaler Kultur gewertet, welche durch die freiheitliche Politik der Republik gewährleistet wurde.

Zunächst seien jedoch die konkreten Schritte, die zur offiziellen Institutionalisierung führten, nachvollzogen. Die Ausrufung der Republik hatte zur Folge, daß die wohltätigen Stiftungen dem Staatsminister, also Castelar, unterstellt wurden, der nun souverän über die Haushaltsüberschüsse der *Obra Pía*, die ja schon in der Vergangenheit zur Finanzierung der Stipendiaten in Rom herangezogen werden sollten, verfügen konnte. Damit war nicht nur die Finanzierung der Rompreise, sondern auch die Realisierung einer spanischen Akademie in Rom gewährleistet.[69] In Italien selbst mußte nach Auflösung des Kirchenstaates 1871 und der weiteren Schwächung der Kirche und ihrer breiten Enteignung durch die *leggi eversive* nicht mehr mit dem Widerstand der dortigen kirchlichen Instanzen gegen die Umfunktionierung der spanischen Stiftungsgelder für die Kunst gerechnet werden. Innerhalb des neuen juristischen Rahmens, sowohl in Spanien als auch in Italien, konnte der Überschuß der *Obra Pía* in Rom nun zugunsten der spanischen Künstler genutzt werden.[70]

Die Präambel zum Dekret der Akademie

Das Gründungsdekret und erste Statut der Akademie erschienen am 8. August 1873 in der *Gaceta de Madrid*, also erst nachdem Castelar schon aus dem Amt des Staatsministers ausgeschieden war. Beide wurden von Santiago Soler y Pla, dem übernächsten Nachfolger Castelars im Amt des Staatsministers unterzeichnet. Es gilt jedoch als erwiesen, daß der Text des Dekrets und der Prä-

---

67 Vgl. E. Castelar, Nuestra escuela de bellas artes en Roma, in: La Ilustracion Española y Americana, Nr. VII, 22. Februar 1895, S. 111–14, und S. 175–78, S. 114.

68 Vgl. CASTELAR 1895, S. 111.

69 Vgl. GONZÁLEZ ARACO 1900, S. 373–87.

70 Vgl. CUOMO 1972, S. 483 und KAPITEL I. 2.

ambel auf Castelar zurückgeht.[71] Die Präambel gehört zu den aufschlußreichsten Dokumenten im Zusammenhang mit der Gründung der Akademie.[72] Gleich zu Anfang wird darauf hingewiesen, daß die zu gründende künstlerische Institution in Rom das Erbe und die traditionellen Aufgaben der wohltätigen Stiftungen antreten sollte: „respondieran al pensamiento de estas fundaciones […] piadosas allí existentes […] y coadyuvaran al progreso de nuestro espíritu nacional."[73]

Der Präambel zu Folge sollte die künstlerische Aktivität den nationalen Gedanken in Spanien stärken, wie sich vordem die wohltätigen Stiftungen um das geistige Gemeinwohl der Nation gekümmert hätten. Aber der Akademie wurden auch repräsentative Funktionen nach außen zur Aufgabe gemacht, da eine Nation nicht nur ob ihrer freiheitlichen Errungenschafen in der Politik und Staatsform Anerkennung gewänne, sondern sich ebenso sehr durch ihre kulturellen Leistungen Respekt verschaffe:

> „No brilla un pueblo solamente por sus instituciones y por sus libertades políticas. Brilla también por las manifestaciones de su genio. Entre estas manifestaciones, ninguna tan intensa y tan característica como la manifestación de las artes."[74]

Diese Passage, in der auf die Wichtigkeit künstlerischer Unternehmungen verwiesen wird, da sie neben den politischen Errungenschaften internationalen Respekt hervorrufen, macht das politische Interesse der Regierung der Ersten Republik an der konsistenten Kunstförderung und einer international sichtbaren Geste, wie sie die Gründung der Akademie in Rom darstellte, deutlich. Die Kunst stehe, so das Dekret weiter, über den wissenschaftlichen Errungenschaften eines Volkes. Da sie weniger objektive Allgemeingültigkeit anstrebe, als vielmehr dem empfindenden Erleben der Individuen entspringe, sei sie besser geeignet, von dem einzigartigen Genius eines Volkes Rechenschaft abzulegen.

> „Tiene la ciencia, por sus principios universales, independientes de tiempo y lugar, cierto carácter de impersonalidad, cierto carácter superior si se quiere, pero también ajeno al genio nacional. Pero las artes, hijas predilectas del sentimiento, se tiñen no solamente con el genio individual del artista, sino también con el genio general de la nación que las produce."[75]

---

[71] Der damalige Staatssekretär Miguel Morayta vermachte das Originalmanuskript der Präambel 1900 dem *Circulo de Bellas Artes* und schilderte aus diesem Anlaß die Entstehungsumstände: „La idea de su fundacíon fué del Sr. Castelar, quien, por ser yo Secretario general de su Ministerio, me encargó estudiar la manera de arbitrar fondos par su sostenimiento, sin acudir á los Presupuestos generales de la República." Vgl. GONZÁLEZ ARACO 1900, S. 377–87, Zitat S. 383, Anm. 1. Vgl. auch Castelars Schilderung der damaligen Umstände: „Siempre recordaré los trabajos preparatorios para aquel instituto. Siempre recordaré la primera asamblea, en que se reunieron cuantas personas competentes encerraba Madrid, y se trataron los asuntos estéticos y artísticos en familia. Temíaso la fundación de una Academia en Roma; temíase, por recelo de que los jóvenes cayeran en la rutina de amanerada imitación y en el vicio del falso clasicismo. Estos y otros muchos pensamientos se dijeron por varios oradores en aquella asamblea, y al cabo se convino unánimemente en la creación de una academia. Mis colegas, los Sres. D. Santiago Soler y D. José Carvajal, que pasaron sucesivamente por el Ministerio de Estado, tuvieron la gloria, el primero de firmar el decreto que instalaba la Corporación, el segundo de concluir los reglamentos y enviar la juventud." Vgl. CASTELAR 1895, S. 111. Nach Rückkehr der Monarchie in Spanien unter Alfonso XII. scheint die Erinnerung an den republikanischen Ursprung der Akademie absichtlich der Vergessenheit anheimgegeben worden zu sein, vgl. MONTIJANA GARCÍA 1998, S. 135/6. Auch BRU 1971 übersah die zentrale Rolle Castelars innerhalb der Gründungsbemühungen.

[72] Vgl. Präambel zum Gründungsdekret, Gaceta Madrid, 8. August 1873, ANHANG Nr. 1.

[73] Vgl. ANHANG Nr. 1.

[74] Vgl. ANHANG Nr. 1.

[75] Vgl. ANHANG Nr. 1.

Nach der Eloge auf die künstlerischen Zeugnisse Spaniens, auf ihre Einzigartigkeit, die etwas unbeholfen – sollte doch auf genuin-originales spanisches Kunstschaffen hingewiesen werden – vor allem auf die Präsenz arabischer und mozarabischer Monumente zurückgeführt wird, hebt die Präambel die inspirierte Spontaneität und Ursprünglichkeit der spanischen Kunst hervor. Dieser, so gesteht der Text ein, vielleicht etwas ungehobelten Natürlichkeit, fehle nur ein wenig Schulung und Übung. Eine Akademie in der Metropole der Kunst, in Rom, würde den spontanen Kunstäußerungen zur Perfektion verhelfen:[76]

> „La espontaneidad acaso sea la primera de sus cualidades y de sus virtudes. Lo que más necesita para completarlas es el trabajo y el estudio. Por eso ha parecido al Ministro que suscribe lo más propio para fomentar el genio nacional, ofrecer á nuestros artistas algún campo de estudio, algún lugar de recogimiento y ensayo en la ciudad que será eternamente la metrópoli, en Roma."[77]

Der künstlerische Erfolg Spaniens, der sich auf dem internationalen Kunstmarkt manifestierte, wurde als Zeichen der Vitalität der Nation gewertet, und so mit dem politischen Status der Republik in Verbindung gebracht. Befürchtungen, die in Spanien wie in anderen Ländern kursierten, daß die zuvor positiv betonte Eigentümlichkeit der spanischen Künstler in Rom, also ihre „nationale" Kunst, Gefahr liefe, verloren zu gehen und die Künstler von dort „manieriert" oder akademisch geglättet zurückkehrten, wird mit dem Hinweis auf den eigenständigen Charakter und die Originalität des Genius des spanischen Volkes begegnet:

> „El Ministro sabe bien que suele oponerse al establecimiento de una Academia en Roma la objeción de que los artistas degeneran allí en amanerados y académicos; pero esta objeción puede parecer valedera en pueblos de menor independencia de carácter y de menos originalidad de genio que el pueblo español."[78]

Wie in Deutschland zur Ausräumung entsprechender Zweifel auf die Eigenständigkeit Dürers hingewiesen wurde,[79] führt die Präambel die großen Künstler Spaniens auf, die nach Italien gereist sind – wie Ribera, Velazquez und Goya – die, so das immerhin historisch fundierte Urteil, schließlich auch nicht ihrer künstlerischen Originalität beraubt aus Italien zurückgekehrt seien. Neben der versichernden Erwähnung historischer Beispiele gaben auch die damals in Rom weilenden spanischen Künstler, Fortuny und seine Schule, keinen Anlaß zur Besorgnis: Auch sie verleugneten keineswegs ihre spanische Herkunft und künstlerische Prägung:

> „En nuestros mismos días, esa pléyade ilustre de jóvenes pintores que honran á su nación y á su tiempo, han habitado por largos años en Roma, y no han perdido, no, el reflejo de nuestro patrio suelo, el jugo de nuestra madre tierra."[80]

Die besondere und vielleicht in dieser expliziten Weise nur für Spanien geltende Bedeutung einer Akademie in Rom kommt im Kern des letzten Abschnittes zur Sprache. Die Modalitäten der Finanzierung der Akademie spiegeln zunächst die durch Einführung der Republik verursachten Umwälzungen im politischen System Spaniens.[81] Die finanziellen Mittel der kirchlichen Einrichtungen

---

[76] Die nötige Übung sollte mit den obligatorischen Kopien nach ausgewählten Meisterwerken erreicht werden. Vgl. CASADO ALCALDE 1982.
[77] Vgl. ANHANG Nr. 1.
[78] Vgl. ANHANG Nr. 1.
[79] Vgl. KAPITEL IV. 2.
[80] Vgl. ANHANG Nr. 1.
[81] Vgl. ANHANG Nr. 1.

sollten, da nunmehr der Staat über sie verfügen konnte, in die Unterstützung der Kunst fließen. Zunächst wird die Umbestimmung der Gelder politisch begründet, und zwar unter anderem auch damit, daß diese Mittel in Rom mißbraucht würden, um sich in innere Angelegenheiten Spaniens einzumischen.[82] Darauf folgt jedoch die interessantere Erklärung: Der Präambel zu Folge ist die Investition der religiösen Stiftungsgelder in die Kunsterziehung die nützlichste Verwendung. Es sei Zeit, daß die Kunst die Stelle der Religion einnehme, da sie wie die Religion tröste, stärke und die Seele wie ein Gebet erhebe. Die Kunst, so die Begründung weiter, sei das geeignetste Mittel, das Volk für die Freiheit und die Republik zu erziehen, was eine rein intellektuelle Aufklärung nie leisten könne.

In schwärmerischem Ton übereignet Castelar der Kunst hier tatsächlich religiöse Funktionen. Im Sinne seines Textes würde die Kunst die Religion nicht nur funktional und in einer lediglich ihr selbst inhärenten Kategorie ersetzen, sondern religiöse und erbauliche Komponenten in sich aufnehmen: Die Kunst als „sursum corda" – aber ohne katholische Kirche.

Die Aufgaben der Kunst bei Emilio Castelar

Die Kunstauffassung, die er in der Präambel entwickelte, kam in ausführlicher Weise auch in Castelars Rede anläßlich seiner Aufnahme in die *Real Academia de la Lengua* zur Sprache.[83] Sie sei hier ausführlicher referiert, da sie jene in der zweiten Hälfte des 19. Jahrhunderts im liberal aufgeklärten Ambiente kursierenden Vorstellungen von der Rolle der Kunst in der Gesellschaft beispielhaft wiedergibt.

Castelar legt darin eine These dar, die zentrale Bedeutung auch hinsichtlich der Motivation zur Gründung der Akademie in Rom besitzt: Der Kunst bzw. der Poesie schreibt er, ganz besonders in seinem eigenen Jahrhundert, die entscheidende Rolle bei der Befreiung von überkommenen Staatsformen, Monarchie und innerer oder äußerer Unterdrückung zu. Für Castelar war das 19. Jahrhundert maßgeblich ein Jahrhundert kulturell motivierter Freiheitskriege, die jeweils durch die großen Schriftsteller geistig vorbereitet worden waren. Einen ähnlichen Effekt wie den Lord Byrons für Griechenland erhoffte Castelar sich für die republikanische Freiheit Rußlands durch Alexander Puschkin, für Deutschland durch Christian Gottfried Körner und Ludwig Uhland und für Frankreich durch Victor Hugo. Den politischen Einfluß der Dichter belegte er mit dem historischen Verweis auf Griechenland, wo erst die Blüte der Künste den Weg bereitete „al luminoso sciame delle republiche greche": Das nachzuahmende Vorbild für die Freiheit der modernen Nationen fand Castelar – sicherlich mit Bezug auf Herders Preisschrift von 1778 *Über die Wirkung der Dichtkunst*

---

82 Die Benennung *Corte de Roma* bleibt unscharf, da aus ihr nicht hervorgeht, ob mit ihr die Regierung des Königreichs gemeint ist oder noch der Kirchenstaat. Anscheinend spielten hier u. a. sowohl die Ressentiments gegenüber der Einflußnahme von Seiten des Vatikans hinsichtlich der Anerkennung Isabellas II., die andauernde Auseinandersetzung der katholischen Kirche mit dem Liberalismus als auch die Entsendung Amadeus d'Aosta als König von Spanien eine Rolle. Vgl. u. a. La transición del Antiguo al Nuevo régimen 1769–1874, in: Historia de España, hrsg. von Antonio Domingo Ortiz, Barcelona 1998, Bd. 9, S. 430 ff und Javier Rubio, El reinado de Alfonso XII. Problemas iniciales y relaciones con la santa sede, Madrid 1998.

83 Vgl. Emilio Castelar alla Real accademia spagnola il 25. Aprile 1880 giorno della sua amissione, italienisch von Demetrio Duca, Neapel 1881(?).

auf die Sitten der Völker in alten und neuen Zeiten[84] – in der Antike, in den freien Städten Griechenlands.[85]

Neben seinen schwärmerischen Erwartungen an die Kunst, den Nationen ihren Weg in die politische Freiheit zu bereiten, in der sich Einflüsse des frühen deutschen Idealismus bzw. Neohegelianismus[86] und des Gedankenguts der Freimaurer erkennen lassen,[87] wies er auch der Religion in der Gesellschaft einen neuen Platz zu. In seinen parlamentarischen Reden, die sich mit Religionsfreiheit und der Trennung von Staat und Kirche befaßten, verglich Castelar die in Spanien bis vor kurzem herrschenden Zustände mit jenen in primitiven Gesellschaften, in denen es keine Trennung zwischen Religion und Macht gab und der Herrscher gleichzeitig auch oberster Priester war. Nach dem Zeitalter der Aufklärung, so Castelar, könne in diesen unterentwickelten Naturzustand selbst Spanien nicht zurückkehren. An die Stelle des Priesters solle nun der Künstler treten, der der prosaischen modernen Gesellschaft die Weihe verleihe und, im Schiller'schen Sinne, die Menschen durch Kunst zur Vernunft und durch Vernunft zur Freiheit führe.[88]

Idealistisch unterschied er strikt zwischen Natur und Kunst, die Natur bilde nur den leeren Tempel, worin der Künstler das Amt des Priesters ausübe. Dessen Kunst sei nicht Abbild der Natur, im Verständnis eines positivistischen Weltbildes – die Kunst, die Castelars Künstler schaffen sollten, entspränge einem tieferen, umfassenderen Verständnis der Natur im Sinne Goethes, das dem der modernen Wissenschaften überlegen sei:

> „Per l'artista basta una semplice occhiata per penetrare con l'intuizione dove non possono penetrare i savii con raziocinio; egli diffonde ispirazioni, che contengono l'eterna rivelazione della bellezza; crea spontaneamente delle opere a guisa di quelle forze naturali che cingono di neve le montagne e di gigli le valli; obbedisce alla sua interna vocazione come ad un mandato divino, ed è assolutamente libero; dà leggi e non ne rispetta alcuna; [...]."[89]

Der Künstler solle seiner inneren Berufung wie einer göttlichen Bestimmung nachgehen, er sei absolut frei, er *schaffe* Gesetze, befolge sie nicht.

Die hohen Erwartungen Castelars und die freiheitlichen Ziele, die er mit seiner Kunstförderung anstrebte, wurden durch die reellen Organisationsfragen einer Akademie in Rom jedoch bald überschattet.

84 In: Johann Gottfried Herder, Sämtliche Werke, Bd. 8, hrsg. von B. Suphan, Berlin 1892, S. 334–436.

85 Herders Ideen, wie er sie ebenso auch in seinen Ideen über die Philosophie einer Geschichte der Menschheit formulierte, wurden in Europa rasch zum Bezugspunkt all jener, die sich mit der nationalen Frage beschäftigten. Sie wurden zum anonymen Gedankengut, das zahlreiche Intellektuelle im 19. Jahrhundert in Zusammenhang der Neubewertung kultureller Traditionen der verschiedenen Völker verwendeten, ohne zu wissen, daß es auf Herder zurückzuführen war. Zur Herderrezeption vgl. Beat Wyss, Der doppelte Boden der Erinnerung. Museologie zwischen Idealismus und Maurertum, in: Kunst und Geschichte im Zeitalter Hegels, hrsg. von Christoph Jamme, Hamburg 1996, S. 227–53 und THIESSE 2001, S. 43.

86 Zur Hegelrezeption bei Castelar vgl. Manuel Pizán, Los hegelianos en España y otras notas criticas, Madrid 1973 oder Juan F. Garcia Casanova, Hegel y el republicanismo en la España del siglo XIX, Granada 1982. Bei Hugo Kehrer, Deutschland in Spanien, Beziehung, Einfluß und Abhängigkeit, München 1953, findet sich der Hinweis von D. Francisco Elías de Tejada-Spínola, dem Emilio Castelar als „treuester Anhänger Hegels" galt, der sich geradezu in jenen „verliebt" habe. Castelar hat Hegel zwei seiner Schriften gewidmet, in denen er die Theorie vertrat, daß vor dem höchsten Rechte des Staates selbst die Religion zurücktreten müsse, vgl. ebd. S. 215.

87 Es lag maßgeblich im Interesse der Freimaurer, den Einfluß der Kirche auf die laizistische Gesellschaft zurückzudrängen, vgl. WALTHER 1910. In Spanien waren die Logen aktiv an der Revolution, die zur Ausrufung der Republik führte, beteiligt, vgl. Enciclopedia universal ilustrada europeo americana, Bd. 33, Stichwort: Masonería, S. 718–50, bes. S. 739. Auch Emilio Castelar war Freimaurer, vgl. ebd. S. 746, und schrieb die Einführung zur Geschichte der Freimaurerei, in: G. Danton, Historia general de la masonería desde los tiempos más remotos hasta nuestra época, Barcelona 1882. Weitere Auflagen folgten 1883–1889.

88 Vgl. KAPITEL I. 2.

89 Vgl. CASTELAR 1881?, S. 12.

Das Gründungsdekret der Akademie – die Förderung der Historienmalerei

Das auf die Präambel folgende Dekret, das ebenfalls am 8. August 1873 gemeinsam mit den Statuten in der *Gaceta de Madrid* veröffentlicht wurde, bestimmte in acht Artikeln die Gewichtung der künstlerischen Sparten, die Dauer des Aufenthaltes, die Höhe der Stipendien und den personellen Aufbau der Akademie.[90] Es sah zwölf Stipendiaten und einen Direktor vor. Laut der nun folgenden Artikel setzen sich diese zwölf Stipendien aus acht ordentlichen Stipendienplätzen und vier Ehrenplätzen zusammen. Innerhalb der ordentlichen Stipendien waren zwei für Historienmaler, je eins für Landschaftsmaler und für Bildhauer, zwei für Architekten, und jeweils eins für Stecher und Musiker vorgesehen. Die vier Ehrenplätze waren für zwei Historienmaler, einen Bildhauer und einen Musiker gedacht; einer der Plätze für Historienmaler konnte auch von einem Landschaftsmaler besetzt werden. Sollte dies tatsächlich der Fall sein, wäre der Vertreter dieser Gattung bei den ordentlichen Plätzen durch einen Xilographen[91] ersetzt worden. Während zuvor bei der Ausschreibung des Rompreises für die Maler nur die Historienmalerei vorgesehen war, wurde im Jahr 1861, wie in Frankreich 1817, eine Differenzierung zwischen der Historienmalerei und der Landschaftsmalerei eingeführt.[92] Dem ging voraus, daß die Landschaftsmalerei 1844 mit Einrichtung eines Lehrstuhls für Landschaftsmalerei an der *Academia de San Fernando* in Madrid, als selbständiges Genre akademische Anerkennung erhalten hatte.[93]

Die Platzverteilung der Stipendien laut genanntem Gründungsdekret zeugt von der anhaltenden Bevorzugung der Historienmalerei, die noch als besonders förderungswürdig galt. Auch die Wahl der Direktoren, es waren mit Eduardo Rosales, José Casado del Alisal, Francisco Pradilla, Vincente Palmaroli und Alejo Vera bis 1898 allesamt Historienmaler, macht die Zielsetzung der *Academia de las Bellas Artes* in Rom deutlich. Die Historienmalerei galt laut akademischer Doktrin auch in Spanien als öffentliches Anliegen und bedurfte daher der Förderung durch staatliche Einrichtungen.[94] Eine wichtige Rolle bei der Monopolisierung dieser Gattung spielten die *Exposiciones nacionales*.[95] Aus der Statistik der Preisvergabe läßt sich schließen, daß bis in die siebziger Jahre nur Historienbilder ausgezeichnet wurden und kaum Interesse an religiöser Malerei, Genrebildern oder Landschaften bestand.[96] José Galofre, der schon erwähnte Begründer der *Reinaxença* war einer der vehementen Verfechter des historischen Themas, er schrieb 1855 in der *Gaceta de Madrid* über die Historienmalerei, sie sei: „la parte más culminante del arte, la parte elevada y sublime".[97]

Carlos Reyero nahm den geläufigen Versuch die Historienmalerei als *die* Gattung der nationalen Selbstversicherung zu etablieren und ihre gewöhnliche Charakterisierung als offizielle Malerei zum Anlaß, zu untersuchen, welche Wechselbeziehungen zwischen den Vertretern der Historienmalerei und denjenigen der Kulturpolitik der Republik bestanden und ob die künstlerischen Kriterien des Genres tatsächlich den ethischen und ästhetischen Maßstäben führender Politiker entsprachen.[98]

---

90 Das erste Statut für die Akademie ist vollständig wiedergegeben im ANHANG Nr. 2.
91 Ein Stipendium für Holzstecher wurde 1853 eingeführt, „para que sirva de estímulo, ya que este arte estaba muy en decadencia en España", vgl. BARRIO 1966, S. 100.
92 Vgl. BARRIO 1966, S. 106, Anm. 60 mit den Wettbewerbsregeln.
93 Vgl. Mercedes Valdivieso, Malerei im 19. Jahrhundert, in: Spanische Kunstgeschichte. Eine Einführung, hrsg. von Sylvaine Hänsel und Henrik Karge, Berlin 1992, S. 153–68, S. 154.

94 Vgl. KAPITEL I und J. Gallego, La pintura de Historia en la Academia Española de Bellas Artes de Roma, in: Exposición Antológica de la Academia Española de Bellas Artes de Roma (1873–1979), Madrid 1979, S. 17–27.
95 Vgl. REYERO 1987; DE PANTORBA 1980 und GUTIÉRREZ BURÓN 1987 und AUSST.-KAT. EXPOSICIONES NACIONALES DEL SIGLO XIX.
96 VALDIVIESO 1992, S. 164/65.
97 Juan Antonio Gaya Nuño, Historia de la crítica de arte en España, Madrid 1975, S. 187 ff, Zitat S. 188.
98 Vgl. REYERO 1987.

Für Reyero bestätigte sich die entscheidende Einflußnahme auf die Kunst von Seiten der Politik zugunsten der Historienmalerei in der Person Castelars[99] und der seines Freundes Antonio Cánovas del Castillo, des einflußreichen Politikers der spanischen Restauration, Parteivorsitzenden der Konservativen, mehrmaligen Regierungschefs und Vorsitzenden der *Real Academia de la Historia* und schließlich auch Ehrenmitglieds der *Real Academia de Bellas Artes de San Fernando*. Anläßlich seiner Berufung in die Kunstakademie 1887 verfocht Cánova erneut als Hauptinteresse der Malerei, sie könne und müsse historische Ereignisse darstellen: „puede y debe representar hechos históricos".[100] In die Tat umgesetzt wurde dieses Ziel z. B. auch in der schon erwähnten Wahl der Direktoren der Akademie in Rom, oder in jener von Castelar 1881 an die Regierung gerichteten Aufforderung zum Ankauf eines Bildes von José Casado del Alisal, dem damaligen Direktor der Akademie in Rom, *La Campana de Huesca*.[101]

Die Wichtigkeit des Erwerbs des Bildes betonte Castelar in seiner Rede vor den Kongreßabgeordneten, und zwar nicht nur ob seiner künstlerischen Qualität, oder ob der repräsentativen Verdienste Casado del Alisals als Direktor der Akademie in Rom, sondern auch wegen der Notwendigkeit, die Historienmalerei staatlich zu fördern, da sie die Wiedergeburt der Nation begleite:

> „Es indispensable, pues, que todos los Estados protejan la pintura histórica, la pintura grande, la pintura trascendental [...]. Hoy pasamos por un verdadero renacimiento: la pintura ha llegado al más alto esplendor: nuestra patria y vosotros, al premiar un gran pintor que, como todos los artistas, no granjea al juicio material, sino la estimación de un genio y de su gloria, prestaréis un servicio a la libertad y otro servicio a la patria."[102]

Der spanische Staat hielt also seine schützende Hand über die Gattung, von deren Förderung er sich die ehrende Ausmalung seiner vergangenen und zukünftigen Großtaten erwartete, und die Abgeordneten stimmten mit absoluter Mehrheit für den Erwerb des Bildes. Hinzu kam, daß Casados Bild den Anspruch an die Historienmalerei, als Sinnbild zeitgenössischer Angelegenheiten zu fungieren, voll erfüllte: Im Rekurs auf eine mittelalterliche Legende war das Bild dennoch eine aktuelle Stellungnahme zugunsten der nationalen Einheit. Der Ausgang der Legende ließ sich in modernem, vaterländischem Sinn interpretieren, und der Ankauf des Gemäldes konnte in der Schilderung des Grauens auch als eine symbolische Drohgebärde gegen föderalistische Bestrebungen gelesen werden. Im staatlichen Ankauf des Großgemäldes gaben sich die *Cortes* standhaft für die Einheit Spaniens.

---

99 1912 wird Castelar einer populären Umfrage nach auch als der Mann bezeichnet, der die spanische Kultur des 19. Jahrhunderts am meisten geprägt hätte, vgl. REYERO 1987, S. 97 und Anm. 8.

100 Discursos leídos en la Real Academia de Bellas Artes de San Fernando en la recepción pública del Excmo. Sr. D. Antonio Cánovas del Castillo, el dia 29 de mayo de 1887, Madrid 1887, S. 47, zitiert nach REYERO 1987, S. 96, Anm. 7.

101 Öl auf Leinwand 469 x 362 cm, entstanden in Rom 1880. Es stellt die Legende der Glocke von Huesca dar, wie sie die Chronik des Klosters San Juan de la Peña aus dem 14. Jahrhundert überliefert. Ramiro II., König von Aragon 1134–37, genannt „der Mönch", folgte dem Rat seines ehemaligen Klosterlehrers, wie er dem Ungehorsam seiner Adeligen beikommen könnte. Dieser zeigte ihm als Gleichnis den Schnitt des Kohls im Klostergarten. Ramiro II. verstand, daß der Garten das Bild seines Reiches war und rief den Adel unter dem Vorwand, eine Glocke gießen zu wollen, deren Läuten im ganzen Lande zu hören sein sollte, an seinen Hof. Bei ihrer Ankunft wurden die wichtigsten Fürsten auf der Stelle von den Männern Ramiros enthauptet. Das Bild Casados zeigt den Augenblick, in dem Ramiro den übrigen Fürsten seine schreckliche Tat offenbart. Casado hat die Häupter in Form einer Glocke angeordnet.

102 Castelar in der Abgeordnetenversammlung am 5. Dezember 1881, vgl. Diario de las Sesiones de las Cortes. Congreso de los Diputados, Legislatura 1881–82, Nr. 63, S. 1541–43, zitiert nach REYERO 1987, S. 102.

Abb. 3: José Casado del Alisal, Campana de Huesca, begonnen in Rom 1874, Museo del Prado Madrid

Während in Europa am Ende des 19. Jahrhunderts der Versuch erfolgte, der Kunst wieder ihre Unabhängigkeit von patriotischem Nutzen, gesellschaftlicher Moral und völkischer Pädagogik zurückzuerstatten[103] – Jakob Burckhardt kritisierte beispielsweise 1884 die politische und geschichtswissenschaftliche Instrumentalisierung der Bildthemen,[104] und auch Richard Muther konstatierte in seiner Geschichte der Malerei im 19. Jahrhundert von 1894 eine Krise der Historienmalerei[105] – schien sich in Spanien die theoretische Debatte um die Historie verhalten und eher auf feuilletonistischem Niveau zugetragen zu haben.[106]

103 Ein Vergleich der Historienmalerei in den europäischen Staaten steht jedoch noch aus. Auch in dem von Ekkehard Mai herausgegebenen Ausst.-Kat. Historienmalerei in Europa. Paradigmen in Form, Funktion und Ideologie, Mainz 1990, reicht der Blick nicht bis nach Spanien.
104 Vgl. Jakob Burckhardt, Über erzählende Malerei, in: Ders., Vorträge 1844–1887, hrsg. von Emil Dürr, Basel 1919³, S. 250–65.
105 Geschichte der Malerei im 19. Jahrhundert, 3 Bde., München 1893–1894. Vgl. HISTORIENMALEREI 1996, S. 365–371.

106 GAYA NUÑO 1975 zitiert die wenigen kritischen Äußerungen spanischer Kunstschriftsteller: Im Jahr 1884 z. B. befürchtete Benito Pérez Galdós ein Fortbestehen des historischen Sujets und riet den Malern: „Pintad la época presente; pintad vuestra época; lo que veis, lo que vos rodea, lo que sentís." S. 196. Für das Jahr 1895 zitiert GAYA NUÑO Francisco Alcántara: „La pintura es esto: la pintura; no el asunto [...], el ‚asunto' del pintor consiste en pintar bien; [...]" mit dem Kommentar: „Sensatas palabras, que mucho antes debieron haber dido pronunciadas." S. 189.

3. Spanien repräsentieren – Sehnsucht nach Norden

Rompreiswettbewerbe, Probearbeiten und Kopien

Der akademische Alltag war geprägt durch die Auswahlverfahren, die Probearbeiten, die während des Aufenthalts in Italien zu leisten waren, Reiseregelungen, Anwesenheitspflichten und praktische Fragen rund um den Romaufenthalt. Im folgenden sollen vor allem diejenigen Regelungen besprochen werden, die die künstlerische Tätigkeit der Stipendiaten betroffen haben, die die Ergebnisse ihres Aufenthaltes vielleicht erklären und die Institution in ihrem Bestehen am prägnantesten charakterisieren können.[107] Nach den Statuten von 1873 belief sich die Stipendiendauer auf drei Jahre, wovon mindestens die ersten zwölf Monate in Rom verbracht werden sollten. Das Jahresstipendium betrug für die ordentlichen Stipendiaten 3 000 und für die Ehrenstipendiaten 4 000 Pesetas. Hinzu kamen Reisegelder für die An- und Abreise aus Rom und Zuschüsse für die Anmietung von Wohnungen und Ateliers von insgesamt 1000 Pesetas jährlich. Selbstverständlich war die Auszahlung der Stipendien an die strikte Ausführung der auferlegten Arbeitsproben gebunden. Die Auswahl der Stipendiaten erfolgte für die ordentlichen Preisträger über ein langwieriges Wettbewerbsverfahren, die Ehrenplätze wurden hingegen an bereits etablierte Künstler vergeben, die schon mit Preisen bei nationalen Ausstellungen oder Wettbewerben ausgezeichnet worden waren.

Auf das erste Dekret und Statut folgte zwei Monate später ein Nachtrag, nach welchem die vorhandenen Plätze um zwei weitere Stipendien, eines für einen Architekten und eines für einen Holzstecher, erweitert wurden. Am 7. Oktober 1873 erschien schließlich das zweite, ausführliche Statut in der *Gaceta de Madrid* für die inzwischen nicht mehr *Escuela* sondern *Academia Española de Bellas Artes en Roma* genannte Institution.[108]

Die nach französischem Vorbild organisierten Rompreiswettbewerbe gliederten sich in allen Kunstgattungen in unterschiedliche Schwierigkeitsgrade wie Akt-, Kompositions- und Entwurfszeichnung. Ausgehend von einfachen, unter zeitlicher Einschränkung zu erstellenden Entwurfsstudien wurde schließlich ein in zwei Monaten anzufertigendes Abschlußwerk gefordert. Bei einer öffentlichen Ausstellung der Ergebnisse wurden von der Jury die zukünftigen Stipendiaten ausgewählt. Noch in der Fassung der Statuten von 1913 blieb es in Grundzügen bei dem Aufnahmeverfahren wie es die ersten Statuten vorsahen, nur daß die theoretischen Prüfungen bei den Historienmalern zunahmen, in denen schriftliche Antworten zu Fragen über Kunstgeschichte, Perspektive und Anatomie erwartet wurden. Neben dem Ablauf der Wettbewerbe legten die Statuten auch die Berufungsmodalitäten für die Jury fest, wobei die enge Einbindung politischer Instanzen auffällt.[109]

---

107 Vgl. zu einzelnen Aspekten der Akademiegeschichte bis in die ersten Jahrzehnte des 20. Jahrhunderts auch REYERO 1993, REYERO 1993¹, REYERO 1994 und ders., La crisis de la formación académica entre los pintores españoles pensionados en Roma (1915–1927), in: Boletín del Museo e Instituto Camón Aznar, LVIII, Zaragoza 1994, S. 81–104.

108 Vgl. GONZÁLEZ ARACO 1900, S. 381–83. Die Umbenennung von *Escuela* zu *Academia* wertete González Araco als Zeichen, daß Castelars Nachfolger sich auch von dessen ursprünglichen Intentionen und Ideen für die Escuela in Rom entfernten und den Zusammenhang der Institution mit der Ersten Spanischen Republik verschleiern wollten: „La circunstancia de haber aparecido el decreto creando la Academia de Bellas Artes de Roma suscrito por un ministro de Estado que non fué don Emilio Castelar, y ni siquiera sa inmediato sucesor; el no haber regido los reglamentos por él aprobados, y cuya reforma desvirtuó en absoluto su pensamiento, y el decirse Academia al local donde se estableció, explican por qué pudo triunfar la intención de obscurecer el nombre del verdadero creador de aquel Instituto." vgl. ebd. S. 383, Anm. 1. Das Statut wurde 1877, 1894 und 1913 mit geringfügigen Änderungen erneuert. Die verschiedenen Fassungen sind vollständig wiedergegeben in BRU 1971, S. 251–351.

109 Vgl. die ersten Statuten von 1873 in MONTIJANO GARCIA 1998, S. 191–96.

Die Gremien, die die Probearbeiten und Wettbewerbe zu betreuen hatten, unterstanden alle direkt dem Staatsminister. Er berief den Direktor, die künstlerische Jury und die Stipendiaten, die alle, als Professoren oder Studenten, Akademiker waren. Außerhalb dieses staatlich akademischen Kunstsystems stehende Künstler waren weder als Jurymitglieder noch als Mitglieder der Institution vorgesehen.

Die Auswahlverfahren gerieten ob der enttäuschenden Ergebnisse immer öfter in die Kritik. Die „schlechte" Kunst wurde einem mangelnden Engagement der Teilnehmer zugeschrieben, dem man mit besonderen Aufgabenstellungen und sensationelleren Bildstoffen begegnen wollte. 1903 lautete das Thema für die Klasse der Historienmalerei beispielsweise: *„Matrimonio a la hora de la muerte"*. In der *Gaceta de Madrid* erschien daraufhin ein Bericht von Francisco Alcántara über das skandalös niedrige Niveau der Teilnehmer, von denen, so der Rezensent, keiner ein Stipendium in Rom verdiene:

> „Si al juzgarlos se emplease el saludable rigor de que los tribunales oficiales debían dar ejemplo, ninguno de los opositores iría a Roma. Las figuras o academias son malísimas. Figuras desproporcionadas, de escaso carácter y agrio colorido, vulgarísimas, reflejan muy poca costumbre de estudios severos y una voluntad floja aún en el trance crítico de aspirar a una distinción que el gran nombre de Italia y añejas preocupaciones presentan a la juventud rodeada de prestigio y encantos."[110]

Nicht nur wurden die dilettantischen Ergebnisse der Aktmalerei bemängelt – noch immer schwang die nunmehr bekannte Sorge mit, ob die spanischen Künstler dem internationalen Anspruch genüge leisten könnten. Die unerwünschten Ergebnisse deuten jedoch weniger auf Unwillen und mangelndes Können der Studenten hin als vielmehr auf eine Diskrepanz zwischen der künstlerischen Zielsetzung der Akademie und derjenigen der ausstellenden Stipendiaten.

Bei den von den Historienmalern von Rom nach Madrid zu sendenden Probearbeiten waren ebenso nach dem Vorbild des französischen Rompreisverfahrens Themen, Maße und Ausführungsdetails genauestens vorgegeben.[111] Die Wahl der Vorlagen für die obligatorischen Kopien war zunächst noch relativ freigestellt, doch wurden auch hier Einschränkungen eingeführt. Da die Kopien der Stipendiaten in den spanischen Kunstschulen von Nutzen sein sollten, wurde eine möglichst große Auswahl an Vorlagewerken von Künstlern, die in den heimischen Sammlungen schlecht vertreten waren oder von denen noch keine Kopien vorhanden waren, angestrebt. Durch die Kopien berühmter Werke sollte in Spanien die Kenntnis des klassischen Formenkanons verbreitet werden, welche nicht nur als sicheres Indiz für eine gebildete und kultivierte Gesellschaft gewertet wurde, sondern auch eine fruchtbare Quelle für das Design industrieller Produkte darstellte.[112]

---

110 Zitiert nach BRU 1971, S. 367 ohne Datumsangabe. Über die erwähnten Preisträger José Ramón Zaragoza Fernández und Antonio Ortiz Echagüe, die das Romstipendium 1904 antraten, läßt sich zumindest der Jahrgang 1903 ermitteln, vgl. MONTIJANO GARCÍA 1998, S. 179.

111 „[...] una cantidad anual destinada á sacar moldes y vaciados de adorno y ornamentación y algunos tipos de figura [...] cuyos modelos contribuirían poderosamente á difundir el arte clásico en nuestro país, fuente fecunda de todo bien en las manifestaciones industriales é indicio seguro de ilustración y cultura en la sociedad moderna." Reglamento de la Academia de bellas artes en Roma, 1873, zitiert nach: BRU 1971, S. 262 und CASADO ALCALDE 1982.

112 Die spanische Legation in Rom an den Direktor der Akademie, Casado de Alisal, bei der Weiterleitung des Gesuchs der angewandten Kunstschulen um Bereitstellung von Kopien an den spanischen Bildungsminister, am 13. Juli 1874, Archiv Academia Española (im folgenden AAE) Communicaciones oficiales 1873–1889, Jg. 1874, Blatt 11, vgl. ANHANG NR. 3.

In den 1877 redigierten Statuten wurde die Wahl der Vorbilder für die von den Stipendiaten anzufertigenden Kopien jedoch weiter eingeschränkt.[113] In der Limitierung der Vorlagen auf die Kunst der Frührenaissance, die vorraffaellesken Schulen und Raffael ist der späte Nachhall des besonderen Interesses an Linie und Zeichnung der Nazarener und des Purismus erkennbar, das die spanischen, in Rom ansässigen Künstler während des zweiten Viertels des 19. Jahrhunderts übernahmen. Diese Generation wurde in den siebziger Jahren in der akademischen Kunstszene Spaniens mit ihrer offiziellen Historienmalerei tonangebend.[114] In der Konzentration auf die Frührenaissance, die Linearität des Tre- und Quattrocento und die Zeichenkunst Raffaels ist auch ein Bemühen von Seiten der Akademie zu erkennen, den Marktgesetzen „höhere", vermeintlich zeitlose künstlerische Kriterien entgegenzuhalten, und zwar Kriterien, die dem virtuos Technischen und den Farbeffekten der Preziosisten, auf die der bürgerliche Kunstmarkt so erpicht war, entgegenliefen.

Bei dieser engen Einschränkung der zur Auswahl stehenden Vorlagen für Kopien, nicht nur der Rompreisträger aus Spanien, sondern aller Akademien, konnten jedoch Schwierigkeiten auftreten. José Garnelo Alda[115] kopierte z. B. im zweiten Jahr seines Stipendiums 1890 die *Primavera* von Botticelli in Florenz. Er sollte seine Arbeit nach Weisung des Konservators der Uffizien jedoch unterbrechen, da der Platz vor dem Bild schon von einem deutschen Kupferstecher besetzt war. Die Regelung, nach der Garnelo die zweite Reihe zugewiesen wurde, bewährte sich anscheinend nicht. Der Brief, den Garnelo daraufhin an seinen Akademiedirektor Vincente Palmaroli sandte, enthält mehrere interessante Details.[116] Zunächst gewährt er Aufschluß über die Zustände in den italienischen Sammlungen: Die Anzahl und Ausführungsdauer der Kopien war so gestiegen, daß ein Platz vor den berühmten Werken nur schwer zu ergattern war. Garnelos Bitte um die Erlaubnis für eine Reise nach Venedig, mit dem Hinweis, neben dem Studium der Linie und Zeichnung wäre auch die Farbe eine vertiefte Auseinandersetzung wert, zeugt von der Unzufriedenheit über die Einschränkungen eines Lehrplans, der gegen Ende des Jahrhunderts noch immer die Wertmaßstäbe des Purismus und der Nazarener widerspiegelte. Ebenso belegt Garnelos Bitte um die Reiseerlaubnis die gänzliche Weisungsgebundenheit der Künstler gegenüber dem Direktor, wie sie aus unzähligen Briefen dieser Art im Archiv der Akademie hervorgeht, in denen jede Reise beantragt, begründet und nicht immer genehmigt wurde.[117]

1894 wurde zum letzten Mal im 19. Jahrhundert das Statut redigiert. Es blieb bei der epochalen Einschränkung der Vorlagewerke für die Kopien, die einer zunehmenden Bürokratisierung unterlagen. Nicht einmal mehr die Wahl der zu kopierenden Sujets innerhalb der bewilligten Kunstperiode war den Künstlern überlassen, denn von der *Academia de San Fernando* wurde im Oktober 1896 eine Liste derjenigen Bilder, die noch nicht kopiert worden und daher in Spanien noch unbekannt waren, erstellt. Mit Hilfe dieser Liste sollten dann die weiteren Kopieraufträge verteilt und „doppelte" Arbeit vermieden werden.[118] Auch 1913, bei der nächsten Überarbeitung des Statuts, blieb die Anfertigung von Kopien weiterhin beschränkt auf Kunstwerke des 13.–16. Jahrhundert.[119]

---

113 Vgl. BRU 1971, S. 284.
114 Vgl. Enrique Lafuente Ferrari, Breve historia de la pintura española, Madrid 1953⁴, S. 466 ff.
115 Zu Garnelo vgl. GONZÁLEZ - MARTI 1987, S. 110 und S. 292.
116 Vgl. AAE, Stipendiaten, Archiv 02, Carpeta 03, José Garnelo Alda, Blatt 6, ANHANG Nr. 5.
117 Vgl. beispielsweise den Brief von Augustín Querol, AAE, Stipendiaten, Archiv 01, Carpeta 12, Blatt 45, ANHANG Nr. 4. Zu Augustín Querol vgl. Enciclopedia universal ilustrada europeo-americana, Bd. 48, Madrid 1922, s. v. Querol y Subirats, S. 984–89.
118 Vgl. BRU 1971, S. 309/10.
119 Vgl. BRU 1971, S. 341. Noch das Statut von 1964 fordert die Anfertigung einer Kopie von den Stipendiaten, nun allerdings ohne zeitliche Einschränkung der Vorlage, vgl. CASADO ALCALDE 1982, S. 164.

Aktstudium

Im Versuch des Nachahmens der klassischen Kunst nahm das an den Akademien gepflegte Aktstudium unter den künstlerischen Übungen nach den Kopien traditionell den ersten Rang ein. Zur weiteren Schulung der Künstler an der Spanischen Akademie in Rom wurden im November 1874 Gelder für Aquarell- und Aktmalereiunterricht bewilligt.[120]

Die Modelle für die Aktmalerei waren nur für die zwei Stunden Unterricht in der Klasse in der Akademie zugelassen und darüber hinaus nicht in den Räumen der Akademie geduldet. Die strenge Regelung hing wohl damit zusammen, daß dem Modellstudium noch etwas „anrüchiges" anhaftete, zumal in Spanien das Aktstudium nicht sehr verbreitet gewesen zu sein scheint, und nur wenige spanische Bilder selbst des 19. Jahrhunderts zeigten nackte Menschen. Es hieß: „en España existe… el horror al desnudo."[121] An der römischen Akademie wurde nun versucht, dem keuschen Verzicht auf Aktstudien und dem mangelnden anatomischen Vorstellungsvermögen endlich beizukommen.

Inzwischen wurde jedoch in Spanien, nicht nur aus Prüderie, sondern von Vertretern modernistischer und realistischer Strömungen, gegen Darstellungen nackter Körper in der Malerei argumentiert. Darin war eine Kritik an der vor allem in Rom gesuchten mythologischen Thematik enthalten. Der mythologische Bildstoff – und, so ein Kritiker, nur die mythologischen Helden handelten nackt – habe mit dem modernen Menschen nichts mehr gemein. Im für die Zeitgenossen relevanten Zusammenhang könne die Nacktheit nur im pornographischen nicht aber im mythologischen Genre glaubhaft wirken.

> „El hombre moderno, en su eclecticismo, todo lo acepta: el cuadro arqueológico; el de paisaje; el de costumbres nacionales ó extranjeras; el de critica política; el de pornográfico. El único que no comprende es el mitológico: los hombres y las mujeres desnudas, que no piensan ni sienten; que afectan una belleza exterior puramente convencional, le parecen animales extraños; los cuadros mitológicos se le figuran láminas iluminadas de Historia Natural […] El no cree que el hombre sea hombre desnudo: no es hombre hasta que está vestido[…]."[122]

Eine immer größere Diskrepanz wurde zwischen den als irrelevant eingeschätzten mythologischen, biblischen oder historischen Themen und der Gegenwart der Künstler spürbar.

All die wohl intendierten Übungen, historische Techniken und Darstellungsweisen durch die Kopien beherrschen zu lernen und die Darstellung des nackten Menschen durch Aktstudien, führten zu einer Bildsprache, die entweder im historistischen Genre verharrte oder aber zu einem von der Akademie nicht geschätzten Naturalismus verleitete. Für viele Künstler bestand darum in der Landschaftsmalerei eine Ausflucht vor der immer auch weltanschaulich besetzten Entscheidung zwischen konservativen Klassizismen oder progressiven bzw. sozialkritischen Realismen.

---

120 Vgl. AAE, Communicaciones oficiales 1873–1889, Jg. 1874, Blatt 13, Legacion de España an den Direktor der Akademie, 5. November 1874.

121 Vgl. F. Navarro Ledesma, Esposición de Bellas Artes, in: El Globo, 22. Juni 1897, zitiert nach REYERO 1992, S. 59–72, S. 63.

122 Vgl. die Ausstellungskritik von Isidoro Fernandez Florez, Exposicion de Bellas Artes, in: La Ilustracion Española y Americana, Nr. XX, 1884, S. 331–34, S. 334.

Abb. 4: Ulpiano Fernández-Checa Y Sáiz, Probearbeit des ersten Jahres, König Numa Pompilius und die Nymphe Egeria, 1885

Landschaftsstudien

Die Landschaftsmalerei, die jüngste der akademischen Gattungen, wurde in Spanien erst 1844 als eigenes Fach an der *Academia de San Fernando* eingerichtet und erst 1861 von der Gattung der Historienmalerei in der Stipendienverteilung geschieden. Die Anfänge spanischen Interesses an der künstlerischen Auseinandersetzung mit der Landschaft während der ersten Jahrzehnte des 19. Jahrhunderts standen unter dem Einfluß englischer und schottischer Landschaftsmalerei. Bis dahin fand die Anfertigung landschaftlicher Szenen überwiegend im Atelier nach übernommenen Modellen idealer Naturformationen und Beleuchtung statt. Erst der Belgier Carlos de Haes der 1857 an der *Academia de San Fernando* den ersten Lehrstuhl für Landschaftsmalerei erhielt, begründete eine Schule der Landschaftsmalerei progressiverer Auslegung in Spanien.[123] Aus dem Realismus der Schule Haes' und dem Interesse an psychologisierter Naturstimmung, das seine Schüler hegten, entwickelte sich bald ein Widerspruch zur klassizistischen Landschaftsauffassung und zur heroischen Szenerie, wie sie in Rom traditionell gesucht wurde.

Die ersten beiden Stipendiaten für Landschaftsmalerei der neueröffneten Akademie in Rom, Jaime Morera Galicia und Baldomero Galofre Jiménez, beide Schüler von Haes, sahen sich zunächst in den Bergen der Umgebung Roms um, gingen nach Subiaco und Neapel, aber die Motive, die sie suchten, fanden sie nicht. In den Wintermonaten zog sich Morera schließlich nach Passignano am Lago di Trasimeno zurück, um dort, wie der damalige Direktor, Casado del Alisal, im Vierteljahresbericht vom 4. Januar 1874 befremdet berichtete, die traurigen Wintermonate zu verbringen und seine bretonischen Wasserstücke zu vollenden:

> „encerrarse en estos tristísimos meses de invierno en Passignano […] Allí, en las nebulosas orillas del Trasimeno, ha encontrado adecuada atmósfera para la ejecución de su cuadro de baja mar en Douarnenez, cuyos estudios trajo de Bretaña; cuadro de hermoso y melancólico efecto, ejecutado con brío y sencillez. También ha hecho allí uno de sus estudios de animales, que tiene al interés y la poesía de un cuadro, cuyo motivo los perros del mercado, es un efecto de lluvia, recuerdo de Holanda."[124]

Er suchte also nicht das helle Winterlicht der römischen Campagna, die klarste und körperreichste Beleuchtung des Jahres im Süden, sondern eine Gegend, die es ihm erlaubte, das zuvor begonnene Gemälde einer bretonischen Küste fertig zu malen, deren melancholische Stimmung, nach Urteil des Direktors, gut gelungen war. Sich der unfreiwilligen Ironie nicht bewußt, schrieb der Direktor nach Madrid, daß auch der besondere malerische Effekt auf einem weiteren Bild, welches er erwähnte, ihn an holländischen Regen erinnern würde.

Bei der von Morera bevorzugten Thematik handelte es sich jedoch nicht um eine schwierige Eingewöhnungsphase in Italien, sondern selbst noch nach zwei Jahren blieb dem Direktor Casado del Alisal nichts anderes übrig als von der Fortsetzung der nordischen Herbst- und Winterserie, von Nordstränden und Holländischen Impressionen nach Madrid zu berichten: *La bajamar en la playa de Douarnenez, en una tarde nebulosa* oder *Perros de mercado (recuerdo de Holanda)* oder die Studie *Eingeschneite Schafe*.[125] Auch Galofre schien das heiter warme Klima in Italien nicht besonders interessiert zu haben. Im zweiten Jahr, 1876, entstand seine Probearbeit *Después de la lluvia*, die Casado del Alisal in seinen Berichten nach Madrid als triviale, trübsinnige Landschaft beschreibt, der jedes Interesse für eine wahrhaftige Wiedergabe fehle:

---

123 Vgl. Carlos de Haes en el Museo del Prado 1826–1898. Catalogo razonado, hrsg. von Ana Gutiéerez Márquez, Museo Nacional del Prado, Madrid, 2002.

124 Zitiert nach Casado Alcalde 1992, S. 50.

125 Vgl. Casado Alcalde 1992, S. 50.

Abb. 5: Jaime Morera Galicia, Probearbeit des ersten Jahres, Beschneites Ufer des Lago Trasimeno, 1875

„compuestos de piedras y yerba inerte, con un horizonte surcado de aguas, y con celaje nebuloso. La composición es trivial, y la habilidad de procedimiento no alcanza a suplir la falta de verdad e interés que allí se nota."[126]

Möglich ist, daß die Maler die ungünstigen Wetterverhältnisse auch deshalb gesucht haben, da nur diese es ihnen erlaubten, nicht detailgetreu zu malen und erste Versuche in Richtung einer impressionistischen Malweise zu unternehmen.

Hermenegildo Estevan Fernando, der 1882 mit dem dritten Preisverfahren nach Rom kam, schickte als Probearbeit des zweiten Jahres *Una playa de Bretaña* und im dritten Jahr: *Un Paisaje de Bretaña* nach Madrid.[127] So ließen sich weitere Beispiel anführen, die deutlich machen, daß die landschaftliche und künstlerische Topographie Roms zumindest nicht besonders geschätzt, ja geradezu gemieden wurde und unzählige Genehmigungen für Reisen in den Norden nach Amsterdam und Paris erbeten wurden. Mit der letzten Ausschreibung des 19. Jahrhunderts kam der Landschaftsmaler Angel Andrade unter dem neuen Statut von 1894 nach Rom, das für die Landschaftsmaler, nachdem ihre Vorgänger so vehement dafür gekämpft hatten, tatsächlich einen sechsmonatigen Aufenthalt sowohl in Paris, als auch in Holland vorsah.[128]

126 Zitiert nach CASADO ALCALDE 1992, S. 51.
127 Vgl. CASADO ALCALDE 1992, S. 52.
128 Vgl. CASADO ALCALDE 1992, S. 53–55.

Abb. 6: José Moreno Carbonero, Besuch der italienischen Königin Margarita auf der Ausstellung der spanischen Stipendiaten, 1883, in: La llustración Española y Americana

Ausstellungen – die Außenwahrnehmung der Akademie

Bevor die Probearbeiten auf dem Seeweg nach Spanien verfrachtet wurden, um dort in verschiedenen Ministerien, Ämtern, Rathäusern und Botschaften aufgehängt zu werden, veranstaltete die Akademie jährlich eine Ausstellung mit den Werken ihrer Stipendiaten in Rom.[129] Diese fand zunächst in der Spanischen Botschaft am Heiligen Stuhl an der Piazza di Spagna, später in den Räumen der Akademie auf dem Gianicolo statt. Das Publikum dieser Ausstellungen setzte sich aus den hohen Repräsentanten sowohl des Gastlandes als auch Spaniens zusammen: Das italienische Königspaar, die spanischen Botschafter, aber auch die französischen und portugiesischen Geschäftsträger, kommunale Politiker, der in Rom ansässige Adel, die *Associazione Artistica Internazionale* und weitere in Rom lebende Künstler waren geladen.

In den Reaktionen über die Ausstellung sind weniger Gedanken zur jeweiligen Kunst als vielmehr Vergleiche mit den Künstlern der Akademien der anderen Nationen in Rom präsent. So hören wir auch 1876 von dem außerordentlichen Erfolg der spanischen Künstler und, in Berufung auf die prominentesten römischen Kunstkritiker, ihrer Überlegenheit gegenüber den französischen Stipendiaten:

---

129 Vgl. Ministerio de Estado. Catálogo o inventario de los cuadros y esculturas existentes en este Ministerio, en su casi totalidad procedente de los envíos de pensionado en la Academia Española del Bellas Artes en Roma, que, reglamentariamente, quedan en propiedad de este centro desde que se fundó dicha Academia en al año 1873, Madrid 1883 und 1908.

> „Al verificarse en el Palacio de España la Exposición de las Obras del envío de que se trata, fueron invitados oficialmente á su examen los primeros críticos de Roma y todo lo que esta ciudad encierra de notable en el arte y en la prensa; las obras españolas fueron juzgadas como muy superiores á las de la Academia de Francia, mereciendo los mayores elogios todos mis companeros [...]."[130]

Zur Einweihung des Akademiegebäudes 1881 erschien in der römischen Zeitung *La Capitale* der Bericht über die Ausstellung:

> „L'Inaugurazione dell'Accademia spagnuola: La Spagna è una nazione imminente cattolica, e quindi non è da fare meraviglia se l'inaugurazione dell'accademia a San Pietro in Montorio venne preceduta da funzioni ecclesiastiche celebrate dal cardinale Di Pietro e da un Te Deum, dedicato al Re di Spagna di cui ieri ricorreva l'onomastico.
> Dopo questa sfumata d'incenso, ebbe luogo l'inaugurazione artistica. Inutile il dire che la colonia spagnuola vi assisteva tutta e in tutti i suoi varii aspetti: anche il corpo diplomatico e la classe artistica romana erano rappresentati in buon numero. [...] Gli artisti spagnuoli hanno arricchito Roma di un nuovo edifizio, di una nuova sede dell'arte, di quell'arte che in mezzo a tante disgrazie, ha reso gloriosa la loro nazione. L'inaugurazione della loro Accademia è un augurio di tempi migliori: un popolo dove il culto dell'arte ha sì profonde radici, sì belle manifestazioni, non può disperare del suo risorgimento."[131]

Inzwischen hatte der spanische König Alfons XII. die Schirmherrschaft der Institution übernommen. Die spanische Kirche war nicht nur wieder integraler Bestandteil der Restauration der Monarchie, sondern auch an der feierlichen Inbetriebnahme der Spanischen Kunstakademie in Rom beteiligt. Etwas spöttisch äußert sich das antiklerikale italienische Hauptstadtblatt *La Capitale* über den Weihrauchgeruch, aber die Genugtuung über die neue Einrichtung und ihr Willkommen ist nicht zu überhören. Und anscheinend erzielte die Akademie die von Castelar erhoffte Wirkung: Sie zeugte von einer Kunst, so der Verfasser des Artikels, die Spanien als Nation den Ruhm verlieh, den die politische Geschichte des Landes bisher vermissen ließ, sie kündete von dem *Risorgimento* des spanischen Volkes.[132]

Ein ähnliches Echo rief auch die 1901, nach über zehnjähriger Pause von José Villegas (Direktor von 1898–1901) organisierte Wiederaufnahme der Jahresausstellungen hervor, die als Beitrag der Spanier innerhalb des künstlerischen Wettbewerbs mit den anderen Nationen gewertet wurde: „E cosi aprirà una bella gara coi pensionati delle altre nazioni, e sarà fomite di progressi, giovevoli all'arte e agli studiosi."[133]

In den Kommentaren und Kritiken zu den Ausstellungen kam immer wieder dieser Wettbewerbsgedanke zum Ausdruck; waren die Werke gelungen, gereichten sie der nationalen Ehre zum Wohle, um so mehr als der „Fortunysmus" 1904 nicht mehr den früheren guten Ruf besaß:

---

130 Galofre in einem Schreiben, in dem er auf seinen Erfolg und damit auch auf seinen Verdienst um die internationale Repräsentation Spaniens verwies, vgl. AAE, Communicaciones oficiales 1873–1889, Jg. 1876, Blatt 63.
131 La Capitale. Gazzetta di Roma, 25. Januar 1881.
132 1884 wurden die Obra Pía und die Akademie wieder der Botschaft am Heiligen Stuhl unterstellt, wo sie bis 1932 blieben, vgl. MONTIJANO GARCÍA 1998, 3. Kap.

133 Arte ed artisti in Roma. All'Academia di Spagna, 10. April 1901, zitiert nach BRU 1971, S. 369. Die Zeitungsartikel sind im Archiv der Obra Pía in Rom verwahrt, teilweise ohne Angabe des Namens der Zeitung, in der sie erschienen waren.

> „Da qualche anno, e specialmente col prevalere dell'arte nordica, era venuto di moda in Italia, e anzitutto in Roma, affettare un certo disprezzo per l'arte spagnuola. Vi aveva, è vero, contribuito il fortunysmo condotto all'espressione più commercialmente convenzionale..."[134]

Der Akademie stand dem Artikel zu Folge das Verdienst zu, den kommerziellen Abstieg der spanischen Kunst in der Fortunynachfolge aufgehalten, ja der spanischen Kunst wieder zu einer internationalen Spitzenstellung verholfen zu haben.

> „Noi assistiamo da qualche anno a questa parte ad uno dei più straordinari risvegli artistici che un popolo possa offrire all'esempio delle altre nazioni. La Spagna che alcuni anni or sono sembrava discesa all'ultimo livello dell'arte e trascinava in una monotonia senza vita la sua pesante eredità. Si è ad un tratto risvegliata dal letargo in cui avevano piombato i suoi cattivi imitatori del Fortuny e si è messa orgogliosamente e vivacemente alla testa del movimento artistico internazionale.[...] In una parola, questa mostra dei giovani pensionati spagnuoli onora grandemente la istituzione qui appartengono e il glorioso popolo da cui sono usciti."[135]

Auch in Deutschland wurde der Spanischen Akademie eine positive Wirkung auf die Spanische Kunstausübung zugestanden und das Fehlen einer Deutschen Akademie in Rom als Ursache für den unbefriedigenden Auftritt der deutschen Künstler auf einer internationalen Kunstausstellung in Rom gewertet. Der Korrespondent der Neuen Preußischen Kreuzzeitung berichtete am 28. Februar 1904:

> „[...] ich habe in der Kreuzzeitung gelegentlich einer Besprechung von Arbeiten spanischer Akademie Zöglinge dem Bedauern vieler unserer Künstler und Liebhaber Ausdruck gegeben, daß es in Rom bislang an einer deutschen Akademie fehlt. Bei der auch heute noch in vielen unserer Künstler lebenden Italiensehnsucht würde eine solche Anstalt wahrscheinlich zum Mittelpunkte einer starken Künstlerkolonie werden."[136]

In den Ausstellungskritiken trat ein Teilaspekt der Funktion der Akademieausstellungen zu Tage. Die internationalen Medien nutzten diese Anlässe immer wieder, um auf vermeintliche kulturelle Vorsprünge oder Nachteile hinzuweisen. Die Akademien wurden damit Teil eines sich regelmäßig perpetuierenden Vergleichs und Wettbewerbs, wie er in ähnlicher Weise auf den Weltausstellungen gepflegt wurde.

Doch gab es, vor allem was die Ausstellungspolitik anging, auch kritische Stimmen. 1912 leitete der *Direttore generale per le antichità e le Belle Arti,* Corrado Ricci,[137] einen öffentlichen Brief von Mario Lago[138] an den Direktor der Spanischen Akademie weiter, in dem der Charakter der Stipendiatenausstellungen kritisiert und eine Reform des Ausstellungswesens der Akademien gefordert

---

134 In: La Tribuna, 1904, zitiert nach Bru 1971, S. 375.
135 Diego Angeli, L'esposizione del pensionato di Spagna, in: Il giornale d'Italia, o. Datum (1904), zitiert nach Bru 1971, S. 377.
136 Neue Preußische Kreuzzeitung, der Artikel ist aufbewahrt in: GStA PK, Rep 92, A XLIV, Auslandsausstellungen.
137 Corrado Ricci (1858–1934), Kunsthistoriker und Konservator, war als *direttore generale delle antichità e belle arti in Italia* seit 1906 in einer der wichtigsten Funktionen für den italienischen Denkmalschutz und das Museumswesen tätig; er gründete später das *Reale Istituto d'archeologia e storia dell'arte* in Rom. Außerdem war er Präsident des *Consiglio superiore delle belle arti* in Rom.
138 Bei Mario Lago handelt es sich wahrscheinlich um den Kunstschriftsteller (vgl. seine Künstlermonographie über Angelo Zanelli, Rom 1911) und nicht um den Diplomaten Mario Lago, der zur Zeit des Briefes im Auswärtigen Amt tätig war und später Karriere als Gouverneur des Dodecaneso machte.

wurde.¹³⁹ Der kleine Kreis der Interessierten und die hermetische Welt der ausländischen Kolonien in Rom verhinderten, so Lago, daß die Künstler die ihnen zustehende Aufmerksamkeit erhielten. Leider blieb Lago Vorschläge, wie man das Interesse einer breiteren Öffentlichkeit an den Rompreisstipendiaten in Rom erwecken könnte, schuldig. Tatsächlich waren die Ausstellungen vor allem mondäne gesellschaftliche Anlässe – die Bereiche Kunst und Lifestyle verschwammen vor den Augen des Kommentators, der den Gegensatz zwischen der angenehmen Präsenz des schönen Geschlechts und den ehemaligen Klosterräumen der Akademie genußvoll hervorhob:

„Non teneremo un elenco delle signore intervenute anche per non rincorrere in qualche omissione involontaria ma non per questo meno deplorevole: diremo soltanto che la vista di tante belle visitatrici nell'ambiente quasi claustrale dell'Accademia era già di per se stessa una eletta sensazione d'arte."¹⁴⁰

Insgesamt war die Aufmerksamkeit der Medien hinsichtlich der akademischen Anlässe unverhältnismäßig groß. Weder die ausgestellte Kunst noch der Publikumserfolg, den sie bedingten, waren von größerer Bedeutung. Vielmehr boten die Akademieveranstaltungen Gelegenheit, sich über die generelle Erscheinung, Ausstattung und Kostenumfang der Akademiefeste auszulassen und damit den Eindruck, den die „Kultur" verschiedener Länder machte, zu vergleichen. Sie erlaubten darüber hinaus Spekulationen über die gesellschaftliche und damit auch politische Verfassung der jeweiligen Länder. In diesen Funktionen übernahmen die Veranstaltungen der Akademien einen Teil der Aufgaben auswärtiger Kulturpolitik, deren Konzept um die Jahrhundertwende darauf abzielte, imperialistische Zielsetzungen durch Demonstration zivilisatorischer Überlegenheit zu rechtfertigen.

4. Künstler statt Kleriker – Die Umwandlung des Klosters zur Akademie

Idealvorstellungen einer Akademie in Rom

Aufgrund der schlechten Beziehungen der Ersten Spanischen Republik zu Pius IX., der die Bourbonen wieder auf dem spanischen Thron sehen wollte, wurde die neugegründete Institution der Spanischen Botschaft am Quirinal unterstellt. Die Stipendien wurden durch die *Obra Pía* verteilt, die inzwischen direkt dem Staatsministerium untergeben war. Da noch kein Gebäude für die Akademie vorhanden war, wurden die zum Jahresende 1873 ernannten Stipendiaten, die im Frühjahr 1874 in Rom eintrafen, zum Teil in ungenutzten Räumen der Spanischen Botschaft an der Piazza di Spagna untergebracht. Weitere Zwischenlösungen ergaben sich mit der Anmietung von Wohnungen, zunächst in der Via della Croce 34¹⁴¹ und später, für das Jahr 1875/76, in der Via Mario dei Fiori 59 b.¹⁴² Die Mieten der Ateliers und der Wohnungen verursachten hohe Zusatzkosten. Auch waren der erwünschte gemeinschaftliche Geist, der akademische Anspruch an eine „höhere" Kunst und disziplinierter Lerneifer ohne gemeinsame Arbeits- und Wohnräume nicht zu vermitteln. Die Stipendiaten hielten sich, wie so viele der ausländischen Künstler in Rom, im Ausländerviertel rund um die Piazza di Spagna auf, im Café Greco und in den Salons der römischen Adelshäuser.

---

139 Vgl. AAE, Communicaciones oficiales 1873–1889, Jg. 1912, Anhang Nr. 6.
140 All'Accademia di Spagna, in: La Vita, 18. Februar 1906, Rom, zitiert nach Bru 1971, S. 380.
141 Vgl. Bru 1971, S. 24–26.
142 Vgl. Mietvertrag in AAE Communicaciones oficiales 1873–1889, Jg. 1876, Blatt 16.

Durch die Neufassung des Statuts und der zumindest auf dem Papier vollzogenen Neugründung der Akademie, 1873, war klar, daß es nicht mehr bei diesen Provisorien bleiben konnte. Von Anfang an schwebte den Gründern ein würdevoller Sitz, ein repräsentativer Ort vor: Schon bei der Aufnahmeprüfung für die Architekturstipendiaten im Jahr 1873 wurde von der *Academia de San Fernando* in der Ausschreibung der Wettbewerbsaufgaben, neben anderen an den Pariser Preisaufgaben inspirierten Großbauten, ein Idealprojekt für die Akademie in Rom gefordert. Aus der Aufgabenstellung ging äußerst detailliert hervor, wie man sich die Akademie in Rom vorstellte:

„9. Academia española de bellas artes en Roma
Este edificio rodeado de jardines, juegos de agua, templetes, vasos, estatuas y multitud de objetos de arte, que constituirá una suntuosa Villa situada dentro del recinto de la ciudad. Sus dependencias principales serán: una sala de exposicion annual de trabajos de los pensionados; dos salas de estudio; una biblioteca; dos anfiteatros para la copia del antiguo y del natural; dos galerias para los restos de la escultura antigua, ornamental y de figuera; dos estudios de escultura, cinco estudios de pintura, tres estudios de arquitectura y cuatro gabinetes para grabadores y musicos. Deberá contener a demás catorce habitaciones para los pensionados, una sala de reunión, una enfermería. Las habitaciones y oficinas del Director y secretario, un archivo, conserjería, salas de embalaje de envíos, portería, depósitos de leña, caloríferos y demás oficinas del servicio general de la Academia."[143]

Die Ausschreibung nennt einen Großteil der in der Typologie der Akademiearchitektur mittlerweile etablierten Anforderungen, insbesondere wie sie Léon Vaudoyer für den *Prix de Rome* im Jahr 1826 (Kapitel I., Kat.-Nr. 38–40) entworfen hatte,[144] und ließe sich fast als essentielles Bauprogramm für eine Akademie in Rom bezeichnen: Eine prachtvolle Villa, umgeben von Gärten, aber innerhalb der Mauern Roms. Die Akademie sollte über einen Ausstellungssaal verfügen, zwei Studienräume, eine Bibliothek, zwei Hörsäle für das Antiken- und Aktstudium, zwei Galerien für antike Skulptur und ornamentale Spolien, zwei Bildhauerateliers, fünf Malerateliers, drei Architekturateliers und vier Studios für Stecher und Musiker. Hinzu kamen vierzehn Wohnzimmer, eine Krankenstube und ein Versammlungssaal, des weiteren Direktoren- und Sekretärswohnung, Archiv, Büro, Pförtnerloge, Holzlager, Heizräume, und sogar ein Verpackungsraum für die nach Madrid zu sendenden Probearbeiten war vorgesehen.

---

143 Die anderen Aufgaben des Wettbewerbs waren: Museo Nacional de Pintura y Escultura, Casa Ayuntamento para una Capital de 1ᵉʳ Orden, Museo Arqueológico, Estacion de 1ᵉʳ Orden, Panteon de Hombres celebres, Bolsa para Madrid, Teatro Nacional, Palacio para la representacion nacional, Puente monumental, Museo Nacional de Pintura y Escultura, Archivo general, vgl. Archivo General del Ministero de Asuntos Exteriores, Fondo: Fundaciones Españolas en el Extranjero, Serie: Italia, Academia de Bellas Artes en Roma, H 4334, 1873–1881, Concursos e oposiciones. Es hat sich zwar die schriftliche Aufgabenstellung des Wettbewerbs erhalten, die eingereichten Zeichnungen jedoch nicht. Sie befinden sich auch nicht in den Beständen der Architekturzeichnungssammlung der *Academia de San Fernando,* vgl. das Bestandsverzeichnis, in: Academia, Anales y Boletín de la Real Academia de Bellas Artes de San Fernando, Madrid 2000 und folgende Jahrgänge. Die *Academia* verwahrte die Zeichnungen zu akademischen Wettbewerben nur bis ca. 1850. Die Archivierung der späteren Bestände akademischer Architekturzeichnungen obliegt der *Escuela Técnica Superior de Arquitectura de Madrid*, die nach der Reform der Architektenausbildung unter Isabella II. (1844), aus der *Academia de San Fernando* herausgelöst wurde. Seit 1848 existierte sie als unabhängige Hochschule für angewandte Architektur, die erste dieser Art in Spanien. Nach der Trennung von der Akademie wurde sie zunächst im antiken *Colegio Imperial* in der Calle de los Estudios untergebracht, bis sie 1936 in die *Ciudad Universitaria* zog. Während des spanischen Bürgerkriegs fand sich die Universität inmitten der Front und Archiv und Bibliothek erlitten große Verluste. Auch die Architekturwettbewerbszeichnungen sind nach Auskunft von Blanca Ruilope Urioste (Direktorin der Bibliothek und des Archivs) und Susana Feito Crespo (Assistentin) zu den Kriegsverlusten zu rechnen.

144 Vgl. Kapitel I. 3.

Die detailliert geschilderte Ausstattung des Gartens mit Wasserspielen, Tempelchen, Vasen, Statuen und einer Vielzahl dekorativer Objekte läßt an die in römischen Gärten über Jahrhunderte gewachsenen Arrangements von Kunst und Natur denken, an historische Gärten, geschmückt mit antiken Funden, wie sie insbesondere die Villa Medici umgaben. Bei einer Neuschaffung eines solchen Ensembles ließ sich höchstens ein schwaches Nachbild erzielen, eine Staffage, wie sie wenige Jahre später von Bernhard Sehring in seinem Akademieprojekt für Deutschland auf dem Gelände der Villa Strohl-Fern entworfen wurde und die in Bälde üblich für die Ausstattung der Akademiegärten werden und den Künstlern als Kulisse dienen sollte.[145]

Bei der spanischen Projektbeschreibung handelt es sich, nach Vaudoyers Entwürfen also um die zweite Formulierung einer Architektur für Akademien in Rom, die zum einen deutlich auf dem Modell der Villa Medici basiert, zum andern auf einzelne funktionale Errungenschaften der Akademietypologie des 18. und frühen 19. Jahrhunderts zurückgreift.

Eine Kirche als Akademie

Konkreter wurden die Planungen für ein Akademiegebäude, als die Spanische Botschaft das Grundstück der spanischen Nationalkirche San Giacomo degli Spagnuoli an der Piazza Navona, im Eigentum der *Obra Pía*, zwecks Akademiegründung in Augenschein nahm.[146] Da sich die Kirche San Giacomo seit ihrer Verwüstung durch französische Truppen 1798 in einsturzgefährdetem Zustand befand, war die spanische Gemeinde in den dreißiger Jahren des 19. Jahrhunderts in die zweite Nationalkirche in Rom, S. Maria di Monserrato, umgezogen und hatte die Kunstwerke von San Giacomo dorthin verlagert. Die Zusammenlegung der zwei traditionsreichen spanischen Stiftungen war auch Folge der krisengeschüttelten spanischen Kirchenpolitik im 19. Jahrhundert und des Rückgangs gesellschaftlichen Interesses gegenüber klerikalen Einrichtungen.

Da die karitativen Funktionen der Stiftungen von Santiago und Monserrato nicht ausgelastet waren, sollte der Überschuß von Stiftungsgeldern zugunsten eines Akademieneubaus verwendet werden. Den Akademiesitz dachte man aus Kostengründen in die alten, leerstehenden Gemäuer San Giacomos einzubauen. Das Projekt der Adaption der Kirche und ihrer Annexe für die Akademie wurde schon am 18. Mai 1873 von einem in Rom gebliebenen ehemaligen Architekturstipendiaten, Alejandro del Herrero y Herreros, ausgearbeitet.[147] In dem neunzehnseitigen Dossier, das u. a. auch generelle Argumente für die Etablierung einer spanischen Akademie in Rom auflistet, schlug Herrero zweierlei Lösungen vor:[148] Sein erster Entwurf sah das gesamte Kirchengebäude für die Akademie vor, wobei die Kapellen als Ateliers und das Mittelschiff als Ausstellungssaal umfunktioniert werden sollten. Dieser Ausstellungssaal sollte den ganzen Winter über geöffnet bleiben und allen in Rom anwesenden, nicht nur zur Akademie gehörenden, spanischen, wie auch hispano-amerikanischen Künstlern die Möglichkeit bieten, dort ihre Werke auszustellen. Weiterhin war eine Bibliothek mit kunsthistorischen und archäologischen Beständen geplant.

---

145 Vgl. KAPITEL IV. 2.
146 Vgl. BRU 1971, S. 26 und RUSSO 1969, S. 66–68.
147 Herrero war als Stipendiat der *Academia de San Fernando* 1870 in Rom, vgl. CASADO ALCALDE 1987, S. 170. Sein Projekt befindet sich im Archivo General del Ministero de Asuntos Exteriores, Fondo: Fundaciones Españolas en el Extranjero, Serie: Italia, Academia de Bellas Artes en Roma, H 4331, 1873–1926, Su creación. Junta Administrativa. Edificio.

148 Vgl. Ante-Projecto para establecer una Academia de Bellas Arts, en el local que ocupa la Iglesia de Santiago en Roma aprovechando las construcciones existentes, y los restos de su antigua decoracion. Rom 18. Mai 1873, in: Archivo General del Ministerio de Asuntos Exteriores, Fondo: Fundaciones Españolas en el Extranjero, Serie: Italia, Academia de Bellas Artes en Roma, H 4331, 1873–1926, Su creación. Junta Administrativa. Edificio.

Sein zweiter, kostengünstigerer Vorschlag sah nur einen Teil der Gebäude San Giacomos für die Akademie vor. Der restliche Trakt sollte zu Privatwohnungen umgebaut werden, deren Vermietung die Baukosten finanzieren sollte. Dabei war eine Öffnung des Mittelschiffs als Passage mit Geschäften zwischen Piazza Navona und der Sapienza vorgesehen; eine Lösung, bei der auf die Mitfinanzierung durch die Stadt gehofft wurde. Vielleicht in Anlehnung an die neuen Einkaufspassagen Mailands (Galleria Vittorio Emanuele 1865–77) und Turins (Galleria Subalpina 1874), wollte Herrero das Mittelschiff mit einem Glasdach abdecken. Diesem Planungsstadium zu Folge wären der Akademie die Räume zur Platzseite verblieben (Abb. 7–8).

In seinen begleitenden Argumenten für die Akademie betonte Herrero die Wichtigkeit von Ateliers, die, so der Architekt, die eigentliche Aufgabe der Akademie seien, und verwies auf das Vorbild der französischen Akademie. Mehr als um einen konkreten Vergleich der Räumlichkeiten ging es ihm mit diesem Hinweis jedoch darum, durch die Erwähnung der Einrichtungen der anderen Nationen die Dringlichkeit der spanischen Gründung zu unterstreichen. Dabei nahm es Herrero mit der römischen Wirklichkeit nicht so genau, denn außer Frankreich und Österreich bot kein anderes Land seinen Künstlern tatsächlich größere Unterstützung als Spanien. Auch fällt wieder das Argument, daß die Kunstförderung, sprich eine Akademie in Rom, Erkennungsmerkmal der zivilisierten Nationen sei:

> „Todas las naciones tienen constantemente un contingente mas o menos numerosos de artistas en esta Ciudad, procurando unas con la protección oficial, otras con la privada, poner todos los medios, ayudar de todas maneras, a que puedan conseguir un brillante resultado.
> La Francia con la magnifica Academia de la Villa Medicis, el Austria alocando sus pensionados en el Palacio de la Legación, la Alemania con la sociedad Arqueológica y por ultimo la Russia, la Inglaterra, los Estados-Unidos y hasta las Republicas hispano-americanos conteniendo muchos pensionados, que además cuentan con la protección de sus compatriotas ricos viajeros que esportan anualmente obras de arte por valor de muchos millones, todas o casi todas las naciones mas civilizadas acuerden directa ò indirectamente protección a sus artistas; tan solo los españoles carecen de ella; […] El establemento en Roma de una Academia Española de Bellas Artes proporcionaría equitativamente esta protección de que carecen nuestros artistas, el mismo tiempo que seria una solución conveniente para transformar la Iglesia de Santiago en un edificio de la mayor utilidad, cuyas obras se podrían ejecutar con gran economía aprovechando las construcciones que existen."[149]

Der Plan des Umbaus San Giacomos wurde jedoch aufgegeben, da sich gegen die endgültige Profanierung in Rom Widerstand regte. Mehrmals wurde daraufhin versucht, die Kirche auf Immobilienversteigerungen zu verkaufen, um aus dem Erlös den Neubau für die Akademie zu finanzieren.[150]

Im März 1874, nach dem frühen Ende der Ersten Republik, teilte der spanische Staatsminister dem bevollmächtigten Geschäftsträger König Alfons' XII. in Rom, Conde Diego de Coello y Quesada, mit, daß das Projekt San Giacomo endgültig gestoppt worden sei. 1874 schlug Conde

---

[149] Vgl. Herrero y Herreros, Ante-Projecto para establecer una Academia de Bellas Arts, en el local que ocupa la Iglesia de Santiago en Roma aprovechando las construcciones existentes, y los restos de su antigua decoracion. Rom 18. Mai 1873, in: Archivo General del Ministero de Asuntos Exteriores, Fondo: Fundaciones Españolas en el Extranjero, Serie: Italia, Academia de Bellas Artes en Roma, H 4331, 1873–1926, Su creación. Junta Administrativa. Edificio.

[150] Nachdem Pius IX. vergeblich versuchte, den Spaniern die Kirche abzunehmen, kam es unter Leo XIII. zu einem Skandal: Die Kirche wurde geheim an Protestanten verkauft – ein Verkauf, der aufgrund des großen Protestes rückgängig gemacht wurde, vgl. José Benavides, La iglesia nacional española y S. M. D. Alfonso XIII, Rom 1890 und Russo 1969, S. 68.

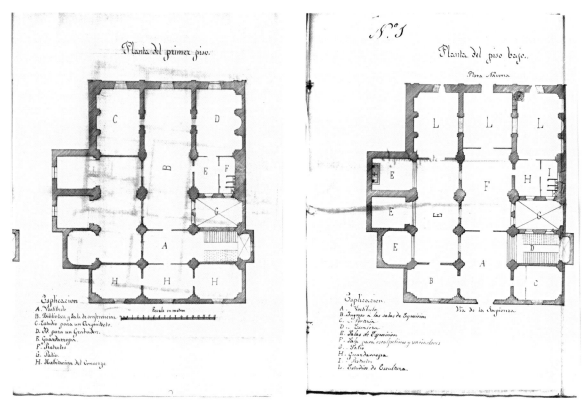

Abb. 7: Herrero y Herreras, erstes Umbauprojekt für San Giacomo degli Spagnoli, 1873
links: Erdgeschoß: A. Vestibül, B. Eingang zum Ausstellungssaal, C. Pforte, D. Treppe, E. Ausstellungssaal, F. Saal für Steinmetze, G. Hof, H. Garderobe, I. WC's, L. Bildhaueratelier
rechts: erster Stock: A. Vestibül, B. Bibliothek, und Konferenzsaal, C. Architekturatelier, D. Atelier für Kupferstecher, E. Garderobe, F. WC's, G. Hof, H. Wohnung des Pförtners

de Coello, der sich weiter für die Akademie einsetzte, zwei Alternativen vor, bei denen wiederum ungenutzte religiöse Einrichtungen näher in Betracht gezogen wurden: der Konvent der Trinitarios Calzados in der Via Condotti, unweit der Spanischen Gesandtschaft, bzw. der zivile Teil des Hospitals Montserrat. Beide Einrichtungen befanden sich jedoch in der Hand spanischer Orden mit Verbindungen zum Vatikan, welche sie vor Vorstößen der Säkularisierung schützten.

Ein Kloster als Akademie

Zu etwa derselben Zeit fiel der Blick auf das Kloster San Pietro in Montorio, das sich in mehrerer Hinsicht anbot. Es war nicht im Besitz einer spanischen Bruderschaft; zwar bestand ein historischer Bezug zwischen Spanien und der Kirche San Pietro in Montorio – die Katholischen Könige Ferdinand von Aragon und Isabella von Kastilien finanzierten die Fertigstellung der Kirche und beauftragten Bramante mit der Errichtung des Tempietto – aber juristisch abgesichertes spanisches Eigentum bzw. Patrozinium waren die Kirche und der Konvent zur Zeit der Überlegung, die Akademie dort zu installieren, nicht. Es handelte sich vielmehr um italienischen Besitz, und mit der Ausweitung der sogenannten *Leggi eversive* zur Auflösung der religiösen Orden auch auf das Stadtgebiet Roms, am 19. Juni 1873, fiel das Kloster unter italienische Gesetzgebung, was eine Umfunktionierung für profane Zwecke eher denkbar machte.

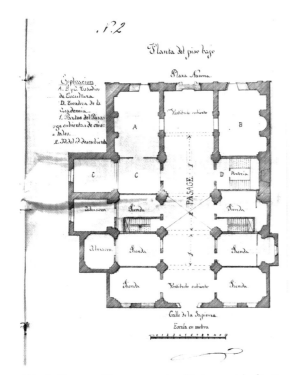
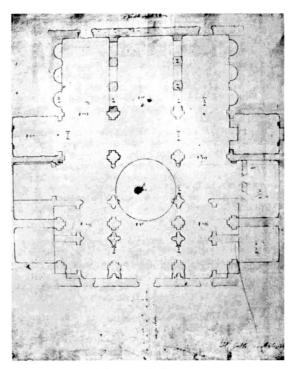

Abb. 8: Herrero y Herreras, zweites Umbauprojekt für San Giacomo degli Spagnoli, 1873, Erdgeschoß mit Ladenpassage: A. B. C. Bildhauer-Ateliers D. Treppe 1. Glasgedeckte Passage 2. ungedeckte Passage

Abb. 9: Ursprünglicher Grundriß von San Giacomo (Florenz Uffizi dis. arch. 905, Sangallo-Umkreis)

Der spanische Botschafter Conde de Coello begann nun, mit dem Ziel der Übernahme des Klosters für die Akademie, die spanischen Ansprüche an Kirche und Kloster vor der römischen Stadtregierung zu vertreten und führte die zahlreichen spanischen Wappen an den Gebäuden als Beweis für den spanischen Besitzanspruch auf. In seinen Dossiers für den italienischen Außenminister zählte er alle aus den Archiven hervorgehenden Stiftungen und Investitionen von Seiten der spanischen Könige in San Pietro in Montorio über die Jahrhunderte auf und folgerte daraus, daß das Kloster entweder dem Papst oder den spanischen Königen gehöre. Er begab sich damit auf einen Drahtseilakt, denn ein zu eindeutig nachgewiesener spanischer Besitzanspruch hätte die Umnutzung zu Kunstzwecken nicht gerade vereinfacht, sondern die Aufmerksamkeit der spanischen Krone geweckt: Er ging jedoch sicherlich richtig in der Annahme, daß der italienische Liquidierungsausschuß weder vorhatte, das Kloster dem Papst abzutreten, noch plante, es bedingungslos der spanischen Krone zuzusprechen, sondern vielmehr bereit war, den laizistischen Kräften Spaniens, die hinter der Akademiegründung standen, entgegenzukommen.[151]

Nach langwierigen Verhandlungen erreichte Conde de Coello, daß am 21. August 1876 die italienische Regierung und die spanische Krone ein Schriftstück unterzeichneten, das die Anheimstellung der Kirche, des Tempietto und eines von den Mönchen genutzten Teils des Konvents unter das

---

151 Vgl. der Botschafter Conde Coello an den italienischen Außenminister Emilio Visconti-Venosta am 5. Januar 1876, 24-seitiges Dokument, in: ASD, Serie P Politica 1891–1916, pac. 615, pos. 576, Istituti, chiese ecc. spagnole in Roma, Spagna, S. Pietro in Montorio.

Patronat der spanischen Krone vorsah.[152] Dabei schien der Ausschuß zur Liquidierung kirchlichen Eigentums zunächst davon auszugehen, daß Spanien Anrecht auf das Patronat der Kirche und des Tempietto habe, aber nicht auf den Besitz des Konventsgebäudes. Erst mit der spanischen Zusicherung, in dem Konvent eine Akademie einzurichten und unter der strikten Anwendung der *leggi eversivi* vom 19. Juni 1873, welche die Aufkündigung des Franziskanerordens bestätigten, stimmte die *Giunta* zu, das Kloster den Spaniern zu übereignen. Das Hauptziel der italienischen Kommission im Zuge der landesweiten religiösen Enteignungen war natürlich, daß die Bruderschaft San Pietros in Montorio, die religiöse Institution, aufgelöst würde.[153] Tatsächlich kam es erst zur Einigung, als Italien die Übergabe des Klosters an Spanien mit der Bedingung verknüpfte, die bestehende Ordensgemeinschaft aufzulösen und den Konvent in eine Akademie umzuwandeln.[154] So lange nicht sicher war, ob die Spanier ihre Akademie wirklich einzurichten gewillt waren, zumal sie die Verwaltung des Klosters wiederum der *Obra Pía* anheimstellen wollten, zögerte die Kommission und verklausulierte den Vertrag: Sollten die Bedingungen der Akademiegründung nicht erfüllt werden, fiele der Besitz zurück an die italienische Regierung. Sollte es jedoch lediglich aufgrund finanzieller Probleme nicht gleich zum Neu- bzw. Umbau kommen, sollten Ausnahmeregeln getroffen werden. Wichtig schien nur, daß der Konvent nicht mehr von den Franziskanern dominiert wurde – nur jene für die Ausrichtung des Gottesdienstes benötigten Brüder durften wohnen bleiben, sofern sie den Direktor der Akademie als obersten Hausherrn anerkannten.[155] Verschiedene Klagen, die der Orden in der Folge gegen die Enteignung anstrengte, konnten abgeschlagen werden.[156]

Drei Jahre verstrichen nach dem Übereignungsakt, ohne daß die Akademie installiert wurde. Conde de Coello sprach inzwischen von internationaler Blamage, vor allem im Vergleich zu den anderen Nationen, die mittlerweile alle Institute in Rom besäßen: Wie Herrero wies er auf die Franzosen, Engländer und Belgier, die eine Akademie, bzw. auf die Deutschen, die ein Archäologisches Institut hätten, hin. Nur Spanien, so der Conde, das mit der Gründung der Akademie zumindest gezeigt hätte, daß es sich nach den politischen Wirren des 19. Jahrhunderts „regenerierte", gelang es nicht, eine solche zu installieren:

> „Al reinado de Alfonso XII y al presidente de la Academia de la Historia durante su paso por el Ministerio de Estado [gemeint ist Emilio Castelar, Anm. d. Verf.], tocará la gloria de realizar en España una cosa ofrecida y que será nueva prueba de la regeneración de España."[157]

---

152 Aus der Sicht Spaniens wurde es regelrechter Eigentümer und erhielt nicht nur das Patronat. Die heutige Formulierung erweckt zumindest den Anschein eines unklaren juristischen Verhältnisses: „Las negaciones non fueron fáciles, pero si consiguió el reconocimiento del patronazgo español, y por tanto la propriedad, de San Pietro in Montorio, y como solución de „compromiso", más diplomática que jurídica, al menos desde la óptica italiana, levantar allí la sede de la Academia." MONTIJANO GARCÍA 1998, S. 136.

153 Die Giunta liquididatoria setzte sich für die Durchsetzung der spanischen Interessen bzw. die Gründung der Akademie ein, vgl. La Giunta liquidatoria dell'Asse Ecclesiastico al Ministero degli Affari Esteri, Rom, am 13. Dezember 1876, in: ASD, serie P politica 1891–1916, pac. 615, pos. 576, Istituti, chiese ecc. spagnole in Roma, Spagna, S. Pietro in Montorio.

154 Vgl. La Giunta liquidatoria dell'Asse Ecclesiastico al Ministero degli Affari Esteri, Rom, am 29. September 1876, „Il diritto di patronato della Spagna sul ripetuto Convento non venne asserito che non via di transazione." in: ASD, Ambasciate e legazioni estere, XS3, Busta 37 F. 96 Spagna, Sg. 8. Richiesta di regolamenti e statuti di istituti.

155 Vgl. BRU 1971, S. 28.

156 Der Streit setzte sich bis in die achtziger Jahre des 20. Jahrhunderts fort. 1986, im Laufe der Verhandlungen zu einer Beilegung oder einem Vergleich zwischen Spanien und den Franziskanern erschien von Luigi Cipriani im Privatdruck, jedoch an die italienischen Finanz-, Außen-, Kultur- und Innenminister adressiert, eine Kampfschrift, in der die spanischen Ansprüche auf San Pietro in Montorio, die Kirche, das Tempietto und das Kloster massiv zurückgewiesen wurden, vgl. Luigi Cipriani, S. Pietro in Montorio e il Tempietto del Bramante, Studio storico giuridico, o. O. 1986.

157 Der Botschafter Conde Coello 1879 nach Spanien, zitiert nach BRU 1971, S. 28/9.

Abb. 10: Giuseppe Vasi, Prospetto dell'Alma Città di Roma visto dal Monte Gianicolo, 1765, Ausschnitt

Schließlich kam die italienische Seite, die die Akademiegründung befürwortete, den Spaniern entgegen: Am 20. Mai 1879 wurde der Akademie die Liegenschaftsteuer erlassen. Bei dieser Vergünstigung handelte es sich um ein Privileg, das ehemals kirchliche Stiftungen, aber längst nur mehr die Botschaftssitze genossen. Ausnahme war die Villa Medici, der als Akademiesitz seit 1804 von der damaligen Kirchenregierung ebenfalls Steuererlaß zugestanden wurde. Nun sollte den Spaniern zumindest für die Dauer des Umbaus und der Einrichtung der Akademie das gleiche Privileg zugestanden werden.[158] Der Steuererlaß macht deutlich, daß der italienische Staat gegenüber den Akademiegründungen durchaus fördernd auftrat. Sie waren ein Aspekt der Hauptstadtplanung des *Risorgimento*, welche der einflußreiche Politiker Quintino Sella entscheidend prägte.[159] Er wollte in Rom eine intellektuelle und künstlerische Elite versammeln und damit die ehemalige religiöse Anziehungskraft Roms durch einen internationalen Treffpunkt der Wissenschaften und Kulturen ersetzen. Sellas Ziele wurden während der ersten Dekade des 20. Jahrhunderts von der *Giunta* Nathan fortgeführt und gipfelten in der Ansiedlung der Akademien und Kulturinstitute in der Valle Giulia.[160]

Die Profanierung des Klosters

Mit der Wahl San Pietro in Montorios als Sitz der Akademie reservierte sich Spanien einen der französischen Akademie entsprechenden, ähnlich exponierten Standort in Rom. Auf der dem Pincio gegenüberliegenden Seite des Stadtzentrums erhebt sich der Gianicolo hinter Trastevere als natürli-

---

158 1885 waren sowohl die städtische Regierung als auch das Finanzministerium über die noch immer gültige Ausnahmeregelung erstaunt, und wiesen darauf hin, daß die Akademie keineswegs mit Botschaftssitzen vergleichbar wäre und schon die Residenz des spanischen Botschafters von den Steuern befreit wäre. Ebensowenig, so das Finanzministerium, tauge der Vergleich mit der französischen Akademie, da sie ein historisches Privileg genieße und Frankreich sonst keinen Botschaftspalast besitze, dem Steuerbegünstigungen zuteil kämen (der Palazzo Farnese wurde seit 1874 nur gemietet), vgl. Ministero delle Finanze al Ministero degli Affari Esteri, am 6. April 1885, in: ASD, serie P politica, 1891–1916, pac. 615, pos. 576, Istituti, chiese ecc. spagnole in Roma - Palazzo Accademia di Spagna - imposte.
159 Vgl. Kapitel I. 2.
160 Vgl. Quazza 1992 und Quintino Sella 1986.

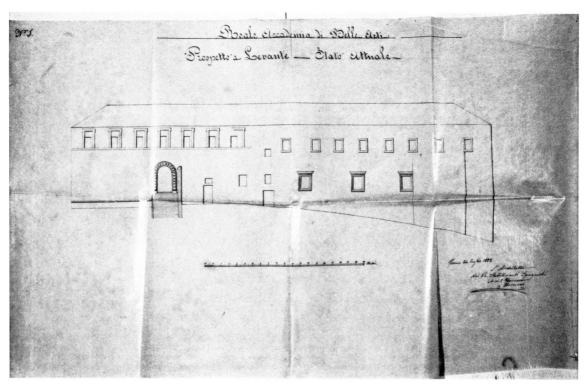

Abb. 11: Academia Española – San Pietro in Montorio, Herrero y Herreras, Bauaufnahme, Ostansicht, 1879

che Stadtgrenze im Westen. Vom Vorplatz San Pietros in Montorio und seinem wie eine Eremitage über der Stadt thronenden Kloster ergibt sich eine fast vollständige Aussicht über die Stadt.[161]

Während der schleppenden Übernahmeverhandlungen entstanden erste Zweifel über die Zweckmäßigkeit des Klosters und seiner Lage. Der Direktor José Casado del Alisal hatte Bedenken hinsichtlich der Entfernung vom Zentrum Roms, aber Conde de Coello verteidigte die Ortswahl; er hob die grandiose Aussicht, die Ruhe und Isolation als Garantie spiritueller Konzentration der Künstler hervor.[162] In den widersprüchlichen Argumenten wurde neben Ansichten über die Optimierung der Atmosphäre künstlerischen Schaffens auch das sich wandelnde Verständnis der römischen Topographie deutlich. Während Casado den Gianicolo – immerhin innerhalb der aurelianischen Mauern – als peripher beurteilte, wies de Coello auf die aktuelle Erweiterung des Zentrums hin, indem er den neuen Ausstellungspalast der italienischen Regierung auf dem Esquilin, den Palazzo degli Esposizioni, und die zeitgleichen Baupläne für die englische Akademie an der Porta Pia oder auch die Position der Villa Medici anführte. Von dem inzwischen für die spanischen Immobilienbesitzungen in Rom zuständigen Architekten Herrero y Herreras, der schon mit den

---

161 San Pietro in Montorio war ein Ort mit akademischen Traditionen. Das Kloster bzw. der angrenzende *Bosco Parraiso* waren Sitz der literarischen Akademie der *Pastori dell'Arcadia,* die nach dem Tod Christinas von Schweden von Giovanni Mario Crescimbeni gegründet worden war. Einer der *Pastori* war auch Francisco Preciado de la Vega, der erste Direktor der spanischen Rompreisträger. Vgl. Daniela Predieri, Bosco Parrasio, un giardino per l'arcadia, Modena 1990 und Ianiculum – Gianicolo. Storia, topografia, monumenti, leggende dall'antichità al Rinascimento, hrsg. von Eva Margareta Steinby, Acta Institutum Romanum Finlandiae, Acta Instituti Romani Finlandiae, Nr. 16, Rom 1996. Zur Kirche vgl. Flavia Cantatore, San Pietro in Montorio. La chiesa dei Re Cattolici a Roma, Rom 2007. Heute haben auf dem Gianicolo neben der Spanischen und Amerikanischen Akademie auch die Akademien Norwegens und Finnlands ihren Sitz.

162 Der Botschafter Conde de Coello am 10. Juni 1878 nach Spanien, vgl. BRU 1971, S. 30.

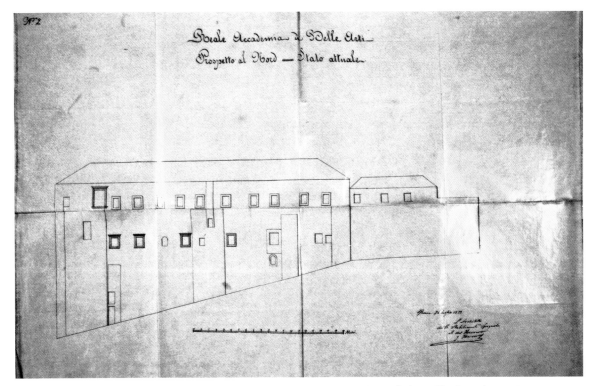

Abb. 12: Academia Española – San Pietro in Montorio, Herrero y Herreras, Bauaufnahme, Nordansicht, 1879

Umbauplänen San Giacomos beauftragt worden war, wurde die Lage am Gianicolo verteidigt. Das von Gärten umgebene Kloster besaß eine Position, von der aus es die ganze Umgebung beherrschte, „domina toda la ciudad y campaña que la rodea."[163] Die durch die Höhe des Grundstückes gewährleistete ideale Beleuchtung der Ateliers und gesunde Atmosphäre und das Angebot äußerst charakteristischer Modelle im angrenzenden Trastevere erschienen ihm zudem besonders vorteilhaft.

Das aus dem Mittelalter stammende Kloster grenzt an den Hof des Bramantetempiettos und umschließt mit drei Flügeln einen weiteren Klosterhof.[164] Aufgrund des nach Norden stark abfallenden Geländes ist der Nordflügel, der später die Hauptfassade bilden sollte, von massiven Subkonstruktionen und geböschten Wandauflagen gestützt. Vor dem Umbau durch Herrero y Herreros präsentierte sich die alte Fassade mit Sichtmauerwerk aus groben Hausteinen, während die Stürze der unregelmäßig über die Wand verteilten Fenster und Türen aus Ziegeln gemauert waren. Aufgrund der schweren Beschädigungen, die das Kloster bei den Belagerungen Roms durch Garibaldi erlitt, mußte es grundlegend konsolidiert werden.[165] Darüber hinaus sah der Umbau nicht nur die Umfunktionierung der Räumlichkeiten zu Zwecken der Akademie und eine Aufstockung vor, sondern auch eine neue Fassadengestaltung.

163 Vgl. Herrero y Herreros, Proyecto para transformar el antiguo Convento de S. Pedro in Montorio, en un edificio destinado a la Academia de Bellas Artes en Roma, am 17. September 1878, in: Archivo General del Ministerio de Asuntos Exteriores, Fondo: Fundaciones Españolas en el Extranjero, Serie: Italia, Academia de Bellas Artes en Roma, H 4331, 1873–1926, Su creación. Junta Administrativa. Edificio.

164 Auf die eingehende Beschreibung des überkommenen Komplexes muß hier verzichtet werden, sie findet sich am ausführlichsten in GIGLI 1987.

165 Vgl. den Stich von Domenico Ancise, nach einem Gemälde von Carlo Wener, in: Primo Luigi Vannicelli, San Pietro in Montorio e il tempietto del Bramante, Rom 1971, Taf. 8.

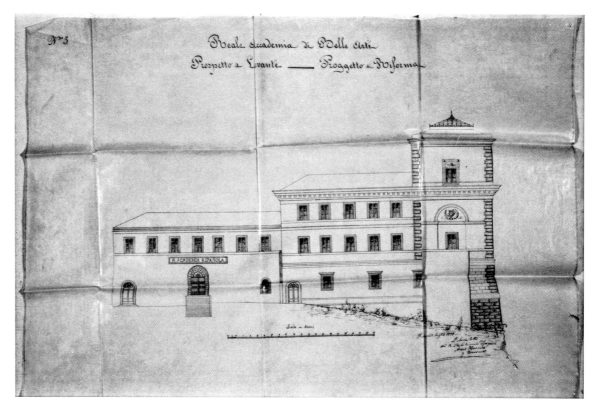

Abb. 13: Academia Española, Herrero y Herreras, Fassadenprojekt, Ostansicht, 1879

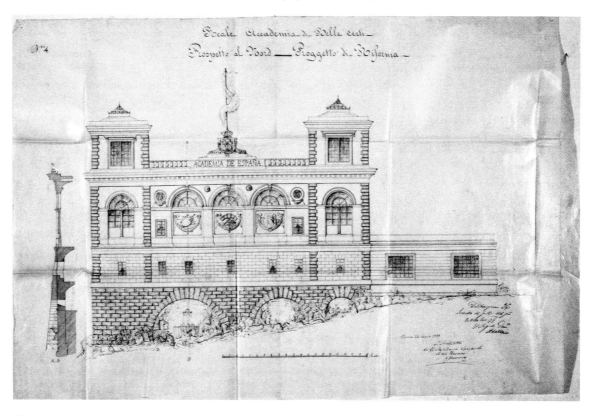

Abb. 14: Academia Española, Herrero y Herreras, Fassadenprojekt, Nordansicht, 1879

Abb. 15: Academia Española, Innenhof

Den Auftrag zum Umbau erhielt Herrero y Herreros, nach dessen Entwürfen die Arbeiten 1879 begonnen wurden.[166] Er unterstellte die Gebäude des Konvents einem Gesamtkonzept, dem zu Folge die mittelalterliche schlichte Erscheinung und seine unregelmäßige Gestalt in eine repräsentative und einheitliche Architektur verwandelt werden sollte. Die gesamte Fassade wurde konsolidiert, mit einer einheitlichen Putzoberfläche überzogen und mit Stuck ornamentiert. Zwischen die alten stützenden Wandauflagen, deren Gefälle und Höhe beibehalten wurden, zog Herrero drei Rundbögen aus Ziegelmauerwerk ein, die die Aufdoppelung der Außenmauer bis zum ersten Stockwerk der Nordfassade stützten. Anstelle der unregelmäßigen Fensterreihen der Zellen, wurde die Fassade durch große dekorative und auf Fernwirkung hin konzipierte Bogenöffnungen rhythmisiert.[167]

---

166 Vgl. Projecto para transformar el antiguo Convento de S. Pedro in Montorio, en un edificio destinado a la Academia de Bellas Artes en Roma, am 17. September 1878, in: Archivo General del Ministero de Asuntos Exteriores, Fondo: Fundaciones Españolas en el Extranjero, Serie: Italia, Academia de Bellas Artes en Roma, H 4331, 1873–1926, Su creación. Junta Administrativa. Edificio.

167 Die Fassade der oberen Stockwerke mußte gänzlich neu errichtet werden, da sie in baufällig war und auch die Decken der Räume nicht den neuen Höhenanforderungen entsprachen.

Sowohl die Rustizierung des Sockels als auch die Eckbossen der Seitenrisalite, die Fensterrahmungen und die Gesimse sind aus Stuck. Das untere Geschoß wurde bis auf die Vereinheitlichung der Fensterabstände in seiner Struktur belassen. Die sieben Fensterachsen des Erdgeschosses setzen sich in den drei zentralen, mit allegorischen Reliefs der drei Kunstgattungen gefüllten Bogenöffnungen, zwei seitlichen kleineren Bogenfenstern mit Okuli und den zwei Bogenöffnungen der Risalite fort.

Der zentrale Saal im zweiten Geschoß, dem Piano nobile, der als Ausstellungssaal und Abgußgalerie genutzt werden sollte, wird von drei großen Rundbogenfenstern beleuchtet, die dem gesamten Stockwerk den Charakter einer Loggia verleihen. Weitere Beleuchtung erhält der Saal durch in das als Terrasse genutzte Dach eingelassene Oberlichter. Den Piano Nobile schließt ein großes Konsolgesims und die Balustrade der Terrasse ab, die auch den Schriftzug *Accademia de España* tragen sollte. In der zentralen Achse darüber wurde die Fassade zusätzlich auch von dem großen Schmuckwappen der spanischen Krone bekrönt. In den Eckrisaliten, die den Mitteltrakt um eine Stockwerkshöhe turmartig überragen, wurden weitere große Malerateliers untergebracht, die ebenfalls durch große verglaste Öffnungen ideales Nordlicht bekamen. Der Umbau setzte sich in den hinteren Flügeln fort; dort befanden sich die ehemaligen Zellen der Mönche, die für die Unterkunft der Künstler modernisiert wurden. Neben der Ausstattung der kargen Räume durch Teppiche, Vorhänge und minimale hygienische Vorrichtungen suchte der Architekt der klösterlichen Atmosphäre durch weitere Maßnahmen entgegenzuwirken. Selbst die Lunettenfresken im Hofumgang des Konvents aus dem 17. Jahrhundert mit Szenen aus dem Leben des hl. Franziskus sollten ursprünglich entfernt werden, da sie mit der neuen Nutzung nicht mehr im Einklang stünden.[168]

Der Wunsch nach Beseitigung der unerwünschten Klosteratmosphäre wurde im Lauf der Zeit durch das Anfüllen nicht nur des Klosterhofes, sondern auch der anderen Räume, Flure und Treppen mit allerlei Kunstgegenständen, antiken Statuen oder Renaissanceskulpturen, Reliefs und Büsten umgesetzt. Der zu Füßen der Nord- und Ostfassade liegende Garten wurde ebenfalls über die Jahre hinweg in der erwünschten Façon mit Brunnen, antiken Spolien, Felsen, künstlichen Wasserfällen und Treppen ausgestattet.[169]

Der am 1. Juli 1879 begonnene Umbau war ein gutes Jahr später abgeschlossen. Conde de Coello wollte die Einweihung am 8. Dezember 1880 ansetzen, mußte aber bis zum 23. Januar 1881, dem königlichen Geburtstag Alfons' XII. warten. Kardinal Di Pietro, Dekan des *Sacro Colegio* weihte und segnete das neue Gebäude am Fest des Monarchen. Alle Botschafter, die für den Vatikan wichtigen Prälaten, Minister der italienischen Krone, Adlige, Senatoren und Abgeordnete – und doch, auch Künstler wohnten dem feierlichen Akt bei.[170]

Kunstort oder Kunsthort?

Das Vorbild für die Umgestaltung des ehemaligen Klosters zur Spanischen Akademie ist im römischen Stadtbild rasch auszumachen. Verschiedene Motive scheinen geradezu eine bewußte Übernahme der französischen Akademie zu sein, die nicht nur institutionelles Modell war, sondern auch mit

---

168 Vgl. AAE communicaciones oficiales, Blatt 135, 1879, Anhang Nr. 8. Die Fresken wurden dann doch konserviert.

169 Vgl. Matizia Maroni Lumbroso, Hanno ormai un secolo i „pensionados" di Spagna, in: Capitolium, 42. Jg., Nr. 2, Rom 1964, S. 74–79.

170 Vgl. die Pressestimmen oben.

Abb. 16: M. Ramírez, Die Spanische Akademie, 1881, in: La Ilustración Española y Americana

Abb. 17: Villa Medici und Trinità dei Monti, um 1855

ihrem 1803 bezogenen Quartier der ehemaligen Villa des Kardinals Ferdinando di Medici architektonisch mustergültig wurde. Die Höhenlage und die mit zwei Risaliten, die in Turmaufsätzen enden, flankierte Hauptfassade finden sich ähnlich bei der Villa Medici auf dem Pincio. Die Fassade der Spanischen Akademie ließe sich so als eine Verbindung der Vor- und Gartenfassade der Villa Medici denken, indem sie das Loggiamotiv der Gartenseite in den Piano Nobile der Nordfassade integriert. Weitere Architekturdetails lassen sich ebenfalls auf die französische Akademie zurückführen: so die über die zwei unteren Stockwerke gezogene Ausböschung mit Eckrustizierung auf den Stadtseiten beider Gebäude. Die Loggiatürme ähneln sich ebenfalls bis hin zu der Gestaltung der Dächer und ihrer Verbindung durch die balustergesäumte Terrasse.[171] Die rustikabewehrten Mauern und Türme sind der spätmittelalterlichen Kastellarchitektur entlehnte Architekturdetails, die hier in zivilisierter Form gemildert, dennoch einen autoritären Eindruck vermitteln, der durch die Höhenlage beider Akademien noch unterstrichen wird.

In den zeitgenössischen graphischen Darstellungen der Spanischen Akademie wird die Höhenlage im Bildaufbau noch dramatisch verstärkt, und die Akademie scheint über den ihr zu Füßen liegenden römischen Kunstschätzen zu thronen. Eugenio Oliva beschreibt die Akademie durch die collageartige Vordergrundgestaltung, die den Blick auf verwunschene Zugänge zum Akademiegebäude freigibt, sogar als einen märchenartigen Hort der Kunst.

Noch heute wird diese Atmosphäre der klösterlichen Zurückgezogenheit und auch des Fortifikatorischen wahrgenommen. Die Akademie, umgeben von Grün und hoch über der Stadt gelegen,

---

171 Die Dächer wurden erst zu Anfang des 20. Jahrhunderts abgedeckt und die sich ergebenden Terrassen mit einer Balustrade eingefasst, vgl. MONTIJANO GARCÍA 1998, S. 50.

Abb. 18: Villa Medici, Gartenfassade, um 1853

entsprach nach dem Umbau der gewünschten repräsentativen Institution, die die kulturellen und zivilisatorischen Errungenschaften der eigenen Nation aufzeigen sollte und damit den Anspruch auch auf politische Geltung deutlich machte. Zum anderen sollte die Konzentration und Abgeschiedenheit einen künstlerischen Schaffensprozeß ermöglichen, der in Zeiten der Verunsicherung durch die künstlerischen Umwälzungen zum Ende des 19. Jahrhunderts, fern der Moden, einer zeitlosen und wahren Kunst nachstrebte.

Während Conde de Coello zufrieden war mit dem Ergebnis – besonders die Fassade sei „digna de Roma" – äußerte Emilio Castelar bei seinem Besuch der italienischen Hauptstadt 1894 Kritik bezüglich der Fassadengestaltung. Er empfand sie dem zeitgenössischen römischen Stil des *Risorgimento* zu sehr verpflichtet, der sich in der stereotypen Wiederholung cinquecentesker Palastschemata gefiel. Er hätte eine stärker national gefärbte Architektursprache, ein erkennbarer spanisches Gebäude vorgezogen. Als mögliches Vorbild nannte er den neoplasteresken Palacio de Monterrey (1539) in Salamanca, eines der bekanntesten Beispiele spanischer Renaissancearchitektur und einen Prototyp spanischer Turmpaläste.

Anscheinend herrschte über die Wahl der Turmvilla – ähnlich der Villa Medici – als Grundschema des spanischen Akademiegebäudes Konsens, aber über die stilistische Gestaltung der Architekturdetails Uneinigkeit. Statt sich der römischen Umgebung anzupassen, sollte sich, so Castelar, die Akademie als *spanische* Akademie zu erkennen geben und am Stil des von ihm erwähnten Beispiels in Salamanca inspirieren.[172]

172 CASTELAR 1895, S. 175–78.

Abb. 19: Eugenio Oliva, Fachada lateral del nuevo edificio, y detalles alegóricos de la Academia Española de Bellas Artes en Roma, 1881, in: La Ilustración Española y Americana

Abb. 20: Spanischer Pavillon auf der Römischen Jubiläumsausstellung 1911

Wenig später sollte bei der römischen Jubiläumsausstellung 1911 dann nachgeholt werden, was Castelar vermißte: Der spanische Pavillon stellte tatsächlich eine Reproduktion des Palacio Monterrey in Salamanca dar und zelebrierte, wie die Pavillons der anderen Nationen auch, einen angeblichen Triumph des „Nationalstiles".[173]

5. Anhang Spanische Akademie

1
Präambel zum Gründungsdekret August 1873

Hace ya largo tiempo que en el Ministerio de mi cargo se tenía dispuesto y pensado un proyecto para fundar en Roma institutos artísticos que, ligados especialmente con las fundaciones piadosas allí existentes, respondieran al pensamiento de estas fundaciones y coadyuvaran al progreso de nuestro espíritu nacional.
No brilla un pueblo solamente por sus instituciones y por sus libertades políticas. Brilla también por las manifestaciones de su genio. Entre estas manifestaciones, ninguna tan intensa y tan característica como la manifestación de las artes.
Tiene la ciencia, por sus principios universales, independientes de tiempo y lugar, cierto carácter de impersonalidad, cierto carácter superior si se quiere, pero también ajeno al genio nacional. Pero las artes, hijas predilectas del sentimiento, se tiñen no solamente con el genio individual del artista, sino también con el genio general de la nación que las produce.
Y no hay nación ninguna que pueda negarnos al rango altísimo que en la historia de las artes nos pertenece. Nuestra pintura, nuestra arquitectura, nuestra escultura misma resplandecen con cualidades propias de este suelo y exclusivas de su gloriosa historia. Ningún otro pueblo europeo ofrece esos monumentos, ya de origen árabe. Ya de origen mudéjar, gloria nuestra y de extraños envidia. La prueba de la vitalidad de nuestro genio está en que allá, cuando la pintura decaía en su cuna en la nación, madre del genio moderno, contábamos nosotros en pintura nuestro siglo de oro, los cuadros históricos de Velásquez, los cuadros místicos de Murillo, los cuadros marcados con el sello del genio, los cuadros de Ribera.
Nuestra misma escultura, aunque toda ella religiosa, tiene uno realismo, tiene un realismo tan profundamente autóctono, que non puede confundirse con ninguna otra escuela de la tierra. Es el pueblo español, en sus artes como en su literatura, un pueblo profundamente inspirado y al mismo tiempo nativamente original.
La espontaneidad acaso sea la primera de sus cualidades y de sus virtudes, Lo que más necesita para completarlas es el trabajo y el estudio. Por eso ha parecido al Ministro que suscribe lo más propio para fomentar el genio nacional, ofrecer á nuestros artistas algún campo de estudio, algún lugar de recogimiento y ensayo en la ciudad que será eternamente la metrópoli, en Roma.
El Ministro sabe bien que suele oponerse al establecimiento de una Academia en Roma la objeción de que los artistas degeneran allí en amanerados y académicos; pero esta objeción puede parecer valedera en pueblos de menor independencia de carácter y de menos originalidad de genio que el pueblo español. Dos veces, dos, estuvo Velásquez en Italia. Dos viajes hizo consagrándose, desde Venecia á Roma, al estudio de todos aquellos grandes monumentos de las artes del dibujo.
? Hay, sin embargo, en el gran pintor de la realidad algún amaneramiento? Señálense los cuadros que pintó en Roma. ?Hay en alguno rasgo de imitación servil? Su genio se asimilaba las obras del genio y permanecía, sin dejar de ser universal y humano, profundamente español. Ribera estudió con los pintores boloñeses, pintores de decadencia; trabajó largos años en Nápoles, unas veces siguiendo á sus rivales, otras batallando con ellos, y los superó á todos por la fuerza de su genio nacional, quedando en la memoria humana como uno de los pintores más españoles que hay en el suelo de nuestras artes.
Y si á tiempos tan cercanos viniéramos, Goya, que tanto anduvo por Roma; Goya, compañero y aum pariente de los pintores académicos de los más devotos á la escuela de San Lucas, aprendió mucho en sus correrías astísticas por la Ciudad Eterna; pero no dejó en sus ruinas la primera da las cualidades de aquel su genio, la singular originalidad.
En nuestros mismos días, esa pléyade ilustre de jóvenes pintores que honran á su nación y á su tiempo, han habitado por largos años en Roma, y no han perdido, no, el reflejo de nuestro patrio suelo el jugo de nuestra madre tierra.
Enviemos, pues, la juventud á Roma, seguros de que prestamos un verdadero servicio al progreso de nuestras artes.
Para ello tenemos recursos. Hay en la Ciudad Eterna fundaciones piadosas, cuyo patronato corresponde á este Ministerio. Todas las mandas anejas á este patronato se cumplen con religiosidad y quedan sobrantes. Estos sobrantes no podían ser recogidos en aquellos tiempos en que la Corte de Roma ejercía una desmedida influencia sobre nuestros reyes y nuestros gobiernos, aquejados todos de apego á la soberanía. Desde la revolución de Septiembre el Ministerio de Estado dispone de esos fondos.

---

173 Als gelungenes Beispiel der Verwirklichung eines Nationalstiles wird er auch in der Guida ufficiale delle Esposizioni di Roma, Rom 1911, S. 76 vorgestellt. Vgl. ebenso Esposizione internazionale di Roma 1911, Catalogo del Padiglione Spagnuolo, Bergamo 1911.

¿Qué empleo puede darles más acercado al pensamiento de sus donadores que el empleo de educar á los artistas? El arte es una religión. El alma se espacia en su seno y entrevé lo infinito. Levantado entre este mundo contingente y la eternidad, el arte consuela, fortalece, eleva, como la plegaria del alma, como la nube del incienso que se pierde entre las bóvedas de un templo. Y no es posible educar para la República y para la libertad á un pueblo si no lo desligamos un poco de los lazos pesados del positivismo, y no lo subimos á las cimas del ideal donde se oye el misterioso Sursum corda.

Que todas las cosas creadas elevan á su divino Creador.

Así, el Ministro que suscribe cree interpretar los sentimientos del Gobierno de la República y las nobles aspiraciones de la generación presente proponiendo el siguiente proyecto de decreto, á cuya redacción han contribuido artistas, escritores, literatos, académicos de primer orden en nuestra patria y á cuyo celo debe el Ministro consagrar su aplauso.

Aprobando este Decreto, demostrará el Gobierno de la República que, en medio de los dolores de lo presente, le queda tiempo y serenidad para preparar mejores días á las generaciones por venir.

Madrid 8 de Agosto de 1873. – Santiago Soler y Pla.

2
Gründungsdekret August 1873

Decreto
Artículo 1.

El sobrante de los fondos pertenecientes á la Obra Pía de Santiago y Motserrat se destina á la creación de un Instituto que llevará el nombre de Escuela Española de Bellas Artes en Roma.

Cuando para su sostenimiento no basten dichos fondos, el resto se satisfará con cargo à los demás de índole análoga que administra el ministerio de Estado.

Art. 2.
La Escuela se compondrá de un Director y doce pensionados, ocho de número y cuatro de mérito.
Los pensionados de número serán: dos pintores de Historia, un paisista, un escultor, dos arquitectos, un grabador en dulce y un músico.
Los pensionados de mérito: dos pintores, ambos de Historia, ó uno de Historia y otro de paisaje, un escultor y un músico.
Cuando haya como pensionado de mérito un paisista, la pensión de número que corresponde á este género de pintura se destinará á un grabador en hueco.
Si por cualquier circunstancia se hallasen vacantes una ó más pensiones, la cantidad que les corresponda se aplicará á la adquisición de obras artísticas de los mismos pensionados, siempre por orden de mérito.

Art. 3.
Las pensiones durarán tres años, en los cuales cada pensionado habrá de residir en Roma por espacio de doce meses á lo menos. Los dos años restantes podrán viajar, con licencia del Director, por donde convenga á la índole de sus estudios.
Los pensionados de número percibirán 3 000 pesetas anuales, y 4 000 los de mérito.

Art. 4.
El Director tendrá 7 500 pesetas de sueldo anual, y para gastos de material de la Escuela podrá, además, disponer de otras 3 000, de que dará cuenta justificada.

Art. 5.
Para gastos de viaje, tanto á la ida como á la vuelta, percibirán 1 000 pesetas el Director y 750 cada uno de los pensionados, siempre que hayan cumplido fielmente sus obligaciones reglamentarias.
Mientras no se habilite local á propósito en que vivan los pensionados colegialmente, recibirán 1 000 pesetas anuales para alquiler de estudio y habitación.

Art. 6
El Director enviará sus comunicaciones al Ministerio de Estado, ya directamente, ya por medio del Representante de España en Roma, y sus atribuciones como jefe de los pensionados serán meramente administrativas.

Art. 7.
Las pensiones de número se obtendrán por rigurosa oposición. Las de mérito se otorgarán por concurso á artistas que gocen de justa fama, ó que hayan obtenido premios en concursos ó exposiciones. Unas y otras se concederán por el Ministerio de Estado.

Art. 8.
Para el exacto cumplimento de esta orden firmará el Ministro de Estado un reglamento en el que se especifiquen claramente las atribuciones y deberes del Director, y los derechos y obligaciones de los pensionados.

Madrid 8 de Agosto de 1873. – El presidente del Gobierno de la República, Nicolás Salmerón. – El ministro de Estado, Santiago Soler y Pla.

3
Archiv der Spanischen Akademie
Communicaciones oficiales 1873–1889

Jahrgang 1874
Blatt 11, handschriftliches Original:

Legación de España en Italia
Muy Señor mío: el Señor Ministro de Estado me traslada con fecha 3 de la corriente la siguiente comunicación que le ha dirigido el de Fomento:
„El Ministro de Fomento dice à este Ministerio lo siguiente: „El Presidente del Poder Ejecutivo de la Republica le ha servido acordar se traslade á V. S. con recomendación, la siguiente comunicación dirigida á este Ministerio por el Director de la Escuela de Artes y Oficios, á fin de que V. S. con su ilustrado criterio resuelva lo que estime conveniente" = „Ilm~o Señor = Solícito el Gobierno en el bien de sus administrados y de los intereses morales de la Nación acaba de instalar en Roma el Ministerio de Estado, una Academia de Bellas Artes sostenida con fondos procedente de antiguas fundaciones, pensamiento plausible acogido con gratitud y entusiasmo por todos los amantes de las Bellas Artes en España y por cuantos se dedican al cultivo de este importante ramo y de sus múltiples aplicaciones industriales. El Claustro de profesores de esta Escuela, tan especialmente interesado en la cultura é ilustración del obrero, que tienen por base y fundamento las artes del dibujo y de la plástica, ha acogido como acontecimiento fausto de singular importancia la creación de la Academia referida y temiendo noticio de que de aquellos fondos hay algún sobrante sin destino por el pronto, ha acariciado la idea de que la Escuela Nacional de Artes y Oficios tenga parte también en la Academia y sea protegida de esta institución, interpretando el regenerador pensamiento del Gobierno y cooperando á su realización en lo posible. El prodigioso desarrollo que las enseñanzas de artesanos han tenido desde la publicación del Decreto de 5 de Mayo de 1873, ha excedido á todo cálculo y ponderación y á todos los recursos con que el presupuesto acude á las necesidades de la Escuela, y hoy el aprendizaje de las Artes en sus aplicaciones mas usuales exige abundancia de material de todos tipos, de originales que formen el gusto del alumno que ha de ser después de la Nación entera, inspirándose en las fuentes del natural y de lo antiguo, de lo bueno y de lo bello, aclimatando en España de tradición de las mejores Escuelas escritas en mármoles y bronces en los monumentos de la antigua Roma. El Claustro de profesores que se esmera en el cumplimiento del deber y que ve con pena que no puede desarrollar su pensamiento en la enseñanza, por faltase modeles en número y calidad, vuelve los ojos al Gobierno en demanda de medios para realizar sus propósitos; y por su acuerdo unánime tengo el honor de acudirá V. S. con el fin de que interponga su legitima influencia con el Ex-mo. Señor Ministro de Fomento para que gestionando con el de Estado, designe en el presupuesto de la Academia de Bellas Artes de Roma, una cantidad anual destinada á sacar moldes y vaciados de adorno y ornamentación y algunos tipos de figura elegidos por los profesores de esta Escuela que se hallen en aquella Capital como pensionados de la Academia, y cuando no los hubiera por el Director de la misma, siempre de acuerdo con esta Dirección, cuyos modelos contribuirían poderosamente á difundir el arte clásico en nuestro país, fuente fecunda de todo bien en las manifestaciones industriales é indicio seguro de ilustración y cultura en la sociedad moderna. Al trasmitir por mi parte á V. S. tan oportuno pensamiento no creo preciso recomendación de ningún género, que hasta gloria me cabe en este punto al ser interprete de los deseos del Claustro, teniendo la satisfacción especial de influir en cuanto puedo en que los Ministros de Estado y de Fomento suenen juntos en obras de tal mérito y de tamaña trascendencia en nuestra patria."

Lo que traslado á V. S. de orden del Señor Ministro de Estado, rogándole se sirva informar sobre la suplica que eleva el Señor Director de la Escuela de Artes y Oficios de Madrid, en la inteligencia de que el referido Señor Ministro ha contestado ya, que no existen sobrantes como se supone y que no puede comprometerse á acceder á dicha solicitud.

Dios guarda á V. E. m. a.
Roma 13 de Julio del 1874
Marval de Marval (unleserlich, keiner der Botschafter)

4
Archiv der Spanischen Akademie in Rom
Pensionados

Augustin Querol 01.12
Blatt 45, handschriftliches Original:

Ilmo. Sr.
Habiéndome S. E. contestado negándome la licencia que hasta ahora se ha ido concediendo siempre sin ninguna dificultad y que según los Artículos 13 y 52 del Reglamento me autorizan; coincidiendo además como he dicho en mi anterior solicitud en mi delicado estado de salud, que no hay articulo en el Reglamento que cite este caso.
Suplico á S. E. que si no puede resolver esto en Roma de curso á esta Solicitud junto con el certificado de mi medico para que el Ministro o á quien corresponde, resuelvan este asunto.
Pero que atendiendo á mi salud y contra mi voluntas, hoy o mañana saldré de Roma en dirección á Niza y en la Villa Marina, donde podrá S. E. dirigirme la contestación que recibe del Ministerio y caso de que no quedan conformes, volveré á Roma enseguida aun que mi enfermedad empeore.
Además, temiendo en cuenta el estado inhabitable en que se encuentra mi estudio por la mucha humedad, tanto que en todas las paredes filtra el agua y que el pensionado Sr. Barron que estuvo antes en este estudio tuvo que ausentarse de Roma por el mismo caso.
Espero que teniendo en cuenta las poderosas razones que alego y expongo, S. E. no pondrá ningún obstáculo en esto y si por casualidad me obligase S. E. à quedarme y mi enfermedad empeorase, mi me diga en que y como pagaría las consecuencias.
Y si S. I. no queda conforme con todas estas razones, le pido me autorice lo que concede el Arto 53 del Reglamento.
Ya le he hecho entrega del envió del segundo año y según S. I. me manifiesta está equivocada la medida, cosa pero, fácil de enmendar, además S. I. veo nom e tiene consideracion ninguna al envió que hice de primer año, que en vez de ser un bajorrelieve de metro y medio, lo hice de cuatro metros y el envió de último año en vez de ser un metro setenta, lo hace de cinco metros. Creo que una equivocación de centímetros tratándose solo del modelo que después debe ser trasladado en grandes dimensiones, más de las que pide el Reglamento, no es cosa de importancia para ser tan exigente.
Finalmente estos 15 días que le pido de licencia á S. I. además de las expresadas razones, debo manifestarle que tampoco puedo estar ni hacer nada durante este tiempo por causa de estar montando la armadura de hierro del grupo del Cid para trasladar en grande dicho asunto, cuyo modelo he hecho entrega á S. I.

Ruego á S. I. me acuse recibo de la presente Solicitud
Dios gde á D. I. muchos años.
Roma 12 de Enero de 1892
Agustin Querol

5
Archiv der Spanischen Akademie in Rom
Pensionados

02 03 José Garnelo Alda
Blatt 6, handschriftliches Original:

Ilmo. Sr. Director de la R. Academia de Bella Artes en Roma
(...) querido Director:
estoy en esta desde algún tiempo, trabajando en la copia del cuadro de Sandro Boticelli, titulado „La primavera" que ha de constituir el envió de 2. año de mi pensión, y tengo que suspender mi trabajo por motivo de una carta que me dirige el conservador del museo, el cual me dice así

Pregiatmo Signor.
Veduta l'impossibilità che la S. V. possa continuare a lavorare in 2. posto nella „Primavera" del Botticelli, stante la ristretta della sala,
La prego a voler sospendere (sic) fino a che l'incisore Sig. Geyeger non abbia compiuto il suo lavoro
La S. V. sarà avvisata quando potrà entrare al 1. posto ed allora ella potrà lavora (sic) a tutto suo bell'agio
È salutandola distintamente mi previo (...) Conservatore P. Nerini Ferri

En tal circunstancia y teniendo muy adelantado mi trabajo, no me parece oportuno abandonar esta copia cuya importancia artística es extraordinariamente reconocida y a la ver de servirme como gran estudio, podrá conocerse en nuestra Patria, este cuadro, que reasume el saber de un autor y que nos inspira verdadero amor a la naturaleza.

En tal tenor las cosas ruego a V. S. me conceda una licencia de un mes o dos, para visitar los países del norte y conocer las obras de los venecianos, que amaron el color como los toscanos la línea; y por lo tanto, son indispensables a nuestras estudios.

En tanto y sujetándome a sus sabios designios, estaré en esta hasta que V. me comunique que debo de hacer mejor, para siempre estar como corresponde bajo la disciplina del reglamento.

Deseando a V. salud y poniéndome a los pies de su señora, y dando recuerdos a Vicentin que da de V. aff(...)

José Garnelo
Florencia 29 Julio 1890
Via de'Bandi nr. 4

6
Archiv der Spanischen Akademie
Communicaciones oficiales 1873–1889

Jahrgang 1912
ohne Blatt-Nr., maschinenschriftlicher Durchschlag mit handschriftlichen Korrekturen und Signatur in Tinte:

Ministero dell'Istruzione
Il direttore generale per le antichità e le Belle Arti
Roma 7 Marzo 1912

Illustre Signore,
Nella Tribuna del 4 Corrente, in forma di lettera aperta al mio indirizzo, è pubblicata dal signor Mario Lago una proposta tra cui trascrivo alla S. V. Illma la parte sostanziale:
„Fino ad ora le varie accademie artistiche forestiere hanno organizzato annualmente piccole mostre, invitando il pubblico a visitarle ed a giudicare della serietà e del valore dei loro pensionati. Ma, sia per il carattere piuttosto di ricevimento ufficiale che di vera e propria pubblica esposizione assunto da tali periodiche mostre, il fatto è che esse hanno interessato una cerchia relativamente stretta di persone, cerchia che va ordinariamente poco al di là degli intellettuali di ognuna delle colonie forestiere. Ecco, perché nessun giovane pensionato mai è riuscito ad ottenere in Roma un grande e clamoroso successo, pur essendo passati per queste benemerite istituzioni non pochi artisti geniali, artisti che avevano vinto il concorso d'ammissione in modo brillante e che sono stati in seguito autentiche ed indiscusse illustrazione dell'arte del loro paese."
„Or bene, non le pare Illustre Signore, che ben diversa e maggiore importanza prenderebbero queste mostre annuali se potessero essere riunite?
„Ne guadagnerebbero, mi sembra, le diverse accademie in quanto acquisterebbero, ed in Italia e nei loro paesi d'origine, più larga e più fresca notorietà a rinnovato prestigio; e ne guadagnerebbero i pensionati in quanto nulla è più efficace a suscitare fervore di studio e di creazione che il sapere l'attenzione di un vasto pubblico rivolta a loro."
„Di più sarebbe simpatico questo ravvicinamento di giovani d'ingegno qui convenuti da ogni parte del mondo con proposti comuni, e che ora vivono invece affatto estranei gli uni agli altri."
„I risultati di così bella gara internazionale sarebbero seguiti non solo con vivo e nuovo interesse in Italia, ma avrebbero sicuramente un'eco in tutto il mondo."
„Si stabilirebbe una nobilissima emulazione tra le nazionalità concorrenti, emulazione che varrebbe a cementare l'unione spirituale degli artisti di ogni accademia e forse anche ad accendere in loro il desiderio di serbare all'arte del proprio paese un carattere più visibilmente e più sinceramente nazionale."
„Ed io oserei persino sperare che questa gara potrebbe avere indirettamente influenza sulla severità dei giudizi nei concorsi per i posti dei pensionati, per il fatto che i prescelti sarebbero destinati, ad essere in certo modo i campioni ufficiali dell'arte giovanile dei diversi Stati."
„Comunque si consideri la vagheggiata riunione delle mostre, essa mi pare presenti molti vantaggi e nessun inconveniente."
„Ne riceverebbe indubbiamente un utile notevole anche il nostro vecchio pensionato Artistico Nazionale, tuttora così trascurato e spregiato, non ostante le novità recentemente da Lei escogitato onde renderle più gradite ai giovani e meglio rispondente allo scopo."
Non mi sembra dubbia la genialità della proposta che io so da fonte certa rispecchiare il desiderio non di uno scrittore isolato, ma di gruppi artistici importanti; e ritengo per certo che, una volta che ne fosse possibile l'attuazione, essa avrebbe un larghissimo successo ed effetti assai vantaggiosi ed evidenti.

Né, per quanto io non mi nasconda le varie difficoltà di una simile impresa, credo che sarebbe impossibile venire ad un'intesa, naturalmente fondata sulla più completa assoluta autonomia dei varii gruppi esponenti, autonomia che dovrebbe andare dalla scelta delle opere alla loro sistemazione, alla decorazione degli ambienti, ad ogni particolare insomma sia pur esso minimo e insignificante.

Sarò molto grato pertanto alla S. V. Illma, vorrà considerare la proposta con attenzione e se vorrà personalmente esprimermi al riguardo il Suo parere, che potrebbe essere il principio di futuri accordi per la gloria sempre maggiore dell'arte, che non conosce confini e che a Roma, sopra tutto, ha sempre affermata l'universalità della sua missione.
Mi abbia, Illustre Signore, con la maggiore considerazione
Corrado Ricci

7
Archiv der Spanischen Akademie in Rom
Pensionados

02.12 Viniegra, Salvador
Blatt 5, handschriftliches Original:

Roma 16 Oct. 1890
Sr. D. Vicente Palmaroli

Muy Sr. mío y querido amigo: recibo su grata de ayer y temiendo que el agua no me deje ir mañana allí, le escribo para manifestarle que por complacer a Ud, intentare hacer el envió en la Academia poniendo por mi parte cuanto sea posible, pero no ofreciéndoselo terminantemente por vario razones.
Primera: Yo estoy á una hora y tres cuartos (en ómnibus) de la Academia; de suerte que entre ir y venir, se van tres horas y media, las mismas, que pierde una de trabajar.
Ponga Ud sobra esto, que ahora cada vez los días son mas cortos, y tres horas y media que uno deje de trabajar es perder medio día.
Agregue Ud. á esto, que el tiempo como sucede en Roma, en esta época, se encreda en agua, quedando esto incomunicado con Roma, por estar intransitable todo: eros dias crea Ud. D. Vicente que es imposible el salir de aqui y ir nada menos que al otro extremo de Roma; y si eros días son los mas, me divierto, pues mi quedo trabajar allí, ni aquí, por no tener citado aquí modelo contando con trabajar allá arriba.
Agregue Ud. también á esto el embarazo de Maria, que á las horas de comer necesitaría á cada lado dos personas que la obligaran á hacerlo: lo mal me impediría la mayor parte de los días, á almazar fuera de casa: tendía que trabajar allí solo la mañana: doy por hecho que á las ocho y media me encontrase allí trabajando: pero á las 10 ½ lo tendía que dejar, para estar aquí en casa á medio día.
Que va uno á hacer en dos horas de trabajo? Poner cuatro pinceladas, que no ha tenido Ud. tiempo de modelar y al día siguiente ya están secas, y tiene Ud. que rascar y empezar de nuevo.
Agregue Ud. también á todo esto las malísimas condiciones de luz del estudio (que tengo yo, porque nadie lo quiere) y que Ud. recordará no tuve inconveniente en al cambio, puesto que para nada me había deservir, pues recuerdo que entonces se habló, que para aquietar los ánimos de los demás pensionados, empajara allá cualquier cosa, aun que luego me lo trajera á excluirlo á el estudio.
Ahora podría exigirle á Simonet, que me diera aquel estudio: pero ya sabemos lo que puede dar de si y no seria ehico el escandolo que annaria aunque á mi, poco mi pudiera importar ni perjudicar.
A mas de estos inconvenientes, podría señalar á Ud. (usted), verdaderos perjuicios y entre ellos, el que para todo el mundo mi estudio está en el Viale Parioli: esta es la epoca en que vienen los negociantes y compradores y se puede sacar la tajada para el año; no estando en el estudio, adios tajada: pero prescindamos de esto y hagase este sacrificio. Yo con lo que no transige, es con perder el tiempo, y tengo el convencimiento, de que todo lo que en sea hacer el envió aquí, que me levanto de la cama y ya estoy en el caballete y valgo de noche del estudio, es perder el tiempo, puestos que las 7 á 8 horas, que ahora se puede trabajar, yendo á la Academia quedarían reducidas á cuatro ó cinco y ero combinando el poder estar allí todo el día.
Mas razones podría á Ud. dar, pero no quiero.......

8
Archiv der Spanischen Akademie
Communicacione oficiales 1879

Blatt 135, handschriftliches Original:

Muy Señor mío!
Debiendo ejecutare las obras de la Academia de Bellas Artes con arreglo a los planos aprobados por el gobierno de S. M.; indicandose en ellos la demolicion de dos muros para formar un portico en el ingreso de la citada Academia, y excitiendo en la parte interna de estos muros dos frescos en forma de medio-punto alegoricos a la vida de S. Francisco, el que meribe necesitaria conocer su ilustrada y autorizada opinion respecto a un merito e importnacia artistica y a la convenienza da su conservacion. Igualmente seria necesario extendiere su informe respecto a las otras pinturas que „al parecer de la misma época" se hallan en el pórtico del patio interior, referentes todas a la vida del citado Santo y que considerando el nuevo destino del edificio no parecen adaptables a su decoración.

Dios guarde a V. m. a.
Roma 9 de Julia de 1879
El Arquitecto
Comisionado por el Gobierno de S. M.
A. del Herrero y Herreros

Sr. Director de la Academia Española de Bellas Artes en Roma.

III. Die Britische Akademie

1. Akademiepläne im 18. Jahrhundert

Die *Academy* im Umkreis der *Society of Dilettanti* und frühe Akademieentwürfe

Der Bruch Heinrichs VIII. mit der römisch-katholischen Kirche Mitte der dreißiger Jahre des 16. Jahrhunderts und die Unterstützung der Stuarts durch den Vatikan verhinderten lange Zeit Beziehungen auf offizieller Ebene zwischen Rom und England. Aus englischer Sicht war der Kirchenstaat durch die Aufnahme der Stuarts während der Zeit von 1717 bis 1788 politisch kompromittiert. Die Beziehungen zwischen England und dem Kirchenstaat änderten sich erst nach dem Frieden von Paris im Jahr 1763, als der Papst den Stuarts die Thronfolge aberkannte. Erst jetzt begannen auch Mitglieder der britischen Königsfamilie nach Rom zu reisen.

Nach der Reformation in England wurden die religiös motivierten Romreisen jedoch zunehmend durch Reisen, die von wissenschaftlichem und künstlerischem Interesse an der antiken Welt motiviert waren, verdrängt. Letztere traten ab dem 17. Jahrhundert endgültig in den Vordergrund. Für die Wissenserarbeitung der *Grand Tour* im 18. Jahrhundert diente die Lehrmethode der französischen Akademie in Rom mit ihrer Kombination von praktischen Kunstübungen, Kunstgeschichte und Archäologie als Vorbild. Die Antiken- und Geschichtsstudien der adeligen Reisenden wiederum wirkten sich auf die künstlerische Praxis der sie begleitenden Künstler aus und riefen auch bei diesen eine verstärkte Auseinandersetzung mit der Antike hervor.[1] In London kam es insbesondere im Kreis der aristokratischen *Grand Tour*-Reisenden, der *Society of Dilettanti* (gegr. 1734),[2] zu Bemühungen, die Antikenstudien der Künstler auf einer professionelleren Ebene zu organisieren und eine Akademie zu gründen.

---

1   Vgl. zur *Grand Tour* die Einleitungen in: Ausst.-Kat. British Artists in Rome 1700–1800, hrsg. von Greater London Council, London 1974 und in: Bibliography of British and American Travel in Italy to 1860, Florenz 1974 von Robert S. Pine-Coffin. Für weiterführende Literatur zu Italienreisen der Künstler vgl. Ausst.-Kat. Grand Tour. The Lure of Italy in the Eigteenth Century, hrsg. von Andrew Wilton und Ilaria Bignamini, London 1996; Producing the Past. Aspects of Antiquarian Culture and Practice 1700–1850, hrsg. von Martin David Myrone and Lucy Peltz, Ashgate 1999 und The Impact of Italy. The Grand Tour and beyond, hrsg. von Clare Hornsby, Rom 2000.

2   Vgl. History of the Society of Dilettanti, compiled by Lionel Cust and edited by Sidney Colvin, with the list of members, London 1914.

Abb. 1: Anonym (früher James Russel zugeschrieben), British Mi'Lords in Rome, 1749–52, Yale Center of British Art, Paul Mellon Collection. Von links nach rechts: Sir Thomas Kennedy, Lord Charlemont, Charles Turner oder Raphael Howard, Sir William Lowther, Thomas Steavens und Lord Bruce

Die ersten Pläne zur Gründung einer Britischen Akademie konkretisierten sich jedoch in Rom um die Mitte des 18. Jahrhunderts im Kreis der englischen Historienmaler und Altertumswissenschaftler. 1749 bildete sich in Rom unter der Leitung des Historienmalers John Parker ein Zusammenschluß britischer Künstler, der sich als *Academy for British Artists* bezeichnete. Noch vor der Gründung der Londoner *Royal Academy* im Jahr 1768 etablierte sich in Rom also eine britische Akademie.³ Diese Initiative war institutionell weder an eine heimische Akademie noch an staatliche Instanzen gebunden. Parker, erster und einziger Direktor jener frühen *Academy*, die bis ca. 1755 existierte, hatte sowohl zu den französischen als auch zu den italienischen Kunstkreisen enge Kontakte und wurde 1754 zum Mitglied der Florentiner *Accademia del Disegno* und 1756 zum Mitglied der *Accademia di San Luca* ernannt.⁴ Auch wenn die schriftliche Überlieferung zu dieser Akademie sehr spärlich ist, fand sie doch des öfteren knappe Erwähnung, so auch in den Briefen eines der Mitglieder, des Malers James Russel (um 1750): „there are here at this time English and Scotch. Painters

---

3 Zur Geschichte der Royal Academy vgl. The Royal Academy from Reynolds to Millais, hrsg. von Charles Holme, London – Paris – New York 1904; Sidney C. Hutchison, The History of the Royal Academy 1768–1986, London 1986; Holger Hoock, The King's Artists. The Royal Academy of Arts and the Politics of British Culture 1760–1840, Oxford 2003 und James Fenton, School of genius. A history of the Royal Academy of Arts, London 2006.

4 John Parker war Schüler von Marco Benefial in Rom, dessen Portrait von Parker die *Accademia di San Luca* verwahrt, vgl. THIEME-BECKER, s. v. Parker, und A Dictionary of British and Irish Travellers in Italy 1701–1800, hrsg. von John Ingamells, New Haven – London 1997, S. 198.

Abb. 2: John Parker, San Benedetto, Santa Silvia e San Gregorio, um 1750, Altarbild Seitenkapelle, S. Gregorio al Celio, Rom

and Sculptors, to the number of sixteen; among whom there is so great a harmony, that we have formed an Academy among ourselves."[5]

Während sich die deutschen Künstler bevorzugt im Café Greco versammelten, traf sich der britische Künstlerkreis um Parker im heute nicht mehr existierenden Café Inglese an der Piazza di Spagna, Ecke Via Condotti, das von Piranesi mit ägyptisierenden Architekturelementen dekoriert worden war. Ihre Akademie sollte über den dort gepflegten informellen Austausch hinausführen und umfassendere wissenschaftliche Bildung in Archäologie, Geschichte, Kunst- und Kostümgeschichte vermitteln. Zwei maßgebliche Gönner der *Academy for British Artists* in Rom waren

---

5   James Russel, Letters from a young painter abroad to his friends in England. Adorned with copper plates. printed for W. Russel, 2 Bde., London 1750, 2. Bd., S. 361, zitiert nach AUSST.-KAT. BRITISH ARTISTS IN ROME 1700–1800, Introduction. Vgl. auch den Eintrag in: A DICTIONARY OF BRITISH AND IRISH TRAVELLERS, s. v. Russel, S. 830–32.

Sir Thomas Kennedy und Lord Charlemont, für den Parker auch als Agent tätig war. Sie sind auf einem der üblichen *Grand Tour*-Erinnerungsbilder mit anderen Reisenden auf dem Forum Romanum von einem unbekannten Maler porträtiert wurden.[6]

Lord Charlemont war einer der wichtigsten Mäzene archäologischer und antiquarischer Forschung, Mitglied der *Society of Dilettanti* und Auftraggeber Piranesis.[7] Aus den Zeugnissen des Lords, der sich von 1753–55 und noch einmal 1758 in Rom aufhielt, gehen die Bemühungen der englischen Künstler um die Akademiegründung hervor, die nach dem Vorbild der französischen Akademie in Rom eingerichtet werden sollte und deren wichtigster Förderer er wurde. Die Künstler waren vor allem an der Schaffung von Historienbildern interessiert, wobei sich, so Lord Charlemont, unerwartete Probleme für die englischen Künstler auftaten. Da es in England keine Tradition akademischer Ausbildung wie etwa in Frankreich und Italien gab, fehlten den englischen Künstlern die künstlerisch-technischen Voraussetzungen, wie beispielsweise die Beherrschung des Aktes, für den „grand style" der Historienmalerei.[8] Deshalb war der Versuch der Künstler, sich bei der Etablierung ihrer eigenen Akademie in Rom an den Reformen der französischen Akademie zu orientieren, die idealistische Bildthemen und historisch „wahrhaftigere" Darstellungsmodi als Ausweg aus dem Rokoko propagierte,[9] sehr hoch gegriffen. Von der künstlerischen Produktion des Kreises um Parker hat sich kaum etwas erhalten. In Parkers Altarbild in San Gregorio al Celio in Rom, mit den Heiligen Benedict, Sylvia und Gregor, und einer dunklen und eintönigen Leinwand mit dem Tod der Kleopatra im *British Museum* treten die bescheidenen Bemühungen um den klassischen Kanon zu Tage.[10]

Neben den wenig aussagekräftigen Werken der Maler haben sich architektonische Akademieentwürfe aus der Mitte des Jahrhunderts erhalten, die mit den Bestrebungen des Parkerkreises in Verbindung gebracht werden können. Sie sind nicht nur interessant, weil sie achtzehn Jahre vor der Gründung der *Royal Academy* in London entstanden sind, sondern vor allem, weil sie von den inhaltlichen Vorstellungen einer Akademiegründung in Rom zeugen.[11]

---

6 Vgl. AUSST.-KAT. THE ANGLO-AMERICAN ARTIST IN ITALY, Kat.Nr. 13, British Mi'Lords in Rome, ca. 1749–1752, Anonym. Sir Thomas Kennedy und Lord Charlemont wurden auch von Joshua Reynolds während seines Romaufenthaltes 1749–52 als Vorbereitung für seine gemalte Parodie auf Raffaels Schule von Athen karikiert (National Gallery of Ireland, Inv.-Nr. 734–37), s. u.

7 James Caulfield Lord Charlemont (1728–99) führten viele Reisen an antike Grabungen, deren Ergebnisse er publizierte. Gemeinsam mit Stuart und Revett war er auch an der Publikation der Antiquities of Athens beteiligt, vgl. Maurice Craig, The Volunteer Earl. Being the Life and Times of James Caulfield, First Earl of Charlemont, London 1948, S. 79 ff und Lord Charlemont and his Circle. Essays in Honour of Michael Wynne, hrsg. von Michael McCarthy, Dublin 2001. Zu seinen letzten Jahren in Italien, vgl. Sergio Benedetti und Fionnuala Croke, Unpublished Letters of Edward Murphy and Lord Charlemont, ebd., S. 61 und Steffi Roettgen, Un ritratto allegorico di Lord Charlemont dipinto da Mengs e alcune annotazioni sul rapporto tra Piranesi e l'Ambiente neoclassico romano, in: Piranesi e la cultura antiquaria, hrsg. von Maurizio Calvesi, Rom 1984, S. 149–70, S. 158.

8 Vgl. AUSST.-KAT. BRITISH ARTISTS IN ROME 1700–1800, Introduction. Zur Historienmalerei und Gattungshierarchie vgl. KAPITEL I. 2. Zur Produktion „höherer Kunst" und deren Förderung durch die *Society of Arts* in London, die *Royal Academy* und die aristokratischen *Grand Tour*-Reisenden vgl. Martin David Myrone, Body-building. Reforming Masculinities in British Art, 1750–1810, New Haven 2005.

9 Vgl. KAPITEL I. 2., LOCQUIN 1978 und Thomas Kirchner, Neue Themen – neue Kunst? Zu einem Versuch, die französische Historienmalerei zu reformieren, in: HISTORIENMALEREI IN EUROPA 1990, S. 107–20.

10 British Museum Inv.-Nr. 1949-10-8-1. Weitere großformatige Werke von Parkers Hand nach antiken Sujets, wie Apelles, Zeuxis, Epaminondas, Agrippina, Socrates, Catalina und Hamilcar sind zwar dokumentiert, aber nicht erhalten, vgl. Ellis K. Waterhouse, The British Contribution to the Neo-Classical Style in Painting, London 1954, S. 66/7.

11 Möglicherweise wurden sie durch den 1750 ausgeschriebenen *Concorso Clementino* zu einem *Collegio per Scienze e Belle Arti* angeregt, vgl. KAPITEL I. 3. und Kat.-Nr. 16–21.

Ein Akademieprojekt stammt von dem Architekten Matthew Brettingham d. J. (1725–1803), der bis 1754 in Rom weilte und in enger Verbindung zu der *Academy* stand.[12] In seinem römischen Skizzenbuch aus dem Jahr 1750 finden sich Entwurfszeichnungen zu einem Akademiegebäude mit jeweils zwei alternativen Grundrissen und Aufrissen.[13] Aus ihnen geht die Zweckbestimmung der Räumlichkeiten hervor, die es trotz dem Fehlen schriftlicher Überlieferung erlaubt, zumindest im Groben die Funktionsweise der angestrebten Akademie zu rekonstruieren: Die drei großen runden oder quadratischen Hörsäle des ersten Grundrisses scheinen den großen Zeichenkursen der drei künstlerischen Gattungen vorbehalten gewesen zu sein, bzw. dem Akt- und Drapariestudium zu dienen.

Des weiteren sah sein Akademiegebäude jeweils kleine Ateliers für die Direktoren der drei Kunstsparten und eine Gemälde-, Zeichnungs- bzw. Stichsammlung und eine Abgußsammlung antiker Skulptur für die Bildhauer vor. Sammlungen architektonischer Vorlagen und ornamentaler Details rundeten das Studienmaterial ab. Die langen Galerieflügel des dreiachsigen Gebäudes sind um die drei zentralen Säle gelegt. Diesen sind Kreise eingeschrieben, die auf Arenen mit Emporen, wie sie auf den zeitgenössischen Stichen zur Technik des Zeichnens und der Aktmalklassen zu sehen sind, hindeuten könnten.

Sie könnten aber auch Überkuppelungen andeuten, was sich durch die Fassadenaufrisse jedoch nicht näher bestimmen läßt. Der obere der beiden Fassadenentwürfe wird von einem zentralen Risalit dominiert, der der Frontalansicht des Pantheons gleicht, bis hin zu kleinen Details, wie den Stufen des Kuppelansatzes. Die Stockwerke der Seitenflügel und Seitenrisalite gliedern sich in eine Sockelzone mit bossierten Stützarkaden und ein Hauptgeschoß, dessen große Fenster sich zwischen der vorgeblendeten Säulenordnung nach Norden öffnen („north" steht mittig über der Fassade). Der zweite Entwurf variiert die Verteilung der Giebel und Kuppeln und zieht ein Mezzaningeschoß ein. Stilistisch überwiegen antikische Formen, allein das Sockelgeschoß scheint auf palladianische Bauten zurückzugehen. Die Studiensäle sind umgeben von langen Galerien für die Sammlungen der Gipsabgüsse antiker Statuen und Portraitbüsten. Der alternative Grundriß Brettinghams (Abb. 5) hingegen liefert noch genauere Funktionsangaben. Die große Eingangshalle soll laut der Beschriftung des Entwurfs mit den Gemälden der Akademieprofessoren geschmückt werden, es folgen ein öffentlicher Vorlesungssaal, weitere Abgußgalerien, Wohnräume für die Aktmodelle und zwei kreisrunde Arenen, die entweder dem Zeichenstudium nach der Natur oder der Demonstration anatomischer Sektion dienen sollten.

Gesonderte Galerien sind für die Abgüsse der berühmtesten Werke antiker Skulptur, wie den Laokoon vorbehalten. Weitere Ehrenplätze waren der Legende zu Folge für die Statuen des Apoll und des Herkules reserviert, wobei davon ausgegangen werden kann, daß es sich um Abgüsse vom Apoll des Belvedere und vom Herkules Farnese handelte. Vor allem Abgüsse des Laokoon gehörten

---

12   Er war der Sohn des Architekten Matthew Brettingham d.Ä. Seine Beziehung zu Lord Leicester in Holkham erlaubte ihm, die Jahre 1747–54 in Italien und Griechenland zu verbringen, wobei er Griechenland in Begleitung von James Stuart und Nicholas Revett bereiste. Bis Juni 1754 blieb er in Rom. In dieser Zeit verfolgte Brettingham nicht nur seine Architekturstudien, sondern war auch als Kunstagent tätig, der antike Skulpturen, Abgüsse und Gemälde für Lord Leicester, Lord Dartmouth, seinen Vater und andere Milords ankaufte, vgl. John Kenworthy-Browne, Matthew Brettingham's Rome Account Book 1747– 1754, in: The Walpole Society, Vol. 49, 1983, S. 37–132. Abgesehen von Charlton House, Wiltshire, ist über seine Tätigkeit als Architekt wenig bekannt; anscheinend lebte er ab 1769 von anderen Einkünften. Vgl. biographische Angaben im Catalogue of the Drawings Collection at the RIBA, Band B, S. 103–6 und A DICTIONARY OF BRITISH AND IRISH TRAVELLERS, s. v. Brettingham.

13   Vgl. Catalogue of the Drawings Collection at the RIBA, Band B, S. 103–6 und Abb. 86.

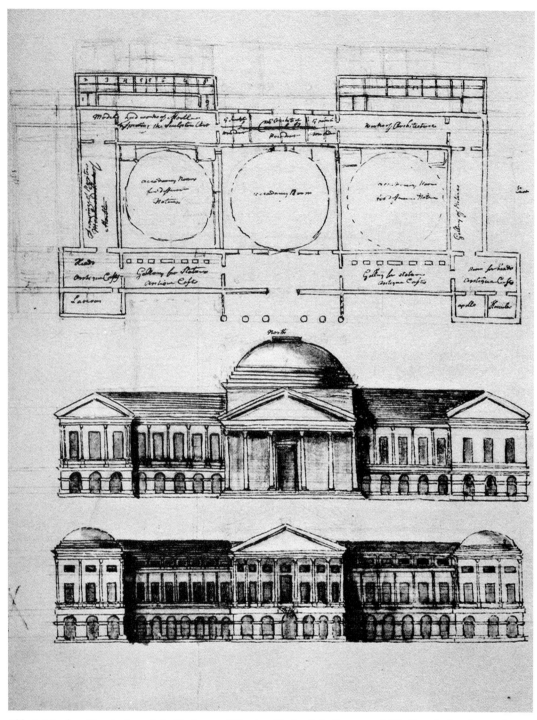

Abb. 3: Matthew Brettingham d. J., Idealentwurf für eine Akademie in Rom, um 1750, Grundriß und zwei alternative Aufrisse, in: Sketchbook, 93 Blätter in Vellum gebunden, 26,6 x 20,3 cm, Foglio 69 verso, Bleistift, Tusche und Sepia laviert, British Architectural Library, Drawing Collection, RIBA

Beschriftung:
Accademy Room for Different Notices / Accademy Room / Accademy Room for Different Notices / Gallery of Statues Antique Casts / Heads Antique Casts / Laocoon / Gallery for Statues Antique Casts / Room for Heads Antique Casts / Apollo / Hercules / Gallery of Pictures / Work of Architecture / Sculptor President / Architect President / Painting President / Models and Works of Marble respecting the Sculptors Art / Drawings of Paintings

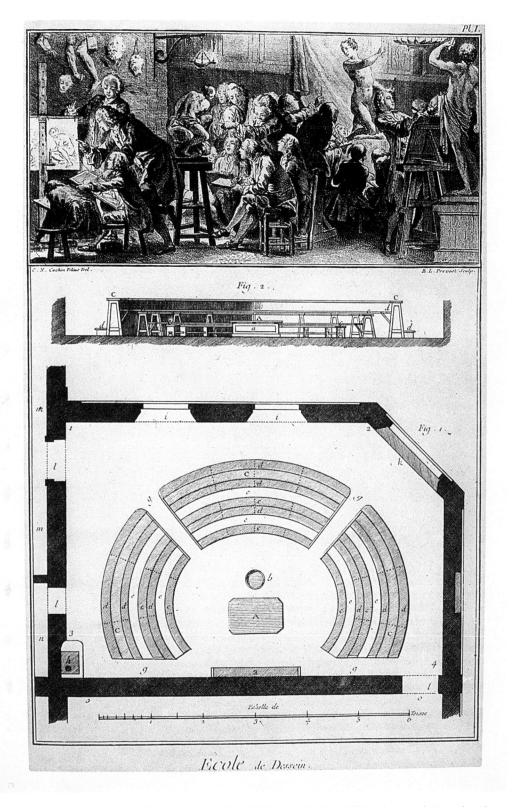

Abb. 4: Charles-Nicolas Cochin, Zeichenschule, 1751–72, Stich, aus Diderot, D'Alembert et. al., Encyclopédie, 1. Aufl., s. v. ‚dessein', Taf. 1

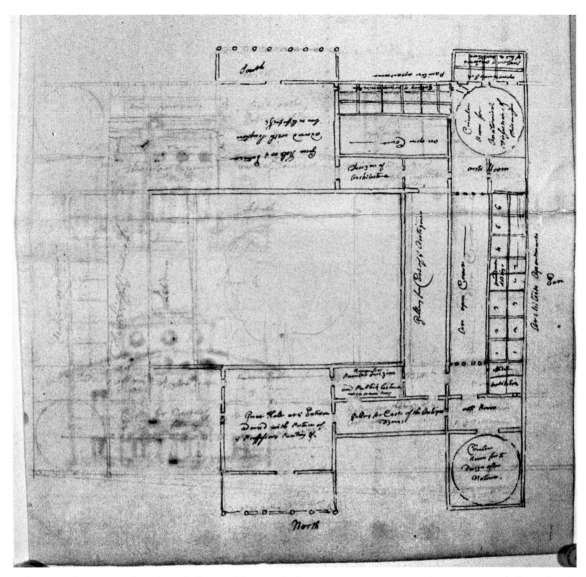

Abb. 5: Matthew Brettingham d. J., Idealentwurf für eine Akademie in Rom, um 1750, ein alternativer Grundriß, in: Sketchbook, 93 Seiten in Vellum gebunden, 26,6 x 20,3 cm, Foglio 70 recto, Bleistift, Tusche und Sepia laviert. British Architectural Library, Drawing Collection, RIBA

Beschriftung unten beginnend, gegen den Uhrzeigersinn:
North / Great Hall or Entrance adorned with Pictures of Professors Painting / Room for Painter Designs and Public Lecture upon Painting / Gallery of Casts of the Antiques / Anti Room / Modell Habitation / Circular Room for the Drawing after Nature / Gallery of Casts of the Antiques / an open Court / Architects Apartments / Designs of architecture / Circular Room for Anatomical Dissection of Chirurgie / Painter Apartment / Great Hall of Entrance adorned with Sculpture bas relief

zu den unverzichtbaren akademischen Studienobjekten, auch wenn die Herstellung aufgrund der komplizierten vielgliedrigen Struktur der Skulptur äußerst kostenaufwendig war.[14]

Brettinghams detaillierter Aufstellungsplan von erwählten Abgüssen der Hauptwerke antiker Skulptur weist auf seine besondere Beziehung zu dem wohlhabenden Venezianer Sammler Filippo Farsetti hin. Dieser gehörte zu den wenigen Privilegierten, die von Benedikt XIV. eine Abgußgenehmigung in der Vatikanischen Sammlung erhielt. Brettingham hatte mit Farsetti die Verabredung getroffen, daß er jede dritte Kopie der Abgüsse erhielt, die dieser anfertigen ließ.[15] Sein Entwurf spiegelt mit den reich bestückten Abgußgalerien nicht nur die Methodik akademischen Antikenstudiums, sondern deutet auch darauf hin, daß Brettingham über eine Bezugsquelle verfügte. Mit den neuen Ausbildungsmethoden eröffneten sich auch lukrative Geschäftschancen, wie beispielsweise der Handel mit Abgüssen, Kopien, Bauaufnahmen oder anderen Vorlagewerken.

Wahrscheinlich wurde auch der Entwurf zu einer „Academy of Painting, Sculpture and Architecture" aus dem Jahr 1753 von Stephen Riou, der sich von 1750 bis 1753, also etwa zur gleichen Zeit wie Brettingham, in Rom aufhielt, durch die britische Akademieinitiative in Rom angeregt. Die Zeichnung zu seinem Akademieentwurf sandte Riou 1753 aus Konstantinopel an William Lee nach London, der ebenfalls von 1752 bis 1753 in Rom weilte.[16] Der Entwurf zeugt von italienischen Eindrücken: Die palladianische Fassade ist mit römischen Motiven durchsetzt. Die krönende Figurengalerie erinnert an Michelangelos Balustradengestaltung der Paläste am Kapitol. Typisch für Riou ist die Kombination zweier Säulenordnungen in einem Register. An die Vorhalle mit korinthischen Säulen, schließen sich seitlich ionische Kolonnaden an – sie sollen laut Bildlegende die Abgüsse antiker Statuen aufnehmen. Der Grundriß zeigt wiederum eine den drei Kunstgattungen entsprechende Dreiteilung. Die Räume an der Nordostfront waren, so die Beschriftungen, für die Bildergalerie reserviert. Die weiteren Räume dienten dem Akademiebetrieb, oder beherbergten die Wohnungen des Direktors und der „pensioners". Besonders die Erwähnung letzterer läßt jedoch aufhorchen und darauf schließen, daß es sich, entgegen der Lehrmeinung, die Rious Entwurf mit den Akademieplänen in London in Zusammenhang bringt, auch hier um einen Entwurf zu einer Akademie in Rom handeln könnte.[17] Seitlich der Treppe sollten Kopien der Löwen vom Fuß des Kapitols und im Vorhof ebenso eine Kopie der Reiterstatue Marc Aurels aufgestellt werden. Mit den Anspielungen des Akademieentwurfs auf das Kapitol könnten auch die dort eingerichteten Museen gemeint sein,

---

14 „For academic purposes, a cast of Laocoon alone had sometimes to suffice." wie Francis Haskell Goethe in „Dichtung und Wahrheit" paraphrasiert, vgl. Francis Haskell und Nicholas Penny, Taste and the Antique, New Haven – London 1981, S. 244 und Anm. 20.

15 Vgl. HASKELL 1981, S. 85. Haskell berichtet ebenfalls von Brettinghams Werbung um Subskribenten, um mit den vierzig oder fünfzig wichtigsten antiken Statuen eine englische Abgußsammlung aufzubauen; des weiteren hoffte er auf die Belieferung einer Akademie in Dublin. Zu den Dubliner Akademieplänen vgl. auch PEVSNER 1986, S. 145 und 153. Aus späteren Aufzeichnungen Brettinghams ging hervor, daß er auch um Unterstützung zur Gründung einer *Academy of Design* in England warb, vgl. A DICTIONARY OF BRITISH AND IRISH TRAVELLERS, s. v. Brettingham. Zu Brettinghams Agententätigkeit vgl.

ebenfalls HASKELL 1981, S. 66, 84–87, S. 216, S. 267, S. 284 und S. 302 und John Kenworthy-Browne, Designing around the Statues. Matthew Brettingham's Casts at Kedleston, in: Apollo, 1993, Vol. 137, S. 248–52.

16 Vgl. James Bettley, A Design by Stephen Riou for an Academy of Painting, Sculpture and Architecture, in: The Burlington Magazine, Vol. CXXVIII, Nr. 1001, 1986, S. 581/2, Abb. S. 579.

17 Bettley bringt den Entwurf mit dem Quartier für die *Society of Dilettanti* am Cavendish Square und deren Projekt einer Kunstakademie in London in Verbindung, vgl. BETTLEY 1986, S. 581/2, S. 581. Er nennt im Zusammenhang mit diesem Grundstück auch weitere Akademieentwürfe von John Vardy von 1751 und Francis Milner Newton von 1755.

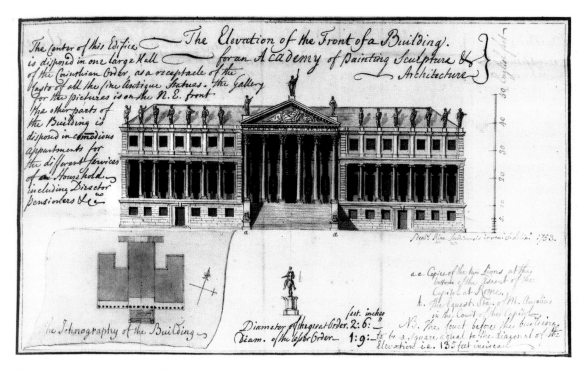

Abb. 6: Stephen Riou, Building for an Academy of Painting, Sculpture & Architecture, 1753, Feder laviert, 20 x 31,5 cm, British Architectural Library, Drawing Collection, RIBA

Beschriftung: The centre of the Edifice is disposed in one large Hall of the Corinthian Order as a receptacle of the Casts of all the fine Antique Statues. The Gallery of the pictures is on the N. E. front the other parts of the Building is disposed in commodious apartments for the different services of Homeholding including Director pensioners …

die unter Clemens XII. und Benedikt XIV. im 18. Jahrhundert bereichert und erstmals öffentlich zugänglich gemacht wurden und in denen auch die *Accademia del Nudo* ihren Sitz hatte.[18]

Über die theoretischen Zielsetzungen der *Academy* in Rom oder dort praktizierten Kunststudien ist aus den Erinnerungen, Briefen und Tagebüchern der später in Rom weilenden Künstler wie Jonathan Skelton, James Northcote, Thomas Jones, John Singleton Copley, Robert Adam und anderen nichts weiteres zu erfahren.[19] Christine Buckingham sah eine Erklärung für die Etablierung einer *Academy* in den Vorteilen, die eine Vereinigung unter der Bezeichnung „Akademie" im Wettbewerb mit den italienischen Akademien und der französischen Akademie in Rom mit sich brachte und in den Würden, die durch die Titulierung ihren Mitgliedern innerhalb der internationalen Gemeinschaft erwuchs.[20] Die akademischen Würden versprachen auch Kontakte auf gleicher Ebene zu anderen europäischen Akademikern, die vielleicht durch die künstlerischen Aktivitäten der englischen Künstler nicht gewährleistet waren, da viele von ihnen auch als Antiquare tätig waren und ihren Lebensunterhalt eher durch die Vermittlung von Antiken und Kunstwerken nach England bestrit-

18   Vgl. Kapitel I. 1.
19   Vgl. Ausst.-Kat. The Anglo-American Artist, S. 5 und A Dictionary of British and Irish Travellers s. v. der entsprechenden Künstler.
20   „That the English Artists did attempt to form an academy to rival the Italian Accademia di San Luca and the French Academy in Rome is symptomatic of their desire to establish themselves as connoisseurs and arbiters of taste with international reputations." Zitiert nach Ausst.-Kat. The Anglo-American Artist, Kat.-Nr. 13, S. 47 und Hoock 2003, besonders das Kap.: The Cosmopolitan Outlook of a National Academy, S. 109–23.

ten als durch eigene Erzeugnisse. Die Akademie war aber auch Ergebnis des ernsthaften Interesses, sich der internationalen Kunstelite in Rom mit gehobenen Unterrichts- und Arbeitstechniken im Sinne der neoklassischen Ideale und der wissenschaftlichen Antikenstudien anzuschließen.

Die Parodie Joshua Reynolds auf die Mitglieder der römischen Akademie

Von 1750 bis 1752, zur Zeit der britischen Akademieinitiative, weilte auch Joshua Reynolds in Rom. Reynolds, später Gründungsmitglied und erster Präsident der *Royal Academy* in London, beobachtete während seines eigenen Italienaufenthaltes mit gewisser Distanz die antiquarischen Studien seiner Landsleute und karikierte den archäologischen Dilettantismus von *Grand Tour*-Reisenden. Die bekannteste und aufwendigste seiner römischen Karikaturen ist die Parodie nach Raffaels Schule von Athen, in der die bezopften Mitglieder der *British Academy* in Rom und eine Anzahl von englischen Gentlemen, befremdlich deplaziert auf Raffaels Bühne der Philosophen und Künstler agieren.[21] Anstelle der Philosophen vor römischer Kulisse versammelte Reynolds vor einer gotisierenden Nachahmung von Raffaels triumphaler Bogenarchitektur jene Lords, die sich sonst würdevoll von dem römischen Maler Pompeo Batoni porträtieren ließen. In der Tradition Pier Leone Ghezzis karikiert Reynolds die Dilettanten als großköpfige, im Profil dargestellte Stümper,[22] die sich in philisterhafter Studienhaltung, mit ihren weniger athletischen als vielmehr untersetzten Leibern respektlos und linkisch auf der Treppe breit machen.

Reynolds stellte Lord Charlemont, der besonders engagiert in der Gründungsinitiative der Akademie war, links im Vordergrund, klarinettespielend, anstelle des Pythagoras dar. Ebenso karikierte er dort Matthew Brettingham, von dem die Entwürfe zu dem Akademiegebäude stammen und mit dem Reynolds um 1751, wie auch mit Thomas Patch, Joseph Wilton und Claude Joseph Vernet zusammen im Palazzo Zuccari wohnte.[23] Gegenüber von Brettingham stellte Reynolds sich selbst dar, mit Zeichenmappe von links eintretend.[24] Die akademische Nachahmung der idealen Gemeinschaft des Gedankenaustausches und des Ideenwettstreites, wie sie in Raffaels Schule von Athen gefeiert wurde, war – dem zu Folge wie Reynolds seine akademischen Bekannten malte – ein im salonhaften Geplänkel verebbender Versuch.

---

21 Vgl. Edgar Wind, A Source for Reynolds' Parody of the School of Athens, in: Harvard Library Bulletin, Vol. 3, Nr. 2, 1949, S. 294–97. Winds Sicht bezüglich Reynolds Umgang mit Bild-„Zitaten" und Übernahmen aus bekannten Vorbildern reflektiert Bruce Redford, „Frisch weht der Wind". Reynolds und das parodistische Portrait, in: Edgar Wind, Kunsthistoriker und Philosoph, hrsg. von Horst Bredekamp, Bernhard Buschendorf, Freia Hartung und John Michael Krois, Berlin 1998, S. 13–32. Vgl. auch Sir Joshua Reynolds. A Complete Catalogue of his Paintings, hrsg. von David Mannings, Bd. 1, New Haven – London 2000, S. 491/2, mit der Identifizierung der Dargestellten.

22 Ausst.-Kat. Sir Joshua Reynolds 1723–1792, hrsg. Nicholas Penny und Pierre Rosenberg, Paris – London 1985, S. 27/8.

23 Vgl. Werner Körte, Der Palazzo Zuccari in Rom. Sein Freskenschmuck und seine Geschichte, Römische Forschungen der Bibliotheca Hertziana, Band XII, Leipzig 1935, S. 56.

24 Als solcher identifiziert bei KENWORTHY-BROWNE 1983, S. 37–132, S. 41. Die weiteren Dargestellten werden in Reynolds Aufzeichnungen genannt: Mr. Henry (oder Straffan, Kildare), Mr. Leeson d. J., Lord Bruce, Mr. Maxwell, Mr. Leeson d. Ä. (später Earl of Milltown), Mr. Bagot, der Abbé du Bois, Mr. Brettingham, Mr. Murfey, Mr. Sterling, Mr. Iremonger, Sir Mathew Featherstone, Mr. Phelps, Sir Thomas Kennedy und Reynolds selbst, vgl. Walter Armstrong, Sir Joshua Reynolds. First President of the Royal Academy, London – New York 1905. Vgl. auch AUSST.-KAT. BRITISH ARTISTS IN ROME 1700–1800, Kat.-Nr. 99 und Denys Sutton, The Roman Caricatures of Reynolds, in: Country Life Annual, 1956, S. 113–16.

Abb. 7: Joshua Reynolds, Parody of the School of Athens, 1751, Öl auf Leinwand, 97 x 135 cm, National Gallery of Ireland, Inv.-Nr. 734

Die doppelte Kostümierung – modisch gekleidete Zeitgenossen an der Stelle und in der Haltung der antiken Philosophen vor einem gotisch kannelierten, spitzbogigen Triumphbogen – läßt sich als Chiffre für das schmerzhafte Bewußtwerden der eigenen Distanz zur bewunderten Vergangenheit lesen, als Hinterfragung des Versuchs, der Antike und der Renaissance durch akademische Studien näher zu kommen. Daß die Beteiligten sich der Unmöglichkeit zum Teil wohl selbst bewußt waren – der ebenso konterfeite Charlemont nannte viele seiner Mitreisenden „Goten"[25] – nimmt Reynolds Karikatur nordischer Barbarei nichts. Er machte humorvoll auf den Spagat des akademischen Usus aufmerksam, das große akademische Ideal des Erhabenen mit der eigenen Zeit zu verbinden, was ebenso wenig gelang wie das antike Körperideal mit den Attitüden der zeitgenössischen Portraitmalerei zu verbinden bzw. die Bühne der antiken Geistesgrößen mit beflissenen Zeitgenossen zu bespielen.

Ein anderes Beispiel akademischer Überheblichkeit, nämlich die selbstgefällige Anmaßung, die Kompositionsprinzipien Raffaels zu kritisieren, zog Reynolds auch schriftlich ins Lächerliche. In Bezug auf die Komposition des Kartons der Berufung des Jüngers Petrus für die Gobelins der Sixtinischen Kapelle schrieb er, einen naseweißen Kritiker ironisierend, daß Raffael, wäre er den Prinzipien der modernen Akademien gefolgt, die Komposition nach dem pyramidalen System aufgebaut hätte:

---

25 Vgl. Cynthia O'Connor, The Parody of The School of Athens. The Irish Connection, in: Bulletin of the Irish Georgian Society, XXVI, 1983, S. 20–22.

"'Here,' says he, 'are twelve upright figures; what a pity it is that Raffaelle was not acquainted with the pyramidal principle! he would then have contrived the figures in the middle to have been at higher ground, or the figures at the extremities stooping or lying; which would not only have formed the group into the shape of a pyramid, but likewise contrasted the standing figures. Indeed,' added he, 'I have often lamented that so great a genius as Raffaelle had not lived in this enlightened age since the art has been reduced to principles, and had his education in one of the modern Academies; what a glorious works might we then have expected from his divine pencil!'"[26]

Reynolds spielte hier sicherlich auch auf den mehrfach überlieferten Umstand an, daß die Romstipendiaten dazu angehalten wurden, in den Meisterwerken Raffaels die Komposition zu verbessern.[27]

Die *Academy* Parkers wurde, als hätte Reynolds es geahnt, bald ein „asylum for artistic scamps", also ein Sammelbecken für künstlerische Taugenichtse, und nach nur sechs Jahren, während John Parkers Neapelaufenthalt 1755, aufgrund von Streitigkeiten ihrer Mitglieder, allen voran zwischen Thomas Patch, einem weiteren Protegé Lord Charlemonts, und Thomas Warner wieder aufgelöst.[28]

Akademische Romstudien nach dem Scheitern der ersten Britischen Akademie

Während der junge Reynolds in seinen Karikaturen und schriftlichen Zeugnissen humorvoll das strenge Befolgen des klassischen Kunstideals kritisierte, sollten auch für ihn Rom und die Hochrenaissance zum lebenslangen künstlerischen Bezugspunkt werden: „The apostle of courtesy and grandeur in the use of classical epithets began as a master of derision."[29] Als Akademieprofessor wurde er zum engagierten Verfechter der Historienmalerei, und deren Voraussetzungen wichtiger Bestandteil seiner Lehrmethoden. Es war Reynolds selbst, der die *Royal Academy* kurz nach ihrer Gründung 1768 anregte, Stipendien für Italienreisen einzurichten. Von seiner Auffassung, wie der Aufenthalt in Rom für Kunststudien am vorteilhaftesten zu nutzen sei, zeugt u. a. ein Brief an seinen romreisenden Schüler James Barry aus dem Jahr 1769. Reynolds riet ihm von der üblichen Anfertigung von Kopien der römischen Meisterwerke ab, die als Dekorationsware zwar Geld einbrächten, aber keinerlei künstlerischen Gewinn. Er suchte ihn vielmehr für die Prinzipien zu sensibilisieren, die den Werken zugrunde liegen, und legte ihm nahe, diese in ein eigenes Werk einfließen zu lassen. Insbesondere empfahl er das intensive Studium der großen Freskenprogramme des Vatikans, da diese einzigartig und in keiner Weise reproduzierbar wären.[30]

26 Joshua Reynolds, in: The Idler, Nr. 76, 29. September 1759, S. 123–26, S. 125, zitiert nach: The Literary Works of Sir Joshua Reynolds, first President of the Royal Academy, hrsg. von Henry William Beechy, London 1855.
27 Vgl. auch KAPITEL II. 1.
28 Vgl. CRAIG 1948, S. 90 mit Angabe der Quellen; AUSST.-KAT. THE ANGLO-AMERICAN ARTIST, Kat.-Nr. 16 mit ausführlicher Bibliographie zu Thomas Patch und WATERHOUSE 1954.
29 Edgar Wind, Hume and the Heroic Portrait, hrsg. von Jayne Anderson, Oxford, 1986, S. 78.
30 „Whilst I was at Rome I was very little employed by them, and that I always considered as so much time lost: copying those ornamental pictures which the travelling gentlemen always bring home with them as furniture for their houses, is far from being the most profitable manner of a student spending his time. Whoever has great views, I would recommend to him, whilst at Rome rather to live on bread and water than lose those advantages which he can never hope to enjoy a second time, and which he will find only in the Vatican, where, I will engage, no Cavalier sends his students to copy for him. I do not mean that as any reproach to the gentlemen; the works in that place, through they are the proper study of an artist, make but an aukward figure painted in oil and reduced to the size of easel pictures. The Capella Sistina is the production of the greatest genius that ever was employed in the arts; it is worth considering by what principles that stupendous greatness of style

Mit den in dem Brief von Reynolds angesprochenen Kopien bezog er sich auch auf die gefragten, die Dimension extrem verfälschenden Ölkopien der Schule von Athen, wie beispielsweise von Pompeo Batoni.[31] In dieser Hinsicht ließe sich Reynolds Karikatur der Schule von Athen auf einer weiteren Ebene auch noch als Karikatur der gängigen Ölkopien der Stanzen Raffaels lesen und nicht nur der Lords des akademischen Zirkels in Rom und ihrer antiquarischen Ambitionen.

Aber nicht nur auf die Unzulänglichkeit der zeitgenössischen Annäherung an die alten Kunstwerke, sondern auch auf das Problem der falschen Erwartungen der romreisenden Künstler gegenüber den Werken der Alten Meister – welche angesichts der Originale regelmäßig enttäuscht wurden – kam Reynolds mehrfach zu sprechen. In dem schon erwähnten Brief an Barry warnte er vor den im akademischen Umfeld geweckten Hoffnungen auf plötzliche künstlerische Offenbarung und mahnte zur Geduld:

> „If you should not relish them at first, which may probably be the case, as they have none of those qualities which are captivating at first sight, never cease looking till you feel something like inspiration come over you, till you think every other painter insipid in comparison, and to be admired only for petty excellences."[32]

In späteren Aufzeichnungen schrieb Reynolds über seine eigenen ersten Enttäuschungen:

> „I remember very well my own disappointment, when I first visited the Vatican; but on confessing my feelings to a brother-student, of whose ingeniousness I had a high opinion, he acknowledged that the works of Raffaelle had the same effect on him, or rather that they did not produce the effect which he expected."[33]

---

is produced, and endeavouring to produce something of your own on those principles will be a more advantageous method of study than copying the St. Cecilia in the Borghese, or the Herodias of Guido, [Domenichinos Santa Cecilia und Guido Renis Herodias, Anm. d. Verf.] which may be copied to eternity without contributing one jot towards making a man a more able painter. If you neglect visiting the Vatican often, and particularly the Capella Sistina, you will neglect receiving that peculiar advantage which Rome can give above all other cities in the world. In other places you will find casts from the antique and capital pictures of the great painters, but it is *there* only that you can form an idea of the dignity of the art, as it is there only that you can see the works of Michel Angelo and Raffael." Reynolds an Barry, vor Mai 1769, zitiert nach: The Letters of Sir Joshua Reynolds, hrsg. von John Ingamells und John Edgcumbe, New Haven 2000, Brief 22, S. 29–31. Zu James Barry vgl. PRESSLY 1981. Reynolds widmete auch zwei seiner „Discourses" der Problematik der Kopie und einer Differenzierung zwischen Imitation und Plagiat, vgl. BUSCH 1977, S. 25–30.

31 Zu Batonis Raffaelkopien vgl. Anthony M. Clark, Pompeo Batoni, a Complete Catalogue of his Works with an Introductory Text, hrsg. von Edgar Peters Bowron, Oxford 1985, S. 24. Bruce Redford sieht in Reynolds Karikaturen die für den jungen Reynolds typische Form der Auseinandersetzung mit Vorbildern, wie mit Batoni, seinem zeitweiligen Lehrer in Rom, und mit Raffael. Meines Erachtens trifft der Gedanke, daß die römischen Karikaturen Reynolds „erste Versuche der Nachahmung" darstellten jedoch nicht zu, da sich auch dem Vorbild viel treuer folgende Kopien Reynolds nach Raffael überliefert haben, sie nennt z. B. Edgar Wind, vgl. REDFORD 1998, S. 13–32, S. 19. Aufschluß über die damaligen Raffaelstudien in England gibt eine Anleitung von 1759: The School of Raphael: or, The students guide to expression in historical painting, described and explained by Benjamin Ralph. Illustrated by examples engraved by G. Duchange, and others, under the inspection of Sir Nicholas Dorigny, from his own drawings after the most celebrated heads in the cartoons at the King's Palace ... with instructions for young students in the art of designing and the passions as characterised by Raphael in the cartoon, London 1759.

32 Reynolds an Barry, 1769, zitiert nach: The Letters of Sir Joshua Reynolds, hrsg. von John Ingamells und John Edgcumbe, New Haven 2000, Brief 22, S. 29–31.

33 Es handelt sich um Aufzeichnungen aus Reynolds Nachlaß, in: Works of Sir Joshua Reynolds, hrsg. von Edmund Malone, 2. Aufl. London 1798, I, xiii, zitiert nach WIND 1949, S. 296. Wind geht vor allem der Frage nach, ob die Parodie der Schule von Athen etwas über das anfängliche Unverständnis Reynolds gegenüber dem Werk Raffaels ausdrückt. Stellt man allerdings Reynolds eigene Raffaelrezeption nicht an erste Stelle, sondern die der *Connaisseurs* und der Akademiker, kommt man dem Ziel Reynolds' Spottes näher.

Bei der auf Reynolds folgenden Künstlergeneration scheint eine distanzierte Haltung, wie sie Reynolds mit seinem Humor hinsichtlich der neoklassizistischen Bemühung um die antiken Ideale bewiesen hat, verbreiteter gewesen zu sein. Sie hat den romreisenden Künstlern bei der Wahl und Befolgung des akademischen Kanons mehr Freiheit verschafft. Neben Raffael galt Michelangelo, den die anderswo üblichen Akademiestudien ausschlossen, als mögliches Vorbild. War Reynolds nach anfänglicher Zurückhaltung begeistert von Michelangelo,[34] so um so mehr Johann Heinrich Füssli.[35] Die größere Expressivität und Dramatik, die sich die Künstler im Füsslikreis angesichts der römischen Antiken bewahrten, wurde auch darauf zurückgeführt, daß sie nicht das strenge Training der Franzosen in der Aktmalerei durchlaufen mußten.[36]

Die britischen Architekten suchten ebenfalls Anschluß an die künstlerische Praxis in den akademischen Institutionen in Rom. Besonders nach Auflösung der *British Academy* kam es zu einer großen Präsenz englischer Architekten in der *Accademia del Nudo* auf dem Kapitol. Die dortige Zeichentechnik wirkte sich auch auf die Praxis der Briten aus. Die Zeichnungen, die in heimischer Tradition bis dahin nur mit Kohle auf weißem Papier ausgeführt wurden, erhielten von da an die in Rom an den Akademien und in Paris übliche, raffiniertere Ausführung, bei der mit Rötel auf gefärbtem Karton gezeichnet, schwarz schattiert und weiß gehöht wurde. Diejenigen englischen Künstler, die das noch seltene Privileg hatten, schon in heimischen Akademien im Aktzeichnen geschult worden zu sein, hatten auch innerhalb der internationalen Wettbewerbe der *Accademia del Nudo* größere Gewinnchancen.[37] 1758 gewann beispielsweise Jacob Maxwell, der an der schottischen Akademie in Glasgow, die 1753/4 von Robert und Andrew Foulis gegründet worden war, studiert und dort nach lebendem Modell gezeichnet hatte.

Die private Akademie im alten College der University of Glasgow und die Italienreisen wurden von drei Glasgower Kaufleuten finanziert, die die Künstler – ähnlich der gleichzeitigen amerikanischen Praxis – zu bestimmten Arbeiten verpflichteten.[38] Der Romaufenthalt sollte das Programm der Akademie vervollständigen, und Maxwell war der erste von drei Schülern, die nach Rom gesandt wurde. Archbauld McLachlan sollte während seines Romaufenthaltes 1768–70 auf Wunsch Robert Foulis' die Schule von Athen von Raffael kopieren und durch die Raffaelkopien dazu be-

---

34 Reynolds versuchte zumindest seine Michelangelo-Bewunderung lange zurückzuhalten, da er als regellos galt, vgl. Derek Hudson, Sir Joshua Reynolds, London 1939, S. 37. Seine Hochachtung für Michelangelo und Raffael blieb jedoch eher theoretisch, da er sich bei der stilistischen und technischen Ausführung seiner eigenen Gemälde mehr an Eigenschaften Correggios orientierte. Vgl. Reynolds' genaue Aufzeichnungen zu Pigmenten, Malweise und *chiaroscuro* bei Correggio und die physiognomischen Übernahmen, die Paul Mc Intyre nennt, vgl. ders., Reynolds in Italia. Un confronto con l'eredità del Correggio, in: Aurea Parma, Rivista di Storia, Letteratura e Arte Jg. LXXI, Fasc. III, 1987, S. 229–37. Vgl. zum Rezeptionswandel Raffael versus Michelangelo, SAINT GIRONS 1990, S. 173–94 und KAPITEL I. 1. 2.

35 Vgl. Ausst.-Kat. The Fuseli Circle in Rome. Early Romantic Art of the 1770s, hrsg. von Nancy L. Pressly, New Haven, Connecticut 1979.

36 Vgl. Ausst.-Kat. Eighteenth-Century French Life Drawing. Selections of the Collection of Mathias Polakovits, hrsg. von James H. Rubin, Princeton University, The Art Museum, Princeton 1977, S. 36/7.

37 Zur *Accademia del Nudo* vgl. KAPITEL I. 1. Die in der *Accademia di San Luca* verwahrten Listen der Preisgewinner und die der eingeschriebenen Studenten der *Accademia del Nudo* nennen zahlreiche Engländer: „Guglielmo Cockrame, Inglese, Rubert Crone, Inglese, Giovanno Froller, Inglese, Alessando Finni, Scozzese, Tomaso Ginkins [Thomas Jenkins], Inglese, Guglielmo Hamilton, Inglese, Guglielmo Jeans, Scozzese, Giacomo Nevai, Inglese, Cristoforo Norton, Inglese, Giovanni Plimmer, Inglese, Mattia Gugl. Peters, Inglese, Roberto Surtes, Ingelse, Riccardo Vilson [Richard Wilson], Inglese, Tomaso Verner, Irlandese,…" Vgl. M. F. Macdonald, British Artists at the Academia del Nudo in Rome, in: ACADEMIES OF ART 1989, S. 77–94, S. 80, S. 81 und S. 84.

38 Vgl. MACDONALD 1989, S. 84. Vgl. auch PEVSNER 1986, S. 145 und 156 und Esme Gordon, The Royal Scottish Academy of Painting, Sculpture and Architecture 1826–1976, Edinburgh 1976, S. 3.

Abb. 8: Unbekannter Künstler, Aktklasse, vielleicht in der St. Martin's Lane Academy, um 1761, Royal Academy of Art London

fähigt werden, die Stelle des „Director of the Academy & History Painter" zu übernehmen.[39] Das südliche Klima bekam aber weder Maxwell, der in Rom den Tod fand, noch McLachlan, der mit zerrütteter Gesundheit nach Schottland zurückkehrte und kurz darauf starb.[40]

Den Studienlisten der *Accademia del Nudo* nach zu urteilen, war 1769 der letzte englische Künstler eingeschrieben. Eine Erklärung dafür war, daß nach der Gründung der *Royal Academy* in London 1768 die Künstler die grundständige akademische Ausbildung, die in der Regel in den Aktzeichenkursen gipfelte, dort erhielten und in den Akademien in Rom nicht mehr die fehlenden Lehrinhalte nachholen mußten. Da aber nicht weniger Künstler nach Italien reisten, sondern die *Royal Academy* diese Studienreisen sogar mit der Einrichtung der eigenen Reisestipendien institutionalisierte, könnten die Gründe für den Rückgang der britischen Präsenz an der *Accademia del Nudo* auch in der Neuorganisation einer englischen Akademie in Rom und dort organisierten Zeichenkursen liegen.

---

39 So in einem Brief R. Foulis an Hon. Charles Yorke vom 21. Oktober 1762, British Museum, zitiert nach MacDonald 1989, S. 84/5. McLauchlan erhielt von jedem der Kaufleute £ 17.60 zur Reisefinanzierung.

40 Die Tochter Robert Foulis berichtete Jahrzehnte später rückblickend: „It was thought proper to send young men from the Academy to Rome to study after the Antique. The first one was Maxwell who died there I think soon after his arrival, the second was mr William Cochrane who resided there five years: the third and last was Archbauld McLachlan who brought with him a copy of the school of Athens." Brief von Mrs. Dewar an Earl of Buchan, 5. April 1808, Mitchel Library, Glasgow, zitiert nach MacDonald 1989, S. 85.

In den siebziger Jahren des 18. Jahrhunderts erwähnte der schwedische Bildhauer und Freund von Henry Füssli, Johan Tobias Sergel eine eigene Akademie: „[we] had a special Academy in association with other young artists."⁴¹ Ein weiterer Nachweis eines „corporate life" englischer Künstler in Rom ist ein Eintrag in den Ratsberichten der *Royal Academy* vom 12. August 1797, der einen Brief betrifft, in dem die englischen Künstler gemeinsam der Londoner Akademie danken, daß sie Buch- und Abgußsendungen vom Zoll befreit hatte.⁴² Ein weiteres Zeugnis für die Existenz einer Organisation britischer Künstler fand sich in einem Buch Jean Baptiste Wicars, 1762–1834, in dem dieser sich einen Termin notierte, um die englischen Künstler in ihrem Quartier im Vicolo Alibert, einer Querstrasse der Via Margutta, zu treffen.⁴³

Die Einrichtung der Rompreise an der *Royal Academy*

In den siebziger Jahren kam es an der Londoner *Royal Academy*, auch auf Anregung Reynolds, zur regelmäßigen Einführung eines britischen Rompreises, dem *Gold Medal Travelling Scholarship*. Ab dem Jahr 1771 wurden nach französischem Vorbild jährlich drei Goldmedaillen für die Sparten Historienmalerei, Bildhauerei (Flachrelief) und architektonische Entwurfszeichnung und des weiteren neun Silbermedaillen vergeben. Doch schon 1772 konnten die Stipendien nur noch alle zwei Jahre vergeben werden.⁴⁴ Ab 1774 ermöglichte die *Society of Dilettanti* weitere Reisestipendien und finanzierte auf Vorschlag der *Royal Academy* sowohl Italien- als auch Griechenlandreisen.⁴⁵ Bis zur Gründung der *British School*, über hundert Jahre später, im Jahr 1913, wurden die *Gold Medals* und *Travelling Studentships* aus privaten Stiftungen von Künstlern finanziert, u. a. auch von Joseph Mallord William Turner und Charles Landseer.⁴⁶

Die napoleonischen Kriege auf dem Kontinent unterbrachen die britischen Kunststudien in Italien. Von 1795 bis 1818 wurden nicht nur keine Reisestipendien mehr vergeben,⁴⁷ sondern auch der Almanach aus Rom von Johann Christian Reinhart und Friedrich Sickler verzeichnet für die Jahre 1810 und 1811 keine englischen Künstler in der Stadt.⁴⁸ Nach der Niederlage Napoleons kamen die Briten jedoch um so zahlreicher nach Italien zurück; viele Adelige holten die *Grand Tour*, auf die

41 Vgl. Ausst.-Kat. The Fuseli Circle in Rome, s. v. Sergel.
42 Vgl. Ion Smeaton Munro, The British Academy of Arts in Rome, in: Journal of the Royal Society of Arts, 102, 1953, S. 42–56, S. 43.
43 Vgl. Stefania Maninchedda, Lo studio di John Gibson, in: Il primato della scultura. Fortuna dell'Antico, fortuna di Canova, hrsg. von Fernando Mazzocca u. a., Bassano del Grappa 2004, S. 257–67, S. 261, Anm. 20 und Livio Jannattoni, Roma e gli Inglesi, Rom 1945.
44 Der erste Gewinner einer Goldmedaille war Mauritius Lowe. Er erfüllte aber nicht die Pflicht, ein Werk zur Jahresausstellung der *Academy* in London zu übersenden, weshalb er mit königlichem Einvernehmen durch Thomas Banks 1772 ersetzt wurde, vgl. Hutchison 1986, S. 34 und 43 und Ausst.-Kat. The Fuseli Circle in Rome, S. 48 und 71.
45 Vgl. Hutchison 1986, S. 43.
46 Walter R. M. Lamb, The Royal Academy. A Short Story of its Foundation and Development, London 1951, S. 97 und Hutchison 1986, S. 126.

47 Vgl. Hutchison 1986, S. 74. Ausnahmen waren Alexander Day, ein englischer Miniaturmaler und späterer Kunsthändler, und George August Wallis, ein schottische Maler, vgl. William Gerdts, Washington Allston and the German Romantic Classicists in Rome, in: Art Quarterly, Vol. 32, Detroit 1969, S. 166–96, S. 177 und 184 und Anm. 14 und 33, und Klaus Graf von Baudissin, Georg August Wallis, Maler aus Schottland 1768–1847, Heidelberg 1924.
48 Amerikanische Künstler hingegen waren weiterhin in Rom anzutreffen, so Washington Allston von 1805 bis 1808 und John Vanderlyn von 1805 bis 1807. Ersterer kehrte zurück, weil er fürchtete, daß auch Amerika in den Krieg verwickelt würde, der zweite aus Mangel an Aufträgen, vgl. Ausst.-Kat. The Lure of Italy, American Artists and The Italian Experience 1760–1914, hrsg. von Theodore E. Stebbins, Jr., Boston – New York 1992, S. 164 und 172 und Almanach aus Rom für Künstler und Freunde der bildenden Kunst, hrsg. von F. Sickler und C. Reinhart, Leipzig 1810 und 1811.

Abb. 9: Johann Zoffany, The Academicians of the Royal Academy, um 1772, Royal Collection London
Die Akademiemitglieder Angelika Kauffmann und Mary Mosers sind durch ihre Portraits an der Wand vertreten – als Frauen durften sie nicht an den Mitgliederversammlungen teilnehmen

sie während der Kriege verzichtet hatten, nun nach und mit ihnen auch die Künstler.[49] Einer der ersten war der Bildhauer John Gibson 1817, der, als Schüler Canovas und Thorwaldsens, Rom zu seiner Wahlheimat bestimmte. Sein Atelier wurde in Ermangelung einer Britischen Akademie für kurze Zeit zum Anlaufpunkt junger britischer Bildhauer.[50] An Architekten, die an der von Malern und Bildhauern dominierten *Royal Academy* nur unterdurchschnittlich vertreten waren, wurde das Reisestipendium der Akademie nur selten vergeben. Nach Wiederaufnahme der Rompreisvergabe hatten in einer Spanne von fünfzehn Jahren (1816–31) nur die Architekten Lewis Vulliamy, Samuel Loat und John Johnson den Preis gewonnen. Um nicht hinter den anderen Sparten zurückstehen zu müssen, begannen die Architekten, sich um eigene höhere Ausbildungsstrukturen zu bemühen, bei der sie sich an den kontinentalen Architekturschulen, besonders aber an der französischen, bzw. der Meisterklasse der *École des Beaux-Arts* orientierten. Es wurden nacheinander bis zu elf Architektenverbindungen gegründet, eine Entwicklung, die schließlich in der Gründung des *Royal Institute of British Architects* mündete. Romaufenthalte zum Zweck der Antikenstudien waren integraler Bestandteil der dort entwickelten Lehrmethoden.[51]

49 Vgl. Ausst.-Kat. Imagining Rome. British Artists and Rome in the Nineteenth Century, hrsg. von Michael Liversidge und Catharine Edwards, London 1996.

50 Vgl. MANINCHEDDA 2004, S. 257–67; Franco Ceccopieri Maruffi, Il soggiorno romano di John Gibson e i suoi rapporti artistici con Vincenzo Camuccini, in: Strenna dei romanisti, Bd. 54, Rom 1993, S. 63–72, und AUSST.-KAT. MAESTÀ 1, S. 229.

51 Vgl. Frank Salmon, Storming the Campo Vaccino. British Architects and the Antique Buildings of Rome after Waterloo, in: Architectural History, Journal of the Society of Architectural Historians of Great Britain, Vol. 38, London 1995, S. 146–75 und ders., British Architects, Italian Fine Arts Academies and the Foundation of the RIBA, 1816–43, in: Architectural History. Journal of the Society of Architectural Historians of Great Britain, Vol. 39, London 1996, S. 77–113.

Abb. 10: Henry Parke, Architekturstudent beim Vermessen des Kapitells vom Castor und Pollux Tempel in Rom, 1819, Sir John Soane's Museum London

2. Die Britische Akademie in Rom im 19. Jahrhundert

Die Gründung der *British Academy of Arts* in Rom 1821

Einzelne romreisende Architekten zeichneten auch im 19. Jahrhundert wieder an der *Accademia del Nudo*, die inzwischen unter Antonio Canova und Bertel Thorwaldsen reformiert worden und 1804 in das ehemalige Kloster von S. Maria Maddalena delle Convertite umgezogen war.[52] Sie waren besonders an der dortigen Aktklasse interessiert, weil sie als Architekten an der Londoner Akademie davon ausgeschlossen waren.

Aus dem Kreis dieser Architekten entwickelten sich ab 1817 Pläne für eine Neugründung einer Britischen Akademie in Rom, von denen Joseph Woods in seinen *Letters of an Architect from France, Italy, and Greece* berichtete. Als Gründe für den Bedarf einer eigenen *Academy* nannte er, wie andere Zeitgenossen auch, die schlechten Studienbedingungen in den öffentlichen Akademien in Rom, ihre ungeeigneten Modelle, die Überfüllung in den Studiensälen und den unsicheren Status als Gasthörer. Eine Lösung des Problems stand allen vor Augen: eine Einrichtung, wie sie die französischen Künstler in der französische Akademie hatten, mit ihrer hervorragenden Ausstattung, den Wohnräumen, Ateliers, dem Speisesaal und den Ausstellungsräumen.[53] Zunächst wurden jedoch die Ansprüche gedämpft und nach Finanzierungsmöglichkeiten gesucht. Dabei sollte eine staatliche Rundumversorgung der Stipendiaten nach französischem Muster, ebenso wie die finanzielle und organisatorische Abhängigkeit von der *Royal Academy* vermieden werden:

> „An English establishment might be formed on a much less expensive plan. It would not be necessary, or even desirable, to maintain the students; but if it were in contemplation to provide any further assistance of that sort, beyond what is now done by the Royal Academy, it would be better to supply it from a perfectly distinct fund."[54]

Am wichtigsten sei, so Woods weiter in dem Brief, eine nicht zu elitäre Möglichkeit, sich zu Studienzwecken zusammenzufinden, die vielen offen stünde, mit Bibliothek und Abgußsammlung. Für die Bibliothek sollten vor allem Publikationen neueren Datums angeschafft werden, die im zensierten Buchmarkt des Kirchenstaats im Gegensatz zu älteren Büchern Mangelware darstellten. Des weiteren wären Abgüsse herausragender Statuen zu besorgen und unter veränderbarer Beleuchtung zu studieren.[55] Die von Woods geforderte Abgußsammlung unter Bevorzugung von architek-

---

52 Vgl. Kapitel I. 1. und Le „scuole mute" e le „scuole parlanti". Studi e documenti sull'Accademia di San Luca nell'Ottocento, hrsg. von Paola Picardi und Pier Paolo Racioppi, Rom 2002.

53 „Letter XLI. Academies, Rome August 1817 – [...] The French, you know, have an excellent establishment here on a large scale, occupying the house on the Villa Medici. They have dwelling-rooms for the students, and workshops for such as require them; a suite of apartments for the director; a common dining-room; a handsome suite for the public exhibitions; and a fine gallery of casts." Joseph Woods, Letters of an Architect from France, Italy, and Greece, 2 Bde., London 1828, Bd. 2, S. 147–49, Anhang Nr. 1 und 2.

54 Woods 1828, Bd. 2, S. 147–49, Anhang Nr. 1 und 2.

55 „The most essential requisite is a point of union, and the facility of reference, which would be obtained by a library, and a collection of casts; and two or three thousand pounds at first, and ten or twelve hundred per annum afterward, would be amply sufficient for every useful purpose. An Institution on a much more moderate scale than even the one above mentioned, and such as would be within the reach of many English gentlemen, would be a very great advantage, and the patron would immortalize himself by it. [...] New books are of more consequence than old, both because the student ought to be pretty well acquainted with the latter before he visits Italy; and because they are to be found in the Roman libraries, where a new book seldom enters. Books of established merit are the next things to be procured; then architectural casts; the productions of sculpture are so much more accessible and conveniently situated for the student, than those of architecture that casts of the latter are of prior importance. But though the students in sculpture will prefer copying

tonischen Detailabgüssen im Gegensatz zur Skulptur schien von John Soane's enzyklopädischem Sammelverfahren architektonischer Detailabgüsse beeinflußt und zeugt von der bevorzugten Beachtung der Interessen der Architekten.[56] Am meisten aber unterschied sich der britische Plan von dem französischen Vorbild hinsichtlich seines Finanzierungsmodells, das eine private Stiftung mit Selbstbeteiligung der Künstler vorsah.

Ausschlaggebend für den Brief Woods und die Beschreibung der erwünschten Akademie könnte das Angebot Pius' VII. gewesen sein, einen passenden Sitz für die Britische Akademie in Rom bereitzustellen und dem britischen Prinzregenten als Geschenk zu überlassen. Von diesem päpstlichen Angebot und der Gründung einer *British Academy* in Rom berichten weitere Briefe des Malers Joseph Severn aus den zwanziger Jahren, der 1821 als junger Kunststudent den kranken John Keats nach Rom begleitete, kurz darauf dessen Tod miterlebte und ihn an der Cestius Pyramide begrub. Severn selbst blieb in Rom und war in den folgenden Jahren maßgeblich an der Gründung der *Academy* in Rom beteiligt.[57]

In einem Brief vom Januar 1823 an den Präsident der *Royal Academy*, Sir Thomas Lawrence, erinnerte Severn an das Angebot Pius' VII., auf das die Initiatoren der *Academy* zurückkommen wollten:

„It is known to some of the oldest English Artists in Rome that the Roman Government (some 5 or 6 years back) made a offer of a palace for an English Academy. We contemplate the revival of this offer, as the most certain and public course to take. Both from the respect we are anxious to show to the liberality of the Roman Government in the encouragement of Art, and to ourselves who were to be the objects to it."[58]

Anzunehmen ist allerdings, daß das Anerbieten nicht sehr konkret war. Obwohl zwischen dem Vatikan und einzelnen Akademieförderern, wie Thomas Lawrence oder der Duches von Devonshire, Kontakte bestanden, ist die päpstliche Offerte nur aus den Erwähnungen Severns und Woods überliefert. Thomas Lawrence hatte erst 1819 den Papst und den Kardinal Ercole Consalvi porträtiert.[59]

the originals, casts of the finest statues must not be neglected, with the opportunity of displaying them in different positions, and under different lights." WOODS 1828, Bd. 2, S. 147–49, ANHANG Nr. 1 und 2.

56 Vgl. Ausst.-Kat. A Miscellany of Objects from Sir John Soane's Museum, Sir John Soane's Museum, London, 1992.

57 Englischer Maler und Diplomat (1793 – Rom 1879). Sein Vater ließ ihn als Kupferstecher ausbilden. Im Dezember 1818 gewann er das Reisestipendium der *Royal Academy* und ging Ende 1820 gemeinsam mit dem kranken John Keats nach Italien. Nach dem Tod des Dichters blieb Severn in Rom und kümmerte sich um die Etablierung der *British Academy*. 1828 heiratete er Elizabeth, Tochter von Lord Montgomerie. 1841 ging er nach England, blieb dort als Maler erfolglos und kehrte 1861 als Konsul nach Rom zurück. Von Severn stammt u. a. das Sterbebildnis Keats und das Bild Shelleys in den Ruinen der Caracalla Thermen. Vgl. u. a. William Sharp, Life and Letters of Joseph Severn, London 1892, und Sheila Birkenhead, Against Oblivion. The Life of Joseph Severn, New York 1944. Seine Korrespondenz verwahrt die Houghton Library der Harvard University, Cambridge. Sie zeugt von seiner Bekanntschaft mit John Ruskin, aber auch mit den Deutschen Emil Wolff, Christian Carl Josias von Bunsen und Friedrich Overbeck.

58 Severn an Lawrence, 29. Januar 1823, vgl. ANHANG Nr. 4. Ich danke Mark Pomeroy vom Archiv der *Royal Academy* für das freundliche Überlassen seiner Transkribierung der Briefe Severns, ANHANG Nr. 3–5.

59 Auch das Bildnis von George IV. von Thomas Lawrence, 1816, Inv. 40448, spielte in den diplomatischen Schachzügen zwischen Vatikan, *Academy* und englischem Königshaus eine Rolle. Heute in der vatikanischen Sammlung, ist noch immer unklar, ob es ein Geschenk für den Papst oder die *British Academy* in Rom war und erst später in den Vatikan wechselte: Laut vatikanischem Sammlungskatalog, war es ein Geschenk des Königs an Pius VII. nach der Thronbesteigung 1820 – erst möglich in der Atmosphäre der politischen Zusammenarbeit zwischen England und dem Heiligen Stuhl während und nach dem Sturz Napoleons, vgl. Pinacoteca Vaticana. Nella pittura l'espressione del messaggio divino nella luce la radice della creazione pittorica, hrsg. von Umberto Baldini u. a., Mailand 1992, S. 394. Ion S. Munro hingegen ging davon aus, daß das Bild 1823 in der *British Academy* hing und mit der königlichen Anerkennung der *Academy* in Zusammenhang stand, vgl. MUNRO 1953, S. 44.

Abb. 11: Joseph Severn, Selbstportrait, um 1820, National Portrait Gallery London

In enger Verbindung zu Consalvi, dem kunstfördernden Staatssekretär des Kirchenstaates, stand ebenfalls die Duchess von Devonshire[60] – ihr Stiefsohn gehörte wiederum zu den ersten Spendern der *Academy* und zu den Mäzenen der Maler, die zum Kreis der *Academy* gehörten, wie Charles Eastlake und William Cowen.[61] Hätte es sich von Seiten des Vatikans um ein ernstgemeintes Angebot gehandelt, wäre Severn zumindest durch die genannten Personen besser informiert gewesen, als es seine vagen Andeutungen vermuten lassen. Wahrscheinlich handelte es sich bei dem Anerbieten eines Akademiesitzes um eine diplomatische Geste des Vatikans, eine Gunsterweisung, die ihren politisch motivierten Konterpart in der ablehnenden Haltung bezüglich der spanischen Akademiepläne fand.[62] England gegenüber kam es von Seiten Pius VII. zu verschiedenen Zugeständnissen, da der Papst wohl sah, daß für die Interessen des Kirchenstaates eine Zusammenarbeit mit England von Nutzen war.[63]

60 Vgl. AUSST.-KAT. MAESTÀ 1, S. 199.
61 Vgl. AUSST.-KAT. ITALY IN THE AGE OF TURNER, S. 106.
62 Das freundliche Entgegenkommen des Vatikans England gegenüber ließe sich dahingehend interpretieren, daß der Papst versuchte, England weiter an sich zu binden, von dessen Unterstützung der Kirchenstaat während der napoleonischen Kriege abhing. Der Akademiegründung der Spanier in den dreißiger Jahren wurden Hindernisse von Seiten des Vatikans entgegengestellt, die auf die Konflikte der spanischen Regierung mit dem Vatikan um die spanische Krone und Kirche zurückgeführt werden können, vgl. KAPITEL II. 1.

63 Vgl. Catholic Encyclopedia, Vol. XII, s. v. Pius VII. und auch Cambridge History of British Foreign Policy, Bd. I, S. 379. Nach der Niederlage Napoleons 1815 und der Restaurierung der alten Mächte in Italien ging es um die Neuordnung auch der Beziehung zwischen dem Vatikan und der katholischen Kirche in den europäischen Ländern. Gregor XVI. (1831–46) gründete während der dreißiger Jahre in Rom eine Anzahl nationaler Kollegien für die Priesterausbildung. Das Englische Kolleg, das 1798 von den Franzosen geplündert worden war, wurde jedoch schon 1818 durch den Kardinal Consalvi wiedereröffnet, vgl. Charles Peter Brand, Italy and the English Romantics. The Italianate Fashion in Early Nineteenth-Century

Obwohl die päpstliche Schenkung ausblieb, entwickelte sich die Initiative englischer Künstler in Richtung einer akademischen Einrichtung in Rom nach dem Vorbild der französischen Akademie in der Villa Medici. Im Winter 1821 gründeten sie eine Abendakademie, noch ohne festen Sitz.[64] 1822, aus Anlaß der ersten großen Spenden, die die bis dahin selbstfinanzierte *Academy* von König Georg IV. und dem englischen Botschafter in Neapel, Sir William Hamilton, erhielt, wandte sich Severn, inzwischen Sekretär der Einrichtung, an Lawrence, den Präsidenten der *Royal Academy,* um von dieser formale Anerkennung und Unterstützung für die Verwaltung des Stiftungskapitals zu erhalten.[65] Aber diese Trägerschaft wurde keineswegs von allen Beteiligten befürwortet, da sie öffentliche Einmischung fürchteten: „Some few of us fear to have our quiet disturbed by any Public interference."[66] Aus dem (fiktiven?) Bericht des Malers und Essayisten William Hazlitt über diese Diskussion geht hervor, daß bei einer Anbindung der römischen an die Londoner Akademie zumindest mit einem erhöhten Maß institutioneller Intrigen und Machenschaften gerechnet werden mußte:

> „Then there is to be an Academy Meeting at night, and a debate is to take place whether the Academy ought not to have a President, and if so, whether the President of the Academy at Rome ought not (out of respect) to be a Royal Academician, thus extending the links in the chain of professional intrigue and cabal from one side of the Continent to the other."[67]

Die *Academy* behielt bewußt ihre Unabhängigkeit bei und wurde vor Ort selbstverwaltet, indem aus den ansässigen Künstlern ein siebenköpfiges Komitee gewählt wurde.[68] Diese Verwaltungsform wurde bis zur Schließung in den dreißiger Jahren des 20. Jahrhunderts aufrechterhalten.[69]

Über die Art, wie diese Akademie in den ersten Jahren ihres Bestehens betrieben wurde, geben wiederum die Briefe von Woods und Severn Auskunft. Es handelte sich um eine Abendschule zum Aktzeichnen, mit einigen Büchern und einem Abguß des Apollo vom Belvedere. Mehr war zunächst kaum finanzierbar, auch wenn Woods sich zuversichtlich äußerte, daß mit den jährlich steigenden Beiträgen, größere Anschaffungen und die Anmietung einer größeren Räumlichkeit möglich wären. Tatsächlich war es nach einem Jahr soweit und Severn beschrieb die neue Lokalität, in der auch er selbst Wohnung und Atelier fand:

> „There are six rooms all giving into each other. The first is our Academy where fourteen Englishmen meet every evening to study. The second is my painting room, 20 feet by 30, with a glorious light. The third is filled with original studies. On the sunny side I have my breakfast room hung around with copies of Raphael and Rubens —two large folding windows open on to a balcony and look all over magnificent Rome."[70]

England, Cambridge 1957, S. 215. Mit der Intention des Vatikans, in Europa eine römisch-katholische Einheit zu restaurieren und der katholischen Emanzipation in England ab 1829 änderte sich die vatikanfreundliche Stimmung freilich rasch, vgl. Massimo de Leonardis, La Questione Romana vista dall'Inghilterra, in: Gli Inglesi in Italia, hrsg. von Agostino Lombardo, Mailand 1998, S. 49–54, S. 49.

64 Vgl. WOODS 1828, Bd. 2, S. 147–49, ANHANG Nr. 1 und 2.

65 Insbesondere in Anbetracht der ständigen Fluktuation der beteiligten Künstler war Severn um Kontinuität bei der Verwaltung des Stiftungskapitals besorgt. Vgl. Severn an Lawrence, 19. Januar 1823, ANHANG Nr. 4.

66 Severn an Lawrence, 24. Oktober 1822. ANHANG Nr. 3.

67 William Hazlitt, English Students at Rome, 1827, in: The Complete Works of William Hazlitt, hrsg. von Percival Presland Howe, Bd. 17, Uncollected Essays, London 1967, S. 134–43, S. 141/2. Vgl. zu Hazlitt auch KAPITEL VI. 5.

68 Vgl. MUNRO 1953, S. 46. 1823 bestand dieses Komitee aus John Bryant Lane, Joseph Severn, Richard Westmacott, Richard Evans, Seymur Kirkup, John Gibson und Charles Lock Eastlake, vgl. auch: A Short Story of the British Academy of Arts in Rome, Rom o. J. [ca. 1930], S. 2.

69 Vgl. A SHORT STORY 1930, S. 2.

70 Severn an seinen Vater, ca. Anfang 1822, zitiert nach MUNRO 1953, S. 46.

Das Skelett, das Severn schon im Oktober 1822 als Wunsch andeutete – „yet we are still in want of a Skeleton, of Casts and even the Seats & Lights are hired"[71] – wurde noch im selben Jahr angeschafft, ebenso eine Leiche zum Studium der Anatomie:

> „I have just purchased a fine skeleton for £ 1, and we are expecting a dead body tomorrow morning, from which we are determined to be perfect in anatomy. It is to be dissected in one of my lofts."[72]

Zum Kreis der Akademie gehörten während der zwanziger Jahre auch Turner, Charles Lock Eastlake,[73] Seymur Kirkup, Richard Evans, John Bryant Lane, John Gibson[74] und Richard Westmacott. Charles Eastlake, der spätere Präsident der *Royal Academy*, war seitdem er den jungen preußischen Diplomat und Sammler Carl Josias von Bunsen[75] kennengelernt hatte, mit zahlreichen ausländischen Künstlern in Kontakt.[76] Ebenso erweiterte sich der Kreis der verschiedenen Mäzene und Stiftungsteilnehmer um Mitglieder des Königshauses, Adelige und Künstler. Die Stifter werden in einem im Archiv der *Royal Society of the Arts* bewahrten Druckstück von F. Tobin genannt, das als offizieller Spendenaufruf während der Stiftungsgründung gelten kann.[77]

Repräsentative Zugeständnisse – eine Akademie zum Wohl der Nation?

Severn und Woods drückten wiederholt die Hoffnung der Beteiligten aus, nunmehr eine Akademie, die England würdig sei, aufzubauen: „trust will continue to do so till the whole is placed in a state worthy of the English nation."[78] Da die Versammlungen der Engländer Aufmerksamkeit auf sich zogen, entstand die Sorge, daß die anspruchslose Örtlichkeit nicht in angemessener Würde die Nation vertrete: „At present as Inglish men we cannot meet together without being noticed, and it is a little pain, tho' no interuption, that the place and manner of our meeting should not be more in character with the English Nation."[79] Sir William Hamilton, der britische Botschafter am Hof von Neapel, äußerte anläßlich seiner Spende für die *Academy* seine Besorgnis, ob ihre Künstler auch Werke schüfen, die einer nationalen Einrichtung würdig seien, und sie sich ihrer Wirkung auf das ausländische Publikum und dessen Rückschlüsse auf ihr Herkunftsland bewußt wären: „We must rely on the executors of your own Genius and Talents for making it worthy the name of a national Establishment, we must ever bear in mind, that the Tree is best known by its fruits."[80]

---

71 Severn an Lawrence, 24. Oktober 1822, ANHANG Nr. 3.
72 Severn an seinen Vater, ca. Anfang 1822, zitiert nach MUNRO 1953, S. 46.
73 Vgl. MUNRO 1953, S. 46/7. Charles Lock Eastlake war einer der ersten englischen Künstler, der unter Obhut des Duke of Devonshire nach den napoleonischen Kriegen wieder Italien bereiste (1816–30). In Rom wohnte er an der Piazza Mignanelli 12. 1827 wurde er als erster Künstler in Abwesenheit zum Mitglied der *Royal Academy* gewählt. Als Leiter der National Gallery kaufte er für deren Sammlung viele frühe italienische Werke und wurde 1850 Präsident der *Royal Academy* bis zu seinem Tod, vgl. AUSST.-KAT. ITALY IN THE AGE OF TURNER, S. 106/7.
74 Vgl. MANINCHEDDA 2004.
75 Zu Bunsen, der mit der Engländerin Frances Waddington verheiratet war, vgl. u. a. Frank Förster, Christian Carl Josias Bunsen. Diplomat, Mäzen und Vordenker in Wissenschaft, Kirche und Politik, zugl. Diss., Bad Arolsen 2001 oder auch Robert Preyer, Bunsen and the Anglo-American literary Community in Rome, in: Der gelehrte Diplomat. Zum Wirken Christian Carl Josias Bunsens, hrsg. von Erich Geldbach, Leiden 1980, S. 35–44.
76 Vgl. John Gage, More „french" than the French? British Romantic Artists and the Roman Landscape, in: Corot. Un artiste et son temps, Actes des colloques, Musée du Louvre und Académie de France à Rome, Villa Medici, hrsg. von Chiara Stefani, Vincent Pomarède und Gérard de Wallens, Paris 1998, S. 527–44, S. 531.
77 F. Tobin war zeitweilig Sekretär der *Academy*, vgl. Archiv der Royal Society of the Arts, London, Ref. No: AD.MA/104/10/51, Datum: 1821, ANHANG Nr. 6.
78 Vgl. WOODS 1828, Bd. 2, S. 147–49, Brief aus dem Jahr 1826, ANHANG Nr. 2.
79 Severn an Lawrence, 24. Oktober 1822, ANHANG Nr. 3.
80 Die Kopie des Briefes von Hamilton legte Severn an Lawrence am 24. Oktober 1822 bei, ANHANG, Nr. 3

Abb. 12: Ehemaliger Standort der British Academy of the Fine Arts, Via di Sant'Isidoro 18, links die Garteneinfassung vom Kloster Sant'Isidoro

Doch hatte der nationale Gesichtspunkt zweierlei Aspekte. Neben der internationalen Repräsentanz sollten die Künstler ihre Erfahrungen zurück in die Heimat bringen, wo sie zum Nutzen der nationalen Gemeinschaft Früchte tragen würden.[81] Bei der ersten offiziellen Installierung einer nationalen Akademie in Rom nach der Gründung der französischen Akademie im 17. Jahrhundert wurde also ein Argument aufgegriffen, mit dem alle Initiativen der Akademiegründungen in Rom operierten: Die Akademie sei unterstützungswürdig, da sie zum nationalen Wohlergehen beitragen würde.[82]

Wie wir aus einem Brief Severns an Lawrence im Jahr 1823 erfahren, hatte sich der allabendliche Treffpunkt zum Aktzeichnen und zu Anatomiestudien mittlerweile in eine Künstlerresidenz verwandelt, deren Quartiere über die *Royal Academy* zu buchen waren:

---

81 „It is peculiarly a national concern, for the artist who has exerted himself the most for its prosperity, leaves Rome in a year or two, and perhaps (?) no other advantage from his labours, than the reflection of having contributed something to the common good." WOODS 1826, ANHANG Nr. 2. Dieser zweite Bericht Woods über die Akademie in Rom ähnelt zum Teil im Wortlaut dem gedruckten Bericht und Spendenaufruf des zweiten Sekretärs der Akademie von F. Tobin aus dem Jahr 1826, vgl. ANHANG Nr. 6

82 Vgl. KAPITEL I. 2. und IV. I.

„It is that the Establishment [Fehlstelle] beside being an Evening Academy, become the temporary residence of English Artists, to protect them from the inconveniences they suffer on their first arrival in Rome. We have each of us suffered the horrors of Studio-hunting for 6 or 12 months, may some of us are still without, and marble to [… unleserlich, Anm. des. Verf.]. Many of us have lost our time, but more especially our health, from this want. The admission might be gained from the R. A. previously to the Artist leaving England, by his works. The number might be 12 or even 20, and the time 4 years, or until they had provides for themselves. We would form an exhibition every 1 or 2 years, and it would give us a stamp of respectability [unleserlich] with the french."[83]

Geplant war die Vergabe von Zimmern und Ateliers an die reisenden Künstler, um sie von der zeitraubenden und kostspieligen Ateliersuche in Rom zu erlösen, sowie jährliche Ausstellungen. Die Einrichtung sollte den englischen Künstlern den gleichen Respekt wie er den Franzosen entgegengebracht wurde einbringen. Aber noch im Mai 1823 wurden wieder Zweifel in Severn geweckt, ob es nicht besser sei, auf eine Beherbergung zu verzichten und sich auf die bisherige Funktion einer abendlichen Aktmalschule zu beschränken:

„Yet I fear we are still undecided as to the form it shall take. Whether we shall purchase a proper and comodious place, to become the temporary residence of English Artists during their first tribulations in Rome and to make an Exhibition of our Works; or to continue it on its present plan, namely for the Study of the living figure."[84]

Und tatsächlich schienen sich die Nachteile einer Akademie mit Wohnmöglichkeit wenige Jahre später bemerkbar zu machen: Die *British Academy* in den von Severn angemieteten Lokalen der Via di Sant'Isidoro Nr. 18[85] befand sich zwar in räumlicher Nähe zur römischen Künstlerszene und gegenüber vom Kloster Sant'Isidoro,[86] war aber damit nicht automatisch eingebunden: Was manchen Künstlern Kontakte ermöglichte – so schloß sich z. B. William Dyce den Nazarenern an[87] – schien andere Künstler eher zu isolieren. Der Genremaler William Bewick schrieb 1828 aus Rom über die Schwierigkeiten, aus dem Gruppendasein herauszufinden. Es ist denkbar, daß er auf die *Academy* seiner Landsleute anspielte, wenn er das englische Künstlerdasein in Rom als Klosterleben beschreibt:

„The students who have lived here some time get used to the sort of life, and become indifferent and unsocial, many of them living like friars in a convent: I speak of the English; the French and the Germans, and students from other countries, I confess are different. They live an a social Christian-like way, and smoke and sing, and laugh together; careless, joyous und happy."[88]

---

83 Severn an Lawrence, 19. Januar 1823, ANHANG Nr. 4.
84 Severn an Lawrence, 1. Mai 1823, ANHANG Nr. 5.
85 Severn an seinen Vater, ca. Anfang 1822, vgl. MUNRO 1953, S. 46.
86 Dorthin hatten sich zehn Jahre zuvor die Nazarener für zwei Jahre zurückgezogen. Das Kloster war zwar inzwischen wieder verlassen, doch wohnten die meisten der deutschen Künstler nur wenige Schritte weiter, so z. B. Johann Veit, und Overbeck in dem Palazzo Guarnieri, Via Porta Pinciana 37 zwischen Sant'Isidoro und der Villa Malta, vgl. NOACK 1912, S. 185–87. Außer den genannten Künstlern wohnten dort auch Julius Schnorr von Carolsfeld, Friedrich Olivier und Louise Seidler, und ab 1820 Ferdinand Flor, und ganz in der Nähe, in der Via Sistina auch Caroline von Humboldt und Dorothea Schlegel.
87 Vgl. AUSST.-KAT. PRÄRAFFAELITEN, S. 151.
88 Zitiert nach GAGE 1998, S. 533.

Abb. 13: Tommaso Minardi, Studio con allievi ed allieve, um 1807–1822

Es gab also trotz der Internationalität der römischen Kunstszene auch restriktive Tendenzen, die nicht nur aus der Wohnsituation herrührten, deren Nachteile die Engländer beklagten. Insbesondere der nationale Anspruch auf Selbstdarstellung und die Bemühungen um einen abzugrenzenden Nationalstil stellten sich dem interkulturellen Austausch entgegen.[89]

Zwei Jahrzehnte später, nach ihrer offiziellen Anerkennung durch die *Royal Academy* im Jahr 1844, welcher Spenden durch das englische Königshaus von £ 300 folgten,[90] suchte die römische *Academy* eine engere Anbindung an das akademische Ambiente in Rom. Am 8. Januar 1845 wurde der Maler Tommaso Minardi zum Direktor der „Studi dell'Accademia brittanica" berufen. Damit hatten sich die englischen Künstler einen der erfolgreichsten zeitgenössischen Künstler, den römischen Hauptvertreter des Purismus, der seit 1837 auch das Amt des Präsidenten der *Accademia di San Luca* bekleidete, als Leiter auserkoren.[91] Aus Anlaß der Amtsübernahme hielt Minardi eine Antrittsvorlesung mit dem Titel „Studio del disegno dal vero del corpo humano vivente", die auf die zentrale

---

89 Zu einem ähnlichen Urteil kam auch John Gage: „It is distressing to have to admit that national feeling played a major role here, in a period when the definition of national styles was a central pre-occupation among artists throughout Europe. [...] There is, too, some reason to think that despite the proverbial convivial mixing of Roman art-life, the English were inclined to keep themselves to themselves." GAGE 1998, S. 533.

90 Vgl. MUNRO 1953, S. 47.

91 Die Kontakte zu Minardi reichten schon einige Jahre zurück. So lud ihn Joseph Severn 1837, als Minardi zum Präsidenten der *Accademia di San Luca* ernannt wurde, ein, an der Stellung von Tableaux-Vivants teilzunehmen, vgl. Ernesto Ovidi, Tommaso Minardi e la sua scuola, Rom 1902, S. 54/5.

Rolle der Aktmalerei in der *Academy* hinweist.⁹² Der *Academy* gehörten damals unter anderem noch immer Joseph Severn, der schottische Maler und spätere Fotograf Robert Macpherson, Thomas Hartley Cromeck (von 1830 bis 1849 in Rom) und der schon genannte F. Tobin an.

Abwendung vom römischen Klassizismus

Nach der Jahrhundertmitte sind die Nachrichten aus Rom und von der *Academy* äußerst spärlich. Das Quartier in der Via Sant'Isidoro 18 wurde wahrscheinlich schon während Severns Aufenthalt in England, von 1841 bis 1861, aufgegeben. Die Akademie, deren Folgeadresse unbekannt ist, sank in diesen Jahren in die Bedeutungslosigkeit ab.⁹³ Sicherlich machte sich hier auch die Entwicklung neuer ästhetischer Normen bemerkbar, nach denen Rom nicht mehr primäres Ziel künstlerischer Studienzwecke war.

Wie bei den Nazarenern waren auch die Bilder der Präraffaeliten vielfach religiösen Themen gewidmet, wobei stilistisch ebenfalls zunächst an die Zeit vor Raffael angeknüpft wurde und klassische Epochen vermieden wurden. Folgerichtig machten die Präraffaeliten aus ihrer Ablehnung der *Royal Academy* in ihrem seit 1848 herausgegebenen Journal *The Germ* keinen Hehl.⁹⁴ Die Präraffaeliten reisten in der engen Anlehnung an John Ruskins Kunstauffassung⁹⁵ und in ihrer Ablehnung der Klassizismen vorzugsweise in die Schweiz, und wenn nach Italien, dann eher in Städte mit spätmittelalterlicher Architektur wie Venedig oder Florenz.

Ein direktes Ergebnis der Abwendung von der antiken Kunst und den klassizistischen Idealen – also den bisher gültigen künstlerischen Vorbildern der akademischen Ausbildung – war, daß 1863 in England eine *Royal Commission* eingesetzt wurde, die die Funktion der *British Academy* in Rom erstmals grundsätzlich hinterfragte. Insbesondere Charles Eastlake, ehemals Mitglied der römischen Einrichtung und nun Präsident der *Royal Academy* (1850–65), sollte sich vor der Kommission, zu deren Mitgliedern Earl Stanhope als Vorsitzender, sowie Viscount Hardingem, Lord Elcho und Sir Edmund Head gehörten, zur Akademie äußern, da während seiner Präsidentschaft die Unzufriedenheit über die Belegarbeiten der Romstipendiaten zunahm. Ein Vorschlag lautete, in Rom einen für die Stipendiaten zuständigen Professor einzustellen. Anstelle der vermehrten Kontrolle durch einen Professor vor Ort wurde jedoch auch überlegt, die Rompreisträger von der Teilnahme an den Jahresausstellungen zu entbinden und statt dessen die Ergebnisse ihrer Studien am Ende der

---

92 Vgl. Ausst.-Kat. Disegni di Tommaso Minardi 1787–1871, 2. Bde., Rom 1982, S. 87 ff und OVIDI 1902, S. 54/5. Ebenso hat sich Minardis Antwort an Tobin anläßlich seiner Ernennung zum Direktor erhalten, ANHANG Nr. 7.

93 Auf Spithöver's Pianta della città di Roma, 1:8800, Rom 1881, ist zwar der *Circolo artistico internazionale* in der Via Margutta eingezeichnet und auch die Spanische und Französische Akademie mit ihren jeweiligen Sitzen, aber eine britische Akademie nicht mehr.

94 Über den Maler Ford Maddox Brown, der 1845 in Rom zum engeren Bekanntenkreis von Friedrich Overbeck und Peter Cornelius zählte, kam John Everett Millais mit den Zielsetzungen des Lukasbundes in Berührung, die er als Vorbild für die englische *Pre-Raphaelite Brotherhood* (gegr. 1848) heranzog. Die Präraffaeliten machten sich ebenfalls zur Aufgabe, sich von der gängigen Thematik der Historienmalerei zu lösen, zu einer „wahren Kunst" zurückzufinden und vermehrt das eigene Naturerlebnis zum Ausdruck zu bringen. Zu den Verbindungen, aber auch großen Unterschieden der Gruppen vgl. ANDREWS 1973, S. 67/8. Vgl. auch Günter Metken, Die Präraffaeliten, Köln 1974; Ausst.-Kat. The Pre-Raphaelites, hrsg. von Tate Gallery, London 1984 und Die Präraffaeliten. Dichtung, Malerei, Ästhetik, Rezeption, hrsg. und übers. von Gisela Hönnighausen, Stuttgart 1992.

95 Vgl. Ausst.-Kat. Ruskin, Turner and the Pre-Raphaelites, hrsg. von Robert Hewison, Ian Warrell und Stephen Wildman, London 2000 und Hilary Fraser, Ruskin, Italy, and the Past, in: Britain and Italy from Romanticism to Modernism, hrsg. von Martin L. MacLaughlin, Oxford 2000, S. 87–106.

Reisestipendien dem *Council* der *Academy* vorzulegen.[96] Gleichzeitig wurde auch die Meinung anderer Künstler über den Sinn der *Academy* und der Rompreisverfahren eingeholt, darunter Ruskin, den man fragte, ob statt Rom nicht die Lombardei oder Venedig sinnvollere Reisziele seien und dessen Antwort erwartungsgemäß aus dem Chor gleichmütiger Zustimmung zu den Romstipendien herausfiel: „If a man goes to travel, he ought to travel and not be plagued with schools!"[97] Die Kommission kam trotz der widersprüchlichen Meinungen zu dem Schluß, daß eine römische *Academy* für die Rompreisträger sinnvoll wäre, nahm aber keine institutionellen Veränderungen vor. Die Akademie blieb weiterhin in der Selbstverwaltung der Künstler und die *Royal Academy* verzichtete auf direktere Einflußnahme durch einen von ihr entsandten Professor. In welcher Weise die in frühen Memoranda als Mitglieder der *Academy* genannten britischen Künstler tatsächlich mit ihr verbunden waren[98] – so Georg Frederick Watts (in den vierziger Jahren einige Jahre in Florenz), Valentine Prinsep (1859/60 gemeinsam mit Edward Burne Jones[99] in Italien), Lawrence Alma Tadema (kürzere Aufenthalte 1863 und 1875 in Italien), Walter Crane, John Singer Sargent (lebte die meiste Zeit in Italien), Richard Shaw und der Bildhauer Alfred Gilbert (von 1878 bis 1885 in Italien) – ist aufgrund der dürftigen Überlieferung unklar.

In den folgenden Jahrzehnten wurden weitere vereinzelte Versuche unternommen, die Akademie in Rom neu zu beleben: Bei der Hauptversammlung der schottischen Akademie in Edinburgh 1874 wurde von einem ihrer Ehrenmitglieder und Förderer der Akademie in Rom, Patrick Allen Fraser, zu einer Spende von 50 £ für die „ehrenwerte" Stiftung der „Academy of Rome" gedrängt. Der zu seinem Tod erschienene Nachruf von 1890 überliefert, daß er sich auch bei seinen häufigen Romaufenthalten um die Wiederbelebung der Institution bemühte.[100]

Unter den späteren Präsidenten der *Royal Academy* in London, Lord Leighton (1878–96)[101] und Sir Edward Poynter (1896–1918),[102] die beide ihre Ausbildungsjahre in Rom verbrachten, sich aber langsam vom *Pre-raphaelite movement* distanzierten, kehrte die *Royal Academy* zu einem verstärkten Klassizismus zurück und orientierte sich wieder stärker an den akademischen Ausbildungsmethoden in Frankreich. Leighton regte 1881 von neuem an, die Verleihung der Goldmedaille mit dem Romreisestipendium direkt zu koppeln, was bisher nicht der Fall gewesen war: die Goldmedaille war lediglich die Voraussetzung für einen zusätzlichen Wettbewerb um das Reisestipendium gewesen, das nur unregelmäßig vergeben wurde. Tatsächlich hatte seit 1868 kein Maler mehr mit einem Stipendium eine Reise nach Italien angetreten, wohingegen geeignete Kandidaten unter den

---

96 Vgl. HUTCHISON 1986, S. 53.
97 Zitiert nach MUNRO 1953, S. 48. Vgl. dazu auch LAMB 1951, S. 46/7 und Extract from: The Report of the Commissioners appointed to inquire into the Present Position of the Royal Academy in Relation to the Fine Arts, containing the evidence of John Ruskin, 8. Juni 1863, London, 1863; Report of the Commissioners Appointed to Inquire into the Present Position of the Royal Academy in Relation to the Fine Arts: together with the minutes of evidence: presented to both Houses of Parliament by command of Her Majesty, Her Majesty's Stationery Office, London 1863.
98 Vgl. A SHORT STORY 1930.
99 Burne-Jones entwarf die Mosaiken für die amerikanisch-lutherische Kirche St. Paul's Inside the Wall von G. E. Street. Die untere Wandverkleidung innen stammt von William Morris, vgl. Richard Gerard Dorment, Burne-Jones and the Decoration of St. Paul's American Church, Rome, zugl. Diss., *Columbia University*, New York 1975.
100 Vgl. GORDON 1976, S. 140.
101 Leightons akademische Ausbildung war französischer Prägung. Er studierte – eher unüblich für einen englischen Künstler – ausgiebig auf dem Kontinent: von 1846 bis 1852 in Frankfurt, von 1852 bis 1855 in Rom und von 1855 bis 1858 in Paris, vgl. auch: Frederic, Lord Leighton 1830–1896. A Centenary Celebration in: Apollo, Vol. 143, Nr. 408, Februar 1996, darin besonders: Nicholas Tromans, Leighton's Early Years, S. 30–34.
102 Vgl. Cosmo Monkhouse, Sir Edward J. Poynter President of the Royal Academy, Life and Work, Extraausgabe des Art Journal 1897, S. 24.

Abb. 14: Lawrence Alma Tadema, A juggler, 1870, Privatbesitz

Abb. 15: Edward Burne-Jones, The wheel of Fortune, 1875–83, Musée d'Orsay Paris

Architekten fast jedes Jahr von 1867 bis 1878 ausgewählt werden konnten.[103] Die Wiederbelebung der Reisestipendien rief jedoch Kritik innerhalb der Akademie hervor: Leightons Gegner sahen in seiner Präsidentschaft und den Bemühungen um die verstärkte Anbindung an den internationalen Trend der Künstlerausbildung mit den Antikenstudien und Reisen nach Italien den Beginn einer „Entnationalisierung" britischer Kunst.[104] Wie in Deutschland wurde auch in England durch das kanonisierte Studium der Antike und Renaissance eine Einebnung nationaler Eigenheiten und Entfremdung vom Nationalcharakter gefürchtet.

Aus der bisherigen Dominanz Ruskins und der Präraffaeliten und den daraus hervorgegangenen Anfängen avantgardistischer Bewegungen wie *Arts and Crafts*, welche die Kritiker als originär englisch identifizieren wollten, scherten spätviktorianische Maler, wie Alma Tadema und Frederic

---

103 Vgl. HUTCHISON 1986, S. 99 und S. 127.
104 Vgl. G. D. Leslie, The Inner Life of the Royal Academy, London 1914, S. 53, S. 129 und S. 136 und Elizabeth Prettejohn, Leighton. The Aesthete as Academic, in: ART AND THE ACADEMY 2000, S. 33–52, S. 39–41 und Anm. 11. Zur Debatte um den Nationalstil, vgl. KAPITEL I. 2. und IV. 2.

Leighton, aus. Ihr elitärer Klassizismus verweigerte sich der Ausschließlichkeit der Ruskinschen Dogmen einer religiösen und ganzheitlichen Kunst. Ausgehend von zwei wieder einmal neu entdeckten Inspirationsquellen, der griechischen Skulptur vom Parthenon und der italienischen Renaissance – letztere fand parallel in den Schriften Walter Paters und Bernhard Berensons eine Neubewertung –, knüpften sie wieder an die etablierten Traditionen der europäischen Kunst an. Aus verschiedenen antiken und mediterranen Vorlagen entwickelten sie eine Ästhetik nicht für dramatische historische Höhepunkte oder erbauliche Themen, sondern für nostalgische Stoffe und private Tragödien.[105] In Lawrence Alma Tademas Kleinformat spricht das Vokabular der Antike nicht mehr im „grand style", sondern dekoriert das viktorianische Sittenbild. Das römische Interieur bot nicht mehr die Bühne für Tugendtaten, sondern diente als pompöses Bürgerheim angenehmem Zeitvertreib.

Der zunächst durch die Präraffaelliten geprägte Edward Burne-Jones ist im reifen Werk ohne Vorbilder der italienischen Hochrenaissance nicht denkbar. Nach seinem Italienaufenthalt 1871 überwarf er sich vorübergehend mit Ruskin, da er dessen Kritik an Michelangelo zurückwies.[106]

Die Architekturstudenten wurden nach dem Ermüden des gotischen *Revivals* wieder auf den Klassizismus der Renaissance aufmerksam gemacht und die Rom- und Renaissancestudien verstärkt mit Stipendien und Preisen vom *Royal Institute of British Architects* (RIBA) unterstützt. Allerdings wurde während des viktorianischen Zeitalters ein Kompromiß im architektonischen Richtungsstreit gesucht, der um die angemessene Wahl verschiedener Stilepochen in der ersten Hälfte des 19. Jahrhunderts entbrannt war. Der Ausweg bestand in dem Versuch „stimmungsvoll" oder einfühlsam, das hieß *wie* in Italien zu bauen, gewachsene pluristilistische Gebäudeensemble zu studieren und nicht mehr in den ausschließlichen Kategorien Augustus Pugins[107] bzw. in einer strikten Trennung der Stile zu planen. So prämierte der *Tite prize*, genannt nach William Tite, dem Architekten des *Royal Exchange*, einen Entwurf in „italienischem Stil" eines Vignola, Palladio oder Inigo Jones. Wichtig war ebenso das Owen Jones *Travelling Studentship*, das jungen Architekten ausschließlich für Studien farbiger Wandgestaltung Reisen nach Italien ermöglichte.[108]

Rückkehr nach Italien – Via Margutta

Im Zuge des *Revivals* der akademischen Romstudien wuchs in den neunziger Jahren auch wieder das Interesse an der *British Academy* in Rom. Sir Edward Poynter schrieb am 15. Januar 1895, also kurz vor seiner Ernennung zum Präsidenten der *Royal Academy*, in der *Times* über das neu erwachte Leben der *Academy*, die sich kürzlich in der Via Margutta 53b im Palazzo Patrizi Naro angemietet hatte, einem vierstöckigen Ateliergebäude, das in den letzen Jahrzehnten des 19. Jahrhunderts von der römischen Kunstszene frequentiert wurde. In den zentralen Ateliers des Erdgeschosses befanden

---

105 Christopher Wood, Olympian Dreamers. Victorian Classical painters 1860–1914, London 1983, Einleitung und Ausst.-Kat. Alma Tadema e la nostalgia dell'antico, hrsg. von Eugenia Querci und Stefano De Caro, Mailand – Neapel 2007.
106 Vgl. Gianna Piantoni, Burne-Jones e la fortuna dell'arte italiana in Inghilterra fra preraffaellismo e simbolismo, in Ausst.-Kat. Burne-Jones. Dal preraffaellismo al simbolismo, hrsg. von Maria Teresa Benedetti und Gianna Piantoni, Mailand 1986, S. 30–43 und Ausst.-Kat. Ruskin, Turner, S. 237.
107 Zur politischen Dimension der Stildebatte, vgl. Frank Salmon, The Impact of the Archaeology of Rome on British Architects and their Work c. 1750–1840, in: The Impact of Italy 2000, S. 219–43, S. 240 f.
108 Vgl. Alan Powers, Italy and the Edwardian Architectural Imagination, in: Lutyens Abroad. The Work of Sir Edwin Lutyens outside the British Isles, hrsg. von Andrew Hopkins und Gavin Stamp, London – Rom 2002, S. 47–56, S. 49.

sich die Studiensäle der *Accademia Brittanica*, die sich jedoch aufgrund ihrer weiterhin bewahrten organisatorischen Unabhängigkeit dem wieder verstärkt monumental geprägten Interesse der *Royal Academy* entziehen konnte.

Der Palazzo war auch der Sitz vieler Mitglieder der römischen Künstlergruppe *In Arte Libertas* und des *Circolo artistico internazionale*. Die Via Margutta stellte mit verschiedenen privaten Zeichenschulen, Vereinen, Treffpunkten und vor allem vielen Ateliers vor der Jahrhundertwende das künstlerische Zentrum Roms dar. Ebenfalls im Palazzo Patrizi, Via Margutta 53a, war bis 1870 das Atelier von Charles Summers und William Wetmore Story. Den ersten Stock mietete ab 1870 Achille Vertunni, der diesen wiederum an andere Künstler untervermietete. Zu seinen berühmten Empfängen kamen Politiker, wie Marco Minghetti, Quintino Sella, Maler, wie Mariano Fortuny, Frederic Leighton, Franz Lenbach, Nino Costa, Domenico Morelli und Musiker, wie Franz Liszt, Richard Wagner und viele mehr. Ebenfalls im Palazzo Patrizi hatten Cesare Maccari, von dem die Wandmalereien im Palazzo Madama, dem Italienischen Senat, stammen, Hermann Curt und Moritz Meurer, der Vorsitzende des Deutschen Künstlervereins, ihr Atelier.[109]

Sekretär der *Academy* war zeitweise Enrico Coleman (1846–1911), Aquarellmaler, Sohn des englischen Malers Charles Coleman und Mitglied der *Società degli Acquarellisti* und ab 1885 der von Nino Costa gegründeten Gruppen *In Arte Libertas* und *I Venticinque della Campagna Romana*.[110] Er hatte sein Atelier in der Via Margutta Nr. 33 von seinem Vater übernommen.[111] Durch die Colemans war die *Academy* eng mit den römischen Avantgardebewegungen verbunden[112] und wurde auch von italienischen Künstlern wie Aristide Sartorio und Antonio Mancini frequentiert.[113] Nach dem Tod Enricos bezog der Malteser Bildhauer Antonio Sciortino dessen Atelier. Er übernahm um die Jahrhundertwende ehrenamtlich die künstlerische Leitung der *Academy* und verhalf ihr zu einem gewissen künstlerischen Ruf. Er war mit Auguste Rodin befreundet und erhielt internationale Aufträge.[114] Die Atmosphäre der *Academy* in diesen Jahren wurde als frei, informell, ja geradezu inspirierend charakterisiert.[115]

Jedoch nahm die Bedrohung eines institutionellen Zugriffs auf die römische Akademie von Seiten der *Royal Academy* um die Jahrhundertwende wieder zu. Mit ihr, so schrieb Poynter weiter in der *Times* 1895, wäre eine geeignete Arbeitsstätte mit Studienmaterialien, Büchern, Abgüssen usw. in Rom vorhanden, welche die von der *Royal Academy* nach Italien gesandten Künstler nutzen könnten. Zum Verwaltungsrat der Akademie in Rom sollte in Zukunft von Amts wegen auch der englische Botschafter in Rom gehören. Damit sollte auch eine offizielle Anerkennung der Einrichtung von Seiten der italienischen Behörden erreicht werden.

---

109 Vgl. Augusto Jandolo, Studi e modelli di Via Margutta, 1870–1950, Mailand 1953, S. 48–51 und S. 67–68.

110 Auch Nino Costa unterhielt enge Beziehungen zur britischen Kunstwelt, zu Leighton und Ruskin, vgl. Alessandro Marabottini, Nino Costa, Turin 1990 und Ausst.-Kat. Nino Costa ed i suoi amici inglesi, hrsg. von Sandra Berresford und Giuliano Matteucci, Mailand 1982.

111 Munro 1953 nennt Alexander Coleman als Sekretär, obwohl höchstwahrscheinlich Enrico Coleman das Amt innehatte. Vgl. Ausst.-Kat. La Campagna Romana da Hackert a Balla, hrsg. von Pier Andrea de Rosa und Paolo Emilio Trastulli, Rom 2001, S. 248/9; I pittori Coleman all'Accademia Brittanica, in: Giornale del Mezzogiorno, 20.–27. Februar 1990 und Ausst.-Kat. I pittori Coleman, hrsg. von Pier Andrea De Rosa und Paolo Emilio Trastulli, British School at Rome, Rom 1988.

112 Die erste Ausstellung der Vereinigung *In Arte Libertas* im Studio Giorgi in Rom 1886 vereinigte Werke von Rossetti, Leighton, Burne Jones, Corot, Lenbach, Böcklin, Alma Tadema, Daubigny, Herbert, vgl. Corrado Maltese, Storia dell'Arte in Italia 1785–1943, Turin 1960, S. 245–47.

113 Aristide Sartorio machte in den neunziger Jahren Burne Jones und Rossetti in Italien bekannt, vgl. Ausst.-Kat. Giulio Aristide Sartorio 1860–1932, hrsg. von der Accademia di San Luca, Rom 1980, S. 42. Weitere italienische Künstler, die die *Academy* frequentierten, waren Ettore Tito und F. P. Michetti, vgl. A Short Story 1930, S. 3 und Munro 1953, S. 50.

114 Vgl. Claude Busuttil, Antonio Sciortino 1879–1947, o. O. 1997, S. 16.

115 Munro 1953, S. 50.

Abb. 16: Palazzo Patrizi Naro, Via Margutta und links das Atelier von Enrico Coleman und später von Antonio Sciortino

3. Die nationale Großakademie

Zehn Jahre Fusionsplanung 1900–1911

Mittlerweile riefen englische Altertumswissenschaftler dazu auf, in Anlehnung an die deutschen und französischen Forschungsinstitute in Rom ein vergleichbares Institut zu gründen.[116] Ihre Initiative zur Gründung eines britischen geschichtswissenschaftlichen Institutes in Rom entwickelte sich zunächst unabhängig von der schon bestehenden künstlerischen Akademie. Zur Begründung ihrer Forderungen wiesen die Historiker auf die Einrichtungen anderer Länder wie Österreich, Amerika, Deutschland und Frankreich hin und auf den „Skandal", daß England allein unter den großen europäischen Staaten nicht offiziell vertreten wäre:

> „But a British School at Rome has still to be established. Germany, France, Austria, and now the United States, all possess more or less well-equipped institutions; Great Britain, almost alone among the great European States, is unrepresented. […] A new Age in Roman archaeology had dawned, and it was a scandal that Great Britain was not officially represented there."[117]

---

116 Vgl. Kapitel Warum weiterhin Rom, S. 13ff..
117 Das Rundschreiben war das Ergebnis einer Initiative des Komitees der *British School at Athen*, die eine römische Schule gründen wollte, um die römische und griechisch-römische Archäologie zu fördern, vgl. Timothy P. Wiseman, The First Director of the British School, in: Papers of the British School, Vol. XLIX, London 1981, S. 144–63, S. 147/8 und Timothy P. Wiseman, La Scuola Britannica di Roma, in: Speculum Mundi 1992, S. 81–122.

1899 erstellten britische Altertumswissenschaftler, darunter Professor Henry Pelham, ein Memorandum über die Gründung einer Römischen Filiale. Dieses Memorandum sah in Anlehnung an die 1895 im *Casino dell'Aurora* eingerichtete *American Academy* die Zusammenlegung der künstlerischen Akademie mit einem wissenschaftlichen Institut vor.[118] Unterstützung für diesen Plan suchte Pelham bei der *Royal Academy*, dem *British Museum*, dem *Royal Institut of British Architects* und dem *Public Record Office*, wo die Idee jedoch zunächst nicht gerade enthusiastisch aufgenommen wurde.[119] Die Archäologen und Historiker begannen im Jahr 1900 also ihre Arbeit mit einem rein wissenschaftlichen Studien gewidmetem Institut und der Ernennung des ersten Direktors Gordon McNeil Rushforth.[120] Ihre privat finanzierte *School* siedelte sich in einem Stockwerk des Palazzo Odescalchi an der Piazza SS. Apostoli an. An der Nutzung dieses Quartiers zeigten sich kurz darauf Künstler und Architekten aus England interessiert. Ab 1908 gab die Schule im Palazzo Odescalchi vereinzelt den Reisestipendiaten des *Royal Institute of British Architects* (RIBA) und des *Royal College of Art* Unterkunft, deren Aufenthalt mit einer jährlichen Herbstausstellung für die Stifter der Stipendien in London abgeschlossen wurde.[121] 1909 begann das RIBA sich um eine eigene Einrichtung in Rom für die Architekten zu bemühen, jedoch auch mit dem Ziel, längerfristig mit den anderen Sparten nach französischem Modell zu einer Großakademie zu fusionieren.[122] Ab diesem Moment begannen intensivere Verhandlungen zwischen den verschiedenen Institutionen, die ein Gremium zur Vorbereitung des angestrebten Zusammenschlusses bildeten.

Im November 1910 kam John Simpson, als Vertreter des RIBA in diesem Gremium, nach Rom und besuchte die *British School* der Archäologen, die *British Academy of Arts* und die Akademien der Franzosen und Amerikaner. In einem gedruckten Memorandum empfahl er die Gründung einer einzigen Institution für Archäologie, Architektur und Kunst, womit er auch die Vorstellungen des britischen Botschafters Rennell Rodd teilte.[123] Eine Akademie vieler Sparten sollte landesweit Interesse wecken und den Eindruck vermitteln, eine solche Institution läge im Verantwortungsbereich der Regierung des Nationalstaates. Die im 19. Jahrhundert in England übliche private und individuelle Kunstförderung sollte im Falle der Akademie von staatlicher Trägerschaft und Finanzierung abgelöst werden.[124] Tatsächlich begannen sich die *Royal Commissioners of the Exhibition of 1851* für das römische Projekt zu interessieren und leiteten damit die entscheidende Wende von der Selbstverwaltung zur behördlichen Administration ein.

Während in Amerika zur gleichen Zeit das private Großkapital beträchtliche Mittel für die *American Academy* bereitstellte, in Deutschland eine private Einzelinitiative die staatlichen Mindestausgaben großzügig aufrundete und in Spanien klerikale Stiftungsvermögen umgeleitet wurden,

---

118 Die amerikanische Gründung von 1895 vereinte zunächst nur Architekten und Archäologen, die sich aber nach nur einem Jahr aufgrund divergierender Interessen wieder trennten, vgl. KAPITEL V. 2.

119 Executive Committee Minutes, 15. Feb. 1900, vgl. Timothy P. Wiseman, Short History of the British School at Rome, London 1990, S. 4.

120 Vgl. WISEMAN 1981, S. 144–63. Zur Geschichte der British School vgl. WISEMAN 1990 und Andrew Wallace-Hadrill, The British School at Rome. One hundred Years, Rom 2002. Einer der ersten Studenten war 1902 Thomas Ashby (1874–1931), der schon 1903 als *Acting Director* die kommissarische Leitung der Schule übernahm und später durch seine topographischen Studien zur Umgebung Roms dem Institut wissenschaftlichen Ruhm verschaffte.

121 Vgl. WISEMAN 1990, S. 10, mit Verweis auf die *Minutes* vom 6. November 1906 und 7. Januar 1907.

122 Vgl. WISEMAN 1990, S. 10.

123 Sir Rennell Rodd war von 1902 bis 1905 erster Sekretär der Britischen Botschaft in Rom und nahm als Mitbegründer des *Keats-Shelley Memorial House,* des *British Institute* in Florenz und Protektor des protestantischen Friedhofs in Rom eine zentrale Rolle in der Kolonie seiner Landsleute in Rom ein. Daneben veröffentlichte er Erinnerungen, Gedichte und kunsthistorische Schriften zu Rom. Als Botschafter gehörte er dem *Managing Committee* der *British School* von 1901 bis 1903 und 1908 bis 1912 an. 1912 ging er ins neue *Executive Committee* und wurde dessen *Chairman,* 1930–39, als Nachfolger Lord Eshers. Als Botschafter war er von Amts wegen auch Mitglied des Verwaltungsrats der alten *British Academy of the Arts*. Er setzte sich für die Vereinigung der *School* und der *Academy* ein.

124 Vgl. WISEMAN 1990, S. 10 und SPECULUM MUNDI 1992, S. 96.

Abb. 17: Palazzo Odescalchi an der Piazza SS. Apostoli

übernahm in England mit den *Commissioners* eine staatliche Stiftung sozial-ökonomischer Zielsetzung die finanzielle Hauptlast. Die Aufgabe der *Commissioners* war es, mit den Gewinnen, die bei der britischen Weltausstellung im Jahr 1851 erzielt wurden, ein nationales Bildungsprogramm anzulegen. Aus der einmaligen Initiative der *Commissioners* im Jahr 1851 entwickelte sich ein Langzeitprojekt zur Förderung des Handwerks, der Berufausbildung und der Industrie auf den Britischen Inseln und im *British Empire*.[125] Als Teil eines größer angelegten Erziehungswerkes – wie beispielsweise Stipendien für Industriepraktika und Schiffsbau, die Englands Position im internationalen Wettbewerb und damit die Kontrolle über den atlantischen Handelsverkehr sichern sollten – waren die Kunststipendien der *Commissioners* dezidiert zum Studium monumentaler Kunst in Italien vorgesehen. In diesen Stipendien sah Lord Esher,[126] der Verwaltungsratsvorsitzende der *Commission*

---

125 Vgl. Hermione Hobhouse, The Crystal Palace and the Great Exhibition. Art, Science and Productive Industry. A History of the Royal Commission for the Exhibition of 1851, London 2002.

126 Reginald Baliol Brett 2. Viscount Esher (1852–1930) war Parlamentsmitglied und von 1902 bis 1928 *Deputy Governor* von Windsor Castle und von 1928 bis zu seinem Tod *Governor*. Über dreißig Jahre stand er der königlichen Familie als enger Freund von König Edward VII. und König George V. nahe. Wichtig war seine Armeereform, die er als ständiges Mitglied des *Committee of Imperial Defence* durchführte. Von 1910 bis 1930 war er Präsident der *Royal Commission of 1851*. Lord Esher war sich selber nicht sicher über die Richtigkeit der Stipendien für Rom, deren Anziehungskraft in den Edward'schen Jahren extrem nachgelassen hatte. So wird er in einem Buch über Edwin Austin Abbey mit „why Rome" zitiert, vgl. John Pemble, Rome and Centrality from Shelley to Lutyens, in: LUTYENS ABROAD 2002, S. 37–46, S. 39.

of 1851, den Beginn einer Internationalisierung der Ausbildung und der Stationierung britischer Ausbildungszentren außerhalb der Britischen Inseln – letzteres eine Idee, die schon Prinzgemahl Albert verfolgt hatte.[127]

Evelyn Shaw, der Sekretär der *Commissioners,* versuchte schließlich im Auftrag von Lord Esher zu eruieren, wie die Künstler selbst zu der Ausweitung des Stipendienprogramms durch die *Commission* stünden. Zu diesem Zweck beriet er sich mit Frederic Kenyon, Direktor des British Museum, Frank Heath und E. K. Chambers vom Bildungsministerium, mit Aston Webb, Architekt und Präsident des RIBA, Thomas Brock RA, Bildhauer des Victoria Monument und späterem Präsident der Society of British Sculptors, George Frampton, Bildhauer und Edwin Austin Abbey RA, Maler des offiziellen Krönungsbilds Edward's VII. und der Wanddekorationen im Pennsylvania State Capitol – also den höheren Vertretern des Kulturestablishments und Staatskünstlern. Der Amerikaner Abbey war durch seine Aufträge in Amerika mit den Künstlern im Umkreis der *American Academy* in Rom bekannt, wie Puvis de Chavannes, John Singer Sargent, Augustus Saint Gaudens und Daniel Chester French und auch mit ihrem Hauptinitiator, dem Architekten Charles Follen McKim. Er befürwortete die Akademiepläne in Rom und war überzeugt, daß die dekorative Wandmalerei besonderen Nutzen aus römischen Studien ziehen könnte.[128] John Singer Sargent und Edwin Austin Abbey gehörten zu den Verfechtern einer Kunst im Dienste der Architektur. Beide hatten bei der Ausmalung der *Boston Public Library* zusammengearbeitet und kamen damals mit den Vertretern des Gesamtkunstwerkgedankens der *American Renaissance* in Berührung.[129] Die dazu nötige handwerkliche Ausbildung sollte durch das Imitieren der Regeln und Techniken der Wandmalerei der Renaissance erlernt werden. Nach den insgesamt eher zustimmenden Gesprächen entwarf Shaw 1910 ein Rompreisprogramm nach dem Vorbild des französischen *Prix de Rome.*[130]

Der englische *Prix de Rome* und Gründung der vereinten *British School*

An den folgenden Zusammentreffen zum Entwurf der Statuten der geplanten Großakademie nahmen, neben den Präsidenten der genannten Künstlervereinigungen, Sir Edward Poynter, Alma Tadema, der Architekt Reginald Blomfield, der Bildhauer und Architekt Stirling Lee, und als Ehrengast Singer Sargent teil. Ende 1911 standen die Statuten des Rompreisprogramms fest und im April 1912 erhielt die aus den verschiedenen Künstler- und Wissenschaftsvereinigungen gebildete *British School* die königliche Gründungsurkunde.[131] Im gleichen Jahr wurde die alte *British Academy* in Rom aufgefordert, mit der *British School* nach den Plänen der *Commissioners* zu verschmelzen. Doch ihre Mitglieder stimmten dagegen.

In London wurde nun jeweils pro Jahr und Kunstgattung ein Stipendium für drei Studienjahre in Rom zugeteilt. Dafür mußten zweistufige Prüfungen abgelegt werden, die dem Verfahren der Pariser Akademie glichen.[132] Im weiteren zeugten die Anforderungen von der starken Orientierung

---

127 Vgl. HOBHOUSE 2002, S. 288.
128 Aus seinem Nachlaß ist bis heute ein Stiftungsvermögen für die Vergabe von Wandmalereiaufträgen in öffentlichen Gebäuden in England bestimmt, der *Edwin Austin Abbey Memorial Trust fund for mural painting.* Geboren in Philadelphia, studierte Edwin Austin Abbey an der *Pennsylvania Academy of Fine Arts* bei Christian Schuessle. Seine Zeichnungen erschienen ab den achtziger Jahren bei Harpers Weekly. Ab 1870 unternahm er wiederholte Europareisen. Befreundet war er mit Frank Millet, Singer Sargent, Augustus Saint Gaudens und Alma Tadema, vgl. Ausst-Kat. Edwin Austin Abbey 1852–1911, Yale University Art Gallery 1974, S. 1 und S. 47, Edward Verrall Lucas, Edwin Austin Abbey, Royal Academician. The Record of his Life and Work, New York 1921 und HUTCHISON 1986, S. 281.
129 Vgl. KAPITEL V. 1. 5.
130 Vgl. HOBHOUSE 2002, S. 288–302.
131 Vgl. ausführlich zu den einzelnen Treffen: PETTER 1992, S. 21–7 und WALLACE-HADRILL 2002, S. 35–51.
132 Vgl. KAPITEL I. 1. und I. 2.

an konkreten Aufgaben in der Architekturausstattung.¹³³ Darin wird die Nähe deutlich, welche nicht nur zu den Beteiligten, sondern auch zu den künstlerischen Konzepten der amerikanischen Akademie in Rom bestand, die sich maßgeblich um die Reform künstlerischer Arbeit im Sinne des Gesamtkunstwerkes und der Verbindung der Gattungen bemühte. Bei den Malereiprüfungen ging es explizit um monumentale Malerei im Dienste der Architektur, die als „decorative painting" bezeichnet wurde. Die Wettbewerbsbeiträge für die erste Wettbewerbsstufe sahen zum Beispiel Kartons mit Entwürfen zu einer figürlichen Komposition für eine architektonische Ausstattung vor, während die Bildhauer Entwürfe für Bauskulpturen vorlegen mußten.¹³⁴

1913 wurden die Galerieräume der *Royal Academy* in London für die erste Ausstellung der Werke des Wettbewerbs um die Romstipendien an der *British School* freigeräumt.¹³⁵ Im gleichen Jahr gewannen für die Sparte der Malerei Colin Gill, für Architektur Harold Chalton Bradshaw und für Bildhauerei Gilbert Ledward den ersten Preis. Im nächsten Jahr, 1914, wurden der Maler J. M. Benson, der Architekt P. D. Hepworth, und der Bildhauer C. S. Jagger ausgezeichnet.¹³⁶ Für die drei Stipendiaten in Rom, deren Namen heute fast vergessen sind, wurde ein Aufsichtsgremium von dreißig herausragenden Künstlern – darunter auch George Clausen und Singer Sargent – berufen.

Dieser Aufwand erstaunt um so mehr, als das Urteil aus den eigenen Reihen lautete, daß die englischen Bemühungen um die „Classic and Historical Subject Pictures" selten bemerkenswerte Ergebnisse erzielt hätten. Walter Shaw Sqarrow resümierte 1904 die seit der Gründung der *Royal Academy* 1768 währenden Bemühungen mit der Feststellung, daß sich die Akademie zwar mit großer Energie aber letztendlich ergebnislos um die Tradition der figurativen Malerei historischen Themas und monumentaler Maße bemühte. Die Akademiker, die sich zeitlebens um den „great style" bemühten, müßten einsehen, so Sqarrow, daß ihre Ideale im Gegensatz zum Geist der Zeit und den Bedürfnissen der Zeitgenossen standen:

> „[…] there is a pathos in the Academy's persevering and fruitless efforts to establish in England a generative set of traditions in these great branches of art. From the beginning it has spared no pains in its endeavours to raise up a school of figure-painting, having less homely and fireside aims than those which have been fostered by the nation's delight in small pictures of familiar genre. In its schools the Royal Academy has struggled hard to give importance to classic and historical subjects: and it has spent much money in sending its Gold Medallists to Italy, and to other countries, there to search for the 'great style'. One remembers, too, many another mark of the unflagging enthusiasm, which was ever, distinguished the Academicians in their attitude to the higher achievements of design in figure-painting. […] They have been leaders of a forlorn hope, all fired with a noble spirit, and it is not their fault that they did so little good by toiling in opposition to the spirit of their time and the needs of their countrymen."¹³⁷

---

133 Vgl. HOBHOUSE 2002, S. 296.
134 Vgl. WISEMAN 1990, S. 12.
135 Vgl. LAMB 1951, S. 64/5.
136 Vgl. WALLACE-HADRILL 2002, S. 210. Bezüglich der praktischen Umstände ihres Romaufenthaltes ist ein Schreiben des Architekten der Deutschen Akademie Maximilian Zürchers an das preußische Kultusministerium vom 30. Dezember 1913 aufschlußreich: „Gestern war ich beim Engl. Botschafter Sir Rennell Rodd. Er gab mir ausführlich Auskunft über die engl. Akademie in Valle Giulia. – Dort wird auch das engl. Archäologische Institut untergebracht, dann die Bildhauer, Maler, Architekten. Direktor wird ein Kunstgelehrter sein, mit 12 000 lire Gehalt, Wohnung, Licht etc. etc. – Die Künstler erhalten Stipendien zwischen 4 und 5000 frs. auf 2 Jahre. – Sie haben folgende Abgaben zu entrichten: Pro Woche für Essen und Trinken lire 25, Miete lire 8, Wäsche lire 2. Ausser den regelrechten *Prix de Rome* Preisen resp. Preisträgern werden auch andere Künstler zugelassen, die empfohlen werden, von der Behörde, wohl so ungefähr wie später unsere vom Kuratorium empfohlenen Künstler. Es werden also keine Ateliers vermietet an zufällig in Rom lebende Künstler." Vgl. GSta PK, Nachlaß Schmidt-Ott, Rep 92, A LXXV, 2, Villa Massimo und Bonaparte, Blatt 86.
137 Zitiert nach Walter S. Sqarrow, Painters of the Royal Academy 1768–1868, in: The Royal Academy from Reynolds to Millais, hrsg. von Charles Holme, London – Paris – New York 1904, S. P ix–P xi. Vgl. KAPITEL I. 2.

Auch die aktuelle Entwicklung der Kunst stand im Widerspruch zu den römischen Studienplänen. 1914 waren die „viktorianischen Olympier" längst zu einer kleinen Gruppe zusammengeschmolzen. Der Rückblick auf die Ausstellungen der *Royal Academy* in den Jahren von 1900 bis 1914 zeigt, daß nach 1910 nur noch wenige Bilder klassischen Inhalts eingereicht wurden.[138] In Anbetracht dieser Tatsachen ist es um so bemerkenswerter, daß im ersten Jahrzehnt des 20. Jahrhunderts mit Gründung der Akademie in Rom nochmals versucht wurde, den „großen Stil" zu fördern.

Aber der Erfolg der Britischen Akademie und die Befriedigung der Organisatoren hingen nicht maßgeblich von künstlerischen Fragen ab. Mit der Etablierung der Rompreise, so der Präsident der *Commission of 1851*, Prince Arthur of Connaught, hätte endlich auch England das Niveau der anderen Nationen in der künstlerischen Ausbildung erreicht: „An institution which will be place us on the level with other nations in the matter of artistic education."[139]

Weiterhin ist zu bemerken, daß die *Commissioners*, die sich nun mit den Kunstreisen nach Italien befaßten, die alte bestehende *British Academy* außer Acht ließen, deren aktuelle Besucherfrequenz und Anziehungskraft eine deutliche Sprache gesprochen hätten. Wie es um die Institution tatsächlich stand, schrieb Edwin Lutyens, der Architekt der *British School* 1912, aus Rom an seine Frau: „Then there is the British Academy which has degenerated into some sort of elementary drawing class and some sheepish old maids who imagine they acquire Art by gazing at a nude man with pertinences improper."[140]

Hier mußte also zumindest keine Konkurrenz gefürchtet werden. Die alte *Academy* verfügte über so geringe finanzielle Mittel, daß die Aufrechterhaltung ihres Studienbetriebs von der *Commission* getrost ignoriert werden konnte. Tatsächlich war sie 1928 noch immer in Funktion und zwar weiterhin unter der Leitung von Antonio Sciortino und unter der Schirmherrschaft des Britischen Botschafters Sir Ronald Graham.[141] Allerdings mußte sie 1936, wie auch die *British School*, schließen.[142] Als sich die politischen Spannungen zwischen dem faschistischen Italien und England zuspitzten, wurde die kleine unprotegierte britische Künstlergemeinde genauso wenig geduldet wie die Britische Akademie.[143]

England auf der römischen Jubiläumsausstellung 1911

Den Plänen einer alle Sparten vereinenden Akademie gereichte, wenn nicht die aktuelle Entwicklung der Kunst, so eine historische Koinzidenz zum Vorteil. Die Engländer hatten an der Jubiläumsausstellung zur fünfzigjährigen Ausrufung des Königreiches Italien in Rom, Turin und Florenz mit herausragendem Aufwand teilgenommen, und ein Teil dieser Bemühungen kam ihren Akademieplänen zu Gute, da es sich ergab, daß der Ausstellungspavillon von der *British School* übernommen werden konnte.

---

138 Vgl. WOOD 1983, S. 256/7.
139 Vgl. Alan Powers, The Rome Scholarships in „Decorative Painting", in: Ausst.-Kat. British Artists in Italy 1920–1980, Canterbury 1985, S. 16–23, S. 16.
140 Zitiert nach PETTER 1992, S. 26.
141 Im Jahresbericht von 1928 wurde von regelmäßigen Morgen- und Abendkursen zu Akt- und Kompositionsstudien mit etwa 50 Künstlern berichtet, vgl. Annales institutorum quae provehendis humanioribus disciplinis atribusque colendis a variis in urbe erecta sunt nationibus, hrsg. von Eugénie Strong, Govert Hoogewerff, Mario Recchi und Vincenzo Golzio, Palazzo Ricci, Rom 1928, S. 169–72.
142 Vgl. MUNRO 1953, S. 53/4.
143 Vgl. BUSUTTIL 1997, S. 16.

Für die italienische Jubiläumsausstellung sollten nicht nur die Valle Giulia in Rom, sondern auch die Ausstellungsgelände der parallel in Turin und Florenz stattfindenden Ausstellungen beschickt werden. Während die meisten der Länder mit halbherzigen Zusagen auf die italienische Einladung reagierten – bei vielen machten sich Ermüdungserscheinungen nach den immer häufiger zelebrierten Weltausstellungen bemerkbar[144] – ist das Interesse Englands, auf dieser Ausstellung ganz besonders zu glänzen, schon aus der Organisation der Vorbereitungen zu ersehen.[145] In Großbritannien widmete sich ein gewaltiges Team den Vorbereitungen: die *Royal Commission* unter der Schirmherrschaft des Prinzen von Wales, mit dem Vorsitzenden Lord Lytton und einem hundertköpfigen Komitee mit Vertretern aus Politik und Wirtschaft, sowie der *Exhibition branch* des *Board of trade*, ein *Executive Committee*, in dem die Präsidenten der nationalen Künstlervereinigungen und ein *General Committee*, in dem der englische Adel vertreten waren. Die Organisation der künstlerischen Sektion in Rom leitete als *Director for Art*, Isidore Spielmann, der auch für die Auswahl der Werke und die Organisation der Leihgaben verantwortlich war.[146] Ihm zur Seite stand Edwin Lutyens als beratender Architekt für den Ausstellungspavillon.[147] Der Präsident des *Comitato Esecutivo per le feste commemorative del 1911* in Rom, Conte San Martino, konnte sich von den britischen Organisatoren sogar eine Kunstausstellung mit einer besonderen Sektion der Präraffaeliten und eine Einzelausstellung mit Werken von Dante Gabriel Rossetti wünschen.[148] Für die Ausrichtung der britischen Ausstellung rief Spielmann private Besitzer zu Leihgaben von Kunstwerken auf. Dabei appellierte er an die Leihgeber auch mit dem Hinweis auf die repräsentative Wichtigkeit der Ausstellung, bei der es um den Ruf Englands ginge:

„In pursuance of this national object, the Committee desire to enlist to the utmost the sympathy and patriotic co-operation of those who possess the best examples of the British School. They are confident that their appeal to the generosity of private owners in such a cause will enable them worthily to maintain the reputation of Great Britain."[149]

Doch nicht nur der Ruf Englands stand auf dem Spiel, sondern auch die Belebung der wirtschaftlichen und politischen Kontakte, wie der Prinz of Wales in der Begrüßungsrede zum ersten Treffen der *Royal Commission* aus Anlaß der italienischen Ausstellung beteuerte: „It affords, therefore, an opportunity of further strengthening the commercial and political relations between the two coun-

---

144 Vgl. Alberto Caracciolo, „Il fatale millenovecentoundici". Roma ed Europa fra mostre e congressi, in: AK ROMA 1911, S. 39–44. Es scheint in der Tat zu Verwirrungen gekommen zu sein, welche Ausstellung zu beschicken war, da Florenz auch zu einer Kunstausstellung lud bzw. die Venezianische Biennale in Rom stattfinden sollte, vgl. Sig. Sambucetti von der italienischen Handelskammer in London an Conte Guido Manzoni, am 6. Oktober 1910, in: ASD, Inventario delle rappresentanze diplomatiche, Londra 1861–1950, 1911, Busta Nr. 294, Fasc. 2.

145 Besonders auffällig ist der umfangreiche Schriftwechsel zwischen der italienischen und der britischen Botschaft, den Handelskammern und Ausstellungskomitees, der für die anderen teilnehmenden Länder so nicht nachgewiesen werden kann, vgl. ASD, Inventario delle rappresentanze diplomatiche, Londra 1861–1950, 1911, Busta Nr. 294, Fasc. 1) und 2). Vgl. auch den Artikel im Corriere della Sera, 1. Januar 1911: L'interessamento della Gran Bretagna alle Esposizioni Italiane.

146 Vgl. International Fine Arts Exhibition Rome 1911. Souvenir of the British Section, compiled by Sir Isidore Spielmann, C. M. G., F. S. A., Director of Art, Exhibition Branch, Board of Trade, Commissioner-General, Rome International Exhibition, Issued under the auspices of the Board of Trade, London 1911.

147 Vgl. PETTER 1992, S. 10.

148 Vgl. Kopie eines Briefes von Conte San Martino, Ministero degli Affari esteri am 3. Mai 1909 an den italienischen Incaricato d'Affari in London, Conte Bosdari, in: ASD, Inventario delle rappresentanze diplomatiche, Londra 1861–1950, 1911, Busta Nr. 294, Fasc. 2.

149 Vgl. Royal Commission for the International Fine-Arts Exhibition Rom, 1911. Memorandum. Drucksache mit dem Aufruf zur Leihgabe von Kunstwerken, in: ASD, inventario delle rappresentanze diplomatiche Londra 1861–1950, 1911, Busta Nr. 294, Fasc. 1, 2.

tries, of which I trust that the fullest advantage will be taken."¹⁵⁰ Wie weit das Engagement der Briten die Beiträge der anderen Teilnehmer überbot, zeigt beispielhaft die aufwendige Publikation über den Britischen Pavillon, mit Fotografien, Berichten und Pressespiegel: ein siebenhundertseitenstarker Prachtband, während die anderen Länder für ihre Pavillons – wenn überhaupt – nur kleine Broschüren im Taschenformat als Galerieführer drucken ließen.¹⁵¹

Die Teilreplik der Londoner St. Paul's Kathedrale – Kompliment oder Provokation?

Ebenso herausragend war der Pavillon selbst, der nicht nur der größte der ausstellenden Länder war, sondern auch als einziger zur Ausstellungseröffnung fertig wurde. Nach dem Beschluß des *Board of Trade* sollte die Fassade die obere Ordnung der Westfassade von Sir Christopher Wren's St. Paul's Cathedral in London nachbilden.

Mit der Ausführung des Pavillons nach dem Wren'schen Vorbild wurde der Architekt Edwin Lutyens beauftragt, der sich schon bei früheren Ausstellungsgebäuden als geschulter Interpret der jeweils geforderten traditionellen Stile oder Vorbildbauten bewährt hatte.¹⁵² Er sah in dem Auftrag der ausschnitthaften Übernahme von Sir Christopher Wren's Fassade von St. Paul's für den römischen Pavillon mit Gipskarton und Eisenträgern eine Herausforderung.¹⁵³ Die einfühlende Anpassung der historischen Architektur für den Pavillon, bewerkstelligte Lutyens, indem er die Proportionen der querlaufenden Architravfriese und Sockelzonen verstärkte. Gleichzeitig verkleinerte er die Ädikulafenster und Rundbogennischen, wodurch mehr Wandfläche sichtbar wurde. Vor die so beruhigte und verstärkte Wandfläche stellte er eine durch Streckung und Bündelung der korinthischen Säulen filigran wirkende Portikus. Sie betont den festlich einladenden Eingang und definiert die restliche Architektur eindeutig als Fassade. Der Pavillon gab sich offen und heiter, vor allem im Vergleich zu den oftmals düster-majestätisch wirkenden Pavillons der anderen Länder, allen voran Frankreichs, Serbiens und des Deutschen Reichs.¹⁵⁴

Der Pavillon rief ein begeistertes Echo in der italienischen und ausländischen Presse hervor. Die Engländer wurden für ihren besonderen Einsatz gewürdigt und erzielten, sowohl was die Ausstellungspräsentation, als auch die Ausstellung selbst anging, den größten Publikums- und Kritikererfolg der Jubiläumsausstellung in der Valle Giulia.

150 Vgl. INTERNATIONAL FINE ARTS EXHIBITION ROME 1911, S. 27.
151 Ebd.
152 Lutyens war Schüler von Ernest George. Seine ersten Villen und Häuser entwarf Lutyens im fantasievollen Heimatstil der *English Free School*. Die Entwürfe weisen historische Referenzen auf, die er jedoch der lokalen Bautradition und den entsprechenden Materialien anpaßte. Lutyens baute auch den britischen Pavillon für die Weltausstellung in Paris 1900 im *Jacobean Style*, inspiriert vom Kingston House in Bradford-on-Avon, einem Herrenhaus vom Beginn des 17. Jahrhunderts. Weiterhin betreute er als Oberaufseher oder ratgebender Architekt die Ausstellungsgebäude 1910 in Brüssel, 1911 in Turin und Rom und 1912 für die Ausstellung „Shakespeare's England" in London. Zu seinen Ausstellungsbauten vgl. Hermione Hobhouse, ‚An Architect animated by the spirit of his subject'. Lutyens Exhibition Buildings, in: LUTYENS ABROAD 2002, S. 25–36. Weitere Literatur zu Lutyens in PETTER 1992, S. 55.
153 „The condition to copy, i. e. to adapt the upper order of the west front of St. Paul's was given me by the Board of Trade. They thought it all very like, but it wasn't a bit, which is where the fun came in for me. The whole order had to be altered, and I think it takes more architectutral technique to do this, and make every other part fit in, with the design of an undouted master like Wren. The cornice, columns, etc. were altered, the portico and pediment etc., a great labour but it was very interesting. To the lay mind a copy is good enough but to an architect, except some tradesman, it means a very great deal of thought, insight, knowledge." Lutyens an Herbert Baker, zitiert nach PETTER 1992, S. 14. Zur technischen Ausführung des Pavillons vgl. HOBSHOUSE 2002, S. 291.
154 Vgl. AUSST.-KAT. ROMA 1911, S. 265–78.

Abb. 18: Christopher Wren, St. Paul's Cathedral, Westfassade, London

Abb. 19: Postkarte von der Römischen Jubiläumsausstellung 1911, Britischer Pavillon

Die größte englische Kathedrale nachzubauen, deren barocke Formensprache jedoch auf verschiedene italienische Vorbilder zurückzuführen war, konnte und wurde in Italien als Kompliment an das Gastland interpretiert. Englands Pavillon verwies somit auf die kulturelle Bereicherung der eigenen Bautraditionen durch die italienische Architektur und fügte sich zugleich harmonisch in die Architekturlandschaft Roms: „It is decidedly English in feeling and essentially in harmony with its Roman surroundings."[155] Auch der offizielle italienische Ausstellungsführer lobte den englischen Pavillon von Lutyens als Hommage an die italienische Kunst und macht einmal mehr deutlich, wie sehr an den jeweiligen künstlerischen Abstammungstheorien festgehalten wurde: „L'autore del progetto pare quasi abbia voluto fare omaggio all'arte d'Italia, construendo un padiglione nello stile di quel rinascimento di ispirazione italiana, che Wren e Inigo Jones introdussero nelle isole britanniche nel secolo XVII."[156]

Allerdings sollte die Ehrbezeugung an den Gastgeber nicht überinterpretiert werden. *St. Paul's Cathedral* war als größte anglikanische Kirche in Konkurrenz zu St. Peter entstanden und übertrifft die größte katholische Kirche, deren Schiff es um 200 Fuß überragt, zumindest in der Länge. Die anglikanische Hauptkirche auf der Jubiläumsausstellung der Hauptstadtwerdung Roms nachzubauen war zwar für die liberalen Organisatoren der Ausstellung, die das *Risorgimento* feierten, kein Affront, um so mehr jedoch für den Papst, der sich einmal mehr von politischen Kräften ausgespielt sah, die den Führungsanspruch der katholischen Kirche nicht einmal mehr in Rom achteten.[157]

Schon während der Ausstellungsvorbereitung reifte in der römischen Stadtregierung die Idee, die Grundstücke der Ausstellungspavillons den teilnehmenden Ländern zu überlassen, sofern sie darauf ihre Kulturinstitute ansiedelten.[158] Dieses Angebot machte sich zunächst nur England zu nutze, was auf die besonders engen Beziehungen zurückzuführen ist, die zwischen der liberalen italienischen Regierung Giovanni Giolittis und dem römischen Bürgermeister Ernesto Nathan und England bestanden.[159] England hegte ein besonderes Interesse für die italienische Unabhängigkeitsbewegung, welches sich in der andauernden Unterstützung der antiklerikalen und liberalen Politik des südlichen Landes äußerte.[160] Auf der anderen Seite waren die konstitutionelle Monarchie Englands und das liberale Staatswesen seit dem frühen *Risorgimento* Zielvorgaben für italienische Politiker. Besonders die Reife und Fortschrittlichkeit des politischen Systems und der Justiz führten zu einem Höhepunkt der italienischen Englandbegeisterung.[161]

In der bevorzugten Behandlung Englands bei der Ausstellungsvorbereitung wurden die Prioritäten der römischen Kulturpolitik und die Sonderrolle, die das Land für Italien einnahm deutlich. Englands Interesse an Italien ging aber über politische Sympathien hinaus und hatte strategische Qualität. Im europäischen Kräftespiel sollte Italien der Ausweg aus dem Dreibund gezeigt werden.[162]

---

155 Il Messagero, zitiert nach: INTERNATIONAL FINE ARTS EXHIBITION ROME 1911, S. 611.
156 Vgl. Guida ufficiale delle Esposizioni de Roma, Rom 1911, S. 81.
157 Vgl. KAPITEL I. 2.
158 Ebd.
159 Vgl. auch Vittorio Gabrieli, Esuli italiani in Inghilterra, in: Gli Inglesi e l'Italia, hrsg. von Agostino Lombardo, Mailand 1998, S. 63–68.
160 Vgl. LILL 1980, S. 250 ff.
161 1911, im Jahr der Jubiläumsausstellung, verfaßte der deutsch-italienische Dichter Arturo Graf vierhundert Seiten über die italienische Englandliebe, vgl. Arturo Graf, L'anglomania e l'influsso inglese in Italia nel secolo XVIII, Turin 1911.
162 Die in Italien kaum mehr beachtete Tripelallianz wurde 1912 erneuert, aus neuer Distanz zu Frankreich, das im libyschen Krieg Waffen an die Türkei geliefert hatte, vgl. LILL 1980, S. 252; zur Außenpolitik Italiens vgl. S. 235 f und 251 ff und Klaus Hildebrand, Das vergangene Reich. Deutsche Außenpolitik von Bismarck bis Hitler, Berlin 1999, S. 258 f.

Abb. 20: Renell Rodd, Britischer Botschafter in Rom 1909–19 und Gründer des Keats und Shelley House

Abb. 21: Edwin Lutyens, Stich von Lawrence Jossep nach einem Gemälde von Meredith Frampton

Daß Kulturpolitik als adäquates Mittel für politische Vertrauensarbeit eingesetzt wurde, ist auch aus der Formulierung im schon erwähnten Prachtband zum Britischen Pavillon ersichtlich: „The various Governments have answered readily to your appeal. First of all came the English, who have given proof of their national solidarity."[163]

Eine weitere Erleichterung durch rasche Verständigung garantierten auch die persönlichen Kontakte. Der britische Botschafter Sir Rennell Rodd bezeichnete Nathan als seinen Freund und verhandelte direkt über das Angebot und die zukünftige Nutzung des Pavillongrundstückes,[164] an dessen kostenlose Übergabe Nathan die Bedingung knüpfte, daß die weitere Nutzung in erster Linie künstlerischen Zwecken diente. Rennell Rodd sah sofort die Möglichkeit einer Ansiedlung der vergrößerten *British School* in der Valle Giulia. Der Bürgermeister war damit einverstanden und bat – auch aus innenpolitischen Erwägungen heraus auf eine Erfolgsnachricht erpicht – um eine rasche, zunächst symbolische Übergabe an den Botschafter, der dann die Weitergabe an die interessierten Institutionen in die Wege leiten sollte. Am 2. April 1911 telegrafierte Rodd nach London:

163 Vgl. INTERNATIONAL FINE ARTS EXHIBITION ROME 1911, S. 613.
164 Vgl. Rennell Rodd, Social and Dipolamtic Memories, 3 Bde., London 1922–1925, Bd. 3, S. 128. Hier auch folgende Darstellung: „My good friend Nathan the Syndic who, as the pupil of Mazzini, was often accused of an anti-clerical and republican bias, but was really one of the most public-spirited and kindliest men, expressed to me the hope that our pavillon might be allowed to remain as a permanent head quarters for Exhibitions of art, in which case the area on which it stood would be conceded to us by the Municipality, if not in fee-simple at any rate on a perpetual lease at a peppercorn rent. The same offer would be made to the other nations which had been represented." S. 136.

„Syndic would prefer, in order to satisfy public opinion here, to make over use of land in the first instance to British Ambassador, contract including power to him to re-transfer it to any public British body best adapted to carry out objects of the concession i. e. study of archaeology and art."[165]

Die *Commissioners* wollten jedoch vermeiden, daß sich um das Gelände und das Gebäude Streitigkeiten entzündeten. Immerhin war der Botschafter, der den Übereignungsakt entgegennahm, auch im Aufsichtsrat der alten *British Academy* in Rom und könnte, so die Befürchtung, deren Interessen berücksichtigen, was die ungeteilte Kontrolle über das Grundstück für die eigenen Akademiepläne in Frage stellte. Drei Wochen später verhandelten die *Commissioners*, das Komitee der *British School* in Rom, die Präsidenten des RIBA und die der *Royal Academy* über die Übergabebedingungen mit Rodd, der wiederum das Einverständnis Nathans einholen mußte, dem anvisierten Kulturinstitut auch die wissenschaftliche Sektion der Archäologen anzugliedern.[166] Nathan war auch mit den Plänen einer Vereinigung des Archäologischen Instituts mit dem von ihm gewünschten Kulturzentrum einverstanden – letztendlich suchte er nach Bundesgenossen für seine geplante Umwandlung des Ausstellungsgeländes in ein Zentrum stetig international bespielter Kulturinstitute und Ausstellungsorte und die Mischnutzung stand dem nicht entgegen.

Am 17. August 1912 schrieb Nathan an Evelyn Shaw, den Sekretär der *Commissioners*, wie sehr er sich über die Initiative der Briten freute, die einen Anfang machten, Rom zu einem Ort internationalen Gedankenaustausches und gesellschaftspolitischer Innovation werden zu lassen:

„Le mie aspettative e i miei desideri sono oramai superati visto che il vostro Istituto è un fulgido esempio, un primo passo verso lo scambio internazionale del pensiero e delle fatiche artistiche, con Roma al centro. Questa e la cosa che io sto umilmente cercando di promuovere, attraverso il rinnovamento delle tradizioni artistiche della nostra grande città, in accordo con la moderna civilizzazione e con il pensiero moderno."[167]

Nachdem die Grundstücksübergabe an die geplante britische Akademie vollzogen war, kauften die *Commissioners* den Pavillon der Baufirma ab und stellten die Mittel für den Umbau bereit. Durch die direkten Kontakte zum Bürgermeister ließen sich langwierige Verfahren der Antragsstellung bei der Baugenehmigung umgehen.[168]

Gegen die Ansiedlung einer Kunstakademie in der Valle Giulia argumentierten jedoch zwei im *The Builder* veröffentlichte Briefe, die anmerkten, daß die in Planung befindliche Großakademie sich auf keinerlei künstlerisches Renommee berufen könne. Auch das Fehlen geeigneter Ateliers beim geplanten Umbau des Ausstellungspavillons wurde kritisiert: „Some of the rooms are not better than cells, and entirely unadapted for the purposes of which they were constructed." Alles erinnere vielmehr an ein College.[169] Vor allem aber die Entfernung vom Stadtzentrum und die Distanz von den anderen ausländischen Akademien ließen Zweifel an der Eignung der Valle Giulia, die ja zunächst nur ein verlassenes Messegelände darstellte, laut werden: „It is proposed to set down our students out of all convenient reach of the great Museums and Libraries and at the opposite pole from the

---

165 Vgl. ANHANG Nr. 8 und PETTER 1992, S. 22/3.
166 Vgl. ANHANG Nr. 8–11.
167 Zitiert nach PETTER 1992, S. 25/6.

168 Vgl. Archivio Capitolino, Fondo Ispettorato Edilizio, Prot. 2621/1915.
169 The Builder, Vol. 108, 9. April 1915, S. 336/7 und The Builder, Vol. 108, 23. April 1915, S. 380.

other foreign schools."¹⁷⁰ Aber der Botschafter verteidigte die Ortswahl und wies auf die Vorteile hin, wie die gesunde Höhenlage, die typisch römische Landschaft in der Umgebung und die Nähe zum Vatikan, zur Villa Giulia und zur Villa Borghese.

Edwin Lutyens' Umbau des Britischen Pavillons

Den Umbau des Pavillons sollte ebenfalls Lutyens übernehmen und bei Beibehaltung der äußeren Erscheinung die ephemere Struktur in eine dauerhafte Architektur gemäß den geänderten Anforderungen überführen. Gleichzeitig erhielt Lutyens jedoch den Auftrag der Planung der neuen Hauptstadt für British Indien, Neu Dehli, eines der größten architektonischen Unternehmen kolonialer Expansion. Diese Herausforderung schmälerte sein Engagement für das römische Projekt beträchtlich. Als er dennoch einmal in Rom weilte, um den Bau der *British School* voranzutreiben, schrieb er seiner Frau von seinem Besuch der französischen Akademie in der Villa Medici und den Gründungen der Deutschen und Amerikanischen Akademien. Er empfand die Anschaffung getrennter kleiner Bibliotheken für alle diese Institute mit überall den gleichen Lexika als absurde Verschwendung – vielleicht inspiriert durch das Ausmaß seiner Pläne für Neu Dehli, war es seiner Meinung nach sinnvoller, eine Weltakademie mit einer Zentralbibliothek in Rom zu bauen:

> „It is a wonderful life and tradition which I hope we may build up here – but I hope with better results. The Germans and the Americans are going to start schools too. I am sorry one cannot start a wide world school with one common library. The amount of waste that goes on in the archaeology departments and history. The multiplicity of libraries is such awful waste – and why all this bone racking when everything produced is so hideous. There are the English, German, Prussian, American, French and God knows how many more establishments. Then there is our own Record office under another management. The saving in Bibles and Who's Whos would keep a student."¹⁷¹

Lutyens indische Verpflichtungen, die beschränkten finanziellen Mittel der *British School*, unvorhergesehene Planwechsel und die langwierigen Entscheidungswege der zahlreichen beteiligten Institutionen in England hatten einen von Unterbrechungen geprägten Bauablauf zur Folge.

Zunächst sollte der Grundriß des Pavillons beibehalten und nur die provisorische Rigipsstruktur der Mauern und der Fassade durch dauerhaftes Material ersetzt werden. Um die verstärkte Struktur herum sollten seitlich und auf der Rückseite Flügel hinzugebaut werden, um Unterkunft für 25 Stipendiaten und eine Direktorenwohnung zu gewährleisten.¹⁷² Für diese Flügel wäre der Rhythmus der Vorderfassade seitlich um jeweils ein Joch verlängert worden (Abb. 23).¹⁷³ Die geplante Gestaltung der rückseitigen Fassade wies mit den kleinen Sprossenfenstern stilistisch eher in das ländliche Milieu des „Georgian England" (Abb. 22).¹⁷⁴ Bei diesem Entwurf bestand jedoch das Problem, daß zusätzliches Land benö-

---

170 So die Kritik von Sir Arthur Evans, vgl. WALLACE-HADRILL 2002, S. 39.
171 Zitiert nach PETTER 1992, S. 28.
172 Vgl. PETTER 1992, S. 23.
173 Vgl. die detaillierte Beschreibung der Baukampagne und der Planwechsel in PETTER 1992, S. 28–49 und WALLACE-HADRILL 2002, S. 43–50. Weitere Pläne Lutyens befinden sich im ACR im Fondo Ispettorato Edilizio, Prot. 2621 / 1915 und Prot. 9765 / 1923.
174 Zum versuchten Aufzeigen der „Britishness" mit den Ausstellungsbauten auf den vorangegangenen Weltausstellungen, vgl. Anne Helmreich, The Nation and the Garden. England and the World's Fairs at the Turn of the Century, in: ART, CULTURE 2003, S. 39–64.

tigt würde. Da dieses nicht zu Verfügung stand, mußte der Bau auf die Fläche des Pavillons reduziert und dieser selbst für die Bereitstellung von Unterkünften und Ateliers umgestaltet werden. Im Februar 1913 wurde jedoch auch dieses Projekt gestoppt, da sich die Übernahme der Pavillonarchitektur als zu kostspielig und kompliziert herausgestellt hatte. Lutyens verließ schließlich das Grundrißschema des Pavillons vollständig und reduzierte die Bebauungsfläche unter das Maß des Pavillonumfangs, um Platz für vorgelagerte Terrassen und Gärten zu gewinnen (Abb. 24–26). Die Schaufassade blieb jedoch in ihrer ursprünglichen Länge erhalten.

Die rückwärtige Fassade nahm in dieser Planungsphase mit den Risaliten, die die dreigeschossigen Seitenflügel eckturmartig einfaßten, wieder Wren's St. Paul Motiv auf. Mit ihren ansonsten schlichten Fenstern und keinerlei weiterer Fassadengliederung sind diese Seitenflügel fast unorganisch zwischen den rustizierten Risaliten der Vor- und Rückfassade aufgespannt. Die Gesamterscheinung wirkt wie die Verschränkung eines englischen Landgutes mit der Wren'schen Barockfassade. Ähnliche Planungsphasen, die mal mehr von angelsächsischen Motiven oder von italienischem Formenschatz zeugen, durchlief auch die Amerikanische Akademie, die von Entwurf zu Entwurf wechselnd mal mehr auf Bautraditionen Nordamerikas verwies oder an italienischer Ausstrahlung gewann.[175] Vielleicht war das von Lutyens nachträglich hinzugefügte Vierturmschema und die Wiederaufnahme der Risalite auf der rückwärtigen Fassade auch eine Reaktion auf die strahlende Travertinfassade mit den Turmpavillons der Amerikanischen Akademie.[176] Was beiden Gebäuden jedoch blieb, waren die für angelsächsische Architektur typischen Sprossenfenster.

Laut Planungstand im Jahr 1913 sollte ein Versorgungstrakt zwischen Ost und Westflügel verlaufen und den Hof teilen. Tatsächlich wurde auch diese Lösung wieder verworfen, und nach dem Ausbruch des Ersten Weltkrieges wurden noch weitere Einschränkungen in Kauf genommen. Auf die Wiederaufnahme des Fassadenmotivs auf der Rückseite wurde verzichtet. Gebaut wurden nur der vordere Fassadenflügel und der Nord- und Westflügel. Der rechte Fassadenflügel blieb bis in die zwanziger Jahre daher nur ein Paravent vor einer Baustelle. Das Wichtigste war, so will es scheinen, die Errichtung der Prachtfassade, die zwar 1916 vollendet wurde, hinter der jedoch kein Gebäude stand (Abb. 27). Der Bauablauf der Britischen Akademie macht damit einen Schwerpunkt der Gründungsinitiativen der ausländischen Akademien deutlich, der darin bestand, sich vor allem um Außenwirkung zu bemühen. Schmerzhaft war sich die Archäologin und Assistentin Ashbys, Eugénie Strong, der Konsequenz der damaligen Entscheidung bewußt, zugunsten des Erscheinungsbildes auf brauchbare Räume zu verzichten. Sie konstatierte kritisch den Drang der Gründungsinitiativen, die anderen Akademiebauten zu überbieten:

„secondo me, sarebbe un torto voler costruire nella maniera sfarzosa adoperato da qualche fondazione recente – ove dopo aver speso somme folli per il piacere di avere, per es. una bella facciata, si è poi dovuto risparmiare sulla biblioteca, […] la megalomania, il desiderio di *bâtir en grand*, di voler a ogni prezzo far meglio degli altri, è uno dei più gravi pericoli che minaccia gli istituti stranieri di Roma."[177]

---

175 Vgl. Kapitel V. 4.
176 Im März 1914 besuchte der Direktor der Britischen Akademie, Sir Thomas Ashby, gemeinsam mit dem Architekten der *British School* den Amerikanischen Neubau. Dieser hier namentlich nicht genannte Architekt war der Edwin Lutyens Projekt ausführende Architekt William Squire. Vgl. Kapitel V., Anhang Diary, 25. März 1914 und Kapitel V. 4. Auch Lutyens besuchte die Akademien der anderen Länder, wie aus seinem oben zitierten Brief hervorgeht. Ein weiteres Beispiel dafür, daß sich die amerikanischen Entscheidungen während der Planungsphase vorbildhaft auswirkten, waren die Bibliotheksmöbel, die erst in englischer Eiche gebaut, dann aber, wie bei den Amerikanern, aus Nußbaum getischlert werden sollten, vgl. Petter 1992, S. 44.
177 Strong 1928, 1, S. 724.

Nach einer Zeichnung von ca. 1924 zu schließen (Abb. 28), waren zwar der Trakt mit der Direktorenwohnung und das Entree vollständig, aber der Atelierflügel nur provisorisch errichtet worden, während in der Wand zum Hof die Stifternische für Edwin Austin Abbey schon ihren Platz gefunden hat. In der heute vollendeten Akademie legen sich drei Flügel, Wohn-, Atelier- und Bibliothekstrakt, um den Innenhof. Der repräsentative Charakter der Außenansicht mit Prachttreppe, dem Register der Wren'schen Kirchenfassade und tonnengewölbtem Portikus weicht, sobald der Besucher den Fassadentrakt durchschritten hat. Im Innern der Akademie, von der er zunächst den Hof betritt, empfängt ihn die wohnliche Atmosphäre eines englischen Landhauses. Der Innenhof mit mittigem Brunnen, vier hohen Zypressen und kreuzförmig zulaufenden Kieswegen steht in der Tradition der Klosterhöfe bzw. italienischen Palasthöfe und ähnelt wiederum in dieser Zwitterform sehr den Höfen der amerikanischen oder spanischen Akademie.

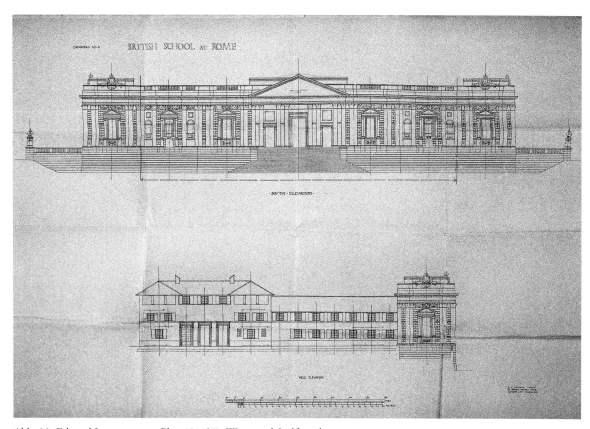

Abb. 22: Edward Lutyens erster Plan 1911/12, West- und Südfassade

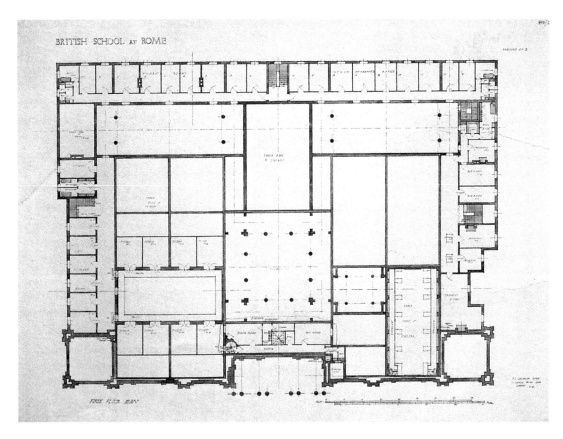
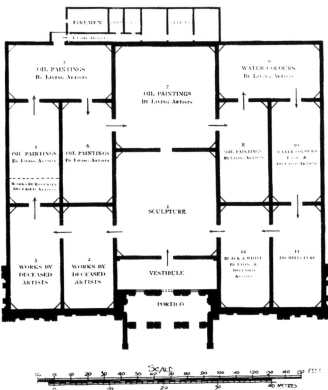

Abb. 23: Edward Lutyens erster Plan 1911/12, Grundriß, Archiv British School und unten der Grundriß vom Pavillon zum Vergleich

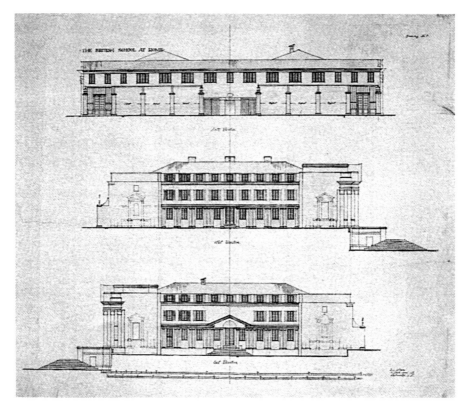

Abb. 24: Edward Lutyens zweiter Plan 1913, Nord-, West- und Ostfassade

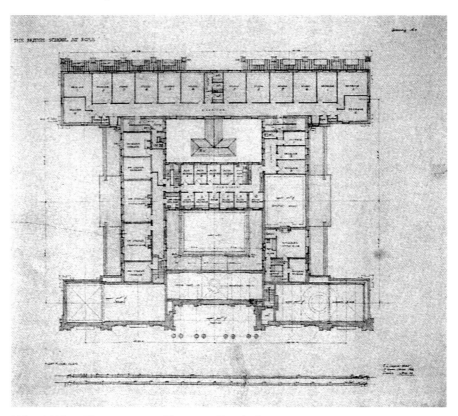

Abb. 25: Edward Lutyens zweiter Plan 1913, Grundriß

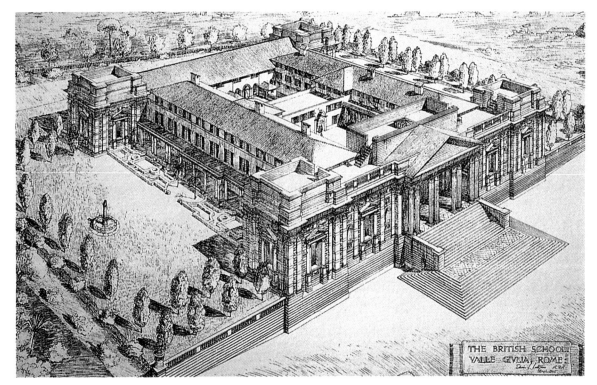

Abb. 26: Edward Lutyens zweiter Plan 1913, Axonometrie

4. Anhang Britische Akademie

1
Joseph Woods, Letters of an Architect from France, Italy, and Greece, 2 Bde., London 1828, Bd. 2, S. 147–49

Letter XLI. Academies, Rome August 1817
„It is reported here, that the Pope has offered a palace to the Prince Regent for the purpose of receiving an English Academy. The French, you know, have an excellent establishment here on a large scale, occupying the house o the Villa Medici. They have dwelling-rooms for the students, and workshops for such as require them; a suite of apartments for the director; a common dining-room; a handsome suite for the public exhibitions; and a fine gallery of casts. An English establishment might be formed on a much less expensive plan. I would not be necessary, or even desireable, to maintain the students; but if is were in contemplation to provide any further assistance of that sort, beyond what is now done by the Royal Academy, it would be better to supply it from a perfectly distinct fund. The most essential requisite is a point of union, and the facility of reference, which would be obtained by a library, and a collection of casts; and two or three thousand pounds at first, and ten or twelve hundred per annum afterward, would be amply sufficient for every useful purpose. An Institution on a much more moderate scale than even the one above mentioned, and such as would be within the reach of many English gentlemen, would be a very great advantage, and the patron would immortalize himself by it. A library is the most important object, and the necessary attendance on it, the most expensive one; but by properly availing oneself of the assistance of the students that might be much diminished. We must in this case give up any idea of a librarian who should be capable of directing their studies. His duty would be merely to take care of the books, and there are many very competent persons in Rome who could ececute this office, and attend at stated times for very little remuneration; not perhaps English, but Germans or Italians; and in this way a sum of five hundred pounds for the commencement, and from two to three hundred per annum, would accomplish the most important objects. New books are of more consequence than old, both because the student ought to be pretty well acquainted with the latter before he visits Italy; and because they are to be found in the Roman libraries, where a new book seldom enters. Books of established merit are the next things to be procured; then architectural casts; the productions of sculpture are so much more accessible, and conveniently situated for the student, than those of architecture, that casts of the latter are of prior importance. But though the students in sculpture will prefer copying the originals, casts of the finest statues must not be neglected, with the opportunity of displaying them in different positions, and under different lights."

Abb. 27: British School 1916

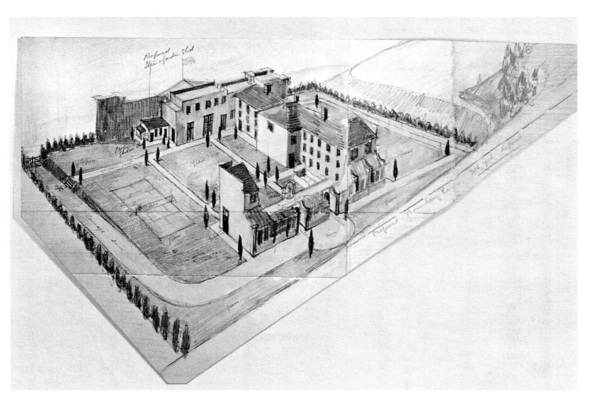

Abb. 28: British School zu Anfang der Zwanziger Jahre in einer Skizze eines unbekannten Architekten

Abb. 29: British School, Innenhof

2
Joseph Woods, Letters of an Architect from France, Italy, and Greece, 2 Bde., London 1828, Bd. 2, S. 147–49

1826

„In the winter of 1821 the English artists who resided at Rome established an evening academy for the purpose of studying from the living model, defraying the expenses by occasional subscriptions among themselves. The advantage of such an institution were felt and valued, and the interest with which artists regarded their infant academy, was communicated to many of their countrymen. Subscriptions were raised, and the Royal Academy gave both their sanction and assistance. The object of the institution was not merely to provide accommodation for the students who happened to be at Rome at the time of its formation, but to found a permanent school for the benefit of British artists, where they might pursue their studies unimpeded by the inconveniences attending crowded schools, and without being indebted to the liberality of foreign institutions. It was therefore resolved to defray the current expenses, as nearly as possible, from the interest of the money subscribed, and this now amounts to 331 scudi per annum, which is sufficient to cover the expenses, on the present very small scale. But in its actual state, though highly useful, it must still be acknowledged to be very insufficient. It possesses one cast, that of Apollo; a few books, but not a library, nor indeed any room in which either that, or a collection of casts could be placed. The rent of suitable range of apartments would alone swallow up twice the whole income of the academy. However, as additional subscriptions are obtained every year, the fund continues slowly to increase, and trust will continue to do so till the whole is placed in a state worthy of the English nation. It is peculiarly a national concern, for the artist who has exerted himself the most for its prosperity, leaves Rome in a year or two, and perhaps (?) no other advantage from his labours, than the reflection of having contributed something to the common good."

3
Royal Academy of Arts, London

Brief von Joseph Severn an Thomas Lawrence
LAW/4/69

Rome Oct. 24th 1822

Sir

We have once more the honor to write you the proceedings of our thriving little Academy. Which still increases so well in its objects & means that we now have an equal satisfaction to ask the honor of your advice, as we had pleasure to tell you of its formation. We may look forward with certainty to the compleation of the plan, when we are assisted by your high talents & experience, and if we might also hope to have the sanction of the R.A. of London, we should then proceed in our Academical studies with the same confidence and pleasure that we did when studying under your guidance. A time which we always [unleserlich] too with delight.

Mr. Hamilton the British Ambassador in Naples has presented to us 100£ to assist the permanent establishment of our Academy. We have had many discussions in consequence, many ways have been proposed for the appropriation of it, but without meeting general approbation. We still find obstacles to the permanency of the thing, and this seem's [sic] to be the most essential point as we wish to prevent to others a recurrence of the inconveniences which we have indured [sic] at our beginning in Rome. Bad models, bad places, & difficulty of admission are the drawbacks we have obviated by this Academy. But the difficulty is to form a Plan which, shall prevent the Academy from falling to the ground, when we may have returned to our native country.

It is the making out of this Plan that with the greatest respect we submit to you Sir Thomas, and also the appropriation of Mr. H's handsome present, and if it be your opinion that we should encourage Public Subscription, and in what manner. Some few of us fear to have our quiet disturbed by any Public interference that is from Persons who have not the love & respect for the Arts which Mr. H has shown, we are as much gratified with his manner of giving as with his gift.

At present the Academy is supported by our own Subscriptions. Which from forming an Academy, buying necessary materials etc., is felt rather heavily by some of us. Yet we are still in want of a Skeleton, of Casts and even the Seats & Lights are hired. Our number is 15.

We are not a little anxious about the using of our Academy, since we derive from it so much profit and pleasure in our Studies. But Sir, altho we cannot nay will not let it break up, yet we fear, that without your superior aid, or the sanction of the R.A. we shall never be able to raise it. At present as Inglish men we cannot meet together without being noticed, and it is a little pain, tho' no interuption, that the place and manner of our meeting should not be more in character with the English Nation.

Our 100£ shall remain untouched until we have the honor to receive your answer.

I am Sir, with the greatest respect
your obliged & obedient Servant
Joseph Severn
18 Via di S. Isidoro

I have the honor to subjoin a copy of Mr. H's letter to Mr.
Westmacott Junr. through whom the present was made

„Dear Sir
I have been honored by yours of the 18th inst. from Rome, and beg you will convey my grateful acknowledgements to the Gentlemen whose names you have subscribed to it. For the kind manner in which they have been pleased to accept of my contribution towards the establishment of an English, or perhaps it would be better to call it „The British School of the Fine Arts as Rome". With regard to the appropriation of of this money. I most willingly agree to what I presume to be the general work, that it shall be forthwith employed in the purchase of those objects which may be essential to the immediate formation of a School for the immediate benefit of those now in Rome, and to whose exertions their successors will be indebted for whatever it may grow into hereafter. You will allow me at the same time to recommend that the opportunity should not be lost of circulating amongst our Countrymen at Rome, Naples and Florence, the views with which such as Establishment is forming, and inviting

the assistance of the Lovers of the Fine Arts. I have little doubt that a considerable fund would soon be collected for such a laudable purpose and that fund I should earnestly recommend ought to be laid up and either allow'd to accumulate in the hands of Trustees or the Interest of it applied to occasional purchases. Some time may perhaps elapse before an undertaking of this kind can go on without your own annual contributions, but much will depend in the first instance on the choice you make of Trustees and Managers, and in the mode in which your proposals are drawn up, and afterwards we must rely on the executors of your own Genius and Talents for making it worthy the name of a national Establishment, we must ever bear in mind, that the Tree is best known by its fruits.

I am Dear Sir – your very obet. humble servt.,
sign. W.R. Hamilton."

4
Royal Academy of Arts, London

Brief von Joseph Severn an Thomas Lawrence
LAW/4/88

Rome Jany. 19th 1823

Sir,
I have the honor to present to you the thanks of our Academy for your encouraging donation of 50£ and to express our gratitude and satisfaction for the flattering attention and advice contained in your letter of the 23rd Decr. We may now indeed think our little Establishment moving onward to its precise object when we are aided with the approbation and fine judgement of the most distinguished English Artist, whose approbation alone would give the necessary importance to our undertaking. We have also the pleasure to add to your name and Mr. Hamilton's that of His Grace the Duke of Devonshire, who has presented to us 100£, and the Duchess with her warm feeling for the Arts, has kindly offered us her assistance.

You will permit me Sir to explain, that in the agreable hope of the assistance from the Royal Academy of London, we had scarce thought of pecuniary aid, but only of the Sanction of that great Institution. We were too well aware of the claims on its Finances to make such a proposition ourselves. I believe Sir you will find that it was your own generous feeling towards us and our pursuits that carried you so far. We have very little doubt but with this great help we shall soon accomplish our purpose, and when we have ultimately succeeded in making an Academy we must again petition for assistance in the management of it. We continue to proceed in our Academical Studies with much additional comfort and pleasure through the medium of the Academy in its present limited state. We have the finest Models in Rome, proper and select views of the Figure and never the discomfiture of crowding into overfilled and unhealthy Academies.

In the midst of these growing benefits our greatest want is a large and proper place. It is known to some of the oldest English Artists in Rome that the Roman Government (some 5 or 6 years back) made an offer of a palace for an English Academy. We contemplate the revival of this offer, as the most certain and public course to take. Both from the respect we are anxious to show to the liberality of the Roman Government in the encouragement of Art, and to ourselves who were to be the objects of it.

We have now preparing for the Public Eye, a paper to explain the objects of this Academy, why we are in want of it and how that want is to be supplied. For it seems to be the general wish of our Friends in Rome, that we should encourage Subscription, which now we shall have satisfaction in doing, as by the name of Sir T. Lawrence we are insured against the interference of persons unacquainted with our object, or unfeeling to it. We wait most anxiously for the result of the General Meeting of the R.A.

So far our Academy, I crave your indulgence Sir to a few lines for myself. A short time since I had the pain to discover that your polite letter to Lady Westmorland in my behalf, has remained unanswered owing to her Ladyship's ill health, and many occupations of a most important nature. I had collected the information you had requested – respecting the Arts & Artists of Rome. It will be a long time before I can [unleserlich] this delay and not until I have presented to you my thanks in my own language of Painting. To show to you Sir, how sensible I am of your kind and successful exertions, to place me, a Pensioned Student in this dear and dearer Rome.

I remain Sir, with the greatest respect
your most obliged & obedient Servt.
Joseph Severn
18 via di S. Isidora
Sir Thomas Lawrence P.R.A. etc.

P.S. I must refrain from adding an idea about the Academy but it is [Fehlstelle, Bindung] from the meeting, but merely my own noti...[Fehlstelle] I pray you to pardon me. It is that the Establishment [Fehlstelle] beside being an Evening Academy, become the temporary residence of English Artists, to protect them from the inconveniences they suffer on their first arrival in Rome. We have each of us suffered the horrors of Studio-hunting for 6 or 12 months, nay some of us are still without, and marble to [unleserlich] in any work. It struck me that all this might be included without difficulty, or even expense, and the good will be incalculable. Many of us have lost our time, but more especially our health, from this want. The admission might be gained from the R.A. previously to the Artist leaving England, by his works. The number might be 12 or even 20, and the time 4 years, or until they had provided for themselves. We could form an exhibition every 1 or 2 years, and it would give us a stamp of respectability [unleserlich] with the French. Scarce an English Artist now in Rome who is occupied on large works, has a Study half large enough or any way convenient and perhaps from being obliged to take the first he could get in his despair and wanderings. But in the place we shall get for an Academy, there will be many large unoccupied Rooms, every way suited for that purpose.

5
Royal Academy of Arts, London

Brief von Joseph Severn an Thomas Lawrence
LAW/4/124

Rome May 1st 1823

Sir,

I have again the honor and agreable task of expressing to you – the warm satisfaction of our Academy at your letter communicating His Majesty's most gracious gift of 100£. We one and all feel raised by this Regal Attention. Wether we consider it as giving a „trial habitation and a name" to our Infant Institution, or as fine Compliments to our noble pursuit.

We pray you Sir to present to his Majesty our most grateful thanks, and expressions of attachment for his most gracious notice of us and our views, when we are so far away from our Native country.

We also pray you to accept our thanks for your kind and voluntary mediation. We scarce know how much we are indebted to you and wether it is more to your high excellence in our profession, or your great attachment to its welfare. Yet we must have in anticipation that at the same time we receive the pecuniary gifts from your hand, we may be honored with the still greater gift of your advice. We wait most anxiously the receipt of your promised letter.

We have thought it expedient to appoint some person of note, to receive the subscriptions we did name Mr. Rogers, but we beg to submit this to you and abide by your decision. I have the pleasure to answer your enquiries satisfactorly. His Holyness is convalescent and more particularly so the munificent Cardinal. He was present during the Holy Week at the divine „Misirere" in the Cappella Sistina.

I have the honor to be
your most humble & obliged servt.
Joseph Severn
18 Via di Isidora

We ha..[Fehlstelle]..ed new materials made for our Acad[emy] on our own plan, and have now opened it Gratis. Yet I fear we are still undecided as to the form it shall take. Wether we shall purchase a proper and comodious place, to become the temporary residence of English Artists during their first tribulations in Rome and to make an Exhibition or our Works; or to continue it on its present plan, namely for the Study of the living figure. Pray Sir submit this to your consideration. A Palace may be had for 1000£ and its support cannot be more than 50£ upon our present notions which I submitted to you on a former occasion.

6
Archive Royal Society of the Arts, London

Brief von F. Tobin über die British Academy of Arts in Rome
Ref. No: AD.MA/104/10/51
1821 (aber 1826)

British Academy of Arts in Rome
In the Winter of 1821 the English Artists who resided in Rome established an evening Academy for the purpose of studying from the living model, defraying the expenses by occasional subscriptions among themselves. The advantage of possessing an establishment where they could pursue their studies unimpeded by the inconveniences attending crowded Schools, and without being indebted to the liberality of foreign institutions, was soon felt, and valued, and the interest with wich the Artists regarded their infant Academy was speedily communicated to the rest of their Countrymen. In the following year M.ʳ Hamilton the English Minister at Naples justly appreciating the benefits likely to result from the association, made an offer to the Artists of L. 100, to be employed in furthering their object, and promoting, if possible, the establishment of a National Academy. The gentlemen to whom this offer was made reflecting that they were not fixed reisidents in Rome, and aware of the responsibility of the undertaking, communicated what had taken place to Sir Thomas Lawrence, the President of the Royal Academy in London, soliciting through him the advice and sanction of that institution. In the mean time several distinguished individuals gave importance to the plan by liberal contributions; the application to the Royal Academy was not disregarded; and the gradual formation of a fund has continued to justify the expectations which were at first entertained. These expectations were more than confirmed by the patronage of His Majesty George IV who was graciously pleased to give his effectual sanction and assistance to the scheme.

    The main object of the institution, and the only condition on which the Artists reveived the first subscritpions, was and is, the formation of a permanent School for the benefit of British Artists coming to Rome. They therefore resolved to preserve a capital, defraying the current expenses of their Academy with the interest only of the money received; this fund enables them at present to keep their Academy open during six mouths in the year; but it is now proposed, as soon as a sufficient sum shall have been subscribed, to extent the term to the whole year. It is the earnest wish, of the Artists as their means encrease, to procure different facilities essential to their studies: among these. Casts from the Antique, Anatomical Works, Prints and Books, are objects most immediately desirable; and they take this opportunity of observing that the views of the establishment will be effectually promoted by donations of that kind, as well as of money.

    The mamagement of the Academy as has been before stated is conducted by a Committee, appointed from time to time by Ballot from among the resident Artists; as these return to England, others resorting to Rome are elected into their places, and thus a managing Committee is always supplied, and preserved of persons in whose hands the interests of the Academy are most likely to be attended to, from their own individual advantage and improvement being so intimately connected with its wellbeing.

Subscriptions are received by Mess. Coutts and Co. London. by Mess.
Torlonia and Co. Bankers Rome by Mess Freeborn and Co. Bankers Rome.
List of subsribers. Ub to 1826.

His Majesty G IV	L. 200 -
W. Hamilton Esq.	L. 100 -
His Grace the Duke of Devonshire	100 - Louis
Sir W. W. Wynne, Bart.	L. 100 -
Sir Thomas Lawrence P. R. A.	L. 50 -
His Grace the Duke of Bedford	L. 105 -
The Royal Academy of Londan	L. 50 -
Anonymous	L. 200 -
Baring Wall Esq.	10 - Louis
George Rennie Esq.	100 - Crowns
Alexander Coplaud Esq.	12 - Napoleons
H. A. S. Munro Esq.	L. 25 -
Randle Wilbraham Esq.	24 - Crowns
E. S. Biggs Esq.	10 - Louis
-- Scott Esq.	50 - Crowns
The Northern Society of Leeds for the promotion of the fine Arts	L. 30 -

Lord de Dunstanville	200 - Crowns
The Royal Academy of London 2nd Donation	L. 50 -
The British Institution	L. 100 -
Sir Thomas Lawrence P. R. A. Annual	L. 10 -
-- Ingram Esq. A set of Engravings.	
I. Halkett Esq.	50 - Crowns
Richard Sykes Esq.	6 - Louis
Charles Stirling Esq.	50 - Crowns
N. G. Phillips Esq.	50 - Crowns
P. Davis Cooke Esq.	25 - Crowns
C. Fergusson Esq.	50 - Crowns
Joseph Woods Esq.	50 - Crowns
Also the „Roman Antiquities of Feoli"	
-- Rorke Esq.	5 - Napoleons
I. Fletcher Esq.	47 - Crowns
W. C. Hyatt Esq	5 - Louis
-- Hay Esq.	5 - Louis
-- Forbes Esq.	5 - Louis
The Royal Academy of London 3rd Donation	L. 50 -
I. Holdship Esq.	6 - Napoleons
I. B. Scott Esq. 2nd Donation	50 - Crowns
Dr. Clark	5 - Louis
I. Lambton Esq. M. P.	100 - Louis

Total of the Capital invested at five per cent in the Bank of Rome, 7152 scudi 33 baiocci.

It will be seen that the funds of the Academy are barely sufficient for its maintenance as it now excists, viz, for a very limited number of students to draw from the living model only. The great influx of British artists within in the last few years renders it incumbent upon the Committee to make considerable additions, as a school for the study of the antique, a library etc., to accomplish which objects they are compelled to direct the attention of Patrons of art to so desiderable an end, and to solicit their aid.

Subscriptions are received as above by Mess[rs] Coutts and Co Bankers, London, by Messrs Torlonia and Co Bankers, Rome, and by Messrs Freeborn and Co Bankers, Rome.

F. Tobin. Sec.

7
Aus Ernesto Ovidi, Tommaso Minardi e la sua scuola, Rom 1902, S. 242, Doc. XLIII.

Tommaso Minardi an F. Tobin 1845

Illustrissimo signor Tobin,
La lettera di S. V. Ill.ma datata li 8 corrente, mi dà adito a ringraziare per mezzo suo i membri dell'Accademia Britannica i quali mi riguardarono tanto benignamente da volermi direttore de' loro studi. Come non meritava, così io né aspettava, né avrei ardito desiderarlo; ma in quanto possono le mie forze userò tanta diligenza nel compiere i loro desideri, che la cortese elezione non debba esser cagione di pentimento. A tal fine sarò sabato sera (11corr.) nell'Accademia per offerirmi personalmente ai colleghi suoi, come fo io ora a V. S. Illustrissima,
Roma, 10 del 1845
Devotissimo umilissimo servo
Tommaso Minardi.

8
National Archives, Public Record Office, London

*Telegramm von dem Britischen Botschafter in Rom
Sir Rennell Rodd an das Foreign Office, London
FO 368/548*

Telegramm (in cypher R) from Sir R. Rodd, Rome
April 2nd 1911

My private telegram of to-day
Syndic would prefer, in order to satisfy public opinion here, to make over use of land in the first instance to British Ambassador, contract including power to him to re-transfer it to any public British body best adapted to carry out objects of the concession i. e. study of archaeology and art. This will, I trust, satisfy requirements of Commissioners. If so, I can arrange for an exchange of notes embodying preliminary cession at once.
Rodd.

9
National Archives, Public Record Office, London

*Abschrift eines Briefes von Viscount Esher, Chairman. Executive – Royal Commission 1851 Exhibition an Sir Rennell Rodd, Britischer Botschafter in Rom, 1. Mai 1911
FO 368/548*

Rennell Rodd – British ambassador at Rome

The proposal for the purchase of the British Pavilion has been brought before the Royal Commissioners for the Exhibition of 1851, & on wednesday morning at seven thirty there is to be a meeting of their body, may 3rd 11.30 am, to discuss whether the commissioners will purchase the building from the contractor & provide funds for adapting the building for the purpose of an enlarged British School at Rome with room for students of architecture, sculpture & painting as well as of archaeology.
The object of the Commissioners being the purchasers is to secure the institution from sectional control in which proposal the institution of architects & committee of British School in London are agreed.
The management would be organized by & vested in representation of each department interested.
In order to secure such an arrangement without unnecessary delay the Commissioners would wish to know whether the contract [?] would be granted to them by you or by the syndic of Rome for the purposes indicated, as the granting of funds of the Commissioners would be subject to the property being conferred to them as landlords.
The proposed arrangement of art studentships stands.
The wire tomorrow or such wednesday through Foreign office if you approve of this proposal & if you think it can be carried feasible.
Viscount Esher
Chairman. Executive – Royal Commission 1851 Exhibition.

10
National Archives, Public Record Office, London

Abschrift eines Briefes von Viscount Esher, Chairman. Executive – Royal Commission 1851 Exhibition an Sir Rennell Rodd, Britischer Botschafter in Rom, 3. Mai 1911
FO 368/548

Sir Rennell Rodd - British Ambassador at Rome
following from Lord Esher:

Your telegram received. Question of purchase British Pavilion has been considered. The Commissioners hope you will at once accept offer of site from Syndic of Rome and give Commissioners option of acquiering it by 1st June. Commissioners would like the transfer to be made, if possible, direct to them by you, without any conditions, so as to avoid any difficulties between them and the Italian government as to its use.
Commissioners would further be glad if as much ground as possible at back of buildings included in conveyance and if the garden front be retained and maintained by the municipality of Rome, provided access to building in front is secured to commissioners. The object of postponing immediate acquisition by Commissioners is to enable them to ascertan cost of, and to make provision by adapting and more especially for maintaining the building for British School.

Esher
3rd May, 1911
Royal Commission of the Exhibition of 1851 54 Victoria Street

You will of course prevent any responsibility falling upon Study (school ?) in connection with the original cession and subsequent transfer

11
National Archives, Public Record Office, London

Kopie vom 10. August 1912 eines Telegrammes an H. E. Sir Rennell Rodd, von Mr. Evelyn Shaw, Sekretär der Royal Commission for the Exhibition of 1851
FO 368/692

Copy of Telegram to H. E. Sir Rennell Rodd from Mr. Evelyn Shaw. Secretary of the Royal Commission for the Exhibition of 1851 –54 Victoria Street, London SW
Sir Rennel Rodd
Villa Rosebery
Posipillo, Naples

Sending plans and elevation of building
to you and sindaco. By terms if convention
design of building must be approved at
Technical office of Commune. We are
ready to start building operations
as soon as plans are approved.
Evelyn Shaw

IV. Die Deutsche Akademie

1. Eine Akademie in Rom vor Reichsgründung?

Die Gründungsbemühungen im Umkreis Winckelmanns

Seit der Renaissance war Italien bevorzugtes Ziel künstlerischer Studienreisen auch der Künstler aus den deutschen Ländern. Trotz der folgenreichen Italienaufenthalte berühmter Künstler, wie Albrecht Dürer in den Jahren 1494 und 1505, Adam Elsheimer von 1589 bis zu seinem Tod, Andreas Schlüter im Jahr 1698 und Cosmas Damian Asam im Jahr 1711,[1] lag die Anzahl deutscher Künstler jedoch um einiges hinter der der niederländischen Künstler, die sich vorzugsweise in Rom in der Via Margutta ansiedelten, zurück.[2]

Dieses Verhältnis änderte sich erst in der zweiten Hälfte des 18. Jahrhunderts, als Anton Raffael Mengs und Angelika Kauffmann in Rom zu den international gefragtesten Malern deutscher Herkunft wurden. In Anerkennung seines Erfolges wurde Mengs zum *Principe* der *Accademia di San Luca* berufen, und seine Schüler verbreiteten den neoklassizistischen Stil in Europa, unter Berufung auf die Kunsttheorie seines Freundes, des Kunst- und Altertumswissenschaftlers Johann Joachim Winckelmann.[3] Nachdem Winckelmanns kunstgeschichtliche Forschungen zunehmend das Interesse für das

---

1 Zu der Tradition der Italienreisen deutscher Künstler vgl. Deutschland – Italien. Beiträge zu den Kulturbeziehungen zwischen Norden und Süden. Festschrift für Wilhelm Waetzoldt zu seinem 60. Geburtstage, Berlin 1941; Wilhelm Waetzold, Das Klassische Land. Wandlungen der Italiensehnsucht, Leipzig 1927; Ausst.-Kat. Auch ich in Arkadien. Kunstreisen nach Italien 1600–1900, hrsg. von D. Kuhn, Marbach 1966; Friedrich Noack, Deutsches Leben in Rom, Stuttgart – Berlin 1907; ders., Das deutsche Rom, Rom 1912 und ders., Das Deutschtum in Rom, 2. Bde., Stuttgart 1927. Für das 19. Jahrhundert vgl. Ausst.-Kat. Künstlerleben in Rom. Bertel Thorwaldsen 1770–1844. Der dänische Bildhauer und seine deutschen Freunde, hrsg. von Gerhard Bott, Nürnberg 1991/92; Ausst.-Kat. Gli artisti romantici tedeschi del primo ottocento a Olevano Romano, hrsg. von Domenico Riccardi, Mailand 1997; Ausst.-Kat. Nazareni a Roma, hrsg. von Gianna Piantoni und Stefano Susinno, Rom 1981; Ausst.-Kat. „In uns selbst liegt Italien." Die Kunst der Deutsch-Römer, hrsg. von Christoph Heilmann, München 1987 und Ausst.-Kat. I Deutschrömer. Il mito dell'Italia negli artisti tedeschi, 1850–1900, hrsg. von Arnoldo Mondadori, Rom 1988.

2 Vgl. Goffredo J. Hoogewerf, Via Margutta. Centro di Vita Artistica, Rom 1953, S. 15 ff. Federico Zuccari, der seinen Palast an der Spanischen Treppe 1603 testamentarisch als Künstlerheim für „tramontani und fiamenghi" stiften wollte, unterschied zwischen Flamen und nordalpinen Künstlern, vgl. Noack 1912, S. 92/93.

3 Vgl. Steffi Roettgen, Anton Raphael Mengs 1728–1779, Bd. 1, Das malerische und zeichnerische Werk, München 1999.

Studium der Originale antiker Kunst geweckt hatten, kam es im Bekanntenkreis der beiden Freunde zu ersten Gründungsbemühungen für eine Deutsche Akademie in Rom nach dem Vorbild der 1666 gegründeten Akademie Frankreichs. Mittlerweile waren die deutschen Künstler in Rom nach den französischen die zweitgrößte ausländische Künstlergruppe.[4]

Die frühesten überlieferten Pläne für eine deutsche Akademie wurden gleichzeitig mit dem englischen Akademieprojekt entwickelt, was vor dem Hintergrund des internationalen künstlerischen Ambientes in Rom und der vielfältigen Kontakte Winckelmanns und Mengs zu englischen Antiquaren nicht weiter erstaunt.[5] Mengs hatte nicht nur enge Verbindungen zu den englischen *Dilettanti*, er war auch während seines Spanienaufenthaltes in die Entwicklung der spanischen Rompreismodalitäten involviert gewesen und betreute nach seiner Rückkehr in die Tiberstadt die spanischen Rompreisstipendiaten. Außerdem war er zuständig für die Stipendiaten der Wiener Kunstakademie, die später, als sein Schüler, Anton von Maron ihre Aufsicht übernahm, in Mengs ehemaliger Wohnung in der Via Sistina zusammentrafen und danach im Palazzo Venezia ihre Ateliers hatten.[6] Daneben hatte er durch seine Einbindung in den römischen Kunstbetrieb auch Einblick in die Institution des französischen Rompreises. Carl Justi überliefert, daß der Versuch einer deutschen Akademiegründung in Rom vor allem durch den württembergischen Hofmaler und Bildhauer Christian Wilhelm Friedrich Beyer, einen Bekannten Winckelmanns, unterstützt wurde, der während seines Italienaufenthaltes 1751–59 das Projekt einer deutschen Akademie nach dem Muster der französischen entwarf. Allerdings versuchte er vergebens, die deutschen Höfe dafür zu interessieren.[7]

Bis dahin wurden die Kunstreisen nach Italien solchen Künstlern ermöglicht, die Adlige auf ihrer *Grand Tour* begleiteten oder als Hofkünstler höfische Stipendien zur Weiterbildung erhielten. Mit der Gründung der Akademien in den deutschen Ländern, die nach und nach Wettbewerbe einrichteten und die Rompreise institutionalisierten, wurden die Reisestipendien zunehmend auch durch diese selbst vergeben. Anfangs war die akademische Preisvergabe jedoch noch vom Hof aus bestimmt, und die Akademiker konnten, so auch in Berlin, höchstens Empfehlungen für die Preisvergabe aussprechen.[8] Friedrich Müller, auch genannt Maler Müller, kam beispielsweise 1778 mit einer Reiseunterstützung des Herzogs von Sachsen Gotha, hingegen 1779–81 mit einem Stipendium der Kasseler Akademie und nochmals 1783 mit einem Stipendium des Herzogs von Gotha nach Italien.

Die Italienreise wurde mehr und mehr krönender Abschluß der akademischen Künstlerausbildung und zunehmend staatlich subventioniert. Die Reiseunterstützung erfolgte im Rahmen der jährlich akademieintern und unabhängig vom Hof verteilten Rompreis-Stipendien. Die Einrichtung dieser geregelten Rompreisvergabe war auch Teil der Berliner Akademiereform von 1786. Durch die Reform

---

4   Vgl. Aloys Hirts Verzeichnis der um 1787 in Rom lebenden Künstler, in: EIN POTSDAMER MALER IN ROM 1979, S. 339.

5   Vgl. Steffi Roettgen, Anton Raphael Mengs 1728–1779, and his British Patrons, London 1993.

6   Vgl. NOACK 1927, S. 369; Steffi Roettgen, Die „Mengsische Akademie" in Rom. Anton Raphael Mengs, seine Schule und Angelika Kauffmann, in: Ausst.-Kat. Retrospektive Angelika Kauffmann, Düsseldorf u. a. 1998, S. 52–59, S. 55 und WAGNER 1972 und 1973.

7   Vgl. Carl Justi, Winckelmann und seine Zeitgenossen, 3 Bde. Leipzig 1898, Bd. 2, S. 17, ohne nähere Quellenangabe. Kommentare hierzu in: Saur Allgemeines Künstler Lexikon, Bd. 10, München – Leipzig 1995, s. v. Beyer, S. 344; Johann Joachim Winckelmann. Briefe, hrsg. von Walter Rehm, Bd. 4, Berlin 1952–56, S. 512 in den Erläuterungen; NOACK 1927, Bd. 1, S. 618 und NOACK 1912, S. 94.

8   Vgl. Wolfgang Trautwein, Schadow, die Akademie der Künste und Rom, in: Ausst.-Kat. Schadow in Rom. Zeichnungen von Johann Gottfried Schadow aus den Jahren 1785 bis 1787, Berlin 2003, S. 131–37, S. 134. Die Berliner Akademie der Künste war, als sie 1796 von Friedrich I. gestiftet wurde, die erste deutsche und dritte Akademiegründung Europas, vgl. PEVSNER 1986, S. 141 ff. Zur Geschichte der Königlichen Akademie der Künste zu Berlin vgl. Ausst.-Kat. „Die Kunst hat nie ein Mensch allein besessen ...", Dreihundert Jahre Akademie der Künste, Berlin 1996 und Ausst.-Kat. „... zusammenkommen um von den Künsten zu räsonieren". Materialien zur Geschichte der preussischen Akademie der Künste, Berlin 1991. Zur Geschichte des Berliner Rompreisverfahrens vgl. auch WINDHOLZ 2003, S. 12–16.

sollte die Akademie, der nach dem Tod Friedrichs I. im Jahr 1713 von Seiten des preußischen Hofs wenig Interesse entgegengebracht wurde, grundsätzlich neu organisiert werden. Die bisherige Ausbildung in einem der Ateliers der Akademieprofessoren wurde durch regelmäßigen Unterricht in Aktzeichnen und Antikenstudium erweitert.[9] Die Reform sah ebenfalls vor, daß der Romaufenthalt und die italienische Studienzeit Teil des Lehrplans wurden.

Nachdem der preußische Staatsminister Friedrich Anton Freiherr von Heinitz 1786 das Kuratoren-Amt und die Staatsaufsicht der Akademie erhalten hatte, ließ er seit 1787 die Stipendiaten der Berliner Akademie und auch die anderen preußischen Künstler in Rom durch den Berliner Akademieprofessor Friedrich Rehberg betreuen. Rehberg sollte vierteljährlich einen Bericht über die Fortschritte der Stipendiaten nach Berlin senden, ihnen den Zutritt zu römischen Sammlungen, Kirchen und Monumenten ebnen und die Kopien nach Michelangelo und Raffael anleiten. Längerfristiges Ziel war, so der Auftrag von Heinitz an Rehberg, die Gründung einer Akademie in Rom.[10]

Während in Rom die offiziellen Akademiepläne jedoch nicht recht in Gang kamen, bildeten sich private Zirkel, die, obwohl sie sich absichtlich von der üblichen akademischen Kunstlehre abgrenzen wollten, ebenfalls Akademie genannt wurden. Hierzu gehörten die Treffen im Hause des Schweizer Bildhauers Alexander Trippel bei der Kirche Trinità dei Monti wie auch die Zusammenkünfte bei Johann Christian Reinhart.[11] In ihnen sollte den modernen, neoklassischen Kunstparametern frei von der historischen Stilaltlast des „faden Kirchenstils" der Akademiker nachgeeifert werden. Die privaten Aktstudienmöglichkeiten boten sich als Alternative zu den Aktmalkursen der *Accademia di San Luca* und der *Accademia del Nudo* an, die sich, ebenso wie die heimischen Akademien, schwerfälliger von den Traditionen des Spätbarock lösten. Aus ähnlichen Gründen, aber wegen organisatorischer Vorteile bildeten zu etwa derselben Zeit, den letzten Jahrzehnten des 18. Jahrhunderts, Engländer, Spanier, Österreicher, Niederländer und Portugiesen akademieähnliche Zirkel.[12]

Akademiekritik

Die Kritik an der akademischen Künstlerausbildung fand ihre Vorwegnahme im literarischen Sturm und Drang parallel zu der mit dem Neoklassizismus einhergehenden Gründungswelle neuer Akademien in den europäischen Hauptstädten.[13] Angeregt durch Immanuel Kant und Friedrich Schiller verfochten die jungen Künstler in der Folge der Französischen Revolution eine „freie" Kunst, die keine Aufgaben mehr, die von außen an sie angetragen wurden, zu erfüllen hatte. Als freie Künstler verfügten

---

9 Vgl. Ausst.-Kat. Kunst und Aufklärung im 18. Jahrhundert. Kunstausbildung der Akademien, Kunstvermittlung der Fürsten, Kunstsammlung der Universität, Halle – Stendal – Wörlitz 2005, S. 13–26.

10 Vgl. Ausst.-Kat. Künstlerleben, S. 731 und Müller 1896, S. 163. Im Geheimen Staatsarchiv preußischer Kulturbesitz befinden sich die ca. 2000 Seiten umfassenden Berichte Friedrich Rehbergs über die in Rom studierenden Künstler der Berliner Akademie, Vgl. GStA PK, I. HA, Rep. 76, alt. Ältere Oberbehörden für Wissenschaft, Kunst, Kirchen- und Schulsachen, III, Nr. 19–21. Betr. die dem Professor der Zeichenkunst Rehberg übertragene spezielle Direction über die Studien der in Rom studierenden, mit der Akademie in Verbindung stehenden Künstler. Für den Hinweis danke ich herzlich Christoph Frank, Mendrisio.

11 Vgl. Otto Baisch, Johann Christian Reinhart und seine Kreise. Ein Lebens und Culturbild, Leipzig 1882, S. 103; Noack 1927, S. 369 und Ausst.-Kat. Künstlerleben, S. 9 und 17.

12 Vgl. Kapitel I. 1.

13 Während die Akademien in Dresden 1762 und Berlin 1786 reformiert wurden, gründeten auch eine Reihe von Kleinfürstentümern eigene Akademien: Mannheim 1752, Bayreuth 1756, Mainz 1757, Stuttgart 1762, Leipzig 1764, Düsseldorf 1767, München 1770, Öhringen, 1771, Hanau 1772, Erfurt nach 1772, Zweibrücken 1773, Weimar 1774, Kassel 1777, Frankfurt 1779, Augsburg 1779, Halle 1786, Karlsruhe 1786 und Gotha vor 1787, vgl. Pevsner 1986, S. 144.

sie nicht mehr nur über ein ausbaufähiges Talent, sondern vielmehr über Genie, was sie als „Kampfbegriff" gegen akademische Regeln und fremdbestimmte Funktionalisierung der Kunst benutzten.[14]

Doch die staatliche Finanzierung der Italienreisen, wie der akademisch vergebene Rompreis, geschah aus dem Förderungswillen einer „höheren" Kunst, und staatlicherseits konnte von Interesselosigkeit und gewährender Toleranz kaum die Rede sein. Asmus Jacob Carstens, der mit einem Reisestipendium der Berliner Akademie 1790 nach Rom ging, brach den Stipendienvertrag, der ihn zur Abgabe von Werken und zur Rückkehr nach Berlin verpflichtete, mit folgenden Worten: „übrigen muß ich Eurer Excellenz sagen, daß ich nicht der Berliner Akademie sondern der Menschheit angehöre, die ein Recht hat, die höchstmögliche Ausbildung meiner Fähigkeiten von mir zu verlangen; und mir ist nie in den Sinn gekommen, auch habe ich dies nie versprochen, mich für eine Pension, die man mir auf einige Jahre zur Ausbildung meines Talents schenkte, auf zeitlebens zum Leibeigenen einer Akademie zu verdingen."[15] Seit Asmus Jakob Carstens exemplarischer Akademiekritik 1796 äußerte sich wiederholt die Unzufriedenheit gegenüber den Akademien.[16] In Spanien und Frankreich gingen Carstens Klage im selben Jahrzehnt prominente Manifeste für die künstlerische Freiheit voraus; erinnert sei an Francisco Goyas zu Anfang der neunziger Jahre öffentlich geäußerte Kritik über die „toten" akademischen Ideale, seine Forderung absoluter künstlerischer Freiheit und Verdammung jeglicher Dogmen in der künstlerischen Lehre[17] oder an Jacques-Louis Davids Rede auf der Nationalversammlung am 8. August 1793 *Discours du citoyen David, député du département de Paris, sur la nécessité de supprimer les Académies.*[18] Einzelne Formulierungen in Carstens Brief an die Berliner Akademie ähneln denjenigen im selben Jahr im Nationalkonvent erschienenen Discours Davids, und es scheint, daß Carstens Prostest von Davids revolutionärer Haltung stark beeinflußt, wenn nicht gar inspiriert war.[19]

Am 15. Februar 1798 kam es zur Proklamation der Römischen Republik.[20] War es zunächst die schiere Fülle antiker Kunstwerke, die Künstler aus der ganzen Welt nach Rom zog, wurde Rom infolge der französischen Revolution besonders für viele deutsche Künstler zum „Fluchtpunkt der Freiheit". Die römische Republik bot Ersatz für eine im deutschsprachigen Raum fehlende politische Bewegung. Der Aufenthalt im kosmopolitischen Rom konnte eine in Deutschland selbst nicht zu findende, über alle nationale Beschränktheit hinausgehende „Geschmacks- und Geistesfreiheit" (Nietzsche) vermitteln. Wenngleich von kurzer Dauer, ermöglichte die römische Republik den Ausbruch aus den gesellschaftlichen Regeln der Heimat und bot Raum für experimentelle Lebensformen.[21]

---

14 Vgl. PEVSNER 1986, S. 187–236 und Werner Busch, Akademie und Autonomie. Asmus Jakob Carstens' Auseinandersetzung mit der Berliner Akademie, in: Ausst.-Kat. Berlin zwischen 1789 und 1884, Facetten einer Epoche, hrsg. von der Akademie der Künste, Berlin 1981, S. 84.

15 Carstens an den preußischen Staatsminister von Heinitz, 20. Februar 1796, zitiert nach Rainer Schoch, Rom 1797 – Fluchtpunkt der Freiheit, in: AUSST.-KAT. KÜNSTLERLEBEN, S. 21

16 Vgl. BUSCH 1981, S. 81–92 und Henning Ritter, Neues erscheint nicht. Die erschöpfte Freiheit der Kunst, in: Ders., Die Fassaden am East River, Frankfurt am Main 2000, S. 81–93 und PEVSNER 1986, S. 199.

17 In seinem Brief an die Reformversammlung der Academia de San Fernando in Madrid am 14. Oktober 1792. Vgl. HELD 1966, S. 214–24.

18 Vgl. Richard Chafee, The Teaching of Architecture at the École des Beaux-Arts, in: THE ARCHITECTURE 1977, S. 61–110, besonders S. 65–71; PEVSNER 1986, S. 196–99, Louis Hautecoeur, Louis David, Paris 1954, S. 133–38.

19 So z. B. „Im Namen der Menschheit, im Namen der Gerechtigkeit, in der Liebe zur Kunst, und vor allem für die Jugend, laßt uns zerstören, laßt uns vernichten diese überaus toten Akademien, die unter einer freien Regierung nicht länger sein dürfen, als Akademiker, habe ich meine Pflicht getan..." übersetzt nach: Convention nationale. Discours du citoyen David, député du département de Paris, sur la nécessité de supprimer les Académies. Séance du 8 août 1793. Imprimé par ordre de la Convention nationale, Paris 1793. Vgl. auch Procès-verbaux de l'Académie des Beaux-Arts, Bd. 1, Paris 1937, hrsg. von Marcel Bonnaire und THE ARCHITECTURE 1977, S. 65–77.

20 Vgl. zu den politischen Umständen der römischen Republik den Ausst.-Kat. Roma Giacobina, Palazzo Braschi, Rom 1973.

21 Vgl. „Ein Gefühl von freierem Leben". Deutsche Dichter in Italien, hrsg. von Gunter E. Grimm, Ursula Breymayer und Walter Erhart, Stuttgart 1990.

Tatsächlich ermöglichte ein Romstipendium vielen Künstlern die ersehnte Reise nach Italien, das autonome Studium und eine Zeit kultureller Bereicherung. Angesichts der Möglichkeiten in Rom, künstlerischen Fragen durch direkte Anschauung nachzugehen, mußten die Lehrmethoden an den heimischen Akademien theoretisch und verschult erscheinen. Befreit vom Regelzwang des heimatlichen Akademiebetriebes und der fürstlichen Kunstpatronage versprach das römische Stipendium den Künstlern nicht nur künstlerische, sondern auch persönliche Selbstbestimmung.[22]

Die deutschen Künstler beteiligten sich am Anfang noch aktiv an der republikanischen Regierung Roms und an den Konstitutionszirkeln, wurden aber bald von den Franzosen zurückgedrängt. Die römische Republik wurde im weiteren nur noch pro forma als Marionettenregime des Pariser Direktoriums aufrechterhalten und zur Wahrung der expansionistischen Politik Napoleons benutzt. Nach nur anderthalb Jahren erfolgten die Restauration der Klerikerherrschaft und kurz darauf das Napoleonische Kaisertum.[23] 1797 begann der Abtransport der wichtigsten Antiken aus Rom nach Paris. Rom verlor sein größtes Gut, und viele Künstler kehrten nach Deutschland zurück. Währenddessen stieg die Attraktivität von Paris, wuchs der Ruhm seiner Ateliers, und die Entwicklung neuer Fertigungstechniken zog mehr und mehr das Interesse fremder Künstler und Kunstgewerbler auf sich. Auch durch die mächtige Stellung der Pariser Akademie und die mit italienischen Meisterwerken bereicherten Pariser Museen bekam die römische Bildungsreise Konkurrenz.

Kunst zum Wohl der Nation – die Eingabe an den Wiener Kongreß 1814

Nach den napoleonischen Kriegen konnte Rom sich jedoch neben Paris als Studienziel weiterhin behaupten. Doch nicht nur das traditionelle klassische Bildungsinventar zog die Künstler an. Bei den Romantikern gesellte sich zu dem Interesse an der Kunst des Spätmittelalters und der Frührenaissance in Italien ein historisch-anthropologisches Interesse an dem südlichen Leben, seinem Brauchtum und seiner althergebrachten Religiosität. Stilistisch avancierten ab den ersten Jahren des neuen Jahrhunderts mit den Schriften Friedrich Schlegels die altdeutsche, altniederländische und altitalienische Malerei zu Vorbildern für die zu erneuernde Malerei.[24] Die Mitglieder des 1808 in Wien gegründeten Lukasbundes, darunter Franz Pforr, Friedrich Overbeck, Ludwig Vogel und Johann Konrad Hottinger, verließen die Wiener Akademie und gingen nach Rom, um dort ihre eigene Auffassung künstlerischen Schaffens zu verwirklichen.[25] 1810 zogen die von den Römern wegen ihres Aussehens und ihrer Tracht als Nazarener bezeichneten Mitglieder der Künstlergruppe in das aufgelassene Kloster Sant'Isidoro. Die Atmosphäre der Gemeinschaft in Anlehnung an ein frommes Klosterleben sollte ihrer Kunst eine verloren geglaubte Wirksamkeit zurückgeben. Wiedererlangte „Reinheit" und Innerlichkeit sollten den einzelnen Betrachter nicht nur ästhetisch und ethisch erreichen. Die Rückwendung zur altdeutschen Kunst hatte darüber hinaus gesellschaftliche und

---

22 Vgl. Rainer Schoch, Rom 1797 – Fluchtpunkt der Freiheit, in: AUSST.-KAT. KÜNSTLERLEBEN, S. 17–23 und Jörg Garms, Das römische Milieu der europäischen Künstler im frühen 19. Jahrhundert, in: AUSST.-KAT. GLI ARTISTI ROMANTICI, S. 75–81.

23 Eine Schilderung des Lebens der Deutschen in Rom unter dem nachwirkenden Einfluß Winckelmanns und den Eindrücken der französischen Revolution, in: Carl Ludwig Fernow. Römische Briefe an Johann Pohrt, 1793–1798, hrsg. von Herbert von Einem und Rudolf Pohrt, Berlin 1944.

24 Vgl. Ulrich Rose, Friedrich Schlegel und die Nazarener, in: Julius Schnorr von Carolsfeld und die Kunst der Romantik, Publikation der Beiträge zur VII. Greifswalder Romantikkonferenz, hrsg. von Gerd-Helge Vogel, Greifswald 1996, S. 232–38.

25 Vgl. Michael Krapf, Premesse alla nascita del Lukasbund a Vienna, S. 39–46, S. 39 und Günter Metken, L'Italia e Roma viste dai Nazareni, S. 47–51, beide in: AUSST.-KAT. I NAZARENI A ROMA und AUSST.-KAT. DIE NAZARENER.

politische Ziele. Innerhalb der deutschen Künstlergemeinde in Rom hoffte man, wie auch in den entsprechenden Kreisen in der Heimat, auf ein befreites und geeintes Deutschland. Das mangelnde politische Gewicht einer Deutschen Nation, sowohl während der napoleonischen Ära als auch der Restauration, wurde auch auf eine kulturelle Krise zurückgeführt. Eine kraft religiöser Besinnung erneuerte Kunst sollte kulturelle Einheit stiften und damit die politische Einheit vorbereiten.[26]

Dabei empfanden die frühen Romantiker vor allem das Mittelalter als vorbildhafte Epoche. Der Status der noch ungeteilten christlichen Gemeinschaft erschien als mythischer Zustand, von Gott regiert und repräsentiert in den aufeinander bezogenen Ordnungen der universellen Kirche und des universellen Reiches. In dieses goldene Zeitalter wollte man zurück kehren,[27] Religion, Liebe und Kunst wurden zu politischen Symbolen der zu gründenden Nation.[28] Novalis sprach vom Nationalstaat als einem Kunstwerk: „Ein wahrhafter Fürst ist der Künstler der Künstler; das ist, der Direktor der Künstler. Jeder Mensch sollte Künstler sein. Alles kann zur schönen Kunst werden. Der Stoff des Fürsten sind die Künstler [...]. Der Regent führt ein unendlich mannigfaches Schauspiel auf, wo Bühne und Parterre, Schauspieler und Zuschauer eins sind, und er selbst Poet, Direktor und Held des Stücks zugleich ist."[29] Die deutsch-römische Künstlergemeinde sah sich auch deshalb berufen, für eine nationale Einigung Deutschlands tätig zu werden, als in der Fremde die Partikularinteressen weniger im Vordergrund standen. Auf dem ideellen Experimentierfeld Rom war patriotisch-romantische Eintracht selbstverständlich einfacher als in der politischen Realität der feudalen deutschen Kleinstaaten. So waren es vor allem deutsche Künstler, die die Feier zum Einzug der gegen Napoleon Alliierten in Paris am 21. April 1814 als enthusiastisches Siegesfest in der Villa Borghese organisierten und dabei die deutsche Tracht trugen. Peter Cornelius und Friedrich Overbeck schufen die malerische Ausstattung des Festplatzes, und Christian Reinhart sorgte für das Feuerwerk und das Freudenschießen.[30]

Daß der Wiener Kongreß jedoch die alte vorrevolutionäre Ordnung der europäischen Mächte restaurierte, konnten die Künstler zunächst nicht wissen: Vom erfolgreichen Ende der Befreiungskriege erregt, hoffte die deutsch-römische Künstlergemeinde nicht nur auf den eigenen Nationalstaat, sondern auch auf die Gründung einer deutschen Akademie in Rom. Am 31. August 1814 richteten sie an den Wiener Kongreß ein von dem Maler und Schriftsteller Ernst Zacharias Platner entworfenes Gesuch, das von 26 deutschen Künstlern unterzeichnet wurde.[31] Unter diesen waren die Maler Peter Cornelius, Johann Friedrich Overbeck, Wilhelm Schadow, Johannes Veit, Christian Reinhart, Maler Müller, die Brüder Riepenhausen, Johann Martin von Rohden, die Bildhauer Martin Wagner, Christian Daniel Rauch und Rudolf Schadow. In ihrer Eingabe erbaten sie die Gründung einer „großen deutschen Anstalt für Kunststudien" in Rom und wandten sich an den Österreichischen Kaiser Franz I., also an den letzten Kaiser des vergangenen Heiligen Römischen Reich Deutscher Nation – an diejenige „Macht, desjenigen Hohen Hauses, welches dem allgemeinen Wunsch entsprechend bald wieder die Protektion der

---

26 Vgl. KAPITEL I. 2.
27 Vgl. Novalis, Die Christenheit oder Europa 1799, in: Schriften, hrsg. von Jacob Minor, 4 Bde., Jena 1907, Bd. 2, S. 23.
28 Zu Vorstellungen der Romantiker bezüglich Staat und Politik, vgl. Ernst Cassirer, Der Mythus des Staates. Philosophische Grundlagen politischen Verhaltens, 1949, Neuaufl. Frankfurt am Main 1985, Kap.: Die Philosophie der Aufklärung und ihre romantischen Kritiker, S. 231–45.
29 Novalis, Glauben und Liebe, Absatz 39, in: Schriften, hrsg. von Richard Samuel, Bd. 2, Das philosophische Werk I, Stuttgart 1960, S. 497.
30 Vgl. NOACK 1927, S. 377.

31 Von Ernst Platner stammt u. a.: Beschreibung der Stadt Rom. Mit Beiträgen von Barthold Georg Niebuhr und einer geognostischen Abhandlung von F. Hoffmann. Erläutert durch Pläne, Aufrisse und Ansichten von den Architekten Knapp und Stier, und begleitet von einem besondern Urkunden- und Inschriftenbuch von Eduard Gerhard und Emiliano Sarti, Stuttgart 1830–1842 und eine zweite gekürzte Auflage Beschreibung Roms. Ein Auszug aus der Beschreibung der Stadt Rom, von Ernst Platner und Ludwig Ulrichs. Mit einem lithographirten Plane der Stadt, Stuttgart 1845.

deutschen Angelegenheiten übernehmen wird."³² Nicht nur an die niedergelegte, römisch-deutsche Kaiserkrone ging der Aufruf, sondern auch an den Kronprinzen Ludwig von Bayern und den preußischen Staatskanzler Karl August von Hardenberg.³³ Es war jedoch der denkbar ungünstigste Moment für eine Angelegenheit aller deutschen Länder: Das Heilige Römische Reich Deutscher Nation war erloschen und der Deutsche Bund – die Akte wurde erst am 8. Juni 1815 unterzeichnet – noch nicht gegründet.

Die Eingabe betonte den Wunsch, daß *alle* deutschen Fürsten den Plan der Akademie unterstützen sollten, damit aus Rom Impulse für das Wohl der Kunst des geeinten Vaterlandes ausgehen könnten: eine gesamtdeutsche Akademie als Exempel für die Einigkeit der deutschen Kleinstaaten. „Trotz aller politischen Trennungen haben sich die Deutschen geistig als *eine* Nation angesehen."³⁴ Die Künstler verbanden mit den durch die Befreiung von Napoleon geweckten politischen Hoffnungen auch die Aussicht auf künstlerische Veränderung, auf die Loslösung von dem durch Frankreich beherrschten Kunstsystem und Akademiewesen. Sie forderten ausdrücklich keine „Akademie" nach französischem Muster, sondern eine Anstalt für Kunststudien, die nichts mehr mit den traditionellen akademischen Ausbildungszielen zu tun hatte. Des weiteren dachten sie an Zusammenkünfte bei den deutschen Botschaftern um mit ihnen als staatlichen Funktionsträgern Strategien der Kunstförderung und Auftragsakquise zu entwickeln, an eine Sammlung antiker Abgüsse und die Möglichkeit, nach lebenden Modellen und originalen Kostümen zu zeichnen. Auch sollten Vorlesungen der Anatomie mit Demonstrationen an Leichen organisiert, eine Bibliothek und Räumlichkeiten für Ausstellungen eingerichtet sowie ein Inspektor berufen werden, der sich um die finanziellen und organisatorischen Belange kümmern sollte. Die wichtigste ihrer Forderungen war aber die Vergabe öffentlicher Aufträge aus der Heimat an die in Rom weilenden Künstler, mit deren Ausführung diese sich in den Dienst des Vaterlandes stellen wollten und die „zu einem in unserem deutschen Vaterlande sich nach und nach entwickelnden Sinne für Schönheit und wahre Kunst" beitragen sollten:

> „Nicht persönliches Interesse, sondern der Trieb zur Veredelung unserer Nation veranlaßt uns zu diesem unserem Schritte. Wenn die Fürsten und Staatsmänner, ohne die wir nichts tun können, unserer Bitte entsprechen, so würden sie in der Tat einen mächtigen und gesunden Keim zur Belebung der bildenden Kunst in Deutschland legen und so unserer Nation dasjenige verschaffen, welches bei den gebildeten Völkern als eine so hohe Zierde des menschlichen Geschlechtes betrachtet worden ist. In der Erweckung und Belebung der höheren Anlagen des Menschen möchte wohl das höchste Ziel wahrer Staatskunst sein, zu welchem [...] Gesetzgebung, Polizei [...] sich nur als Mittel verhalten dürften."³⁵

Ihrer Kunst trauten die Künstler eine ähnliche erzieherische Wirkung zugunsten der politischen Organisation eines Staates zu wie dessen rechtlichen Grundlagen und öffentlichen Ordnungshütern. Die Kunst stelle ein „einigendes Band" dar, das im Falle von politischen Gegensätzen zwischen den Großstaaten Bayern, Preußen und Österreich eine gesamtdeutsche Dachorganisation der römischen Kunstanstalt vor Zwistigkeiten schützen würde. Doch auch der Hinweis, daß sich mit der Verwirklichung einer länderübergreifenden Akademie der ideelle Ruhm einer deutschen Nation erhöhen

---

32 Zitiert nach Karl Simon, Eine unbekannte Denkschrift der Deutsch-Römischen Künstlerschaft an Fürst Metternich, 1814, in Zeitschrift des Deutschen Vereins für Kunstwissenschaft, Bd. 3, Jg. 1936, S. 445–50, S. 446. Franz II. hatte sich 1804 bereits als Franz I. zum Kaiser von Österreich krönen lassen und im Jahr 1806 als Kaiser des Heiligen Römischen Reiches Deutscher Nation abgedankt.

33 Ob letztere die Denkschrift erreichte, ist nicht überliefert, SIMON 1936, S. 449.
34 Zitiert nach SIMON 1936, S. 446.
35 Ebd., S. 448.

würde, überzeugte Fürst Metternich nicht, der in seiner Absage auf die Eingabe noch im November einwarf, daß die neuen Verhältnisse – gemeint war ein Bund deutscher Länder – ja noch nicht eingetreten seien.

Doch seine Absage hatte noch einen weiteren Grund: Er wollte die Neugründung einer Akademie in Rom vermeiden, die er als Konkurrenzeinrichtung zur eigenen italienisch-österreichischen Akademie in Rom im Palazzo Venezia sehen mußte.[36] Zur Genüge zeigte sich, daß den deutschnationalen Vorstellungen, wie sie die Künstler in Rom hegten und in dem Dokument zur Sprache brachten, die autonomen Interessen der Groß- und Kleinstaaten des deutschsprachigen Raums in Mitteleuropa widersprachen.[37] Overbeck zog resigniert das Fazit, ohne Akademie niemals die Leinwandformate der anderen europäischen Künstler erreichen zu können:

„Wir Deutschen stehen nemlich hier fast allen Nationen nach, weil es uns so ganz an Mitteln fehlt, große Arbeiten zu unternehmen, mit denen wir neben den Anderen auftreten könnten; neben den wandgroßen Bildern der Franzosen, Spanier, Italiäner etc. verschwinden unsere Bildchen in Duodez-Format dergestalt, daß man mitleidig auf uns herabsieht, denn man kennt heutzutage keinen andern Maßstab für Kunstwerke als die Elle."[38]

Akademische Zirkel und Kunstvereine

In Ermangelung einer Deutschen Akademie boten die Gesandten Preußens in Rom, die wie Wilhelm von Humboldt meist eher Gelehrte denn Diplomaten waren, ihre Person und die Gesandtschaft als Kommunikations- und Sammlungspunkt an. Die Botschaften wurden multifunktionale Orte der Ausübung von Altertumswissenschaft, Geschichtswissenschaft, Kunstwissenschaft, Archäologie, editorischen Tätigkeiten, praktischen Kunstübungen, Literatur, Musik, des religiösen Kultes bis hin zu Geselligkeit und sozialer Wohlfahrt.[39]

1819 bildeten die Künstler bei Barthold Georg Niebuhr, dem preußischen Gesandten am Heiligen Stuhl, den sogenannten Mittwochskreis, dessen Versammlungen eine gesamtdeutsche Künstlervereinigung mit Sitz in Rom zum Ziel hatten, jedoch in Deutschland mit Unverständnis betrachtet wurden. Carl Mosler, ein Freund von Peter Cornelius, erinnerte sich:

---

36 Vgl. Rudolf Agstner, Palazzo di Venezia und Palazzo Chigi als k.u.k. Botschaften, in: Römische historische Mitteilungen, 40. Bd., Wien 1998, S. 489–571, S. 505 und Carlo Sisi, L'educazione accademica, in: Ausst.-Kat. Maestà 1, S. 279–81. Zur Geschichte der Österreichischen Akademie in Rom vgl. Wagner 1972 und 1973.

37 Vgl. Noack 1927, Bd. 1, S. 618 und Simon 1936, S. 445–50.

38 Overbeck an die Eltern, Rom 10. bis 12. Januar 1816, zitiert nach Fastert 2001, S. 163.

39 Vgl. Deutsche Diplomatische Vertretungen beim Hl. Stuhl. Festschrift aus Anlaß der Einweihung des neuen Botschaftsgebäudes der Bundesrepublik in Rom, Vatikanstadt 1984 und Golo Maurer, Preußen am tarpejischen Felsen. Chronik eines absehbaren Sturzes. Die Geschichte des Deutschen Kapitols 1817–1918, Regensburg 2005; Noack 1927, S. 385 ff und 685 ff; Arnold und Doris Esch, Anfänge und Frühgeschichte der deutschen evangelischen Gemeinde in Rom 1819–1870, in: Quellen und Forschungen aus italienischen Archiven und Bibliotheken, Bd. 75, 1995, S. 366–426 und Jürgen Krüger, Die preußische Gesandtschaftskapelle in Rom. Gedanken zu Bunsens Romidee, in: Universeller Geist und guter Europäer. Christian Carl Josias Bunsen 1791–1860, hrsg. von Hans-Rudolf Ruppel, Korbach 1991, S. 202–20, S. 203 ff. Zum Archäologischen Institut, vgl. Friedrich Wilhelm Deichmann, Vom internationalen Privatverein zur preußischen Staatsanstalt. Zur Geschichte des Instituto di Corrispondenza Archeologica, Deutsches Archäologisches Institut, Geschichte und Dokumente, Bd. 9, Mainz 1986.

Abb. 1: Palazzo Caffarelli um 1880

„Es war im Jahre 1818, als wir uns in Rom zu dem sogenannten Mittwochs-Vereine der Künstler versammelten in dem Hause Niebuhrs, des damaligen preußischen Gesandten, und wir auf die Ereignisse in Deutschland mit einiger Wehmut blickten. Hatten gleich die ungeheuren Stürme geendet, welche über Deutschland ergangen, so fanden doch noch immer Differenzen und Rivalitäten zwischen den einzelnen Königreichen statt; die Verfassungsfragen führten zu bedenklichen Erörterungen und die Burschenschaften erregten Besorgnis. Außerdem griffen die deutschen Journale unsere künstlerische Verbindung hart an, so daß jene Zeit für die Sache der Kunst sehr wenig tröstliches bot. Nach mancherlei unerquicklichen Betrachtungen meinte Niebuhr, ob die Sache nicht auf eine englische Weise durch Assoziationen zu betreiben wäre. Die Idee fand Anklang. Cornelius, Schadow u. a. sprachen dafür. Man entwarf einen Plan. Diesen schickte der Gesandte nach Berlin und suchte besonders Humboldt dafür zu gewinnen. Allein der Plan war fehlgegriffen und mag dem wesentlich die gänzliche Erfolglosigkeit zuzuschreiben sein. Jetzt, nach so vielen Jahren praktischer Erfahrung, ist dies leicht einzusehen. Der Verein sollte sich nämlich über ganz Deutschland erstrecken und seinen Vorstand und Sitz in – Rom haben."[40]

Nachdem weder für eine nationale Akademie noch für einen gesamtdeutschen Verein nach englischem Vorbild mit Sitz in Rom (!) in Deutschland Entgegenkommen gezeigt wurde, waren die deutschen Künstler, was ihre konkrete Arbeits- und Absatzstrategien anging, für die sie sich von einer nationalen Akademie entscheidende Verbesserungen erhofft hatten, wieder auf die übliche deutsch-römische Gesellschaft angewiesen.

Die sogenannte „Kapitoliner" Gruppe um Julius Schnorr von Carolsfeld, Friedrich Woldemar Olivier und Theodor Rehbenitz setzte, nachdem die Akademiepläne ergebnislos blieben, zumindest die gemeinsamen Studien nach Gewand und Akt und gegenseitige Kompositionskritik im preußischen Gesandtschaftssitz fort.

---

40 Zitiert nach Kurt Karl Eberlein, Geschichte des Kunstvereins für die Rheinlande und Westphalen 1829–1929, zur Feier des 100jährigen Bestehens des Kunstvereins Düsseldorf, Düsseldorf 1929, S. 9.

Abb. 2: Villa Malta um 1865

„Seit Anfang April 1821 gab es am Donnerstag auch eine Künstlerversammlung im Palazzo Caffarelli, wo die Bibliothek aufgestellt war. Einmal im Monat wurde von jedem eine Zeichnung zur Diskussion gestellt. Der Komponierverein schlief wohl wieder ein, wurde aber im Winter 1823/24 im kleineren Kreis wiederabgehalten, wobei eine reihum gestellte Aufgabe gemeinschaftlich behandelt und besprochen wurde."[41]

Mit Hilfe des preußischen Gesandten wurde anläßlich des Besuches des österreichischen Kaisers Franz I. 1819 eine von Caroline von Humboldt finanziell unterstützte Ausstellung im Palazzo Caffarelli, dem Botschaftssitz, organisiert[42] – erfolglos, denn der Kaiser und sein Gefolge kauften kein einziges Bild. Auch die kommenden, später berühmt gewordenen Werke deutscher Künstler in Rom, wie die Freskenzyklen der Nazarener, wurden privat oder sogar durch römische Auftraggeber veranlaßt, so die Casa Bartholdy und die Freskenausstattung des Casino Massimo.[43]

Doch selbst in Rom teilten sich die Künstler entsprechend ihrer Herkunft: Während sich die preußische Gesandtschaft auf dem Kapitol zu einem Mittelpunkt der mehrheitlich norddeutschen bzw. protestantischen Künstler entwickelte,[44] hatte sich die Villa Malta des bayrischen Kronprinzen Ludwig als ein Zentrum vor allem süddeutscher Künstler etabliert. Den österreichischen Künstlern hingegen

---

41   Zitiert nach Hella Robels, Sehnsucht nach Italien. Bilder deutscher Romantiker, München 1974, S. 29. Vgl. auch Ellen Redlefsen, Schleswig-Holsteiner auf dem Kapitol, in: Nordelbingen 34, 1965, S. 174–90.

42   Weitere Ausstellungen fanden 1822 während des Besuchs von Friedrich Wilhelm III., 1827 für Ludwig I. von Bayern und 1828 für Friedrich Wilhelm IV. statt. Mit der Ausstellung im Palazzo Caffarelli traten die Deutschen Künstler in Rom erstmals nicht nur vor eine deutsche Öffentlichkeit, sondern auch vor internationales Publikum, vgl. Judith Huber, Mostre di artisti tedeschi a Roma 1800–1830, in: AUSST.-KAT. I NAZARENI A ROMA, S. 64–71 und MAURER 2005, S. 92 f.

43   Vgl. Frank Büttner, Il ciclo di affreschi romani dei Nazareni, in: AUSST.-KAT. I NAZARENI A ROMA, S. 59–63 und Stefano Susinno, ebd., S. 369–73.

44   Zur Geschichte der Deutschen Botschaft auf dem Kapitol vgl. MAURER 2005. Die Erwägung des Ankaufs des Palazzo Caffarellis wurde auch von Plänen begleitet, eine Akademie dort einzurichten. Der preußische Kronprinz Friedrich Wilhelm schrieb seinem Vater Friedrich Wilhelm III. 1828: „Eine Menge Künstler u Gelehrte könnten in dem weitläufigen Gebäude untergebracht werden – mit einem Wort mir schien diese Operation ein rechter Schritt zu seyn." Friedrich Wilhelm IV. von Preußen. Briefe aus Italien 1828, hrsg. und komm. von Peter Betthausen, München – Berlin, S. 285.

wurden, wie bereits erwähnt, seit 1800 Ateliers im österreichischen Botschaftssitz, dem Palazzo Venezia, zur Verfügung gestellt.[45]

Schon vor dem Einzug Ludwigs in die Villa Malta bildete diese durch ihre illustren Gäste ein gesellschaftliches Zentrum im Fremdenviertel rund um die Piazza di Spagna.[46] Auf der gegenüberliegenden Straßenseite lag auch das damals von den Franzosen aufgelöste Kloster Sant'Isidoro, wohin die Lukasbrüder, nach einem kurzen Aufenthalt in der Villa Malta, am 1. September 1810 übersiedelten, nachdem der Direktor der französischen Akademie Guillaume Lethière ihnen die Erlaubnis bei der französischen Verwaltung besorgt hatte.[47]

Im Refektorium des Klosters führten Friedrich Overbeck, Franz Pforr, Wilhelm und Rudolf Schadow, Peter Cornelius, Josef Wintergerst und Christian Xeller 1810–12 allabendliche Akt- und Gewandstudien durch und ließen sich von Franz Ludwig Catel in Perspektive unterrichten. In Fortsetzung der Zeichenabende der Lukasbrüder mietete Johann David Passavant ein Lokal und kümmerte sich um Modelle und Beleuchtung. Freiherr von Quandt stiftete ein Gewand, das auch vermietet wurde, um mit dem Ertrag weitere Gegenstände zum Modellzeichnen und zur Belehrung der Künstler zu erwerben.[48]

Carl Philipp Fohr berichtete 1817 von den Vorteilen der gemeinsamen Studien in den akademieähnlichen Einrichtungen, die, da sie selbstverwaltet waren, ohne die gewohnte Hierarchie auskamen:

> „Die Vortheile, die man hier in Hinsicht des Malens hat, sind ungeheuer, die besten Meister sind offenherzig, man kommt täglich in ihre Zirkel und wird von ihnen auf das liebreigste belehrt, die Akatemien, besonders die der Deutschen, sind vortrefflich eingerichtet, jeder Theilnehmer bezahlt einen Antheil zur Bestreitung der Kosten, und jeder ist eigendlich Direktor und Lehrling zugleich."[49]

Später wurde auch die 1821 von der deutschen Kolonie gegründete Bibliothek in der preußischen Botschaft, deren Mitglieder in der Mehrzahl Künstler waren, einer Teilung unterzogen. 1823 übernahm der schon genannte Platner, welcher im selben Jahr zum sächsischen Geschäftsträger ernannt wurde, die Leitung von Christian Carl Josias von Bunsen (Botschafter 1827–38). Die Bücher wurden vom Palazzo Caffarelli in seine Wohnung in der Via degli Artisti 49 (heute Via Sant'Isidoro)[50] geschafft, die, da die meisten Künstler am Pincio zwischen Spanischer Treppe und dem Kloster Sant'Isidoro wohnten, besser zu erreichen war.[51] Später übernahm der hannoverische Gesandte Christian August Kestner die Bibliothek in seine Wohnung im Palazzo Tomati in der Via Gregoriana 42. Anfang der dreißiger Jahre – angeblich war die preußische Verwaltung der Bücher nicht allen Künstlern genehm – forderten die Künstler unter Johann Martin Wagner, dem Bildhauer und Kunstagenten des bayrischen Kronprinzen, die Umbenennung der „Bibliothek der Deutschen" in „Bibliothek der deutschen Künstler".

---

45 Vgl. KAPITEL I. 2.
46 Vgl. Friedrich Noack, Villa Malta und die Deutschen in Rom, in: Deutsche Revue, 28. Jg., Stuttgart – Leipzig 1903, S. 362–70; NOACK 1912, S. 108–33 und Ferdinand Gregorovius, Die Villa Malta in Rom und ihre deutschen Erinnerungen, 1888, in: Wanderjahre in Italien, Leipzig 1925, S. 323–54 und Giovanni Caprile, Villa Malta dall'antica Roma a „Civiltà Cattolica", Rom 1999.
47 Vgl. FASTERT 2001, S. 161.
48 Vgl. ROBELS 1974, S. 29.
49 Zitiert nach Georg Poensgen, Carl Philipp Fohr und das Café Greco. Die Künstlerbildnisse des Heidelberger Romantikers im geschichtlichen Rahmen der berühmten Gaststätte an der Via Condotti zu Rom, Heidelberg 1957, S. 15.
50 Abweichende Angaben: Via degli Artisti Nr. 39 oder Nr. 43.
51 In derselben Straße, Via di Sant'Isidoro 18, wurde die *British Academy* 1821 eingerichtet.

Abb. 3: Kloster Sant'Isidoro

Dies führte zu einer Abspaltung und der Einrichtung der Filiale der „Künstlerbibliothek" in der Villa Malta unter der Patronage Ludwigs I.[52]

Mit den Künstlertreffpunkten, der Villa Malta und dem Palazzo Caffarelli, der deutschen Bibliothek, den Ausstellungsräumen, die die *Società degli Amatori e Cultori di Belle Arti* mietete,[53] und der 1815 gegründeten Künstlerhilfskasse, die in Not geratene Künstler unterstützte, hatten die deutschsprachigen Künstler, wenn auch in aufgesplitterter Form, doch eine ganze Reihe von Angeboten und Dienstleistungen, die dem Spektrum einer Akademie und den Einrichtungen der Engländer und Spanier nahekamen.

Nachdem Ende der zwanziger Jahre in Deutschland die ersten Kunstvereine ins Leben gerufen wurden, folgten in Rom 1829 die Gründung der internationalen *Società degli Amatori e Cultori di Belle Arti* und 1845 die des deutschen Künstlervereins, der neben der kooperativen Vermarktung von Kunst eine bürgerlich demokratische Plattform für die Interessen der Künstler bieten sollte. Zu Anfang hatte die Initiative der *Società*, deren Vorstand allerdings überwiegend deutsch besetzt war, eine internationale Ausrichtung und sollte die früheren Ansätze zur künstlerischen Selbstorganisation mit dem Ziel einer dauerhaften Ausstellungsmöglichkeit jenseits nationaler Ausgrenzung umsetzen. Auffallenderweise war auch Tommaso Minardi, der 1845 zum Direktor der Britischen *Academy* in Rom berufen wurde, daran beteiligt:

---

52 Vgl. NOACK 1927, Bd. 1, S. 391/2 und Bd. 2, S. 455 und Kunstchronik, Nr. 11, 12. Jg., Leipzig 1900/1901, S. 174. Der Teil der Buchbestände, der im Palazzo Caffarelli verblieb, ist während des Ersten Weltkrieges in die Villa Bonaparte gerettet worden, die als Botschaft am Hl. Stuhl unangetastet blieb, vgl. Tägliche Rundschau, 29. Januar 1920, in: PAAA Rom R 65524 und MAURER 2005, S. 178. Inzwischen befindet sich ein Teilbestand mit dem Nachlaß des Künstlervereins im Besitz der Bibliotheca Hertziana, Rom.

53 Vgl. SPRINGER 1994, S. 84. Zur Gründungsgeschichte des 1845 aus der *Società* hervorgegangenen deutschen Künstlervereins vgl. NOACK 1927, Bd. 1, S. 525–34; die Jubiläumsschrift des Vereins von Otto Harnack, Der Deutsche Künstlerverein zu Rom in seinem fünfzigjährigen Bestehen, Weimar 1895 und die Akten des Nachlasses des deutschen Künstlervereins im Archiv der Bibliotheca Hertziana, Rom.

"Es handelt sich um eine Gesellschaft von Künstlern und Beschützern der schönen Künste von allen Nationen, die sich vereinigen sollen um ein Lokal anzuschaffen, das für Künstler aller Nationen zur öffentlichen Ausstellung ihrer Werke dienen könne. Der Deutsche Catel ist einer der eifrigsten Beförderer dieses Projekts gewesen und Minardi hat einen Prospektus herausgegeben, welcher schon viele Unterschriften zählt."[54]

Anfangs deutete so alles darauf hin, daß sich, ähnlich dem gleichzeitig ins Leben gerufenen *Instituto di corrispondenza archeologica* in der Altertumsforschung, eine internationale Interessengemeinschaft auch im künstlerischen Bereich bildete.[55] Bald überwogen jedoch die nationalen Interessen und die politische Polarisation, die der internationalen Zusammenarbeit entgegenwirkten.

Auch die in den folgenden Jahrzehnten vorgebrachten Vorschläge zur Akademiegründung scheiterten immer wieder an dem Hindernis der kleinstaatlichen Bündniswirren in der Heimat und der immer widersprüchlicheren Haltung gegenüber einer Akademie in Rom. Es kursierten Gerüchte über die Villa Malta, die Ludwig I. angeblich als Kunstakademie stiften wollte, und andere private Stiftungen, die aber weiterhin keinen nationalen Träger fanden.[56]

Andrang und Verarmung

Zum Revolutionsjahr 1848 erreichte die Präsenz deutscher Künstler in Rom einen Höhepunkt. Dem offiziellen akademischen Plan, einen Italienaufenthalt in die Künstlerausbildung zu integrieren, kamen auch die beruhigten politischen Verhältnisse nach den napoleonischen Kriegen in Italien entgegen. Seit 1815 wurden auch die nach Paris entführten Antiken wieder nach Rom zurückgeführt, die ja ein Hauptanliegen des Studienprogramms waren. Die Rompreise, die ab 1825 die Berliner Akademie mit zunehmender Regelmäßigkeit vergab, folgten allerdings der allgemeinen Entwicklung der Studienreisen, die mit den modernen Transportmitteln in immer kürzerer Zeit absolviert wurden.

Stellvertretend für die deutschen Akademien sollen hier die Berliner Rompreisvergabemodalitäten geschildert werden, auch wenn die Berliner Akademie aufgrund der späten nationalen Einigung Deutschlands nie eine so zentrale Rolle wie die Pariser *École des Beaux-Arts* für Frankreich spielte. Dennoch nahm sie unter den deutschen Akademien eine Führungsposition ein, die auf die Vormachtstellung Preußens im deutschen Bund zurückzuführen war. Zu den von ihr veranstalteten Rompreiswettbewerben waren auch Teilnehmer aus anderen deutschen Ländern zugelassen, es wurde also pro forma eine länderübergreifende Auswahl getroffen.[57]

---

54 Kunstblatt, 11. Juni 1829, zitiert nach SPRINGER 1994, S. 84.
55 Am 21. April 1829 gründete in Rom ein Freundeskreis aus Gelehrten, Künstlern und Diplomaten das *Instituto di corrispondenza archeologica*, um die Denkmäler der antiken Kunst, der Epigraphik und der Topographie zu erforschen. Der preußische Kronprinz und spätere König Friedrich Wilhelm IV. hatte die Schirmherrschaft übernommen. Ab 1859 übernahm Preußen die regelmäßige Finanzierung des Instituts. 1871 wurde dieses preußische Staatsanstalt und 1874 Reichsinstitut, vgl. Bernard Andreae, L'Istituto Archeologico Germanico di Roma, in: SPECULUM MUNDI 1992, S. 155–79, MAURER 2005, S. 67–84 und S. 149–58 und oben Anm. 39.
56 Den Anfang in dieser Reihe machte der Palazzo Ruffo an der Piazza SS. Apostoli, den der preußische Generalkonsul und Kommerzienrat Bankier Vincenzo Valentini (1760–1842 in Rom) der Berliner Regierung in den vierziger Jahren mit der Bedingung zum Geschenk anbot, dort eine deutsche Akademie einzurichten, vgl. NOACK 1927, Bd. 1, S. 618.
57 Vgl. WINDHOLZ 2003, S. 14.

Die regelmäßige Einrichtung eines Wettbewerbs um Romstipendien an der Berliner Akademie der Künste wurde 1810 von Wilhelm von Humboldt und Johann Daniel Wilhelm Otto Uhden vorgeschlagen. Ihre Anregung wurde jedoch erst 1823 aufgegriffen, und Christian Friedrich Tieck erstattete in diesem Zusammenhang der Berliner Akademie ausführlich über die Pariser Rompreisverfahren Bericht. 1828 genehmigte das Kultusministerium regelmäßige Ausschreibungen für Maler und Bildhauer. In der Folge wechselten die Wettbewerbe für Malerei jedes zweite Jahr mit solchen für Skulptur oder Architektur ab, wobei letztere also lediglich alle vier Jahre durchgeführt wurden. Die von der Akademie bestimmten Themen für die Wettbewerbsaufgaben waren das ganze Jahrhundert hindurch hauptsächlich der antiken Mythologie entlehnt.[58]

Die Stipendiaten sollten die Zeit ihres Reisestipendiums den Instruktionen zu Folge ausschließlich zum Studium der „höheren Künste" nutzen, worunter vorzugsweise die Werke Raffaels und der Antike verstanden wurden.[59] So bestanden die vorgeschriebenen Romstudien namentlich in der Befolgung der vorgeschriebenen Reiserouten nach Rom, in der Besichtigung der Sammlungen und Bauwerke, in der Herstellung der von der Akademie geforderten Belegarbeiten und in einem halbjährlich nach Berlin gesendeten, ausführlichen Bericht. Die zu studierenden und zu kopierenden Werke wurden auch in den zu reproduzierenden Maßen von dem Studienreglement genau angegeben und die Architekten gezielt auf unerforschte Baudenkmäler aufmerksam gemacht, deren Bauaufnahmen im historistischen Ausbau der Heimatstädte nutzbringend anzuwenden waren.

Während die Architekten, zumal wenn sie Italien schon kannten, auch die Nachbarländer besuchen durften, waren die bei den Malern zur Auswahl stehenden Empfehlungen sehr eng begrenzt. Hier kam als Reiseziel ausschließlich Italien in Frage und auch stilistisch wurden Werke Raffaels, wie die Stanzen, und Wandzyklen seiner Zeitgenossen bevorzugt zum Studium empfohlen. Damit sich der Künstler ganz dem Studium einer „höheren Kunst" hingeben konnte, sollte das Schaffen eigener, verkäuflicher Kunstwerke unterbunden werden.

Zunächst erhielten die Künstler für vier Jahre ein Stipendium von 500 Talern pro Jahr.[60] Im Lauf des Jahrhunderts verkürzte sich jedoch die Dauer des Stipendiums von anfänglich vier Jahren auf nur noch zwölf Monate. Gleichzeitig blieb es bei den hohen Anforderungen an die Stipendiaten, die durch immer einengendere Vorgaben festgelegt wurden. Schließlich unterstellte die Akademie die Stipendiaten deutschen Professoren in Rom. Die zunehmende Einschränkung freier Studien oder individueller Kunstausübung ging einher mit der Kürzung der finanziellen Unterstützung, und die knapp bemessenen Stipendien erschwerten die Anmietung geeigneter Ateliers, die Bezahlung der Ausstattung und der

---

58 Vgl. Christoph Martin Vogtherr, in: Ausst.-Kat. Die Kunst hat nie ein Mensch, S. 213, nach GStA PK, I. HA, Rep. 76Vᵉ, Ministerium der Geistlichen- Unterrichts. und Medicinalangelegenheiten., Sekt. 17, Abt. V, Nr. 1. Zur Entwicklung der Reiseregelungen im 19. Jahrhundert vgl. Windholz 2003, S. 12–16.

59 Vgl. „Reiseinstruction für den Architekten", Berlin 1840; Instruction für Bildhauer von 1853, vgl. Archiv Pr AdK 0463, Blatt 17 f; „Reiseinstruction für den Architekten", Berlin 1879; „Instruction für den historischen Maler", Berlin 1840 und die „Nachrichten für die Stipendiaten, der Königlichen Akademie der Künste zu Berlin, die den Grossen Staatspreis gewonnen haben", Berlin 1898, Drucksache, in: Windholz 2003, S. 60–62. Vgl. auch die unzähligen Berichte von den Professoren Emil Wolff, Paul Otto, Robert Cauer und Heinrich Gerhardt, dem von 1893 bis zur Gründung der Villa Massimo für die Künstler zuständigen Betreuer, über Werke, Arbeitsfortschritte und Mietzahlungen der Stipendiaten, in: Pr AdK 0729 und 0731.

60 Die Jahresrate von 500 Reichstalern war zumindest um 1800 durchaus nicht wenig, wie der Vergleich von Gehältern zeigt: Kant bezog als Ordinarius für Philosophie ein Jahresgehalt von 620 Reichstalern. Goethe erhielt als Minister vor 1800 im Weimarer Staatsdienst 1400 Rt., während der Superintendent Herder sich samt seiner vierköpfigen Familie mit 1100 Rt. zufriedengeben mußte. Die gefeierte Hofschauspielerin Corona Schröter mußte sich in Sachsen mit 400 Rt. jährlich begnügen. Verständlich, daß unter diesen Umständen der Malerin Louise Seidler, die 1818 nach Italien reisen möchte, angesichts eines Stipendiums des Weimarer Großherzogs von 400 Rt. „vor Glückseligkeit die Tränen in die Augen" treten. Zitiert nach Gerhard Kegel, Karl Friedrich von Rumohr als Mäzen deutscher Künstler in Italien, in: Ausst.-Kat. Gli Artisti romantici, S. 83.

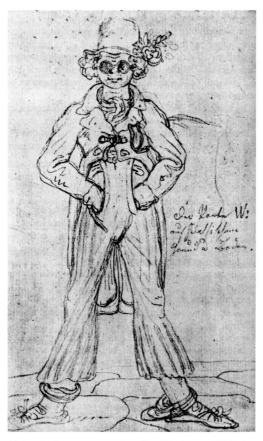

Abb. 4: Bonaventura Genelli, Karikatur Wilhelm Waiblinger, Kupferstichkabinett Dresden

Modelle. Vor allem aber ermöglichten sie den Künstlern kaum die Beteiligung am gesellschaftlichen Leben, die für die Pflege von Kontakten und den Erhalt von Aufträgen unerläßlich war,[61] erst recht als die Kunst, zu der die Stipendiaten ermutigt wurden, weniger der Nachfrage auf dem Markt entsprach, sondern vielmehr öffentliche Aufträge voraussetzte, wie für umfangreiche Wandzyklen, Denkmäler und öffentliche Gebäude.

Generell verbesserte sich die wirtschaftliche Situation der Künstler keineswegs durch die Stipendien, im Gegenteil: Die Rompreisregelung wollte ja gerade eine marktorientierte Berufsausübung verhindern. Es gab immer mehr erfolglose, arme Künstler, deren Stipendien abgelaufen waren, ohne daß sich ihnen neue Perspektiven aufgetan hätten. Vor dieser Gefahr einer inflationären Wirkung der Rompreise warnte Johann Gottfried Schadow schon 1828:

> „Die immer liberalere Unterstützung, derer die Künste des Schönen bei uns sich erfreuen, besonders aber die Aussicht auf die neugestifteten Reisestipendien für junge Künstler, werden ohne Zweifel den schon jetzt fast unglaublichen Andrang unbemittelter junger Leute zu der Künstlerlaufbahn noch vermehren."[62]

61 Vgl. Wilhelm Waiblingers humoristische Beschreibung des Versuchs, angemessen gekleidet auf einer Gesandtschaftsveranstaltung auf dem Kapitol zu erscheinen: Wie es einem Deutschen Poeten auf dem Capitol ergangen, oder das Abenteuer von der Sohle, Mitteilung eines Anonymus durch W. Waiblinger, Rom 1827, in: Wilhelm Waiblinger, Werke und Briefe, hrsg. von Hans Königer, 4 Bde., Stuttgart 1986, Bd. 3, S. 346–60.

62 Berliner Tageblatt, 1, 1828, S. 164–66, zitiert nach SPRINGER 1994, S. 79.

Die Überlebensstrategien des ärmeren Teils der römischen Künstlerkolonie boten in ihren Spitzweg'schen Arrangements bald schon amüsant makabre Vorlagen für eine Anzahl literarischer Verarbeitungen.[63]

So sarkastisch und ironisch der Ton der literarischen Umsetzungen den künstlerischen Protagonisten gegenüber auch war, aus allen sprach auch eine gewisse Scham über den erbärmlichen Eindruck, den die deutschen Stipendiaten im Ausland vor den Augen einer internationalen Kunstwelt hinterließen. Diese Mißstände wurden im Laufe des 19. Jahrhunderts wiederholt auch öffentlich angesprochen. Zeitungsartikel widmeten sich der „Künstlernot", um die deutsche Öffentlichkeit zu sensibilisieren. Vor allem wiesen die Chronisten und Korrespondenten auf die Unterbringung der französischen Künstler in der Villa Medici hin, die sie standesgemäßer als den traditionellen Treffpunkt der Deutschen, das Café Greco empfanden.[64] Indem an das nationale Ehrgefühl appelliert wurde, sollte der Bedarf einer deutschen Akademie in Rom im öffentlichen Bewußtsein verankert werden.[65] Die Einrichtung des Rompreises und der Vergleich mit der französischen Akademie zog somit unvermeidlich die Forderung nach einer subventionierten Beherbergung in Rom nach sich.

Romantische Idealentwürfe für ein deutsches Künstlerheim in Rom

Einen Eindruck von den Vorstellungen, die man sich in Rom im Kreis des deutschen Künstlervereins von der gewünschten Einrichtung machte, vermitteln Idealentwürfe aus dem Jahr 1837. Sie stammen von zwei aus der Kasseler Akademie hervorgegangenen Architekten, Georg Jatho und Gottlob Engelhard, und wurden von ihnen als Gedenkblätter im Album der deutschen Künstler in Rom zurückgelassen (Abb. 5 und 6).[66] Die Grundrisse beider Entwürfe weisen eine antiken Atriumhäusern ähnliche Raumfolge auf und kombinieren jeweils ein Haupthaus mit einem zentralen hohen Ausstellungssaal und einem rückwärtig angeschlossenen Hof. Mit ihrer dreiteiligen Fassadengestaltung evozieren sie sakrale Aufrisse. Dieser Eindruck wird bei Jathos Entwurf noch verstärkt durch den kreuzgangähnlichen Hofumgang.

---

63 Vgl. z. B. Franz von Gaudy, Der Deutsche in Trastevere, in: Ders., Poetische und prosaische Werke, Berlin 1854, Bd. 5, S. 196–221; Römisches Künstlerleben, in: Die Grenzboten, 15. Jg., II. Semester, 4. Bd., Berlin 1856, S. 361–71 und Otto Erich Hartleben, Der römische Maler, in: Ders., Erzählungen, Berlin 1898.

64 Vgl. Friedrich Noack, Ein deutsches Künstlerheim in Rom. Das alte Caffè Greco, in: Die Gartenlaube, Heft 2, Leipzig 1903, S. 53–56.

65 Das römische Künstlerstipendium, in: Die Gegenwart, Bd. VIII, Nr. 41, Berlin 1875, S. 255, und die von Friedrich Noack erwähnten Zeitungsartikel in der Allgemeinen und Koelnischen Zeitung. Vgl. NOACK 1927, Bd. 1, S. 619 f.

66 Die Blätter befinden sich in einem von zwei Gedenkbüchern, in denen die Künstler ihre Anwesenheit am Tiber dokumentierten: Ein ca. 135 Portraits umfassendes Portraitalbum mit Bildnissen deutscher Künstler in Rom (begonnen 1832) und das Erinnerungsbuch der deutschen Künstler in Rom (begonnen 1836), das ca. 80 Einträge unterschiedlichster Art enthält. Die Gedenkbücher befinden sich heute in der Graphiksammlung der Bibliotheca Hertziana, Rom, vgl. Handliste der Zeichnungen und Druckgraphik im Besitz der Bibliotheca Hertziana, zusammengestellt anläßlich der Sitzung des Kuratoriums der Bibliotheca Hertziana, Max-Planck-Institut am 2 Mai 1969 in Rom, von Rudolf Preimesberger, Rom 1969. Die beiden Künstlerhausentwürfe wurden in SPRINGER 1994 publiziert, dort aber in keiner Weise besprochen. Inge Eichler, Künstler-Vereins-Häuser, Frankfurt am Main 1986, widmet den beiden Zeichnungen ein längeres Kapitel, welches jedoch geringen Aufschluß über die Akademiethematik bietet. Zum Portraitalbum vgl. Elke Schulze, Das Vergessene Memento. Ein Portrait-Album deutscher Künstler in Rom 1832–1838, in: Jahrbuch der Berliner Museen, Bd. 41, Berlin 1999, S. 213–44 und Ausst.-Kat. ‚Vom Freund gezeichnet'. Ein Portraitalbum deutscher Künstler in Rom 1832–1845, Winckelmann-Museum Stendal in Zusamenarbeit mit der Bibliotheca Hertziana in Rom, hrsg. von Ursula Bongaerts, Tamara Hufschmidt und Claudia Nordhoff, Rom 2008.

Jatho entwarf einen zweigeschossigen Bau mit je drei Fensterachsen links und rechts des Mittelrisalits. Unten öffnen dreifache Arkaden die Vor- und Rückhalle, ein Motiv, das bei der Loggia darüber wiederholt wird. Die gestelzten Rundbögen der Arkaden und die auskragenden Kämpferkapitelle geben dem romanischen Rundbogenstil eine orientalische Note und erinnern an Fensterformen venezianischer Paläste. Andere Details der Bauornamentik, wie das Rundbogenfries des Kranzgesims', sind der Romanik entlehnt, wobei die Giebelgestaltung nordalpine romanische Kirchenfassaden evoziert, wie z. B. die Westfassade des Doms in Speyer.

Andere Versatzstücke entstammen der profanen Architektur der Frührenaissance: Die Vorhalle mit den Skulpturen greift auf die Loggia dei Lanzi in Florenz zurück, deren drei große Sitzfiguren allerdings zu kleinteilig gezeichnet sind, als daß ihre Attribute eindeutig zu erkennen wären; dennoch ist denkbar, daß sie die drei Kunstgattungen Malerei, Architektur und Bildhauerei personifizieren. Ebenso aus der Renaissance stammt die Eckrustizierung der Gebäudekanten, wie sie italienische Paläste im Cinquecento aufweisen. Auffälligstes Merkmal von Jathos Bemühung, verschiedene Epochen und Regionalstile zu verbinden, ist die Abkehr vom griechischen Klassizismus bei gleichzeitigem Verzicht auf allzu deutlich heimatbezogene gotische Elemente, die im römischen Stadtbild als Fremdkörper unpassend gewirkt hätten.[67]

Gottlob Engelhard[68] rahmte seinen Entwurf an den Seiten mit aufwendigen Pflanzenornamenten, die am unteren Rand in eine Aussicht über die römische *Campagna* hin zu den Hügeln der Castelli oder Sabiner Berge übergehen. Auch die Gesamtansicht am oberen Rand bettete Engelhard in die römische *Campagna*, in deren linken Hintergrund der Ponte Molle (Ponte Milvio) angedeutet sein könnte, an dem die aus dem Norden kommenden Künstler nach traditionellem Ritual empfangen und verabschiedet wurden. Engelhard konzipierte eine größere Gesamtanlage als Jatho, die neben zehn großen und zwanzig kleinen Ateliers auch Ausstellungs-, Theater-, Speise-, Fest- und Billardsäle und außerdem noch ein „Caffe" und eine Bibliothek vorsah. Der große Komplex wird von einem zentralen Festsaal mit flachgedecktem Tambour und an der Rückfront von zwei Türmen überragt. Diese scheinen der lombardischen Romanik entlehnt zu sein und geben dem Ganzen einen sowohl wehrhaften wie auch sakralen Charakter. Für den oktogonalen Kuppelraum und die seitliche Reihung der Arkaden käme als römisches Vorbild das *Ospedale di S. Spirito in Sassia* in Frage.

---

67   Mit Blick auf die Entstehungszeit des Entwurfs wird deutlich, daß Jatho in der Rückwendung zur Romanik und Frührenaissance mit dem aktuellsten Architekturgeschehen vertraut war, welches sich mit Hübsch und Gärtner in Süddeutschland und Schinkel und Persius im Norden erst seit kurzem dem Rundbogenstil zugewandt hatte. Vorbild für diese Stilwahl könnte Heinrich Hübsch gewesen sein, der in seiner Schrift: In welchem Style sollen wir bauen?, Karlsruhe 1828, die Bevorzugung des Rundbogenstils verteidigte. Vor allem der Mittelrisalit von Jathos Künstlerhaus weist einige Ähnlichkeit mit dem Mittelrisalit der von Hübsch entworfenen polytechnischen Schule in Karlsruhe oder der Kunsthalle ebendort auf. Sein Pamphlet gilt als wichtiges Dokument der kontroversen Architekturdiskussion nach den Befreiungskriegen. Als Gegenreaktion auf die französische Fremdherrschaft und die Revolutionswirren wollte die Mehrheit deutsch und christlich, nicht aber mehr „welsch" und „heidnisch" bauen. Hübsch hingegen tritt in seiner Kampfansage gegen den klassizistischen Stil nicht für die Gotik der Kathedralen ein, sondern verteidigt den Rundbogenstil, den er aus der frühchristlichen und romanischen Architektur ableitet. In den Entwürfen von Hübsch lassen sich Anhaltspunkte für eine Vorbildfunktion für Jatho finden. Vgl. Ausst.-Kat. Heinrich Hübsch 1795–1863. Der grosse badische Baumeister der Romantik, hrsg. von Wulf Schirmer, Karlsruhe 1983, Kat.-Nr. 33 und 71.

68   Gottlob Engelhard (1812–76), Architekt und Maler, wurde an der Akademie in Kassel ausgebildet. Im Herbst 1834 ging er nach Rom, wo er den Bau des preußischen Krankenhauses auf dem Kapitol, der Casa Tarpeia, leitete und 1837 den Entwurf für das Künstlerhaus und verschiedene Landschaftsstudien schuf. Vgl. THIEME-BECKER, Bd. X., s. v. Engelhard, S. 538 und NOACK 1912, S. 154.

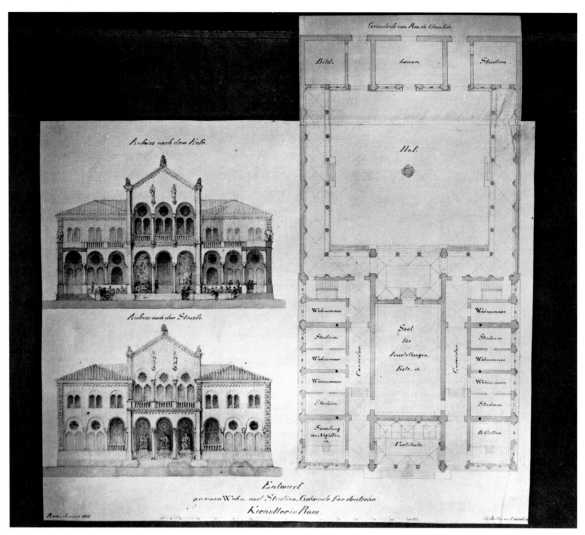

Abb. 5: Georg Jatho, Entwurf zu einem Wohn- und Studien-Gebäude für deutsche Künstler in Rom 1837. Bleistift und Tusche, aquarelliert, 31,5 x 39,8 cm, Bibliotheca Hertziana Rom

Die strengen Elemente werden durch die dem Bau vorgestellten berankten Pergolen, vor allem aber durch die kräftige pompejanische Farbgestaltung der Wände im Inneren aufgelockert. Die auf den ersten Blick romanisierenden Rundbögen der Fenster, Arkaden und Türöffnungen erhalten durch kleine Details eine klassizistische Prägung: Dies gilt für die Frührenaissance-Fensterrahmungen des Querflügels und für die waagerechte Verdachung der Rundbogenfenster der Vorderfassade, die an die Fenstergestaltung des Palazzo della Cancelleria in Rom angelehnt sind. Die zum Hof und zur Straße führenden Ladentüren der Ateliers mit dem Oberlicht über dem Türsturz finden ihre antike Entsprechung in den Läden des Trajansmarkts. Auch die Mauertechnik weist antikischen Charakter auf.

Wie Jatho, nur mit anderen Stilmitteln, sucht auch Engelhard nach der Verbindung von nordischen und südlichen Elementen und wiederholt diese Durchdringung spielerisch im Pflanzendekor seiner Schmuckleisten. Die nicht immer eindeutig zu benennenden Pflanzen der auseinander emporwachsenden Ranken sind der südlichen und nordischen Vegetation entnommen. In der linken Schmuckleiste lassen sich von unten nach oben Akanthus, Farn, Lotusblüte, Aronstab, Winde und Knöterich identifizieren; rechts folgen auf eine blühende Aloe vielleicht eine Mohnblüte, ein Feigenkaktus,

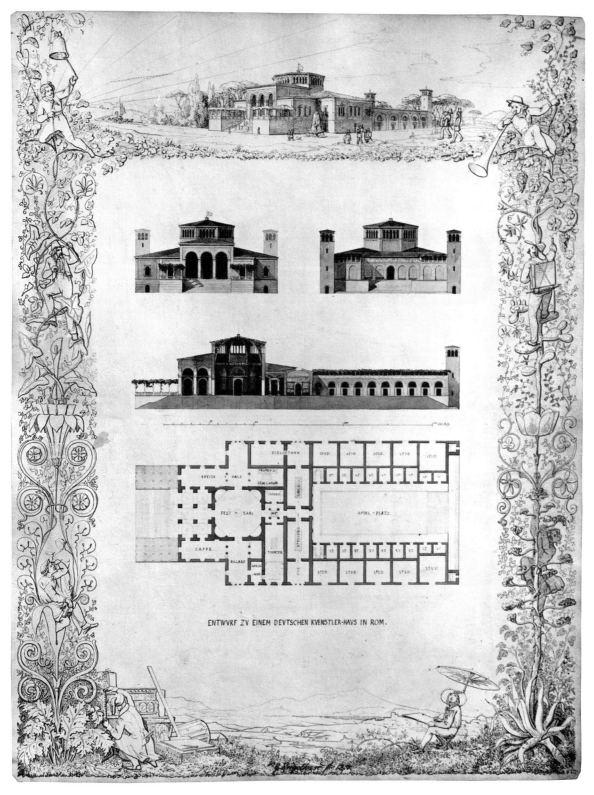

Abb. 6: Gottlob Engelhard, Entwurf zu einem deutschen Künstlerhaus in Rom 1837. Zeichnung, Tusche aquarelliert, 48,5 x 37,2 cm, Bibliotheca Hertziana Rom

Abb. 7: Giovanni Battista Falda, Archiospedale Apostolico di Santo Spirito in Sassia

Weinreben und schließlich Hopfen. Die symmetrische Anordnung der Pflanzen und das stilisierte lotrechte Emporwachsen der Pflanzenfolge erinnern wiederum an die Pflanzenornamentik Philipp Otto Runges oder Eugen Napoleon Neureuthers, wobei die beiden Architekten letzteren in Rom getroffen haben dürften.[69]

Wie in dem bis in die Pflanzensymbolik der Schmuckleisten verfolgten Programm der Verquickung von Gegensätzen realisierten beide Architekten in ihren Entwürfen die gegenseitige Durchdringung von nordischen und südlichen, antiken und christlichen Formen, wie sie auch Friedrich Overbeck in seinem Gemälde *Italia und Germania* (1811–22) thematisierte: „Es sind", so Overbeck, „die beiden Elemente, die sich allerdings einerseits fremd gegenüber stehen, die aber zu verschmelzen nun einmal meine Aufgabe, wenigstens in der äußeren Form meines Schaffens ist und bleiben soll, und die ich deshalb hier in schöner inniger Befreundung mir denke."[70]

Eine weitere Symbiose liegt in der Verwendung ursprünglich sakraler Architektur vorbehaltener Elemente, wie der basilikalen Fassade, den Apsiden des Festsaals bei Engelhard und der klosterartigen Gebäudeverteilung, für eine im Grunde profanen Zwecken, der Kunstausübung und dem Clubleben, dienende Anlage. Besonders die Raumanordnung inszenierten die Künstler wie für eine mönchische Lebens- und Arbeitsgemeinschaft. Die Entwürfe zeugen hierin von dem starken Einfluß, den die gemeinschaftliche Arbeitssituation der Nazarener im Kloster Sant'Isidoro auf das Selbstverständnis der deutsch-römischen Künstler ausübte.[71]

---

69 Vgl. Eugen Napoleon Neureuther, *Die Tageszeiten,* 1826 und *Heute roth morgen tod*, 1838, Abb. 10 und 12 in: Werner Busch, Die notwendige Arabeske. Wirklichkeitsaneignung und Stilisierung in der deutschen Kunst des 19. Jahrhunderts, Berlin 1985, vor allem als Vorbild für den Künstlerhausentwurf Engelhards.

70 J. F. Overbeck in einem Brief an Wenner, Januar 1829, zitiert nach Werner Hofmann, Wie deutsch ist deutsche Kunst? Eine Streitschrift, Leipzig 1999, S. 71.

71 Vgl. Ausst.-Kat. I Nazareni a Roma, S. 39–52 und Ausst.-Kat. Die Nazarener und Kapitel I. 3.

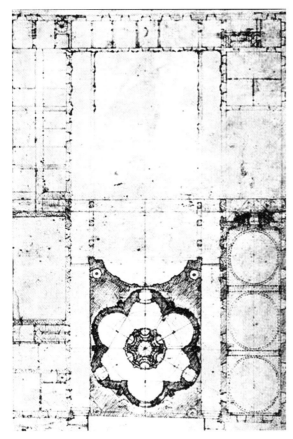

Abb. 8: Francesco Borromini, Grundrißzeichnung S. Ivo alla Sapienza, 1640–60

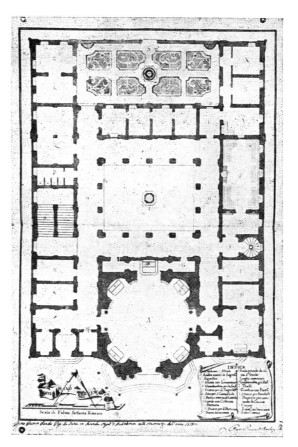

Abb. 9: Paolo Posi, Convento per trenta religiosi, Grundriß, Concorso Clementino 1728, Accademia di San Luca Rom

Abb. 10: Gottfried Semper, Entwurf zu C. H. Donners Privatmuseum in Altona, 1833

Aufschlußreiche Vergleiche ließen sich sowohl mit den Entwürfen des Concorso Clementino des Jahres 1728 zu Konventsbauten (Abb. 9)[72] und der Sapienza – Roms erster Universität, deren Grundriß auf Kollegienbauten zurückzuführen ist – ziehen (Abb. 8). Sie könnten bei der Grundrißkonzeption der Künstlerhäuser Pate gestanden haben, wobei die Kapelle im Entwurf von Paolo Posi wie der Festsaal im Entwurf Engelhards auf Eck gestellte Rundnischen aufweist.[73] Der geweihte Zentralbau, wie etwa Sant'Ivo am Kopfende des Innenhofes der Sapienza, wurde bei Engelhard nun zum säkularisierten Festsaal, in dem Ausstellungen abgehalten werden konnten. Die oktogonale Form hat in der zeitgenössischen Architektur im Oktogon von C. H. Donners Privatmuseum in Hamburg, 1833, ein Gesellenstück Gottfried Sempers, eine Parallele (Abb. 10).

Bei dem Vergleich zwischen den Künstlerhausentwürfen mit Kloster- bzw. Kollegiumsarchitektur sei noch an ein weiteres Beispiel erinnert, das ebenfalls inspirierend gewirkt haben könnte: Im Zuge der französischen Revolution und der napoleonischen Reformen in den besetzten Gebieten wurden zahlreiche Klöster aufgelöst und zu öffentlichen Schulen, Verwaltungsbehörden und auch Kunstakademien umfunktioniert. Gerade die europaweit beachtete Pariser Akademie wurde 1819 auch in einem ehemaligen Kloster, dem *Couvent des Petits-Augustins* untergebracht, dessen historische Substanz, ein um einen Hof gelegter Vierflügelbau mit angeschlossener oktogonaler Kapelle, in Einzelelementen ebenfalls an die Grundrisse der hier besprochenen Künstlerhäuser erinnert.[74]

2. Eine kaiserliche Akademie in Rom?

Monumentale Kunst für die Nation

Erst mit Reichsgründung bekam das Interesse an einer gesamtdeutschen Einrichtung eine staatliche Basis. Im Siegesrausch des erfolgreichen deutsch-französischen Kriegs wurde sogar erwogen, den Franzosen die Villa Medici abzunehmen, um eine deutsche Kunstanstalt daraus zu machen[75] und den bedrückenden kulturellen Vorsprung Frankreichs aufzuholen. Die Villa Medici und ihr Angebot luxuriöser Romstudien wurden als Schaffensbedingung künstlerischer Qualitätsarbeit gesehen, die den deutschen Künstlern bisher ungerechter Weise vorenthalten wurde.[76]

Neben dieses eher nationalistische Interesse an einer deutschen Akademie in Rom trat vermehrt auch der Wunsch, den tatsächlichen Mißständen bei der Rompreisreglung abzuhelfen. Hierzu sollten die Preisträger in Rom nicht länger sich selbst überlassen bleiben, sondern mit Hilfe einer entsprechenden Lehreinrichtung zu einer nationalen, „monumentalen" Kunst angeleitet werden. Tatsächlich wurde die zu nachlässige Haltung des Staates gegenüber den geförderten Künstlern wiederholt kritisiert: „[...] und läßt man es ihm [dem Staat] doch ungerügt hingehen, wenn er aller und jeder Controle über die Anwendung, welche die heute in die Fremde entsandten Stipendiaten von der Ihnen gewährten Vergünstigung machen, entsagt."[77]

---

72 Vgl. I DISEGNI DI ARCHITETTURA, Kat.-Nr. 345–53. Schon die für die Architekturwettbewerbe angefertigten Idealentwürfe für Akademien im frühen 18. Jahrhundert haben sich an der Sapienza orientiert, darunter besonders die Beiträge für das Jahr 1708. Bei späteren Entwürfen (1732 und 1750) wird der zentrale Kirchenraum beibehalten. Vgl. KAPITEL I. 3.

73 Vgl. I DISEGNI DI ARCHITETTURA, Kat.-Nr. 346.

74 Vgl. ZANTEN 1978, S. 161–74; THE ARCHITECTURE 1977, S. 78–81 und KAPITEL I. 3., Kat.-Nr. 43/44.

75 Vgl. NOACK 1927, Bd. 1, S. 619.

76 Vgl. die Verhandlungen des Reichstages, Stenographische Berichte, 26. Sitzung am 26. März, Berlin 1879, S. 603–9, siehe unten.

77 Vgl. DAS RÖMISCHE KÜNSTLERSTIPENDIUM, S. 236.

Gefordert wurde eine „höhere" deutsche Kunst, die erzieherische Wirkung auf die Gesellschaft ausüben sollte. Die gesicherten Werte der Vergangenheit italienischer Kunstgeschichte schienen geeignet, die abschätzig „Fächler" genannten Genremaler, Landschafts- oder Portraitmaler zu einer „monumentalen" Kunst anzuregen. Schon weil in Deutschland das Anschauungsmaterial fehlte, sollten die Kunstschüler in Italien sich ein Bild monumentaler Kunst machen:

> „Schon zu der Zeit, als bei uns die Kunstakademien ihrem Zwecke, der Erziehung des Künstlers für monumentale Aufgaben noch mehr genügten als heute, wo sie allmählich zu Elementarschulen einer auf die Befriedigung höchst discutirbarer Ansprüche ausgehenden Kleinkunst herabsinken, sah man wohl ein, daß das gesteckte Ziel bei dem Stande der vaterländischen Monumentalkunst und bei der Unzulänglichkeit der Hülfsmittel nicht erreichbar sein würde, wenn man nicht die Schüler, deren Sinn zu Hause nach Kräften auf Höheres gelenkt worden war, zum Abschluß ihrer Ausbildung nach dem Süden entsendete, dessen monumentale Leistungen unsern Begriffen vom Monument ein für allemal die entscheidende Richtung gegeben haben. Es sollte ihnen dort das, wovon sie in Deutschland nur unvollkommene, dunkle und unzusammenhängende Verstandesbegriffe bekommen konnten, durch den Anblick der lebendig erwachsenen Wirklichkeit zur klaren künstlerischen Vorstellung werden."[78]

Nach der Reichsgründung wurde der immer wieder herangezogene Begriff der „höheren" Kunst zunehmend durch ein neues Kriterium abgelöst: Das „Monumentale" wurde zum wichtigsten künstlerischen Charakteristikum. Durch immer ausführlichere Angaben zu Themen, Maßen und Anzahl der Belegwerke versuchte die Akademie, die Künstler zu dahingehenden Ergebnissen zu bewegen.[79] Die italienischen Vorbilder sollten für die gewünschte monumentale Kunst wie auch für deren handwerkliche Umsetzung herhalten. Die in Italien zu studierende Freskomalerei sollte in Berufung auf Peter Cornelius eine Erneuerung der deutschen Malerei ermöglichen, diese dem ganzen Volk zugänglich machen und erzieherisch auf es wirken. Die „Wiedereinführung der Freskomalerei, so wie sie zu Zeiten des großen Giotto bis auf den göttlichen Raffael in Italien war," erklärte Cornelius als das „unfehlbare Mittel, der deutschen Kunst ein Fundament zu einer neuen, dem großen Zeitalter und dem Geist der Nation angemessenen Richtung zu geben."[80]

Wie sehr für die „monumentale" Kunst geworben wurde, bezeugen zahlreiche Plädoyers, so August Reichenspergers, *Über monumentale Malerei*, dem „monumental" auch den religiösen und geistigen Gehalt der zu bevorzugenden Kunst kennzeichnet.[81] Die Religiosität und Kunst des Mittelalters sei erstrebenswert „monumental", im Gegensatz zur Sinnlichkeit und Realität der Renaissance, die mit den Heiden konkurriere.[82]

Hinter der offensichtlichen Zielsetzung, Kunst zu fördern, die nicht für den privaten Gebrauch geeignet, oder alltäglichen Inhalts war, lag auch eine Reaktion gegen den aufkommenden Realismus, bzw. eine darin keimende sozial engagierte Kunst. „Höhere oder monumentale" versus „niedrige" Themen hieß auch, ganz besonders nach der Reichsgründung, die Darstellung von Themen einer neuen Macht, nämlich des aus der gewünschten Nation hervorgegangenen Kaiserreiches, versus basisdemokratische Themen. In der Förderung eines monumentalen Stils läßt sich eine Tradition des Rompreises bestimmen, die aus den alten Feudalsystemen kommend auch dem Deutschen Reich erhalten blieb. Die stilistischen und inhaltlichen Vorbilder dieses Stiles befanden sich in Rom, und eine Einrichtung zur Lehre einer „höheren" Kunst war eine Akademie nach dem Vorbild der Villa Medici.

---

78 Ebd., S. 255.
79 Vgl. Kapitel I. 2.
80 Peter Cornelius in einem Brief an Josef Görres 1814, zitiert nach Adolf Rosenberg, Prell, Bielefeld 1901, S. 4.
81 Vgl. Kapitel I. 2.

82 August Reichensperger, Über Monumentale Malerei, Köln 1876. Ähnlich auch Adolf Rosenberg, Die Pflege der Monumentalmalerei in Preussen In: Die Grenzboten, Zeitschrift für Politik, Literatur und Kunst, Jg. 42, Nr. 1, Berlin 1883, S. 24–28, S. 90–96 und S. 199–206.

Während sich einerseits die akademischen Ziele des Italienaufenthaltes der Künstler mit den beschriebenen Hoffnungen und Interessen verbanden, entstanden andererseits Zweifel an der Richtigkeit der Vorbildfunktion antiker und italienischer Kunst innerhalb der künstlerischen Lehre. Die Förderung der Kunstausbildung in Italien wurde in der Kritik dabei auffallender Weise als „ultramontan" beschrieben.[83] Diese Zweifel, so machte eine Debatte über die Gründung einer Deutschen Akademie in Rom im Deutschen Reichstag 1879 deutlich, wurden durch kulturelle Überfremdungsängste genährt, die die Akademiepläne in Rom als der Suche nach nationaler Identität entgegengesetzt problematisierten.[84]

Die politische Dimension eines Künstlerhauses in Italien

Wenn bisher die politische Zersplitterung der deutschen Fürstentümer als Haupthindernis einer nationalen Einrichtung im Wege stand, hatte die Reichsgründung, so die begründete Hoffnung, dieses Hindernis aus dem Weg geräumt, und der deutsche Künstlerverein in Rom insistierte auf die nun schon seit Jahrzehnten anstehende Akademiegründung. Sein Vorsitzender Carl Cauer und der kaiserliche Gesandte in Rom, Robert von Keudell, brachten in den siebziger Jahren zu diesem Zweck den Ankauf des Palazzo Zuccari ins Gespräch, der aus verschiedenen Gründen größere Kreise zu interessieren versprach. Er war seit dem 17. Jahrhundert von romreisenden Künstlern bewohnt worden und wie die Villa Malta, mit der er zeitweise einen zusammenhängenden Komplex bildete, geschichtsträchtiger Ort des deutschen Lebens in Rom gewesen. Im zweiten Stock des Palazzo, in der Casa Bartholdy, befanden sich die Fresken der Nazarener, die als Zeugnis der Wiedergeburt der Freskomalerei, jener ersehnten „höheren" Kunst, galten und damit einen bedeutungsvollen Identifikationswert boten.[85] Hinzu kam, daß die unsteten Eigentumsverhältnisse des Palazzo Sorge um den Erhalt gerade jener Fresken erweckte, die der Ankauf retten sollte. „Die Fresken Bartholdys sollten auf diese Weise ihrem ursprünglichen Zusammenhang erhalten bleiben und zugleich jungen Künstlern als Vorbilder einer segensreichen Auseinandersetzung mit der römischen Welt vor Augen stehen"[86]

1877 gelang es, den Reichskanzler an dem Vorhaben soweit zu interessieren, daß er gemeinsam mit den verbündeten Regierungen einen Antrag an den Reichstag stellte, den Palazzo Zuccari für ca. 265 000 Mark zu kaufen bzw. für eine Summe von 325 000 Mark auch umzubauen. Mit der Einrichtung eines Künstlerhauses im Palazzo des Malers Federico Zuccari hätte sich die ursprünglich vorgesehene Bestimmung seines Erbauers erfüllt, der in seinem 1603 abgefaßten Testament vorsah, daß in seinem Haus ein „Ricetto" und „Ospizio" für arme junge Künstler aus dem Norden, die „Tramontani" und „Fiamenghi", eingerichtet werden sollte.[87]

---

83 Die Bezeichnung „ultramontan" leitet sich von dem Begriff Ultramontanismus ab, der im frühen 18. Jahrhundert eine Richtung innerhalb des Katholizismus bezeichnete, die das Primat des Papstes verteidigte. Im 19. Jahrhundert machte die Frontstellung des Papsttums gegen den Liberalismus, den Protestantismus und die nationalstaatliche Souveränität „Ultramontanismus" zum undifferenzierten Schlagwort gegen die Machtansprüche der katholischen Kirche. „Ultramontan" konnte dann sogar im Bereich der Kunst verwendet werden, um den Einfluß italienischer Kunst abzuwerten.

84 Vgl. KAPITEL I. 2.

85 Jakob Salomon Bartholdy, preußischer Konsul in Rom, ließ 1816 in seinem Wohnsitz den Freskenzyklus zur Geschichte des ägyptischen Joseph malen, der sich heute in der alten Nationalgalerie in Berlin befindet; dazu immer noch grundlegend: KÖRTE 1935. Zur Geschichte des Fremdenviertels um die spanische Treppe vgl. auch Friedrich Noack, Die Casa Buti in Rom, in: Westermanns Illustrierte Deutsche Monatshefte, Bd. 90, Braunschweig 1901, S. 788–95.

86 KÖRTE 1935, S. 63.

87 Testament des Federico Zuccari, 12. Oktober 1603: „[...] et sia luogho et ricetto della Accademia per pittori, scultori et architetti et altri nobili spiriti di Belle Lettere [...] et debbano servire per hospizio de poveri giovani studiosi delle professione, stranieri: tramontani et fiammenghi et forastieri, che spesso vengano senza recapito [...]." Zitiert nach KÖRTE 1935, S. 81/2.

Abb. 11: Eugen Napoleon Neureuther, Case a Roma verso Trinità dei Monti (Palazzo Zuccari), ca. 1837, Privatsammlung München

Die über den Ankauf geführte Reichstagsdebatte verdeutlicht den Wunsch nach der Schaffung eines Nationalstils und die im jungen Reich kursierenden Ansichten über die zentrale Rolle der Kunst für die Bildung einer nationalen Identität.[88] Brisant erschien die Frage, welcher Stil es verdiene, „Reichsstil" zu werden. Nach der Beobachtung des Abgeordneten August Reichensperger war Italien das falsche Reiseziel zur Krönung der akademischen Lehrzeit:

---

88 Vgl. Verhandlungen des Reichstages, Stenographische Berichte, 26. Sitzung am 26. März, Berlin 1879, S. 603–9, (im folgenden: REICHSTAG 1879). Es diskutierten: Abgeordneter Helmuth von Maltzahn-Gülz, Berichterstatter der Budgetkommission und von 1871 bis 1888 konservatives Mitglied des Reichstages, vgl. Deutsche biographische Enzyklopädie, Bd. 6, München 1997, S. 582; der Abgeordnete Ferdinand von Miller, Bronzegießer, setzte sich als Mitglied der Zentrumspartei für die Belange von Kunst und Handwerk ein, vgl. Neue deutsche Biographie, Bd. 17, Berlin 1994, S. 516 und Bernhard Ernst von Bülow, der Vater von Bernhard Heinrich Martin Graf von Bülow, dem späteren Reichskanzler und zweimaligen Botschafter in Rom, Diplomat und Politiker; unter Bismarck wurde er Staatssekretär im Auswärtigen Amt. A. Reichensperger war Jurist, Mitglied der Frankfurter Nationalversammlung und später Mitglied des preußischen Landtags bzw. des Reichstags, Mitbegründer der katholischen Fraktion, später Zentrumspartei. Er schrieb zahlreiche Schriften kunstgeschichtlichen Inhalts, mit dem Schwerpunkt christlicher bzw. deutscher Kunst. Vgl. Deutsche biographische Enzyklopädie, Bd. 8, München 1998, S. 202. Als Autor der Kampfschrift, Die Renaissance im deutschen Kunstgewerbe, Aachen 1879, ging er gegen die gleichnamige Schrift von Julius Lessing, Berlin 1877, vor und warnte vor dem Renaissancestil. Ausführlicher zur Reichstagsdebatte, vgl. WINDHOLZ 2003, S. 26–29.

„Wenn die Italiener, wenigstens in früheren Zeiten, eine große, wahrhaft klassische Kunst hatten, hatten wir Deutsche denn nicht auch eine solche? Unsere Kunst steht, im Ganzen genommen, gerade so hoch als germanische Kunst, wie die italienische jemals als italienische gestanden hat. Unsere großen Meister des 16. und 17. Jahrhunderts, [...] die großen Niederländer beispielsweise – es ist eine ganze Plejade – sie haben ihre Kunstgröße nicht in Italien gesucht; im Gegentheil, als die germanischen Künstler anfingen, nach Italien zu reisen, als das akademische Wesen von dorther sich über Deutschland verbreitete, da ist die Kunst niedergegangen. [...] Unsere deutschen Künstler, meine Herren, sollten zu Haus bleiben; sie sollen die deutsche Kunst vor allem studieren."[89]

Mit dem Appell an die Versammelten, die eigene künstlerische Vergangenheit anzuerkennen, mahnte er auch die deutschen Künstler, ihre Originalität nicht einzubüßen. Indem sich die deutschen Künstler nach Italien begeben würden, so die Befürchtung Reichenspergers, hörten sie auf, „echte Germanen zu sein, ohne darum Italiener zu werden."[90]

Auf die ästhetische Bewertung des deutschen Kunstgeschehens folgte eine patriotische, und in den Versuch der Beurteilung der künstlerischen Situation mischten sich moralische und protestantisch gefärbte, negative Italienklischees.[91] Der politisierte Rekurs auf die eigene künstlerische Vergangenheit und die ausgeprägte Kritik an einer künstlerischen Fremdbeeinflussung durch italienische Werke fanden in dem damals auch in der Kunstkritik gebräuchlichen abschätzigen Begriff der „Verwelschung" ihren zeittypischen Ausdruck. Als Zeichen dieser „Verwelschung" galten die in der Architektur und in der Malerei wiederaufgenommenen und kopierten Stilmerkmale italienischer Renaissance.[92]

„Es ist meine volle Überzeugung, daß wir dadurch, daß wir unsere Künstler mehr oder weniger veranlassen, ihre Ausbildung in Welschland zu suchen, statt in Deutschland, den Künstlern und der Kunst einen schlechten Dienst leisten."[93]

Vor allem Mitglieder der Zentrumspartei wie Reichensperger argumentierten „antirömisch", antiklassisch und implizit auch antiheidnisch. Die Stilrichtungen, für die sie plädierten und denen sich die deutschen Künstler in nationalstaatlicher und reichstreuer Gesinnung zuwenden sollten, wurden im Mittelalter und der frühen Neuzeit ausgemacht: Die Romanik repräsentiere die große Kaiserzeit und mittelalterliche Geistigkeit. Die Gotik stehe für die vorreformatorische Einheit im Glauben bzw. die Blüte des deutschen Bürgertums, das vereint mit dem Kaiser die Macht der römischen Kirche in ihre Schranken verwies. Beide Stile konnten als Vorbild für eine adäquate Äußerung neuer deutscher Kunst gelten, wobei das Ignorieren der eklatanten Widersprüche in diesem System heute nur schwer nachvollziehbar ist.

---

89 Abgeordneter Reidensperger, REICHSTAG 1879, S. 607.
90 Ebd.
91 So befand das Politisch Historische Lexikon noch im Jahr 1860/61, dem Italiener gehe die Moral ab, er sei: „unsittlich, ehrlos und miserabel", ihm seien „keine Vernunftbildung [...] und noch weniger Scham" anzumerken; zitiert nach Jens Petersen, Quo vadis, Italia? Ein Staat in der Krise, München 1995, S. 19.
92 Diese verbreitete Meinung vertrat auch der Kunstkritiker Friedrich Pecht: „Alle Vorzüge Roms vermögen [...] den großen Nachtheil nicht auszugleichen, daß der deutsche Künstler hier durchaus des nationalen Bodens entbehrt, auf dem allein eine gesunde Kunst gedeihen kann". In der religiösen Malerei befremdeten Pecht „italienische Gesichter und deutsche Stylformen, altflorentinische Motive und moderner Naturalismus [...], Berliner und römische Ingredenzien." Die formalen wie nationalen Dissonanzen in den deutsch-römischen Kunstwerken bewogen Friedrich Pecht zum Widerspruch gegen die Studienaufenthalte in Italien und gegen den indifferenten „Kosmopolitismus". Zitiert nach Michael Bringmann, Deutsch-Römische Kunst im Spiegel der Kritik, in: AUSST.-KAT. IN UNS SELBST LIEGT ITALIEN, S. 149. Vgl. auch Michael Bringmann, Friedrich Pecht. 1814–1903. Maßstäbe der deutschen Kunstkritik zwischen 1850 und 1900, Berlin 1982, besonders das Kap.: Der Nationalcharakter der Kunst und S. 163–65.
93 Abgeordneter Reichensperger, REICHSTAG 1879, S. 608.

Der Einfluß der italienischen Kunst auf die deutsche wurde als entsprechend wenig identitätsstiftend gewertet. Besonders durch den Streit um die Neuordnung des Verhältnisses zwischen Staat und Kirche, der in den siebziger Jahren zwischen dem deutschen Reich und dem Vatikan entbrannte und im „Kulturkampf" gipfelte, geriet die künstlerische Orientierung nach Italien sogar unter den Verdacht einer reichsfeindlichen, katholisch proklerikalen Gesinnung.[94]

In ähnlicher Weise fiel auch auf die Verfechter der deutschen Renaissance, die vor allem bürgerliche Liberale zum bevorzugten Stil im Historismus erklärten, der Verdacht, einen antinationalen Kosmopolitismus zu verfolgen. Die Liberalen hofften, in den verschiedenen, heterogenen Formtendenzen der deutschen Renaissance Vorbilder eines nationalen Stils zu finden, die dem modernen gesellschaftlichen Pluralismus gerecht würden, da sie zwischen den Lagern der „Goten" und der „Griechen" vermittelten.[95]

Unter den Verdacht, zur „Verwelschung" der Künstler beizutragen und kosmopolitische Beliebigkeit zu fördern, fiel auch die Idee eines Künstlerheims in Rom. In der zeittypischen Verknüpfung politischer Überzeugungen mit ästhetischen Konzeptionen wurden stilistische Vorlieben als politische Orientierung interpretiert und selbst die Italienreisen deutscher Künstler damit zum Politikum. Neben die nationalen Bedenken trat schließlich auch der Zweifel, ob die Kunstförderung in Form einer „Monte-Pincioanstalt" in Rom und der Verbesserung der materiellen Situation der Kunstschüler überhaupt einen nachweisbaren positiven Einfluß auf die Qualität der Kunst habe.

> „Meine Herren, als Overbeck, als Cornelius, als Veit, Schadow, Koch und wie die anderen alle heißen, in Rom dem deutschen Künstlernamen hohe Ehre brachten, befand sich damals eine deutsche Monte-Pincioanstalt, eine deutsche Akademie, ein deutscher Malkasten in Rom? Waren gestiftete Ateliers für Künstler da? Keineswegs. Jene Genies haben sich unter den ungünstigsten Verhältnissen, vielleicht sogar gerade wegen der ungünstigen Verhältnisse, mit welchen sie zu kämpfen hatten, Bahn gebrochen."[96]

Damit berührte die Debatte natürlich den kritischsten und noch immer aktuellen Aspekt der Kunstförderung überhaupt, die Frage nach den Bedingungen von Kreativität.

Bei aller Unklarheit gegenüber einer Deutschen Akademie in Rom richtete die Reichstagsdebatte ihre Aufmerksamkeit auf die Wirkung der französischen Akademie in Rom. Die französische Kunstförderung, samt der Villa Medici, galt als vorbildhaftes Modell, das sich auf die französische Kunstproduktion positiv, auf Deutschland jedoch nachteilig ausgewirkt hätte.

> „Ich glaube nicht, daß die Franzosen es jemals bereut haben, zu allen Zeiten die Kunstpflege nicht versäumt zu haben, denn durch jene Industrie, für welche die Merkmale der Schönheit und des Geschmacks das werthvollere bilden, haben sie alle Völker der Welt ihnen tributpflichtig gemacht, und wir Deutschen tragen wahrlich keinen geringen Theil dazu bei, diese Finanzkanäle der Franzosen zu füllen."[97]

---

94 Ein Beispiel dieser Verdächtigungen ist auch die Kritik am Reichstagsentwurf von Paul Wallot, der mit diesem Entwurf stilistisch zur italienischen Renaissance überwechselte. Unter den Kritikern, die bedauerten, daß man für den Reichstag nicht gotisch oder im Stil der deutschen Renaissance bauen wollte, war auch Reichensperger. Er bedauerte schon beim ersten Wettbewerb die „ultramontane" Richtung der Entwürfe. Bei Wallot trete „durchweg das modern italienische Gepräge hervor, daß national-liberal Gesinnte versucht sein mußten, auf deutsch- oder reichsfeindliche Tendenzen zu schließen." August Reichensperger, Die Renaissance im deutschen Kunstgewerbe, Aachen 1879, S. 20.

95 Julius Lessing meinte „daß wirklich im Anschluß an die besten Formen der Renaissance der gemeinsame Weg zur Entwicklung eines lebensfähigen deutschen Stiles gefunden sei." Ders., Die Renaissance im deutschen Kunstgewerbe, 1877, S. 22 und Georg Hirth pflichtete bei: „Wenn nun vollends die Überzeugung Gemeingut wird, daß wir unser Heil in der deutschen Renaissance des 16. und 17. Jahrhunderts zu suchen haben, dann muß es uns ja gelingen, über den unförmigen Moloch der Stil- und Geschmacklosigkeit Herr zu werden." Ders., Das deutsche Zimmer der Renaissance, Anregungen zu häuslicher Kunstpflege, München 1880, S. 9.

96 Abgeordneter Reichensperger, REICHSTAG 1879, S. 607.

97 Abgeordneter von Miller, ebd., S. 604.

Wenn man also an eine Akademie aus diesen Überlegungen heraus doch befürwortete, durfte sie nicht hinter der französischen zurückstehen. In Bezug auf den Palazzo Zuccari warnte Reichensperger vor einem Vergleich mit Frankreich, der nicht zu Gunsten Deutschlands ausfallen könnte:

> „Wenn wir aber auch noch viel mehr bewilligten, wenn wir noch weitere 100 000 Mark bewilligten, dann spielten wir dem Kunstetablissement der Franzosen auf dem Monte Pincio gegenüber noch eine nichts weniger als erbauliche Rolle. Wer das eben gedachte Akademiegebäude der Franzosen gesehen hat und damit vergleicht, was hier geschaffen werden soll, der wird, was den Bau, seine Ausstattung und seine Lage betrifft, einen himmelweiten Unterschied finden müssen. Es ist besser, auf solchem Gebiete nicht zu konkurrieren, als durch eine Konkurrenz den eminenten Abstand so recht in die Augen springen zu lassen."[98]

Die Gegner der Gründungsidee in Rom konnten sich letztlich auf die Reichsverfassung berufen, nach der die Kunst der Kompetenz der Länder unterstellt war und Reichsgelder für künstlerische Zwecke nicht verwendet werden durften.[99] Trotz der in Kunstangelegenheiten so vehement demonstrierten nationalen Gesinnung bot die Reichsversammlung keine Basis für länderübergreifende Projekte und die offizielle nationale Rhetorik der Reichstagsdebatte täuschte über die bestehenden Rangkämpfe zwischen den Ländern hinweg.[100] Das Beharren der Länder auf ihrer Hoheit in Kunstangelegenheiten hing auch mit politischen Autonomiebestrebungen zusammen, an die wiederum Stilfragen geknüpft wurden. Die Konfrontation gegensätzlicher Kunstauffassungen war Ausdruck der reichsinternen Widersprüche auf politischer Ebene.

Franz von Reber wünschte am Ende seiner dreibändigen Geschichte der neueren deutschen Kunst, daß das, was politisch geglückt war, der Sieg über die Franzosen, auch auf dem Gebiete der Kunst geschehen möge:

> „[...] haben die Deutschen das Verdienst, im sechzehnten Jahrhundert die Fesseln der römischen Herrschaft gebrochen und durch die Reformation die Geister befreit zu haben, so können sie im neunzehnten das kaum geringere beanspruchen, in Europa dem französischen Übergewicht nicht nur in der Politik, sondern auch im Reiche der Kunst und des Geschmacks ein Ende bereitet zu haben. Es war das aber eine Fremdherrschaft, die kaum weniger verderblich und entnervend auf die Welt lastete, als einst die römische! Die Geschichte unserer heutigen Kunst, ist daher zugleich die unserer geistigen Befreiung und erhält erst durch sie ihre Bedeutung."[101]

---

98 Abgeordneter Reichensperger, ebd., S. 607.
99 Kunst und Wissenschaft unterlagen im 19. Jahrhundert verfassungsmäßig der Kompetenz der einzelnen Bundesstaaten. Nach Artikel 4 der Reichsverfassung von 1871 war das Reich in Angelegenheiten der Kunst und Kulturpolitik nicht zuständig. Die Möglichkeiten des Reiches zur Förderung und Finanzierung der Kunst waren daher begrenzt. So war der Beitrag des Reiches mit Etatsätzen von weniger als 200 000 Mark im Etat des Reichsamtes des Innern äußerst gering. Die Haushaltsmittel im Etat des Preußischen Ministeriums der geistlichen, Unterrichts- und Medicinal-Angelegenheiten zur Förderung von Kunst und Wissenschaft waren vor dem ersten Weltkrieg etwa vierzig mal höher als die des Reiches, vgl. FELDENKIRCHEN 1982, S. 35–54.
100 Moritz Meurer, Vorsitzender der Künstlervereins in Rom, benannte später die Gründe, die gegen ein gemeinsames Engagement der Länder für ein Künstlerhaus sprachen: „1. Die Ansicht, daß Kunstangelegenheiten nicht durch das Reich, sondern durch die einzelnen Regierungen und Landesherren zu fördern sein. 2. Die Zweifel an der Möglichkeit einer praktischen Vertheilung der Lasten und Vortheile auf die einzelnen Staaten, namentlich glaubt man, daß bei der großen Verschiedenheit des Verhältnisses der Bevölkerungsziffer zu der Zahl der Künstlerschaft in Preußen und Bayern eine gerechte Vertheilung von Verpflichtungen u. Vortheile schwierig sei. (mit einem Wort, man fürchtet daß Bayern gegen Preußen zu kurz kommen werde)." Moritz Meurer an den Vorstand des deutschen Künstlervereins zu Rom, Berlin 15. April 1893, Archiv der Bibliotheca Hertziana Künstlerverein Korrespondenz 1893 2/4, Blatt 37, vgl. WINDHOLZ 2003, Anhang 9.
101 Franz von Reber, Geschichte der neueren deutschen Kunst, Bd. 3, Leipzig 1884, S. 467, zitiert nach Wolfgang

1873 konstatierte Nietzsche bedauernd, daß die „öffentliche Meinung in Deutschland" den Sieg über Frankreich im Krieg von 1870 als einen Triumph der deutschen Kultur feiere. Diese Überzeugung erklärte er für einen gefährlichen Wahn, der imstande sei, den Sieg, „in eine völlige Niederlage zu verwandeln: in die Niederlage, ja Exstirpation des deutschen Geistes zu Gunsten des „deutschen Reiches".[102] Die größte Gefahr wäre vor allem diejenige, den Sieg auf die angebliche Überlegenheit der deutschen Kultur zurückzuführen, was jede Reflexion auf deren wirklichen Zustand überflüssig erscheinen ließe. Tatsächlich handele es sich dabei um die Verkennung des Wesens von Kultur. Die von Nietzsche apostrophierte „öffentliche Meinung" könne die Leistungen des preußisch-deutschen Militärs nur deshalb für einen Ausdruck deutscher Kulturüberlegenheit halten – Hochzeiten der Kultur kommen, so Nietzsche, eher in politischen Krisenzeiten vor –, weil sie die Bildungsbeflissenheit und akademische Gelehrsamkeit, die durch Schul- und Universitätsunterricht zur vorherrschenden Grundhaltung des deutschen Bürgertums gemacht worden sei, mit Kultur verwechsle.

Die hier angesprochene Bildungsbeflissenheit und akademische Gelehrsamkeit standen zum Teil natürlich auch als Motor hinter einer deutschen Akademie in Rom, aber die Problematik der Bestimmung einer nationalen Kunst lähmte selbst die Akademiebefürworter. Tatsächlich kritisierten auch die Künstler eine Vermengung der militärischen mit den kulturellen „Wettkämpfen". In der schriftlichen Entgegnung des Künstlervereins in Rom auf die Reichstagsdebatte brüskierten sie sich voller Enttäuschung über die Begründung der Ablehnung ihres Künstlerhauses in Rom:

> „Diese ging sowohl von den Verfechtern mittelalterlich-gotischer, angeblich germanischer Kunstweise aus, als auch von anderen Eiferern, welche meinten, aus den großen kriegerischen Leistungen der jüngsten Zeit müsse sich naturgemäß eine nagelneue Kunst entwickeln."[103]

Sie wiesen darauf hin,

> „daß die großen Erscheinungen der deutschen Kunst, ein Dürer und Holbein, und ebenso ein Andreas Schlüter, nicht denkbar wären, ohne den Zusammenhang mit Italien und seiner Renaissance. Irrig wäre es deshalb, behaupten zu wollen, es leide darunter die eigenartige nationale Entwicklung der Kunst."[104]

Die Künstler versuchten Druck auszuüben, indem sie die problematische Gefühlslage der Nation ausnutzten. In einem Memorandum im Mai mit Kommentaren zu der Sitzung des Reichstages im März wiesen sie, der Wirkung dieser Nachricht bewußt, darauf hin, daß selbst der junge Nationalstaat Belgien eine Akademie in Rom gründen wollte:

> „Es handelt sich für Deutschland ebensowenig wie für jene Länder wie man fälschlich vorgibt, darum, mit der französischen Akademie der Villa Medici zu concurriren, nein es handelt sich darum überhaupt nicht hinter anderen Culturvölkern zurückzubleiben!"[105]

Frhr. von Löhneysen, Der Einfluß der Reichsgründung auf Kunst und Kunstgeschmack in Deutschland, in: Zeitschrift für Religions- und Geistesgeschichte, XII. Jg., Köln 1960, S. 17–44, S. 44.

102 Friedrich Nietzsche, David Strauss. Der Bekenner und der Schriftsteller, Leipzig 1873, in: Ders., Werke, Kritische Gesamtausgabe, Abt. 3, Bd. 1, hrsg. von G. Colli und M. Montinari, Berlin – New York 1972, S. 155 f.

103 Zitiert nach HARNACK 1895, S. 30.

104 Denkschrift des Malers Paul Schobelt (1838–93), zitiert nach HARNACK 1895, S. 30.

105 Vgl. Memorandum des Vereins deutscher Künstler in Rom über ein in Rom zu gründendes Kunstinstitut, Rom Mai 1879, PAAA Botschaft Rom Quirinal, Bd. 282 a, Blatt 31–42.

Durch Schüren der Befürchtung, nicht zu den „Culturvölkern" zu gehören, wird das Betreiben einer Akademie in Rom, als Voraussetzung für diese Zugehörigkeit behauptet. Aber neben der hier erstmals gezielt politisch eingesetzten Etikettierung der Akademien als Kulturorden barg das Memorandum weitere Überraschungen. Angesichts der internationalen Spannungen sollten die Akademien nicht, wie zu erwarten wäre, als Orte internationaler Verständigung und damit als Gegenmittel fungieren, sondern den Künstlern im feindlichen Ausland als Schutzhorte, als Burg und als sicherer Brückenkopf zum Vaterland dienen. Weniger pathetisch ging es im folgenden um behördliche Unterstützung im internationalen Handelsrecht, die eine Akademie auch garantieren würde:

> „Es liegt auf der Hand, dass in gegenwärtiger Epoche, wo sich die Völker mißtrauisch und bewaffnet auf Haus und Herd zurückziehen, solche Institute in Rom mehr als je Bedürfniss sind. Heutzutage sind eben die Künstler mehr als sonst darauf angewiesen, den ununterbrochenen, sympathischen Zusammenhang mit ihrem Vaterland aufrechtzuerhalten. Rom, – wenn auch für die Kunst von universeller Bedeutung – ist nicht mehr wie früher – eine Art kosmopolitischer Kunstmarkt und das Auftreten deutscher Künstler mit selbständigen Bestrebungen erscheint jetzt leicht als unwillkommene Concurrenz, solange er nicht eine vom Reichsbanner gedeckte Anstalt zum Hintergrunde hat*
> * Als Beispiel von den Hindernissen, welche die deutsche Kunstproduktion in Rom lähmen, sei erwähnt, dass seit kurzem auch deutsche in Rom entstandene Kunstwerke, wenigstens Ölbilder, einer Exportsteuer nach Deutschland von 1% des Werthes unterliegen, während die italienischen Künstler, durch keine Einfuhrsteuer in Deutschland gehindert, in unserem eigenen Lande mit uns von hier aus frei concurriren können."[106]

Mit ähnlicher Intention berichtete der Bildhauer Paul Otto, der von der Akademie der Künste in Berlin zur Beaufsichtigung der Stipendiaten in Rom bestellte Professor, 1885, in einer weiteren Eingabe an die Reichsregierung von den Gründungsaktivitäten der anderen Länder, die sich bei der Grundstückssuche für ihre Akademien auf die zentrumsnahen Hügel konzentrierten:

> „Durch den Umstand, daß sich die Akademie der Spanier bereits auf dem selben Hügel in unmittelbarer Nähe der besagten Villa befindet, ist garantiert, daß Händler [unleserlich] und Malutensilien, gewisse Handwerker sowie Modelle sich dort niederlassen werden, um so mehr, als verlautet, daß die Amerikaner mit der Absicht umgehen, den der Villa Spada gegenüberliegenden Palast zu gleichem Zwecke verwerthen zu wollen. Aber nicht bloß diese Staaten haben in Rom umfangreiche Institute oder Akademien zur Unterstützung der Studien ihrer Stipendiaten, auch das kleine Belgien ist durch eine Akademie vertreten, die Österreicher sind im Palazzo Venezia untergebracht und die englischen Künstler haben in der Via Sistina [unleserlich] ausgedehnte Einrichtungen."[107]

Akademiegedanken in Preußen

Wenn auch unter den Einzelstaaten keine Einigung herbeigeführt wurde, fühlte sich Preußen in seinem Führungsanspruch für nationale Unternehmungen wie die Akademie in Rom verantwortlich. Die Königliche Akademie der Künste zu Berlin und das preußische Ministerium der geistlichen, Unterrichts- und Medicinal-Angelegenheiten verfolgten gemeinsam mit dem deutschen Botschafter und dem deutschen Künstlerverein in Rom das Ziel, ein geeignetes Gebäude für eine Akademie in

---

106 Vgl. MEMORANDUM 1879.

107 Eingabe wegen der Villa Spada von dem Bildhauer Paul Otto, in: PAAA Botschaft Rom Quirinal, Bd. 282a, Blatt 91/92, ca. 1885. Vgl. die jeweiligen KAPITEL.

Rom zu finden und das Kaiserhaus an den römischen Plänen zu interessieren.[108] Die Immobilien, die für Aufnahme der Akademie in Erwägung gezogen wurden, zeugten von dem repräsentativen Anspruch an das Akademieprojekt, dessen Finanzierung allerdings strittig blieb. Kronprinz Friedrich Wilhelm schlug Fürst Bismarck 1883 den Erwerb der Villa d'Este bei Tivoli aus dem Besitz der Habsburger vor.[109] Robert von Keudell, kaiserlicher Botschafter in Rom, brachte im gleichen Jahr den Bau eines Künstlerhauses nach Entwürfen des Berliner Akademiepräsidenten Hermann Endes auf dem deutschen Besitztum am Kapitol ins Gespräch.[110] Aufgrund der zu erwartenden hohen Baukosten von 440 000 Mark wurde dem Vorschlag nicht Folge geleistet, worauf der Ankauf der Villa Spada, der heutigen Villa Sciarra auf dem Gianicolo für 160 000 Mark erwogen wurde. Aber auch diesem Erwerb nur durch Preußen wurde durch den preußischen Finanzminister mit dem Einwand widersprochen, das Reich sei für die Finanzierung und Verwaltung einer Deutschen Akademie in Rom zuständig.[111]

Das Ergebnis des preußischen Interesses war schließlich zwiespältig und entsprach nicht eigentlich einem gesamtdeutschen Projekt: Das verstärkte Engagement des Preußischen Ministeriums der geistlichen, Unterrichts- und Medicinal-Angelegenheiten seit den achtziger Jahren richtete sich nur auf die Verbesserung der Situation der preußischen Stipendiaten in Rom. Mit der Anmietung von Ateliers in der Villa Strohl-Fern durch die Akademie der Künste zu Berlin wurde der Grundstein zu einer deutschen Künstlerresidenz unter preußischer Ägide gelegt; eine Konstellation, die auch für die später geglückte Akademiegründung prägend blieb. Ab 1883 wurden in der Villa Strohl-Fern zunächst drei Ateliers angemietet.[112] Ihr Besitzer Alfred Wilhelm Strohl-Fern hatte den an die Villa Borghese grenzenden Park erst 1879 erworben und eine Reihe Ateliers errichtet, die er an Künstler vermietete.[113] Für dreißig Jahre blieb es bei dieser provisorischen Anmietung von Ateliers durch die Berliner Akademie.[114]

---

108 Robert von Puttkammer, Minister der geistlichen, Unterrichts- und Medicinal-Angelegenheiten, ersuchte auf Drängen des Botschafters in Rom am 1. Juni 1880 den Senat der Akademie der Künste um genaue Angaben die Anzahl der Stipendiaten und deren Bedürfnisse betreffend. Vgl. Pr AdK 0463, Blatt 74.

109 Vgl. die tabellarische Übersicht der Kaufanfragen im preußischen Finanzministerium, GStA PK, Rep 151 IC Nr. 7108, WINDHOLZ 2003, Anhang 10.

110 Zum deutschen Besitztum auf dem Kapitol vgl. NOACK 1912, S. 149–59 und NOACK 1927, Bd. 1, S. 549–57. Nicht gerade begeistert mußten die Römer mitansehen, daß die Preußen den Palazzo Caffarelli über den Resten des archaischen Jupitertempels 1854 für den Botschaftssitz erwarben. An die Botschaft angegliedert wurden, zum Teil auch mit eigenen Gebäuden, die evangelische Gemeinde, die evangelisch-deutsche Schule, das deutsche Krankenhaus Casa Tarpeija von Johann Michael Knapp und Gottlieb Engelhard und der Neubau des archäologischen Instituts von Paul Laspeyres 1877, vgl. auch Hartwig Fischer, Ein wilhelminisches Gesamtkunstwerk auf dem Kapitol, Hermann Prell und die Einrichtung des Thronsaals in der Deutschen Botschaft zu Rom 1894–1899, zugl. Diss., Lörrach 1998 und MAURER 2005.

111 Vgl. die tabellarische Übersicht der Kaufanfragen im preußischen Finanzministerium, GStA PK, Rep 151 IC Nr. 7108, WINDHOLZ 2003, Anhang 10 und MAURER 2005, S. 98 f.

112 Diese Regelung einer Atelierreservierung in Rom für die preußischen Stipendiaten ging auf die Aufnahme preußischer Bildhauer in das römische Atelier von Emil Wolff zurück, der dafür in den Jahren 1869–82 vom preußischen Ministerium der geistlichen pp. Angelegenheiten eine Entschädigung von 400 Mark pro Jahr erhielt. Vgl. Pr AdK 0463, Blatt 30 ff.

113 Vgl. Carla Maggioro, La Villa Strohl-Fern, in: L'Area Flaminia, l'auditorium, le ville, i musei, hrsg. von Flaminio Lucchini, Rom 1988; Piero Scarpa, Alfredo Strohl Fern e la sua villa al Flaminio, in: Strenna dei Romanisti, Rom 1954, S. 219–20; Antonello Trombadori, Villa Strohl-Fern, Associazione Amici di Villa Strohl-Fern, Strenna dei Romanisti, Rom 1982, S. 530–43; Stefania Severi, Villa Strohl-Fern tra passato e presente, in: Lazio ieri e oggi, Bd. 35, Rom 1999, S. 205–7; Le Ville a Roma, Architetture e giardini dal 1870–1930, hrsg. von Alberta Campitelli, Rom 1994, S. 239–42 und die leider mir nicht zugängliche Magisterarbeit von Christine Thomé, Die Villa Strohl-Fern in Rom, Ruhr Universität Bochum 1999.

114 Erst mit der Akademiegründung durch Eduard Arnhold und der Fertigstellung der Ateliers 1914 in der zu diesem Zwecke gestifteten Villa Massimo wurde der Vertrag zwischen Strohl-Fern und der Berliner Akademie gelöst.

Problematisch an dieser Regelung blieb, daß die Vergünstigung nur für die Stipendiaten der Berliner Akademie vorgesehen war. Die Folge war, daß sich in Rom für diese Ateliers eine besondere Bezeichnung eingebürgert hatte: „Accademia di Berlino".[115] Weder die Stipendiaten der anderen deutschen Teilstaaten noch die in Rom ansässigen deutschen Künstler hatten ein Anrecht auf die Ateliers, und erst nach vielen Protesten wurden die Modalitäten von Berlin aus zögerlich gelockert.[116]

Der große Garten, dem ein Bambuswald eine orientalische Note verlieh sowie die hohe Lage mit der Aussicht auf Rom und das Tibertal schienen ideal für die Einrichtung einer Akademie, und wiederholt wurde erwogen, das Grundstück oder zumindest die Ateliergebäude zu erwerben.[117]

Akademieträume: Die Villa Strohl-Fern

Tatsächlich konkretisierten sich die Vorstellungen einer Akademie in Rom. Den gehobenen Anspruch veranschaulichen die 1886 von Bernhard Sehring „zur Ehre Deutschlands" entworfenen Pläne einer Idealvilla für ein deutsches „Künstlerheim und -Werkstatt".[118] Sein „Ideal-Projekt" entwarf er für das über der Porta del Popolo an die Villa Borghese angrenzende Parkgrundstück der Villa Strohl-Fern, deren Ankauf seit 1884 erwogen wurde. Sehring hegte die Hoffnung, daß seine Pläne berücksichtigt würden, sollte es zum Ankauf des Grundstückes kommen.

Die von Bernhard Sehring zusätzlich zu seinen architektonischen Entwürfen angefertigten illusionistischen Ansichten zeigen einen riesenhaften Prachtbau phantastischen Ausmaßes auf dem Hügel der Villa Strohl-Fern, zwischen der Valle Giulia und der Porta del Popolo.[119] Auf ihnen wird ein Künstlereldorado vorgestellt, mit römischem Theater, antiker Grotte, Bädern, Ställen, einer Kegelbahn und dem Sitz des Künstlervereins. Mit dramatischem Gespür wählte er die Lage für seinen Monumentalbau: An der höchsten Stelle des Parks, 40 Meter über dem Tal und der Via Flaminia, überragt der rustikagesockelte Koloss mit seiner Silhouette weithin sichtbar die Stadt. Der Haupttrakt steht quer zu den zirkusförmigen Flügeln der Kolonnaden, die in den Park ausladen. Sehrings Grundriß besitzt große Ähnlichkeit mit zwei älteren Akademieentwürfen, die der Architekt im Zuge seiner Entwurfsfindung studiert haben könnte: dem 1756 von Marie Joseph Peyre in Rom angefertigten Akademieentwurf, der 1765 in dessen *Œuvres d'architecture* publiziert wurde und einem anonymen Akademieentwurf, der in der *Accademia di San Luca* im *Fondo* der *doni accademici* verwahrt wird (Abb. 13).[120]

---

115 Paul Otto an die Berliner Akademie, November 1884, vgl. Pr AdK 0463, Blatt 152 f.

116 Vgl. Arthur Kampf an das Kultusministerium, Oktober 1910, vgl. Pr AdK 0731, Blatt 208.

117 Vgl. Ludwig Pollak, Römische Memoiren. Künstler, Kunstliebhaber und Gelehrte 1893–1943, hrsg. von M. Merkel-Guldan, Rom 1994, S. 64; tabellarische Übersicht der Kaufanfragen im preußischen Finanzministerium, GStA PK, Rep 151, IC Nr. 7108, WINDHOLZ 2003, Anhang 10 und Gutachten über Atelierbauten in Rom von Hermann Prell, Januar 1907, GStA PK, Rep 92, Nachlaß Schmidt-Ott, A LXXV, 2 Villa Massimo u. Bonaparte, Blatt 2–17, WINDHOLZ 2003, Anhang 8. Der Ankauf, zu welchem Kaiser Wilhelm II. bei einem Besuch der Villa Strohl-Fern 1893 überzeugt werden sollte, scheiterte an der Weigerung Bayerns, vgl. PAAA Deutsche Botschaft Quirinal, Bd. 282a, Blatt 215, 258 und 280.

118 Vgl. Deutsche Bauzeitung, Nr. 83, 20. Jg., Berlin 1886, S. 495–98 und Bernhard Sehring, Ideal-Projekt für ein Deutsches Künstlerheim und -Werkstatt in Rom, Berlin 1886.

119 Vgl. Deutsche Bauzeitung, Nr. 83, 20. Jg., Berlin 1886, S. 495–98 und SEHRING 1886. Der Architekt Bernhard Sehring war Rompreisträger gewesen und hatte zwei Jahre, von 1883 bis 1884 in Rom verbracht, wo er in der Villa Strohl-Fern ein Atelier bekam und das Villengrundstück für den Botschafter Robert von Keudell vermaß, vgl. PAAA Deutsche Botschaft Quirinal, Bd. 282a, Blatt 101–102. Auf dem Lageplan sind noch die bestehenden Ateliers der Villa Strohl-Fern eingetragen. Von Sehrings Bauten sind u. a. in Berlin das Theater des Westens und das Künstlerhaus in der Fasanenstraße bekannt. Vgl. Ralph Berndt, Bernhard Sehring. Ein Privatarchitekt und Theaterbaumeister des Wilhelminischen Zeitalters. Leben und Werk, zugl. Diss. Cottbus, 1998, S. 21–28 und Andrea Mesecke, Zum städtebaulichen Ensemble von Bernhard Sehring in Berlin-Charlottenburg 1889–1927, in: Architectura, Bd. 2, Heft 2, München 1999, S. 191–209.

120 Vgl. KAPITEL I. 3., Kat.-Nr. 32/33 und I DISEGNI DI ARCHITETTURA, Bd. 2, ASL Kat.-Nr. 2313–2315.

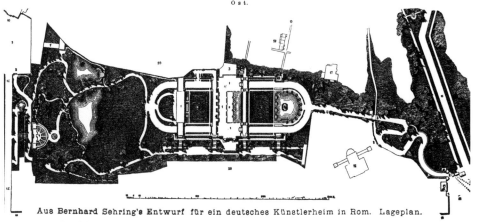

Abb. 12: Bernhard Sehring, Situationsplan Villa Strohl-Fern, 1886

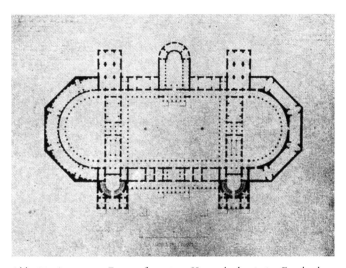

Abb. 13: Anonymer Entwurf zu einer Kunstakademie im Fondo der doni accademici, 60 x 82 cm, Academia di San Luca Rom

Abb. 14: Bernhard Sehring, Ideal-Projekt für ein Deutsches Künstlerheim und -Werkstatt in Rom, südliche Ansicht, 1886

Abb. 15: Bernhard Sehring 1886, Taf. I

Abb. 16: Bernhard Sehring 1886, Taf. II

Abb. 17: Bernhard Sehring 1886, Taf. V

Abb. 18: Bernhard Sehring 1886, Taf. VI

Abb. 19: Giuseppe Sacconi, Entwurfszeichnung für das Denkmal Vittorio Emanuele II. in Rom, 1884

Eine Kaskade von Freitreppen und Terrassen führt von der Westfassade zum Tal herab. Der zentrale Baukörper, in dem die Ateliers und Säle der Künstler untergebracht waren, sollte sich Rom mit einer über die Etagen gezogenen Kolossalfassade repräsentieren. Die als Tempelfronten gestalteten Kopfbauten flankieren die zentrale kolossale Bogenstellung des Querflügels und werden wie Wallots Reichstag in Berlin von quadratischen Türmen überragt. Die Parkgestaltung ist in luxuriösem Überfluß dekoriert und übersät mit figuralem Schmuck. Die Terrassen, Absätze, Geländer und Sokkel werden von Sehring in verschwenderischer Fülle mit Brunnen, Skulpturen, Obelisken, Sphinxen, Hermen, Säulen, Löwen, Adlern und Vasen ausgestattet – hergerichtet wie eine Staffage, die nur noch hätte abgemalt werden müssen, wie Sehring seine perspektivischen Ansichten erläuterte: „Welche Fülle von anregenden Motiven das Terrain in sich trägt, zeigen die folgenden, von mir entworfenen An- und Auffahrten, Aus- und Einblicke." und seine Architektur damit als Kulisse und *Tableau Vivant* für die Werke die in ihr entstehen sollten, verrät.[121]

Die Mehrzahl der Architekturelemente des gesamten Komplexes, die geschwungene Kolonnade des römischen Theaters, die vielfach angebrachten Tempelfronten und die monumentalen Treppen lehnen sich deutlich an Giuseppe Sacconis Ausführungsentwurf für das Denkmal Vittorio Emanueles II. am Kapitol an, das größte römische Bauunternehmen zu Sehrings Zeit.[122] In Deutschland wurde Sehrings Entwurf folgerichtig als „ein Ruhmesdenkmal deutscher Kunst" eingestuft.[123] Während

---

121 SEHRING 1886, Blatt 8.
122 1882 und 1884 wurden hierfür zwei internationale Wettbewerbe ausgeschrieben, die schließlich Giuseppe Sacconi für sich entschied. 1885 fand die Grundsteinlegung statt, vgl. Thorsten Rodiek, Das Monumento Nazionale Vittorio Emmanuele II. in Rom, Frankfurt am Main u. a. 1983 und Catherine Brice, Le Vittoriano. Monumentalité publique et politique à Rome, Rom 1998.
123 Deutsche Bauzeitung, Nr. 83, 20. Jg., Berlin 1886, S. 498.

das Denkmal für Vittorio Emanuele II. zu Anfang des 20. Jahrhunderts zum Altar des Vaterlandes umfunktioniert wurde, mutet Sehrings Bau schon im Entwurf wie ein riesiger irrealer Tempelbezirk an. Es handelte sich dabei weniger um eine Kunstakademie als um ein „monumentales" Denkmal für die Kunst, ein weniger dem Kunstschaffen als der Kunsthuldigung gewidmetes Gebäude.

Gemäß den zeitgenössischen Vorstellungen von der Größe der Antike imaginierte Sehring auf dem Hügel der Villa Strohl-Fern ein pathetisch-theatralisches Pasticcio aus Renaissanceelementen und Antike, das in der regellosen Anwendung neobarocke Fülle entwickelte. Der zeitgenössischen Kritik zu Folge hätten die Künstler davon zu „rauschhaftem" Schaffen angeregt werden sollen:

> „Es ist in diesen zu der landschaftlichen Umgebung in Einklang gesetzten und von ihr aufs wirksamste unterstützten Bindungen etwas von dem Rausche zu spüren, der den nordischen Künstler in der üppigen Natur des Südens zu umfangen pflegt und mit der Erinnerung an die dort verlebten glücklichen Tage wieder lebendig wird. Ein Rausch, der sich unwillkürlich auf den Beschauer überträgt, dessen Verfliegen aber keine unbehagliche Rückwirkung hinterläßt, weil eben jene Phantasie-Gebilde auf einem so ernsten Hintergrunde sich darstellen [...]."[124]

Dem hier angesprochenen modernen Topos des Rausches im künstlerischen Schaffen entsprach Sehrings von Entgrenzungsphantasien getragener Entwurf in der Tat. Die Frage, wie die Künstler in dieser trunkenen Halluzination der Antike ihre eigenen Werke konzipieren sollten, stellte sich die zeitgenössische Kritik nicht. Obwohl mit dem Entwurf im Großen und Ganzen einverstanden, brauchten die Künstler den Kritikern zu Folge gar nicht erst nach Rom gehen: „[...] nicht ohne einen gewissen abenteuerlichen, überdies mehr malerischen als plastischen Reiz war Sehrings Entwurf zu der hoffentlich nie zustande kommenden, weil gründlich unsinnigen deutschen Akademie in Rom."[125] Sehrings Wunsch, „dem Gedanken der Begründung einer solchen Stätte neue Freunde zu[zu]führen" hatte sich, trotz seiner Mühen, nicht erfüllt.[126]

Die tatsächliche Situation der Stipendiaten in Rom veränderte sich nach den hochgesteckten Ankaufsplänen für die größten Villen Roms und seiner Umgebung oder den aberwitzigen Entwürfen Sehrings nur unwesentlich. Die sogenannte „Accademia di Berlino", die über ein paar Ateliers der Villa Strohl-Fern verfügte, entsprach keineswegs der seit langem geforderten nationalen Akademie. Da der bauliche Zustand der dortigen Ateliers sich nach wenigen Jahren als desolat herausstellte, erschien das Quartier bei Strohl-Fern immer deutlicher als dürftiges Provisorium. Einigermaßen hoffnungslos klangen weiterhin die Berichte der Künstler, in denen neben der zermürbenden finanziellen Knappheit auch die ungeeigneten Ateliers in der Villa beklagt wurden. Doch nicht alle ließen sich von der Schäbigkeit entmutigen, wie beispielsweise Karl Stauffer Bern:

> „Ich habe ein ziemlich gutes Atelier gefunden in der Villa Strohl-Fern vor der Porta del Popolo Romano zu ebener Erde mit Cypressen vor dem Fenster, melancholisch wie das Grab, aber praktisch, so viel ich beurteilen kann. Die Villa hat einen schönen Garten, in dem man eventuell Modell stellen und malen dürfte. Da es ziemlich teuer ist, 130 Frc. im Monat ohne Bedienung, und ein Zimmer noch dabei, so werde ich, um die Kosten für ein möbliertes Zimmer zu sparen, auch dort wohnen, ein paar einfache Möbel kaufen, auf jeden Komfort (das thut man hier so wie so) verzichten und leben wie ein Spartaner [...] Weder Thüren noch

---

124 Deutsche Bauzeitung, Nr. 83, 20. Jg., Berlin 1886, S. 498.
125 Die Kunst für alle, hrsg. von Friedrich Pecht, IV. Jg., München 1888/89, S. 56.
126 Sehring 1886, Blatt 16.

Fenster schließen ordentlich, zerbrochene Scheiben u.s.w.; das scheint hier so Mode zu sein. Das erste Möbel, was ich mir hier zulegen werde, ist ein guter Ofen, denn in meinem ganzen Leben war ich noch nicht so bis auf das Mark hinein erfroren und durchkältet wie hier in Rom, so daß mir die Zähne stundenlang klapperten, aber trotzdem und trotzdem."[127]

So wurde die Villa Strohl-Fern in den dreißig Jahren der Mitnutzung durch die Berliner Akademie ein zentraler Ort nicht nur des deutschen Kunstgeschehens in Rom. Die von Strohl-Fern vermieteten Ateliers wurden neben deutschen Stipendiaten auch von vielen italienischen und anderen fremden Künstlern angemietet.[128] Unter den bekannteren deutschen Gästen arbeiteten, wie oben erwähnt, Bernhard Sehring 1884 und Lesser Ury 1890/91 in der Villa Strohl-Fern; letzterer war allerdings mit der Unterbringung überhaupt nicht zufrieden.[129] Nach August Gaul, der von 1898 bis 1900 als Stipendiat ein Atelier bezog,[130] kam Karl Hofer in den Jahren von 1903 bis 1904 auf eigene Kosten.[131] Hofer war mit Hermann Haller bekannt, der wiederum Paul Klee auf seiner Italienreise im Jahr 1901[132] begleitet hatte. Immerhin ein halbes Jahr, vom 1. Dezember 1903 bis Ende Juni 1904, weilte auch Rainer Maria Rilke in der Villa Strohl-Fern.[133]

Nachdem Sehring seine Entwürfe veröffentlicht und keinen Durchbruch erzielt hatte, berichtete das Berliner Morgenblatt in der Morgenausgabe vom 21. Juli 1886, daß die kaiserlich russische Regierung den Palazzo Patrizi in der Via Margutta, Sitz des *Circolo artistico internazionale*, mit dem Ziel der Gründung einer Künstlerakademie zu erwerben beabsichtigte.[134] Auf diese Nachricht hin, für die sich auch Otto von Bismarck interessierte, wechselten Dutzende von Briefen zwischen den deutschen Botschaften in St. Petersburg und Rom und dem Auswärtigen Amt, um die deutsche Regierung über jeden Schritt der russischen Seite zu informieren. Die kaiserlich Deutsche Botschaft in Petersburg schrieb am 16. August 1886 an Bismarck, daß zwar von russischer Seite daran gedacht würde, ein Grundstück zu kaufen, aber keine konkreteren Pläne bestünden. Die deutsche Botschaft am Quirinal reagierte drei Tage später ebenfalls auf die Nachfrage Bismarcks, und meldete, daß die Gerüchte um den Ankauf des Palazzo Patrizi zur Gründung einer russischen Kunstakademie sich nicht bestätigen ließen.[135]

---

127 Brief an Lydia Escher Februar 1888, zitiert nach Otto Brahms, Karl Stauffer Bern. Sein Leben, seine Briefe, seine Gedichte, Berlin 1912, S. 178 f.

128 Vgl. AUSST.-KAT. GLI ARTISTI DI VILLA STROHL-FERN.

129 Robert Cauer berichtete über den schlechten Zustand der von Strohl-Fern zu billig gebauten Ateliers und über Lesser Urys Klagen an die Akademie in Berlin: „Der Maler Ury […] erklärte mir, daß er das Atelier nicht weiter halten kann, weil dasselbe zu feucht und kalt sei und trotz aller Versuche nicht trocken und dicht zu bekommen sei. Er müßte deshalb ein anderes Atelier beziehen, da er sich unwohl fühle." Vgl. Pr AdK 0463, Blatt 349.

130 Vgl. Pr AdK 0463 und 0729.

131 Vgl. Karl Hofer und Theodor Reinhart, Maler und Mäzen. Ein Briefwechsel in Auswahl, hrsg. von Ursula und Günter Feist, Berlin 1989, S. 43, 51, 74 und S. 75. Zur zeitgenössischen Einschätzung der künstlerischen Wirkung des Romaufenthaltes auf Karl Hofer, vgl. Julius Meier-Graefe, Neue Deutsche Römer, in: Kunst und Künstler, Jg. V, Berlin 1907, S. 424–35 und Karl Scheffler, Karl Hofer, ebd., Jg. XII, Berlin 1914, S. 461–68.

132 Vgl. Ausst.-Kat. Reisefieber praecisiert. Paul Klee, Reisen in den Süden, hrsg. von Uta Gerlach-Laxner, Hamm 1997 und Marcel Franciscono, Paul Klee's Italian Journey and the Classical Tradition, in: Pantheon, Jg. 32, München 1974, S. 54–64.

133 Vgl. POLLAK 1994, S. 64, TROMBADORI 1982, S. 535/36 und AUSST.-KAT. GLI ARTISTI DI VILLA STROHL-FERN, S. 135.

134 Zehn Jahre später hat sich die *British Academy* in der Via Margutta 53b im Palazzo Patrizi eingemietet, einem vierstöckigen Ateliergebäude, das in den letzen Jahrzehnten des 19. Jahrhunderts von der römischen Kunstszene frequentiert wurde, vgl. KAPITEL III. 2.

135 Vgl. Bundesarchiv R 901, Auswärtiges Amt, 38043, Akten betreffend die Begründung von Kunstakademien in Rom, Aug. 1886–Aug. 1907 und PAAA Botschaft Rom Quirinal, Bd. 282a, 1879–1909, Acten betreffend Kunst- & wissenschaftliche Angelegenheiten, 6. Errichtung eines Künstlerhauses, Blatt 113–37.

1893 versuchte der Deutsche Künstlerverein in Rom, den Ankauf der Villa Strohl-Fern direkt bei Kaiser Wilhelm II. durchzusetzen, welcher den Verhandlungen um das Grundstück, in die sich zuvor auch Reichskanzler Bismarck eingeschaltet hatte, grundsätzlich zugestimmt hatte.[136] Der Vorsitzende des Künstlervereins Professor Moritz Meurer (1839–1916),[137] notierte die Gesichtspunkte und Argumente, die für den Ankauf sprachen und die Professor Heinrich Gerhardt, der Bildhauer, der für die Rompreisträger der preußischen Akademie zuständig war, dem Kaiser, die Gelegenheit seines Rombesuches nutzend, bei der geplanten Grundstückbesichtigung nennen sollte:[138]

„Deutsches Atelierhaus Rom
Nationaler Gesichtspunkt
Deutsche Wissenschaft in Rom vertreten durch 2 Institute. Archäologisches und historisches Institut.
Nothwendigkeit künstlerischer Vertretung Deutschlands. Das Atelierhaus muß Reichsinstitut sein.
Jetzt bestehende Academien in Rom.
Frankreich: Villa Medici
Einfluß der französ. Academie in Rom auf Entwicklung der französ. Kunst
Spaniens Academie auf dem Janiculus
Hervorragende Stellung der spanischen Künstler in der Kunst und auf dem Weltmarkt datiert seit Gründung ihrer Academie
Staatliche Ateliers ferner in Aussicht gestellt von Amerika und Belgien.
Das Deutsche Atelierhaus kommt folgenden Hauptforderungen entgegen:

I. Den deutschen Stipendiaten aller Kunstzweige gute und fertigeingerichtete Ateliers umsonst zu stellen. Nutzen der Stipendien ohne eine solche Einrichtung fraglich. Jetzige Misere.
Werkstätten zu schaffen für alle bildenden Künstler: Architekten, Bildhauer, Maler u. Kunstgewerbetreibende.
Vereinigungspunkte der Studierenden. Gegenseitige Anregung der verschiedenen Kunstzweige.

II. Vermietbare Werkstätten zu stellen für zureisende Deutsche Künstler welche in Rom einige Zeit studieren wollen.
Ateliermangel in Rom.

III. Vermiethbare Werkstätten für einige in Rom dauernd ansäßige Künstler zu gewinnen, welche den Stamm des Instituts bilden könnten. Nothwendigkeit eines großen und geeigneten Terrains für landschaftliche und Studien unter freiem Himmel, welche an deutschen Academien nicht möglich sind
Günstige Lage der Villa Strohl Fern.
Nähe der Stadt u. Modellplätze. Nordlicht, Unverbaubarkeit u. hohe Lage des Terrain. Relativ gesunde Lage. Landschaftliche Vorzüge.
Ganzes Terrain zu erwerben, um sich Abgeschlossenheit u. Unverbaubarkeit zu sichern. Werthvoller Besitz auch für andere Reichszwecke. [...]"[139]

---

136 Vgl. PAAA Botschaft Rom Quirinal, Bd. 282a, 1879–1909, Acten betreffend Kunst- & wissenschaftliche Angelegenheiten, 6. Errichtung eines Künstlerhauses, Moritz Meurer an den Botschafter Graf zu Solms 1893, Blatt 258 ff.

137 Moritz Meurer war Professor an der Kunstgewerbeschule in Berlin und dort Lehrer von Karl Blossfeld. Er verfasste kunstwissenschaftliche Bücher, darunter: Pflanzenformen, vorbildliche Beispiele zur Einführung in das ornamentale Studium der Pflanze, Dresden 1896 und Vergleichende Formenlehre des Ornaments und der Pflanze, Berlin 1909.

138 Zu Heinrich Gerhardt vgl. POLLAK 1994, S. 61/2 und NOACK 1912, S. 230 und S. 240.

139 Vgl. PAAA Botschaft Rom Quirinal, Bd. 282a, 1879–1909, Acten betreffend Kunst- & wissenschaftliche Angelegenheiten, 6. Errichtung eines Künstlerhauses, Blatt 280, vollständig wiedergegeben in: Angela Windholz, Idealentwürfe für ein Deutsches Künstlerhaus in Rom im 19. Jahrhundert: zur Vorgeschichte der Deutschen Akademie Villa Massimo, in: Italien in Preußen, Preußen in Italien. Ein Kolloquium der Winckelmann-Gesellschaft, des Forschungszentrums Europäische Aufklärung und der Philosophischen Fakultät der Universität Potsdam, 2002, Schriften der Winckelmann-Gesellschaft, Bd. 25, Stendal 2006, S. 276–96.

Die stichwortartigen Argumente machen die Vorteile deutlich, die sich die Künstler durch eine Akademie in Rom versprachen, wie wirtschaftliche Vorzüge, die Etablierung auf dem Kunstmarkt und ein größeres internationales Renommee.[140]

Der Ankauf der Villa Strohl-Fern scheiterte jedoch weiterhin am Widerstand Bayerns, das sich weigerte, eine Institution auf Reichsebene finanziell zu unterstützen.[141] Hinzu kam nun auch die wachsende Kritik am traditionellen Rompreisverfahren, und die Überzeugung der Notwendigkeit einer Akademie in Rom schwand auch innerhalb der Kunstkreise immer mehr.

Die Krise der Rompreise und der italienischen Kunstreise

Das akademische Ausbildungsziel einer „höheren" Kunst hatte sich immer mehr von der tatsächlichen Kunstentwicklung entfernt. Der Rompreis konnte aus Mangel an geeigneten Bewerbern, die neben den Auflagen, die das Stipendium den Preisgewinnern abverlangte, auch durch die Vergabemodalitäten abgeschreckt wurden, immer öfter nicht verliehen werden.[142] Der akademische Senat ersuchte darum um Verbesserungen des Verfahrens und diskutierte Reformversuche. Im November 1879 beantragte Anton von Werner als Mitglied des Senats der Akademie der Künste beim Ministerium der geistlichen, Unterrichts- und Medicinal-Angelegenheiten eine Verfahrensänderung beim Rompreis.[143] Zum ersten Mal sollten durch Offenlegen der Akten seit 1825 die Ergebnisse des Großen Staatspreises analysiert werden. Anton von Werner, in seiner Funktion als Präsident der Hochschule der Künste, analysierte die mangelnden Wettbewerbserfolge erwartungsgemäß als Problem des Umsichgreifens moderner Richtungen, die die Künstler nicht mehr zum klassischen Studium anleiten:

> „Die Schwierigkeiten einer Clausurkonkurrenz für Maler, wie sie jetzt gebräuchlich ist, sind so groß, daß solche junge Künstler, welche noch im Studium auf der Hochschule begriffen sind, überhaupt nicht daran theilnehmen können. Es gehören dazu fertige Künstler, welche schon eine mehrjährige Praxis und Erfahrung hinter sich haben, und welche sich mit solchen Aufgaben, wie sie bei der Konkurrenz gestellt werden und welche unserer modernen Kunstrichtung – leider! – fern liegen, überhaupt schon beschäftigt haben."[144]

---

140 Vgl. Kapitel II. 1. Der Kunstmarkt hatte durchaus wirtschaftliche Relevanz. Aus den Beiträgen zu den Weltausstellungen geht deutlich hervor, daß nicht nur Prestigegewinn, sondern auch rein wirtschaftliche Interessen eine Rolle spielten. Spätestens in St. Louis 1904 ging es um Anteile am amerikanischen Markt für zeitgenössische Kunst, den die französischen Impressionisten fest in der Hand hatten. Frankreichs Export an Bildern war seit den achtziger Jahren auf vier Millionen Mark jährlich gestiegen, derjenige Deutschlands hingegen auf 400 000 Mark gesunken, was nicht zuletzt dem Profil der französischen Kunstabteilung auf den Weltausstellungen 1889 und 1900 in Paris zugeschrieben wurde. Vgl. Martina Wehlte Höschele, Der Eklat um die Weltausstellung in St. Louis 1904. Zur Vorgeschichte des Deutschen Künstlerbundes, in: Deutscher Künstlerbund 36. Jahresausstellung, Stuttgart 1988, S. 21–26, S. 22.

141 Vgl. PAAA Botschaft Rom Quirinal, Bd. 282a, 1879–1909, Acten betreffend Kunst- & wissenschaftliche Angelegenheiten, 6. Errichtung eines Künstlerhauses, Blatt 280 ff.

142 Die Preisverleihung fiel vor allem in den siebziger Jahren wiederholt aus, wie aus der Übersicht über die Träger des Großen Staatspreises hervorgeht, vgl. Pr AdK 0725, Blatt 3–6.

143 Vgl. Pr AdK 0725, Blatt 7 f. In der Zeit des Deutschen Kaiserreichs waren Akademie und Mitgliedschaft wesentlich von der das Kunstleben beherrschenden Persönlichkeit des Malers Anton von Werner geprägt, der vierzig Jahre lang, von 1875 bis 1915, als Direktor der 1875 gegründeten Königlichen Akademischen Hochschule für die bildenden Künste zu Berlin zugleich Senator der Akademie der Künste war.

144 Anton von Werner an den Minister der geistlichen, Unterrichts- und Medicinal-Angelegenheiten Dr. von Gossler, Juni 1888, vgl. Pr AdK 0725, Blatt 49.

Er bedauerte die Diskrepanz zwischen den hohen Anforderungen der Aufgabenstellungen und dem „modernen" niedrigen technischen Niveau, verteidigte aber stoisch das Festhalten an der idealistischen Richtung:

> „[...] die diesjährige Ausstellung der Schülerarbeiten wird den Beweis dafür liefern. Ob aber dadurch die Resultate der römischen Konkurrenz anders werden, wage ich nicht zu behaupten, weil es nicht abzusehen ist, ob trotz all unserer Bemühungen die jungen Künstler entgegen der Zeitströmung in der Praxis sich der idealistischen Richtung hingeben wollen [...]."[145]

Vier Jahre später mußte in Deutschland betroffen zur Kenntnis genommen werden, daß die Franzosen laut *National Zeitung* vom 12. Oktober 1893 ihren Preis grundsätzlich von einem Romaufenthalt freistellten:

> „Die Pariser Akademie der bildenden Künste hat die Einrichtung des römischen Preises, der den besten Schülern der Akademie einen mehrjährigen Aufenthalt in Rom ermöglichte, sie zu gleich aber dazu nöthigte, aufgehoben. In dortigen Künstlerkreisen findet dieser Entschluß großen Beifall. Der Bildhauer Rodin urteilt in der „Vie contemporaine", daß der „Prix de Rome" die Talente, die damit bedacht wurden, in ihrer Entwicklung geradezu aufgehalten habe [...]."[146]

Der Senat der Akademie der Künste stellte fest, daß das Studienprogramm ausschließlich für die „modernen realistischen Richtungen" keinerlei Wert habe, wohingegen an den klassischen Studien festgehalten werden sollte:

> „[...es] ist wiederholt die Frage angeregt worden, ob es nicht zeitgemäß sei, die Bestimmung, welche als hauptsächliches Reiseziel für den Sieger der Concurrenz Italien bezeichnet, fallen zu lassen, und statt dessen den Staatsstipendiaten freizustellen, ihre Studien je nach ihrer Wahl auch in Paris, Spanien, im Orient u.s.f. zu verfolgen. Es ist uns nicht zweifelhaft, daß diese Frage entschieden zu verneinen sei, und daß eine derartige Änderung unserer derzeitigen Concurrenz Ordnung im augenscheinlichen Widerspruch stehen würde mit der Absicht welche der Stiftung des Staatspreises zu Grunde gelegen hat, und welche niemals dafür gerichtet gewesen ist, die jungen Künstler nach Beendigung ihrer akademischen Studien in der Heimat einfach auf Wanderschaft zu schicken, sondern vielmehr dafür, den letztern das Studium der klassischen Kunst an ihrer Quelle – des der Malerei also in Italien – zu ermöglichen, resp. zu erleichtern. In früheren Zeiten verstand sich dies insofern von selbst, da die ganze akademische Erziehung in einer Weise eingerichtet war, welche die italienische Reise als Ergänzung gewissermaßen voraussetzte. Seitdem die moderne realistische Richtung in der Kunst erstarkt ist und sogar Einfluß auf unsere akademischen Lehrinstitute gewonnen hat, ist hierin freilich eine Änderung eingetreten. Diejenigen, welche ihre Vorbilder und Inspirationen ausschließlich ihrer unmittelbaren Umgebung oder dem täglichen Leben entnehmen wollen, bedürfen natürlich der Anlehnung an die Vorbilder der klassischen Kunstperioden nicht; für sie kann also auch ein längerer Aufenthalt in Italien nicht als ein notwendiges Bildungsmittel betrachtet werden."[147]

---

145 Ebd.
146 Vgl. Pr AdK 0725, Blatt 137.
147 Der Senat der Akademie der Künste an den Minister der geistlichen, Unterrichts- und Medicinal-Angelegenheiten, Dr. von Gossler, März 1890, Pr AdK 0725, Blatt 85, transkribiert. Im Widerspruch gegen diese Überlegungen wird immer auch auf die große Auswahl an Preisen hingewiesen, die es neben dem Rompreis noch gab und die nicht Italien als Reiseziel bedingten. Neben dem Rompreis mit 2 Preisen pro Jahr à 3300 M für eine einjährige Studienreise nach Italien, gab es bis 1912 die Rohrsche Stiftung, die alle zwei Jahre einen Preis à 3600 M für eine einjährige Studienreise, ohne Zielbestimmung, verlieh; die Dr. Hugo Raussendorff Stiftung, die alle zwei Jahre 4000 M für eine einjährige Studienreise, Ziel offen, verlieh und den Schmidt-Michelsen Preis à 1500 M, ebenfalls ohne Reisevorschrift. Vgl. Übersicht über die Studienreisen, August 1912, Pr AdK 0725, Blatt 275 ff.

Die Verunsicherung der Akademie gegenüber den vielen widerstrebenden Kunstrichtungen am Ende des 19. Jahrhunderts erschütterte auf der einen Seite zwar die Rompreisregelung, auf der anderen Seite aber versprach die künstlerische Auseinandersetzung mit Italien gerade in dieser Orientierungslosigkeit dauerhafte, nicht den „kurzlebigen" Kunsttrends unterworfene Werte. Zu Hilfe kam den Verfechtern des Rompreises die zunehmende Anerkennung der Deutsch-Römer um die Jahrhundertwende. Die Argumentation für die Beibehaltung des Rompreises und die Verbesserung seiner praktischen Durchführung durch eine deutsche Akademie in Rom gewann in der Öffentlichkeit durch die Etablierung Anselm Feuerbachs, Arnold Böcklins, Hans von Marées und Adolf von Hildebrands auf dem Kunstmarkt an Überzeugungskraft.

1909 schrieb Ludwig Justi, der als Direktor der Berliner Nationalgalerie die dortige Abteilung der zeitgenössischen Kunst aufbaute, im Namen des Senats der Königlichen Akademie der Künste an den preußischen Kultusminister und machte den Wert der klassischen Bildung als Gegengewicht zu dem um sich greifenden Impressionismus deutlich:

> „Für die gegenwärtig tonangebende internationale Kunstrichtung des Impressionismus ist der Aufenthalt in Italien nicht wertvoller als in irgend einem, traurigen Landstrich, und die Kunst der großen alten Meister nur gefährlich. Aber neben dem Impressionismus gibt es noch andere Möglichkeiten der Kunst, die von einer ganzen Gruppe großer deutscher Meister entwickelt worden sind: Marées, Feuerbach, Böcklin, Hildebrand, Tuaillon. Diese Meister haben lange Jahre in Italien gelebt, besonders in Rom, und haben sich von dem Geist, von der Stilempfindung der großen klassischen Kunst durchdringen lassen. Uns erscheint der Aufenthalt in Italien von allergrößtem Werte für die Entfaltung und Veredelung unserer Kunst in bestimmter Richtung."[148]

Der Erfolg der Deutsch-Römer um die Jahrhundertwende stütze die fortgesetzte Gewährung der Italienstipendien auch in anderen Lagern der Kunstszene ab, und der Romaufenthalt blieb selbst für Künstler attraktiv, deren Interesse nicht wie das der akademischen Kunsthüter dem vermeintlich italienischen Versprechen eines „monumentalen" Kunststils galt. Manche deutschen Künstler, die sich zu einem längeren Italienaufenthalt entschlossen, entzogen sich dem künstlerischen Klima des Kaiserreichs.[149] Innerhalb der beschleunigten Entwicklung Deutschlands zur Großmacht, der rasanten wirtschaftlichen Veränderungen zu einem prosperierenden Industriestandort, bot Italien noch eine zeitlang Abgeschiedenheit, Distanz zur Moderne und Einfachheit der Lebensumstände.

3. ‚Ein Platz an der Sonne'

Die Künstlerhäuser *Villa Serpentara* und *Villa Romana*

Der hohe Anspruch an eine repräsentative Auslandsakademie im Einklang mit den expansionistischen Bestrebungen des Kaiserreiches, wie sie in Bernhard von Bülows Metapher „ein Platz an der Sonne"[150] zum Ausdruck kamen, ließ sich zunächst nicht einlösen. Nachdem weder die Finanzierungsfrage zwischen den Ländern und dem Reich geklärt werden konnte, noch die Kunstdebatte eine klare Haltung gegenüber den klassischen Studien in Italien gefunden hatte, bewegten sich die

---

148 Vgl. Pr AdK 0725, Blatt 197–99.
149 Vgl. HOFMANN 1999, S. 81.

150 Bernhard von Bülow in seiner ersten Reichstagsrede am 6. Dezember 1897.

Gründungsbemühungen für eine Akademie auf zwei unterschiedlichen Wegen. Dank privater Initiative entstanden kleine Künstlerhäuser, deren Konzeption die Interessen der Künstler berücksichtigten und vor allem praktischen Zielen dienten, wie der zeitweiligen Unterbringung von reisenden Künstlern in landschaftlich reizvollen Gegenden oder attraktiven Kunstzentren. Bescheiden und peripher, nicht in Rom, dem Zentrum der Aufmerksamkeit, wurden einfache Wohn- und Atelierhäuser eingerichtet.

1873 kaufte eine Gruppe von Künstlern einen Steineichenwald bei Olevano Romano. Das „Serpentara", Schlangenhain, genannte Wäldchen ist in der von Joseph Anton Koch aufgespürten, unberührten Landschaft der Aequer Berge gelegen und seit seiner Entdeckung über das gesamte 19. Jahrhundert unzählige Male gezeichnet und gemalt worden. Sein urwüchsiges Dickicht mit den aus der Erde ragenden Felskuppen läßt sich als Staffage auf zahlreichen Bildern des 19. Jahrhunderts wiedererkennen.[151] Neben der motivreichen Landschaft bot sich Olevano auch wegen der Gastfreundschaft und Offenheit seiner Bewohner, die sich bereit erklärten, den Fremden Modell zu sitzen, als Künstlerort an. Sie waren auch bereit, ihr Leben, ihre Feste und ihre Bräuche so weit mit den Fremden zu teilen, daß schon 1835 der *Governatore* von Gennazzano über diese Freizügigkeit besorgt nach Rom berichtete:

> „[...] Il Paese [Olevano, Anm. d. Verf.] merita di essere sorvegliato. La Gioventù di ambo i sessi, quasi generalmente si è data in quel comune in preda alla debosciatezza e sono in modo demoralizzati, che anche qualche donzella, non in bassa condizione, ha avuto la sfataggine di denudarsi e sedire da modello agli Esteri Pittori, che in buon numero dimorano nell'estate in quel soggiorno. Nelle ricreazioni e nei Festini notturni, che si sono tenuti fra gli Olevanesi e gli Esteri, si sono scorperti dei notevoli scandali."[152]

Als 1873 die Abholzung der Steineichen durch den italienischen Besitzer drohte, der die kostbaren Bäume als Nutzholz für Eisenbahnschwellen verkaufen wollte, suchte der deutsche Landschaftsmaler Edmund Kanold die Vernichtung des beliebten Idylls zu verhindern. Er sammelte unter seinen Freunden und mit Hilfe eines Aufrufs in Deutschland Gelder, um die Bäume samt Grund und Boden zu erwerben und am 25. September 1873 konnte die Serpentara durch den Notar der deutschen Botschaft in Rom für 2350 Lire angekauft werden. Der vor dem Abholzen bewahrte und dem deutschen Kaiser als Geschenk vermachte Hain war seitdem Eigentum des deutschen Reiches. Er blieb das Studienobjekt der Künstler und hat sich bis heute als eine naturhistorische Seltenheit bewahrt.[153] Darüber hinaus diente er als Ausflugsziel der deutschen Gemeinde in Rom, die den neuen Landbesitz mit einer Wilhelm I. gewidmeten Kaisereiche patriotisch feierte – denn dort könne man „unter deutschen Eichen in Italien" wandeln. Später wurde auch ein Bildnis Kaiser Wilhelms II. von Heinrich Gerhardt in den Fels geschlagen, dem Reliefmedaillons mit Portraits von Joseph Anton Koch, Heinrich Dreber und Viktor von Scheffel folgten.[154]

Über Generationen wohnten die Künstler, die in der Serpentara und in Olevano malten, in der Casa Baldi, die sich durch die Hinterlassenschaften der Künstler zu einem kleinen Kulturmuseum entwickelte.[155]

---

151 Vgl. AUSST.-KAT. GLI ARTISTI ROMANTICI; Coriolano Belloni, I Pittori di Olevano, Rom 1970 und NOACK 1912, S. 230–40.

152 Der Governatore von Gennazzano Luigi Palazzetti an den Monsignore Governatore di Roma, zitiert nach Lorenza Rocchi, I Francesi a Olevano Romano, in: Artisti e scrittori europei a roma e nel lazio. Dal grand tour ai romantici, hrsg. von Angelo D'Alessandro, Rom 1984, S. 71.

153 Vgl. Friedrich Noack, Italienisches Skizzenbuch, Stuttgart 1900, S. 55, NOACK 1912, S. 230–40 und AUSST.-KAT. ZUSAMMENKOMMEN 1991, S. 228.

154 Vgl. NOACK 1900, S. 45–56.

155 Vgl. NOACK 1900, S. 45–56. Die Casa Baldi, die heute als Dependance der Villa Massimo im Besitz der Bundesrepublik ist, wurde 1939 durch W. Hoppenstedt im Auftrag von Adolph Ziegler für das dritte Reich angekauft, vgl. BELLONI 1970, S. 25.

Abb. 20: Wilhelm Kaulbach, Kaulbach und seine Schüler vor den Toren Roms, 1847–53, Bayerische Staatsgemäldesammlung München

Abb. 21: Heinrich Franz-Dreber, Die Serpentara bei Olevano, ca. 1850

Abb. 22: Enthüllung des Kaiser Wilhelm Reliefs von Heinrich Gerhardt in der Serpentara 1895, in der Mitte der deutsche Botschafter Bernhard von Bülow

Als die traditionsreichen Herbergen der Deutschen in Olevano, die Casa Baldi und das Albergo Roma, durch Besitzerwechsel ihren Status als exklusive Künstlerherbergen verloren oder schlossen, suchten die Künstler nach Ersatz. Mit der Errichtung einer „Schutzhütte" durch den Bildhauer Heinrich Gerhardt wurde in den ersten Jahren des 20. Jahrhunderts ein erstes Künstlerhaus geschaffen, das den Künstlern fortan während ihrer Aufenthalte in Olevano Unterkunft gewährte.[156]

156 Vgl. NOACK 1927, Bd. 1, S. 609 f. Heinrich Gerhardt war seit 1844 in Rom und Gründungsmitglied des Künstlervereins, vgl. POLLAK 1994, S. 61 f und NOACK 1912, S. 230 und S. 240. 1894 teilte er seinen Bauplan der Berliner Akademie mit, vgl. Brief von Heinrich Gerhardt an den hohen Senat der Königlichen Akademie Berlin vom 1. Juli 1894, Pr AdK 0729, Blatt 97.

Abb. 23: Casa Baldi in Olevano Romano, um 1900

Abb. 24: Villa Serpentara in Olevano Romano, um 1906

Gerhardt, der Betreuer der preußischen Stipendiaten in Rom und Verwalter der Serpentara, plante die Errichtung des Hauses auf eigene Kosten. Er baute ein bescheidenes kleines Haus, das mit zwei Ateliers und Schlafnischen ausgestattet war. Der Hausbau war 1906 abgeschloßen, und die ersten Gäste konnten im gleichen Jahr aufgenommen werden.[157] Die Auswahl der Gäste traf Gerhardt selbst. Er hatte zuerst daran gedacht, seine „Schutzhütte" dem Künstlerverein zu überschreiben, was jedoch aus rechtlichen Gründen nicht möglich war. 1905 setzte er die Berliner Akademie als Erbin

---

157 Vgl. Brief von Gerhardt an den Senat der Berliner Akademie der Künste vom 10. Januar 1907: „Unser Künstlerheim in der Serpentara ist im Monat Oktober (1906) abgeschloßen. Haus und Garten sind in gutem Zustand, die Ateliers werden auch im Winter benutzt. Deutsche Maler aus München Dachau arbeiten fleißig in seiner Natur und sind überglücklich in unserem Heim Unterkommen und Platz zu finden." Pr AdK 0732, Blatt 2.

ein, die ihn für die Betreuung der Stipendiaten mit einem jährlichen Gehalt und dem Professorentitel entlohnte.[158] 1914 wurde die „Schutzhütte" der Königlichen Akademie der Künste testamentarisch vermacht.

Die Gründung eines weiteren Künstlerhauses, der *Villa Romana* in Florenz, kam auf Anregung Max Klingers zustande und krönte die bisherigen Bemühungen der Künstler um eine Akademie in Italien.[159] Seit den siebziger Jahren richtete sich die Aufmerksamkeit, nicht zuletzt angeregt durch Böcklin, Hildebrand und Hans von Marées, verstärkt auf Florenz und die Kunst der Renaissance. Rom hatte, seitdem es zur Hauptstadt des geeinten Italiens ausgebaut wurde, viel von seiner ursprünglichen, zeitenthobenen Atmosphäre verloren. Die Kreise um die deutschen Künstler zogen Schriftsteller, Kunsthistoriker, Literaten und Komponisten an und brachten Florenz die Bezeichnung „salotto d'europa" ein.[160] Unter Einfluß der Renaissancebegeisterung von Wilhelm von Bode hatte auch die Kronprinzessin Viktoria von einer Akademiegründung in Rom abgeraten und Florenz als einzigen in Betracht kommenden Ort bezeichnet.[161] Florenz wurde mehr und mehr zum künstlerischen und geistigen Zentrum der Italien-Deutschen. Da sich jedoch die Florentiner Villenkultur für junge Künstler und Bohemiens als sehr kostspielig herausstellte, wurde schon bald nach kollektiven Lösungen gesucht.

Tatsächlich geschah aber die Gründung des Florentiner Künstlerhauses aus der Secessionsbewegung heraus. 1905 nahm der aus den deutschen Secessionen vereinte Künstlerbund den Vorschlag Max Klingers an, ein Atelierhaus für deutsche Künstler in Florenz zu gründen.[162] Klinger und der Verleger Georg Hirzel wurden mit der Realisierung betraut und kauften mit privaten Stiftungsgeldern 1905 die *Villa Romana* mit zugehörigem Grund von ca. 14 500 qm für einen im Vergleich zu römischen Grundstücken geringen Preis von ca. 50 000 Mark. Unter den privaten Geldgebern für die *Villa Romana* befand sich bemerkenswerter Weise auch der Berliner Mäzen Eduard Arnhold, der spätere Stifter der Villa Massimo, der von da an in die verschiedenen Initiativen zur Gründung einer Akademie involviert blieb.

Die Villa verfügte über sechs Ateliers für die mit dem ebenfalls gestifteten *Villa Romana*-Preis auszuzeichnenden Künstler. Im Jahr 1906 wurde der Verein *Villa Romana* gegründet, der sich, wie der deutsche Künstlerbund als „Zusammenfassung aller Secessionen" verstand. Gemeinsam mit den Mitgliedern des Vereins entwickelte Klinger die Konzeption und Satzung des Hauses.[163]

---

158 Vgl. Ausst.-Kat. Zusammenkommen 1991, S. 222–30.

159 Vgl. zur Geschichte der *Villa Romana*: Joachim Burmeister, Überlegungen zu den Ursprüngen des deutschen Künstlerhauses Villa Romana in Florenz. Eine schriftliche Geisterbeschwörung, in: Storia dell'arte e politica culturale intorno al 1900. La fondazione dell'Istituto germanico di Storia dell'Arte di Firenze, hrsg. von Max Seidel, Venedig 1999, S. 391–413; Ausst.-Kat. Zum Beispiel Villa Romana, Florenz. Zur Kunstförderung in Deutschland, hrsg. von Ingrid Jenderko, Baden Baden 1977, S. 32 f und „Mir tanzt Florenz auch im Kopfe rum". Die Villa Romana in den Briefen von Max Klinger an den Verleger Georg Hirzel, hrsg. und eingeleitet von Angela Windholz, Berlin – München 2005.

160 Vgl. Joachim Burmeister, Turismo in Arcadia, in: Ausst.-Kat. Arnold Böcklin e la cultura artistica in Toscana, hrsg. von Cristina Nuzzi, Fiesole – Rom 1980, S. 66–82 und Bernd Roeck, Florenz 1900. Die Suche nach Arkadien, München 2001. 1888 wurde das Kunsthistorische Institut in Florenz in Form eines freien Gelehrten-Kollegiums gegründet. Vgl. Hans W. Hubert, August Schmarsow, Hermann Grimm und die Gründung des Kunsthistorischen Instituts in Florenz, in: Storia dell' arte, S. 339–58.

161 Vgl. Noack 1927, Bd. 1, S. 621.

162 Vgl. Windholz 2005.

163 Vgl. Brief Max Klingers an Franz von Stuck, 5. April 1905, in: Briefe von Max Klinger aus den Jahren 1874–1919, hrsg. von Hans Wolfgang Singer, Leipzig 1924, S. 160 f. Noch heute wird durch eine Jury von Künstlern der *Villa Romana*-Preis an Künstler verliehen.

Abb. 25: Villa Romana in Florenz

Bei der Formulierung der Ziele, die der Verein mit der Einrichtung des *Villa Romana*-Preises verband, wurde betont, daß er sich um zeitlose künstlerische Qualität bemühen und bei der Auswahl der Künstler nicht durch künstlerische Parteien und Richtungen festlegen lassen wolle. So wiesen sie mit Nachdruck auf die bleibenden Werte in Italien hin und pochten auf die Wichtigkeit eines Arbeitsaufenthalts der Preisträger in Florenz, denn,

> „[...] der Mode der Gegenwart standzuhalten und in die Zukunft hereinzuklingen, wird immer schwerer. Darum haben sich Künstler und Kunstfreunde vereinigt, diese künstlerische Tüchtigkeit zu suchen. Das Gute zu halten und zu schützen, aus welcher Richtung es auch kommt, nach welchen Zielen es auch strebt, und ihm zu helfen, sich unbeeinflußt von den Strömungen des Tages und dem Streit der Parteien weiter zu entwickeln, war das Ziel bei der Gründung des Vereins."[164]

Diese um Objektivität bemühte Einstellung, die man von den Secessionisten nicht erwartete, aber auch das Festhalten an den anerkannten Werten, erntete das Lob der populären Kunstkritik:

> „Man empfand, daß der in hartem Kampf geborene Künstlerbund damit einen Schritt weit hinaus über den Parteistreit getan habe und hörte, daß es sich um eine Einrichtung handelt, die dem Talente nutzen will, gleichviel welcher Richtung der Kunst es angehören mag."[165]

---

164 AUSST.-KAT. ZUM BEISPIEL VILLA ROMANA 1977, S. 33.

165 Die Künstlerkolonie Villa Romana in Florenz, in: Zeitschrift für bildende Kunst, 40. Jg., Heft 12, Leipzig 1905, S. 327.

Das Angebot eines Italienaufenthaltes in der *Villa Romana* hatte mit dem akademischen Rompreisprogramm nichts mehr gemein. In vollkommener Freiheit sollten die Künstler ihre Zeit in Italien verbringen dürfen, ohne jede Form eines Studienprogramms, ohne Pflichtarbeiten, ohne Ausstellungszwang. Um die Verfechter der Eigenart deutscher Kunst, zu beruhigen, die inzwischen „genuin" deutsche Kunststile in den ersten eigenständigen Entwicklungen der Moderne ausmachten, wurde hinzugefügt, daß man auf die innere Freiheit der erwählten Künstler vertrauen könne,

> „[...] denn aus denen, die über die Alpen pilgern werden, sollen keine Romanisten werden, die ihre deutsche Art im Studium italienischer Kunst aufgeben, sondern wir wünschen, daß ihr Selbstgefühl gesteigert, ihre Natur gestählt werde in der freieren Entfaltung ihrer Kräfte und im Zusammenleben mit anderen Künstlern."[166]

Die ersten Einladungen bestätigten die Befolgung der Grundsätze und veranschaulichen die Spannweite der als förderungswürdig anerkannten künstlerischen Richtungen. Für einen Aufenthalt ausgewählt wurden in den ersten Jahren u. a. Gustav Klimt, Henry van de Velde, Kurt Tuch, Georg Kolbe, Max Kurzweil, Max Beckmann,[167] Käthe Kollwitz und Ernst Barlach. Die zeitgenössische Kritik wertete diese Künstler auch als Garanten einer sich nicht verheerend auswirkenden Orientierung zum Klassischen und traute ihnen zu, daß sie nicht „bang und epigonisch skeptisch", wie Paul Klee für sich befürchtete,[168] aus Italien zurückkehren würden, sondern den Weg, den die moderne Kunst eingeschlagen hatte, weiterverfolgen könnten.

> „Allein aus diesen Wahlen sehr verschiedenartiger Künstler geht zur Genüge hervor, daß nur künstlerische Rücksichten bestimmend waren, und wer nur etwas von den Arbeiten und dem Charakter der genannten Künstler weiß, wird nicht die Befürchtung hegen, daß sie uns italienisch oder klassiziert aus Italien wiederkommen werden. Gewiß wird es immer Leute geben, die nicht begreifen werden, warum das Institut gerade in Florenz seinen Platz haben soll. Sie fürchten, es könnte die zarte Blüte moderner Kunst im Kontakt mit den „Alten" Schaden nehmen und es möchte die Würze heimisch deutscher Art verloren gehen unter der Sonne Italiens. Viel lieber wäre diesen patriotischen Greinern irgend ein Idyll im deutschen Süden oder Norden oder wenn sie international denken, ein Haus in Paris oder London inmitten weltstädtischer Unrast."[169]

Die Gegner der künstlerischen Auseinandersetzung mit Italien kamen also inzwischen aus immer unterschiedlicheren Lagern. Da waren neben den „altdeutschen" Patrioten, die dem Künstler die deutsche Landschaft unterbreiteten, nun auch die „Internationalen", die Futuristen, die Kubisten oder auch Paul Klee, dessen „Italienisches Resultat, eine autobiographische Notiz für Wilhelm Hausenstein" nach seiner Italienreise von dem Versuch „einer Überwindung Roms" sprach.[170] Max Klinger verteidigte die Ortswahl in Italien, indem er auf den Topos der italienischen Formvollendung zurückgriff: „Es ist das alte Lied. Uns Deutschen fehlt es an guter formaler Vorbildung – ich meine die Künstler – und das ist ein Mangel, den man bis an sein selig Ende spürt."[171]

---

166 Ebd.
167 Zu Max Beckmanns Aufenthalt in Florenz vgl. Max Beckmann. Ausblick aus der Villa Romana (sonnig), 1907, hrsg. von der Kulturstiftung der Länder, Bonn 1999 und zu seinen wiederholten Italienreisen, vgl. Christian Lenz, Beckmann und Italien, Frankfurt am Main 1975.
168 Paul Klee, Italienisches Resultat. Eine autobiographische Notiz für Wilhelm Hausenstein, 1919, zitiert nach Richard Hoppe Sailer, „Idee einer Überwindung Roms" – Zu Paul Klees Italienreise, in: AUSST.-KAT. REISEFIEBER PRAECISIERT 1997, S. 22.
169 Die Künstlerkolonie Villa Romana in Florenz, in: Zeitschrift für bildende Kunst, 40. Jg., Heft 12, Leipzig 1905, S. 327.
170 AUSST.-KAT. REISEFIEBER PRAECISIERT 1997, S. 22
171 Max Klinger an Elise Königs, in: KLINGER 1924, S. 174 f.

Die kontroverse Diskussion um die Wirkung Italiens auf die deutsche Kunst, die auch in Secessionskreisen nichts an Intensität verloren hatte, verlagerte sich. Während zu Zeiten nationaler Identitätssuche in einer politisierten Kunstdebatte vor Überfremdung und vor dem Verlust des Deutschtums gewarnt wurde, fand der Streit um Italien nun immer mehr auch innerhalb der avantgardistischen Kunstkreise statt.[172] Dazu gehörte auch der berühmte „Fall Böcklin", das Vorgehen Julius Meier-Gräfes gegen den späten Böcklin, mit dem zentralen Argument, daß im Grunde Italien mit seinen antiken Trümmern und den Resten seiner pompejanischen Malerei, die Böcklin so verehrte, für ihn ein Verderben war.[173]

Generell bestand die Befürchtung, daß die ersten Regungen moderner Kunst der Konfrontation mit der Tradition, wie sie in Italien allgegenwärtig ist, nicht standhalten könnten. Auf der einen Seite wurde das „Epigonentum" zum Schlagwort des Widerstands gegen die italienische „Verführung" und löste den Begriff der „Verwelschung" ab.[174] Auf der anderen Seite galt Italien weiterhin als Schule der Form, wie für Max Klinger oder Arnold Böcklin:

> „Es ist kaum glaublich, was man in Deutschland entbehren muß, wenn man wie wir Künstler auf die Anschauung angewiesen ist. In Deutschland zehrt man an der Phantasie und die erkrankt, weil es ihr an gesunder Nahrung fehlt. Hier regt alles zum Schaffen an. Jeder Busch, jeder Stein, jeder Berg – kurz alles hat Form."[175]

Die Debatte bildete den Hintergrund nicht nur für die Gründung der *Villa Romana* in Florenz, sondern ebenso für die kurz darauf folgende Stiftung der deutschen Akademie in Rom. Gültig für die Stiftung in Rom blieb auch der Schluß, den Klinger hinsichtlich der Trägerschaft einer deutschen Akademie zog. Nach all den Jahren fruchtloser Bemühung um eine gesamtstaatliche Einrichtung, verschuldet durch die vereinzelte Kulturpolitik der deutschen Länder, könne diese

---

172 Vgl. hierzu auch Robin Lenman, Art and National Identity in Wilhelmine Germany, in: ART, CULTURE 2003, S. 119–36.

173 Vgl. Julius Meier-Gräfe, Der Fall Böcklin und die Lehre von den Einheiten, Stuttgart 1905 und Hortense von Heppe, Die Toteninsel, in: Deutsche Italomanie in Kunst, Wissenschaft und Politik, hrsg. von Wolfgang Lange und Norbert Schnitzler, München 2000, S. 101–18.

174 Die Frage der italienischen Kunstbeeinflussung wird gerade zu Beginn des 20. Jahrhunderts auch in kunstwissenschaftlichen Kreisen verstärkt bewegt. Wilhelm Waetzold registrierte in den ersten Jahren des Jahrhunderts eine Flut von wissenschaftlichen Untersuchungen zu den deutsch-italienischen Kunstbeziehungen. Vgl. ders., Deutschland und Italien in der kunstwissenschaftlichen Literatur der letzten zwanzig Jahre, in: Zeitschrift des Vereins für Kunstwissenschaft, Heft 4, Berlin 1934, S. 151–62. Vor allem Karl Scheffler plädierte für eine deutsche Kunst, die sich endgültig von Italien lossagte, vgl. Karl Scheffler, Der Deutsche und seine Kunst. Eine notgedrungene Streitschrift, München 1907 und ders., Italien. Tagebuch einer Reise, Leipzig 1922, worin es im Nachwort emphatisch hieß: „Darum sollte man der Jugend dieses Land sperren. Rompreise für junge Künstler, Stipendien für Werdende und Suchende sind etwas wie nationaler Selbstmord. Zu viele deutsche Künstler haben das Vorurteil für Italien mit Unproduktivität schon bezahlt, als daß wir noch länger dabei bleiben dürften. Wie viele Weichlinge und Phraseure hat Rom uns schon zurückgeschickt!" Wichtigstes Beispiel für die damalige Problematisierung der Wirkung Italiens auf die deutsche Kunst ist Heinich Wölfflin, Italien und das deutsche Formgefühl, München 1931, mit dem Versuch einer historischen Klärung der gegenseitigen Stilbeeinflussung. Auch Wölfflin unterlag der Furcht vor dem „Gift der italienischen Verführung" und glaubte fest an „die große deutsche Kunst, die kommen wird." Er richtete die Frage an Ricarda Huch: „[…] soll man nicht endlich Schluß machen mit den südlichen Illusionen und die Erlösung endgültig diesseits der Alpen suchen?" Zitiert nach Nikolaus Meier, Italien und das deutsche Formgefühl, in: Kunstliteratur als Italienerfahrung, hrsg. von Helmut Pfotenhauer, Reihe der Villa Vigoni, Bd. 5, Tübingen 1991, S. 306–27, S. 312 f.

175 Arnold Böcklin an Franz von Lenbach aus Rom 1862, zitiert nach Winfried Ranke, Graf Schack und die Deutsch-Römer. Nachträge zu einer undeutlichen Überlieferung, in: Münchner Jahrbuch der bildenden Kunst, Bd. 49, München 1988, S. 175–99, S. 190.

„[...] nur auf privatem juristisch persönlichen Wege erreicht werden. Nur so. Keinesfalls kann es die Regierung oder *eine* Regierung übernehmen. [...] Das wird nur entweder preußisch oder bayrisch oder sächsisch und damit geht der Gesamtcharakter eben verloren [...]"[176]

Aber Florenz war nicht Rom. Die alte und neue Hauptstadt Rom blieb das eigentliche Ziel für eine Akademie und konnte nicht durch Florenz ersetzt werden. Gegen Rom nahm sich Florenz wie ein Landstädtchen aus, das zwar eine Abstand suchende Künstlerkolonie beherbergen konnte, – Secessionisten – doch nicht die nationale Akademie, die den repräsentativeren Ort und sein Prestige suchte. Außerdem gab es nun wieder verstärkt Nachrichten über die Gründung von Akademien anderer Staaten in Rom: Besorgt mußte das Auswärtige Amt die amerikanischen Initiativen verfolgen, beispielsweise eine Meldung der Pariser Ausgabe des *New York Heralds* vom 10. Juli 1905:

„Mr. Frick gives $ 100.000
Contribution to fund of American Academy of Arts in Rome –
$ 400.000 Now in Sight.
New York, Sunday. – It is just announced that Mr. H. C. Frick has given $ 100.000 to the American Academy of Arts in Rome. This makes $ 400.000 of the million dollar fund required."[177]

Tatsächlich bestätigte Anton Graf Monts, Kaiserlich Deutscher Botschafter in Rom, dem Auswärtigen Amt in Berlin, daß sich die Pläne der Amerikaner konkretisierten, bedauernd, daß weitere Nachforschungen aufgrund der Sommerpause nicht möglich waren:

„Schon vor längerer Zeit hatte ein gewisser Abbot in Rom eine Art von amerikanischer Kunstschule ins Leben gerufen. Aus Mangel an Mitteln ging dies Unternehmen indes ein.
Neuerdings ist die Sache wieder aufgenommen worden. Durch freiwillige Beträge amerikanischer Millionäre sei im Ganzen ein Betrag von einer Million Dollars zusammengebracht worden. Man beabsichtigt, eine Akademie nach Art der französischen zu gründen. Zu diesem Behufe haben die Amerikaner sich gegen eine gewisse Arosa das Vorkaufsrecht der an der Via Nomentana gelegenen Villa Mirafiori gesichert. Doch schwebten die betreffenden Verhandlungen noch. Da zur Zeit so gut wie niemand meiner amerikanischen Beziehungen ortsanwesend ist, auch der Botschafter weilt in Abetone bei Pracchia, konnte ich nichts weiter erforschen.– "[178]

Angesichts Gründungsaktivitäten der anderen Länder richtete sich der der Blick des Auswärtigen Amtes und der Kulturfunktionäre Preußens also wieder auf Rom.

---

176 Max Klinger an Elise Königs, in: KLINGER 1924, S. 174 f. So war es z. B. in Deutschland auch nicht möglich, einen Pavillon für die Biennale in Venedig gemeinsam zu bestücken. Bezeichnenderweise hieß der deutsche Pavillon bis 1912 „Padiglione Bavarese". Vgl. Biennale Venedig. Der deutsche Beitrag 1895–1995, hrsg. vom Institut für Auslandsbeziehungen, Ostfildern 1995, S. 81.

177 Der Zeitungsausschnitt ist aufbewahrt in: BArch, R 901, Auswärtiges Amt, 38043, Akten betreffend die Begründung von Kunstakademien in Rom, Aug. 1886–Aug. 1907, Sommer 1905.

178 Vgl. BArch, R 901, Auswärtiges Amt, 38043, Akten betreffend die Begründung von Kunstakademien in Rom, Aug. 1886–Aug. 1907, Sommer 1905, Blatt 57.

Abb. 26: Villa Falconieri in Frascati

Jüdische Stiftungen

Im Frühjahr desselben Jahres, am 1. April 1905, hatte sich der Schriftsteller Richard Voss mit einem Aufruf an den Reichskanzler gewandt, die Villa Falconieri in Frascati, auf den Hängen der Albaner Berge, mit Blick auf die Ewige Stadt zu erwerben und in ihr die deutsche Akademie anzusiedeln.[179] In Deutschland war die Villa schon durch seinen Roman *Villa Falconieri,* 1896, bekannt. Neben dem Aufruf versuchte Voss in einem schwärmerischen Artikel die deutsche Öffentlichkeit auf die Villa aufmerksam zu machen und sie für seine Idee zu erwärmen.

Im Herbst des Jahres 1905 wurde die Villa Falconieri dann von dem Bankier Ernst von Mendelssohn-Bartholdy erworben.[180] Zunächst für den Privatgebrauch gedacht, wurde Mendelssohn jedoch von Friedrich Althoff, dem die Wissenschaftspolitik prägenden Oberregierungsrat im preußischen Kultusministerium, über die Wünsche des Kaisers aufgeklärt, der seit der Mittelmeerreise von 1905 von Althoff selbst wieder für die Pläne eines römischen Künstlerhauses interessiert werden konnte.[181]

---

179 Vgl. BArch, R 901, Auswärtiges Amt, 38043, Akten betreffend die Begründung von Kunstakademien in Rom, Aug. 1886–Aug. 1907, o. D., Blatt 39. Die Villa Falconieri wurde 1545–48 für den Bischof Alessandro Ruffini erbaut, durch Francesco Borromini umgebaut und mit einer neuen Fassade versehen. Trotz der Innenausstattung mit Fresken von Ciro Ferri, Carlo Maratta, Pier Leone Ghezzi besaß sie dennoch keinen Stern im Baedeker und zählte also aus damaliger Sicht nicht unbedingt zu den begehrteren und bekannteren der in Auswahl stehenden Villen.

180 Vgl. Wilhelm Treue, Das Bankhaus Mendelssohn als Beispiel einer Privatbank im 19. und 20. Jahrhundert, in: Mendelssohn-Studien, Bd. 1, Berlin 1972, S. 29–80, bes. S. 51 ff; Rudolf Elvers, Schenkungen und Stiftungen der Mendelssohns, in: Ders. und Hans-Günter Klein, Die Mendelssohns in Berlin. Eine Familie und eine Stadt, Wiesbaden 1983, S. 94–109.

181 Vgl. Michael Dorrmann, Eduard Arnhold 1849–1925. Eine biographische Studie zu Unternehmer- und Mäzenatentum im Deutschen Kaiserreich, Berlin 2002, S. 173.

Daraufhin überließ Mendelssohn die Villa dem Kaiser als Geschenk, der sie zum Sitz einer Deutschen Kunstakademie bestimmte. Schon im Oktober 1905 ging die mit Genugtuung verbreitete Nachricht der Schenkung durch die deutschen Zeitungen.[182] Offensichtlich begrüßte man es vor allem, endlich eine der französischen Akademie ebenbürtige Einrichtung für Deutschland erreicht zu haben. Allerdings war die Freude verfrüht, denn die Abgeschiedenheit der Villa Falconieri vom römischen Leben, der kalte Winter ohne Komfort usw. ließen höchstens eine Nutzung als Sommersitz, vielleicht als Dependance zu einer weiteren stadtrömischen Akademie, sinnvoll erscheinen.[183] Im Ausland wurde die deutsche Erwerbung als Akademiegründung jedoch durchaus ernst genommen. Am 3. November 1905 meldete die *Deutsche Tageszeitung*, erstaunlicherweise aus Paris unterrichtet:

> „Die Reise Kaiser Wilhelms nach Rom. Unser Pariser Korrespondent telegraphiert uns: Dem „Matin" wird aus Rom gemeldet, das Kaiser Wilhelm im Frühjahr dorthin reisen werde. Der Grund seiner Reise sei aber weder der Besuch beim Papste noch der beim König von Italien, sondern der Monarch werde hauptsächlich zum Zweck hinreisen, um die Deutsche Akademie in Rom einzuweihen. [...] Es handelt sich mithin um die Schaffung eines Kunstinstitutes, wie es Frankreich schon in Rom besitzt."

Die französischen Korrespondenten in Rom, die die deutschen Aktivitäten nun auch wachsam verfolgten, meldeten, daß der Kaiser nochmals im November 1906 eigens zur Einweihung der Villa Falconieri eine Romreise vorhabe. Vielleicht sollte mit dem Kaiserbesuch genau diese internationale Aufmerksamkeit bezweckt werden, die die noch leerstehende Villa sonst niemals auf sich gezogen hätte. Aus den französischen Pressemeldungen läßt sich die Mißbilligung der deutschen Aktivitäten und der gesteigerten deutschen Präsenz in Rom heraushören:

> „Une académie allemande à Rome. La Ville éternelle est littéralement conquise par les congrégations religieuses et les Allemands. Ceux-ci se sont emparés de la position la plus historique de Rome; il dominent sur le Capitole avec leur ambassade, leur institut et leur hôpital; de plus ils ont à Rome leurs églises, leurs écoles, leur cercle et même leurs fabricants nationaux de saucisses et de choucroute. Il leur manquait une „école des beaux-arts", et tandis qu'en France on parle de supremer cette institution séculaire, Guillaume II. songe à créer une villa Médicis où flotterait le drapeau allemand."[184]

Während mit Befriedigung darauf verwiesen wurde, daß Frankreich eine römische Akademie inzwischen schon als unzeitgemäß erkannt hatte, verrät das Bild von der deutschen Fahne auf der Villa Medici die gesteigerte Sensibilität bei der Verteilung strategischer Posten auch auf dem Gebiete der Kunst. Vor allem die Gerüchte über die deutschen Verhandlungen um die Villa Malta, unmittelbar neben der Villa Medici gelegen, alarmierten. Es handele sich dabei um einen Plan einer „académie artistique d'Allemagne, voisine et rivale de celle de France."[185] An den Reaktionen läßt sich einmal mehr das von Konkurrenzdenken bestimmte Klima unter den wetteifernden Nationen festmachen, das auch das Kunstleben, zumal das auswärtige, imperialistischen Tendenzen unterwarf.

---

182 Vgl. Deutsche Tageszeitung, 17. Oktober 1905 und Allgemeine Zeitung, 25. Oktober 1905 in: BArch, R 901, Blatt 63 und 65.

183 Vgl. Gutachten über Atelierbauten in Rom von Hermann Prell, Januar 1907, GStA PK, Rep 92, Nachlaß Schmidt-Ott, A LXXV, 2 Villa Massimo u. Bonaparte, Blatt 2–17, WINDHOLZ 2003, Anhang 8.

184 Le Temps, 8. Juni 1906, WINDHOLZ 2003, Anhang 12. Vgl. auch Deutsche Tageszeitung, 3. November 1905 und L'Italie, Nr. 127, 7. Mai 1905 in: BArch, R 901, Blatt 66 und 38.

185 Le Temps, 8. Juni 1906, WINDHOLZ 2003, Anhang 12.

Ähnlichen Mechanismen war auch die Aufstellung von Dichterdenkmälern in der Villa Borghese in Rom ausgesetzt. Das von Wilhelm II. der römischen Stadt 1902 geschenkte und 1904 enthüllte Goethe-Denkmal von Gustav Eberlein fand kurz darauf einen Nebenbuhler: 1905 wurde von den Franzosen unweit des Goethe-Denkmals in dem gleichen Park das Victor Hugo-Denkmal eingeweiht. Sigmund Freuds Brief aus Rom an seine Familie vom 21. September 1907 bezeugt, obwohl er die Reihenfolge der Schenkungen verwechselt, daß man damals schon die mitschwingende Motivation erkannte:

> „In einer Allee sieht man eine Statue von Victor Hugo, die von den Franzosen im Dienste der Verbrüderung zwischen den Nationen geschenkt worden ist. Er sieht aus wie Verdi. Diese Statue hat den guten Kaiser Wilhelm nicht ruhen lassen und so hat er aus Konkurrenzneid die Statue von Goethe durch Eberlein machen und in demselben Garten aufstellen lassen."[186]

Doch die Einwände der Künstler, daß die Villa Falconieri sich nicht als Sitz einer deutschen Akademie eigne, ließen auch das Interesse des Kaisers an dem Geschenk schwinden. Erst nach zweijährigem Drängen Mendelssohns und nachdem der Millionär sich selbst bereit erklärte, auch die Kosten von 200 000 Mark für die Renovierung und den Umbau zu übernehmen, wurde die notarielle Übereignung im Mai 1907 vollzogen.[187] Nach den Plänen des Kaisers sollte die Villa Falconieri nun jedoch nicht mehr als Künstlerheim oder Akademie für Rompreisträger, sondern als Arbeits- und Erholungsstätte für etablierte Künstler und Gelehrte Verwendung finden, die Wilhelm II. für treue Dienste belohnen wollte. Nach längerem Umbau, bei dem die Villa einen heute noch erhaltenen, stattlichen Atelieranbau erhielt, wurde sie im April 1911 eingeweiht.[188] Als Künstlerhaus wurde sie trotz dieser Anbauten jedoch nie genutzt, sondern vor allem haben Paul Fridolin Kehr, der als Direktor des Deutschen Historischen Instituts in Rom auch mit der Verwaltung der Villa Falconieri betraut worden war, und Botschaftsangehörige die Villa „als kostenlosen und bequemen Landaufenthalt bewohnt."[189]

Dabei hatten die Überlegungen, die Villa Falconieri als Sommersitz einer stadtrömischen Akademie einzurichten, inzwischen in Zusammenhang mit einem anderen Projekt Sinn bekommen: 1906 reisten die preußischen Finanz- und Kultusminister gemeinsam mit Althoff, Wilhelm von Bode, Friedrich Schmidt-Ott, Eduard Arnhold und Adolf Wilhelm vom Rath, dem Aufsichtsratsvorsitzenden der Deutschen Bank nach Rom, um vor Ort nach einem geeigneten Grundstück oder einer

---

186 Zitiert nach: Sigmund Freud, Briefe 1873–1939, ausgewählt und hrsg. von Ernst und Lucie Freud, Frankfurt am Main 1960, S. 258 f. Den Signalwert der Statuen als Staatsgeschenke interpretierte Roberto Zapperi über Freuds Eindruck hinausgehend auch in außenpolitischem Zusammenhang und sah das Geschenk des Goethe-Denkmals 1902 in Zusammenhang mit der Erneuerung der Tripelallianz, und die Stiftung des Hugo-Denkmals in Zusammenhang mit dem Geheimabkommen zwischen Frankreich und Italien, vgl. Roberto Zapperi, Wilhelms gute Gaben an die Ewige Stadt, in: Frankfurter Allgemeine Zeitung, 11. Juni 2002.
187 Vgl. Brief von Ernst von Mendelssohn-Bartholdy an Kaiser Wilhelm II., WINDHOLZ 2003, Anhang 13 und B Arch, R 901, 38042, Blatt 101 und 102.
188 Vgl. POLLAK 1994, S. 58. Nachdem auch Bruno Paul Einrichtungs- und Umbaupläne für die Villa Falconieri vorlegte, die der Kaiser jedoch zurückwies, vgl. SCHMIDT-OTT 1952, S. 70, wurde sie durch den Oberhofbaurat Ernst von Ihne, dem „Architekt des Kaisers", umgebaut, vgl. GStA PK, Rep 92, Nachlaß Schmidt-Ott, A LXXV, 2 Villa Massimo u. Bonaparte, Blatt 312 und 133.
189 Wie aus Briefen Kehrs herauszuhören ist, mußte für die Villa Falconieri, wie später auch für die Villa Bonaparte, befürchtet werden, daß die Botschaft sie als Repräsentationsobjekt mißbrauchte und in Beschlag nahm. Nach dem Ersten Weltkrieg wurde die Villa Falconieri von Italien konfisziert. Vgl. Lokal Anzeiger, 12. August 1921. Ludwig Pollak äußerte sich über das Schicksal der Villa: „Wie mir Bode nach dem Krieg erzählte, wäre die Villa zu retten gewesen, aber Kehr habe aus Indolenz nichts dazu getan. So ging sie definitiv Deutschland verloren [...]". POLLAK 1994, S. 58. Die Einrichtung einer Akademie in der Villa Falconieri kritisierte auch Wilhelm von Bode, vgl. ders., Mein Leben, 2 Bde., Berlin 1930, 2. Bd., S. 179 ff.

passenden Immobilie Ausschau zu halten.[190] Althoff hoffte, nachdem das Interesse des Monarchen durch den konkreten Erwerb einer wirklich eindrucksvollen herrschaftlichen Villa an den deutschen wissenschaftlichen und künstlerischen Initiativen in Rom geweckt war, die Platzprobleme auch der anderen Institute durch Gründung einer alle Sparten zusammenfassenden Akademie nach dem Vorbild der anderen Länder und in einem entsprechenden Rahmen lösen zu können.

1906 wurde die Villa Bonaparte mit ihrem alten, von Steineichen, Lorbeer und Zypressen bestandenen Park, nahe der Porta Pia in Rom, zunächst als Sitz für eine deutsche Kunstakademie von Eduard Arnhold und Walter vom Rath für 1 300 000 Lire gekauft.[191] Sie wollten die Villa für zwei Jahre dem preußischen Staat zum Ankauf zu gleichem Preis, unter Verzicht auf Kursdifferenz und Zinsen, zur Verfügung stellen, mit der Bedingung, daß auf dem Grundstück ein Künstlerhaus errichtet würde.[192] Doch gerade letztere Bedingung verursachte einen über sechs Jahre währenden Streit. Während dieses Konflikts um die Villa Bonaparte, deren Schicksal Arnhold mit großer Energie und der Bereitstellung weiterer finanzieller Mittel verfolgte, entstanden nicht nur außenpolitische Komplikationen, die sich einer Akademiegründung immer mehr in den Weg stellten, sondern auch die Vorbehalte Arnholds gegenüber einer Einbeziehung des Staates, die er später bei der Villa Massimo-Stiftung möglichst lange zu umgehen suchte.

Der Preis der Villa Bonaparte von ca. einer Million Mark erschien dem Finanzminister bald für die vorgesehene künstlerische Nutzung allein als zu hoch, weshalb er versuchte, die Bedingung der Akademiegründung, die Arnhold an die Übernahme des reservierten Eigentums knüpfte, zu umgehen. Da auch das *Preußische Historische Institut* nur provisorisch in Mietwohnungen untergebracht war und ständig expandierte, bot sich eine Zusammenlegung der Historiker mit den Künstlern in der Villa Bonaparte an. Aber selbst mit dieser geplanten Doppelnutzung war die Finanzierung der Übernahmekosten vor dem preußischen Finanzministerium nicht durchzusetzen. Erst als auch noch die Gesandtschaft am Heiligen Stuhl für eine Mitnutzung des Grundstückes hinzugewonnen werden konnte, wurde durch Vertrag vom 10. April 1908 die Villa vom preußischen Fiskus zum Preis von 1 040 000 Mark erworben.

Nach längeren Verhandlungen über die Aufteilung des Parks, stellte sich das Grundstück für diese dreifache Belegung dann als doch zu eng heraus.[193] Zuerst wurde auf den vorgesehenen Neubau für das *Historische Institut,* dann auch auf den Anbau von Ateliers für die Künstler verzichtet und schließlich das Casino zum alleinigen und repräsentativen Wohn- und Arbeitssitz des Botschafters am Heiligen Stuhl, von Mühlberg, bestimmt.[194] Der Architekt Ernst Wille baute das Casino für von Mühlberg ohne Limitierung von Kosten um und ließ es prunkvoll einrichten.[195] Die Vorfinanzierung von Arnhold und

---

190 DORRMANN 2002, S. 173 und S. 316, Anm. 436.
191 Sie hieß früher Villa Paolina, nach der Schwester Napoleons, der sie 1816 kaufte. Der Garten ist im 16. Jahrhundert entstanden und wurde Mitte des 18. Jahrhunderts durch Kardinal Silvio Valenti Gonzaga umgestaltet, als das Paolo Posi zugeschriebene und durch Giovanni Paolo Pannini ausgemalte Casino entstand. Im 19. Jahrhundert fiel ein Großteil des Parks der Grundstücksspekulation zum Opfer. Seit 1951 ist sie Sitz der französischen Botschaft am Heiligen Stuhl. Vgl. Carlo Pietrangeli, Villa Paolina, Istituto di Studi Romani, Florenz 1961.
192 Vgl. anonymes Gutachten beim Kultusminister, GStA PK, Rep 92, Nachlaß Schmidt-Ott, A LXXV, 2 Villa Massimo u. Bonaparte, Blatt 280, WINDHOLZ 2003, Anhang 14.

193 Die Verhandlungen über die Grundstücksaufteilung und Positionierung der Ateliers ausführlich in WINDHOLZ 2003. Zur Geschichte des Königlich *Preußischen Historischen Instituts* in Rom vgl. Walter Holtzmann, Das Deutsche historische Institut in Rom, Arbeitsgemeinschaft für Forschung des Landes Nordrhein-Westfalen, Heft 46, Köln-Opladen, 1955, S. 7–43 und Das deutsche historische Institut in Rom 1888–1988, hrsg. von Reinhard Elze und Arnold Esch, Tübingen 1990.
194 Vgl. ausführlich in WINDHOLZ 2003, S. 39–43.
195 Vgl. Ernst Wille, Die Villa Bonaparte in Rom und deren Umgestaltung zum Sitze der Königlich preussischen Gesandtschaft i. J. MCMVIII, Rom 1908. Ernst Wille lebte auf Dauer in Rom, war dort als Architekt für die

Abb. 27: Villa Bonaparte, Rom

vom Rath kam also nicht der Kunstförderung zu gute, sondern dem Außenministerium – ein Umstand, der zwar das Vertrauen Arnholds in die Durchsetzungsfähigkeit des preußischen Kultusministeriums minderte, aber nicht seinen Willen zur Verwirklichung eines Künstlerhauses in Rom.

Antideutsche Ressentiments

Mittlerweile regte sich in Rom aber erstes Befremden über die rasante Ausbreitung deutscher Einrichtungen und ihre wachsenden Liegenschaften. Zwar hatten die Historiker und Künstler, nachdem sie erfolgreich vom Botschaftsgelände ferngehalten worden waren, noch immer keinen eigenen Sitz, aber andere deutsche Besitztümer verteilten sich über die gesamte Stadt. Allein der Kapitolhügel war zu einem Drittel in deutscher Hand. Auf ihm befanden sich die schon erwähnte kaiserliche Botschaft im Palazzo Caffarelli, das deutsche Hospital, die deutsche evangelische Kirche, die zunächst als Gesandtschaftskapelle im Palazzo Caffarelli untergebracht war, aber ab 1911 einen eigenen Neubau im römischen Quartiere Ludovisi erhielt (Abb. 38),[196] und das archäologische Institut.[197] Hinzu kamen im weiteren Stadtgebiet die Villen Bonaparte und Falconieri, die deutsch-österreichische katholische Nationalkirche Santa Maria dell'Anima und der Campo Santo am Vatikan.[198]

deutsche Kolonie tätig und schuf eine Reihe von Privatvillen. Ein Nachruf erschien in: Emporium, Nr. 40, Bergamo 1914, S. 97–111.
196 Nach Plänen von Franz Schwechten, vgl. Jürgen Krüger, Wilhelminische Baupolitik im Ausland. Die deutsche evangelische Kirche in Rom, in: Römische historische Mitteilungen, Bd. 39, 1997, S. 375–94 und Andreas Puchta, Die deutsche evangelische Kirche in Rom. Planung, Baugeschichte, Ausstattung, Bamberg 1997, zugl. Magisterarbeit, Universität Erlangen – Nürnberg, 1996/1997.
197 Vgl. MAURER 2005.
198 Vgl. NOACK 1927, Bd. 1, S. 549 und Albrecht Weiland, Der Campo Santo Teutonico in Rom und seine Grabdenkmäler, Römische Quartalschrift für christliche Altertumskunde und Kirchengeschichte, Suppl. 43,1, Rom 1988.

Als sich mit der Stiftung einer kunsthistorischen Bibliothek durch Henriette Hertz die Eröffnung eines weiteren deutschen Instituts anbahnte, schlug das Auswärtige Amt Alarm und warnte das preußische Kultusministerium vor negativen außenpolitischen Konsequenzen.[199] In geheimen Aufzeichnungen schilderte der Botschafter Graf Monts im März 1908 die Ressentiments, die die Ausbreitung deutscher Institute in Rom auslöste:[200]

> „Endlich sind auch ernstere politische Bedenken gegen die Errichtung eines besonderen Kaiserlichen Kunsthistorischen Instituts geltend zu machen. Die anderen Nationen gehen bescheidener vor und begnügen sich, wie gesagt, mit *einem* Institut, in dem sie je nach Bedürfnis und unter Ausnutzung der vorhandenen Möglichkeiten bald dieses bald jenes Fach stärker betreiben, während deutscherseits mit den Gründungen verschiedener und von einander unabhängiger Institute der vorhandene Chauvinismus der Italiener immer von neuem angefacht wird. Die deutschen Archäologen würden gewiß geringere Schwierigkeiten finden, wenn die prunkvolle Einrichtung des archäologischen Instituts und seine stolze Lage am tarpeijischen Felsen die Italiener weniger an ihre eigene Inferiorität erinnern würde, wie überhaupt die römischen und italienischen Gelehrten den bereits vorhandenen Instituten entweder mit offener Antipathie oder mit achtungsvoller Scheu gegenüberstehen. Bekanntlich ist auch das Kunsthistorische Institut in Florenz längere Zeit von den Italienern mit dem stärksten Mißtrauen angesehen worden, weil man in ihm eine Agentur der Königlichen Museumsverwaltung zu Zwecken heimlicher Ankäufe von Kunstgegenständen vermutete."[201]

Tatsächlich bestätigen verschiedene Publikationen, die einerseits aus aktueller Sorge über die deutsche Bevormundung erschienen, aber andererseits auch das Klischee der kulturlosen Barbaren ungehemmt wieder aufgriffen, das Mißtrauen der italienischen Seite und belegen wie angebracht die Mahnung Graf Monts' zu deutscher Zurückhaltung war.

Eine Schrift des Nationalisten Ezio Maria Gray in der Reihe „Problemi italiani", mit dem bezeichnenden Titel „Germania in Italia", erschien zwar mit Kriegsausbruch und unterlag damit zum Teil kriegsbedingter Übertreibung, sollte aber vor allem im Kapitel „La germanizzazione colturale" (sic) deutlich machen, daß sich die Deutschen schon lange vor Ausbruch des Krieges im Wissenschaftsbetrieb des Gastlandes mit taktloser Überheblichkeit unbeliebt gemacht hatten.[202] Auch die wissen-

---

199 Ein erster Ruf nach einer eigenen kunsthistorischen Arbeitsstätte in Rom kam erstaunlicherweise von den Künstlern, vgl. die Eingabe von Arthur Kampf an den Reichskanzler Fürsten von Bülow im November 1907, GStA PK, Rep 76, Vc Sekt. 1 Tit. XI, Teil II, Nr. 28, WINDHOLZ 2003, Anhang 18.

200 Neben den geisteswissenschaftlich und künstlerisch ausgerichteten Instituten gab es in Italien noch drei deutsche naturwissenschaftliche Institute: das Vulkaninstitut in Neapel, das Deutsch-Italienische Institut für Meeresbiologie in Rovigno und die zoologische Station, über deren Gründer Theodor Heuss eine Biographie verfaßte: Anton Dohrn in Neapel, Berlin 1940.

201 Vgl. die geheimen Aufzeichnungen des Botschafters in Rom, Graf Monts, GStA PK, Rep 76, Vc Sekt. 1 Tit. XI, Teil II, Nr. 28, WINDHOLZ 2003, Anhang 19.

202 „Donarono agli scienziati tedeschi la storia di Roma et quelli che si eran già presa la storia di Grecia e l'avean cincischiata, squartata, mutilata per punirla di non aver mai parlato nè previsto dell'impero tedesco, tagliarono nelle storia di Roma, per le genti germaniche, uno smisurato posto di sovrani, di legislatori, di rinnovatori al cui cospetto le più solenni figure del mondo romano impallidivano come ombre di gioco; donarono agli scienziati tedeschi la magnificenza italica dei Comuni, lo splendore tutto nostro della Rinascenza e quelli se ne pavoneggiarono come di cosa propria e si presero anche gli uomini del Rinascimento per concludere dal colore degli occhi e dei capelli, dalla metratura della persona e dall'angolo facciale che se genii stati avevano potuto esserlo solo in quanto essi stessi di razza germanica. Ne corressero i nomi, ne storpiarono le origini, ne tedeschizzarono i castelli e si fecero delle nostre glorie più pure, di un Buonarotti o di un Vinci, un Bonroth un Winke. [...] Allora non ebbero più freno: Pretesero - ed ottenero - che i più riservati archivi fossero aperti alle loro ricerche e li si apriron giacchè era compatibile che fossero chiusi prima ai nostri modesti e incompetenti archeologi e paleografi e storici, non a loro, che ogni parola degli scienziati tedeschi poteva colmare secolari lacune nella interpretazione del mondo. E quelli frugarono, copiarono, lessero male, tradussero peggio, fabbricarono su un errore iniziale un edificio colossale di sofismi e poi per sostenerlo rivoluzionarono tutto ciò che già era stato riconosciuto esatto." Ezio Maria Gray, Germania in Italia, in der Reihe: Problemi italiani, Mailand 1915, S. 20/21.

schaftlichen Institute,²⁰³ wie Graf Monts schon 1908 warnte, die Akademiegründungen und selbst die privatfinanzierte *Villa Romana* in Florenz gerieten in den Verdacht der Kriegsunterstützung oder der deutschen Verschwörung in Italien, obwohl Gray wußte, daß zumindest das florentiner Künstlerhaus in Opposition zur kaiserlichen Kunstpolitik stand:

> „Abbiamo accennato a speciali Istituti di germanizzazione in Italia. I due principali sono l'Istituto Germanico di Roma e l'Istituto Germanico d'Arte a Firenze, ai quali si aggiunge la *Casa degli Artisti Tedeschi* a Firenze.[...]. Si è detto che Villa Romana è una fondazione privata e a giudicare dai propositi apparenti lo è e lo dovrebbe essere, ma è risultato invece che ad essa non è affatto estraneo il bilancio imperiale tedesco, cosa molto strana per una istituzione privata, che dovrebbe dar modo agli artisti tedeschi „di sottrarsi alla tutela oppressiva dell'insegnamento uficiale e salvare la propria indipendenza". Ecco un Programma che non dovrebbe essere molto gradito al governo imperiale così fiero assertore della disciplina imperiale in ogni campo e specialmente nella scuola."²⁰⁴

Ein weiteres Beispiel einer antideutschen Kampfschrift und der Verunglimpfung wissenschaftlicher und kultureller Einrichtungen des Kriegsfeindes ist Anton Giulio Bragalias *Territorii tedeschi di Roma* mit Holzschnitten von Enrico Prampolini, Florenz o. J. (1918). Der futuristische Regisseur und Essayist Bragalia schilderte die einzelnen Orte deutschen Besitzes in Rom, darunter auch die Villen Massimo, Falconieri, Bonaparte, Malta und sogar die Serpentara in Olevano Romano, und schürte in eindringlicher Weise die Angst vor deutschem Raum- und Machtanspruch. Die Titelillustration karikiert unter einem Orangenbaum einen pfeiferauchenden Bayern, in dessen Qualm sich das Kapitol figuriert. Auf dem Turm weht eine Fahne mit dem Schriftzug: „Deutschland über alles". Wie bei Ezio M. Gray findet sich auch hierin der Hinweis auf die Versuche nicht nur der deutschen Geschichtsschreibung, den Ariernachweis für Michelangelo zu bringen und den Künstler für nationalistische Argumentationen zu mißbrauchen:

> „Giotto, Alighieri, Bruno, Ghiberti, Vinci, Santi, Vecellio, Tasso, Buonarotti, sono diventati Jotte, Aigler, Braun, Wilbert, Wincke, Sandt, Wetzell, Dass, Bohnrodt."²⁰⁵

Die deutschfeindliche Haltung fand gerade in künstlerischen und intellektuellen Avantgardekreisen wie im nationalistischen Klima des Futurismus zahlreiche Sympathisanten. Dabei hatte die mißtrauische Beobachtung der deutschen Aktivitäten in Italien ihre Wurzel nicht nur in den Vorurteilen oder dem geschürten Nationalismus, sondern hing auch mit den mitschwingenden Zielen kultureller Dominanz und dem Charakter der deutschen auswärtigen Wissenschafts- und Kulturpolitik zusammen, die sich in Italien sicher arroganter gerierte als in nord- und westeuropäischen Ländern.²⁰⁶

---

203 Gray bezichtigte in den Kapiteln „Rapine artistiche" und „Consolati artistico-militari" die wissenschaftlichen Institute, nicht nur geistige Interessen verfolgt zu haben, sondern Zentren des Kunstraubs und der militärischen Spionage zu sein: „[...] non altra funzione hanno avuto in Italia l'Istituto Germanico di Roma e l'Istituto Germanico d'arte a Firenze; non altra funzione di diffondere le idee imperiali tra noi, di piegare gli studi italiani ad una valutazione sempre più germanica della nostra stessa storia e dell'arte nostra, di coprire poi col paravento degli studi i più politici e militari tentativi di intromissione." Auch kleinere Unachtsamkeiten werden kritisch wahrgenommen: „Disinvoltura sgraziata e prepotente che si rifletteva anche nella cortesia, come nel donare a Roma una statua di Goethe con iscrizione tedesca [...]". wie oben, S. 25.

204 Ezio Maria Gray, L'invasione tedesca in Italia, Professori, commercianti, spie, Florenz 1915, S. 91. Ähnlich argumentiert auch Baccio Bacci, L'Artiglio tedesco, Florenz 1915.

205 Anton Giulio Bragaglia, Territorii tedeschi di Roma, Florenz o. J. [1918], S. 14.

206 Vgl. Kapitel I. 2.

Abb. 28: Anton Giulio Bragaglia, Territorii tedeschi di Roma, Florenz 1918

Noch eine Herausforderung: Die *Città d'Arte* in der Valle Giulia

Tatsächlich stellte die Spartenteilung der deutschen Institute eine Ausnahme dar und die große Anzahl unabhängiger Einrichtungen löste nicht nur bei den Italienern vor dem Hintergrund der weltpolitischen Lage Befremden und Ressentiments aus. Sie schadete auch der Arbeit der einzelnen Institute selbst, die in Konkurrenz um Reichsmittel warben und ihre Interessen gegeneinander vertraten. Mit den Plänen zur Stiftung der Villa Massimo sollte die Künstlerhausfrage schließlich unabhängig von außenpolitischen Bedenken und im Alleingang Arnholds gelöst werden. Hinzu kamen die Gründungen der Kunsthistorischen Institute in Florenz und Rom, jeweils unter anderem Träger, die eine Kommunikation und Zusammenarbeit zusätzlich erschwerten:

„Wenn wir die Dinge sich so weiter entwickeln lassen: ein kunsthistorisches Institut in Florenz unter den Fittichen des Reiches, ein zweites in Rom unter der Aegide der Kaiser-Wilhelm-Gesellschaft, ein drittes am Historischen Institut unter dem schwarzen Adler, so fehlen nur noch bunte Mützen und farbige Bänder, um die akademische Kinderei vollkommen zu machen."[207]

---

207 Kehr an Harnack, 27. April 1912, GStA PK, Nachlaß Schmidt-Ott, Rep 92, A LXXV, 2, Villa Massimo und Bonaparte, Blatt 182, WINDHOLZ 2003, Anhang 20.

Als sich dann die Chance zur Vereinigung der deutschen Institute in Form eines Angebots des römischen Bürgermeisters Ernesto Nathan bot, war es zu spät. Nathan wollte das Gelände der internationalen Kunstausstellung in Rom 1911 in der Valle Giulia einer stetigen Nutzung als „Città d'Arte" zuführen und bot den ausstellenden Ländern das Grundstück, auf dem sie ihre Pavillons für die Ausstellung bauten, zum Geschenk an, sofern sie darauf ihre ständigen Kulturinstitute errichteten.[208] Doch Arnhold, der von dem nahen Angebot nicht wissen konnte, hatte kurz zuvor ein Grundstück für die Errichtung von Ateliers erworben. Umsonst mühten sich Schmidt-Ott und der Gesandte von Mühlberg noch um die Vereinigung der Institute – die Situation war schon längst zu verworren: „Allerdings stehen wir wie vor einem gordischen Knoten der Interessen. Hertzstiftung, Valle Giulia, Villa Bonaparte sind die verknoteten Fäden."[209] Der Direktor des Historischen Institutes Paul Fridolin Kerr drängte darauf, das Angebot Nathans anzunehmen, um wenigstens sein von Raumproblemen geplagtes Institut in der Valle Giulia anzusiedeln. Auch in Berlin hielt man noch eine Weile an den Plänen fest, sah man doch, wie die Engländer sich das Angebot zu Nutze machten.[210] Allerdings bereitete die römische Bedingung, das Terrain zu Kunstzwecken zu nutzen, die man mit der Ansiedlung des historischen Institutes nicht erfüllen würde, einiges Kopfzerbrechen.[211]

Währenddessen schritt auf dem Arnhold'schen Grundstück der Akademiebau voran und geriet so vielversprechend, daß er auch die Valle Giulia Pläne begünstigen sollte. Die preußischen Kulturfunktionäre traten an Arnholds Architekten Maximilian Zürcher heran und ließen ihn ebenfalls Entwürfe für das Grundstück der Valle Giulia anfertigen, mit denen Schmidt-Ott den kaiserlichen Botschafter am Quirinal Herrn von Jagow zu der Zustimmung zu bewegen suchte, das, was Arnhold privat verwirklichte, nun auch staatlich, wie die Engländer, in die Hand zu nehmen.[212] Die britischen Pläne für die Valle Giulia wurden nun auch von Maximilian Zürcher regelmäßig nach Berlin vermittelt:

> „Gestern war ich beim englischen Botschafter Sir Renell Rodd. Er gab mir ausführlich Auskunft über die engl. Akademie in Valle Giulia. – Dort wird auch das engl. Archäologische Institut untergebracht, dann Bildhauer, Maler, Architekten. Direktor wird ein Kunstgelehrter sein, mit 12 000 Lire Gehalt, Wohnung Licht etc. etc.– die Künstler erhalten Stipendien zwischen 4 und 5000 frs. auf 2 Jahre.–"[213]

1913 schrieb Zürcher an Schmidt-Ott auch über die Pläne der anderen Nationen für die Valle Giulia, wie beispielsweise die hohen Summen die Rußland bereitstellen wollte, bei denen über die von Zürcher selbst im Moment verwirklichte Akademie in der Villa Massimo erstaunlicherweise kein Wort fällt:

> „Gestern war Herr Geheimrat Kehr bei mir zu Frühstück. Über vielerlei haben wir gesprochen, natürlich auch über Valle Giulia. Ich sende Ihnen beiliegend einen Zeitungsausschnitt, „Citta d'Arte"! Dieser Ausdruck allein genügt um zu erkennen, was die Italiener erwarten. Ich wünsche so von Herzen, daß Deutschland sich würdig zeigen kann in diesem Reigen. Seine Baustelle ist die dominierendste, die schönste. Mit Geheimrat

---

208 Vgl. Kapitel III. 3.
209 Mühlberg an Schmidt-Ott, 11. Juni 1912, GStA PK, Rep. 92, Nachlaß Schmidt-Ott, A LXXV, 2 Villa Massimo und Bonaparte, Blatt 197.
210 Zeitungsartikel über die englischen Akademiepläne werden aus Rom nach Berlin geschickt: Kehr an Schmidt-Ott, 17. April 1912, GStA PK, Rep. 92, Nachlaß Schmidt-Ott, A LXXV, 2 Villa Massimo und Bonaparte, Blatt 147. Vgl. auch Kapitel III. 3.
211 Finanzministerium an Kultusminister, 11. Juli 1912, GStA PK, Rep. 92, Nachlaß Schmidt-Ott, A LXXV, 2 Villa Massimo und Bonaparte, Blatt 198 und Kehr an Finanzministerium, 1. August 1912, ebd., Rep. 151 IC, Nr. 7106.
212 Schmidt-Ott an Zürcher, 11. September 1912, GStA PK, Rep. 92, Nachlaß Schmidt-Ott, A LXXV, 2 Villa Massimo und Bonaparte, Blatt 76.
213 Zürcher an Schmidt-Ott, 30. Dezember 1913, GStA PK, Rep. 92, Nachlaß Schmidt-Ott, A LXXV, 2 Villa Massimo und Bonaparte, Blatt 86, vollständig zitiert in Kapitel III. 3.

Kehr wünsche ich, daß etwas Zweckentsprechendes und zugleich ein Kunstwerk dorthin komme. Geh. Kehr meint, dass das Problem noch nicht ganz gelöst sei. Die Russen wollen für ihr Institut (Kunst) in Valle Giulia 5.000.000 zur Verfügung haben. [...]. Die Deutschen Künstler sind etwas eifersüchtig und pochen darauf, das Terrain in Valle Giulia sei für die deutschen Künstler geschenkt worden."[214]

Tatsächlich machten sich vor dem Ersten Weltkrieg nur die Engländer das Angebot zu nutzen. Nathan, der eigentliche Befürworter und Motor der Valle Giulia Pläne, legte Ende 1913 sein Amt als Bürgermeister von Rom nieder. Mit Nathans Rücktritt und dem Ausbruch des Ersten Weltkrieges war an eine Verwirklichung eines deutschen „Kunstinstitutes" in der Valle Giulia nicht mehr zu denken:

„Mit dem Hausbau in Valle Giulia sieht es freilich übel aus. Der Botschafter, der mit Hr. v. Jagow in Florenz zusammen war, erzählte, der Staatssekretär habe im Hinblick auf die vorauszusehende Demission von Nathan in Berlin zur Entscheidung gedrängt und die beschleunigte Einsendung der Baupläne zum Abschluß des Vertrages befürwortet, – leider erfolglos. Oder hat die Botschaft die Sache liegen lassen? – Jedenfalls hat die Demission Nathans die Sache ganz verändert. Die Errichtung von Kunstinstituten in der Valle Giulia war eine Lieblingsidee Nathans; sie fällt vielleicht mit ihm, denn für den immer leeren Geldbeutel der Kommune wäre der Verkauf der sehr wertvollen Grundstücke natürlich rationeller."[215]

Doch tatsächlich wurden in den dreißiger Jahren Nathans Pläne fortgeführt und die Valle Giulia zum Sitz acht neuer ausländischer Kulturinstitute, die ähnlich wie die British School künstlerische und wissenschaftliche Sparten vereinen, während die Länder mit schon existierenden Akademien entweder zusätzliche wissenschaftliche Institute gründeten, so Spanien (Escuela Española de Historia y Arqueología de Roma, 1907) und Frankreich (École française de Rome, 1875, ihre verschiedenen Institute wiedervereinigten, wie die USA oder die unterschiedlichen Initiativen in getrennten Instituten fortführten, wie Deutschland.[216]

4. Die Stiftung der Villa Massimo

Eduard Arnhold in Italien

Seit der Gründung der *Villa Romana* 1905 in Florenz war Arnhold in die konkreten Gründungsbemühungen einer Akademie in Italien involviert. Nachdem sein Engagement bezüglich der Villa Bonaparte fehlschlug und die Konstellation der konkurrierenden deutschen Einrichtungen in Rom sich als ausweglos herausstellte, handelte Arnhold schließlich als Privatperson. Während all der Jahre hatte der Großkaufmann die Abstimmungsschwierigkeiten innerhalb der preußischen Verwaltung miterlebt und den Eindruck gewonnen, daß das Kultusministerium und die staatlichen Behörden in der Akademieangelegenheit auch wegen der polarisierten Kunstdebatte keinen gemeinsamen Standpunkt, geschweige denn Durchsetzungswillen entwickelten.

Der Reichtum Eduard Arnholds, neben James Simon einer der größten Mäzene von Kultur, Wissenschaft und karitativen Einrichtungen des Kaiserreichs und der Weimarer Republik, stammte aus dem Kohlenhandel. Als Gesellschafter und schließlich Alleininhaber der Kohlenfirma Caesar Wollheim

---

[214] Zürcher an Schmidt-Ott, 4. Dezember 1914, GStA PK, Rep 92, A LXXV, 2 Villa Massimo u. Bonaparte, Blatt 81. Der Zeitungsausschnitt ist vollständig zitiert in KAPITEL I. 2.

[215] Kehr an Schmidt-Ott, 16. November 1912, GStA PK, Rep 92, A LXXV, 2 Villa Massimo u. Bonaparte, Blatt 165.

[216] Vgl. Einleitung und KAPITEL V.

erwarb er ein Vermögen, mit dem er 1908 den vierten Platz nach den Berliner Millionären Adolph von Hansemann, Ernst von Mendelssohn-Bartholdy und Rudolf Mosse einnahm.[217]

Schon früh hatte er begonnen, Kunst zu sammeln. Nach anfänglich eher zufallsgelenktem Ankauf mittelmäßiger zeitgenössischer Kunst bevorzugte Arnhold – mittlerweile beraten von Wilhelm Bode – niederländische Malerei, während der Berliner Kunsthändler Fritz Gurlitt den Sammler auf die Deutsch-Römer aufmerksam machte. Später, auch aufgrund seiner Bekanntschaft mit Hugo von Tschudi, folgte seine Hinwendung zum französischen und deutschen Impressionismus. Doch auch nachdem er seine Sammlertätigkeit verstärkt den Impressionisten widmete – er besaß die größte Impressionistensammlung Berlins – blieb er den deutsch-römischen Künstlern wie Böcklin, Feuerbach, Tuaillon und Hildebrand, die er auch persönlich kannte, treu.[218] Vor allem mit Tuaillon verband ihn eine lebenslange Freundschaft.[219] Das Interesse für die Deutsch-Römer mischte sich, wie seine Frau Johanna Arnhold festhielt, nicht zuletzt auch mit der Anziehungskraft, die Italien auf Arnhold ausübte. Seine ersten Italienreisen verband er mit Atelierbesuchen bei den Künstlern, deren Werke er sammelte.[220]

Auf diesen regelmäßigen Reisen hielt er sich oft in Florenz auf, wo er zur Bewahrung des Andenkens an Böcklin 1903 dessen Villa Bellagio über San Domenico di Fiesole für sich und seine Familie erwarb.[221] Über seine Sammlungs-, Stiftungs- und Mäzenatentätigkeit im musealen und wissenschaftlichen Bereich hinaus war Eduard Arnhold eng vernetzt mit den Initiatoren der deutschen Einrichtungen in Italien und kannte daher sowohl die Situation der deutschen Künstler als auch der deutschen wissenschaftlichen Institute in Italien. In Florenz unterstützte er, wie schon erwähnt, die *Villa Romana* und das *Kunsthistorische Institut,* wo er 1910 die Nachfolge Ernst von Mendelssohn-Bartholdys als Schatzmeister antrat.[222] In Rom unterstütze er als Freund von Henriette Hertz und Mitglied des Aufsichtsrats die Stiftung der *Bibliotheca Hertziana* und überführte sie in die Kaiser-Wilhelm-Gesellschaft. Daneben verfolgte er die Realisierung seines Hauptanliegens, die Gründung einer deutschen Akademie.

Ausschlaggebend für den Wunsch, deutschen Künstlern eine Einrichtung in Rom zu schaffen, waren Arnholds direkte Einblicke in die Situation der Künstler in Rom in seiner Funktion als Senator der Berliner Akademie der Künste.[223] Die Rompreisstipendiaten waren noch immer provisorisch in den Ateliers der Villa Strohl-Fern untergebracht. Persönlich war er mit einigen Bewohnern dieser Ateliers bekannt: Er besaß Bilder von Lesser Ury, und war mit August Gaul befreundet, wie auch mit dem schon erwähnten Louis Tuaillon, den er schon während dessen Romaufenthalt 1885–1903 unterstützte. Fritz Röll, Gewinner des Großen Staatspreises 1909 und Schüler Gustav Eberleins, erstattete auf

---

217 Vgl. DORRMANN 2002. Zu seinen Stiftungen in Italien vgl. besonders 4. Kap., 3. Römische Rochaden: Die Gründung der Villa Massimo und die preußisch-deutsche Kulturpolitik in Italien, S. 168–82.

218 Zur Sammeltätigkeit Arnholds vgl. Hugo von Tschudi, Die Sammlung Arnhold, in: Kunst und Künstler, Jg. 7, Heft. 1–3, vom 3. 10., 3. 11. und 3. 12. 1908, Berlin 1908/09, S. 3–24, S. 45–62 und S. 99–109; Barbara Paul, Drei Sammlungen französischer impressionistischer Kunst im kaiserlichen Berlin – Bernstein, Liebermann, Arnhold, in: Zeitschrift des deutschen Vereins für Kunstwissenschaft, Bd. 42/3, Berlin 1988, S. 11–30 und Verena Tafel, Von Sammlern und Sammlungen. Ein historischer Streifzug, in: Museumsjournal, Nr. 2, 6. Jg. Berlin 1992, S. 24–27.

219 Vgl. Gert-Dieter Ulferts, Louis Tuaillon 1862–1919. Berliner Bildhauerei zwischen Tradition und Moderne, Berlin 1993, besonders den Exkurs II: Mäzen und Freund – Eduard Arnhold (1849–1925), S. 125–31.

220 Vgl. DORRMANN 2002, S. 169.

221 Eduard Arnhold. Ein Gedenkbuch, hrsg. von Johanna Arnhold, Privatdruck, Berlin 1928.

222 Vgl. DORRMANN 2002, S. 170.

223 Schon in Deutschland unterstützte Arnhold verschiedenste Einrichtungen zur Künstlerausbildung, vgl. DORRMANN 2002 S. 166.

Abb. 29: Eduard und Johanna Arnhold in Rom

Arnholds Bitte hin ausführlich Bericht über seinen Romaufenthalt, die deprimierenden Arbeitsbedingungen in der Villa Strohl-Fern und die sozialen Härten des Stipendiatendaseins:[224]

„Rom den 26. Februar 1911 Villa Strohl-Fern.
Hochgeehrter Herr Geheimrat!
Bezüglich der hiesigen Unterredung teile ich Ihnen Ihrem Wunsche gemäß Folgendes über die römischen Verhältnisse und Atelierszustände mit.
Am 16. Oktober bekam ich die erste Rate des Großen Staatspreises von 1650 M. nach Abzug von 11 M. Stempelgebühren für den italienischen Permesso, von der Königlichen Akademie ausgezahlt. Nach Anschaffung der nötigsten Reiseutensilien reiste ich anfangs November mit noch 1500 M. von Berlin über Prag, Wien, Venedig, Verona, Padua, Bologna, Florenz. Ich hielt mich in diesen Städten zirka 7 Wochen auf um mir alle Kunstschätze anzusehen und gelangte kurz vor Weihnachten nach Rom.
In den ersten Tagen erledigte ich den Besuch bei Professor Gerhardt, um am 2. Januar das mir zur Verfügung gestellte Atelier zu beziehen. Dasselbe fand ich in einem wenig erfreulichen Zustand. Das Inventar, das wohl nie ergänzt oder repariert worden ist, raubte mir von vornherein fast alle Lust zur Arbeit. Außer einem alten wackligen Hammer und einer Säge ist überhaupt kein Werkzeug vorhanden, Die Modellierstühle und Drehscheiben sind fast alle verquollen und funktionieren in keiner Weise, ebenso die Fenstervorhänge, die

---

224 Fritz Röll erhielt nach Gründung der Villa Massimo das erste Privatstipendium von Arnhold. 1929 schuf er die Stifterplakette mit Arnholds Portrait, die heute eine Stele im Entree der Villa Massimo schmückt.

verstockt und verwittert sind. Ein Reißbrett, ein Feuchtkasten, überhaupt all das wenige Vorhandene, ist mehr oder weniger in einem unbrauchbaren Zustand. Das Atelier selbst war zu dieser Jahreszeit sehr feucht. Das erste, was ich zu tun hatte, um überhaupt arbeiten zu können, war, für Modellierton und Heizung zu sorgen; denn außer etwas Holz zum Feueranmachen, war nichts vorhanden. Ich habe bereits in dieser kurzen Zeit 50 Lire für Holz und Kohlen verausgabt. Dazu kommen pro Tag 5 Lire für Modellgeld, die Ausgaben für Materialien an Ton, Draht, Bleirohr und später für die Gipsabformung der 3 Pflichtarbeiten."[225]

Dieser und ähnliche Berichte haben Arnhold wohl davon überzeugt, daß der Rompreis in dieser Form die künstlerischen Studien kaum beförderte und ihn in seinem Wunsch bestärkt, hier Abhilfe zu schaffen. Nachdem sich herausgestellt hatte, daß die Villa Bonaparte für die Künstler verloren war, begann Arnhold mit seinem Freund, dem Bildhauer Tuaillon und Friedrich Schmidt-Ott vom preußischen Kultusministerium, der als Referent für die preußischen Museen und wissenschaftlichen Institute Arnholds wichtigster Ansprechpartner behördlicherseits blieb, nach einer anderen Immobilie für die Verwirklichung des Akademieprojektes zu suchen. Schmidt-Ott erinnerte sich:

> „Ich bin darauf mit dem Bildhauer Professor Tuaillon eine Woche lang durch die Umgebung Roms gefahren, bis wir in der ganz verwahrlosten Villa Massimi vor Porta Pia das geeignete Grundstück fanden. Obwohl das den Blick nach den Albaner Bergen öffnende Gelände, von Stacheldrähten zerrissen, nur noch eine arg angefressene Zypressenallee und drei Pinien aufwies, […]."[226]

– entsprach das Gelände aber tatsächlich den damals wichtigen Kriterien. Dazu gehörten die gesunde Höhenlage, die Schutz vor Malaria und Sommerhitze bot, die weite Aussicht für die Landschaftsmaler und die unbebaute Umgebung, die Diskretion und Aktmalerei erlaubte. Die alten Bäume und der Park versprachen einen ehrwürdigen Rahmen für einen Neubau abzugeben, der ganz auf die Bedürfnisse der Künstler zugeschnitten werden konnte. Im Sommer 1910 kaufte Arnhold aus dem Besitz der Firma L. Massaglia ein ca. 25 000 qm großes Teilgrundstück des ehemals weitläufigen und auch landwirtschaftlich genutzten Landgutes der Adelsfamilie Massimo, unweit der Via Nomentana, zu einem im Vergleich zu zentrumsnäheren Grundstücken und Immobilien bezahlbaren Preis.[227] Das Gelände im Wert von einer halben Million Mark wurde nebst den noch zu errichtenden Ateliers von Eduard Arnhold dem „preußischen Fiskus für die Stipendiaten der Akademie der Künste in Berlin […] geschenkt".[228] Im Januar 1911 ging die Schenkungsnachricht durch die Zeitungen, gefolgt von der Meldung, daß Arnhold zum Dank den Ehrendoktortitel der Akademie verliehen bekam:[229]

> „Geheimrat Arnhold, der eben erst für die Kaiser Wilhelm Gesellschaft die Summe von 700 000 Mark spendete, der die Nationalgalerie so freigiebig förderte, Böcklins Villa in San Domenico so traulich hütet und in unzähligen Fällen sich als ein wahrer Freund der Künste bewährte, hat sich durch diese neuen Stiftung ein neues Verdienst erworben. Diesen „Amerikanismus" kann man sich gefallen lassen!"[230]

---

225 Pr AdK 0725, Blatt 209–10, WINDHOLZ 2003, Anhang 7.
226 Friedrich Schmidt-Ott, Erlebtes und Erstrebtes 1860–1950, Wiesbaden 1952, S. 83.
227 Hinsichtlich der Landverkäufe der Massimo vgl. Paolo Tournon, Vicende ottocentesche di due ville dei duchi Massimo, in: Strenna dei romanisti, 63. Jg., Rom 2002, S. 657–63.
228 Vgl. den Aktenauszug in GStA PK, Rep 92, Nachlaß Schmidt-Ott, C 66, WINDHOLZ 2003, Anhang 24 und Briefe Arnholds an Schmidt-Ott den Kauf betreffend, GStA PK, Rep 92, Nachlaß Schmidt-Ott, A LXXV, 2, Villa Massimo u. Bonaparte, Blatt 18–38.
229 Vgl. Berliner Zeitung am Mittag, 26. Januar 1911, Berliner Morgenpost, 26. Januar 1911, Neue Freie Presse Wien, 28. Januar 1911, in: Pr AdK 0731, Blatt 234 f.
230 Vgl. PAAA Rom Deutsche Botschaft am Quirinal, Die Begründung von Kunstakademien in Rom 1907–1921, R 65524.

Es handelte sich um die größte Stiftung Arnholds im Bereich der Kunstförderung. Doch trotz der Schenkung erhielten das Ministerium und die Akademie bei der Planung nur wenig Mitspracherecht und während der Bauphase verfuhr Arnhold gemeinsam mit seinem Architekten ganz nach seinen Vorstellungen, ohne die Berliner Akademie oder das Ministerium teilhaben zu lassen.[231] Über eine rechtliche Grundlage der Stiftung und die Statuten des Hauses wurde sogar erst 1914 verhandelt. Die Einigung über ein endgültiges Statut schien vor Arnholds Tod gar nicht mehr zustande gekommen zu sein und die rechtliche Grundlage der Schenkung vielmehr auf nach und nach getroffenen Einzelabkommen zu beruhen.[232] Vom Inhalt der Verhandlungen hinsichtlich des Gründungsstatuts mit dem Ministerium wurde z. B. die Akademie in Berlin nicht einmal benachrichtigt.[233] Zwar war die Akademie durch die Schenkung die Eignerin der Villa, aber solange die von Arnhold finanzierten Gebäude nicht standen, blieb ihr kaum etwas anderes übrig, als abzuwarten und eigene Vorstellungen zurückzuhalten.

Anfang Februar 1911 fuhr Arnhold mit Schmidt-Ott und Baurat Georg Thür nach Rom, wo er mit Tuaillon und dem von Arnhold mit den Akademiebau beauftragten Architekten Maximilian Zürcher zusammentraf, um Ideen für den Bau eines Künstlerhauses zusammentragen. Um sich genauere Vorstellungen zu verschaffen, besuchten sie verschiedene Künstlerateliers in Rom, sowie die Akademiegebäude bzw. deren Baustellen und Provisorien der Franzosen, Spanier und Amerikaner, um deren etwaige funktionale Mängel beim eigenen Neubau zu vermeiden.[234] Begeisterung und die Sicherheit, es besser zu machen, spricht aus den Briefen Arnholds dieser Tage an seine Frau:

> „[...] unser Terrain vor Porta Pia ist einzig schön, mächtig gestreckt, fünf große Wiesenstücke, von uralten Steineichen und Zypressen umrahmt; hohe malerische Pinien, weiter Blick über Campagna nach Albaner Berge, wie gemacht für schaffensfreudige Künstlerseelen [...]. Es wird schon was gescheites werden! Was wir bisher von ähnlichen Anlagen sahen – besonders die American Academy [Villa Mirafiori, Anm. d. Verf.], die ein Büchsenschuß von Villa Massimo (das ist der alte Name den wir wahrscheinlich, wie die Medici der Franzosen, beibehalten), hat uns belehrt, wie es nicht gemacht werden darf."[235]

Arnhold kannte Zürcher aus Florenz, wo der Architekt verschiedene Künstlervillen umgebaut hatte, darunter auch die Villa Böcklins, die Arnhold 1902 erworben hatte. Die Wahl Zürchers als Architekt der Akademie scheint auf seine bei diesen Aufgaben bewiesene Fähigkeit zurückgegangen zu sein, sich in historische italienische Villenbebauung und Gartenanlagen einzufühlen und sie rekonstruierend und restaurierend nachzubilden.[236]

---

231 Vgl. Schmidt-Ott an Kehr, 18. Februar 1912: „Arnholds Atelierbauten gehen munter vorwärts, etwas zu großartig. Er will, vertraulich gesagt, die Leitung des Ateliergrundstücks zur Beurteilung des finanziellen Effekts für die ersten Jahre nach der Fertigstellung selbst behalten und uns die Ateliers gratis herleihen, das scheint mir sehr erwünscht. Herr Zürcher scheint übrigens seine Sache sehr gut zu machen, und die Bauten sollen reizvoll aussehen." und Schmidt-Ott an Kehr, 4. März 1912: „Über die Villa Massimi wacht der eifersüchtige Zürcher, dem Geheimrat Arnhold, vertraulich gesagt, für die ersten Jahre auch die Verwaltung und Bewirtschaftung der Villa auf Arnholds Kosten übertragen will." GStA PK, Rep 92, Nachlaß Schmidt-Ott, A LXXV, 2 Villa Massimo u. Bonaparte, Blatt 143 und 145.

232 Vgl. die Vertragsentwürfe GStA PK, Rep 92, Nachlaß Schmidt-Ott, A LXXV, 2 Villa Massimo u. Bonaparte, Blatt 49–57 und den Vertragsentwurf GStA PK, Rep 92, Nachlaß Schmidt-Ott, A LXXV, 2 Villa Massimo u. Bonaparte, Blatt 55, WINDHOLZ 2003, Anhang 23 und die Vereinbarungen laut Aktenauszug, GStA PK, Rep 92, Nachlaß Schmidt-Ott, C 66, WINDHOLZ 2003, Anhang 24.

233 Vgl. Archiv AdK 0732 Blatt 253 f.

234 Vgl. die ähnlichen Berichte des Architekten der Britischen Akademie Edwin Lutyens und des Architekten der Amerikanischen Akademie, Phillip Gorham Stevens, KAPITEL III. 3. und V. 4.

235 Vgl. ARNHOLD 1928, S. 266. Die Amerikanische Akademie war während des Neubaus noch in der Villa Mirafiori untergebracht, die unweit der Villa Massimo, an der Via Nomentana liegt.

236 Maximilian Zürcher (1868–1926) begann seine Ausbildung mit Malstudien an den Akademien Dresden und

Maximilian Zürcher: Rekonstruierend bauen

Zunächst plante Zürcher für das Künstlerhaus ein einziges Gebäude, ein Zentralhaus, ähnlich den römischen Palästen oder auch der amerikanischen Akademie, mit zehn integrierten Ateliers, die sich um einen Innenhof gruppieren. Doch während der Planungsphase ließ sich Zürcher von Künstlern wie Ludwig von Hofmann und Tuaillon beraten.[237] Tuaillon trat für „Einzelbuden mit bescheidenem Casino" ein, also reine Atelierbauten, deren größere Funktionalität Zürcher und Arnhold schließlich überzeugte.[238]

Die ersten Pläne wurden am 20. Juni 1911 von der römischen Bauaufsicht genehmigt und zeigen die vorläufige Bauplanung (Abb. 30). Hier setzte Zürcher den Hauptkomplex zwischen die beiden alten, in Nord-Süd-Richtung verlaufenden Alleen, wobei der Winkel des Gemeinschaftshauses und der Gartenanlage sich nach der schräg in Ost-West-Richtung verlaufenden Zypressenallee richtete. Durch eine Unterbrechung des machtvollen Wuchses der Zypressenallee wollte er Platz für eine symmetrisch barocke Gartenanlage schaffen, die den Blick der Eintretenden nach rechts auf die Prachtfassade des Haupthauses lenkte. Der Architekt war zwar von seiner ursprünglichen Idee abgerückt, die Ateliers samt Gemeinschaftsräumen in einem einzigen Gebäudeblock unterzubringen, aber durch den alles umlaufenden Säulenumgang verband er die beiden Gebäudekomplexe, Ateliers und Gemeinschaftshaus, zu einer geschlossenen Anlage, die einen Hof umfaßte. In diesem vorläufigen Planungsstadium mit dem Säulenumgang und der Aneinanderreihung der Ateliers besteht noch eine Reminiszenz an jene Kollegienbauten, an denen sich die Pläne der Romantiker orientierten.

Aufnahmen aus der Zeit des Kaufes und Zürchers Einträge auf den Plänen dokumentieren, daß auf dem Villengrundstück noch Reste von Gartenarchitektur, wie zwei Tempelfragmente und ein altes Bauernhaus, vorhanden waren. Den frontalen Abschluß der Eingangsallee bildet die noch vorhandene Tempelfront, worauf auch die Beschriftung, „Rudero che si conserva", hindeutet. Sie sollte der weiten Aussicht auf die Campagna einen zusätzlichen Reiz verschaffen und ähnelt den künstlichen Tempelruinen der Villa Borghese aus dem 18. Jahrhundert. Seitlich des Tempels mündet die Eingangsallee auf die weite hochgelegene Terrasse, von der aus der Blick unverstellt bis zu den Bergen Tivolis reichte. Portraitbüsten säumen die Balustrade, wie bei der Villa Cimbrone in Ravello, die in einer der Villa Massimo ähnlichen, improvisierten Bauweise ab 1904 von Ernest William Beckett aus einem *Pasticcio* neuer und antiker Bauelemente geschaffen wurde.

Berlin und an der Académie Julian in Paris. Als Architekt war er Autodidakt. Ab 1893 lebte er dauernd in Italien. 1919 wurde er Mitglied der freien Secession Berlin. Arnhold zufolge gehörte er zu den Mitbegründern der Secession. In der Umgebung von Florenz gestaltete er die Villa San Michele, die Villa Fontanella für den Maler Ludwig von Hofmann und die Villa Torricella (mit Brunnenanlage) um. Auch die von 1883 bis 1901 von Böcklin bewohnte Villa Bellagio in S. Domenico di Fiesole und Zürchers eigenes Domizil Riposo dei Vescovi wurden durch ihn restauriert und ausgebaut. Während des Ersten Weltkrieges ging Zürcher in die Türkei und sollte in Konstantinopel das ‚Haus der Freundschaft' entwerfen. Dem ging ein Wettbewerb voran, an dem auch Behrens, Bonatz, Eberhardt und Paul, Poelzig, Taut u. a. teilnahmen und den German Bestelmeyer gewann, der auch den Deutschen Pavillon in Rom 1911 entwarf; vgl. Das Haus der Freundschaft in Konstantinopel. Ein Wettbewerb deutscher Architekten. Mit einer Einführung von Theodor Heuss, hrsg. vom deutschen Werkbund und der deutsch-türkischen Vereinigung, München 1918 und AUSST.-KAT. ROMA 1911, S. 268. Während des Ersten Weltkrieges stand Zürcher als Direktor der Bauten für die türkische Armee dem Marineminister Djemal Pascha zu Diensten. Vgl. THIEME-BECKER, Bd. XXXVI, s. v. Zürcher, S. 586 mit weiteren Hinweisen zu zeitgenössischen Besprechungen seines Werkes und Arnholds Referenzschreiben über Zürcher in: PAAA Rom Deutsche Botschaft am Quirinal, Die Begründung von Kunstakademien in Rom 1907–1921, R 65524, WINDHOLZ 2003, Anhang 26.

237 Vgl. den Briefwechsel Zürcher mit Schmidt-Ott, GStA PK, Rep. 92, Nachlaß Schmidt-Ott, A LXXV, 2 Villa Massimo u. Bonaparte, Blatt 63/64.

238 Zitiert nach: ARNHOLD 1928, S. 264. Ausführlicher zur Baugeschichte vgl. WINDHOLZ 2003, Kap. III. 3.

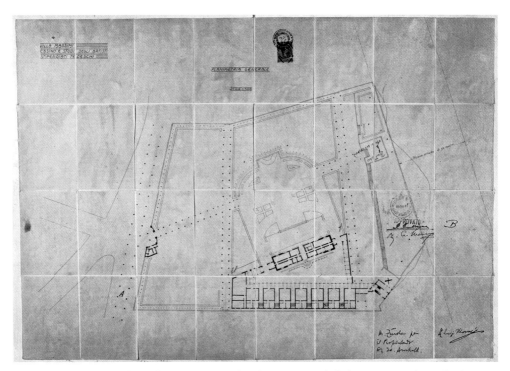
Abb. 30: Maximilian Zürcher, Villa Massimo, Lageplan 1b. Casino e Studi degli artisti stipendiati tedeschi, 1911

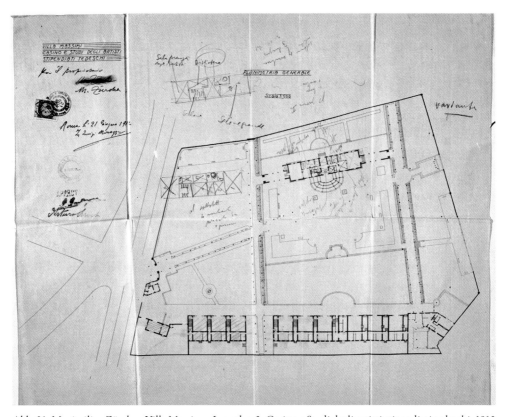
Abb. 31: Maximilian Zürcher, Villa Massimo, Lageplan 2. Casino e Studi degli artisti stipendiati tedeschi, 1912

Noch während der Arbeiten am ersten Bauabschnitt, kurz vor Weihnachten 1911,[239] wurde auf Tuaillons Kritik hin, daß das Haupthaus einen ungünstigen Schatten auf die Ateliers werfe, der Baukomplex auseinander gezogen, damit diese mehr Luft und Licht erhielten.[240] Der neue, am 9. Juli 1912 genehmigte Lageplan zeigt bis auf geringfügige Abweichungen die heutige Gestalt der Gesamtanlage (Abb. 31).

Die entscheidende Veränderung bestand in der Verlegung des Haupthauses auf die andere Grundstücksseite, das dadurch von den Ateliers getrennt wurde. Während vorher das Haupthaus gleich einem Riegel mit seiner Front die Ateliers verdeckte und der Arbeitsbereich der Künstler nur über den Hof erreichbar war, waren nun zwei völlig unabhängige Gebäudetrakte entstanden, deren direkte Bezugnahme aufeinander durch die Geländeaufschüttung und die Brunnenanlage verhindert wird. Der eintretende Besucher findet über die Hauptallee zum festlichen Vorplatz mit der Brunnenanlage und dem Haupthaus oder wendet sich über kleine Wege dem Ateliertrakt zu, der durch die geradlinige Flucht und Funktionalität beeindruckt. Während Zürcher für die Umsetzung der veränderten Gebäudeposition einen neuen Grundrißplan zur Genehmigung anfertigte, beließ er die bereits angefertigten Detailpläne und Aufrisse in der ersten Fassung. Der Vergleich der heutigen Gegebenheiten mit den Plänen zeigt, daß Zürcher jedoch spontan die Gestaltungsmittel modifizierte.

Sowohl auf die abwechselnde Dachstellung der Ateliers, als auch auf die ursprünglich geplante, schattenspendende Portikus entlang der Atelierfront ist in der Ausführung verzichtet worden. Dagegen wurde der Dachstuhl mit den in die Dachzone fortgesetzten Fenstern über die gesamte Atelierreihe durchgezogen. Die Fenster und die Form der Ateliers, mit der höher gelegenen Wohnung und dem breiten Flur, besitzen große Ähnlichkeit mit den Ateliers der Villa Strohl-Fern, die in verschiedene Fotografien und Karl Hofers Skizze seines dortigen Ateliers überliefert sind (Abb. 34). Es liegt nahe anzunehmen, daß sich Zürcher bei der Besichtigung römischer Atelierbauten auch die Ateliers der Villa Strohl-Fern angeschaut hatte und hier entscheidende Anregungen erfuhr.[241]

Die Ateliers erhielten mit 9 x 9 m Grundfläche bei einer Höhe von 6,5 m (geplant waren 9 m) eine Größe, die, wie Zürcher stolz an Arnhold berichtete, diejenige der anderen Ateliers der Akademien übertraf:

> „Gestern besuchte mich Ludwig von Hofmann auf dem Bauplatz. [...] Auch er war erschüttert über die Mächtigkeit dieser Ateliers und über die Üppigkeit der dazu gehörenden Wohnungen. Er meinte, dass es wohl schon reichlich sei, wenn man zu einem solchen Prachtatelier noch ein Zimmerchen erhalte. Aber, noch eine Badeanlage und noch einen Salon und noch zwei Entrees und einen Kellerraum – das seien Fürstenkünstler! [...]
> Sie schreiben: „überflüssig scheint ja eigentlich nur das Wohnzimmer ... "
> Das ist nun aber nicht ganz richtig, sondern:
> 1) Überflüssig erscheint vielen die bedeutende Grösse der Ateliers. 9 mal 9 m Fläche und die enorme Höhe von 9 m (die jetzt neu zu bauenden Ateliers der amerikanischen Akademie werden 7 mal 8 m, also ganz bedeutend kleiner)."[242]

---

239 Vgl. Zürcher an Schmidt-Ott, 22. Dezember 1911, GStA PK, Rep 92, Nachlaß Schmidt-Ott, A LXXV, 2 Villa Massimo u. Bonaparte, Blatt 68.

240 Vgl. Zürcher an Schmidt-Ott, 31. Juli 1911, GStA PK, Rep 92, Nachlaß Schmidt-Ott, A LXXV, 2 Villa Massimo u. Bonaparte, Blatt 65 f, WINDHOLZ 2003, Anhang 27.

241 Vgl. Karl Hofer und Theodor Reinhart, Maler und Mäzen. Ein Briefwechsel in Auswahl, hrsg. von Ursula und Günter Feist, Berlin 1989, S. 43, 51, 74 und S. 75. Hofer hat in einem Brief aus Rom vom 13. Mai 1903 an seinen Förderer Theodor Reinhart sein Atelier skizziert.

242 Vgl. Zürcher an Arnhold, 24. 1. 1912, Pr AdK I/278, Blatt 2-5; WINDHOLZ 2003, Anhang 28.

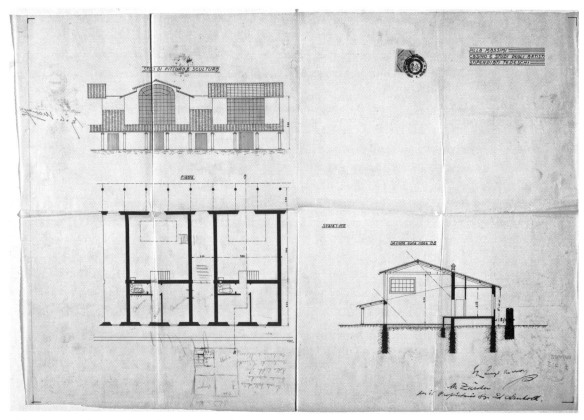

Abb. 32: Maximilian Zürcher, Villa Massimo, Maler- und Bildhauerstudios, 1911

Abb. 33: Villa Massimo, Ateliertrakt nach Osten in einer Aufnahme von 1913

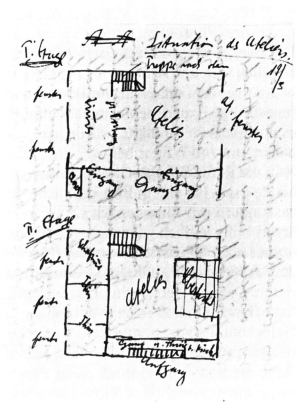

Abb. 34: Karl Hofer, Skizze seines Ateliers in der Villa Strohl-Fern, 1903

Doch während an den Ateliers bereits gebaut wurde, kamen Zweifel auf, ob Atelier und Wohnung nicht doch zu großzügig bemessen seien. Zürchers Vorschlag, die Ateliergebäude deshalb insgesamt zweistöckig einzurichten und damit die kostspieligen Fundamente doppelt nutzbar zu machen, wurde von Arnhold jedoch zurückgewiesen.[243] Die Größe der Ateliers verweist auf die monumentalen Maße überlebensgroßer Ehrenmale, Reiterstatuen und meterlanger Leinwände, wie man sie von den Rompreisträgern damals noch erwartete. Gleichzeitig war die hochfunktionale Reihenhausarchitektur eine frühe Realisierung der damals diskutierten „sozialen Architektur" von knapper, sachlicher Ästhetik, durch die – auf ausdrücklichen Wunsch des Bauherrn – alle Künstler gleichgestellt und soziale Ungerechtigkeiten vermieden werden sollten.[244] Für die Funktionalität braucht man jedoch nicht unbedingt auf die Entwicklung zeitgenössischer Architekten, wie etwa Adolf Loos' zu rekurrieren.[245] Es boten sich Vorbilder in der lokalen Tradition Roms an, nämlich die zahlreichen Atelierbauten im römischen Zentrum aus dem 19. Jahrhundert, wie z. B. in der Via Margutta, für die man aus praktischen Erwägungen funktionale Lösungen fand. Zürcher verband in der Architektur der Ateliers Sachlichkeit mit kleinen Abweichungen vom Seriellen: Die innere Aufteilung variiert, alte Baumaterialien sollten auch bei den Ateliers die harmonische Einbettung in die historische Umgebung gewährleisten.

243 Ebd.
244 Vgl. die von Zürcher erwähnten Einwände Arnholds gegen die Pläne, die Ateliers unterschiedlich zu bauen und dadurch Künstler erster und zweiter Klasse zu schaffen, vgl. Zürcher an Arnhold, 24. Januar 1912, WINDHOLZ 2003, Anhang 28.
245 So Elisabeth Wolken, in: Ausst.-Kat., Artisti di Quattro Accademie straniere a Roma, Rom 1982, S. 34.

Wenn man die Raumvergabe der bebauten Fläche insgesamt betrachtet, fällt auf, daß die Ateliers um ein mehrfaches die Grundfläche des Haupthauses übertreffen, das gerade einmal an die Größe von drei Ateliers heranreicht (Abb. 31). Mit dieser Gewichtung der Raumnutzung entspricht die Architektur der Villa Massimo dem inhaltlichen Konzept eines Künstlerhauses, das bezeichnender Weise anfangs noch den Namen „Studi tedeschi" bzw. „Deutsche Künstlerwerkstätten" trug und erst später gemäß dem in Rom üblichen Sprachgebrauch in Akademie umbenannt wurde.[246]

Auch die Fassade des Haupthauses weist in der Ausführung gegenüber dem Plan Abweichungen auf (Abb. 36): Auf dem Entwurf ist noch die vorläufig nach Norden orientierte Fassade wiedergegeben, die nach der Grundrißverschiebung um 180° gedreht und den Ateliers zugewandt wurde. Die unter den seitlichen Terrassen zum geplanten Hof führenden Tore fielen nach der Neupositionierung des Haupthauses weg. Statt dessen ließ Zürcher die Terrassen von offenen Arkaden stützen. Die seitlichen Terrassenannexe verleihen dem an sich schon langgestreckten Bau noch mehr Breite – ein gestalterischer Kniff, der den Eindruck einer viel größeren Anlage hervorruft und mit einer gewissen Theatralik eine herrschaftliche Villa mimt und nicht verrät, daß ihre Tiefe lediglich wenige Meter beträgt und sie am Grundstücksrand steht.

Auch die innere Raumaufteilung des Haupthauses hat während der Planung viele Änderungen erfahren, und nach den vielen kriegsbedingten Zwischennutzungen, die im letzten Jahrhundert erfolgten, läßt sich heute schwer feststellen, wie und ob diese veränderten Pläne ausgeführt wurden. Zumindest die geplante Nutzung der Räumlichkeiten läßt sich anhand der Bleistiftzeichnung auf dem Lageplan 2, (Abb. 31) links oben neben der Überschrift „Planimetria generale" nachvollziehen. Nach der Skizze waren im Erdgeschoß ein Speisesaal, die Bibliothek und ein großer Saal für Ausstellungen und gemeinsame Mal- und Aktstudien vorgesehen. Im ersten Stock, zu dem eine monumentale Treppe mit tonnengewölbter Kassettendecke führte, waren repräsentative Räume und zwei über seitliche Treppen erreichbare große Wohnateliers mit den großen Terrassen geplant. Im Keller befanden sich die Wirtschafts-, Vorrats- und Heizräume.

Einzelne Reste der Innenausstattung, die sich erhalten haben, zeugen von der Fortsetzung römischen Geschmacks im Inneren. Das Entree war in grün- und ockerfarbenem Stucco lustro gefaßt, und auch die anderen Räume zeigten Reste farbiger Fassungen.[247] Der Mosaikboden hingegen weist große Ähnlichkeiten mit demjenigen des Vestibüls der Villa Stuck in München auf,[248] deren Ausstattung der geplanten Dekoration der Villa Massimo vielleicht am nächsten kommt, was sich auch aus der Bekanntschaft Zürchers und Arnholds mit Franz von Stuck erklären ließe. Beide haben gemeinsam mit Stuck 1904 eine vom Norddeutschen Lloyd organisierte Mittelmeerkreuzfahrt unternommen, an der auf Einladung des Direktors des Lloyd, Heinrich Wiegand, auch Franz Schwechten, der Architekt der evangelischen Kirche in Rom, Louis Tuaillon und weitere Künstler teilnahmen.[249]

---

246 Der Briefkopf der Villa Massimo titelte bis 1914: „Studi tedeschi" und „Deutsche Künstlerwerkstätten", vgl. Pr AdK I/278, Blatt 2–14.

247 Freundlicher Hinweis der Restauratorin Costanza Ceradini, Rom, Februar 2004.

248 Vgl. Die Villa Stuck in München, Inszenierung eines Künstlerlebens, München 1992, S. 38/39.

249 Vgl. DORRMANN 2002, S. 162.

Abb. 35: Maximilian Zürcher, Villa Massimo, Fassade des Haupthauses, 1911

Abb. 36: Villa Massimo, Haupthaus

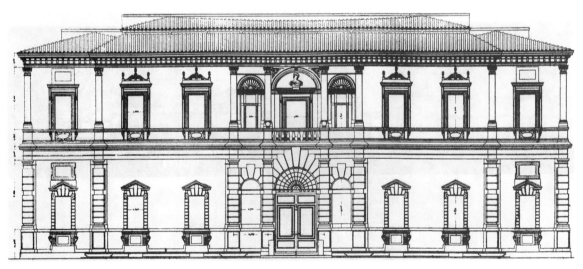

Abb. 37: Giacomo Barozzi da Vignola, Villa Giulia, Stich nach Letarouilly

Die Restauration der *Villa Suburbana*

Die Fassade des Haupthauses wird durch den Kontrast von hellem Travertin und rauhem Landhausputz strukturiert. Das doppelt durchlaufende Travertingesims zwischen den Geschossen und der breite Gebälkfries unterstützen die horizontal ausladende Geste. Dagegen stehen die vertikale Eckrustizierung der fünf Fassadenabschnitte und die feierliche Betonung des vollständig weiß gehaltenen Portalbereichs mit Triumphbogenmotiv. Im Vergleich zum Entwurf weist die gebaute Fassade größere Strenge auf, indem auf die Rundbogenfenster im Obergeschoß der Seitenrisalite, auf das Auskragen der Rustizierung nach unten hin und auf die offene Loggia über dem Hauptportal verzichtet wurde. Auch die Betonung der Seitenrisalite, denen ihre Dachhöhe fast den Charakter von Ecktürmen verlieh, entfällt vollkommen. Die Wiederholung der Balustrade an allen Fenstern des Obergeschosses und die waagerechte Verdachung hingegen führten zur Konzentration auf die Durchdringung der horizontalen und vertikalen Linien. Während der Entwurf in der Betonung der Eckrisalite durch das Auskragen des Bossenwerks, das Zeltdach und die loggiaartigen Rundbogenfenster noch an toskanische Landhäuser des 15. Jahrhunderts erinnerte, verrät der ausgeführte Bau nicht mehr die Florentiner Herkunft des Architekten. Er weist ins römische Ambiente des späten Cinquecento.

Unter den römischen Villen, die Zürcher inspiriert haben könnten, ließe sich bei einem Vergleich der Frontgestaltung an die Villa Giulia denken. Ähnlich ist die zweigeschossige Fassadengliederung, besonders im Bereich der mittleren drei Achsen, mit der Akzentuierung der Gliederungselemente durch weißen Travertin vor der matten Grundfarbe des Mauerputzes, und vor allem das Triumphbogenmotiv des Portals. Die bossierte Rahmung, die seitlichen Nischen und das sich nach oben fortsetzende Stützmotiv haben beide Bauten gemeinsam.

Zürcher wählte für seine stilistische Orientierung die römische Villenarchitektur und verließ in der Planungsphase den Florentiner Landhausstil. Im Vergleich zu den deutschen Bauten, die gleichzeitig in Rom entstanden, wie z. B. die Evangelische Kirche oder der deutsche Pavillon, fällt auf, daß Zürcher sich keinen „deutschen Stil" zum Vorbild nahm, wie z. B. Franz Schwechten, der sich an romanischen Bauformen orientierte, oder German Bestelmeyer, der einen wuchtigen Klassizismus für den deutschen Pavillon der Jubiläumsausstellung 1911 in der Valle Giulia wählte, den auch der Ausstellungsführer als „un po' pesante" charakterisierte.[250]

Es stand auch niemals ein Nationalstil oder typisches Merkmal zur Debatte, wie er bei der spanischen Akademie angemahnt, bei der *British School* mit dem Zitat von Wren's Fassade der St. Paul's Cathedral gelöst oder in einzelnen Details bei der Amerikanischen Akademie angedeutet wurde.[251]

Die verklärenden Architekturzitate klösterlicher Herkunft oder der Eklektizismus der früheren Idealprojekte der Künstlerheime im 19. Jahrhunderts, gehörten nicht mehr zum Vokabular Zürchers. An die Stelle der romantischen Religiosität oder des überheblichen Pathos tritt der Versuch einer harmonischen Verbindung zwischen dem Park und den Gebäuden – zwischen der römischen Geschichte und einer Architektur, die nicht aus der Umgebung herausstechen will, sondern in ihre Vergangenheit taucht. Im Frieden der Natur und im Einklang mit der humanistischen Villenkultur sollten die Künstler einen arkadischen Rückzugpunkt vor dem hektischen „negotium" der moder-

---

250 Vgl. GUIDA UFFICIALE 1911, S. 72–75.   251 Vgl. KAPITEL II. 4., III. 3. und V. 4.

Abb. 38: Franz Heinrich Schwechten, geplante Ansicht der deutschen evangelischen Kirche in Rom von Süden, 1912

nen Welt finden. Mit der Restauration einer römischen Villa suburbana sieht sich Arnhold auch als Erbe der antiken und humanistischen Mäzene, die sich in ihren Landhäusern mit Künstlern umgaben, die frei ihrer Arbeit nachgehen konnten und damit zu Zeiten des „otium" ihren Mäzen unterhielten.

Zürcher baute, als würde er malen: Schon der Baubeginn zeugt von seiner unorthodoxen Vorgehensweise. Vor Aushub der Baugrube und Fundamentierung stellte er das Portal aus Travertinbossen auf, um zu sehen, wie die Proportionen wirkten, ungeachtet des Nachteils, sich damit den Zugang zur Baugrube verstellt zu haben (Abb. 39). Wege, Brunnen und Mauern gliedern die Wiesen und sind mit antiken Figuren und Spolien bestückt, die zum Teil in riskanter Weise aufgestellt wurden – den heute hinter den Ateliers in Sicherheit gebrachte Togatus hatte Zürcher auf die Spitze einer Säule gesetzt (Abb. 41).[252] Die in dieser Weise ironisierte Spolienverwertung nimmt auch den beiden archaisierenden Löwensäulen vor dem Haupthaus ihre Bedeutung als Hoheitszeichen. Auch sie können nur als schwache Requisiten mit nur mehr szenographischer Funktion gesehen werden.

Während das Haupthaus zurückhaltend verziert und durch die Bäume eingehüllt ist, wurde der Garten mit der architektonischen Dekoration, mit den von Zürcher leidenschaftlich gesammelten antiken Spolien und alten Baumaterialien, mit denen er in kurzer Zeit eine sonst über Jahrhunderte gewachsene Gartenmöblierung zu imitieren suchte, förmlich überhäuft.

252 Die Via Nomentana war als römische Ausfallstraße von Grabbauten gesäumt, deren Reste bei der Bebauung des Viertels um die Jahrhundertwende zu Tage traten. Vgl. LAHUSEN 1990.

Abb. 39: Villa Massimo, Baubeginn Haupthaus, um 1913

Abb. 40: Villa Massimo, Haupthaus

Abb. 41: Villa Massimo, Säule mit Togatus, um 1913

Abb. 42: Villa Massimo, Zypressenallee nach Osten, um 1913

Abb. 43: Villa Massimo, Ostterrasse, um 1913

Aus Barockaltären demolierter Kirchen schuf er die Brunnenanlagen und aus wiederverwendeten Renaissanceportalen, gekrönt mit Kardinalswappen der Farnese oder dem Schriftzug eines Alessandro Lancia, schmückte er die heutigen Nebeneingänge.[253] Den Zeitgenossen Kehr bewog dies zu dem treffendem Urteil: „Im einzelnen vielleicht zuviel Puppentheater, was sich aber mit der Zeit verwachsen wird."[254] Es scheint sich in der Tat „verwachsen" zu haben. Die über das Grundstück verteilten Gebäude und das Haupthaus mit seiner ausladenden Breite sind harmonisch und zurückhaltend in den Park gebettet. Die Restauration scheint insofern geglückt, als auf den ersten Blick tatsächlich alles älter aussieht, als es in Wirklichkeit ist. Diego Angeli schrieb im Giornale d'Italia, Zürcher habe etwas geschaffen, was die antike Villa wie ein Traumbild wieder erstehen ließe. Ergriffen von diesem „Wunder der Auferstehung", zitierte ihn Heinrich Nebel im Berliner Lokalanzeiger am 18. Juli 1914.[255]

Weniger romantisch veranlagte Besucher stellten andere Charakteristiken des Neubaus fest, über die sich sicher nicht nur der Bauherr und der Architekt der Deutschen Akademie in Rom freuten, einer Akademie: „die der französischen Kunstakademie in Villa Medici nicht unebenbürtig war".[256] Im Gedenkbuch an Eduard Arnhold legte man Wert darauf, festzustellen, daß: „eine Akademie entstand, die nicht nur alle übrigen in Rom überragte, sondern die auch anderswo ihresgleichen nicht hatte."[257]

Arnholds Akademie – Harmonisierungsbestrebungen

Für Arnhold stand von Anfang an fest, daß er keine „Lehranstalt" in Rom begründen wollte; er wollte, daß „der deutsche Künstler in Rom nicht mehr sich selbst überlassen bleiben sollte, sondern in einer deutschen Gemeinschaft wirken" könne. Es sollten die Voraussetzungen dafür geschaffen werden, daß sich deutsche Stipendiaten und Künstler, „eingegliedert in eine Gesamtheit, in der der eine den anderen klärte und steigerte," ihrer Weiterbildung widmen konnten. Die Gemeinschaft sollte auch verhindern, daß der Künstler „sich an Rom verliere" und sein „Deutschtum einbüße".[258]
Fern von den künstlerischen Richtungskämpfen bot die Akademie eine Arbeitsatmosphäre in der die Künstler nur der Gegenwart der großen Kunstwerke Roms Rechenschaft schuldeten. Diesen Wunsch Arnholds bezeugt noch heute die lateinische Inschrift, die über dem Portal des Haupthauses, eingefaßt

---

253 Hypothetisch ist die Angabe, die „Kunst am Bau" der Villa Massimo stamme von Louis Tuaillon und Georg Thür, wie in einer aktuellen Veröffentlichung zur Villa Massimo behauptet wird, vgl. Botschaften, 50 Jahre Auslandsbauten der Bundesrepublik, hrsg. von Olaf Asendorf u. a., Frankfurt am Main 2000, S. 214. Arnholds Treffen mit Thür und Tuaillon in Rom vor Baubeginn, das im Gedenkbuch überliefert ist, kann nicht als gemeinsame Autorschaft der „Kunst am Bau" interpretiert werden. Vgl. ARNHOLD 1928, S. 264. Die Dekoration des Gartens der Villa Massimo trägt eindeutig Zürchers Handschrift, was auch bei einem Vergleich von Zürchers Gartenanlagen in Florenz mit der Gestaltung der Villa Massimo deutlich wird; vgl. Deutsche Kunst und Dekoration, illustrierte Monatshefte für moderne Malerei, Plastik, Architektur, Wohnungskunst u. künstlerisches Frauenschaffen, Heft 1, Jg. XV, München 1912 und Innendekoration. Mein Heim, mein Stolz, die gesamte Wohnungskunst in Bild und Wort, Mai, 23. Jg., Stuttgart – Darmstadt 1912 und April, 24. Jg., 1913.

254 Vgl. Kehr an Schmidt-Ott, 17. April 1912, GStA PK, Rep. 92, Nachlaß Schmidt-Ott, A LXXV, 2 Villa Massimo u. Bonaparte, Blatt 147. Die meisten Reaktionen auf Zürchers Werk waren positiv und der Bau erfuhr eine begeisterte Zustimmung. Vgl. auch den Artikel, Eine deutsche Akademie in Rom, in: Die Woche, Nr. 11, 15. Jg., Berlin 1913, S. 432–34.

255 Vgl. Zeitungsartikel verwahrt in PAAA, Rom Deutsche Botschaft am Quirinal, Die Begründung von Kunstakademien in Rom 1907–1921, R 65524. Heinrich Nebel hielt die Fertigstellung in wenigen Monaten für möglich.

256 SCHMIDT-OTT 1952, S. 84.

257 Vgl. ARNHOLD 1928, S. 266.

258 Vgl. ebd., S. 268.

von den Namen berühmter Künstler der Antike, in den Gesimsfries gemeißelt ist: INGENUA·TESTOR·
STUDIO·QUO·PROSEQUAR·ARTES – „Ich rufe die edlen Künste zum Zeugen für das Studium, welchem ich folgen werde".[259]

Arnhold, so der Zusatz im Stiftungsvertrag, reservierte sich ein lebenslanges Wohnrecht in der Villa Massimo. Er wollte selber im Kreis der Künstler weilen. Auch im Ankauf der Villa Bellagio in Florenz, die er weitgehend so erhielt, wie Böcklin sie hinterlassen hatte, läßt sich Arnholds Wunsch erkennen, einer Atmosphäre künstlerischen Schaffens nahe zu sein.

Deutlich wies er die Akademie in Berlin auf ihre zweitrangige Rolle hin. Als Arnhold am 6. Juli 1912 die Fertigstellung der ersten drei Ateliers ankündigte und anbot, diese der Akademie ab Oktober für ihre Stipendiaten zu überlassen, schrieb er einschränkend:

> „[…] was die von Ihnen angeregte Übergabe der Villa angeht, so bin ich mit Ministerialdirektor Schmidt [-Ott] übereingekommen, dass vor der Hand und jedenfalls bis der letzte Stein gefügt ist, die Unterhaltung und Verwaltung der Anlage in meinen Händen bleibt. Weder die Akademie noch das Ministerium übernehmen also irgend welche Pflichten. Ich stelle ihnen die Ateliers zur Verfügung, als wäre ich der Hausherr und sie der Mieter, nur dass ich's umsonst mache."[260]

Tatsächlich sah die künftige vertragliche Regelung zur Nutzung der Villa folgendes vor: Eduard Arnhold und seiner Frau stand das Recht zu, auf Lebenszeit im Haupthaus zu wohnen, den Garten zu benutzen und auch Gästen Unterkunft zu gewähren. Die Auswahl der zwölf Stipendiaten unterlag einem komplizierten Verfahren zwischen dem Ministerium, der Akademie und Arnhold. Über die Vergabe von drei Ateliers verfügte Arnhold allein, über weitere drei Ateliers entschied nach Arnholds Wunsch ein Kuratorium, dessen Zusammensetzung auch von ihm bestimmt wurde. Dem Kuratorium sollten Arnhold selbst auf Lebenszeit, ein Vertreter des Ministers, der Präsident der Akademie der Künste und die beiden Vorsteher der Meisterateliers für Malerei und Bildhauerei der Akademie angehören. Das Kuratorium sollte zusätzlich über die Belegung der sechs der Akademie zustehenden Ateliers entscheiden, falls die Akademie selbst diese Ateliers aus Mangel an Bewerbern nicht vermitteln könnte.[261]

So kompliziert die Vergabe der Ateliers den Akten nach scheinen mochte, stellte sich die Sache in Wirklichkeit viel einfacher dar. Es waren Arnholds Bekannte, die nach dieser Regelung zusammenkamen: Vorsteher des Meisterateliers der Bildhauerei war Louis Tuaillon und Vorsteher des Meisterateliers für Malerei Arthur Kampf, der gleichzeitig wiederum Präsident der Akademie war. Als Vertreter des Ministers war schließlich Friedrich Schmidt-Ott reguläres Kuratoriumsmitglied.[262]

Die progressiven Kunstkreise, die Arnhold als den ersten Impressionisten-Sammler in Berlin der Avantgarde gegenüber aufgeschlossener eingeschätzt hatten, waren über die Zusammensetzung der

---

259 Das Vorbild für die Inschrift könnte von der Villa Durante, gebaut 1892, nicht weit der Villa Massimo stammen. Francesco Durante war gefeierter Chirurg und Freimaurer und ließ seine Villa von dem Maler Enrico Coleman und dem Bildhauer Ettore Ferrari ausstatten. Letzterer war Ernesto Nathans Nachfolger als Großmeister der römischen Loge. Die Inschrift stammt von dem Altphilologen Onorato Occioni, einem Freund Durantes, vgl. Villa Durante. La vita e l'architettura di un edificio nella Roma tra Ottocento e Novecento, Rom 2003 und Pier Andrea de Rosa und Paolo Emilio Trastulli, I Pittori Coleman, Rom 1988, S. 123.

260 Arnhold an Kampf, 5. Juni 1912, Archiv AdK 0731, Blatt 277.

261 Vgl. den Vertragsentwurf, GStA PK, Rep 92, Nachlaß Schmidt-Ott, A LXXV, 2 Villa Massimo u. Bonaparte, Blatt 55, WINDHOLZ 2003, Anhang 23 und den Aktenauszug, GStA PK, Rep 92, Nachlaß Schmidt-Ott, C 66, WINDHOLZ 2003, Anhang 24.

262 Die Zusammensetzung des Kuratoriums ähnelt dem Erwerbungsbeirat der Nationalgalerie, auch dort waren Arnhold, Tuaillon, Kampf und Schmidt-Ott vertreten, vgl. DORRMANN 2002, S. 159.

künstlerischen Leitung der neuen Stiftung enttäuscht. Sie befürchteten, daß der Villa Massimo durch das leitende Kuratorium eine Prägung im akademischen Sinn bevorstand. In der Zeitschrift „Kunst und Künstler" erschien ein Artikel, der deutlich machte, daß man von Arnhold eine andere Kunstförderung erwartet hatte:

> „Nur hat sich Eduard Arnhold, wie es Einem scheinen will, mit dem Geist seiner prachtvollen Sammlung einigermassen in Widerspruch gesetzt, als er sich mit der Akademie der Künste verband, um die lebendige Kunst zu fördern."[263]

Statt die Akademie der Künste zu beteiligen, hätte Arnhold, so der Verfasser des Artikels, einen Kreis unabhängiger Sachverständiger um sich sammeln müssen. Dann wäre es auch nicht zu der so unzeitgemäßen Gründung einer Rompreisträgerherberge gekommen. Arnholds Geld wäre besser durch einen Aufsichtsrat verwaltet gewesen, der keiner künstlerischen Gruppierung verpflichtet war und dem

> „[...] das Wohl der echten Kunst ebenso sehr wie Herrn Arnhold am Herzen liegt. Vielleicht hätte dieser Verein zur rechten Zeit dann noch gefunden, dass es wichtigere Dinge im modernen deutschen Kunstleben giebt, als Ateliershäuser in Rom."[264]

Auch von den in die Leitung der Villa Massimo berufenen Künstlern erwarteten sich die jüngeren Künstler keine wegweisenden Impulse mehr. Tuaillon, Mitglied der Secession, und Kampf, dem Schmidt-Ott davon abriet, der Secession beizutreten, „weil mir dieser ruhig urteilende Mann für den Kunstfrieden wertvoll schien",[265] waren mit ihrer dem Kaiser gefallenden Kunst äußerst etabliert, standen im Zenit ihrer Laufbahn und erhielten mehr und mehr Staatsaufträge.

Der Widerspruch zwischen Arnholds Begeisterung für die französischen und Berliner Impressionisten auf der einen Seite und seinem Interesse an Tuaillon und an einer Zusammenarbeit mit Akademikern wie Arthur Kampf auf der anderen Seite läßt sich zum Teil mit der Vielseitigkeit von Arnholds Kunstgeschmack erklären. Sein weitgefächertes Interesse schlug sich in der Heterogenität seiner Sammlung nieder. Von einer Polarisierung französischer Malerei, im Sinne einer *l'Art pour l'art* und der deutschen Seelenkunst, wie sie von Julius Meier Graefe und Henry Thode ausging, ließ sich Arnhold nicht beeinflussen, der die unterschiedlichen Bestände seiner Sammlung versöhnlich und nicht antagonistisch zusammen- und ausstellte. Hugo von Tschudi hielt die Sammlung Arnholds, gerade wegen ihrer „Unparteilichkeit" und da sie etwas von der Art einer öffentlichen Galerie habe, für eine untypische, sehr eindrucksvolle Privatsammlung. So hingen neben den Aufsehen erregenden Impressionisten auch Bildnisse von Bismarck und Wilhelm II., gemalt von Franz von Lenbach und Max Koner.[266] Diese heute als widersprüchlich empfundene Kombination sollte aber vor einem Hintergrund der Bemühung um Ausgleich und Vereinigung widerstrebender Richtungen gelesen werden. In die Richtung einer Vermittlung oder Harmonisierung der verhärteten Kunstfronten zielte auch die Gründung einer Akademie in Rom, die das Zeitlose, das Gültige schützen sollte. Aufschlußreich sind hier die Überlieferungen auch über die Kunstauffassung Schmidt-Otts, der, wenngleich er auch weniger kunstverständig als Arnhold war, doch maßgeblich an der Akademie-

---

263 Kunst und Künstler, Heft 9, Berlin 1911, S. 304.
264 Ebd.

265 Schmidt-Ott 1952, S. 61.
266 Vgl. Tschudi 1908 und Paul 1988, S. 19–30.

gründung beteiligt war. Sein Verhältnis zur Moderne war distanziert, weshalb ihm auch Wilhelm II. das Kunstreferat im Kulturministerium 1903 übertragen hatte. Seinen Erinnerungen zu Folge gab er Althoff gegenüber offen zu, daß er „ja nichts von Kunst" verstehe, worauf ihm Althoff entgegnete, „eben deswegen will seine Majestät Sie haben".[267] Bemüht, seinen mangelnden Sachverstand nicht zu Lasten der Kunst auffallen zu lassen und so weit es ging, dem Rat der Beteiligten zu folgen, lag ihm eine ähnliche Harmonisierung wie Arnhold am Herzen. Ihm war die, seiner Meinung nach auch durch die Tageszeitungen geschürte, Polarisierung in den Künsten zuwider.

> „Gegenüber solcher Zerrissenheit der Kunstauffassungen, die von der liberalen Presse geschürt wurde, konnte ich nur hoffen, allmählich Boden zu gewinnen. Ich sagte mir, daß ich mich keinesfalls auf die alte Garde stützen dürfe und das Recht regelmäßig bei der Jugend liege. Wenn ich hier Extravaganzen sah, die weniger echter Kunst als der Neuerungssucht und dem Reklamebedürfnis entsprangen, so glaubte ich doch zu erkennen, daß die Mehrheit einem inneren Drange folgte und die Entwicklung nicht durch äußeren Zwang zu hemmen sei."[268]

Doch die Jüngeren kritisierten Schmidt-Ott als zu konservativ: Er habe, so Johannes Sievers, der Fachreferent für die Kunsthochschulen am Kultusministerium von 1912 bis 1918, eine „philiströse Einstellung" zur Kunst, nach der sie der Gesellschaft als „Erfrischungsmittel" und „Erheiterung nach des Tages Last und Hitze" zu dienen habe.[269]

Bei Arnhold, der sowohl Hugo von Tschudi unterstützte, als auch mit seinen Schenkungen für die Antikensammlungen den kaiserlichen Kunstgeschmack befriedigte, stützte sich die Bemühung um eine vermittelnde Rolle auf historisches Bewußtsein von Widersprüchen. Durch seine weitgefächerte Suche nach höchster künstlerischer Qualität suchte er Einseitigkeit zu vermeiden und vertraute darauf, daß sich antagonistische Standpunkte auf jener qualitativ höheren Ebene auflösten.

Auch an einem anderen Zusammenhang lassen sich Arnholds Harmoniebestrebungen festmachen: Arnhold waren als Herr eines Wirtschaftsimperiums sicherlich auch die Diskussionen um die Vorzüge der auswärtigen Kulturpolitik bekannt. In liberalen Kreisen ging es um die Verbindung von Demokratie mit dem Kaisertum und die Harmonisierung des Expansionswillens der Wirtschaft mit den kaiserlichen Machtbestrebungen. Vor allem linksliberale Politiker begriffen mit Blick auf das Vorbild Frankreichs, das etwa ab 1880, zehn Jahre nach dem Fiasko napoleonischer Machtpolitik, Kulturexport als Mittel der Außenpolitik zu betreiben begonnen hatte, daß die Ausdehnung des kulturellen Einflusses ein Mittel zur Wegbereitung auch der wirtschaftlichen Entfaltung des Reiches sein könnte. Innenpolitisch bekannten sich diese Liberalen zumeist zur Notwendigkeit progressiver Reformen und brachten die Harmonisierung von „Demokratie und Kaisertum" in Beziehung zur geplanten Kulturpolitik im Ausland.[270] Es ging darum, die unheilvolle Machtpolitik Deutschlands durch eine zukunftsweisende Wirtschaftspolitik zu ersetzen und diese durch auswärtige Kulturpolitik in die Wege zu leiten.

Die Stiftung der Villa Massimo durch einen der Exponenten der deutschen Energiewirtschaft, den Kohlehändler Arnhold, geschah zeitgleich mit der Gründung von deutschen Auslandsvereinen, Deutschschulen, des Professorenaustausches etc.[271]

---

267 SCHMIDT-OTT 1952, S. 58.
268 Ebd., S. 61.
269 Landesarchiv Berlin, E Rep 300–310, Nachlaß Johannes Sievers, Nr. 1: Erinnerungen an meine Dienstzeit im Kgl. preuss. Kultusministerium, Blatt 83 und 19, zitiert nach DORRMANN 2002, S. 153.
270 Vgl. KLOOSTERHUIS 1981, S. 15.
271 Ebd., S. 7–41.

Abb. 44: Villa Massimo, die Büste Kaiser Wilhelms I., heutiger Standort

Eine andere Erklärung für Arnholds Vielseitigkeit und die scheinbaren Widersprüche seiner Persönlichkeit ergibt sich aus der Betrachtung seines sozialen Kontextes und gesellschaftlichen Umfeldes. Arnhold selbst wurde als kaisertreu und nationalliberal geschildert. Durch seine berufliche Stellung hatte er auch Wilhelm II. persönlich kennengelernt und war das erste jüdische Mitglied des preußischen Herrenhauses. Seine Hinwendung zur Kunst und sein Mäzenatentum ermöglichten ihm Kontakte zu Personen des geistigen Lebens und des Adels, die ihm als Kaufmann so nicht möglich gewesen wären. Die Bemühungen des jüdischen Kaufmanns, neben der wirtschaftlichen auch kulturelle Anerkennung zu erlangen, sind als Teil eines Assimilationsprozesses verständlich.[272] Der Gegensatz zwischen Kaisertreue und der Vorliebe für eine Kunst, die der Kaiser verachtete, war für Arnholds gesellschaftliche Reputation nicht ohne Folgen. Lag er doch mit seiner Vorliebe für die Impressionisten abseits des offiziellen und hoffähigen Kunstgeschmacks. Aufschlußreich ist in diesem Zusammenhang Hugo von Tschudis Bemerkung zur öffentlichen Resonanz der Sammlung Arnholds: „[...] ja es mag Ketzer geben, denen trotz Böcklin, Liebl und Liebermann der Schwerpunkt der ganzen Sammlung hier [auf den

---

272 Pollak wies auf das überdurchschnittliche Engagement der jüdischen Stifter hin und zählt unter den jüdischen Stiftungen in Rom die *Bibliotheca Hertziana,* die Villa Massimo und die Villa Falconieri auf, vgl. POLLAK 1994, S. 53. Überlegungen zu dem Phänomen überwiegend jüdischer Stifter bei: Peter Paret, Bemerkungen zu dem Thema Jüdische Kunstsammler, Stifter und Kunsthändler, in: Sammler, Stifter und Museen. Kunstförderung in Deutschland im 19. und 20. Jahrhundert, hrsg. von Ekkehard Mai und Peter Paret, Köln – Weimar – Wien 1993, S. 173–85.

französischen Impressionisten, Anm. d. Verf.] zu liegen scheint."²⁷³ Tschudis Bemerkung ist ein Indiz dafür, daß bei den fortdauernden Angriffen auf die neuere französische Kunst deren Hochschätzung um 1908 noch als Irrweg angesehen wurde.

> „In der Monarchie Wilhelms II., die sich zu einem nicht geringen Teil durch dessen persönliche ästhetische Vorliebe definierte, haftete dem Sammeln der Moderne vielfach sogar ein oppositioneller Zug an. Eine Ablehnung der zeitgenössischen akademischen und staatsverherrlichenden Kunst, die von Wilhelm II. bevorzugt wurde, gewann durch die enge Verbindung von Ästhetik und Politik schnell einen politischen, monarchiekritischen Beigeschmack."²⁷⁴

Ein Mäzenatentum, dem es nicht nur um die Kunst, sondern auch um gesellschaftliches Renommee ging, konnte davon nicht unbeeinflußt bleiben. Der verschärfte Antisemitismus und die zunehmend politische Rezeption zeitgenössischer und fremder Kunst in Deutschland Ende des 19. Jahrhunderts mögen Arnhold dazu bewogen haben, sich weniger umstrittenen Kunstrichtungen zuzuwenden. Sowohl die Politisierung der Künste, die sich in der Reichstagsdebatte von 1879 ankündigte, als auch der wachsende Antisemitismus waren die Begleiterscheinungen eines radikalen Nationalismus und zogen ihre Kraft aus den früheren, weniger radikalen Formen ästhetischer und rassistischer Intoleranz. Die nationale Gesinnung verstand sich als Verteidiger der deutschen Gesellschaft und Kultur, die, so war die Befürchtung, von fremden Interessen unterwandert würde. Zu diesen nationalfeindlichen Interessen zählten auch der Modernismus der Kunst und der Kosmopolitismus. „Deutsche Juden, selbst wenn sie weitgehend assimiliert waren, galten in ihren Augen ebenfalls als Fremde, und die Verbindung zwischen Juden und moderner, ungeliebter Kunst wäre auch dann hergestellt worden, wenn es einen Liebermann oder einen Cassirer nicht gegeben hätte."²⁷⁵ Mit dem Einschwenken Arnholds auf die akademischen Bestrebungen eines Künstlerhauses in Rom, die auch Wilhelm II. unterstützte, war die Gefahr geringer, durch seine künstlerischen Vorlieben Abstriche in der Gunst des Kaisers erleiden zu müssen. Beredtes Zeichen seiner Kaisertreue sind die Büsten der drei deutschen Kaiser, die Arnhold im Park der Villa Massimo aufstellen ließ.

---

273 Tschudi 1908, S. 50.
274 Dorrmann 2002, S. 122. Zum Verhältnis Kunst und Politik im Wilhelmismus vgl. v. a. die Studie von Peter Paret, Die Berliner Secession. Moderne Kunst und ihre Feinde im Kaiserlichen Deutschland, Berlin 1981.

275 Paret 1993, S. 182.

V. Die Amerikanische Akademie

1. Zur Vorgeschichte der akademischen Romreisen

Die Entwicklung der Künstlerausbildung in Nordamerika

In Amerika waren die Möglichkeiten der Schulung für angehende Künstler lange Zeit äußerst bescheiden und nicht vergleichbar mit den Angeboten europäischer Hauptstädte, die während des 18. Jahrhunderts versuchten, sich in der Künstlerausbildung den akademischen Elitezentren Rom und Paris anzunähern.[1] Auf dem Neuen Kontinent fehlten bis Anfang des 19. Jahrhunderts Institutionen zur Künstlerausbildung, wie Akademien oder traditionsreiche Meisterateliers. Es gab keine Möglichkeiten nach lebenden Modellen zu zeichnen, es existierten kaum Abgüsse oder Kopien der berühmtesten Kunstwerke, noch bedeutende Sammlungen oder Ausstellungsmöglichkeiten, kurz, die Grundvoraussetzungen für akademische Lehre fehlten. Wenige in Europa ausgebildete Künstler boten der amerikanischen Kunstproduktion bis ins 19. Jahrhundert hinein Orientierung und Vorbild. Vor der Revolution unterrichteten ein paar Künstler englischen Ursprungs amerikanische Kunstinteressierte, und nach der Republikgründung gaben einige Immigranten, vor allem Italiener, ihre Kunstfertigkeit und ihr stilistisches Urteilsvermögen an Lehrlinge weiter. Kupferstiche und ein paar Kunstbücher übten in Ermangelung anderer Kunstzeugnisse eine unerhörte Faszination aus.

Die anfängliche politische und wirtschaftliche Abhängigkeit der Kolonien von Europa und hauptsächlich von England galt ebenso im kulturellen Bereich. So studierten die nordamerikanischen Künstler mangels eigener Kunstschulen üblicherweise an der 1768 gegründeten *Royal Academy* in London und, wenn es ihre wirtschaftliche Situation erlaubte, daran anschließend noch in Paris und Rom. Erst nach 1870 wurde bei der Wahl des Ausbildungsortes Paris vor London bevorzugt.[2] Der Unabhängigkeitskrieg, 1775–83, schwächte paradoxerweise diese künstlerische Anbindung der Neuen Welt an den Alten Kontinent nicht. Im Gegenteil, der kriegsbedingte Rückgang an Aufträgen in den nordamerikanischen Staaten trieb viele Künstler in das etablierte Kulturleben der alten Heimat zurück. Dort konnten sie auf die Hilfe eines ihrer Landsmänner bauen: Benjamin West, einer der ersten Maler

---

1 Vgl. PEVSNER 1986, 4. Kap.
2 Vgl. Ausst.-Kat. American Artists in Europe 1800–1900. An Exhibition to Celebrate the Bicentenary of American Independence, Walker Art Gallery, Liverpool 1976–77, S. 5. Eine Einführung zur Präsenz amerikanischer Künstler in Italien bietet der AUSST.-KAT. THE LURE OF ITALY 1992.

nordamerikanischer Herkunft, der zu Studienzwecken nach Italien ging, hatte in Europa Karriere gemacht. Als Hofmaler Georgs III. und später, von 1792 bis zu seinem Tod 1820, als Präsident der *Royal Academy* in London, wurde er für die Maler, die von jenseits des Atlantiks nach Europa kamen, zum wichtigsten Bezugspunkt während ihrer Bildungsreisen. Von seinen Schülern, die in die Staaten zurückkehrten, gingen während der ersten Jahre des 19. Jahrhunderts die ersten Impulse zur Gründung akademischer Lehranstalten in Amerika aus. Auf die Institutionen der Diplomatie, wie sie die anderen Länder in Europa wechselseitig etabliert hatten, konnten die amerikanischen Künstler auf Reisen nicht zurückgreifen. Amerika – als revolutionäre Republik weitgehend isoliert – entsandte erst 1797 einen Botschafter nach Rom.[3]

Nach dem Unabhängigkeitskrieg und der Ausrufung der Republik fehlte selbstverständlich eine monarchische Kunstpatronage in den ehemaligen Kolonien, aber das Bedürfnis nach einer den politischen Erfolgen ebenbürtigen Kunst war um so höher:

> „The United States has no sooner gained independence than Americans began to urge the encouragement of a national art to prove to the world that a republic was capable of cultural achievements. Inferiority in the arts at that time was a condition that deserved attention, but it was a condition more easily justified then because of the youthfulness of the nation and the prevailing sense of national potentiality."[4]

Obwohl die amerikanischen Staaten eigentlich eher abgeneigt waren, sich europäische Einrichtungen zum Vorbild zu nehmen, veranlaßte sie doch die Kenntnis der europäischen Tradition öffentlicher Kunstförderung, der Ruhm der europäischen Akademien und der erhebliche finanzielle Einsatz für Kunst durch die Staatsoberhäupter in England, Frankreich, Rußland und Italien, darüber nachzudenken, wie eine Demokratie diese Systemleistung gleichermaßen übernehmen könnte. Daß eine Republik durchaus über die nötigen Mittel verfügte, bewies das über alle Zweifel erhabene und in Amerika besonders beliebte Vorbild Athens, so Edward Everett 1824: „No government, as a government, ever did more for the fine arts than that of Athens."[5] Auch Thomas Cole, der prominenteste Landschaftsmaler der *Hudson River School* wies auf die antiken griechischen Republiken hin, als Beispiel der öffentlichen, nationalinspirierten Kunstpatronage, die er wünschte:

> „[...] the glory and fortune of a great painter [in Greece, Anm. d. Verf.] did not depend as now on the caprice of individuals; he was the property of the Nation. He was employed by his country and by cities, and his rewards were considered as a just portion of the national expenditure [...]. Such will be the system in our country, when the people become fully instructed and made sensible of the moral and commercial influence of Art."[6]

Der Künstler sollte Cole zu Folge als Angestellter des Landes oder der Stadt ein Grundgehalt aus öffentlicher Hand garantiert bekommen. Doch angesichts der weit größeren Herausforderungen für

---

3   Vgl. L. Joy Sperling, Allston, Vanderlyn, and the German Artistic Community in Rom 1800–1810, in: AUSST.-KAT. THE ANGLO-AMERICAN ARTIST 1982, S. 115–24, S. 122, Anm. 4; in Anm. 5 ein Überblick zur Literatur der amerikanischen Präsenz in Italien. Zur Geschichte der Amerikanischen Kunstakademien vgl. Ausst.-Kat. Academy. The Academy Tradition in American Art, hrsg. von Lois Marie Fink und Joshua C. Taylor, Washington D. C. 1975.

4   MILLER 1969², S. viii, beschreibt die Bemühungen der amerikanischen Mittel- und Oberklasse um die Förderung amerikanischer Kunst und Kultur und ihre Vorstellungen über die gesellschaftliche Rolle der Kunst und private Kunstpatronage.

5   Zitiert nach MILLER 1969², S. 36.

6   Ebd., S. 37.

die Regierung des Neuen Kontinents, das Fehlen von Infrastruktur, politische und wirtschaftliche Neuorganisation, Fragen zwischenstaatlicher Unabhängigkeit oder nationaler Einheit, entwickelte sich keine Kunstförderung im gewünschten Sinn. Nur zu speziellen Anlässen, wie der Errichtung und Dekoration des Kapitols für den Regierungssitz in Washington, kam es zu öffentlich-staatlicher Kunstpatronage. Aber die Ergebnisse der für die Regierung geschaffenen Kunst waren in der Regel unbefriedigend, was auch an dem insgesamt eher unsteten Niveau der Künstler, ihrer andauernd schwierigen Ausbildungssituation ohne regelrechte Akademien bzw. Ateliertradition und der fehlenden Materialversorgung lag.

Darüber hinaus konnten das Studium antiker Statuen und das Aktstudium nur eingeschränkt bzw. gar nicht betrieben werden: Noch verhinderte die weitverbreitete Prüderie, nach Aktmodellen zu zeichnen. 1794, in *Peale's Columbianum* in Philadelphia, einer kleinen Sammlung mit Gipsabgüssen, wurde ein Abguß der Venus Medici in einer Kiste aufbewahrt und nur auf besonderen Wunsch hin gezeigt.[7] Charles Willson Peale, der 1795 das *Columbianum*, die erste amerikanische Künstlervereinigung, nach dem Vorbild der *Royal Academy* in London gründete, war ein ehemaliger Schüler Benjamin Wests an der Londoner Akademie. Das *Columbianum*, das Philadelphia den Ruf einbrachte, die erste amerikanische Stadt zu sein, die eine Kunstschule besaß, existierte jedoch nur gerade mal ein Jahr. Es war auch weniger ein Ort der Lehre als eine Vereinigung von Künstlern zur Organisation von Ausstellungen. Erst 1806 wurde die Idee von Peale wieder aufgenommen und in der Gründung der *Pennsylvania Academy of Fine Arts*, nach dem Vorbild der Londoner Akademie, umgesetzt.[8] Bei der ersten Ausstellung der *Pennsylvania Academy* wurden die Besucher nach Geschlechtern getrennt, so daß die Damen, ohne durch Schamgefühle belästigt zu werden, die hüllenlosen Statuen besichtigen konnten.[9]

Daß bei diesem Entwicklungsstadium der Kunstausbildung an staatliche Rompreise, die die Künstlerausbildung abrundeten, noch nicht im mindesten gedacht wurde, verwundert nicht. Die Ausbildungssituation in den Vereinigten Staaten begann sich erst in den ersten Jahrzehnten des 19. Jahrhunderts allmählich zu verbessern. Ebenfalls ein Schüler Wests, John Trumbull, war bei der Gründung der New Yorker *Academy of Fine Arts* 1802 beteiligt.[10] Ihr Hauptziel war die Ausstellung antiker griechischer und römischer Plastik, die den allgemeinen Geschmack bilden und den Kunststudenten als Studienobjekt dienen sollte.

> „[...] their object was by placing within view of the citizens of New York, copies of the admired works of the ancient Greeks and Roman sculptures, to cultivate the public taste; and at the same time to render accessible in our own City to young men who might be disposed to study the Fine Arts, those high Examples which form the basis of Education in all the Academies of modern Europe."[11]

---

7 Diesbezügliche Dokumente verwahrt die Historical Society of Pennsylvania: Manuskript-Nr. 745, Titian Ramsay Peale 1799–1885. Collection, 1794–1808. Letters, records, and copies of correspondence gathered by Peale from the papers of his father, Charles Willson Peale relating to the founding, in 1794, of the Columbianum and its subsequent failure, as well as the founding and early years of the Pennsylvania Academy of Fine Arts, vgl. Guide to the Manuscript Collections of The Historical Society of Pennsylvania, Philadelphia 1991.

8 Vgl. Pennsylvania Academy of the Fine Arts 1805–2005. 200 Years of Excellence, hrsg. von Jane Watkins, Philadelphia, Penn. 2005.

9 Regina Soria, Dictionary of Nineteenth-Century American Artists in Italy 1760–1914, London – Toronto 1982, S. 15.

10 Vgl. Mary Bartlett Cowdrey, American Academy of Fine Arts and American Art-Union, Introduction 1816–1852, New York 1953.

11 Vgl. Report of committee appointed to arrange the minutes and accounts of the institution, 5. Mai 1827, zitiert nach Ausst.-Kat. Academy 1975, S. 27.

Abb. 1: Peter Bonnett Wight, New York Academy of Design, 1863–65

Die Ausstellungsstücke sollten auch die Notwendigkeit der kostenaufwendigen und in vielerlei Hinsicht riskanten Studienreisen nach Europa mindern:

> „[…] and to obtain access to which preceding American artists have been under the necessity of making the voyage to Europe, as well as an expensive and hazardous residence in some foreign country, remote from friends and exposed to all inconveniences and temptations incident to youth when placed in such circumstances."[12]

Bei den Gründungen in Pennsylvania und New York handelte es sich um Initiativen aus den Kreisen von Kunsthändlern und Kunstagenten, die in Paris Abgüsse von Skulpturen aus dem Napoleonischen Kunstraub anfertigen ließen, um die Sammlungen in Amerika zu vervollständigen. Das mangelnde Interesse der Akademiemitglieder an den Werken zeitgenössischer Künstler und ihrer praktischen Ausbildung führte jedoch 1826 in New York zu einer Sezessionsgründung, der *National Academy of Design*, die erstmals in Amerika ein künstlerisches Grundlagenstudium für junge Kunststudenten vorsah. Hier wurden Perspektive, Anatomie, Geschichte, Mythologie und Komposition gelehrt sowie ein historischer Überblick über die europäische Kunst. Der Bau der Akademie erfolgte in den sechziger Jahren und wurde dem Dogenpalast in Venedig nachempfunden. Er deutet damit explizit auf die künstlerischen Traditionen, denen sich die Akademie verschrieb.[13]

Der Zeichenunterricht konzentrierte sich vor allem auf das Zeichnen nach Abgüssen, die aus Europa angekauft wurden, da das Aktstudium weiterhin verpönt war.[14] Letzteres wurde erst ab den siebziger Jahren in der *Academy* in Pennsylvania von Thomas Eakins, der auf Anatomie und Aktmalerei besonderen Wert legte, in die regelmäßigen Lektionen aufgenommen.[15] Ab 1850 waren vermehrt

12 Ebd.
13 Zur Geschichte der Academy of Design vgl. Ausst.-Kat. Academy 1975.
14 Vgl. Cowdrey 1953, Vorwort von James Thomas Flexner, S. vi.
15 Ausst.-Kat. Academy 1975.

zeitgenössische Werke aus Europa im New Yorker Kunsthandel erhältlich, und ab den siebziger Jahren fanden in verschiedenen Städten Nordamerikas Ausstellungen zeitgenössischer französischer Malerei statt.[16] Alte Meister wurden jedoch erst ab 1871 durch die Ankäufe ganzer Sammlungen flämischer und holländischer Malerei durch das Metropolitan Museums in größerem Umfang öffentlich zugänglich.

Mit dieser steigenden Präsenz europäischer Kunst, sowohl vergangener Epochen als auch aktueller Strömungen, waren künstlerische Bildungsreisen, um sich mit der Kunstgeschichte des Abendlandes auseinanderzusetzen, nicht mehr zwangsläufig nötig. Doch ab Mitte des 19. Jahrhunderts nahmen die Europareisen zu und die amerikanische Kunst orientierte sich mehr als vormals an der europäischen Kunst. Diese andauernde „Fremdorientierung" widersprach allerdings der nach dem Bürgerkrieg endgültig erlangten wirtschaftlichen Autonomie und dem politischen Erstarken der Vereinigten Staaten – beides Entwicklungen, von denen auch ein positiver Impuls in Richtung einer kulturellen Autonomie erwartet wurde. Es geschah jedoch genau das Gegenteil: Die nach dem Bürgerkrieg rasant fortschreitende Industrialisierung und der wirtschaftliche Aufschwung absorbierten vollständig das gesellschaftliche Interesse. In der produktiven Geschäftigkeit der Besiedelung des Westens fehlte Raum für eine zeitgenössische kulturelle Reflexion, die sich auf die Frage einließ, in welcher Beziehung der indianische Kontinent zum alten Europa stand. Gegen Ende des 19. Jahrhunderts wurden mit der Etablierung der Kunstschulen in Amerika Reisestipendien nach Italien eingerichtet und Europa auch darin nachgeahmt.

Frühe Italienreisen nordamerikanischer Künstler

Selbstverständlich reisten amerikanische Künstler schon vor der Amerikanischen Revolution und Unabhängigkeitserklärung und auch lange vor der Einrichtung akademischer Reisestipendien auf den Spuren der *Grand Tour* ihrer englischen Kollegen nach Italien. Meist finanzierten die Künstler ihre Italienreisen nach ersten wirtschaftlichen Erfolgen selbst, oder sie reisten auf Initiative einzelner Mäzene. Damit waren die Reisen weniger krönender Abschluß ihrer Ausbildung, sondern dienten zur Perfektionierung und Veredelung ihres bereits etablierten künstlerischen Schaffens. Benjamin West – er gilt als der erste amerikanische Maler, der zu Studienzwecken nach Italien ging – wurde 1760 vom Senatspräsident von Pennsylvania, William Allen, unterstützt, für den er in den drei Jahren seines Italienaufenthaltes Kopien anfertigte. Er nahm sich den berühmtesten in Rom weilenden Künstler, Anton Raffael Mengs, zum Vorbild und imitierte seinen Stil.[17] Wenn die Künstlerreisen nicht von den Künstlern selbst, sondern von Auftraggebern finanziert wurden, war es üblich, daß für diese Kopien Alter Meister angefertigt wurden.[18] Daneben konnten sich die Künstler auch mit der Herstellung von Gipsabgüssen antiker Skulpturen für die langsam entstehenden Sammlungen und mit der Ausführung von Grabmälern und Portraits romreisender Landsleute Einkünfte sichern. Insgesamt gehörten die amerikanischen, wie auch die russischen Künstler, im Vergleich zu ihren zentral-, nord- und westeuropäischen Kollegen zur Nachhut der Kunstreisenden in Italien.[19] Noch 1843 beobachtete die Presse, daß die europäischen Künstler von ihren Regierungen großzügig bei

---

16 Vgl. Ausst.-Kat. American Artists in Europe 1976, S. 6.

17 Vgl. Allen Staley, Benjamin West in Italy, in: The Italian Presence in American Art 1760–1860, hrsg. von Irma B. Jaffe, New York – Rom 1989, S. 1–8.

18 Regina Soria verweist in diesem Zusammenhang auf den 1. Band Edith Wharton's, Old New York, False Dawn, (the forthies) New York 1924, das den Geschmack der Kunstliebhaber beschreibt, vgl. Soria 1982, S. 15.

19 Vgl. Fernando Mazzocca, Da Oriente a Occidente. Nuovi protagonisti sulla scena romana, in: Ausst.-Kat. Maestà 1, S. 357–62.

ihren Kunststudien in Rom unterstützt würden, während die Amerikaner vernachlässigt um ihr täglich Brot kämpfen müßten. Die amerikanischen Künstler wären „[…] neglected, struggling for bread, and driven to all manner of shifts for the purpose of remaining a few years in the Temple of art." Es folgte daraus auch der Schluß, daß Amerika kulturell hinter Europa zurückstünde: „America was behind Europe in the cultivation of the Fine Arts."[20]

Die Skulptur in Amerika war im Vergleich zur europäischen Tradition und zeitgenössischen Produktion noch stärker im Hintertreffen als die Malerei. Das lag vor allem am Fehlen größerer, öffentlicher Aufträge, dem Marmormangel und den Transportproblemen bei den immensen Entfernungen in Nordamerika. Der Bildhauer Horatio Greenough stellte für die zwanziger Jahre nüchtern fest, „sculpture, when I left home in 1825, was practised nowhere, to my knowledge, in the United States."[21] Folgerichtig wandte er sich, wie viele andere Bildhauer auch, nach Rom, das auf eine dreitausendjährige, ununterbrochene Tradition der Steinskulptur zurückblickte und antike Vorlagen in einer Fülle wie nirgends sonst auf der Welt bereit hielt.[22] Für die amerikanischen Bildhauer auf *Grand Tour* wurden die von Künstlern aus aller Welt frequentierten Ateliers Canovas und Thorwaldsens zu Zentren künstlerischer Schulung.[23] Später übte in Florenz Lorenzo Bartolini mit seinem naturalistischeren Klassizismus großen Einfluß auf Bildhauer wie Greenough und William Henry Rinehart aus Maryland aus; letzterer hinterließ bei seinem Tod den *Rinehart Fund*, eines der ersten amerikanischen Reisestipendien für Bildhauer.[24]

Wie andere Romreisende ließen sich auch die amerikanischen Künstler im Ausländerviertel rund um die Piazza di Spagna nieder, mieteten ihre Ateliers an der Piazza Barberini, der Via Margutta, Via Sistina, Via Capo le Case usw. Neben den weltberühmten, in Rom ansässigen Künstlern, bei denen die jüngeren angereisten Künstler lernten, boten die italienischen Akademien, ebenso wie die *Académie de France*, weitere Möglichkeiten der Fortbildung. Hinzu trat eine reiche Auswahl privater Zirkel, wie z. B. die *Academia di Gigi* in der Via Margutta, eine von einem ehemaligen Modell organisierte Aktzeichenschule mit wechselnden Modellen, die den Künstlern Fortbildung und Austausch bot. Ein weiterer Treffpunkt der amerikanischen Künstler war das Studio William Wetmore Storys im Palazzo Barberini.[25]

In amerikanischen Wohnungen füllten sich die Wände mit Kopien europäischer Werke oder mittelmäßigen Originalen. Alexis De Tocqueville suchte in seiner Studie über die amerikanische Gesellschaft nach Gründen für die als uninspiriert geltende Kunstproduktion in den neuen Staaten – Kunst, die sich mit der Nachahmung der europäischen Kunst und der Erfindung einer dekorativen oder Gebrauchskunst begnügte, und nichts „Erhabenes" anstrebte –, in der alles egalisierenden Demokratie, die auf die Befriedigung materieller Grundbedürfnisse der breiten Masse zielte.[26] William Dunlap, Verfasser der ersten ausführlichen Kunstgeschichte der Vereinigten Staaten, 1834, war optimistischer und sah in

---

20 Advertiser, Newark, April 16, 1843, zitiert nach MILLER 1969², S. 216.

21 Zitiert nach: AUSST.-KAT. AMERICAN ARTISTS IN EUROPE 1976, S. 6.

22 So auch Thomas Crawford und Harriet Hosmer, vgl. Lauretta Dimick, Veiled Memories, or, Thomas Crawford in Rom und Carol Zastoupil, Creativity, Inspiration, and Scandal. Harriet Hosmer and Zenobia, beide in: THE ITALIAN PRESENCE 1989, S. 176–94 und S. 195–207.

23 Vgl. Il primato della scultura. Fortuna dell'Antico, fortuna di Canova, hrsg. von Fernando Mazzocca u. a., Bassano del Grappa 2004 und AUSST.-KAT. KÜNSTLERLEBEN.

24 Vgl. SORIA 1982, S. 34; Douglas K. S. Hyland, Lorenzo Bartolini and Italian Influences on American Sculptors in Florence 1825–1850, zugl. Diss., New York – London 1985 und AUSST.-KAT. THE LURE OF ITALY, S. 344.

25 Vgl. SORIA 1982, s. v. William Wetmor Story, S. 281.

26 Vgl. RITTER 2000, S. 9–52, (Alexis de Tocqueville, De la démocratie en Amérique, Paris 1835). Vgl. zur zeitgleichen europäischen Kritik an der amerikanischen Kunst und Kultur auch MILLER 1969², S. 10 f.

der „demokratischen" Unabhängigkeit der Künstler geradezu die Voraussetzung für die Kunstblüte auf amerikanischem Boden und rügte staatliche oder aristokratische Kunstpatronage als Einmischung in die freie künstlerische Schöpfung.[27] In seiner *History of the Rise and Progress of the Arts of Design in the United States* beschrieb er jedoch am Beispiel von John Vanderlyns Romaufenthalt, von 1805 bis 1807, die aktuelle Studiensituation der amerikanischen Künstler in der Ewigen Stadt, und bedauerte, daß sie ihre Studien ohne staatliche Unterstützung durchführen mußten, während Künstler anderer Länder durch ihre Regierung oder die königlichen Hofstipendien finanziert würden. Dennoch trüge aber die Eigeninitiative der Amerikaner zum Ruhm ihrer Heimat bei:

> „While our own countryman were studying their profession at Rome at their own expense,* and striving to obtain an art then but little cultivated at home, there were numbers of students from various parts of Europe, who had been sent there at the expense of their governments and their princes.
> *I have omitted the words ‚and with no selfish views, but to add, if possible, to their country's renown,' as savouring of something Mr. Allston would not join in."[28]

An der Schilderung des römischen Aufenthaltes Vanderlyns und Washington Allstons ist außerdem interessant, daß sie mit deutschen und skandinavischen Künstlern zum Aktstudium zusammentrafen. Über jene Begegnungen kamen die Amerikaner auch mit den künstlerischen Bemühungen der Nazarener in Berührung.[29]

> „In Rome it was customary for the foreign artists who resorted there for improvement in their profession, to meet together to draw from the living model, and Mr. V. with his friend Allston, attended an association, composed of young artists from different parts of Germany, Sweden, and Denmark. The french had also their own academy *de Rome*."[30]

Henry T. Tuckerman, Essayist und Kunsthistoriker der folgenden Generation, war sich im Gegensatz zu Dunlap einer positiven Wirkung der demokratischen Nivellierung der Auftraggeberschaft und der Befreiung von den Wünschen einer gesellschaftlichen Elite nicht mehr so sicher. Er fürchtete die Gefahr des künstlerischen Abstiegs durch Kommerzialisierung einer nur mehr dekorative Ansprüche befriedigenden „Kunst für alle", warnte vor mangelnder Ausbildung und trat für die Bereicherung amerikanischer Kunst mittels der Orientierung an europäischen Standards ein. Damit nahm er Bezug auf die akademische Debatte der Gattungshierarchie, die an europäischen Akademien zum Appell bezüglich öffentlicher Förderung von „höherer Kunst" bzw. der Historienmalerei geführt hatte.[31] Er selbst bereiste ausführlich Europa und verbrachte die meiste Zeit seines Lebens in Italien, von dessen genauer Kenntnis seine frühen Schriften Zeugnis geben. Er schrieb über seine Bekanntschaften mit den zeitgenössischen Künstlern in Rom, wie Thorwaldsen und Overbeck,[32] berichtete begeistert über deren Werke, beispielsweise die Statue Lord Byrons und Overbecks *Triumph*

---

27 William Dunlap, History of the Rise and Progress of the Arts of Design in the United States, 2 Bde., New York 1834.
28 Ebd., 2. Bd., S. 35.
29 Vgl. William Gerdts, Washington Allston and the German Romantic Classicists in Rome, in: Art Quarterly, Vol. 32, Detroit 1969, S. 166–96.
30 DUNLAP 1834. 2. Bd., S. 35.
31 So vor allem in der Einführung zu: Book of the Artists. American Artist life comprising Biographical and Critical Sketches of American Artists. Preceded by an Historical Account of the Rise and Progress of Art in America, 1867, Neuaufl., New York 1966.
32 Henry Theodore Tuckerman wurde zu Lebzeiten als einer der wichtigsten amerikanischen Essayisten eingeschätzt. Ebenfalls beruhend auf seiner Italienerfahrung: Isabel, or Sicily, a Pilgrimage, Philadelphia 1839, Neuaufl. unter dem Titel: Sicily a Pilgrimage, New York 1852; vgl. Oscar Fay Adams, A Dictionary of American Authors, Boston 1901⁴.

der Religion in der Kunst und hielt so das Interesse der amerikanischen Kunstwelt am Kunstzentrum Rom wach.[33] Tuckerman sprach als einer der wenigen die Rolle Roms als *melting point*, nicht nur künstlerischer Strömungen, sondern auch verschiedenster Weltanschauungen, an. In seiner Schilderung der jungen englischen und amerikanischen Künstler, die in der Villa Borghese die Kunstwerke kopierten und darüber hinaus intensiven Austausch nicht nur über künstlerische Fragen pflegten, pries er die einzigartige Situation in Rom, in dem eine akademische Elite zusammentraf und in dessen geschichtsgetränkter Atmosphäre sich politische Kontroversen lösten. Der Anblick der weltberühmten Werke vereine junge Künstler aus verschiedensten Gegenden der Welt, nicht nur auf der Suche nach künstlerischen Idealen:[34]

> „Portray yourself, kind reader, two large halls, the walls of which are lined with paintings, and intercommunicating by a sidedoor, now thrown open for the benefits of the parties. In the first of these apartments are erected three easels, before which, in the attitude of painters, stand – first a Virginian, intent upon the exquisite Magdalena of Correggio – opposite, the native of a country town of Great Britain, transferring nearly as possible, the prodigal Son of the great Venetian – while, within a few feet of the former, a Londoner is travailing for the inspiration of Titian, by contemplating his "Sacred and Profane Loves". [...] The great topics of national policy, domestic manners, republicanism, aristocracy, slavery, and corn laws, as unfolded in the elegant and discerning disputations of the absentees in a Roman palace, would prove something new, vivid, and seasonable."[35]

Die wichtigen Themen und Argumente der amerikanisch-republikanischen Staatspolitik erhielten mit Rom im Hintergrund, so Tuckermann, eine aktuelle Berechtigung und historische Weihe.

Die Antike und die Renaissance als Vorbild

Ein weiterer Aspekt des Rominteresses, das die Vereinigten Staaten seit ihrer Gründung ununterbrochen manifestierten, war die Bezugnahme auf das republikanische Rom als politisches Vorbild.[36]

> „The Roman Republic filled the imaginations of Adams and Jefferson during the same decades that American artists were first seeing the actual ruins of the Empire. And their own imperial possibilities dominated the imagination of Americans for the following century."[37]

Von Anfang an inspirierte sich die junge Republik nicht nur an der Staatsform, sondern nahm sich auch die Architektur zur Zeit der römischen Republik zum Modell. Der Präsident Thomas Jefferson wünschte das Kapitol in der Hauptstadt Washington von Benjamin Henry Latrobe im Stil des Neoklassizismus. Diese Stilwahl entsprach den politischen und philosophischen Grundfesten der Nationalregierung, in der der Neoklassizismus mit seiner geometrischen Regelmäßigkeit für die neue demokratische Gesellschaftsordnung stand: „I think that the work when finished will be a

---

33 Vgl. Henry Theodore Tuckerman, The Italian Sketch Book, New York 1848³, S. 76/7.
34 Vgl. Kapitel I. 2.
35 Vgl. Tuckermann 1848³, S. 81.

36 Vgl. auch Stephen L. Dyson, Rome in America, in: Images of Rome 2001, S. 57–69.
37 Zitiert nach William L. Vance, America's Rome, 2 Bde., Yale University, New Haven – London 1989, 2. Bd., S. XIX.

durable and honorable monument of our infant republic, and will bear favorable comparison with the remains of the same kind of the ancient republics of Greece and Rome."³⁸ Im Laufe des 19. Jahrhunderts wurde für die imperiale Idee der großen Nation Amerikas, welche in der Weltpolitik immer mehr eine Vormachtstellung behauptete, das spätere Imperium Romanum nicht nur politisches, sondern auch künstlerisch-formales Vorbild.

Die Stärkung der nationalen Einheit nach dem Ende des Bürgerkrieges 1865 und die Festigung der äußeren Grenzen ermöglichten auch die innere Konsolidierung der Staaten. Die Pionierzeit, während der es ums primitive Überleben in der Neuen Welt ging, war vorbei, und die neuen Staaten vervollständigten die Formen ihrer Existenz: Die moderne amerikanische Gesellschaft stützte sich auf Wissenschaft, Industrie, Handel, Aufklärung und Demokratie. Als ideelles Konzept und historisches Vorbild für diese Gesellschaft hielt man nun vermehrt auch die damals geschichtswissenschaftlich wiederentdeckte Epoche der Renaissance für passend.³⁹ In Zeiten extremen Wandels des Weltbilds und des Ausprobierens neuer Gesellschaftssysteme gegen Ende des 19. Jahrhunderts eignete sich die universalistische Kultur der Renaissance als Muster, vereinte sie doch nicht nur antike Modelle von Staatsformen oder Architektur, sondern auch spätere humanistische Neuinterpretationen der Antike, einschließlich christlicher Moral, merkantiler Freiheit und wissenschaftlichem Fortschritt. Die Wahl der Renaissance zur historischen Identifikationsepoche wurde durchaus als legitim empfunden:

> „We ourselves, because of our faith in science and in the power of work, are instinctively in sympathy with the Renaissance. [...] the spirit which animates us was anticipated by the spirit of the Renaissance, and more than anticipated. That spirit seems like the small rough model after which ours is being fashioned."⁴⁰

Zahlreiche Amerikaner fühlten eine starke Affinität zwischen ihrem eigenen Unternehmertum und den Bankiersfamilien der Renaissance und deren Kunstpatronage. Zeitschriften und Journale verglichen amerikanische Wirtschaftsführer mit ihren *counterparts* der Renaissance, indem sie sie als Cosimo oder Lorenzo bezeichneten. Bücher wie das von Charles Edward Lester *The Artist, the Merchant, and the Statesman, of the Age of the Medici and of Our Own Times,* 1845, erläuterten die Behauptung der Ähnlichkeit zwischen den beiden Epochen. Reverend Boynton von Cincinnati, der Italiens kulturellen Ruhm auf die „princely merchants" der Renaissance zurückführte, sah hoffnungsvoll den Zeiten entgegen, da amerikanische Kaufleute durch ihre liberale Kunst-, Wissenschafts- und Literaturförderung Amerika den gleichen Dienst erweisen würden. Da in Italien kein Widerspruch zwischen einer materialistischen Gesellschaft und höchsten kulturellen und geistigen Errungenschaften ebensowenig wie ein Nachteil in der Popularisierung von Kunst bestanden habe – im Gegenteil, die wachsende Einbeziehung populärer Volkskultur trug mit zu den Fortschritten der Kunst bei –, war er überzeugt, daß die merkantile Wirtschaft und republikanische Regierungsform Amerikas zu einer der Renaissance ähnlichen Kunstblüte führen müßte. Der spätere Direktor der *American Academy* in Rom sah Amerika als Zentrum eines humanistischen Revivals:

---

38 Jefferson an Latrobe, 10. Oktober 1809, zitiert nach Paul F. Norton, Latrobe, Jefferson and the National Capitol, New York – London 1977, S. 259.

39 Ausst.-Kat., American Renaissance 1876–1917, hrsg. von Richard Guy Wilson, Dianne H. Pilgrim und Richard N. Murray, New York 1979; Richard Guy Wilson, Architecture and the Reinterpretation of the Past in the American Renaissance, in: Winterthur Portfolio 18, 1983, S. 69–87 und Howard Mumford Jones, The Renaissance and American Origins, in: Ideas in America, Cambridge, Mass. 1945, S. 140–51.

40 Bernard Berenson, The Venetian Painters, New York 1894, S. IV.

> „If the deepest thinkers of our own and other countries are right in their interpretations of the signs of the times, the world is soon to behold a revival of Arts and Letters in the spirit of the humanists. Many of these thinkers believe that this revival will have its center in America."[41]

Und tatsächlich, die wissenschaftlichen Fortschritte und die Möglichkeiten für die Künstler ließen manche Amerikaner, darunter auch Bernard Berenson, glauben, daß das Land in eine Ära eintreten würde, die das 16. Jahrhundert sogar noch übertreffen würde.[42]

Doch auch in Amerika gab es innerhalb des kulturellen Optimismus' kritische Stimmen gegen Anleihen fremder Kultur. Gefordert wurde von Kritikern und Künstlern die Suche nach einer eigenen amerikanischen Kunst, die sich auf kollektive, wenngleich zeitlich nicht weit zurückreichende, Erfahrungen stützen und im Sinne der Historienmalerei nationale Ereignisse thematisieren sollte.[43]

Auf die Frage, warum Rom das Mekka künstlerischer Studien sei, entwickelte sich in Amerika eine ähnliche Argumentation um nationale Kunst bzw. deren Verfremdung wie in den europäischen Staaten, aber nicht von so schwerfälligem und bedeutungsgeladenem Charakter wie z. B. in Deutschland. Ein wichtiger Unterschied war, daß das Risiko des Mißachtens oder Vergessens eigener Kunsttraditionen oder eines eigenen „nationalen Kunststiles" nicht gegeben war, da diese überhaupt nicht existierten. Es gab für die Amerikaner einfach nicht die Option, nach einer Kunst ihrer Vorfahren zu suchen oder nach einem eigenen historischen Stoff. Die eigene Geschichte war zu kurz, um nationale Mythen in ausreichender Fülle zu liefern, und die überlieferten Heldentaten waren noch nicht zu unanfechtbaren, darstellbaren Exempla gereift. Auch die Bibel war bei den überwiegend protestantischen Amerikanern als Themenquelle tabu, da die Darstellung religiöser Motive als Inbegriff katholischer Religiosität im puritanischen Kontext verpönt war.[44] Selbst wenn eine originäre amerikanische Kunst gefordert und die Orientierung an europäischen Mustern kritisiert wurde, bestand das Dilemma der fehlenden eigenen Geschichte. Daher war es letztendlich doch möglich, sich ohne allzu große Rechtfertigungsnöte an den Zeugnissen der Hochkultur der westlichen Welt, wie sie Italien in besonderer Weise versammelte, zu orientieren. Eine wirkliche Konkurrenz, wie sie z. B. zwischen der deutschen und der italienischen Kunst konstruiert wurde, bestand zwischen „original" amerikanischer und italienischer Kunst nicht.[45] Das Studium der Kunst Italiens sollte das Kunstverständnis in Amerika heben, und ein so gebildeter und verfeinerter Geschmack sollte in Zukunft eine kulturelle „Unabhängigkeit" ermöglichen.

Der wirtschaftliche Aufschwung und finanzielle Spielraum nach dem Bürgerkrieg erlaubte es der amerikanischen Gesellschaft erstmals, das Kulturleben und entsprechende Institutionen in großem Stil nach dem Vorbild der europäischen Länder einzurichten. Ab den siebziger Jahren entstanden in allen größeren Städten Sammlungen, Museen und Kunstschulen, die eine Intensivierung der Aktivitäten in den Künsten, den Kunstwissenschaften und der Archäologie mit sich brachten. Das überbordende Interesse am Kunstsammeln von privater Seite ließ eine weitere große Anzahl Amerikaner nach Italien reisen. Der neue Reichtum der Unternehmer sollte durch die alte „hohe" Kunst geadelt werden und die neuentstandene Gesellschaftsklasse der erfolgreichen Wirtschaftselite an die alte, ständische Elite, die sich durch Kultur und Bildung absetzte, heranführen. Nathaniel Hawthorne setzte sich in seinem Roman *The Marble Faun* 1860 als einer der ersten mit dem Aspekt der Rolle der europäischen Kultur als Standesmerkmal der *nouveaux riches* auseinander und reflektierte die soziokulturelle Bedeutung der Europareisen.

---

41 Jesse B. Carter, in: Memorandum on the American Academy in Rom, New York 1913, S. 15, zitiert nach YEGÜL 1991, S. 223, Anm. 25.
42 MILLER 1969², S. 218 und S. 293 mit den Nachweisen der Zitate aus verschiedenen Zeitschriften um 1840.
43 Vgl. KAPITEL I. 2.
44 Vgl. THE ITALIAN PRESENCE 1989, S. VII ff und Camillo von Klenze, Ein puritanisches Italienerlebnis, in: Deutsche Vierteljahrsschrift für Literaturwissenschaft und Geistesgeschichte, 9. Jg., IX. Band, Halle a. d. Saale 1931, S. 155–85.
45 Vgl. die deutsche Diskussion um nationale Kunst contra „Verwelschung", KAPITEL IV. 2.

Doch in die Begeisterung über den eigenen kulturellen Aufstieg mischten sich Zweifel. Mark Twain karikierte die amerikanische Bildungsbeflissenheit, der jedes Fundament abging. Ihm schienen die Konstruktion kultureller Parallelität und der zwanghafte Zugang zu einer Kulturepoche, die mit der Realität Amerikas und der Amerikaner nicht viel zu tun habe, absurd. So mußte in seinem zweiten Roman *The Innocents Abroad* aus dem Jahr 1869 der Venedigbesucher erst aufgeklärt werden, daß „Renaissance" nicht der Name eines Malers ist: „*Who is this Renaissance? Where did he come from? Who gave him permission to cram the republic with his execrable daubs?*"[46]

Doch im wirtschaftlichen Überschwang schien die vollständige Vereinnahmung der europäischen Kultur und das Nachholen von Jahrhunderten – sichtbares Beispiel sind die Ende des 19. Jahrhunderts entstehenden Bauten der *American Renaissance* – mit einem Mal nicht nur machbar, sondern bezahlbar. Nicht nur in der Imitation sondern auch in der Aneignung der materiellen Kultur anderer Länder und Zeiten drückte sich der imperialistische Anspruch, der die Schaffung des Amerikanischen Empires begleitete, aus. Bestätigt wird dies auch durch die Entgegnung Stanford Whites, eines Architekten im Umkreis der späteren *American Academy* in Rom, auf den Vorwurf, daß in Amerika der Umfang des Kunstimports zur Dekoration von Privathäusern jedes Maß überschritten habe:

> „In the past, dominant nations had always plundered works of art from their predecessors; America was taking a leading place among the nations and had therefore, the right to obtain art wherever she could."[47]

Das, was hier als legitime Trophäensammlung einer neuen Weltmacht beschrieben wurde und die Angst der europäischen Sammler vor dem europäischen Ausverkauf und der Finanzmacht der amerikanischen Kunsteinkäufer hervorrief, hat jedoch, einem aktuellen Urteil zufolge, den Boden für die spätere kulturelle Vorreiterrolle der Vereinigten Staaten bereitet. – Die italienische Lektion als Voraussetzung einer künstlerischen Erfolgsgeschichte:

> „The italian experience helped the artist of the young american Republic form his own style and enrich his country in an unbelievable measure with the treasures of Western art. It helped create in a very short span of time an artistic climate that makes America today the capital of the international art world. An incredible success story!"[48]

Der Impuls der Weltausstellung in Chicago 1893

Doch trotz des wirtschaftlichen Aufschwungs verschärften sich gesellschaftliche Krisen, wuchsen im Lauf des 19. Jahrhunderts die Klassenunterschiede und stellten den amerikanischen Mythos der Gleichheit der Menschen in Frage; das Agrarland wandelte sich in ein Industrieland und der Bürgerkrieg, 1861–65, riß die amerikanische Gesellschaft in zwei Teile. In dieser Verunsicherung stellte die Weltausstellung, die *World's Columbian Exposition* in Chicago 1893, die das vierhundertjährige Jubiläum der Entdeckung Amerikas und den hundertjährigen Jahrestag der Unabhängigkeit feierte, ein mit viel Hoffnung betrachtetes Projekt dar, in deren Verwirklichung sich die frühere ideelle Einigkeit der ehemaligen Auswanderer wiedereinstellen sollte. Die Weltausstellung hatte zwar in

---

46 Zitiert nach Mark Twain, The Innocents Abroad, New York 1984, S. 189.

47 Zitiert nach Ausst.-Kat. The American Renaissance 1979, S. 15. Vgl. auch Neil Harris, Collective Possession. J. Pierpont Morgan and the American Imagination, in: Ausst.-Kat. John Pierpont Morgan, Collector. European Decorative Arts from the Wadsworth Atheneum, hrsg. von Linda Horwitz Roth, Hartford – New York 1987, S. 43–57.

48 Soria 1982, S. 13.

Abb. 2: Dekorationsmodellierung und Herstellung der meterlangen Dekorationsfriese aus Putz und Gipskarton für die World's Columbian Exposition 1893

erster Linie das Ziel, die Wirtschaft zu beleben, aber auch der künstlerische Anspruch bei der Gestaltung des Ausstellungsgeländes war außerordentlich hoch und sollte ein Zeugnis kultureller und stilistischer Identität auf nationaler Ebene darstellen.[49] Die Projektleitung für den Ausstellungspark und die beteiligten Künstler entwickelten ein besonderes ästhetisches Gesamtkonzept, aus dessen ehrgeizigen Forderungen an die architektonische Gestaltung sich nicht nur die Frage nach einer angemessenen Architektenausbildung ergab, sondern schließlich auch die Idee einer amerikanischen Akademie in Rom entwickelt wurde.

Die bestimmende Grundidee für die Gestaltung der Ausstellungsgebäude der Weltausstellung war der Versuch einer Wiedervereinigung der verschiedenen Kunstgattungen in der Architektur. Vorbild hierfür war die Organisation von Bauunternehmen der Renaissance – die Zusammenarbeit der Architekten mit Bildhauern, Malern und Handwerkern zur Schaffung eines Gesamtkunstwerks.[50]

Christopher Grant LaFarge, der spätere Sekretär der *American Academy* in Rom, charakterisierte die Bemühungen des Komitees der Weltausstellung auch als den Versuch, die planerische Arbeit, wie in der Vergangenheit üblich, wieder enger an die handwerkliche Ausführung zu binden und den künstlerischen Werkprozeß dadurch aufzuwerten. Daß dies natürlich bei einer ephemeren Ausstellungsarchitektur nur von begrenztem Sinn war, schien die Begeisterung nicht zu trüben.

Um die Einheitlichkeit des Stiles der Prachtbauten zumindest im zentralen Bereich des Ausstellungsgeländes, dem *Court of Honor,* zu gewähren, wurde im Vorfeld mit den fünf beteiligten Architekturbüros die Beschränkung auf klassizistisches Formenvokabular vereinbart. Die Gesamtleitung oblag dem Architekten Daniel Burnham,[51] der neben seinen Mitarbeitern, den Architekten Charles Follen

49 Vgl. Norman Bolotin und Christine Laing, The Chicagos's World's Fair of 1893. The World's Columbian Exposition, Washington D. C. 1992 und Robert Muccigrosso, Celebrating the New World. Chicago's Columbian Exposition of 1893, Chicago 1993.

50 „That the Architect, the painter, the sculptor, if each is to reach his highest expression, must work all together, mind to mind and hand to hand, not as separate units fortuitously assembled, but as an intimately interwoven and mutually comprehending team – as men worked in every great age of the past to make great works of art." Christopher Grant LaFarge, Sohn von John LaFarge, Architekt und späterer Sekretär des Aufsichtsrates der Amerikanischen Akademie, über die Weltausstellung, in: Ders., History of the American Academy in Rome, o. O. 1915, S. 6.

51 Daniel Burnham war zunächst durchaus an rationalen Gestaltungskriterien interessiert, kehrte diesen aber, zum Leidwesen Louis Henry Sullivans, dem Führer der Chicagoer Schule, nach der Weltausstellung den Rücken. Sullivan kritisierte die Rückkehr zu den klassizistischen

Abb. 3: World's Columbian Exposition in Chicago 1893

McKim und Richard Howland Hunt, auch den Landschaftsarchitekten Frederick Law Olmsted, die Maler John LaFarge und Francis Davis Millet,⁵² und die Bildhauer Augustus Saint-Gaudens und Daniel Chester French in sein Team holte. Ihre Zusammenarbeit zur Gestaltung der weißen „Dream City" am Ufer des Lake Michigan erinnerte sie an die großen Bauprojekte der Renaissance, und sich selbst verglichen sie durchaus mit den Künstlern Italiens: McKim wurde als Bramante, Stanford White als Benvenuto Cellini und Daniel Burnham als *cives romanus* der Augustuszeit bezeichnet.⁵³ Augustus Saint-Gaudens ließ sich gar zu dem Ausruf verleiten: „This is the greatest meeting of artists since the fifteenth century!"⁵⁴ Tatsächlich stellten die Ausstellungspavillons einen ersten Höhepunkt der Imitationsarchitektur in Amerika dar, die in Las Vegas gipfeln sollte.⁵⁵

Noch im Jahr 1910 bewertete die Architekturkritik die Arbeit der amerikanischen Architekten auf der Weltausstellung, wie beispielsweise die Neuinterpretation der Villa Medici für den New York State Pavillon, als der italienischen Renaissance sogar überlegen (Abb. 4):

> „I remember, too, the brilliant *tour de force* of the New York State Building at the Chicago Fair in 1893. He [Charles Follen McKim, Anm. d. Verf.] made a better building, a better piece of pure architecture, than the Villa Medicis at Rome, on which he modelled it."⁵⁶

McKim, der Architekt der ‚verbesserten' Villa Medici, hatte schon bei vorausgehenden Projekten mit seinen Kollegen William Rutherford Mead und Stanford White, eine harmonische Zusammenführung der einzelnen künstlerischen Gattungen zu einem Gesamtkunstwerk versucht. Der Bau

---

Formen als archaisch, konservativ und imperialistisch, vgl. Louis Henry Sullivan, Autobiography of an Idea, New York 1926, S. 317 ff, bes. S. 323.

52 Francis Davis Millet studierte in *Harvard* Literatur und in Antwerpen an der *Royal Academy of Fine Arts*. Er wurde ein erfolgreicher Journalist in Europa und Asien und erhielt internationale Auszeichnungen. Später in Kunstvereinen tätig, wurde er 1905 Mitglied der *American Academy* in Rom. 1911 zum Sekretär der *Academy* ernannt, sollte er das Geschick der wiedervereinigten Schulen in Rom, der *Academy of Fine Arts* und der *School of Classical Studies* lenken. Er starb jedoch auf der Jungfernfahrt der Titanic 1912, vgl. auch die Einträge im Bautagebuch von Gorham Phillips Stevens, dem ausführenden Architekt des Neubaus der American Academy, ANHANG Diary, 18.–29. April 1912.

53 Vgl. AUSST.-KAT. THE AMERICAN RENAISSANCE 1979, S. 12.

54 Zitiert nach Charles Moore, Daniel H. Burnham, Architect, Planner of Cities, Bd. 1. Boston 1921, S. 47.

55 Vgl. Miles Orvell, The Real Thing. Imitation and Authenticity in American Culture 1880–1940, Chapell Hill 1989.

56 Royal Cortissoz, Some Critical Reflections on the Architectural Genius of Charles F. McKim, in: The Brickbuilder, Vol. XIX, Nr. 2, Februar 1910, S. 29.

Abb. 4: Charles F. McKim, New York State Pavillon, 1893, Chicago World's Columbian Exposition

Abb. 6: McKim, Mead & White, Pennsylvania Railraod Station in New York, 1910

Abb. 5: Edwin Austin Abbey, Wandbilder zur Gralslegende, 1895, Haupttreppe, Boston Public Library in Boston

der *Boston Public Library* im Jahr 1888, nach einem ebenfalls an italienischen Renaissancepalästen inspirierten Entwurf, war ein Experiment, bei dem die herausragenden Künstler der Zeit, wie Puvis de Chavannes, John Singer Sargent,[57] Edwin Austin Abbey, Augustus Saint-Gaudens und Daniel Chester French bei der Dekoration zusammenarbeiteten.

So waren es vor allem die Bauten der Firma McKim, Mead & White, wie die *Columbia University*, die *Pierpont Morgan Library* und die *Pennsylvania Railroad Station* in New York, die das Aussehen amerikanischer Städte um die Jahrhundertwende prägten und den Begriff der *American Renaissance* evozierten.[58] In ihren Bauten wurde den Zeitgenossen das vor Augen geführt, was die Theoretiker zuvor behaupteten: eine Analogie zwischen der amerikanischen Gründerzeit gegen Ende des 19. Jahrhunderts und der Renaissance: „[one] only vaguely hoped that the age to come would be a new Renaissance, but McKim, Mead & White and their followers almost single-handedly changed the taste of the nation at the Chicago Exposition; thereafter they and their imitators swamped the United States with neo-Renaissance monuments."[59] Die Ästhetik, die künstlerische Aufbruchstimmung und die beteiligten Künstler der Weltausstellung prägten in wechselnden Konstellationen den Lauf der amerikanischen Kunst für die nächsten Jahrzehnte.[60] Der fruchtbare Arbeitsprozeß und der positiv bewertete Einfluß, den die Weltausstellung auf den Geschmack der Zeit ausübte, begeisterten an erster Stelle McKim selbst, der durch die Gründung einer amerikanischen Akademie in Rom erstmals Voraussetzungen für die Rezeption und Pflege der klassizistischen Architektur und die Kenntnis der handwerklichen Fertigungsprozesse von Architekturdekoration, wie sie in den römischen Werkstätten noch gang und gebe waren, garantieren wollte. Die Wiederholung der Villa Medici in Chicago scheint somit ein Omen für die auf der Weltausstellung gefaßte Idee, in Rom eine amerikanische Villa Medici zu gründen.[61]

Die *American Renaissance*

Wie McKim waren auch die anderen künstlerischen Vertreter der *American Renaissance* Ende des 19. Jahrhunderts davon überzeugt, im Klassizismus der Renaissance ein perfektes historisches Modell gefunden zu haben, das als Inspirationsquelle für Amerika dienen könnte und anderen Stilen, wie der Gotik oder Romanik, vorzuziehen sei.[62] Der Begriff der *American Renaissance*, wie er sich für die entsprechende Architektur eingebürgert hat, ist allerdings irreführend und nicht als Stilbegriff wie der der Neorenaissance zu verstehen, womit die stilistische Strömung im Historismus bezeichnet wird, die auf Renaissanceformen zurückgriff. Die Bezeichnung *American Renaissance* bezog sich weniger direkt auf die Bauformen der Renaissance, als vielmehr auf das Phänomen, *gleich* der Renaissance, die Antike wiederzuentdecken und überwiegend antike Formen als Vorbild zu verwenden. Stilistisch läßt sich der Geschmack eher als Neoklassizismus beschreiben, der auf die

---

57 Für John Singer Sargent stellte die Ausstattung der Boston Public Library eine große Herausforderung dar, deren Ausführung schließlich dreißig Jahre in Anspruch nahm. Seine vorbereitenden Studien fertigte er in Italien an: Offensichtlich sind Zitate, Übernahmen und Reflexe aus der Capella Sistina, den Stanzen Raffaels, der Neuen Sakristei und den Fresken Tintorettos im Palazzo Dukale in Venedig, aber auch der Pinturicchio-Ausstattung des Appartamento Borgia, der Mosaiken von S. Apollinare Nuovo in Ravenna, vgl. Ausst.-Kat. Sargent e l'Italia, hrsg. von Elaine Kilmurray und Richard Ormond, Ferrara 2002, S. 135–38.

58 Vgl. AUSST.-KAT. THE AMERICAN RENAISSANCE 1979, S. 11.

59 Roger B. Stein, John Ruskin and Aesthetic Thought in America 1840–1900, Cambridge 1967, S. 256.

60 Charles Moore, The Life and Times of Charles Follen McKim, Boston 1929, S. 117.

61 Vgl. KAPITEL I. 1.

62 Vgl. auch A. D. F. Hamlin, The Battle of Styles, in: Architectural Record 1, 1891, S. 265–75.

griechisch-römische Antike und Renaissanceformen zurückgriff. Daß dennoch der Renaissancebegriff als Bezeichnung gewählt wurde, weist auf den damit verbundenen politischen Anspruch einer amerikanischen Wiedergeburt von antiker Größe hin.[63]

Darüber hinaus war man überzeugt, daß das klassische Architekturvokabular leichter erlern- und adaptierbar wäre, als davon abweichende Zeit- und Regionalstile. John Ruskin entgegneten die Klassizisten, daß die von ihm geforderte Natürlichkeit der Kunst auch in der Bemühung um die Gotik nicht gegeben wäre, da es sich bei einer Neubelebung derselben auch nur um eine Imitation handeln würde.[64] Insofern zog man die in der Architekturgeschichte wiederholt rezepierte Antike vor, die der damaligen Ansicht nach, der modernen, aufgeklärten Arbeitsweise der Architekten mehr entspräche, als die mentalitätsgeschichtlich unerreichbar ferne Gotik. Dabei kamen auch praktische Erwägungen zum Zuge. Man hielt dem Renaissancestil zugute, auf moderne Funktionsbauten anwendbar zu sein, während andere Stile, wie die Gotik oder Romanik, sich den neuartigen Anforderungen nur mit Mühe fügen würden. Auch seien – so eine Würdigung der Architektur der Firma McKim, Mead & White – die variabel assemblierbaren Motive der Antike besser geeignet, den Zeitraum bis zu einer auch in Amerika erhofften Entwicklung der eigenen nationalen künstlerischen Identität zu überbrücken:[65]

> „Indeed, it can almost be said that there is something antagonistic between the state of mind necessary for the successful reproduction of Gothic forms and the intellectually imitative state of mind in which the modern American architect finds himself. Gothic is at the bottom inimitable and special. The architecture of the renaissance, like so many other creations of the Latin Spirit, is essentially imitable and universal. We cannot and should not break away from it, until we have created for ourselves some sort of national architectural tradition."[66]

Im amerikanischen Neoklassizismus zum Ende des 19. Jahrhunderts läßt sich auch eine Wiederaufnahme eines latent immer vorhandenen Themas sehen, das auf die vorausgegangene Jahrhundertwende und auf Jefferson zurückzuführen ist: Vom Klassizismus der Epoche Jeffersons erbte der Klassizismus der *American Renaissance* die Überzeugung, in der Renaissance ein Konzept zu finden, das am besten die humanistischen Ideale der Demokratie und das geistige Erbe der westlichen Welt auszudrücken vermochte, obwohl die *American Renaissance* schon längst die Architektur der ökonomischen Instanzen geworden war.

Verwundert über die ästhetische Rückorientierung waren vor allem die Vertreter der frühen modernen Architektur, wie z. B. Louis Sullivan, der die Architektur der Weltausstellung abwechselnd als imperial oder feudal bezeichnete und befürchtete, daß das Zelebrieren der griechisch-römischen Kulisse die Entwicklung der modernen Architektur um fünfzig Jahre zurückwerfen würde. In seiner Autobiographie stellte er verbittert fest, daß die Architektur sich mittlerweile in die Dienste des Groß-

---

63 Richard Guy Wilson in: AUSST.-KAT. THE AMERICAN RENAISSANCE 1979, S. 12.
64 Die amerikanischen Anhänger John Ruskins waren gegen die Wiederaufnahmen der Renaissanceformen, vgl. Roger B. Stein, John Ruskin and Aesthetic Thought in America 1840–1900, Cambridge 1967. „For many English commentators and artists attracted by the Middle Ages, and especially the gotic past, the classical Renaissance was an anathema, a modern revival of paganism. [...] While Ruskin could admit a small amount of genius in the Pre-Ra-

phaelite Renaissance, in his view the high point of culture and civilization occurred in late medieval Venice and Pisa." Richard Guy Wilson, in: AUSST.-KAT. THE AMERICAN RENAISSANCE 1979, S. 39.
65 Vgl. Sarah J. Moore, John White Alexander and the Construction of National Identity. Cosmopolitan American Art 1880–1915, Newark – London 2003.
66 Henry W. Desmond und Herbert Croly, The Work of McKim, Mead & White, in: Architectural Record, Nr. 20, 1906, S. 227.

kapitals gestellt habe, das seine Gebäude mit dem ganzen „Tand" wie Kolonnaden, Kuppeln, Bögen und inszenierten Ausblicken schmücken ließ.[67] Ganz besonders traf diese Einschätzung natürlich auf ein prosperierendes Architekturbüro zu, die Firma McKim, Mead & White.

2. Eine römische Architektenschule für die American Renaissance

Nachwuchsförderung der Firma McKim, Mead & White

Der Mann, der die Gründung der Akademie am enthusiastischsten verfolgte und auf den sie in ihrer Konzeption hauptsächlich zurückzuführen ist, war der Architekt Charles Follen McKim (1847–1909). Er studierte zunächst naturwissenschaftliche Fächer in Harvard und 1867–70 an der *École des Beaux-Arts* in Paris Architektur.[68] Als Kind von Quäkern und in seiner Jugend noch Anhänger John Ruskins tat er sich anfangs schwer mit dem französischen Architekturgeschmack. An der Pariser Akademie hielt man jedoch die viktorianische Gotik für romantische Archäologie und nicht für eine baubare Architektur. McKim brauchte einige Zeit, bis er sich an die Prinzipien der *École* gewöhnte, denn, wie sich ein Studienkollege von ihm erinnerte: „He never really liked modern french taste and he was in fact more close to Rome than to Paris."[69] Rom empfand er als wahres Zentrum künstlerischer Tradition und die Stadt war für ihn der zu bevorzugende Ort, um die reinen Formen der klassischen Epochen zu studieren. Nach seiner Italienreise im Anschluß an seinen Studienabschluß 1870 kehrte McKim nach New York zurück und arbeitete zunächst als Zeichner bei Henry Hobson Richardson, einem der erfolgreichsten Architekten der Vereinigten Staaten. McKims Mitarbeit an der Trinity Church in Boston, 1872–77, brachte ihn in Kontakt mit John La Farge, Francis D. Millet und Augustus Saint-Gaudens, jenen Künstlern, mit denen er später auch bei der Weltausstellung zusammenarbeitete, die seine zukünftigen Bauten ausstatten sollten und bei der Akademiegründung beteiligt waren.

1879 gründete McKim gemeinsam mit William Rutherford Mead und Stanford White das Architekturbüro McKim, Mead & White in New York. Nach den großen Erfolgen, die sich auf ihre perfekte Bauausführung, stilistische und proportionale Sicherheit und ihre Neuinterpretation von Renaissance oder Antike für offizielle Bauten stützten, eröffnete die *Firma*, wie sie oft nur noch genannt wurde, Filialen in anderen Städten und blieb für dreißig Jahre das weltweit größte Planungsbüro. Das Teamwork und die Ausbildung der Mitarbeiter erlaubte es den Partnern, sich auf eine stilistische Definitionskontrolle zu beschränken, und weder ihre Abwesenheit noch ihr endgültiges Ausscheiden gefährdete die Kontinuität der Arbeit. Das Label *McKim, Mead & White*, unter dem nach dem Tod der Gründer weiter signiert wurde, existierte bis in das Jahr 1956.[70]

---

67 SULLIVAN 1956, S. 317 ff, bes. S. 323.

68 Vgl die frühen Biografien, Alfred Hoyt Granger, Charles Follen McKim. A Study of his Life and Work, Boston 1913 und Charles Moore, The Life and Times of Charles Follen McKim, Boston 1929.

69 Vgl. die Erinnerungen eines Studienkollegen von McKim: Robert S. Peabody, A Tribute, in: The Brickbuilder, Vol. XIX, Nr. 2, Februar 1910, S. 55/6.

70 Vgl. Leland M. Roth, McKim, Mead & White, Architects, New York 1983 und The Architecture of McKim, Mead & White in Photographs, Plans and Elevations, McKim, Mead & White, with a new Introduction by Richard Guy Wilson, New York 1990, Neuaufl von: A Monograph of the Work of McKim, Mead & White, 1879–1915, New York 1915–20. Die Publikation der Bauten von McKim, Mead & White hatte einen weitreichenden Einfluß nicht nur auf die zeitgenössische Bautätigkeit in Amerika, sondern in der ganzen Welt und wurde von Richard Guy Wilson in seiner Einleitung für den Reprint, hinsichtlich ihrer Verbreitung mit den Architekturtraktaten von Serlio, Palladio, Letarouilly, Le Corbusier und Wright verglichen.

Abb. 7: William Rutherford Mead und Follen McKim, ca. 1896/97, Charles Moore Papers, Library of Congress

Die Bedeutung des Büros lag neben der großen Bautätigkeit auch in dem Einfluß, den es als Ausbildungsstätte junger Architekten auf die zeitgenössische Architektur ausübte. Eine Vielzahl junger Architekten verbrachte ihren professionellen Berufseinstieg bei McKim, Mead & White.[71] McKims Leitidee, den Architektennachwuchs am Vorbild des klassischen Erbes zu schulen, dieses Erbe aber nicht lediglich als Musterbuch zu mißbrauchen, teilten nicht nur seine Kollegen, sondern viele amerikanische Architekten, die unzufrieden mit der funktionalen Architektursprache der amerikanischen Städte waren, die als schäbig gewertet wurde:

> „During the Civil War, and ten years preceding and following it, our architecture was floundering in the lowest depths of tastelessness and artistic poverty, there were few educated architects; the popular standards were almost grotesquely inartistic and really fine architecture was nearly as impossible to execute as unlikely to be appreciated."[72]

Es lag im Interesse der Firma das Niveau der amerikanischen Architektenausbildung anzuheben. Sie wäre der sie überfordernden Nachfrage an Privatresidenzen im Stil der Hochrenaissance, an öffentlichen Repräsentationsbauten und an Landschafts- bzw. Parkgestaltungen gerne nachgekom-

---

71 Viele der später berühmten amerikanischen Architekten arbeiteten am Anfang ihrer Karriere in der *Firma*: So John M. Carrère, Thomas Hastings, Cass Gilbert, John Galen Howard, Herny Bacon und John Mead Howells, vgl. Mary N. Woods, Charles McKim and the Fondation of the American Academy in Rome, in: Light on the Eternal City. Observations and Discoveries in the Art and Architecture of Rome, hrsg. von Hellmut Hager und Susan Scott Munshower, Pennsylvania University 1987, Bd. 2, S. 307–27, S. 307.

72 A. D. F. Hamlin, The Influence of the Ecole des Beaux-Arts on Our Architectural Education, in: Architectural Record 23, 1908, S. 241.

men, wenn sie auf geeignete Mitarbeiter zurückgreifen hätte können. Eine Möglichkeit, dieses Ziel zu erreichen, sah McKim in der Einrichtung einer Architektenschule in Rom, wo seine begabtesten Mitarbeiter sich nach vollendeter Ausbildung eine zeitlang dem Studium der Meisterwerke der Architektur widmen sollten.

Bisher gab es für Architekten, die Wert auf eine gehobene Ausbildung legten, nur die Möglichkeit in Paris an der *École des Beaux-Arts* zu studieren, da die amerikanischen Architekturschulen nur Grundwissen vermittelten. Die Möglichkeit am Rompreiswettbewerb teilzunehmen, war ausländischen Studenten jedoch verwehrt. Die Bemühungen McKims richteten sich daher zunächst auf die Installierung einer Architekturschule in Rom nach dem Vorbild der architektonischen Sektion der französischen Akademie in Rom, deren Modalitäten er noch von seinem eigenen Studium an der *École des Beaux-Arts* kannte.[73]

Aus dieser Initiative zur Gründung einer amerikanischen Architekturschule in Rom im Jahr 1894 ging später die Amerikanische Akademie hervor.[74] Ihr Gründungsimpuls entsprang also nicht nur den erst ein Jahr zurückliegenden, stimulierenden Erfahrungen der Weltausstellung in Chicago, sondern auch einem konkret praktischen Interesse an einer Qualitätssteigerung der Ausbildung aus dem Kreis der gefragtesten Architekten Nordamerikas. McKim wollte Architekten die direkte Auseinandersetzung mit den besten Beispielen der klassischen Bautradition vor Ort ermöglichen – Studien, die seiner Meinung nach anhand reproduzierender Medien wie Fotografien oder Nachzeichnungen nicht gleichermaßen effektiv durchführbar gewesen wären. Dabei sollte die Beschäftigung mit modernen Richtungen der Architektur, wie etwa Funktionalismus, Eisenkonstruktion oder Ingenieursbau eine nachgeordnete Rolle spielen, denn sonst, so McKim an Burnham: „you will be likely to get all kinds of Yahoo and Hottentot creations which prevail in the east and still crop out in the west."[75] Beide Architekten waren sich einig, daß freie Entwurfsarbeit hinter der Hingabe an den antiken Geist zurückstehen sollte: „the individual designs [...] our scholars make are not so important as the spirit they will introduce and keep alive amongst us."[76] Die Architekten sollten aus Rom zurückkehren, aber nicht eigene Ergebnisse vorweisen, sondern einem möglichst ungetrübten Kulturtransfer zur Verfügung stehen. Dabei ging es zunächst nicht um Kopien und das Ansammeln eines Formenschatzes, sondern der tägliche Kontakt mit den Ruinen und Bauwerken sollte die Architekten mit den antiker Architektur zugrundeliegenden Prinzipien vertraut machen und ihren künstlerischen Sinn und Geschmack bilden:

> „The school is not, primarily, one of design, nor...is it one of copying, in the sense of storing the mind with the "motifs" of old masters to be reproduced with pedantic exactness at home. It is rather to educate the tastes and thoroughly to impress upon the mind by daily contacts with the great monuments those principles which are essential to the enduring quality in Architecture [...]."[77]

Das Studienprogramm der zu gründenden römischen Schule bündelte die inzwischen vermehrt praktizierten individuellen Bildungsreisen und Reisestipendien junger Architekten, die durch erst kürzlich

---

73 Zur folgenden Gründungsgeschichte der Akademie vgl. Lucia und Alan Valentine, The American Academy in Rom 1894–1969, Charlottesville 1973. Die unter Auswertung der Dokumente geschriebene Monographie über die *American Academy* weist diese Quellentexte leider nicht nach und ist daher nur mit Einschränkungen wissenschaftlich wertvoll. Im folgenden sind unverzichtbare Zitate dennoch nach VALENTINE 1973 zitiert.

74 Vgl. WOODS 1987, S. 307–27.
75 McKim an Burnham, zitiert nach VALENTINE 1973, S. 6.
76 Ebd.
77 Memorandum, Februar 1895, Archives of American Art, Smithonian Institution, Washington D.C., zitiert nach YEGÜL 1991, 1. Kap., Anm. 12.

eingerichtete Stiftungen für Künstler ermöglicht worden waren.[78] Damit wurde der bisherigen Praxis der freien und in den Augen McKims unfruchtbaren „Reiserei" ein Riegel vorgeschoben und den Stipendiaten ein Rahmenprogramm geboten.[79] Die bisher selbstständig gestalteten Studienreisen wurden in ein traditionelles Rompreisverfahren eingegliedert, wie es die *Académie de France* durchführte:

> „The plan is to take one or two rooms in Rome and to compel the scholarship men, who at present go abroad without limitations, to follow a course, resembling that of the french Academy, in the Villa Medici – that is, to occupy their time in close contact with the great examples of Greece and Rome and the early Renaissance."[80]

Zunächst versuchte McKim, die bestehenden amerikanischen Architekturschulen zu überzeugen, sich an der Ausschreibung und Organisation der Rompreise zu beteiligen. Diejenigen Institutionen, die bereits Reisestipendien stifteten, sollten ihre Preisgewinner an das neue Studienzentrum in Rom schicken, wo sie unter Anleitung eines Professors an einem Lehrprogramm teilnehmen bzw. das Zentrum zumindest als Plattform für ihren Europaaufenthalt nutzen konnten.[81] William A. Boring, der spätere Präsident der *Beaux Arts Society of Architects*,[82] versprach die Unterstützung der Society und übernahm die Überzeugungsarbeit bei den Universitäten, den neuen „plan of study" in Rom zu unterstützen. Von der *Columbia University* und von der *Rotchfoundation*, die die Vorteile der Einbindung ihrer Stipendiaten in ein Regelwerk noch nicht einsahen, wurde noch Widerstand befürchtet: „Some different opinions were manifest (growing out of the difficulty of making Columbia and the Rotch Scholarship people see the importance of conditioning the men to follow a prescribed course on the other side)."[83] Aber am 5. Juni 1894 schrieb McKim erleichtert an Richard H. Hunt, daß die Stipendiaten der University of Pennsylvania, der *Rotchfoundation* in Boston und Seth Justin Temple, ein Student der *Columbia University* einwilligten, die römische Schule zu besuchen.[84]

Durch Übernahme und Eingliederung bestehender Reisestipendien in das Romprogramm war die Finanzierung der Stipendien in den ersten Jahren auf die einfachste Art geregelt. Nur für das „Atelier" selbst, wie es in den Anfangszeiten genannt wurde, mußte noch ein Finanzierungsmodell gefunden werden. Bereits Ende März 1894 hatte McKim zu einem Dinner geladen, um unter seinen Architektenkollegen für seine Idee und finanzielle Mittel zu werben. Neben Mead und White und ande-

---

78 McKim war selbst 1889 anonymer Stifter eines Reisestipendiums für junge Architekten *am Architectural Department* der *Columbia University* in New York vgl. MOORE 1929, S. 128. Des weiteren wurde das *Rotch Travelling Scholarship* 1883 mit Mitteln der Künstlerfamilie Benjamin Smith Rotch, Massachusetts, eingerichtet, um Architekten Kunststudien in fremden Ländern zu ermöglichen und die *Boston Society of Architects* mit den Ausschreibungsmodalitäten beauftragt. 1874 hinterließ W. H. Rinehart den *Rinehart Fund* am Peabody Institute in Baltimore für Bildhauer, und das Metropolitan Museum richtete das *Lazarus Scholarship* für Wandmalerei ein.

79 „These prize scholars receive $ 1000. to $ 1300. each, and up to the present time have been permitted to go practically as they pleased with this money in their pockets through the length and breadth of the land. As a result, while the work performed by them during their year abroad has shown application and ability, its value has been seriously lessened by the want of a thorough postgraduate course under the direction of a competent adviser. Hence the Atelier in Rome, from which – if the example of France in the Academy of the Villa Medici furnishes a criterion – a high standard of results may be attained." McKim and W. L. B. Jenney, Architekt in Chicago, zitiert nach MOORE 1929, S. 134.

80 McKim an Saint-Gaudens, zitiert nach VALENTINE 1973, S. 7.

81 Vgl. MOORE 1929, S. 132.

82 William A. Boring studierte an der University of Illinois, der *Columbia University* und der *École des Beaux-Arts*. Von 1883 bis 1886 war er in Los Angeles als Architekt tätig, ab 1890 in New York. Ab 1915 lehrte er an der Columbia als Architekturprofessor, wurde 1919 ihr Direktor und 1931 Dekan. Er war Gründer und erster Präsident der *Society of Beaux Arts Architects* und Mitgründer und Schatzmeister der *American Academy* in Rom, vgl. Brief Biographies of American Architects who Died Between 1897 and 1947, Society of Architectural Historians.

83 McKim an Burnham am 29. Mai 1894, zitiert nach MOORE 1929, S. 137.

84 Vgl. ebd. Seth J. Temple war der erste Architekturstipendiat von McKim.

ren Mitgliedern seines Architekturbüros waren der Architekt und Seniorpartner der Firma, William Mitchell Kendall,[85] der Maler, Architekt und spätere Direktor der *Academy* in Rom, Austin Willard Lord,[86] der Architekt William A. Boring, der Architekt und spätere Partner von John Carrère, Thomas Hastings,[87] und der Student der *École des Beaux-Arts*, John Galen Howard,[88] anwesend, wobei nur die beiden letztgenannten der allgemeinen Zustimmung widersprachen und den Sinn einer römischen Architekturschule anzweifelten.

Die erste finanzielle Förderung kam dann tatsächlich von einem Architekten: Burnham, der mit seinem Büro D. H. Burnham & Company wie die Firma McKim den historisierenden Wünschen seiner anspruchsvollen Auftraggeber, der Bankiers und *Corporate Chieftains*, nachkam, steuerte von den für das erste Jahr benötigten 4000 $ die Hälfte bei. Die andere Hälfte trug McKim, der von Anfang an an eine Einrichtung von nationaler Reichweite und breiter Finanzierung dachte, durch weitere Spenden aus New York zusammen. Auch Burnham, der nach McKim zum wichtigsten Förderer des Unternehmens wurde, kümmerte sich darum, daß sich der Kreis der Mäzene weitete, und ein Dutzend Chicagoer Großunternehmer sagten ihre Unterstützung zu, unter ihnen Cyrus McCormick, Marshall Field, Levi Leiter und Franklin Mac Veagh.[89]

Als nochmals 15 000 $ für die Kosten des Ateliers in Rom noch im selben Jahr, 1894, zusammenkamen, waren die letzten Zweifel weggewischt: *The American School of Architecture in Rome* wurde ins Leben gerufen. Professor William Robert Ware, der Leiter des *Department of Architecture* der *Columbia University* wurde ihr erster Vorsitzender, McKim Schatzmeister und William A. Boring der Sekretär der Stiftung. Als Direktor des Ateliers wurde Austin Willard Lord, Mitarbeiter der Firma McKim, Mead & White, nach Rom entsandt, da ihm die Stadt noch von seinem eigenen Studienaufenthalt her vertraut war. Bei der Suche nach einem geeigneten Quartier wurde McKims Freund, der in Rom ansässige Maler Elihu Vedder, um Hilfe gebeten,[90] dem McKim schrieb, daß zwei helle Räume zwar ausreichen würden, sie aber ein gewisses Prestige ausstrahlen sollten:

„The space required for so small a group need therefore not be large – one or two rooms well lighted would fill the bill. The location is not essential so long as sanitary. Of course it would give a certain prestige to the beginnings of the school if these rooms could be found within some court-yard or within some old palace […]."[91]

85 William Mitchell Kendall war Mitglied des National Institute of Arts and Letters, ab 1905 Kuratoriumsmitglied der *American Academy* in Rom, der er 100 000 $ vermachte, und Mitglied des National Committee of Fine Arts in Washington, vgl. BRIEF BIOGRAPHIES.

86 Austin Willard Lord studierte Architektur in Minneapolis und am *Massachusetts Institute of Technology*, wo er das *Rotch Scholarship* 1888–90 bekam. Von 1912 bis 1915 lehrte er Architektur an der *School of Architecture* der *Columbia University*, deren Direktor er später wurde, vgl. BRIEF BIOGRAPHIES.

87 Thomas Hastings studierte in Paris an der *École des Beaux-Arts* und arbeitete dann in der Firma von McKim, Mead & White. 1886 begann seine Zusammenarbeit mit John M. Carrère. Die New York Public Library ist ihr bekanntestes Werk. Von ihnen stammt ebenfalls der Entwurf für den amerikanischen Pavillon der römischen Jubiläumsausstellung 1911. Nach Carrères Tod 1911 entwarf Hastings das Memorial Amphiteater vom National Cemetery, Arlington, Va., vgl. The Columbia Encyclopedia, Boston, Mass. 2001⁶.

88 John Galen Howard studierte am *Massachusetts Institute of Technology* und an der *École des Beaux-Arts* in Paris mit finanzieller Unterstützung McKims, in dessen Firma er bis 1895 angestellt blieb. 1901 wurde er zum ausführenden Architekten des Campus der University of California, Berkeley ernannt, vgl. BRIEF BIOGRAPHIES.

89 Die weiteren Subskribenten waren J. J. Glessner, H. N. Higginbotham, C. T. Yerkes, C. L. Hutchinson, G. A. Fuller, G. M. Pullman, J. W. Ellsworth und F. M. Whitehouse, vgl. MOORE 1929, Anm. 1, S. 133.

90 Zu Vedder und dem Ambiente der amerikanischen Künstler in Rom dieser Jahre vgl. Ausst.-Kat. Viaggiatori appassionati. Elihu Vedder e altri paesaggisti americani dell'ottocento in Italia, hrsg. von Regina Soria, San Gimignano – Rom 2002.

91 McKim an Elihu Vedder, zitiert nach MOORE 1929, S. 133. Auch wenn hier die Treppen noch als zu vernachlässigendes Detail eingestuft wurden, war schon seit Frühjahr der Gedanke im Umlauf, auch Bildhauer in die Schule einzubeziehen, vgl. McKim an Augustus Saint-Gaudens am 22. Mai 1894, vgl. MOORE 1929, S. 136.

Auf die anfänglich bescheidenen Vorstellungen folgte schnell die Einsicht, daß repräsentative Räumlichkeiten großen Einfluß auf das Renommee der Schule haben würden: Ein namhafter Palast mit einem Hof war das zunächst gewünschte Domizil, aber wenig später wurde die tatsächlich angestrebte Residenz, nämlich etwas der Französischen Akademie, der Villa Medici Entsprechendes, genannt: „we only await better times to purchase a habitat on the plans of that of France."[92]

Eine Akademie nach französischem Vorbild

Nicht nur für die äußere Gestalt stand die Französische Akademie Modell. Während der Planungsphase der Akademie in Rom, beauftragte McKim seinen jungen Mitarbeiter Edwards J. Gale, bei seiner von McKim finanzierten Europareise im Frühjahr 1894 so detailliert als möglich die Preisvergabemodalitäten und den Unterricht der französischen Akademie zu erkunden.[93] Von John Mead Howells, dem Neffen Meads, der damals an der *École des Beaux-Arts* studierte, erhielt McKim im Oktober des Jahres die Kopien der Regeln und Statuten der französischen Akademie in Rom, die ihn dahingehend bestätigten, daß es in der römischen Schule weniger um individuelle Kreativität gehen sollte, als um das Studium der klassischen Kunst und die Begegnung mit dem kulturellen Erbe.[94]

> „Now [...] we are ambitious before long to flower into *what we aim to be*, viz: – *a school of Contact and Research (not of original design)*, National in character, endowed and maintained through the public spirit of individuals."[95]

Die französischen Architekten, die an der *Académie de France* arbeiteten, hatten sich verstärkt den archäologischen Bauaufnahmen und Rekonstruktionsspekulationen zugewendet,[96] und auf der ersten Ausstellung der Arbeiten der amerikanischen Rompreisträger im Jahr 1896 in New York wurde deutlich, daß von ihnen ebenfalls keine eigenen Entwürfe, sondern wissenschaftliche Annäherung an historische Prinzipien gefordert wurden:

> „The course of study is one of observation and research rather than of design, aiming to form a correct taste and to impress upon the mind, by daily contact with great examples, those principles which are essential to the enduring quality in architecture, be the style what it may."[97]

Unter der Anleitung eines Lehrers oder Professors sollten die Preisträger in beschränktem Maße eigene Entwürfe, aber hauptsächlich maßstabsgetreue Zeichnungen oder Bauaufnahmen von ausgewählten Bauwerken anfertigen: „they spend their prize money on the greatest examples and are not allowed to foolishly spend their prize money over their own immediate selections."[98] Diese schulische Ausrichtung reflektierte in keiner Weise die Ermüdungserscheinungen, die die steifen Reglements schon länger innerhalb der Rompreisverfahren anderer Länder hervorgerufen hatten, und Kritiker warnten McKim, daß unter diesen Voraussetzungen die Schule den Talentierten kaum

---

92 McKim an S. A. B. Abbott am 9. Oktober 1894, zitiert nach Moore 1929, S. 138.
93 McKim an Edwards J. Gale im Frühjahr 1894, zitiert nach Moore 1929, S. 132.
94 Vgl. Moore 1929, S. 138. Zu den Regeln der Französischen Akademie in Rom vgl. Kapitel I. 1.
95 McKim an John Mead Howells am 23. Oktober 1894, zitiert nach Moore 1929, S. 138.
96 Vgl. Kapitel I. 1.
97 Catalogue of the First Annual Exhibition of the American Academy in Rome, American Fine Arts Galleries, New York 1896, S. 14.
98 McKim an Saint-Gaudens, vgl. Valentine 1973, S. 9.

zur Entwicklung dienen könne, sondern lediglich den Zweck verfolge, einen Formenkanon auf doktrinäre Weise zu vermitteln.[99]

Die Kritik im Vorlauf wurde von McKim jedoch ignoriert. Er bestimmte sechs Monate des zehnmonatigen Auslandsaufenthalts zum Studium der römischen Architektur, während die restlichen vier Monate in Griechenland, auf Sizilien und in Florenz verbracht werden sollten, wobei Florenz, wie in den Lehrplänen der anderen Länder auch, nur eine sekundäre Rolle spielte. Was die Auswahl der vorbildhaften Werke in Rom betraf, lag auch hier eindeutig der Schwerpunkt auf denjenigen Architekten, die nach den klassischen Regeln bauten. Michelangelo war daher, wie im Studienprogramm der anderen künstlerischen Gattungen, wie der Malerei, nur unter großen Einschränkungen vorbildlich.[100] McKim empfahl, sich vor allem an Vignola, Sangallo, Bramante und Peruzzi zu schulen.

> „that the names of Vignola and San Gallo be coupled with that of Bramante in the reference to churches; and that of Michaelangelo belongs to this category rather than among the creators of palaces; the half a dozen first and most typical examples being, say, the Cancelleria and Giraud by Bramante, the Massimi and the Farnesina by Peruzzi and the Farnese by San Gallo, and finally St. Peter's, for which Michaelangelo deserves only curses for his brutal interference, the cornice attributed to him having really been carried out by Vignola (see Le Tarouilly). This is only a suggestion intended to give Michaelangelo the credit for his conversion of the Baths of Diocletian into the Church of Santa Maria deghl' Angeli, and especially for the dome of St. Peter's. With these exceptions, is it not true that he has left but little which is entitled to be considered amongst the masterpieces of the Renaissance in Rome?"[101]

Auch bei der Satzung für *The American School of Architecture in Rome* wurde McKims strenger Kurs beibehalten. Der einflußreiche Architekturprofessor William Robert Ware drohte aus dem Projekt auszusteigen, wenn den Stipendiaten nicht größere Wahlmöglichkeiten hinsichtlich ihrer Studien eingeräumt würden. Aber McKim konterte schlagfertig, daß die Schule sonst auf das Niveau eines touristischen Treffpunktes herabsinken würde: „a kind of architectural club where the Secretary would be the dragoman so to speak of tourists in architecture."[102]

Rom oder Paris?

Die Diskussion um die Studienortwahl zwischen Rom und Paris wurde in Amerika durch relativ gemäßigte Standpunkte bestimmt. Der Aufenthalt in Paris und das Studium an der *École des Beaux-Arts* sollte durch den amerikanischen Rompreis keinesfalls ersetzt werden.[103] Im Gegenteil, es wurde zwischen den Studienorten differenziert und beide für besuchenswert gehalten.

Die in Paris zu erwerbende Fähigkeit bestand in der hochentwickelten Planungstechnik, zweckdienlich und funktional zu bauen, während in Rom direkter Kontakt und täglicher Umgang mit den alten Kunstwerken den Geschmack und die Kultur verfeinern sollten. Francis Davis Millet, der die

---

99 VALENTINE 1973, S. 9.
100 Vgl. KAPITEL I. 1. 2.
101 McKim zitiert nach MOORE 1929, S. 166.
102 McKim, zitiert nach VALENTINE 1973, S. 17.
103 Hinsichtlich der damaligen Auseinandersetzung zwischen den Schulen Paris und Rom vgl. A. D. F. Hamlin, The Influence of the École des Beaux-Arts on Our Architectural Education, in: Architectural Record, 23, 1908, S. 241–47; und Thomas Hastings, Influence of the École des Beaux-Arts upon American Architecture, in: Architectural Record, Spezialausgabe, 1901, S. 66–90. Vgl. auch die ausführliche Bibliographie bei YEGÜL 1991, S. 25.

Abb. 8: Francis Davis Millet, Queen of the Feast, 1885

Akademie in ihrer Ausrichtung am Anfang entscheidend prägte und die Ortswahl Rom verteidigte, schrieb abwertend gegen die experimentellen „unbeständigen" Kunstrichtungen, womit er auch die nichtakademische und moderne Kunst meinte, für die Paris ein Hauptzentrum darstelle:

> „From [France] came also the adoration of originality, of novelty in technique, the indifference to idea and ideals. The results have been in France, that art has confessedly degenerated."[104]

Die ewige Stadt leite zu zeitlosen Kunstwerken, wohingegen Paris zwar das Neue, Experimentelle und technisch Versierte vermittle, aber auch zu modischen und vergänglichen Trends der Kunst verführe. Gegen diese „Degeneration" und die kurzlebigen Moden sollte das Beispiel Roms als Gegenmittel dienen. Wer dennoch für eine amerikanische Schule in Paris war, der mußte eingestehen, daß als höchste Ausbildungsstufe auch für französische Studenten der Rompreis vorgesehen war.[105] Erst als die konservative Kunsterziehung in schärfere Kritik geriet und auch die Nachricht von der

---

104 Francis Davis Millet, The American Academy in Rome, in: American Monthly Review of Reviews 31, 1905, S. 713–15, zitiert nach Yegül 1991, S. 26.

105 Vgl. John LaFarge, Why Rome, in: The American Academy in Rome. Twenty fifth Anniversary, New York 1920, S. 14–19.

Krise des französischen Rompreises die Runde machte, stellte Honoré Mereu 1905 das Zeitgemäße der Akademiegründung und ihren Nutzen generell in Frage:

> „What there is a strange about the founding of the American Academy in Rome is that its accomplishments takes place at the very moment when those countries which have up to now maintained such institutions in the Eternal City are asking themselves whether these academies are really useful, whether, such as they actually are, they really achieve the end for which they were created."[106]

Doch inzwischen war die Schule schon eröffnet. Seit November 1894 residierte sie in acht angemieteten Räumen im Obergeschoß des Palazzo Torlonia an der Ecke Via dei Condotti und Via Bocca di Leone, unweit der Piazza di Spagna. Von den ersten drei Stipendiaten durften zwei zum engeren Kreis der Firma gezählt werden, Harold Van Buren Magonigle, der bei McKim, Mead & White von 1888 bis 1894 ausgebildet wurde, und George Bispham Page, den McKim schriftlich aufforderte, sich um die Fortsetzung seiner Studien in Rom zu bemühen. Symptomatisch für die Verkennung der aktuellen Interessen der Architekturstudenten war die Atmosphäre kurz nach Inbetriebnahme der Schule. Harold Van Buren Magonigle, der Stipendiat der *Rotchfoundation*, erinnerte sich an die Eröffnungszeremonie und die ersten pädagogischen Bemühungen, die nicht fruchteten. Schäbig eingerichtet, ohne Hocker und mit nur einem Buch im Regal, wurde das Lehrprogramm schon nach der ersten Lektion aufgegeben:

> „A carpenter made two or three drawing boards and trestles – no stools. A hallway recess accommodated the library which consisted of a copy of Middleton [wahrscheinlich John Henry Middleton's *Ancient Rome in 1885,* oder *The remains of ancient Rome,* London 1892; Anm. d. Verf.]. On a springlike morning in the late winter the opening exercise took place. Temple was off, but Lord [der erste Direktor; Anm. d. Verf.] [...] leaned against the doorjamb and began to read from Middleton to Magonigle and Page who held up two sections of the wall. Lack of interest on the part of the pupils caused a stop in the reading, and the cultural course was never resumed."[107]

Die Einrichtung des Rompreises

Doch die anfänglichen Schwierigkeiten sollten überwunden werden. Die *American School of Architecture in Rome* entsprach mit ihrer kargen Einrichtung und ungeklärter finanzieller Zukunft noch lange nicht McKims Vorstellungen von einer nationalen Akademie nach dem Vorbild der Villa Medici, und nur fünf Monate später wurde das *Casino dell'Aurora* auf dem Pincio, unweit der Französischen Akademie, angemietet. Hoch in den ehemaligen Ludovisischen Gärten, dem heutigen Quartiere Ludovisi, gelegen, bot das Casino den Blick über Rom, und der André Le Nôtre zugeschriebene Garten und Guercino's Fresken im Atrium ließen es als würdigen Sitz der *American School* erscheinen. Gemeinsam mit der im selben Jahr gegründeten *American School of Classical Studies* in Rom,[108] die als Untermieterin an dem Quartier beteiligt wurde, ließen sich die hohen Mietkosten von 15 000 Lire jährlich, bestreiten. Der herrschende Raummangel war ein zweitrangiges Problem,

---

106 Honoré Mereu, The American Academy at Rome, in: American Architect, 88, 1905, S. 99. Dieselbe Wahrnehmung verstärkte sich auch in Paris und wurde in Deutschland reflektiert, vgl. KAPITEL I. 1.

107 Magonigles Erinnerungen, zitiert nach VALENTINE 1973, S. 13.
108 Vgl. Russel T. Scott, La scuola di studi classici dell' Accademia Americana in Roma, in SPECULUM MUNDI 1992, S. 31–45.

Abb. 9: Jean-Auguste-Dominique Ingres, Casino dell'Aurora, 1806,
Ingres Museum Montauban

da beide Schulen Anschluß an die in Rom bestehenden Institutionen fanden. Die Altertumswissenschaftler hörten Vorlesungen über Numismatik und Paläographie im Vatikan, besuchten Kurse an der Universität von Rom und waren im Deutschen Archäologischen Institut willkommen. Die Architekten und die kurz darauf sich anschließenden Künstler nutzten die öffentlich zugänglichen Aktzeichenkurse der römischen Zeichenschulen wie des *Circolo degli Artisti*.[109]

Ab 1895 wurde nun auch Bildhauern mit dem William H. Rinehart Stipendium ein Romaufenthalt ermöglicht. Zur gleichen Zeit bemühten sich Saint-Gaudens und LaFarge um finanzielle Mittel, die es Malern ermöglichen sollten, nach Rom zu kommen. Im Frühjahr 1896 gelang es ihnen, das *Metropolitan Museum of Art*, welches das Jacob H. Lazarus Stipendium für das Studium der Wandmalerei verwaltete, zu überzeugen, die Preisträger an die *American School* in Rom zu schicken.[110]

Die Modalitäten der Stipendienverleihung folgten in den verschiedenen Gattungen dem stufenweisen Auswahlverfahren der französischen Prüfungen.[111] Zur ersten Prüfungsstufe des Architekturpreises wurden Architekten zugelassen, die entweder ein Jahr Berufspraxis vorweisen konnten oder ein Jahr erfolgreich an der *École des Beaux-Arts* in Paris eingeschrieben waren, also keine amerikanischen Studienabgänger. Unter den Bewerbern wurden zehn Kandidaten für das Finale in New York ausgewählt. Ein in fünfwöchiger Klausur anzufertigender Entwurf war letztendlich ausschlaggebend. Die Jury bestand über Jahrzehnte aus denselben Mitgliedern, die nur im Todesfall ausschieden, was eine objektive Preisverleihung anscheinend erschwerte. Beispielsweise gehörte einer der führenden Architekten der Firma McKim, Mead & White, William M. Kendall, der Jury von 1912 bis 1937 an, und aus den Entscheidungen der Jurymitglieder ließ sich erahnen, daß die künstlerische Qualifikation eines Bewerbers

---

109 Vgl. Kapitel I. 1.
110 Vgl. Catalogue of the First Annual Exhibition of the American Academy in Rome, American Fine Arts Galleries, New York 1896, S. 14–17.

111 Vgl. Kapitel I. 1.

Abb. 10: W. J. H. Hough, Architekturstipendiat von 1915 bis 1917, beim Vermessen der Kolonnaden von St. Peter

Abb. 11: Vermessung der Madonnensäule vor S. Maria Maggiore

nicht allein zum Erfolg führte. Ebenso wichtig waren seine gesellschaftliche Stellung, der Ruf und die Religionszugehörigkeit seiner Familie – jüdische Architekten wurden anscheinend benachteiligt –, alles Faktoren, die die Jury, auf neue Sponsoren hoffend, abwog. Die Kandidaten gehörten zu einem engen Zirkel, dessen Zentren McKims Büro an der Park Avenue und der *Century Club* von New York war. Sie hatten ähnliche konservative Ansichten hinsichtlich Kunst und Architektur, „they shared an inflexible image of the ‚gentlemen by instinct and breeding' who would fit the Academy."[112]

Von ihrem dreijährigen Stipendium mußten die Architekten ein Jahr in Rom verbringen, im zweiten und dritten Jahr waren Reisen durch Italien, Sizilien, Griechenland und andere Länder mit Architekturzeugnissen der Antike und der Renaissance vorgesehen. Die Reisen wurden jedoch durch den Direktor genehmigt, unter der Bedingung der Ausführung vorgeschriebener Probearbeiten. Diese sahen das Vermessen und Zeichnen und die Rekonstruktion von antiken Bauten im ersten Jahr und von Renaissancebauten im zweiten Jahr vor.[113] Die Übernahme von Ergebnissen aus Publikationen schon vermessener Bauwerke war verboten, wobei es bei den Ausmaßen und der Komplexität der bearbei-

112 YEGÜL 1991, S. 36.

113 Vgl. Russel T. Scott und Paul Rosenthal, The Academy and the Forum. One Hundred Years in the Eternal City, New York 1996.

teten Bauten allerdings naiv wäre, zu glauben, daß dies nicht dennoch geschehen sei. Im dritten Jahr sollte eine Rekonstruktion oder eine Reintegration eines nur in Teilen erhaltenen Bauwerks, mit einem kunsthistorischen Essay versehen, angefertigt werden.[114]

Die Preisvergabemodalitäten der Bildhauer sahen vor, daß sie einen ersten Entwurf zu einem vorgegebenen Thema innerhalb von 12 Wochen ohne Abweichungen unter Aufsicht der Jury ausarbeiteten. Während des für die Bildhauer obligatorischen dreijährigen Aufenthaltes in Rom mußten ein Flachrelief mit zwei lebensgroßen Figuren, eine vollplastische lebensgroße Figur und eine lebensgroße Gruppe mit mehreren Figuren ausgeführt werden. Das vierte Jahr konnte reisend in Italien, Frankreich und Griechenland verbracht werden.

Die Bewerber für das Stipendium der Wandmalerei hingegen wurden Grundexamina in Perspektive, Anatomie und Akt unterzogen. Darauf folgten eine schriftliche Prüfung in Architekturgeschichte, praktische Übungen in ornamentalem Zeichnen, in architektonischen Ordnungen, Sprachprüfungen in Italienisch und Französisch und figurativem und ornamentalem Kompositionszeichnen. Dabei ist es bezeichnend, daß das Stipendium für Maler explizit für Wandmalerei gedacht war, was auch hier in Bezug auf die Wiedervereinigung der Gattungen zur Schaffung von Gesamtkunstwerken gesehen werden muß und später von der Britischen Akademie nachgeahmt wurde. Das Stipendium sollte ganz besonders auf die Raumausstattung und eine mit der Architektur im Einklang stehende Malerei hinführen:

> „It is very important, that the mural painter should not only acquaint himself with pictorial compositions and their decorative details, but that he should study decorative „ensembles"; in other words, both the expressional picture and its architectural setting – the wall painting and the entire room – or at least so much of it as may be of the epoch. While particular attention will necessarily be called to the works of the great mural painters of the Renaissance, it is not to be forgotten that Rome is full of decorative work belonging to other epochs and executed in different materials that can be studied to the great advantage of a mural painter. It will suffice to mention the frescos of the ancients, such as can be seen on the Palatine, in the painted tomb on the Via Latina, in Livia's Villa at Prima Porta. The early Christian basilicas are replete with beautiful decorative schemes. The Evolution of mosaic from the days of the Romans down to modern times is admirably illustrated in Rome, and together with the „Cosmati" work can be studied with profit. These are but a portion of the many things that make Rome the best school for the mural painter."[115]

Das gleiche galt auch für die Bildhauer, die sich an der griechisch-römischen Plastik, deren heidnische Tradition, so Paul Manship, in der römischen Kirche und ihrer Ausstattung weitergepflegt wurde, den romanischen Steinskulpturen und den Mosaikdekorationen schulen sollten:

> „These works of art are models of beauty for the student of today, and are lessons in collaboration. They teach that the art of sculpture at its best is not an isolated, separate thing, but a cog in the winged wheel of art […]."[116]

---

114 Vgl. YEGÜL 1991, S. 37 ff und die Schriften des Wandmalers Edwin H. Blashfield, Mitbegründer und späteres Mitglied der American Academy in Rome: Rome as a Place of Schooling for a Decorative Painter, in: American Architect, 82, 1903 und ders., Mural Painting in America, New York 1913.

115 Vgl. CATALOGUE 1896, S. 19.

116 Paul Manship, The Sculptor at the American Academy in Rom, in: Art and Archaeology, Vol. XIX, Nr. 2, 1925, S. 89–92, S. 91.

Die Aufgabenstellung, der an der *American Academy* größte Bedeutung beigemessen wurde, bestand, entsprechend der hohen Bewertung des Gesamtkunstwerks, in dem einmal im Jahr zu bewerkstelligenden *Collaborative Problem*, das in einer vierwöchigen Zusammenarbeit der Akademiestipendiaten der verschiedenen Gattungen bestand.

> „The question of collaborative work is of vital consequence. It is in the realm of architecture that this country must, as have all countries before it, find its completest material expression; architecture in all its manifold forms; [...] What every serious person who contemplates the works of bygone splendid days must realize, is that who produced those works did so in unison; the architect did not design a building *in vacuo*, with spaces left which some bewildered painter of easel pictures would weaken and fail to decorate, or on which the sculptor, untrained in architectural form, would stick his figures like just on mantelpiece."[117]

Was später in der Bauhausidee verwirklicht wurde, aber unter vollkommen anderen Vorzeichen, nämlich einer experimentellen Moderne, stellte so wie es die Pädagogik der Amerikanischen Akademie vorsah eine zum Scheitern verurteilte Übung dar. Da ein freies Experimentieren an der Akademie nicht vorgesehen war, sondern vielmehr eine stilistische oder ideelle Gleichstimmigkeit vorausgesetzt wurde, die um 1900 selbst bei akademischen Künstlern nicht mehr wie in der handwerklichen Werkstattkultur der Renaissance gegeben war, kam es zu Konflikten und die Erwartungen der Jury, die durchaus mit einem Renaissancekunstwerk rechnete, trugen zur Unzufriedenheit unter den Stipendiaten bei.[118]

3. Von der *Architectural School* zur *American Academy*

Die Akademie sucht Öffentlichkeit: „Friends, Romans, Countrymen"[119]

Parallel zum Beitritt der anderen künstlerischen Sparten erlangte die private Schule, indem die Universitäten und künstlerischen Hochschulen das Rompreisprogramm in ihren Lehrplan integrierten, nach und nach universitäre und öffentliche Anerkennung. Im April 1895 wurde die Schule vom Staat New York legal anerkannt, und im Mai trat ihre Körperschaft juristisch in Kraft.

McKim verfolgte jedoch nicht nur die universitäre und juristische Anerkennung, sondern strebte danach, die Schule zu einem staatlichen Institut auf nationaler Ebene auszubauen. Die Akademie sollte unter die Schirmherrschaft der Nationalregierung gestellt werden und die Unterstützung von Seiten der amerikanischen Regierung wiederum die Chancen, finanzielle Unterstützung und Spender zu gewinnen, erleichtern. Auch die Verhandlungen mit dem italienischen Staat um eine Steuerbefreiung, wie sie die Französische Akademie genoß, gewannen damit größere Chancen auf Erfolg.[120]

Am 8. Juni 1897 entschloß sich das Kuratorium der *School*, den neuen Anspruch auch in der Benennung ihrer Institution zum Ausdruck kommen zu lassen. Die *American School of Architecture* wurde aufgelöst und die *American Academy* in Rom gegründet, die ein Jahr später vom Staat New York ebenfalls die gesetzliche Anerkennung erhielt. Sie blieb zunächst eine rein künstlerische Einrichtung mit den Sparten Bildhauerei, Malerei und Architektur, da die Altertumswissenschaftler sich bereits nach sechs

---

117 Christopher Grant LaFarge, The American Academy in Rome, Twenty fifth Anniversary, 1920, S. 12.
118 Vgl. YEGÜL 1991, S. 40 und S. 53 ff und ebd. 4. Kapitel.
119 McKim zu den geladenen Gästen des Galaabends im *University Club* zugunsten der *American Academy* in Rom 1905,

zitiert nach Jean Strouse, Morgan. American Financier, London 1999, S. 501.
120 Vgl. die gleichen Bemühungen auch der Spanier: KAPITEL II. 4.

Monaten, im Dezember 1895, von der *School of Architecture* getrennt und das *Casino dell'Aurora* wieder verlassen hatten.[121]

Auch mit der Berufung eines renommierten Direktors verknüpfte McKim die Hoffnung, der Akademie einen größeren nationalen Stellenwert zu verleihen. Samuel A. B. Abbott, Vorstandsmitglied und zeitweiliger Direktor der *Boston Public Library,* dem es wenige Jahre zuvor gelungen war, für die Ausführung der Bibliothekspläne McKims herausragende zeitgenössische Künstler zu gewinnen, willigte 1897 ein, Direktor der *Academy* zu werden, Kontakte zu verschiedenen Institutionen herzustellen[122] und die offizielle Anerkennung vom italienischen Staat zu erlangen, die bis dahin aufgrund fehlender Referenzen seines Vorgängers Austin Lord verweigert worden waren.[123] Doch erst unter der Direktion des Dekorationsmalers H. Siddons Mowbray, der u. a. die Bibliothek des New Yorker *University Clubs* und später die *Pierpont Morgan Library*, beide nach Entwürfen von McKim, mit Fresken im Renaissancestil ausstattete, erfolgte breitere Anerkennung in Rom und die Einführung der Akademie in die italienische High Society.[124] Mowbray wurde 1902 Direktor und begann mit seiner Frau gesellschaftliche Anlässe zu organisieren, wie die erstmals 1904 und von da an jährlich veranstaltete Vernissage mit hochrangigen Gästen aus Politik und Adel, wie dem amerikanischen Botschafter, dem italienischen König Vittorio Emanuele III. und der Königin Elena.

In den Vereinigten Staaten selbst gewann die *Academy* auch aufgrund der Erfolge der ersten Ausstellungen der Rompreisträger in der *Columbia University*, 1896, und im Metropolitan Museum, 1897, die auch in Chicago, St. Louis, Philadelphia, Washington und Boston gezeigt wurde, an Bekanntheitsgrad. McKim hielt stolz fest, daß die amerikanischen Künstler den Vergleich mit den französischen *Envois de Rome* nicht scheuen müßten: „It is most successful and free from amateurishness. As an *envoi de Rome* much of the work compares favourably with that of the Villa Medici."[125] Auch der Ausstellungskatalog zur ersten Ausstellung der amerikanischen Stipendiaten 1896 begann mit einer Beschreibung der Französischen Akademie und ihrer Erfolgsgeschichte. War der Blick auf die Französische Akademie noch von Erwägungen nationaler Rivalität ungetrübt, veranlaßten jedoch die Akademiegründungen anderer Länder in Rom – hingewiesen wurde auf das Deutsche Archäologische Institut auf dem Kapitol und die Spanische Akademie – zu umso größerem Konkurrenzdenken. Um hinter diesen Initiativen nicht zurückzustehen, so der Ausstellungskatalog, wäre die Amerikanische Akademie nach dem Vorbild der Französischen ins Leben gerufen worden:

> „Other states have not failed to perceive the importance of this work [gemeint ist die Französische Akademie; Anm. d. Verf.], and profiting by its experience have established national academies of their own in Rome. Among these are Germany and Spain, and that our country might not behind in this movement for the highest education in the arts, steps were taken during the past year [...] to form an Academy at Rome along the lines of the French Academy in the Villa Medici."[126]

---

121 Im Mai 1896 zogen die Altertumswissenschaftler in die Villa Cheremeteff/Villa Story in der Via Gaeta 2, Ecke Via San Martino della Battaglia. Für das Gebäude gab es auch Ankaufspläne von deutscher Seite aus, vgl. PAAA Botschaft Rom Quirinal Bd. 282a, 1879–1909, Briefwechsel zwischen Botschaft und William Wetmore Story, Blatt 1–9, 1879. Die Villa Story, zuvor im Besitz des amerikanischen Bildhauers William Wetmore Story, vgl. SORIA 1982, s. v. Story, blieb der Sitz der Altertumswissenschaftler bis 1905, als sie in die Villa Bonghi zogen, Via Vicenza 5, in die ehemalige Wohnung von Ruggiero Bonghi und des Historikers Ugo Balzani, vgl. STRONG 1928, 2, S. 106 und Russel T. Scott, La scuola di studi classici dell'Accademia Americana in Roma, in: SPECULUM MUNDI 1992, S. 31–45. Erst 1912 wurden die Schulen in dem Neubau der *American Academy* wiedervereinigt.

122 Vgl. VALENTINE 1973, S. 44.

123 Vgl. MOORE 1929 S. 140.

124 Henry Siddons Mowbray erhielt 1904, nachdem er aus Rom zurückkehrte, den Auftrag die Decke der *Pierpont Morgan Library* zu bemalen, vgl. STROUSE 1999, S. 492.

125 Zitiert nach VALENTINE 1973, S. 29.

126 CATALOGUE 1896, S. 11. Oft wird Deutschland genannt, als unterhalte es eine Akademie. Gemeint war aber das prestigeträchtige archäologische Institut auf dem Kapitol.

Abb. 12: König Vittorio Emanuele III. und der spätere Direktor der Academy Chester A. Aldrich bei der Besichtigung der Jahresausstellung, 1939

Angesichts der genannten internationalen Initiativen entstand der Plan, die Finanzierung der Amerikanischen Akademie auf ein höheres Niveau zu heben: Ziel war, außerhalb der Architektenkreise die mächtigsten Unternehmer Amerikas in das Projekt mit einzubeziehen. McKim gelang es, den Eisenbahn-Mogul und Sammler Henry Walters und den Großfinancier und Sammler John Pierpont Morgan als Mitstreiter zu gewinnen. McKim war mit Letzterem persönlich bekannt, da er die *Pierpont Morgan Library* geplant hatte. Im Jahr 1900 trafen sich beide in Rom, um sich über das weitere Vorgehen hinsichtlich der Amerikanischen Akademie zu verständigen.[127] Die beiden Millionäre Walters und Morgan unterzeichneten schließlich im November 1901 einen öffentlichen Aufruf, der weitere Spender ermutigen sollte, sich an der Bildung eines Stiftungsvermögens zu beteiligen:

„The American Academy in Rome.
France, Germany and other countries have owed their artistic development for generations to National Academies fostering the Fine Art, established by them in Rome.
In view of the success attending the beginnings of the AMERICAN ACADEMY IN ROME, founded on the same general lines, privately supported since 1894, incorporated in 1897, and lately endorsed by the State Department of the national Government.
We, the undersigned believe the time has arrived when this country is ready for its permanent establishment and endowment and that such an institution would prove of incalculable value in building up the national standards of taste.
J. P. Morgan
Henry Walters"[128]

127 Vgl. Herbert L. Satterlee, J. Pierpont Morgan. An Intimate Portrait, New York 1939, S. 342 und zur Wahl Morgans von McKim an Stelle des schon für den *Madison Square Garden* und den *Metropolitan Club* herangezogenen Stanford White, vgl. STROUSE 1999, S. 488.
128 Zitiert nach VALENTINE 1973, S. 34/5.

Abb. 13: Villa Mirafiori in Rom, gegen Ende des 19. Jahrhunderts

Neben dem neuerlichen Hinweis auf die bereits von Deutschland und Frankreich betriebenen Akademien in Rom, erläuterten sie auch ihre Hoffnung, die sie mit der Akademie in Rom verknüpften, die landesweite Hebung des künstlerischen Niveaus.

In der Zwischenzeit zwang jedoch der Verkauf des *Casino dell'Aurora* zur Suche nach einem neuen Quartier. Mit Hilfe des amerikanischen Botschafters George von L. Meyer, eines Schwagers McKim's, fiel die Wahl 1904 auf die Villa Mirafiori an der Via Nomentana vor der Porta Pia.[129] Ihre periphere Lage sprach zunächst gegen die Villa: Die Künstler befürchteten, außerhalb der Mauern, am damaligen Stadtrand vom städtischen Leben isoliert zu sein, außerdem Schwierigkeiten bei der Verpflegung und Materialversorgung und die Weigerung der Modelle, den weiten Weg vor die Mauern auf sich zu nehmen:

„Going to Mirafiori knocks [die Attraktivität der Villa] into a cocked hat, for it will have no […] life class, no outside social intercourse, no nearby restaurants, long trips to town to study measure up, get materials or models, if they will go so far at all. The food supplies are also higher and harder to get there. There are no tramways after 9:30 and poor service all day. Cabs outside the gates are especially at night, at a ruinous rate […] We deal with the young and must make the Academy attractive and convenient for them while we are forming their tastes."[130]

---

129 Im Auftrag von Giovanni Malatesta hatte Emilio Richter, ein deutschstämmiger Landschaftsarchitekt, in der ehemaligen Vigna einen englischen Garten angelegt und ein Herrenhaus errichtet. 1874 wurde der Besitz Malatestas jedoch gemeinsam mit angrenzenden Grundstücken durch einen Agenten für den italienischen König Vittorio Emmanuele II. angekauft, der dort eine Residenz für seine Geliebte, Rosa Vercellana, genannt Contessa di Mirafiori, einzurichten begann. Nach dem Tod des Königs 1878 wurde die Villa wiederum verkauft und aufgeteilt, vgl. Le Ville a Roma. Architetture e Giardini 1870–1930, hrsg. von A. Campitelli, Rom 1994. S. 197–200. Zu Emilio Richter vgl. Luigi Lerro, Emilio Richter, artista giardiniere a Roma sotto il governo pontificio e il Regno d'Italia, in: L' Urbe, Bd. 56, Rom 1996, S. 219–32 und S. 271–86.

130 George William Breck, von 1897 bis 1902 der erste Lazarus Wandmalereistipendiat und Direktor der Akademie von 1906 bis 1909, zitiert nach VALENTINE 1973, S. 46. In Rom schuf er z. B. die Mosaikdekorationen in der *American Church*, St. Paul, deren Bau auch maßgeblich durch J. Pierpont Morgan finanziert wurde.

Abb. 14: Amerikanische Künstler in der Villa Mirafiori, ca. 1909

Abb. 15: Atelierhaus der Villa Mirafiori, ca. 1909

369

Neben der Villa Mirafiori wurden auch andere Villen in Betracht gezogen. Francis D. Millet, der für die Villa Mirafiori argumentierte, schrieb aus Rom an McKim, daß Mr. Morgan mit seinem „Antiquitätenfimmel", „with his bric & brac tendencies", die Villa Farnesina gefiele, warnte ihn aber davor, Morgans Wünschen nachzugeben, da die alte Villa für die Zwecke einer Kunstakademie völlig ungeeignet wäre. Es wurde also weiter nach einem geeigneten Quartier gesucht und die Villa Strohl-Fern, die Villa Bonaparte, Villa Aldobrandini, Villa Aurelia und die Villa Patrizi begutachtet, von denen Millet nur letztere für geeignet hielt. Es waren dieselben Villen, um welche auch Deutschland in jenen Jahren für seinen Akademiesitz verhandelte.[131]

Für die *Trustees* zählten die Überlegungen und Befürchtungen von Seiten der Künstler, daß die Villa Mirafiori abgelegen sei, weniger, und sie erwarben den Sitz 1906 für die Akademie. Die *Trustees* verbanden nämlich mit dem repräsentativen Quartier die Hoffnung, sowohl die Entscheidung des Kongresses, die *Academy* als nationale Einrichtung anzuerkennen, positiv beeinflussen zu können, als auch eine größere Attraktivität für Spender darzustellen. Die Villa Mirafiori wurde mit Atelierbauten vervollständigt und zu einem funktionstüchtigen Domizil der Rompreisträger ausgebaut – daß die Mühe sich kaum lohnen würde, konnten die *Trustees* nicht ahnen, denn der Akademiesitz sollte nur wenige Jahre, bis 1914, beibehalten werden.

Zehn Millionäre

1904 änderte McKim die Spendenpolitik erneut und faßte diesmal den Plan, daß es einfacher sein würde, zehn Stifter zu finden, die einmalige Großspenden von 100 000 $ zusicherten, als viele Förderer mit geringeren Summen. Tatsächlich hatte dies einen positiven Effekt: Zu den zehn Spendern der *American Academy* zu gehören, war unter den amerikanischen Millionären nunmehr eine Frage der Ehre. Henry Walters sagte als erster zu, worin ihm Pierpont Morgan nicht nachstehen wollte. Im folgenden sagten auch William K. Vanderbilt, James Stillman und das Harvard College jeweils 100 000 $ zu, und die finanzielle Grundlage der Akademiestiftung aus privaten Mitteln war gesichert. Auf Unterstützung von staatlicher Seite konnte nicht gerechnet werden, da im Kongreß Widerstand gegen die Anerkennung als nationales Institut entstanden war. Man befürchtete dort, daß dadurch in Zukunft staatliche Gelder angefordert werden könnten.

Die Akademie sollte sich also in Zukunft ganz auf private Stiftungsinitiativen stützen, und noch heute wird die Amerikanische Akademie in Rom durch private Stiftungen finanziert, worin sie eine Ausnahmeposition unter den ausländischen Akademien in Rom einnimmt, die ihr eine gewisse Unabhängigkeit garantiert. Um letztere zu sichern, wurde schon während der Gründungsphase dagegen vorgebeugt, daß politische Amtsträger eine Funktion in der Akademie übernehmen: „no official of the United States shall be eligible to serve as Director of the Academy."[132]

---

131 Vgl. VALENTINE 1973, S. 54. Die Villa Bonaparte kam schließlich in deutschen Besitz und sollte das historische Institut, die Akademie und die Botschaft am Heiligen Stuhl beherbergen, vgl. KAPITEL IV. 3.

132 Vgl. die Statuten in: American Academy at Rome. Annual Report for the Year ending February 11, 1913, Washington D. C. – New York, S. 6. Noch heute wird auf diese staatliche Unabhängigkeit der Amerikanischen Akademie besonders hingewiesen: „As an American cultural outpost, the Academy enjoys the benefit of complete independence from the need to reflect the policies of its own government. It is an institution of scholarship and of the arts. [...] In this way we are different from every other of the twentythree national academies in Rome, all of which are supported directly or indirectly by their governments, although in general the governments have adopted a "hands-off" policy toward what the institutions actually do. We serve an important function in that we are culturally, intellectually and creatively distinct. [...]". Russel Lynes, in: Ausst.-Kat. Artisti di Quattro Accademie straniere a Roma, Rom 1982, S. 92.

Die Gründe dafür, ein privates Unternehmen zu bleiben, lagen selbstverständlich auch in der amerikanischen Tradition, daß sich der Staat weniger um die Finanzierung von Kultur kümmerte, als vielmehr die Rahmenbedingungen freier privater Initiative garantierte, wie es 1914 der Architekt Christopher Grant LaFarge rückblickend auch im Gegensatz zu Frankreich feststellte:

> „The French nation maintains its Academy, as a governmental institution, under the Ministry of Fine Arts; its Director is a government official; those returning from residences there may expect, in greater or less degree, some official support.
> We in America do not so things in this way; we have no Ministry of Fine Arts, nor any equivalent. When we want an Academy, we must ask our citizens to put their hands into their pockets and give the funds for its establishment and maintenance; for though our government gives us a charter, it does not, and may not be expected to, give financial support."[133]

Vorteile, die der Amerikanischen Akademie durch ihre besondere Organisationsform im Unterschied zu den anderen europäischen Akademien erwuchsen, waren nicht nur ihre staatliche und politische Unabhängigkeit, sondern auch, daß, den Statuten zu Folge, ihre künstlerische Leitung nicht staatlichen Kulturfunktionären untergeordnet war, sondern ausgewiesenen Fachleuten, nämlich Künstlern, denen im Vorstand eine Zweidrittelmehrheit reserviert war: „This means that the direction of the Academy's educational policy lies in the hands of devoted experts."[134]

Dennoch sollte auf die staatliche Anerkennung als nationales Institut nicht verzichtet werden. Um die Entscheidung des Kongresses dahingehend zu beeinflussen, organisierte McKim 1904 als Präsident des *American Institute of Architects* ein Dinner mit dem Amerikanischen Präsidenten Theodor Roosevelt, mit Ministern, Kongreßabgeordneten, Architekten, Künstlern und Persönlichkeiten aus dem Kulturbereich. Die Festrede hielt Elihu Root, Rechtsanwalt und ehemaliger Kriegsminister, der später, 1912, den Friedensnobelpreis für seine Verdienste um das internationale Schiedsrecht erhalten sollte. Er kündigte während seiner Rede die der *American Academy* in Rom zugesagten Stiftungen von jeweils 100 000 $ von Walters und Morgan an und fuhr fort:

> „It was one of Jefferson's cherished ideas of classical art to study in Rome; and now we are beginning the enterprise through which America will no longer be obliged to take her ideas of classic art at second hand, but will go directly to the fountain source at the home of art, under the direction and cherishing care of an American institution maintained by American munificence."[135]

In der Rückblende auf Jeffersons Rominteresse stellte er die Akademie in einen Zusammenhang mit den Gründungsmythen der amerikanischen Gesellschaft. Sie sollte nun jedoch den direkten Zugang zur klassischen Kunst gewährleisten, die bisher nur, so Root, aus zweiter Hand nach Amerika kam, und damit die Abhängigkeit von Europa auch auf kulturellem Gebiet beseitigen. Der Wunsch nach Originalität der amerikanischen Kunst war inzwischen demjenigen nach einer originalen Rezeption antiker Kunst gewichen.[136]

Unter den Gästen war auch Henry James, der den großen Plänen lauschte und den Abend einem Freund zwar als „big success and beautifully done" beschrieb, sich aber über den unterschwelligen Chauvinismus befremdet äußerte: „quaint and queer … The Eagle screamed in the speeches as I didn't know that that

---

133 C. Grant LaFarge, History of the American Academy in Rome, o. O. 1914, S. 5.
134 LaFarge 1914, S. 16.
135 Zitiert nach Strouse 1999, S. 500.
136 Vgl. Moore 2003.

Fowl was still (after all these years and improvements) permitted to do."[137] Insgesamt stand der Abend unter einer thematischen Leitidee, die den fruchtbaren Zusammenhang zwischen der Förderung „höherer" Kunst an der Akademie in Rom und den nationalpatriotischen Idealen postulierte – ein Zusammenhang, der in den Konzepten der Kunstförderung und akademischer Kunstausbildung allgegenwärtig war.[138]

Die *American Academy* auf dem Gianicolo

Da die private Finanzierung der Akademie vielversprechend anzulaufen schien, stimmten die Kongreßabgeordneten am 5. März 1905 der Anfrage, die Akademie zum Nationalen Institut zu erklären, zu.[139] Als im Juli 1905 auch Henry C. Frick in den Kreis der Stifter trat, wurde auch die internationale Presse auf die Entstehung der Amerikanischen Akademie aufmerksam. In der Pariser Ausgabe des New York Herald vom 10. Juli 1905 erschien der kurze Hinweis:

> „Mr. Frick gives $ 100 000.
> Contribution to found of American Academy of Arts in Rome - $ 400 000 Now in Sight.
> New York Sunday. – It is just announced that Mr. H. C. Frick has given $ 100 000 to the American Academy of Arts in Rome. This makes $ 400 000 of the million dollar fund required."[140]

Zu diesem Zeitpunkt wurden die amerikanischen Bemühungen auch vom Deutschen Auswärtigen Amt, das über die Deutsche Botschaft in Rom informiert wurde mit Interesse wahrgenommen und der Kaiserliche Botschafter Graf Monts um weitere Informationen gebeten. Im Archiv des Auswärtigen Amtes befindet sich nicht nur der zitierte Zeitungsartikel, sondern ebenfalls ein Brief vom Botschafter aus demselben Sommer, in dem er den Stand der amerikanischen Planungen nach Berlin referierte.[141]

Als 1906 die Villa Mirafiori gekauft und renoviert wurde, ergab sich jedoch ein weitaus verlockenderes Angebot für die Amerikaner. Die Majorswitwe Clara Jessup Heyland wollte ebenfalls eine der 100 000 $-Stifterinnen werden und bot an, ihre eigene Villa, die Villa Aurelia auf dem Gianicolo, eine der höchstgelegenen Residenzen Roms, statt für 500 000 $ für nur 400 000 $ der Akademie zu verkaufen.[142] Ebenfalls 1906 versprach John D. Rockefeller Jr. 100 000 $, unter der Bedingung, daß das angestrebte Stiftungskapital von einer Million Dollar innerhalb des Aprils 1907 erreicht würde. 1908 spendeten die Rockefeller und Carnegie Foundations jeweils die vereinbarte Summe. John Pierpont Morgan und sein Sohn vervollständigten die Million 1908. Ein Jahr darauf starb Clara Jessup Heyland und vermachte ihre Villa samt 100 000 $ zwecks Instandsetzung der Akademie.

Inzwischen hatte auch Pierpont Morgan, der im Sommer 1906 nach Rom kam und die Villa Aurelia auf dem Gianicolo sah, festgestellt, daß die Hügelspitze der peripher gelegenen Villa Mirafiori vorzuziehen sei und sich entschlossen, weitere dort zum Verkauf angebotene Grundstücke aus seinen privaten Mitteln zu reservieren. Auch wenn die Villa Aurelia noch nicht im Besitz der *Academy* war,

---

137 Zitiert nach STROUSE 1999, S. 500.
138 Vgl. KAPITEL I. 2.
139 Vgl. STROUSE 1999, S. 498/99.
140 Vgl. BArch, R 901 Auswärtiges Amt, 38043, Akten betreffend die Begründung von Kunstakademien in Rom Aug. 1886–Aug. 1907, Blatt 55.
141 Vgl. das Briefzitat in KAPITEL IV. 3.
142 Mrs. Heyland kaufte die Villa Aurelia, gebaut von Kardinal Gerolamo Farnese 1650, später im Besitz der Girauds und des Conte Savorelli, 1881, als sie noch teilweise von den Bombardements der Französischen Artillerie, die in der Villa Doria Pamphili 1849 stationiert war, in Ruinen lag. Mrs. Heyland restaurierte die Villa Aurelia mit Hilfe eines englischen Architekten, vgl. LE VILLE A ROMA 1994, s. v. Villa Aurelia.

Abb. 16: Villa Aurelia nach der Restaurierung von Mrs. Heyland, mit Beschriftung: Academy of France

beschloß Morgan durch Landankäufe gegenüber der Villa die Möglichkeit einer späteren Ansiedlung samt Neubau auf dem Gianicolo vorzubereiten. Er kaufte in den folgenden Jahren die angrenzenden Villen Chiaraviglio und Bellacci sowie das Grundstück südlich von ihnen und versuchte ebenfalls, den Garten der Torlonia rückseitig der Fontana Acqua Paola zu erstehen.[143]

Der Gianicolo war höher als der Pincio, der Hügel der französischen Akademie Villa Medici, was Spekulationen zu Folge auch ausschlaggebend für Morgan gewesen war, den Kauf zu tätigen.[144] Diese Spekulationen ließen sich durch ein Archivfoto der Villa Aurelia bekräftigen, auf das ein Pfeil gezeichnet wurde, der den Höhenunterschied deutlich anzeigt (Abb. 16).

Hinsichtlich Morgans Beweggründen ist auch anzunehmen, daß sein Engagement für die *American Academy* in Rom von ähnlichen Vorstellungen begleitet war wie auch seine Sammlertätigkeit. Morgans Schwiegersohn und erster Biograph ging davon aus, daß der Millionär hoffte, die Kunstwerke und Geschichtszeugnisse, die er sein Leben lang zusammentrug, regten in Amerika die wissenschaftliche Erforschung und Kenntnis vergangener Epochen an und reservierten dem „geschichtslosen" Land einen Platz auf der Ehrenliste der Kulturnationen:

„As Mr. Morgan sat among these ageless examples of the culture of past centuries, he must have thought [...] of the artists, authors, and students of future years who would be helped by them to create cultural standards that would give America a place of honour in the world of art and letters."[145]

Morgans Zeitgenossen sahen seine besonderen, als strategisch bezeichneten Qualitäten nicht nur in seinen wirtschaftlichen Aktivitäten, sondern auch in seiner Sammlertätigkeit und der Finanzierung kultureller Projekte.[146] Morgans Kunstliebe wurde mehr Verdienst um das Land zuerkannt als seinen wirtschaftlichen Erfolgen, da Amerika erst mit der Anerkennung, eine Kulturnation zu sein,

---

143 VALENTINE 1973, S. 58. Im Mai 1912 verhandelte Morgan um den Ankauf der Torloniagärten und der Villa Bellacci, vgl. Gorham Phillips Stevens' Tagebuch, in: ANHANG Diary, 23. Mai 1912.
144 Vgl. VALENTINE 1973, S. 39.
145 SATTERLEE 1939, S. 565.

146 Vgl. Neil Harris, Collective Possession. John Pierpont Morgan and the American Imagination, in: Ausst.-Kat. John Pierpont Morgan, Collector. European Decorative Arts from the Wadsworth Atheneum, hrsg. von Linda Horwitz Roth, Hartford – New York 1987, S. 43–57. Vgl. auch Francis Henry Taylor, Pierpont Morgan as collector and patron 1837–1913, New York 1970.

Abb. 17: John Pierpont Morgan 1837–1913

mit den anderen Nationen vergleichbar würde: Daher habe es bisher keinen größeren und wertvolleren Einsatz für das Wohlergehen der Nation in modernen Zeiten gegeben als jenen Morgans. Die Schätze seiner Sammlung „will do more to put the old world and the new upon an equality than all the trade balances that ever were written or even can be written."[147] Da die kulturelle Leistung eines Volkes und seine behauptete zivilisatorische Überlegenheit zur damaligen Zeit auch imperialistische Ansprüche wie Expansion und Macht rechtfertigen konnten,[148] verwundert es weniger, daß Morgan in der zeitgenössischen politischen Rhetorik außer mit den Kunstmäzenen der Renaissance auch mit großen Feldherren wie Napoleon, Caesar und Bismarck verglichen wurde.[149] Bei der Gründung der *Academy* in Rom, die er wie McKim zu seiner Herzenssache erklärte, sollte Pierpont Morgan eine wichtige und durch seine impulsiven Entscheidungen, wie beispielsweise die Kuppe des Gianicolo für den Campus der *American Academy* zu kaufen, tatsächlich strategische Rolle einnehmen. So riet Morgan, der schon seit längerer Zeit auch die *School of Classical Studies* in Rom unterstützte, den Künstlern und Wissenschaftlern, sich wieder zu einer Einrichtung zu vereinigen, um sich nicht gegenseitig die Mittel streitig zu machen. Er versprach, einen Neubau zu finanzieren, in dem beide Schulen Platz finden sollten.[150]

In einem Brief, den Mead an Millet am 1. Mai 1911 schrieb, wird jedoch auch deutlich, wie sehr Morgan von nun an bei der Realisierung der Akademie trotz des Zögerns der anderen Beteiligten seine Vorstellungen durchsetzte.

„He proposed to put all the students on the big new piece opposite the triangle including studios, living apartments, kitchens, etc. Having no students on the Aurelia site – but setting up a king there as a Director, with the library and exhibition hall, and the gardens kept up apparently for the entertainment of the American colony and visiting Americans – all rot from my point of view." [151]

147 New York American, 21. April 1913 und New York Mail, 2. April 1913, zitiert nach HARRIS 1987, S. 54.
148 Vgl. KAPITEL I. 2. 5.
149 Pierpont Morgan wurde meistens mit Lorenzo di Medici verglichen, vgl. TAYLOR 1970, S. 3.
150 Vgl. Russel Lynes, Prospettive, in: Ausst.-Kat. Artisti di quattro Accademie straniere, S. 89.
151 Zitiert nach VALENTINE 1973, S. 59.

Nicht nur die Residenz eines hofhaltenden, als „King" bezeichneten Direktors befürchteten Mead und Millet oder eine Einrichtung, die den Unterhaltungsbedürfnissen der amerikanischen Kolonie in Rom nachkam, sondern auch, daß Morgans Ankäufe die Akademie finanziell zu sehr belasten würden. Tatsächlich waren Morgans Pläne nur mit dem Kapital eines Magnaten wie ihm selbst zu tragen.

4. Der Neubau der Akademie der Firma McKim, Mead & White

Bau im Wettstreit

Pierpont Morgan schuf sich durch seine immer auch rückgängig zu machenden, finanziellen Zusagen eine bestimmende Position im Vorstand der *Academy* und drängte zum Neubau. Die *Trustees* befürchteten seinen Tod und den Rückzug der von ihm versprochenen Gelder durch die Erben. Trotz keineswegs längerfristig gesicherter Finanzierung entwarf die Firma McKim, Mead & White dennoch einen Plan für den Neubau. Für die Baubetreuung des einzigen außerhalb von Amerika errichteten Gebäudes der Firma schien vor allem William Mitchell Kendall zuständig gewesen zu sein, der seit 1882 in der Firma tätig und seit 1906 Partner von McKim, Mead & White war.[152]

William R. Mead, der McKim nach dessen Tod 1909 als Präsident des Vorstandsrats der Akademie gefolgt war, legte 1911 die Pläne, die ein Bauvorhaben mit einem Kostenvolumen von 250 000 $ umfaßten, Morgan vor, der nach einigem Zögern seine finanzielle Unterstützung zusagte. Im Februar 1911 wurden die Grundstücke auf dem Gianicolo, die Morgan reserviert hielt, auf die Akademie überschrieben und im März 1912 die ersten Baupläne von der römischen Bauaufsicht genehmigt (Abb. 20 und 21). Morgan kam im gleichen Monat nach Rom, um sich mit Mead über die Baupläne zu verständigen und seine zweite Privataudienz bei König Vittorio Emanuele III. im Quirinal zu absolvieren.[153]

Mittlerweile suchten die *Trustees* einen Vizedirektor, der den Neubau, den Umzug der Akademie und die Vereinigung der beiden Institute betreuen könnte. Die Wahl fiel auf Gorham Phillips Stevens, einen Architekten, der seit 1902 bei der Firma McKim, Mead & White tätig war.[154] Mit der Bauausführung wurde der römische Ingenieur F. Galassi betraut, der gemeinsam mit Mead mit der römischen Bauaufsicht verhandelte.[155] Am 4. Juli 1912, nach Erteilung der zweiten Baugenehmigung,

---

152 Zu William Mitchell Kendall vgl. Anm. 85; Leland M. Roth, McKim, Mead & White, Architects, New York 1983, 7. Kapitel, The Next Generation 1910–1919 und YEGÜL 1991, S. 36. Kendall wird auch von Stevens erwähnt, vgl. ANHANG Diary, 25. Juni 1912; 9. August 1912; 14.–26. September; 29. Mai und 28. Juni 1913.

153 Vgl. SATTERLEE 1939, S. 547.

154 Gorham Phillips Stevens studierte am Massachusetts *Institute of Technology* und in Paris an der *École des Beaux-Arts* Architektur. Als Angestellter der Firma McKim, Mead & White wurde ihm die Möglichkeit gegeben, in Europa zu studieren. Von 1903 bis 1905 kam er als erster Architekturstipendiat an die *American School of Classical Studies* in Athen. Nach weiteren Jahren im Büro McKim, Mead & White kam es zu der Berufung nach Rom. 1913, während der Abwesenheit Jesse Benedict Carters, wurde er stellvertretender Direktor der *Academy* und nach dessen Tod 1917 regulärer Direktor bis 1932. In dieser Zeit profilierte er sich als Architekturhistoriker und war 1927 an der Restaurierung des Erechtheions in Athen beteiligt. 1932 kehrte Stevens nach Griechenland zurück, um seine Antikenstudien fortzusetzen. 1939–47 war er Direktor des Athener *American School of Classical Studies* und von 1947 bis 1963 Ehrenarchitekt des Instituts in Athen, wo er 1963 starb. Stevens' offizielle Korrespondenz seiner römischen Jahre an der *Academy* (1914–34) befindet sich in: Archives of American Art, Smithsonian Institution, Washington, D. C.

155 Galassi kümmerte sich 1923 auch um den Umbau der *British School*, vgl. ACR Ispettorato Edilizio, Valle Giulia, Scuole Inglese, Prot. 9765/1923.

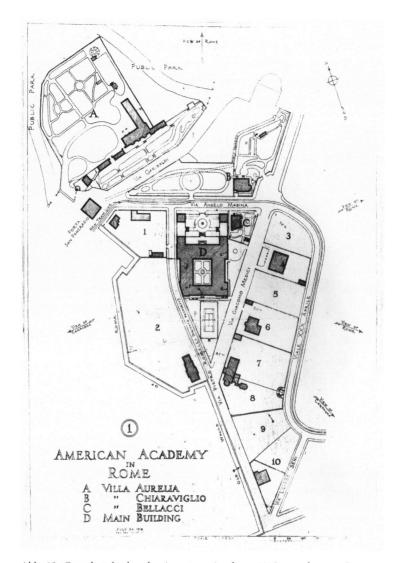

Abb. 18: Grundstücksplan der American Academy 1918, mit den von Pierpont Morgan finanzierten Grundstücken B, C und D

Abb. 19: Aushub der Baugrube für die American Academy in Rom, August 1912

wurde durch Mr. Wheeler von der amerikanischen Botschaft und unter Anwesenheit von Morgan[156] der erste Spatenstich vorgenommen.[157] Ostern 1913 verbrachte Morgan ebenfalls in Rom und noch zwei Tage vor seinem Tod am 31. März kaufte er die an die *Academy* angrenzende Villa Bellacci (heute als Direktorenwohnung genutzt) und weitere benachbarte Grundstücke (Abb. 18).[158]

Der Bauablauf des Neubaus ist uns durch das Tagebuch Stevens genauestens überliefert. Es liefert nicht nur die Bauchronologie und detaillierte Hinweise zu Autorschaft und Genese einzelner Bauelemente, es enthält den ebenso wichtigen Hinweis, daß Stevens, als Architekt des Akademieneubaus und als stellvertretender Direktor der Amerikanischen Akademie, mit den Direktoren der zeitgleich im Bau befindlichen Akademien der Deutschen und der Engländer in engem Kontakt stand und sich mit ihnen über die Bauten austauschte: Am 27. Juli 1913 trafen sich Stevens und Zürcher, der Architekt und Direktor der deutschen Akademie, zum ersten Mal zum Tee.[159] Etwa einen Monat später lud Stevens Zürcher ein, den Neubau der Amerikanischen Akademie zu besichtigen. Beide Baustellen waren in der Endphase, in der es um Fragen der Ausstattung und Gestaltung des Bauschmuckes ging. Die Architekten stellten Vergleiche bezüglich der Baukosten an und konstatierten befriedigt eine Übereinstimmung: Beide Bauten kosteten 20 Lire pro Kubikmeter. Am 3. Oktober kam Zürcher ein weiteres Mal, um den Neubau auf dem Gianicolo zu besichtigen. Am 23. Oktober folgte der Gegenbesuch, und Stevens bat Zürcher hinsichtlich einer Entkalkungsmethode des Wassers aus dem römischen Aquädukt Acqua Marcia um Rat, als er mit ihm die Villa Massimo besichtigte.[160] Es scheint sich also ein reger Arbeitsaustausch ergeben zu haben, wenn nicht Freundschaft, denn sie trafen sich weitere Male zum Tee oder zum Abendessen in der Deutschen Akademie.[161] Auch die Englische Akademie wurde von Stevens besichtigt. In der Folge notierte er in sein Tagebuch, daß die Engländer mehr als das doppelte pro Kubikmeter ausgäben.[162] Im März erfolgte der Gegenbesuch des Direktors der englischen Akademie, Sir Thomas Ashby, gemeinsam mit dem Architekten der *British School* zur Besichtigung des amerikanischen Neubaus. Ein weiterer Tagebucheintrag Stevens, in dem er den Kostenvergleich wiederholte, zeugt davon, daß ihn der Unterschied beeindruckte.[163] Im April sahen sich die Direktoren aller drei Akademien, Ashby, Zürcher und Jesse Benedict Carter, zum Dinner im Hause Stevens.[164] Ebenso bestanden Kontakte zwischen Stevens und Stipendiaten der Französischen Akademie, wie Charles Louis Boussoi, und dem Direktor der spanischen Akademie José Benlliure.[165]

Von diesen Begegnungen profitierten sicher alle Beteiligten. Die Architekten tauschten nicht nur ihre Lösungen für die Akademiebauten aus, sondern, da sie an den Akademien auch leitende Positionen ausübten, auch die Studienregeln und Abläufe des Rompreisverfahrens. Ein anderer Aspekt des Austausches war aber auch der ehrgeizige Vergleich der Projekte, da kein Land hinter dem anderen, sowohl was die repräsentativen Aspekte des Akademiegebäudes, als auch was das Renommee des Rompreises betraf, zurückstehen wollte.[166]

---

156 Vgl. SATTERLEE 1939, S. 549.
157 Vgl. ANHANG Diary, 4. Juli 1912.
158 Vgl. VALENTINE 1973, S. 64 und SATTERLEE, 1939, S. 579/80.
159 Vgl. ANHANG Diary, 27. Juli 1913.
160 Vgl. ANHANG Diary, 23. Oktober 1913: „we saw the German Academy together looking at the method of presiphoning alkali from acqua marcia".
161 Vgl. ANHANG Diary, 2. Januar, 10. Juli und 26. August 1914.

162 Vgl. ANHANG Diary, 3. Februar 1914.
163 Vgl. ANHANG Diary, 25. März 1914.
164 Vgl. ANHANG Diary, 14. April 1914.
165 Vgl. ANHANG Diary, 22. Dezember 1911.
166 Vgl. die Bemerkungen Zürchers und Arnholds über die Ateliergröße der anderen Akademien und die von den amerikanischen Konzepten beeinflußten Rompreisregelungen der Briten, KAPITEL IV. 4. und III. 3.

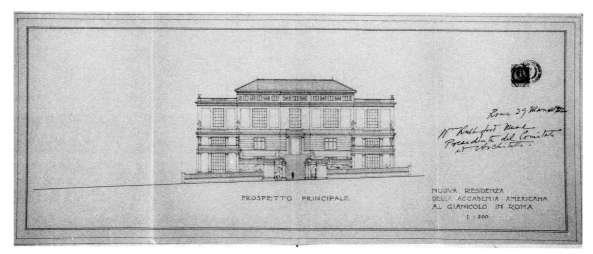

Abb. 20: American Academy, Hauptansicht, Planungsstand März 1912

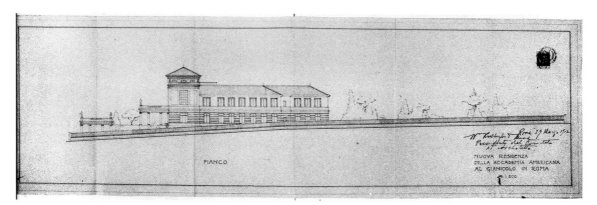

Abb. 21: American Academy, Seitenansicht, Planungsstand März 1912

Eine italo-amerikanische Fassade

Wie sich an den zwei Planwechseln, den Bauplänen vom 29. März, denjenigen vom 2. Juli und denen der endgültigen Ausführung ablesen läßt, änderte sich der Entwurf vor allem hinsichtlich der Details der Fassadengestaltung der Hauptansicht, während Bauvolumina und Grundrißdisposition nur geringfügig variiert wurden. Zunächst zeigen die Entwurfstadien grundsätzliche Übereinstimmungen: ein vierflügeliges Gebäude, das sich, dem römischen Palastschema folgend, um einen Innenhof legt. Zwischen der Straße und dem Gebäude liegt ein italienischer Garten, mit zentralem Brunnenbassin. Der vertiefte Grund wird von vier, durch Terrassen verbundene Einzelpavillons flankiert. Scheinen die Pavillons in der Frontalansicht der Fassade anzugehören, geben sie sich in einem anderen Winkel jedoch deutlich als kubische Ecktürme zu erkennen, die die Eingangssituation beherrschen und feierlich inszenieren. Nach dem Durchschreiten des Vorhofes steigt man über verschiedene Treppen auf die Vorterrasse, dann auf das Vestibül und schließlich in den von Pfeilerarkaden umlaufenen Innenhof. Rückwärtig liegt der große, leicht zur Aurelianischen Stadtmauer hin ansteigende Landschaftsgarten.

Im ersten Stock des Vorderflügels sind die Malerateliers, während die Bildhauerateliers in den Pavillons untergebracht sind. Die Schaufront, bzw. der Ateliertrakt ist nicht nur um ein Stockwerk höher,

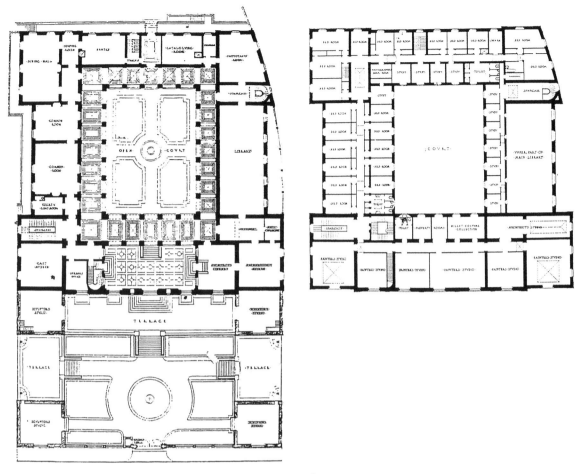

Abb. 22: American Academy, Grundriß, Erdgeschoß und erster Stock

Abb. 23: American Academy, Hauptansicht, Planungsstand Juli 1912

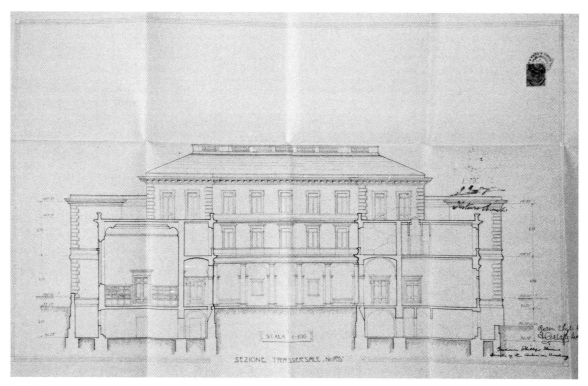

Abb. 24: American Academy, Schnitt, nach Norden, Planungsstand Juli 1912

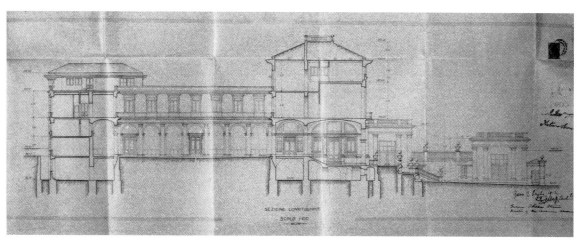

Abb. 25: American Academy, Längsschnitt, Planungsstand Juli 1912

Abb. 26: Amercian Academy 1914

Abb. 27: American Academy 1914

sondern auch breiter als der nach hinten anschließende Gebäudeteil, in dem vor allem, außer der Bibliothek, viele kleine Schlafzimmer und Studienzimmer vorgesehen waren (Abb. 22 und 25). Die unterschiedliche Höhe ließe sich zunächst aus dem Raumbedarf erklären. Im Vorderflügel waren große, nach Norden ausgerichtete Ateliers unterzubringen, während an die hinteren Flügel diese Anforderungen an Beleuchtung und Größe nicht gestellt waren. Da sich ähnliches, nämlich große Schaufronten zu relativ kleinen Bauten, jedoch auch bei den beiden anderen, zeitgleich entstandenen Akademien der Deutschen und Engländer beobachten läßt, bei denen diese Disposition keinen funktionalen Grund hatte, scheint die Verteilung der Höhen nicht nur im Raumbedarf begründet gewesen zu sein, sondern damit zusammenzuhängen, daß der Fassade eine repräsentative Hauptfunktion zukam, indem sie das Gebäude größer erscheinen ließ.[167]

Das Erdgeschoß der ausgeführten Schauseite schließt eine durchlaufende Balustrade ab, die ebenfalls die Pavillons bekrönt und sie motivisch an die Hauptfassade anschließt. Der Piano Nobile und das Mezzaningeschoß, welches von ersterem nur durch ein schmales Gesimsband unterschieden ist, werden von einer kolossalen Pilasterordnung aus Travertin zusammengefaßt, die der Wand vorgelegt ist, wie auch die anderen Gliederungselemente aus Travertin, wie Gesimse und Fensterrahmungen, kontrastreich auf den Putz gesetzt sind. Den oberen Abschluß bildet ein klassisch-römisches Kranzgesims. Die rustizierten dorischen Pilaster, die die Rundbogenöffnungen der Pavillons flankieren und ihre Ecken betonen, werden an den Seiten des Piano Nobile der Hauptfassade als Eckversteifung wiederholt. Das Erdgeschoß, wie auch die Pavillons, ist in abwechselnd schmalen und breiten, durchlaufenden Travertinlagen rustiziert. Dieser Lagenwechsel, wie auch die strahlenförmige Weiterführung der Bossen in den Fensterbogen hinein und das Durchlaufen der Lagen, könnten von verschiedenen römischen Stadtpalästen des frühen Cinquecento, wie dem Palazzo di Jacopo da Brescia, dem Palazzo Caffarelli-Vidoni, dem Palazzo Caprini oder dem Palazzetto Regis ai Baullari inspiriert sein. Das Sockelgeschoß wird von großen rundbogigen Öffnungen durchbrochen, in deren Achse im Piano Nobile große rechteckige und waagerecht verdachte Fenster folgen. Insgesamt ist die Ornamentik zurückhaltend eingesetzt. Die Kolossalpilaster tragen korinthisierende Kapitelle. Eine einfache Balustrade läuft um die Terrassen, um die seitlichen wie zentralen Freitreppen und ähnelt in ihrer Eleganz ebenfalls der Balustrade des Palazzo Caffarelli-Vidoni. Wenngleich die Einzelformen schlicht sind und sparsam eingesetzt wurden, wirkt ihre Materialität. In der Frontansicht überwiegt die Travertininkrustierung, und ihr helles Weiß strahlt blendend und feierlich. Im Innern nimmt dieser Reichtum der Ausstattung allerdings schnell ab, und im Innenhof wird der Travertin durch Putz imitiert.[168]

Kehrt man zu den ersten, nicht befolgten, in Amerika angefertigten Entwürfen der Fassade zurück, lassen sich vor allem stilistische Änderungen in der Baudekoration ablesen, an denen der Ort, an dem der Neubau entstehen sollte, vielleicht nicht ganz unbeteiligt war: Die Riesenhaftigkeit der Sprossenfenster aus Glas, wie sie der erste Entwurf vom März 1912 (Abb. 20) vorsah, die an Verglasungen Elisabethanischer Schlösser erinnert, wurde gemindert, indem die Anzahl von zunächst drei auf fünf Fenster erhöht wurde. Der zwischenzeitlich geplante (Abb. 23), festlich dreibogige Renaissanceportikus als Eingangsportal, mit Säulenordnung, dorischem Triglyphenfries und dem Balkon wurde ebenfalls wieder aufgegeben. Insgesamt läßt sich eine zunehmende Italienisierung des architektonischen Vokabulars festhalten. Aus dem zunächst noch von der Herkunft her nördlich anzusiedelnden Landhaus wurde immer mehr eine römische Stadtvilla. Die leicht barocken Schmuckdetails der Zwischenentwürfe, wie die Festonreliefs im Mezzanin und die aufgesockelten Figuren und

---

167 Vgl. die Situation bei der Deutschen und der Britischen Akademie, KAPITEL III. 3., IV. 4. und KAPITEL VI. 3.

168 Vgl. KAPITEL VI. 3.

Vasen aus dem *Beaux-Arts* Formenschatz, wurden auf schlichtere Renaissanceornamentik reduziert. Die Kolossalpilaster vor der verputzten Fassade, die seitlichen Freitreppen, die mit den Pavillons den Vorhof wie einen Ehrenhof umschließen, erinnern entfernt an die Anlage des Senatorenpalastes auf dem Kapitol – eine Assoziation, die Detailvergleichen sicher nicht standhält, aber die die Forumsidee, die der Eingangssituation der Amerikanischen Akademie zugrunde liegt, im Ganzen gut vorstellt.

Aber auch wenn die einzelnen Elemente italienisiert wurden, läßt der Gesamteindruck doch auch an amerikanische, freilich neoklassizistische Vorbilder denken.[169] Die Pavillons erinnern neben der Villa Lante in Bagnaia auch an das alte Homewood in Baltimore – ein traditionell amerikanisches, gruppiertes Wohnhaus, das 1801 von Charles Caroll Jr. erbaut wurde, mit seitlichen Pavillons und großen Sprossenfenstern. Im Mitteltrakt der Vorderfassade der *American Academy* ließe sich auch eine Referenz an den Zentralrisalit des *Pennsylvania Hospital* in Philadelphia von 1804 sehen.[170]

Römische Details

Aus Stevens Tagebuch geht auch der große Anteil seiner selbst an der Gestaltung der Schmuckdetails des Gebäudes und des Interieurs hervor.[171] Die Entwürfe für die architektonischen Kleinformen wurden von Stevens gemeinsam mit den Stipendiaten der *Academy* anhand vor Ort, in Rom, studierter Vorbilder entwickelt. Die Stipendiaten setzten damit die von der *Academy* entwickelte Methodik der Architektenausbildung praktisch am Neubau um.

Für die Planung des Wandaufbaus im Innenhof der *Academy* besichtigte Stevens römische Innenhöfe, insbesondere die des späten Cinquecento, wie den Cortile der Sapienza und den des Palazzo Altemps,[172] von denen vor allem ersterer, der der alten römischen Universität, Modell für die Gestaltung der Pfeilerarkaden des Akademieneubaus gewesen zu sein scheint.[173]

Als der Rohbau im Sommer 1913 fast fertig überdacht war, beschäftigte sich Stevens mit der Gestaltung weiterer Details: Für die anzufertigenden Regale der Bibliothek nahm er die Maße der Bücherschränke der Vatikanischen Bibliothek auf.[174] Er überarbeitete die Modelle der Balustrade, der Kapitelle und des Kranzgesimses und entwarf die vordere Einzäunung, wofür er sich an Trenngittern römischer Kirchen inspirierte.[175] Zusammen mit dem Architekturstipendiaten George Koyl entwickelte Stevens

---

169 1911 wurde der amerikanische Pavillon auf der römischen Jubiläumsausstellung von John M. Carrère und Thomas Hastings, beide ehemalige Mitarbeiter bei McKim, Mead & White, gebaut. Er erntete ein zwiespältiges Echo, das auch durch den Anspruch an nationale Architektursprachen gekennzeichnet war und den Pavillon als zu provinziell kritisierte, vgl. Sarah J. Moore, Defining Nationalism in the Valle Giulia. American and British Pavilions of Art at the International Exposition of Fine Arts in Rome, 1911, in: Spellbound by Rome. The Anglo-American Community in Rome 1890–1914 and the Founding of the Keats-Shelley House, hrsg. von Christina Huemer, Rom 2005, S. 121–26.

170 Vgl. Werner Hegemann, Amerikanische Architektur und Stadtbaukunst. Ein Überblick über den heutigen Stand der amerikanischen Baukunst in ihrer Beziehung zum Städtebau, Berlin 1925, S. 99 und S. 103.

171 Auch Eugénie Strong, Assistant Director der British School von 1909 bis 1927, die Stevens sicher kannte, überliefert den großen Anteil Stevens am Neubau. Vgl. STRONG 1928, 1, S. 724.

172 Vgl. ANHANG Diary, 23. April 1912.

173 Vgl. die lange Tradition der Sapienzarezeption in der Akademiearchitektur in: KAPITEL I. 3. 2.

174 Vgl. ANHANG Diary, 31. Mai 1913. Die Zeichnungen der Stühle und Tische kamen allerdings aus Amerika, i. e. aus der Firma McKim, Mead & White, vgl. ANHANG Diary 25. Juni 1913.

175 Vgl. ANHANG Diary, 10. Mai, 14. Februar und 9., 11. Juni, 16. Juli 1913. Der Zaun zur Straße hin wird von einem Kunstschmied namens Franci in Siena für 8500 Lire nach einem Entwurf Stevens und Kendalls angefertigt, vgl. ANHANG Diary, 9. Dezember 1913.

Abb. 28: American Academy, Innenhof

die Farbgebung der Innenräume.[176] Mit Koyl und Kenneth E. Carpenter, einem weiteren Stipendiaten, ging er in den Vatikanischen Gärten, um den Bodenbelag des Casinos Pius IV. zu studieren.[177] Im September begann Stevens das Wappen über dem zentralen Eingang zu konzipieren – ein Januskopfrelief als Symbol des Blicks in die Vergangenheit und Zukunft – und beauftragte den Bildhauer Harry Thrasher, ebenfalls Stipendiat, mit dessen Ausführung.[178]

Im April 1914 wurden die Gartengestaltung und die Bodenbeläge von Stevens entworfen.[179] Gemeinsam mit dem Archäologen W. A. Van Buren wählte er Spolien aus, die die Wände im Umgang des Innenhofes, ähnlich denjenigen der Villa Medici, schmücken sollten. Um zu sehen, wie sich die Spolien ornamental assemblieren ließen, besuchte Stevens die französische Akademie und sah sich dort auch gleich die Befestigung der Fahnenstange an, von der die Trikolore weit sichtbar über der Stadt wehte.[180] Als sich im Sommer 1914 die Kriegsgerüchte verdichteten, wurde zum Bauabschluß

176 Vgl. ANHANG Diary, 21. Juli 1913 und 5. August 1913.
177 Vgl. ANHANG Diary, 8. August 1913. Daraus erwuchs zwar ein Artikel von Koyl (vgl. ANHANG Diary, 23. August), aber in der *Academy* läßt sich keine Rezeption des Bodenbelages feststellen. Der Boden des Hofes wurde im Fischgrätmuster mit Ziegeln gepflastert.
178 Vgl. ANHANG Diary, 24. und 29. Dezember 1913, 23. und 24. Januar 1914, das Profil des Januskopfes soll H. Thrasher noch einmal machen, vgl. ANHANG Diary, 28. Januar 1913.
179 Vgl. ANHANG Diary, 22. und 23. April 1914.
180 Er arbeitet über Monate an der Aufteilung und Ordnung der Fragmente. Vgl. ANHANG Diary, 1., 28. und 29. Juli; 1., 6., 7. und 13. August und 1. September 1914. Vgl. KAPITEL I. 1., Abb. 11.

Abb. 29: Emblem der American Academy. Steinrelief des Janus, Zeichen für die Gegenwart des Anfangs und des Endes aller Dinge

Abb. 30: American Academy, Innenhof, nach 1921

gedrängt und der Umzug von der Villa Mirafiori auf den Gianicolo in Angriff genommen. Gegen Ende September war es soweit. Am 19. September wurde das Wappen an der Fassade angebracht und am Tag darauf die italienische und amerikanische Flagge auf dem neuen Gebäude gehißt.[181]

5. Anhang Amerikanische Akademie

Auszug aus Gorham Phillips Stevens Diary

1911	dec 22	Found Boussoi [Charles Louis] at the French Academy. Met the director of the Spanish Academy who said I was „giovane"
1912	jan 26	Called on Director of Spanish Academy M. Benlliure
	mar 24	Working on drawings of new Aurelia Buildings
	mar 25	staked out new building.
	mar 28	Sent Mr. Morgan photographs of recent work
	mar 29	Mr. Mead & Mr. Millet went to see Morgan. We are to go ahead with working drawings. Sent Morgan a drawing of the property on gianicolo
	mar 30	Mr. Mead & Galassi went to building dept.
	april 8	Mr. Millet left Rome for Paris and Titanic
	april 16	Titanic sank. Mr. Millet on Board. Telegraphed his N. Y. office – no answer. Had a cable gram from Met. Mus. of Art N. Y. C. asking if Mr. Millet was on board.
	april 18	No news from Mr. Millet
	april 19	All hope of Mr. Millet gone
	april 20	Galassi is restudying the Aurelia new building
	april 23	Went with Galassi to see Roman courtyard, the University and Altemps good.
	april 27	Visiting Villa Aurelia to examine paint. worked out a scheme for W. [...]
	april 29	Visiting Villa Aurelia to examine outside paint – very bad. Mr. Millet's body found.
	may 1	Worked with Koyl all day on perspectives of new Academy buildings.
	may 2	Sent latest plans & perspectives of new Academy building off to Mr. Mead

---

181 Vgl. ANHANG Diary, 19. und 20. September 1914.

	may 17	La Farge wants me to take an active part on the Paris Jury for the Academy competitions
	may 23	Conference with Carter and del Frate about the Torlonia Property. Morgan's offer of $ 70 000 refused: $ 100 000 wanted. We decided to try to buy the Bellacci property and Torlonia. The former having gone down and the latter up. 600 000 frs [?] for both, we would propose to offer. Bellacci is willing to sell for about 175 000 frs.
	may 24	Mr. Carter showed me a letter from Mr. Mead and from Mr. Boring asking him if he wants to accept the position of Chief administrator of the academy.
	may 26	Galassi informed me that of the two plans submitted to the art commission the earlier one rejected by Gianicolo Land co. was accepted by the art commission.
	may 29	Plans of Gianicolo passed art commission
	june 10	telegram from Mr. Mead telling us to go ahead with the new buildings on the Gianicolo. I informed Galassi of this.
	june 11	Cav. Schmucker [?] called about buying Villa Mirafiori
	june 14	Met Galassi about new buildings und Mrs Ireland's house. She wants sizes of all rooms
	june 17	conference with del Frate, Carter, Galassi on form of contract for New building. 5 contractors are to have the contract on 22 of this month and contractor's bibs are to be opened on July 1st. Carter left for Paris.
	june 25	Fixing Mrs. Ireland's sketches – Mr. Kendall's sketch of new building on Gianicolo arrived
	june 27	sent off Mrs. Ireland's letter and finished drawings Galassi is to print them and send them on Conte Mariani's contract
	july 4	Contract signed with Vicenzo Ranieri Via Labicana 77 Roma. Ground broken by Mr. Wheeler of the American Embassy.
	july 6	Left plans of new building with Galassi – giving him some changes
	aug 9	Received Lauris telegram that Mr. Kendall's studies of new buildings on Gianicolo have arrived.
	aug 12	visited new building on Gianicolo and dined with Galassi.
	aug 13	Worked at Galassi's. Visited Mrs. Irelands house
	aug 15	All day in new building
	aug 16	All day in new building
	aug 18	starting the ¼ scale details
	aug 19	starting the ¾ scale details
	sep 3	Getting data for report to Mr. Mead in New Building
	sep 4	Mr. Kendall is to be in Rome on the 16th of this month
	sep 6	Inking in plans and elevations
	sep 7	Sent Mr. Mead my report on New Building
	sep 15	Working on pavement plan
	sep 16	Mr. Kendall arrived 7 a. m.
	sep 18	Studying material with Mr. Kendall
	sep 21	Mr. Kendall does not seem to be well – over worked
	sep 22	(sunday) Work all day
	sep 24	Took Mr. Kendall over the Villa Aurelia
	sep 26	Mr. Kendall left at 9.05 for Paris

Stevens arbeitet weiter am Neubau, ab und zu schickt er Zeichnungen an Mr. Mead nach New York

	nov 6	Gave Carter the photos of the New Building
	nov 11	finished library drawing – Carter left for America
	nov 25	Mrs. J Pierpont Morgan visited the studios (Villa Mirafiori)
	dec 23	Galassi made a mistake of 27 000 Lire in the travertine work, new building, underestimated it
1913	jan 18	saw Villa Madama
	jan 27	went over heating plant for new building
	feb 12	Annual meeting of the trustees of the American Academy took place yesterday
	feb 14	Saw the model of the balustrade New Building
	feb 19	Report that Mr. J. P. Morgan is ill

feb 20	Asked Galassi to write a letter to Ranieri asking that work on New Building may stop when 500 000 lire expense is reached, if we wish to.
feb 24	Went to opening of salon. King was there. Ranieri gave me of letter stating that he would agree to stop all work after the roof was on
feb 25	Have been appointed director of the School of Fine Arts of the American Academy of Rome
march 5	Galassi wants me to give a lecture on the Municipal Building in addition to Erechteion
march 7	Went with Galassi to new building a workman was hurt by a falling steel beam
march 14	Morgan arrived in Rome yesterday
march 15	Carter's last lecture – on academies
march 22	Conferences with Carter and Galassi about letting interior contracts for the new building. Doors and windows let. Mr. Mead telegraphed to let these contracts
march 27	Made a lighting plan for new building
march 29	Worked on wood work of Library
march 30	finished wood work of Library

Stevens reist nach Paris, wo er LaFarge trifft und sich die Wettbewerbsbeiträge für das Scholarship der American Academy ansieht

april 3	Arrived Rome. Mr. Morgan died March 31 st. Polacek made a death bust of him.
april 4	Mr. Galassi has been ill. – no work all week. Ranieri wants 350 for carpenters scaffolding
april 8	working on wood work of library for new building
april 13	Wrote Farmer [?] about chairs and tables for the library
april 15	Lunched with Elys. Showing Mr. Ely the drawings of New Building. Took him over Villa Medici

Stevens zeigt verschiedenen Interessierten die Baupläne

april 29	Italian lecture begins society of italian engineers & architects
may 10	saw model of wooden cornice of new building
may 19	went with Mrs. Heyland to select two umbrella pine trees for the academy. Four are to be boxed
may 29	Mr. Kendall wants me to detail the front fence of New Building (by telegram) [...] Mrs. Abbott brought a lot of books for the School of Fine Arts.
may 31	Went with Galassi to cash Mrs. Heylands money – then to the popes library to study stacks. Then to factory of compressed tiles – New Building practically under roof.
june 1	The contractor Sig. Ranieri opened some champagne bottles. I made a speech. New building under cover except that in the four sculpture studios only the roof beams are in place and in the main roof about 1/2 the rear side has no tiles. No skylights are in.
june 4	Gave an Italian lecture on the Erechteion
june 5	took the correspondent of the "World" over the new building
june 7	Saw model of capital of new building – also model of skylights – we are to go ahead without changes in the plans
june 9	worked all day on front fence for new building
june 11	working on grille of new building
june 24	climbed over the new building. Took notes over construction of Temple of Mars Ultor
june 25	conference with Galassi and Ranieri. Selected doors upstairs. Skylights in architects studios in glass tiles. Gave Ranieri drawings from America for estimate of tables and chairs of library
june 30	Galassi has not yet [?] given Ranieri the contract for the library shelving. Went to the Bellacci Villa
july 1	had a conference with Galassi & Ranieri about the water supply for the new building. Acqua Paola to be used or not? Conference with students [?] about the cook
july 7	working on new building library
july 8	saw model for the outside pilaster caps of new building.
july 9	visited the new building, City refuses to send water to top of new building
july 10	took Dietsch to see new building. Settled the outside pilaster cap.
july 12	studied drawings of library for a model of same
july 16	looked up grilles of Roman Churches
july 17	finished scale details of fence & front grille

july 21	went about Rome with Koyl taking stucco color notes. Made a set of elevations & sections giving distribution of color for new building
july 25	Letter from Dörpfeld eight pages long, about Erechtheion
july 27	Took tea with Herr Zürcher the director of the German Academy
july 31	Galassi refused to be hurried on the new building
aug 1	Galassi is going to have another man to do some drawing on the new building. Carter says from Berlin to go ahead with the elevator Villa Aurelia.
aug 3	*regarding his position*
aug 4	Spent morning at new building finding many pieces of travertine with stucco à fuoco [?]

Galassi has a new man working for me on the iron work

aug 5	selected color of the new building selected with Koyle. Discarded certain stones with contractor and Galassi

Also stones with stucco in the future are to be sent back.

aug 8	Went with Galassi, del Aquila, Koyl and Carpenter to study the pavement of the casino del Papa. Vatican Gardens
aug 9	Am. Inst. of Architects wish to establish a prize for collaboration with the academy. – made a design for the fence of the rear of new building
aug 10	made a detail of rear fence for new building. Went about Rome looking at courts.
aug 14	my birthday. Went twice to the new building finally deciding to let the travertine of the entrance arch be put in place
aug 20	Prosperi did not have his model of the library ready
aug 21	Paid electric light bill. Galassi still away. Went to new Building. Saw elevator work at Villa Aurelia
aug 22	Made drawing of vaults in court of New Building
aug 23	sent off Koyls article on the pavement of the Villa Pia. Gave Galassi court drawings
aug 26	Invited Zürcher, Director of the German Academy, to go to see our new building – his building is costing the same as our – 20 lire cu. m. started F. S. [?] of N. B. stair rails
aug 27	sent Carter Mason certificates Villa Aurelia. Left Carpenter's shoes. selected trims N. B. groundfloor
aug 30	working up the brick pavement of the court of the new building
aug 31	went with Savage to see New building, about color
sep 1	working on stemma of new building
sep 2	took photographs of New building. Letter from Mead telling me to go ahead with my article for the Art & Progress & Brickbuilder. A Government lawyer called with a tax of 37 500 lire. Sent him to the villa Aurelia
sep 3	working on stemma for new building
sep 5	working on the trim of ground floor
sep 7	Austrian secretary to the Pope called with an architect to see Villa Mirafiori. The Austrians are starting an Academy in the Palazzo Venezia. Looked up slab of travertine – cut across the grain and with the grain. Made a drawing of rear door of new building
sep 8	working on library of new building
sep 9	finished stucco of library N. B.
sep 10	F. sized all the wood work of the Library of New building.
sep 11	Mr. Mead arrived. Took him over the New Building. Lunched at Villa Aurelia. Saw travertine construction.

Griechenlandreise

sep 23	Received letter from Rome – are from Galassi stopping work on N. B: told him to go ahead, with all stucco
oct 3	took Zürcher to New Building
oct 10	changing cornice of east front N. B.
oct 20	had a conference with Ranieri about the doors of the basement [?] New Building
oct 22	Started p...[?] on F. S. of stucco interior cornices

oct 23		Finished Elderkins's book. Mr. Galassi lunched here. We saw the German Academy together looking at the method of presiphoning alkali from acqua marcia
oct 24		looked over Mrs. Irelands house she is back – made a study of wooden doors for library New Building, A big box for Stahr arrived from Münic, terra cottas inside.
oct 25		went to new Building – found some travertine with stucco in it. Had a conference with J[ohnson?] & Galassi about the hospital
oct 27		Conference with Galassi, del Aquila & Ranieri about stone cutter's strike.
oct 28		went to villa at sette bagni with Ward
oct 31		Detailed F. S. trims of doors. Main floor also door of library – looked up Pine tree.
nov 2		went to Villa Blanc with tree man. Selected two umbrella Pine trees. 26 feet high for new building
nov 3		looked at fire places at San Giorgio. with Ellett for new building. Visiting meeting at 3 p. m. Mr. Page present – Ellett went over plaster cornices.
nov 4		Drew Mrs. Irelands check for stucco my shere 182.50 Pine tree man appeared at Galassi.
nov 5		Went to New Building twice, took photo of it
nov 8		Went with Ellett to see some old mantel pieces. Went on the Gianicolo to New Building
nov 10		Telegram come yesterday from Mr. Mead asking him if it was possible to move School of Fine Arts into Villa Chiaraviglio and Villa Bellacci. Ambassador Page wants to rent the Villa Mirafiori
nov 15		Work all day on F. S. D front grille for New Building
nov 18		conference with Galassi and Franci from Siena about iron grille for New Building –
nov 25		Went with Ellett to New Building
nov 28		Saw model of stemma also plaster cornice models for interiors and selected on type of fountain all for new building
nov 30		Drew out fountain for court of New Building
dec 2		Stuck a nail into my foot at S. Paul's church in scaffolding. Saw models of interior cornice approving all but 2
dec 6		Went with Thrasher & Ellett to see model of shield for new Building. N. B. with Ellett to see plaster cornices
dec 9		Franci is to do the grille for the new building for 8 500 lire. Approved model of stemma
dec 12		sent off Bistolf's photographs to Mr. Mead. Also photo's of fireplaces. New Building
dec 18		Went to New Building. Found that arches of vestibule were put in wrong
dec 19		Travertine of front studios put in „with the grain" – ordered change to across the grain.
dec 22		New building with Ellett and Thrasher to see stemma and other things
dec 23		Gave Galassi Carters wishes about estimates for […?] – Told Galassi about changes to balustrades N. B.
dec 24		Stemma send to Villa Mirafiori for Thrasher to work on. –
dec 26		Carter called here to go over furniture question – Decided that Villa Mirafiori and Villa Bonghi furniture will furnish the Villa Chiaraviglio o Villa Bellacci and all the servants' rooms in the New Building
dec 28		made furnishing estimate of New Building with Galassi $ 12 000
dec 29		started work with Thrasher on the stemma for the New Building – Thrasher has made a study of his own. –

Von den von Stevens mit den Stipendiaten unternommen Besichtigungen seien besonders herausgehoben: Römische Höfe, Sapienza, Palazzo Altemps, Caprarola, 2. Stock der Villa Farnesina

1914	jan 1	Got estimates for the finishing of New Building into shape [?] including furniture
	jan 2	tea Zürchers –
	jan 13	Siena to see models of front grille for N. B.
	jan 14	working on furniture plan of new building.
	jan 15	" " "
	jan 23	Stemma question coming up again.
	jan 24	Saw stemma in place for last time (model)
	jan 25	Worked on stemma drawings – and F. S. for library chairs
	jan 27	Ranieri came to Villa Mirafiori with photos of new building for annual meeting. He took drawing of chairs for library F. S.

jan 28	Saw stemma at del Aquila. Went to Galassi. Aquila Franci brought models of iron fence from Siena – woman o. k. owl to be redone. Profile of Janus head to be done by Thrasher. Franci to send back the photographs I left at Siena and an photograph of the side fence in front.
jan 30	Paid Ranieri between 15 & 16 thousand dollars – two last months work on new building. Started furniture with Galassi.
feb 2	Studied furniture for new building
feb 3	Saw Ashby's new Academy – he is paying more than twice as much as we are per cubic meter. Hunted furniture again.
feb 4	Hunted furniture
feb 9	Settled brick pavement of cortile of new building.
feb 19	Fixed bells and telephone N. B.
mar 6	Working up lighting fixtures for New Building
mar 13	Gave Ranieri colors for library walls. Studied Via Giulia
mar 18	Took Stahr and Winter to see samples of color for the library walls
mar 23	New Building in p. m. with Winter & Stahr, color of library walls settled. bed room & studios
mar 25	Took Ashby over New Building with his architect. They are paying more than twice what we are per cubic foot Mrs. Strong lecture
mar 27	Two pine trees planted at the New Building
mar 28	started studying plants for gardens of N. B.
mar 30	working up planting plan N. B.
apr 6	saw model of chair for N. B.
apr 12	worked on fountain [furniture?] for New Building
apr 14	Annette gave a Dinner: Ashby, Zürcher, Carter, Mrs. Stanford Withe and Larry at table.
apr 15	Went to Siena to see grill pretty good
apr 16	conference with Galassi, Ranieri and Carter at Galassi's office – to determine how much money will be required to complete the New Building and <u>when</u> the new building will be turned over. Galassi is to pone/gave us the figure a week from next Saturday. Ranieri says he can turn over the building last of May – Travertine and marble work holding us back.
apr 22	Made pavement plan for ground floor N. B.
apr 23	Made garden plan of New Building
apr 24	Conference with Galassi, Ranieri and Carter at Galassi's office. Galassi has exceeded the first estimate by 100 000 lire or 10% of the cost of the building
apr 28	New Building, all day. Carter wrote me to go ahead with the furniture contracts for the New Building.
may 4	Went to N. B., found that Travertine was being put in instead [?] of B[...?] in the main vestibule floor.
may 15	conference with Carter about telephones for New Building. Decided color scheme of ground floor.
may 18	Spent the morning at the New Building, going over it thoroughly
may 19	New Building, went all over it
may 23	made a design for double writing desk
may 25	Ranieri's office to see model of stair and other things
may 26	looked at ice chests and gas ranges with cook

Steven zeigt vielen Besuchern, die Pflanzen, Möbel und Geld stiften, das neue Gebäude

june 8	Sciopero generale
june 9	had sciopero generale
june 10	Sciopero generale still
june 17	Carter arrived in Rome this a. m. Larry has given his engraving press to the academy. Mrs. Schmidtags (Schmidtlap?) sent her check for 1500 lire yesterday and I ordered the table from San Giorgio – to be ready in 2 ½ months
june 22	Gave Ranieri drawing of tennis court for presentations?
june 26	N. B. not finished according to contract.
june 27	Franci met me at Building he is going to make a few changes on grille of N. B. and is to submit a bid
june 28	made drawing of Donatello candelabrum for library and send same to Mr. Kendall.
july 1	New Building with Van Buren to sort out fragments for N. B. –

july 3	Stahr helped me on the library wall colors
july 5	Took N. Richardson to see New Building
july 6	New Building with Francis man
july 8	Stahr & I gave final orders for tints of library walls.
july 10	dined at the Zürchers
july 13	Ranieri is to give an estimate of bed room furniture
july 15	Carter arrived. We agree not to fine Ranieri provided he keeps up the same speed
july 16	took Savage to see new building and to draw lots with Carter for bed rooms in new building next year
july 18	New building in the morning. Looked for silks in p.m. with Annette for Villa Chiaraviglio
july 19	45 men at work on academy travertine
july 20	worked on garden schemes for new building
july 21	Galassi & Laurie & Ranieri & I went over basement of N. B.
july 22	” ” ” ” went over 1st floor of N. B.
july 23	” ” ” ” went over 2nd floor of N. B.
july 24	finished garden plan for N. B. Moved ancient fragments from Villa Bonghi to N. B.
july 25	finished inspection of new Building with Galassi and Ranieri
july 28	Went to Villa Medici to see how fragments were put into walls and about flag – pole. N. B. with Galassi to see upper balustrade of fore courts which is not like drawings. Del Aquila agrees to change them
july 29	started sorting fragments for walls of new building
aug 1	worked on fragments (antique) for new building. It looks as though there were going to be a great european war.
aug 2	there is a strike of brick men
aug 6	arranged fragments on walls of front vestibule
aug 7	arranging fragments in the cortile of the N. B.
aug 11	Egan called, – wants to leave his paintings in the academy fears a war between Italy and Germany
aug 12	conference with del Acquila, Galassi & Ranieri over travertine. Del Acquila promises to put two men on all the 12 remaining pieces and to work them 10 hours a day. Says he can finish by the 26th.
aug 13	Spent all day at New Building arranging fragments
aug 15	went over estimates for garden of new building. Telegram from Mr. Mead bottled [?] up in Karlsbad –
aug 16	told Bonghi gardener to go ahead with the garden of the New Building. He is also to buy a 10m hose.
aug 18	New Building, with Galassi & Ranieri to try and hurry work. Saw Villa Chiaraviglio too – Catalini is not to finish work – too slow. Went to del Aquila to see shield drawing. Ranieri's men began to take away statues of Villa Mirafiori
aug 19	big statues & base left the Villa Mirafiori to day. Went to the new Building twice and to Ranieri's shop leaving him flag pole drawing and scheme for drying clothes for estimates
aug 21	Made inventory of things to be done at new building
aug 26	dined with Zürchers

Langsamer Umzug, restliche Arbeiten

sep 1	Ranieri has made a mistake in the basis and capitals of the wood work in the library, am getting him to change it. New Building in p. m. changing some of the old fragments
sep 3	Ranieri agrees to make caps & bases of library like drawings
sep 4	San Giorgio furniture delivered
sep 6	Madame Zürcher called on Annette
sep 8	Gardener began to put plants into garden of N. B.
sep 16	Furniture began to leave Villa Mirafiori

Carter soll Kosten drastisch einschränken, Umzug in Gefahr

sep 17	getting stemma into place and vases of front
sep 19	stemma placed today
sep 20	Put italian and american flags on New Building
sep 21	Del Nero wants to give his casts to academy

VI. Zusammenfassende Überlegungen

1. Die Genese der Nationalakademien in Rom

Mit der Aufklärung ging die religiöse Anziehungskraft Roms zurück, die künstlerische Attraktion blieb jedoch bestehen und gewann für den Neoklassizismus sogar neue Bedeutung. Zahlreiche klerikale Einrichtungen dienten jetzt zur Unterbringung von Künstlern. Traf man schon vor der Aufklärung auf die Unterbringung von romreisenden Künstlern in den Pilgerhospizen, übernahmen die Künstler im Zuge des Rückgangs der religiös motivierten Reisen immer mehr die kirchlichen Einrichtungen. Nicht mehr genutzte Pilgerhospize konnten von den Initiativen zur Gründung von Akademien verwendet werden. In manchen Fällen konnten diese, wie im Falle der spanischen Akademie, sogar von den Stiftungsgeldern der wohltätigen religiösen Stiftungen Spaniens in Rom und der Übernahme eines enteigneten Klosters profitieren. Eugénie Strong brachte es, in Bezug auf die neoklassizistischen Gründungsimpulse der Akademien, auf den Punkt: „in quel tempo alti personaggi incoraggivano le arti collo stesso fervore che nel medioevo mettevano le anime pie a fondare case di devozione"[1] Die Kunst übernahm nicht nur gesellschaftliche Funktionen der Religion, sondern oft auch deren säkularisierte Behausungen. Eines der jüngsten Beispiele ist das vor wenigen Jahren im Hospiz der portugiesischen Nationalkirche Sant'Antonio gegründete portugiesische Kulturinstitut.[2]

Die Provisorien, die durch die geistesgeschichtlichen Umwälzungen nach der Französischen Revolution und die flächendeckende Enteignung religiösen Eigentums durch Napoleon möglich wurden, spiegeln sich schließlich auch in der Aneignung sakraler Bauformen für die Akademiearchitektur, wie zahlreiche Idealentwürfe des 18. Jahrhunderts zeigen.[3] Tatsächlich waren die Akademien auch von klösterlichen Prinzipien der Abgeschiedenheit und Konzentration und dem arbeitsbestimmten und rhythmisierten Tagesablauf bestimmt. Daneben galt ein „Pseudozölibat": Von den Anfängen der französischen Akademie in der Barockzeit bis zum Ersten Weltkrieg wurden ausschließlich männliche Künstler zugelassen, die zudem ledig zu sein hatten.[4]

Die erste Gründung einer Akademie in Rom nach der französischen Akademie erfolgte tatsächlich durch Enteignung kirchlichen Eigentums. Infolge der Einnahme Roms 1870 durch die Truppen des Königreichs Italien wurden viele Besitztümer des ehemaligen Kirchenstaates aufgelassen. Die Spanier konn-

---

1 Strong 1928, 2, S. 98.
2 Vgl. Kapitel I. 3.
3 Vgl. Kapitel I. 3.
4 Vgl. Kapitel I. 1.

ten für ihre Akademie das Kloster San Pietro in Montorio übernehmen. Erleichtert wurde diese Übernahme durch die politischen Übereinstimmungen zwischen der Regierung der Ersten Spanischen Republik 1873 und dem jungen Nationalstaat Italien. Die antiklerikale Haltung beider Regierungen führte zu Bestrebungen, kirchliche Institutionen und religiöse Doktrin im modernen Staat zurückzudrängen und durch kulturelle Einrichtungen, Bildung und Wissenschaft zu ersetzen. So war die Spanische Akademie in mehrfacher Hinsicht, nämlich sowohl kulturstrategisch, als auch architektonisch, charakteristisch für die Akademien in Rom: Die Wahl des Klosters als Ort der Akademie wurde durch den politischen Willen der liberalen Kräfte in Spanien und Italien unterstützt und entsprach deren gesellschaftspolitischen Bemühungen, der Kunst ethische und erzieherische Aufgaben zu übertragen. Der Umbau des Klosters zu einer „zweiten" Villa Medici bestätigt die Vorbildfunktion der französischen Akademie und nimmt die Architektur der späteren, vor dem ersten Weltkrieg entstandenen, Akademienbauten vorweg, bei denen die sakralen Architekturelemente zugunsten einer Villenarchitektur zurückgedrängt sind.

Wichtiger als die Rolle der Spanischen Akademie für die Künstlerausbildung waren der heraufbeschworene Symbolgehalt der zu gründenden Institution und die politischen Ziele, die mit ihr erreicht werden sollten: Durch die großzügige Errichtung einer Kunstinstitution im Ausland wollte die von den anderen europäischen Ländern mit unverhohlenem Mißtrauen behandelte Spanische Republik ein Zeichen setzen und sich gegenüber den monarchistischen Staaten Ebenbürtigkeit verschaffen. Die Anerkennung der Republik als legitime und nicht weniger zivilisierte Staatsform für die spanische Nation wurde besonders von ihrem einflußreichsten Protagonisten, dem Präsidenten Emilio Castelar, gesucht. Er war überzeugt davon, daß die Gründung einer Spanischen Akademie in Rom eine deutliche Botschaft sei, die die Vorurteile der europäischen Nachbarn gegenüber der revolutionären demokratischen Regierungsform entkräften könne. Die Akademie sollte Spanien als eine Nation mit kulturellen Traditionen und dem Streben nach den universellen Idealen, wie sie Roms Erbe zu bieten schien, sichtbar machen.

Auf andere Weise unterstrich auch die relativ junge Nation der Vereinigten Staaten mit ihrer Akademiegründung ihren Anspruch auf das klassische Erbe. Seit ihrer Gründung bekundeten die Vereinigten Staaten ihr Interesse an dem republikanischen Rom als politischem Vorbild. Die junge Republik inspirierte sich aber nicht nur an der Staatsform, sondern nahm sich auch die architektonische Formensprache der römischen Republik zum Vorbild. So manifestierte sich in der Architektur des frühen amerikanischen Klassizismus die Rezeption der antik-republikanischen Staatsform und später in der *American Renaissance* der neue, aufgeklärte und erfindungsreiche Weltanspruch des amerikanischen Imperiums, in dem die Geschichte zusammenlief und auf eine neue Stufe gestellt wurde.[5]

Was die nationale Identität und die dafür charakteristische Kultur betraf, waren die Vereinigten Staaten pragmatisch eingestellt, und der Anspruch auf einen Nationalstil insofern irrelevant, als die Suche nach Ursprüngen nur auf die europäische Abstammung zurückgeführt und die Unabhängigkeit damit in Frage gestellt hätte. Allerdings eignete sich Rom als Vorbild des neuen Vielvölkerstaates auch in versuchter Abgrenzung zum Griechentum, an dem sich die Angelsachsen orientierten. Das Problem der „alten" Europäer, die meinten, sich entscheiden zu müssen, einer antiken Kultur Erben oder Gründer neuer „Individualkulturen" zu sein, war aus der genuinen Sicherheit des Neuen Kontinents heraus, wahrhaft kosmopolitisch und „neu" zu sein, marginal.

Der Bau der *World's Columbian Exposition* in Chicago 1893, der „Weißen Stadt", rief in seinem eklektischen *Beaux-Arts*-Klassizismus Begeisterung hervor. Gefeiert wurde die Weltausstellungsarchitektur – komplett aus Gipsplatten errichtet – als gelungene Umsetzung klassischen Ornaments von immensen Ausmaßen. Unter den beteiligten Architekten und Künstlern entstand trotz der Ephemerität der

---

5   Vgl. KAPITEL V. 1.

Ausstellungsarchitektur der Eindruck, an einem neuen künstlerischen Impuls teilzuhaben, der an die Werkstätten und Bauhütten der Renaissance anknüpfte, und sie hofften, daß aus dem Zusammenwirken der verschiedenen Künste bei der Weltausstellung ein Impuls zum Gesamtkunstwerk hervorgehen würde. Um ähnlich oder sogar besser zu bauen wie die großen Architekten der abendländischen Vergangenheit, plante das erfolgreichste Architekturbüros der Vereinigten Staaten, die Firma McKim, Mead & White, eine Architektenschule in Rom, die ein streng klassizistisches Lehrprogramm verfolgte.[6] Mit Geldern aus der amerikanischen Hochfinanz, die gegen Ende des 19. Jahrhunderts in der Lage war, einen Großteil des europäischen Kunstmarkts aufzukaufen, entstand auf dem römischen Gianicolo, oberhalb der Spanischen Akademie, durch verschiedene Grundstückskäufe und Anbauten ab 1909 ein amerikanischer Campus, dessen Hauptgebäude, die *American Academy*, nach Entwürfen von McKim, Mead & White ab 1912 begonnen wurde. Als Hauptstifter stand der an zeitgenössischer Kunst wenig interessierte Unternehmer und Sammler John Pierpont Morgan hinter dem Projekt, dessen Engagement auch dadurch ausgelöst wurde, daß das Grundstück höher lag als das der Villa Medici.[7]

Die Deutsche Akademie mußte, entgegen vorausgehenden Idealprojekten, wie demjenigen Bernhard Sehrings 1886 oder dem Plan, die Villa Medici nach dem Sieg über Frankreich 1871 als Kriegsbeute zu übernehmen, Abstriche machen und entstand ab 1910 in maßvoller Größe im Osten der Stadt, wo die Grundstücke noch erschwinglich waren. Nach den scharfen öffentlichen Auseinandersetzungen um den Sinn einer deutschen Akademie in Rom, die sich besonders an der Frage eines Nationalstils entzündeten,[8] wurde die Akademie als ein diesen Ansprüchen nicht zu großes Gewicht einräumendes Privatprojekt realisiert, in Einklang mit einem retrospektiv orientierten Mäzenatentum, das der Akademie die Note einer Privatvilla gab. Die Akademie segelte nach dem Wunsch ihres Stifters Eduard Arnhold im Windschatten der vehementen Antiakademismen der künstlerischen Avantgarden, stand aber dennoch nur bedingt den wilhelminischen Repräsentationsansprüchen zu Diensten.[9] Arnhold, einer der mächtigsten Unternehmer im wilhelminischen Kaiserreich, sammelte zwar französische Impressionisten – eine Vorliebe, die der mit ihm Umgang pflegende Kaiser nicht teilte –, verlor aber über die Avantgardisten die dem *Klassischen Land* verpflichtete Kunst der Deutsch-Römer nicht aus den Augen. Für ihn schien sich der polarisierende Konflikt der künstlerischen Standpunkte durch höchste Ansprüche an die Kunst und durch Qualitätssicherung harmonisieren zu lassen. Daher sollte die Künstlerausbildung in Italien auch für eine Zukunft, die ihre kulturellen Wurzeln zu verlieren drohte, gesichert werden. Der Nachbau einer römischen Villa des Cinquecento für die Akademie in Rom erfolgte mit einer im ornamentalen Schmuck leicht modern abstrahierten Fassade und einer funktionalen Atelierhausreihe, die, vom repräsentativen Gebäude abgetrennt, die praktisch-technischen Voraussetzungen für eine monumentale Kunst bot. Arnhold wollte den Künstlern einen Rückzugsort bieten, mit hervorragenden Arbeitsbedingungen im Kreis von Kollegen.[10] Das äußerte sich auch in der Gesamterscheinung der Deutschen Akademie: Während sich die anderen Akademien mit ihrer Fassade deutlich der Stadt präsentieren, ist die Villa Massimo im Park verborgen und von der Strasse her nicht zu sehen – eine architektonische Geste der Abgeschiedenheit, die an die romantischen Idealentwürfe in der Nachfolge der Nazarener erinnert.

Eine Kunstakademie der Briten in Rom trat erstmals Mitte des 18. Jahrhunderts und dann wieder in den zwanziger Jahren des 19. Jahrhunderts in Erscheinung und blieb ein von Künstlern selbst verwaltetes Zentrum künstlerischer Studien in Italien. Damit folgte die Britische Akademie

---

6 Vgl. KAPITEL V. 1. und V. 2.
7 Vgl. KAPITEL V. 3.
8 Vgl. KAPITEL IV. 2. und IV. 4.
9 Vgl. KAPITEL IV. 4.
10 Vgl. ebd.

in Rom zunächst dem durch die *Royal Academy* entwickelten Finanzierungsmodell, bei dem sich die Akademie durch Spenden der Mitglieder und durch die Jahresausstellungen selbst finanzierte. Erst zu Beginn des 20. Jahrhunderts, der großen Zeit der internationalen Akademiegründungen in Rom, wurde sie in die repräsentativen Pläne des britischen Handelsministerium und der *Royal Commission for the Exhibition of 1851* zu einer nationalen Akademie in Rom einbezogen. Die bis dahin unabhängige Kunstakademie weigerte sich jedoch, mit dem britischen Archäologischen Institut, der sogenannten *British School*, zu fusionieren und ein neu etabliertes, institutionalisiertes und staatlich finanziertes Rompreisverfahren zu beherbergen. Die alte private Kunstakademie versuchte noch einige Jahre neben der staatlichen Akademie weiter zu existieren, mußte aber 1938 wegen der angespannten Situation zwischen England und dem faschistischen Italien und aufgrund des mangelnden Interesses an Zeichenkursen ihre Türen schließen.[11] Diese beiden für wenige Jahre parallel existierenden britischen Institutionen in Rom verdeutlichen zwei unterschiedliche Wege der Kunstförderung: Die *British Academy* bot als private Initiative, den Mitgliedern zwar den Vorteil gegenseitigen Austausches und eine Atelier-, Modell- und Arbeitsgemeinschaft, zur nationalen Repräsentation oder gesellschaftlichen Präsenz aber fehlten ihr die Mittel. Die Vorsitzenden der Künstlervereinigungen und die Stiftungsverwalter des Weltausstellungsfonds, die *Commissioners of the Exhibition of 1851*, wünschten aber eine nationale Großakademie. Dieses Projekt profitierte zudem von der gleichzeitig von den Handelsministerien und Handelskammern geförderten Beteiligung Englands an der römischen Jubiläumsausstellung 1911. Die Verbindung von staatlichen Wirtschaftsinstanzen und dem nationalen Bildungsprogramm der *Commissioners* führte über eine rein künstlerische Angelegenheit hinaus. Die *Commissioners* verfolgten in der Akademie in erster Linie wirtschaftliche Ziele durch industrielle und kulturelle Prosperität im weitesten Sinne und zielten auf die Etablierung eines „nationalen Wohls", durch eine monumentale Staatskunst, so daß die Künstler unter dem Druck standen, den Bezug von Stipendien durch zufriedenstellende Ergebnisse zu rechtfertigen. Der Kreis der Künstler, der gemeinsam mit den *Commissioners* hinter der Neugründung der Akademie stand, war eng mit den Ideatoren der Amerikanischen Akademie verbunden, deren Konzepte zur Kunsterneuerung durch die Orientierung an der Bauhüttentradition und am Zusammenwirken der Kunstdisziplinen im Gesamtkunstwerk auch auf das Rompreisverfahren der Briten abfärbten.[12]

Die Nationalakademie Großbritanniens fand, nachdem schon die Spanische Akademie von der Koinzidenz liberaler und aufklärerischer Standpunkte und der italienischen Hauptstadtplanung Quintino Sellas profitieren konnte,[13] besonders im römischen Bürgermeister Ernesto Nathan einen Förderer. Dieser wiederum sah für seine reformorientierte Kommunalpolitik in der traditionell starken Bindung zwischen England und dem *Risorgimento* einen Vorteil. Hinzu kamen seine persönlichen Beziehungen zu England, die er für seine Pläne zur römischen Jubiläumsausstellung 1911 nutzen konnte, mit welcher er nicht nur dem Vatikan, sondern auch den Nachbarländern die erstarkte kulturelle Rolle Roms und die Unabhängigkeit von der Kirche demonstrieren wollte.[14] So konnte sich England als starker Verbündeter eines laizistischen und bildungsorientierten Italien zeigen. Nathan half den Engländern im Gegenzug, ihre Akademie auf dem Grundstück des Ausstellungspavillons ohne bürokratische Hindernisse zu gründen.

Während die Gründungsargumentation in den anderen Ländern oftmals dahinging, daß mit einer kulturellen Selbstdarstellung in Rom die politische Bedeutung und Unabhängigkeit der jeweiligen Nation demonstriert werden sollte, ist bei den Briten eher eine gegenteilige Begründung zu verzeichnen. Die politische Reife der britischen Nation war aufgrund ihrer demokratischen Traditionen international anerkannt, und das britische Imperium bedurfte Ende des 19. Jahrhunderts keiner kulturellen

---

11 Vgl. KAPITEL III. 3.
12 Vgl. ebd.
13 Vgl. KAPITEL II. 4.
14 Vgl. KAPITEL III. 3.

Rechtfertigung mehr. Die kulturpolitische Strategie der Akademie sollte vielmehr dem Verdacht zuvorkommen, daß britische Kunst sich eigenwillig und abseits der abendländischen klassischen Traditionen entwickelt habe. Auf dem Kontinent setzte nach dem Erfolg der britischen Kunstausstellung in der Valle Giulia 1911 eine Rehabilitation englischer Kunst ein, und Ugo Ojetti, der Kunstkritiker vom *Corriere della Sera*, ging sogar soweit, die europäischen Kunstströmungen seit Ende des 18. Jahrhunderts auf die englische Kunst zurückzuführen.[15]

2. Fassade und Villa

Nach den klösterlichen oder monumental-antiken Idealentwürfen, nach den anfänglichen Versuchen, in der äußeren Erscheinung der Architektur die Landeszugehörigkeit der Akademie zu zeigen, kehrten die Akademiebauten während der Realisierungsphase überwiegend zu dem Vokabular der italienischen Villen- und Palastarchitektur des *Cinque-* und *Seicento* zurück. Neben dem mittlerweile ausgebildeten charakteristischen Raum- und Funktionsprogramm orientierten sich die Akademien darüber hinaus an einzelnen architektonischen Aspekten der Villa Medici und ihrer topographischen Situation.

An den Grundrissen lassen sich in den Entwürfen zudem Reminiszenzen an des Sapienzaschema – um einen arkadengesäumten Innenhof reihen sich die Studienräume –, auf das auch die frühen Idealentwürfe und der erste Entwurf für die Villa Massimo zurückgriffen, feststellen. Bei den Spaniern, die ein Klostergebäude übernahmen, ist der *Cortile* schon aufgrund seiner ursprünglichen Bestimmung ein Klosterhof, und auch bei den Höfen der Amerikanischen und Englischen Akademie mit kreuzweise angelegten Wegen, die zum mittigen Brunnen führen, wurde eine ähnliche Stimmung angestrebt. In den Atrien und Innenhöfen sind nach dem Vorbild der Villa Medici antike Statuen aufgestellt und Spolien in die Wände eingelassen. Weitere Antiken fanden in den Gärten Aufstellung, die nach dem Vorbild italienischer Barockgärten mit Brunnen und Spolien verziert wurden. Wie eine kleine italienische Landschaft inszeniert, waren die Gärten wichtiger Bestandteil der Akademien, da sie den Künstlern Naturstudien ermöglichten: Dort konnten Antiken oder Akte bei Tageslicht skizziert und, je nach Ausdehnung des Geländes, Veduten- oder Landschaftsmalerei betrieben werden. Begehrt war auch die Hügellage, nicht nur wegen der Aussicht und weil sie Schutz vor Malaria bot, sondern auch wegen der Bedeutung einer exponierten, herrschaftlichen Position.[16] In zeitgenössischen graphischen Darstellungen der Spanischen Akademie wurde die Höhenlage durch den Bildaufbau dramatisch verstärkt: Die Akademie scheint sich förmlich über die römischen Monumente – wie die Villa Medici – zu erheben.[17] In den seitlichen Risaliten der Amerikanischen, Britischen und Spanischen Akademie, deren fortifikatorischer Ausdruck durch Rustizierung und bei der Spanischen Akademie durch die Böschung der unteren Geschosse unterstrichen wird, lassen sich sogar diskrete Anspielungen auf das Vierturmschema der italienischen Renaissancevilla erkennen. Überspitzt könnte man von wehrhaften Kunstburgen sprechen, in denen die Kunst des Landes vor verunsichernden Einflüssen geschützt und akademische Ideale gehegt werden.[18]

Neben der Hügellage und dem durch schriftliche Zeugnisse dokumentierten Wettbewerb während der Baukampagnen verweisen auch die Bauten selbst und die Gestaltung der Fassaden auf die Prämissen hinsichtlich der Außendarstellung; insbesondere letztere besaßen Bedeutung als Repräsentations-

---

15 Ugo Ojetti im Corriere della Sera, zitiert in: INTERNATIONAL FINE ARTS EXHIBITION ROME 1911, S. 609. Vgl. auch den 25-seitigen Pressespiegel, ebd. S. 609 ff, der das positive Echo auch auf englischer Seite bezeugt.

16 Zur begehrten Hügellage vgl. Richard Wrigley, Pathological Topographies and Cultural Itineraries, in: Pathologies of Travel, edited by Richard Wrigley and George Revill, Clio Medica 56, Amsterdam – Atlanta 2000, S. 213.
17 Vgl. KAPITEL II. 4.
18 Vgl. KAPITEL I. 2.

fläche, auf der Nationalflagge und Wappen zentral zur Schau gestellt werden konnten. Das Haupthaus der Deutschen Akademie imitiert eine prächtige robuste Landvilla, ist aber bei einer Länge von ca. 52 m zuzüglich der Terrassenannexe von ca. 30 m und einer Tiefe von nur ca. 10 m vor allem Fassade und wenig Gebäude. Auch beim Umbau des britischen Pavillons zu einem dauerhaften Akademiegebäude wurden zunächst keine funktionalen Räume gebaut, sondern nur die Fassade aus Stein errichtet. Sie verschlang das gesamte zur Verfügung stehende Geld. Der rechte Fassadenflügel blieb bis in die zwanziger Jahre nur ein Paravent, die hinteren Teile des Gebäudes fehlen. Das wichtigste war, so scheint es, die Vollendung der Prachtfassade.

Bei der Amerikanischen Akademie wurden für die inkrustierte Vorderfassade keine Kosten gescheut – ein Aufwand, den der Besucher im Innern vergeblich sucht. Wenngleich die einzelnen Schmuckformen schlicht und sparsam eingesetzt wurden, wirkt das kostbare Material, die hellweiße Travertininkrustierung. So läßt die Schaufront mit ihrer Prachttreppe, Brunnenanlage und den seitlichen Pavillons und auch durch ihre Größe – sie ist nicht nur um ein Stockwerk höher, sondern auch breiter als der nach hinten anschließende Gebäudeteil – ein stattliches Palastensemble erwarten. Dahinter folgen aber lediglich drei schmucklose Flügel, die sich um den mit *traverfix* verputzten Innenhof legen.

Die Architekten der Akademiebauten beschränkten, so sehr sie sich auch in ihrem Historismus an alten Vorbildern orientierten, den gestalterischen und materiellen Hauptaufwand auf die Fassaden und bewiesen hierin eine Haltung, die der Architektur der früheren Jahrhunderte fremd sein mußte, in der auch die Innenräume, Höfe und Rückfassaden, – man denke an die Gartenfassade der Villa Medici – Ziel und Wirkungsfeld künstlerischer Fantasie waren.

Auch der Konflikt um nationale Kunst versus Universalismus oder Klassizismus, der die Gründungen der Akademien begleitete, setzte sich in der Diskussion um ihre Architektur, die richtige Stilwahl und das Erscheinungsbild der Fassade fort. Bei dem Umbau des Klosters San Pietro in Montorio für die Spanische Akademie, 1879 durch Herrero y Herreros, der eigentlich kein Umbau war, sondern in erster Linie eine Fassadenerneuerung, wurde die mittelalterlich unregelmäßige Außenwand des Klosters mit einer repräsentativen und symmetrischen neocinquecentesken Stuckverkleidung ummantelt. Emilio Castelar, der Hauptverfechter der Akademie, kritisierte allerdings die Fassadengestaltung, sie sei zu sehr dem zeitgenössischen römischen Stil des *Risorgimento* verpflichtet. Er forderte eine stärker national gefärbte Architektursprache, ein erkennbar spanisches Gebäude, und nannte als ein mögliches Vorbild den plateresken Palacio de Monterrey in Salamanca (1539), eines der bekanntesten Beispiele spanischer Renaissancearchitektur. Wenig später kam man auf der römischen Jubiläumsausstellung 1911 Castelars Wünschen nach: Der spanische Pavillon war tatsächlich eine Teilreproduktion des Palacio de Monterrey.[19]

Die Briten lösten das Stilproblem bei ihrer Akademie auf diplomatische Weise, indem sie den britischen Pavillon für die römische Weltausstellung, der von der italienischen Kritik begeistert aufgenommen worden war, zu ihrer Akademie ausbauten. Er sollte nach dem Beschluß des *Board of Trade* eine Kopie der oberen Ordnung der Westfassade der St. Paul's Cathedral von Sir Christopher Wren in London sein. Die größte englische Kathedrale nachzubauen, die selbst auf palladianischen Formen beruhte, konnte und wurde in Italien als Kompliment an das Gastland interpretiert, da England mit seinem Pavillon einerseits ein wiedererkennbares Architekturdetail aus London zitierte, andererseits auf seine kulturelle Bereicherung durch die italienische Architektur verwies und sich zugleich harmonisch in die Bautradition Roms einfügte.[20] Die Kritik konnte dem Pavillon, je nach dem, welchem politischen Lager sie angehörte, eine starke nationale Eigenart oder eine italienische Befruchtung zugestehen.[21] Was

---

19 Vgl. Kapitel II. 4.
20 Vgl. Kapitel III. 3.

21 Vgl. den 25-seitigen Pressespiegel in: International Fine Arts Exhibition Rome 1911, S. 609 ff.

Abb. 1: Villa Massimo, Blick vom Haupthaus in den Garten und auf die Löwensäulen

Abb. 2: British School, Tennisplatz

niemand sehen oder öffentlich aussprechen wollte, war, daß das Zitieren der größten anglikanischen Kirche Großbritanniens, die sogar die Peterskirche in der Länge überragt, auf der römischen Weltausstellung Ernesto Nathans einen deutlichen Affront gegen den Papst bedeutete.

Die Deutsche Akademie wurde als Wiederauferstehung einer Renaissancevilla gefeiert. Die Mimese der Architektur ging bis in die Wiederverwendung alter Bauelemente, wie Portalen, Altären, Brunnen und Spolien. Stilistische Bezüge auf deutsche Architektur spielten keine Rolle. Bei der Fassade der Amerikanischen Akademie wiederum werden nationale Bezüge verdeckt von italienisch-römischen Zitaten. In der Fassadenstruktur und der Baukörperverteilung lassen sich nämlich durchaus Verweise auf Bauten des amerikanischen Neoklassizismus und damit auf die Epoche der amerikanischen „Gründerväter" ausmachen.

Die Akademiebauten geben sich also in ihrer Architekturikonographie in mehrfacher Hinsicht als Hybridbauten zu erkennen, ein Charakter, der nicht nur aus den unterschiedlichen und teils widersprüchlichen funktionalen Anforderungen herrührt, wie Repräsentationsort/Rückzugsort sowie Außenwirkung/Konzentration, sondern auch aus den widersprüchlichen formalen Ansprüchen – darin der Weltausstellungsarchitektur sehr ähnlich – zwischen Weltniveau (kosmopolitischer Anspruch) und landestypischer Identität (nationaler Anspruch).

Ateliers, Modellräume, Aktstudien- und Ausstellungssäle gehörten zum festen Programm der Akademiearchitektur. Die Ateliers für die Bildhauer mußten möglichst ebenerdig und leicht zugänglich sein und wie die Malerateliers optimal beleuchtet. Zur Ausstattung gehörte weiterhin die Galerie der Portraits der Rompreisträger, längst eine Tradition, denn seit der Renaissance wurden in der römischen *Accademia di San Luca* und in der Florentiner *Accademia del Disegno* Portraits der Mitglieder gesammelt. Die weitere Ausstattung bestand in einer Bibliothek, einer Antikensammlung mit Originalen und Abgüssen, einer Sammlung von Studienmaterial wie Kostümen, historischem Gerät und Requisiten, einem gemeinsamen Speisesaal und einem Tennisplatz.[22] Die Anschaffung antiker Plastiken wurde aber um die Jahrhundertwende immer schwieriger: Oftmals sind die Skulpturen der Akademien heute von geringem Wert, es handelt sich um Reststücke oder schlechterhaltene

---

22 So in der Französischen, Britischen und Amerikanischen Akademie, vgl. KAPITEL III. Abb. 30 und KAPITEL V. Abb. 18.

399

Spolien, die zwar als Dekoration taugen, aber für ein Studium des antiken Kanons schon damals nur bedingt geeignet waren.[23]

In den historischen Villen der Akademien, in der Nachahmung der Villa Medici, in den nachempfundenen Gärten der barocken *Villeggiatura* des Südens und in der Wiederverwertung antiker Baumaterialien sollten die Künstler Vorbilder und Vorlagen für ihre Kunst finden. Außerdem suggerierte die an vergangenen Zeiten orientierte Wohnform den Künstlern ein Leben als „Alte Meister": Zur Schaffung einer „höheren" Kunst, zur Kenntnis der Werke der Kunstgeschichte und zum Malen im alten Stil *lebten* die Künstler in Nachbildungen der Villa Medici wie Künstler vergangener Jahrhunderte.

Wird Ende des 19. und Anfang des 20. Jahrhunderts den nationalen Kunstakademien in Rom das Prinzip der *Villeggiatura* aufgesetzt, weil bestimmte Vorstellungen vom Villendasein der Renaissance für das Künstlerverständnis und die Kreativität auch des *fin de siècle* attraktiv waren? Für die Beantwortung dieser Frage ist es vielleicht interessant, daß es schon damals, als die Renaissancevilla als Bautyp und der dazugehörige Lebensstil entstanden, um die Wiederherstellung eines verlorenen, antiken Lebensstils ging, nämlich des arkadischen Daseins. Die Bauherrn der Renaissance verstanden ihre Villen als Rekonstruktionen der antiken Villenkultur und errichteten sie bezeichnender Weise oftmals auf den Ruinen antiker Villen, wie z. B. auch die Villa Medici auf dem Pincio oder die Villa Lante auf dem Gianicolo.[24] Ebenso bedeutete die Villenkultur in der Renaissance, wie in zahlreichen Traktaten erläutert, eine Rückkehr zum einfacheren Leben auf dem Land, das damals schon im Gegensatz zur Stadt stand. Die Natur versprach das althergebrachte, gesündere Leben, während in der Stadt Getöse, Zwietracht, Tagespolitik und Moden sich in allzu schnellem Takt abwechselten.[25] Auf dem Land, so stellte sich bereits die frühe Neuzeit vor, herrschten die alten und immergültigen Werte. Dort ließ sich mit Würde und in gehöriger Distanz das Leben kontemplieren und außerhalb des Tagesgeschäfts Inspiration für künstlerische oder poetische Werke finden.[26] In der Parallelführung von natürlicher und geistiger Fruchtbarkeit scheint sich der antike Glaube an den *locus amoenus* (hier die Villa) als Ort der Musen bzw. der Inspiration bis in die Frühe Neuzeit erhalten zu haben.[27]

Sind also in der Teilrekonstruktion der Renaissancevillen für die ausländischen Akademien in Rom um die Jahrhundertwende auch Wünsche verborgen, die mit Ideen der humanistischen Villentraktate verwandt sind? Man kann sich vorstellen, daß das konservative Moment, das Reinhard Bentmann und Michael Müller für die Villenideologie herausgearbeitet haben, im Prinzip auch für die ausländische Kunstakademie in Rom gilt.[28] Dieses „Zurück" zum ursprünglichen, zur einfachen Natur, aber auch

---

23 Vgl. den qualitativen Unterschied zwischen den Sammlungen, wie er aus den Veröffentlichungen über die Antiken in der Villa Medici und denen in der Villa Massimo hervorgeht, vgl. AZEVEDO 1951 und DIE ANTIKEN 1990.

24 Heute ist die Villa Lante der Sitz der Finnischen Akademie. Vgl. Fritz Eugen Keller, Ricostruire l'antico. Ville rinascimentali su ville antiche, in: Ianiculum – Gianicolo. Storia, topografia, monumenti, leggende dall'antichità al rinascimento, hrsg. von Eva Margareta Steinby, Rom 1996, S. 111–17.

25 Mitten im Aufbruch der Stadtkultur und dem Aufstreben der kommunalen Macht erhob Francesco Petrarca seine Stimme gegen die Stadt und ihre Kultur: in der Stadt herrschten cupiditas, ira und libido, aus denen bewußtloses Tun erfolge: confusio, praecipitium, horror, vgl. ders., Vita solitaria, (beg. 1346).

26 Das Leben der humanistischen Literaten in den römischen „orti" fand nach Caros Berichten in entsprechenden Villen statt: Man traf sich in den Gärten zu Sitzungen der „Akademien", tafelte, rezitierte und disputierte in Loggien, spazierte in schattigen Pergolen und genoß das Springen kunstvoller Brunnen, die feuchte Kühle und überraschenden Effekte artifizieller Grotten, vgl. Fritz-Eugen Keller, Zum Villenleben und Villenbau am römischen Hof der Farnese. Kunstgeschichtliche Untersuchung der Zeugnisse bei Annibal Caro; mit einem Katalog der Villen Frascatis im 16. Jahrhundert als Anhang, zugl. Diss., Berlin 1980.

27 Vgl. Bernhard Rupprecht, Villa. Zur Geschichte eines Ideals, in: Wandlungen des Paradiesischen und Utopischen. Studien zum Bild eines Ideals, hrsg. von Hermann Bauer u. a., Berlin 1966, S. 210–50.

28 Vgl. Reinhard Bentmann und Michael Müller, Die Villa als Herrschaftsstruktur. Eine kunst- und sozialgeschichtliche Analyse, Frankfurt am Main 1992².

zu den Gesetzen der Vorfahren wird in die Akademiekonzeption und damit ins moderne Kunstschaffen überführt. Die Villa bietet den passenden architektonischen Rahmen für die akademische Doktrin im späten 19. Jahrhundert, die an den althergebrachten Traditionen fest hielt – gleichzeitig versprachen die natürliche Umgebung und das Leben in der Nähe der antiken Kunstwerke Schutz vor der Gefahr der Erstarrung und vor toten Regeln und sollten zu einer primitiven Unbelastetheit zurückführen. Die Hoffnung auf Inspiration im Rückzug in die Natur und, wie im Falle der Akademien, auch im Rückzug aus dem familiären und geschäftigen Leben in die geographische und zeitliche Ferne der Akademievillen in Rom ist durchaus der Villenidee der Renaissance vergleichbar.

Die Dichotomie der Akademien bestand somit auch in der Rückwärtsgewandtheit und in der Suche nach einem besseren Leben bzw. einer besseren Kunst: einerseits zurück zur kunstgelehrigen akademischen Tradition, zum andern vorwärts zu Unschuld und Unverformtheit im künstlerischen Tun. In den Akademievillen wurde nicht nur eine arkadische, räumlich von den Heimatländern entfernte Wirklichkeit gesucht, die Suche hatte auch eine zeitliche Dimension – war ein elegisches sich *zeitlich* rückwärts Wenden.[29] Diese sich von der Gegenwart abwendenden Rompreisträger hatten auch – darauf weisen die Rustizierung und andere Zitate aus der Befestigungsarchitektur – ein Schutzbedürfnis, und auch deshalb boten sich die oftmals befestigten Renaissancevillen, wie die Villa Medici als architektonische Vorbilder für die Akademiebauten an.

Aufschlußreich für die Annahme, daß hinter der Wahl der Villenarchitektur für die Akademien ähnliche Konzepte standen, wie für den Villenboom der Renaissance verantwortlich waren, ist Rudolf Borchardts Villa-Essay von 1908,[30] den man als Villentraktat des 19./20. Jahrhunderts bezeichnen kann.[31] Der Schriftsteller ließ sich von 1906 bis 1914 und seit 1921 endgültig in einer lucchesischen Villa nieder, was schon von Zeitgenossen als bewußte Inszenierung seines Bruchs mit Politik, Kultur und Literatur seines Heimatlandes verstanden wurde. Sein Essay beschäftigt sich, wie die Villentraktate der Renaissance, nicht nur mit architektonischen Fragen, sondern enthält neben der Formanalyse auch die Untersuchung der Funktionszusammenhänge, wirtschaftsgeschichtliche und soziologische Erwägungen und die Erfassung des Lebensgefühls in der Villa. Herrschaftsanspruch und konkrete Wirtschaftsinteressen werden als konstituierende Elemente der Villenkultur herausgestellt und neben die literarischen Stadtfluchtphantasien gesetzt. Doch neben dem positiv als konservativ eingeschätzten Villenleben, exemplifizierte Borchardt an sich selbst die Verrückung in ein mehr erdachtes, weil vergangenes Lebensgefüge, dabei die realen ländlichen Verhältnissen, wie Landflucht, Mißwirtschaft und Armut ausklammernd und in der polemischen Absicht, „mit Hilfe dieses aristokratisch gesteigerten Arkadien das Kaiserreich ins Abseits eines zivilisatorischen Entwicklungslandes" zu verweisen. Borchardts *Villa* war auch Ausdruck der Sehnsucht nach einem zwangfreien, den gesellschaftlichen Normen enthobenen Leben.

Die Akademien in den Villen auf den Hügeln Roms boten einen Ausstieg auf Zeit, eine Reise in eine bessere Vergangenheit und den Blick auf die antike Stadt von einem enthobenen Standpunkt aus. Die Romaufenthalte verschafften den Künstlern die Möglichkeit, die kulturellen Probleme der Zeit, die Entwicklungen der Avantgarde und den Bruch der Moderne mit den akademischen Idealen eine Zeitlang zu ignorieren und sich dem vermeintlich Höheren und Zeitlosen in der Kunst zu widmen. So erweist sich die Akademie, wie schon der Traum des heilen Lebens auf dem Lande im 16. Jahrhundert,

---

29 Der antike Wortsinn „Et in Arcadia ego", als memento mori: „selbst in Arkadien gibt es den Tod", wandelte sich in der modernen Bedeutung zum Ausdruck der Nostalgie und des Elegischen, „Auch ich bin in Arkadien geboren oder lebte dort". Zum Wandel der Vorstellungen eines Arkadiens und der Nostalgie eines besseren Lebens, vgl. Erwin Panofsky, Et in Arcadia ego. Poussin und die Tradition des Elegischen, aus dem Franz. übers. von Wilhelm Höck, Berlin 2002, bes. S. 14.

30 Rudolf Borchardt, Villa, Leipzig 1908.

31 Vgl. hierzu auch Andreas Beyer, „Ist das die Villa?" Rudolf Borchardt in der Villen-Landschaft, in: Rudolf Borchardt und seine Zeitgenossen, hrsg. von Ernst Osterkamp, Berlin – New York 1997, S. 195–209.

als reaktionäre Utopie. Die Villa wird zum architektonischen und ideologischen Vorbild der Akademiebauten zu Anfang des 20. Jahrhunderts in Rom, da die ideelle Bedeutung des Bautyps Villa stärker war als die im 18. und 19. Jahrhundert durchaus ausgebildete Bautypologie der Kunstakademien. Schon Alberti hatte allerdings seine Zeitgenossen belehrt, daß Söhne nicht in der allzu paradiesischen Villa erzogen werden sollten, da sie auch das Böse kennenlernen, also in der Stadt leben müßten.[32]

3. Akademienationalismus

Schon die ersten Aufrufe im 17. Jahrhundert, Institutionen nach dem Beispiel der 1666 in Rom gegründeten französischen Akademie für das eigene Land einzurichten, wurden von dem Gefühl einer zivilisatorischen Unterlegenheit der eigenen Nation begleitet. Der Verweis auf die internationale kulturelle Konkurrenz blieb bei allen Gründungbemühungen von ausländischen Akademien in Rom der Grundtenor. Als frühestes Beispiel für diese Argumentation kann die Forderung der spanischen Künstler im Jahr 1680 nach einer Akademie gelten, in der auf den drohenden Geltungsverlust der spanischen Krone verwiesen wird, sofern sie nicht ihre in Rom studierenden Künstler repräsentativ versorge und unterbringe.[33] Auch die Versuche, im Zuge der europaweiten Akademiegründungen während der zweiten Hälfte des 18. Jahrhunderts Filialen in Rom zu gründen, standen im Zeichen des internationalen Wettstreits.[34]

Der Kunst, der mit der Nationalstaatsbildung immer mehr identitätsstiftende Aufgaben zugewiesen wurden, sollte die Geschichte des Volkes anschaulich machen und damit jene Identität beschwören, die zur Befreiung von Fremdmächten in Anspruch genommen werden sollte. Der gesteigerte Patriotismus der Romantik und die Suche nach der eigenen Volksidentität im Nebel der Geschichte führten nun zu der Forderung nach einer „nationalen" Kunst, die diese Identität anschaulich machen, ja sie sogar stilistisch widerspiegeln sollte. Damit geriet die Künstlerausbildung, die sich dem universellen klassischen Kanon verschrieben hatte und in Rom tatsächlich künstlerische Zeugnisse vorfand, die diesen allgemeingültigen Kriterien entsprachen, in Widerspruch zu der neuerdings ersehnten, eigenen und unverwechselbaren Volkscharakteristik. In diesem künstlerischen Ringen um einen Nationalstil wurde Rom als Studienort problematisch.

Während die Künstler in der Römischen Republik 1798 und noch zu Anfang der Befreiungskriege den transnationalen, revolutionären Freiheitshoffnungen nachhingen und ihnen das Studienprogramm der französischen Akademie offenstand, wich diese Haltung während der Befreiungskriege einer antifranzösischen Position.[35] Die revolutionären und freiheitlichen Erwartungen mündeten in der Hoffnung auf die Befreiung des eigenen Landes von Napoleon, was zu einer zunehmenden Nationalisierung der ausländischen Künstlergruppen in Rom führte. Nach den Befreiungskriegen versuchten die Künstler der gegen Frankreich verbündeten Länder, den während des napoleonischen Zeitalters auch die römische Kunstszene dominierenden Franzosen und dem neoklassizistischen Empire verstärkt ihre eigene, nunmehr „nationale" Kunst entgegenzusetzen. Die ausländischen Künstler, die zu Studienzwecken in der Ewigen Stadt weilten, bildeten akademische Zirkel, deren ursprünglich internationale Zusammensetzung nun vermehrt die Herkunftsländer der Künstler widerspiegelte.

So lassen sich besonders in den zwanziger Jahren Initiativen der Künstler zur Gründung nationaler Akademien nachweisen.[36] Sie künden von der Existenz kleinerer improvisierter nationaler Akademien

---

32 Vgl. Leon Battista Alberti, I libri della famiglia, Vol. III, in: Opere Volgari, Annotate e illustrate da Anicio Bonucci, Firenze, 1843–1849, S. 200.

33 Vgl. KAPITEL II. 1.
34 Vgl. KAPITEL I. 1.
35 Vgl. ebd.
36 Vgl. KAPITEL I. 1., II. 1., III. 2. und IV. 1.

in der Gegend des „Fremdenviertels" schon zu Anfang des 19. Jahrhunderts, in denen nach einer künstlerischen Ausdrucksform für den ersehnten politischen Zusammenhalt gesucht wurde.³⁷ In diesen nationalen Gruppierungen wollten sich die Künstler auf ihre originäre Kunst besinnen und, besonders im Fall der Deutschen, eine Einheit vorleben, die politisch noch längst nicht umgesetzt war.³⁸ Die wichtigste ihrer Vereinigungen, die sogenannten Nazarener, zeichnete in der Rückwendung zur Kunst der „Primitiven" für viele europäische Künstlergruppen den Weg vor, den diese zur Findung ihrer eigenen nationalen Kunst gehen wollten. Paradoxerweise aber ist der Purismus der Nazarener aus Rom europaweit stilistisches Vorbild geworden.³⁹

Um den römischen Hügel Pincio herum, also in der Nähe der Französischen Akademie siedelten sich die von Künstlergruppen organisierten und treffend als Vereinsakademien zu bezeichnenden Institute an: Die englischen Künstler betreiben in der Via degli Artisti, gegenüber dem Kloster Sant'Isidoro, ihre *Academy*; die spanischen Rompreisträger waren anfänglich beim Botschafter zu Gast, später in der Via della Croce in der Nähe der Piazza di Spagna eingemietet; die norddeutschen protestantischen Künstler trafen sich im preußischen Botschaftssitz auf dem Kapitol, und die süddeutschen, mehrheitlich katholischen Künstler im römischen Quartier des bayrischen Kronprinzen, der Villa Malta. Der Lukasbund zog für einige Jahre in das Kloster Sant'Isidoro;⁴⁰ die Romstipendiaten der Wiener Akademie hatten Ateliers im Palazzo Venezia, dem Botschaftssitz der Österreicher; die Rompreisträger der Petersburger Akademie bezogen eine gemeinsame Wohnung neben dem Kapuzinerkloster an der Kirche Trinità dei Monti,⁴¹ während sich der Treffpunkt amerikanischer Künstler, das Atelier William Wetmore Storys, im nahegelegenen Palazzo Barberini befand.⁴² Noch waren diese Einrichtungen offen und ihre Abgrenzungen fließend; die russischen Stipendiaten gingen beispielsweise gemeinsam mit Nikolaj V. Gogol in das beim preußischen Botschaftssitz am Kapitol von befreundeten Gelehrten gegründete *Istituto di corrispondenza archeologica*,⁴³ und als Direktor der russischen Stipendiaten waren Friedrich Overbeck oder Wilhelm Schadow im Gespräch.⁴⁴ Die englischen Künstler konnten für ihre Akademie einen renommierten Professor der Accademia di San Luca und Hauptvertreter des italienischen Purismus gewinnen, Tommaso Minardi. So hielt sich die Tradition des 18. noch in den ersten Jahrzehnten des 19. Jahrhunderts, als der internationale künstlerische Ruhm der Direktoren mehr zählte als ihre geographische Herkunft.

Die Rompreisträger der verschiedenen europäischen Akademien folgten alle einem ähnlichen Studienplan, der vielerlei Berührungspunkte bot. Sie trafen in den römischen Kunstsammlungen beim Kopieren aufeinander, gruben gemeinsam Antiken aus, vermaßen die Ausgrabungen und aßen zusammen in den *Trattorien*. Noch war die Ewige Stadt tatsächlich eine internationale Schule der Kunst, in der künstlerische Strömungen entstanden, sich vermischten und vermittelt wurden. Doch langsam

---

37 Vgl. Kapitel III. 2., Kapitel IV. I. und Kapitel II. 1.
38 Konrad Lotter skizziert einen deutschen Sonderweg, nach der sich Kunst und Literatur auf keinen Staat beziehen konnten, sondern diesen produzieren wollten und sich daher um so nationaler gerierten. Das ästhetische Projekt zielte auf das politische eines deutschen Nationalstaates, vgl. Lotter 1996, S. 205–31.
39 Vgl. Kapitel I. 2., Anm. 143.
40 Vgl. die jeweiligen Kapitel.
41 Calov 1979, S. 13–40, S. 15 und Ausst.-Kat. Mal di Russia. Amor di Roma, hrsg. von Marina Battaglini, Rom 2006.
42 Valentine 1973, S. 34.
43 Zum Gründungskreis gehörten Eduard Gerhard, Christian Carl Josias von Bunsen, August Kestner, Carlo Fea und Bertel Thorwaldsen, vgl. Bernard Andreae, L'Istituto Archeologico Germanico di Roma, in Speculum Mundi, S. 155–79, S. 159 und Kapitel IV. 1.
44 Seit 1840 betreute Pavel Ivanovič Krivcov, Geschäftsträger an der Russischen Botschaft in Rom, die Russischen Stipendiaten. Auch Gogol hatte Interesse an einer Anstellung als Sekretär in der römischen Filiale der Petersburger Akademie, aber Krivcov wünschte einen Künstler internationalen Rufes, vgl. Rita Giuliani, La ,meravigliosa' Roma di Gogol. La città, gli artisti, la vita culturale nella prima metà dell'Ottocento, Rom 2002, S. 23/4, S. 85 und Ljudmila Markina, Otto Friedrich von Moeller, Moskau 2002. Vgl. auch Olga A. Kriwdina, A propos des consignes données aux sculpteurs russes lauréats de l'académie à Rome, in: Revue de l'art, Nr. 104, 1994, S. 40–42; Ettore Lo Gatto, Russi in Italia. Dal secolo XVII ad oggi, Rom 1971 und Hasselblatt 1886.

verfestigten sich die Gruppierungen immer mehr in einzelne akademische Zirkel für Künstler gleicher Herkunft und Sprache – eine Entwicklung, die bald bedauert wurde.

Die napoleonische Regierung hatte auch für die Französische Akademie in Rom Veränderung gebracht. Sie war aus dem *centro basso*, dem Gassengewimmel um den Corso, 1803 auf den Pincio gezogen, und ihr neues Domizil, die über der Stadt thronende Villa Medici, hatte die gehobene Stellung der französischen Künstler erst recht verdeutlicht. Doch diese nationale Emanzipation bildete auch eine Barriere. Die Franzosen waren durch ihre Studien- und Wohnsituation vom Zusammenleben der Künstler verschiedenster Nationen ausgeschlossen.[45] In den zwanziger Jahren des 19. Jahrhunderts beklagten als nächste auch die Engländer, daß sie sich durch ihre Akademie isoliert fühlten.[46]

Bei der *British Academy* wie auch bei den anderen Zirkeln, die sich nach den Befreiungskriegen bildeten, handelte es sich um provisorische Einrichtungen, die jedoch alle einen Status des französischen Vorbilds, d. h. staatliche Finanzierung und einen festen Sitz anstrebten. Oft war mit den primären Zielen der akademischen Initiativen, wie verbesserten Studienbedingungen, etwa durch kollektive Aktstudien, anatomische Übungen und Vorlesungen auch der Wunsch nach Aufwertung des gesellschaftlichen Ansehens der Beteiligten verbunden. Zum einen erhielten die Mitglieder durch ihre akademische Mitgliedschaft Titel und Ansehen, zum andern stieg das Renommee der Institution durch Berufung großer Künstler in die künstlerische Leitung. Ein weiterer Aspekt war die Teilhabe an einer langsam wachsenden institutionellen Landschaft von ausländischen Akademien und wissenschaftlichen Instituten in Rom, die Ansporn und Anerkennung boten und auf die die Künstler bei Forderungen nach finanzieller Unterstützung gegenüber ihrem Staat mit dem üblichen Druckmittel des internationalen Ansehens verweisen konnten. In den offiziellen und formalisierten Kontakten, im akademischen Austausch, in der gegenseitigen Ehrung und Mitgliedschaft gaben die Künstler ihrem Schaffen eine öffentliche Bühne.

Bei der Institutionalisierung spielten auch Vermarktungsziele und kunstökonomische Strategien eine Rolle. Viele sahen die französischen Künstler in der Villa Medici aufgrund des ihnen durch ihre Institutionen verschafften Ruhmes auch auf dem internationalen Kunstmarkt bevorteilt, abgesehen davon, daß die besten Studenten der anderen Länder, sich in Ermangelung entsprechend ausgestatteter Ateliers nicht in der Lage sahen, Werke zu schaffen, die an den Weltruhm der französischen Künstler anknüpfen konnten.[47]

In den Argumenten der Gründungsbemühungen im Laufe des 19. Jahrhunderts wurden zum Teil konkret wirtschaftliche, sprich absatztechnische Strategien deutlich: Da der Adel als Abnehmer auf überparteiischer internationaler Ebene und auch als ideologisch kohärenter Auftraggeber zunehmend wegfiel, mußten gerade für die großformatige, anspruchsvolle und öffentliche Kunst neue Adressaten gefunden werden. Dabei entstand eine sich selbst verstärkende Wechselwirkung zwischen dem Staat und den Künstlergruppen. Der Staat erzog die Künstler innerhalb des höheren Kunststudiums und des Rompreisverfahrens zur historisierenden, monumentalen, öffentlich-vaterländischen Kunst, die Künstler bildeten wiederum Vereine, in denen sie ihr Werk zur Beförderung eigener Interessen als staatstragend und als Beitrag zum öffentlichen Wohl propagierten – und es daher „nationaler" darstellten, als es jemals sein konnte. Für diese zunächst also staatlich geförderte Kunst sollte sich der Staat, auch nachdem er die Künstler ausgebildet hatte, weiterhin einsetzen. Die künstlerischen Sozietäten und Akademieinitiativen, wie z. B. der Deutsche Künstlerverein in Rom, die in ihren jeweiligen Ländern Unterstützung suchten, argumentierten so auf zweierlei Ebenen: mit den aus den Akademien

---

45 Vgl. den Tagebucheintrag von Elisa von der Recke, Tagebuch einer Reise durch einen Theil Deutschlands und durch Italien, in den Jahren 1804 bis 1806, 4 Bde., hrsg. vom Hofrath Böttiger, Berlin 1815–1817, Bd. 3, S. 58.

46 Vgl. Kapitel III. 2.

47 Vgl. die zahlreichen Verweise auf die besseren Arbeitsbedingungen der französischen Künstler, besonders das Zitat Overbecks, in Kapitel IV. 1., III. 2.; II. 1., II. 4. und V. 1.

erwachsenden Vorteilen hinsichtlich der erzieherischen Funktion von Kunst und mit dem aus ihnen erwachsenden Prestige und den Profitsteigerungen auf dem internationalen Kunstmarkt.[48]

In den letzten Jahrzehnten des 19. Jahrhunderts, als nach vielen Versuchen schließlich die Spanier als erste nach den Franzosen eine staatliche Akademie in Rom gründeten und sich mit dem ehemaligen Kloster San Pietro in Montorio auf dem Gianicolo einen der französischen Akademie entsprechenden, exponierten, weithin sichtbaren Standort reservierten, verschärfte sich die gegenseitige Beobachtung unter den Ländern, die noch keinen Akademiesitz besaßen. Die selbstverwaltete *British Academy* hatte kleine Lokale in der Via Margutta angemietet, die noch nicht den Neid der anderen Nationen erregten. Dafür besaß sie aber immerhin das königliche Patronat und die offizielle Anbindung an die ehrwürdige *Royal Academy*.[49] Die österreichischen Rompreisträger arbeiteten weiter im Palazzo Venezia, waren in die Botschaft eingegliedert und damit keine eigenständige Institution.[50] Obwohl aus den deutschen Ländern inzwischen das Deutsche Reich geworden war, besaß es noch immer keine Akademie, und der sowohl in Künstlerkreisen als auch auf politischer Ebene geäußerte Anspruch, mit den Franzosen zu wetteifern, drohte in Kunstsachen irrelevant zu werden. Mittlerweile, so warnten die deutschen Künstler in Rom, ginge es angesichts der Gründungen der anderen Länder nur noch darum, wenigstens nicht hinter den anderen „Culturvölkern" zurückzubleiben.[51] In Deutschland wurden darum vor allem die spanische Entwicklung und die Gerüchte um die Gründungsinitiativen des noch jungen Nationalstaats Belgien und Rußlands mit besonderer Aufmerksamkeit verfolgt.[52] Aber auch seitens der Initiativen Englands, Amerikas und Spaniens wurde auf die angeblich schon bestehenden Akademien der jeweils anderen Länder verwiesen und gerne leicht übertrieben, um die eigenen Ansprüche zu rechtfertigen.[53]

Gegen Ende des 19. Jahrhunderts wollten weitere Länder ihr Rompreisverfahren durch Einrichtung von Akademien in Rom institutionalisieren, darunter auch Brasilien,[54] Argentinien[55] und Ungarn.[56] Diese Beispiele legen nahe, daß zum Erreichen nationaler Unabhängigkeit neben der Ausbildung staatlicher Organe auch die Akademiegründung zu gehören schien wie es sich außer in Südamerika auch in Skandinavien zeigte: Als Norwegen die Unabhängigkeit von Schweden erreichte, wurde 1909 eine neue Kunstakademie gegründet. Noch zusätzlichen Antrieb erhielten die Gründungsinitiativen, als Papst Leo XIII. 1879 das Vatikanische Geheimarchiv öffnete und damit die Gründung von historischen Instituten in Rom anstieß. In dieser intensiven Gründungsaktivität begann zunächst eine fieberhafte, zum Teil gemeinsame Suche von Künstlern und Wissenschaftlern nach geschichtsträchtigen Villen in Zentrumsnähe, ähnlich der Villa Medici mit Hügellage, Blick auf die Stadt und großem Garten für

---

48 Vgl. Kapitel IV. 2.
49 Vgl. Kapitel III. 2.
50 Vgl. Wagner 1972 und 1973.
51 Vgl. Kapitel IV. 2.
52 Vgl. Kapitel II. 4., IV. 2. und IV. 3.
53 Vgl. z. B. Kapitel III. 3., II. 1. und V. 3.
54 Von 1816 bis 1820 konstituierte sich die Akademie in Rio de Janeiro, die 1825 eingeweiht wurde. 1845 wurde ein dreijähriges Reisestipendium wie der *Prix de Rome* eingerichtet; allerdings wurden nach 1854 nur noch Aufenthalte in Paris finanziert, weil dort die Möglichkeit bestand, an der *École des Beaux-Arts* zu studieren. Vgl. Rafael Cardoso Denis, Academicism, Imperialism and National Identity. The Case of Brazil's Academia Imperial de Belas Artes, in: Art and the Academy 2000, S. 53–67, S. 55.

55 1906 wurde die Argentinische Akademie gegründet und im gleichen Jahr kam eine Delegation nach Rom zur Eröffnung einer römischen Dependance. König Vittorio Emanuele III. wollte das Projekt unterstützen, vgl. Enciclopedia Universal ilustrada europeo-americana, Madrid, Bd. 1, o. J., s. v. Academia, S. 862.

56 Die Gründung der ungarischen Akademie geht auf die 1890er Jahre zurück, und sollte in erster Linie ungarischen Forschern erlauben, in den vatikanischen Geheimarchiven zu arbeiten. Vilmos Fraknói, Bischof und Mitglied der ungarischen Wissenschaftsakademie, ließ eine Villa in der Nähe der Via Nomentana an der Piazza F. Girolamo bauen – heute Sitz der ungarischen Botschaft am Heiligen Stuhl. 1894 begann Fraknói auf einem benachbarten Grundstück eine weitere Villa für eine Kunstakademie zu errichten, vgl. Strong 1928, 2, S. 109.

die Landschaftsmaler. Unter den historischen Villen, die zum Ankauf geprüft wurden, waren die Villen Madama, Spada, Mirafiori, Bonaparte, Balestra, d'Este, Falconieri, Sciarra, Aurelia, Aldobrandini, Patrizi, Malta, Ludovisi, Farnesina, Strohl-Fern u. a., doch oft stellte sich der Ankauf dann doch als zu kostspielig heraus.⁵⁷ Die historischen Villen waren nicht nur zu teuer, sondern auch von der Raumaufteilung her meist ungeeignet, so daß ein Neubau auf einem möglichst zentralen Grundstück als Lösung akzeptiert wurde. Deutschland, die USA und England bauten gleichzeitig ab 1910 bis zum Ausbruch des Ersten Weltkrieges an ihren Akademiegebäuden, die vor den Augen der Welt deutliche Zeichen der internationalen Dynamik kultureller Repräsentation der Nationen wurden. Der ehrgeizige Wettbau der zeitgleich im Bau befindlichen Akademien geht neben der Architekturikonographie auch aus schriftlichen Quellen hervor, wie dem Tagebuch des ausführenden Architekten der *American Academy* oder den Briefen Eduard Arnholds, des Stifters der Villa Massimo, die Auskunft darüber geben, daß die Architekten und Direktoren miteinander in Kontakt standen und Vergleiche über Kubikmeterkosten, Ausstattung und Bauschmuck oder über die Größe der Ateliers anstellten.⁵⁸

So entstanden die Akademien in einer Dynamik, welcher in den vorausgehenden Jahrhunderten mehr noch als die Botschaften, die oft in Wohnungen oder übernommenen Palästen untergebracht waren, auch die Nationalkirchen in Rom unterworfen waren, bei denen es auf ähnliche Weise zur wechselseitigen Überbietung des Prunkes kam.

Ende des 19. Jahrhunderts begann im Zuge der papstfeindlichen Politik des italienischen Nationalstaates und der Zulassung auch nichtkatholischer Kulte in Rom, parallel zur Etablierung ausländischer Akademien, eine Gründungsphase internationaler anderskonfessioneller Kulträume. Im gleichen Zeitraum wie die Akademien entstanden die Amerikanisch-Lutherische Kirche in der Via Nazionale (1872–76), die *English Church* in der Via del Babuino (1882–87) und die Valdeserkirche an der Piazza Cavour (1910–14). Mit rechtfertigendem Verweis auf die Kirche der amerikanischen Lutheraner wurde auch von der deutschen evangelischen Gemeinde in Rom auf den Bau einer eigenen Kirche gedrängt (1910–14).⁵⁹ Analoge Mechanismen der Konkurrenz spiegeln sich in kleinerem Maße ebenfalls in der Stiftung der Dichterdenkmäler in der Villa Borghese, mit den Denkmälern für Goethe 1902/04 und Victor Hugo 1905, für Lord Byron, Alexander S. Puschkin, Garcilaso de la Vega, Firdusi usf., – Stiftungen, die sich bis in die sechziger Jahre des 20. Jahrhunderts fortsetzten.

4. Akademieimperialismus

Vor 1914 herrschte in allen europäischen Staaten wie auch in den USA übereinstimmend die Auffassung, daß in der künftigen Geschichtsperiode nur diejenigen Nationen, die sich zu Weltmächten entwickeln würden, die Chance besäßen, über die Zukunft der Menschheit aktiv mitzuentscheiden. Wenn die heimischen Akademiegründungen im 18. Jahrhundert als Ausdruck der Kunstpolitik der absolutistischen Herrscher gewertet wurden, die dadurch die Kunst ihren Zielsetzungen unterwerfen konnten, so lassen sich die Akademiegründungen in Rom zur Zeit des Hochimperialismus,

---

57 Nach der Hauptstadtwerdung Roms stiegen die Preise sprunghaft an. Noch während der sechziger Jahre waren die Villen innerhalb der Mauern nicht viel mehr wert als im 17. Jahrhundert – wo ihre Gärten als Weingärten genutzt wurden. Nach Hauptstadtwerdung bezahlte man für die Anwesen Summen, wie für Grundstücke an internationalen Toplagen wie den Boulevards von London oder Paris. Vgl. Jens Petersen, Rom als Hauptstadt des geeinten Italien 1870–1914, in: Quellen und Forschungen aus italienischen Archiven und Bibliotheken, hrsg. von Deutschen Historischen Institut, Bd. 64, Tübingen 1984, S. 261–83, S. 272.

58 Vgl. Kapitel IV. 4. und V. 4.

59 Vgl. Krüger 1997, S. 375–94. Es wäre interessant, die nichtkatholischen Kirchen in Rom unter ähnlichen Gesichtspunkten wie die ausländischen Akademien zu untersuchen.

1881–1919, als ein Aspekt des damaligen Weltmachtstrebens interpretieren. Wurde die kulturelle Überlegenheit der westlichen Welt auf die Abstammung von antiken Hochkulturen zurückgeführt und als Argument der Kolonisation propagiert,[60] so können die Akademiegründungen in Rom wie eine interne Indoktrinierung oder Selbstvergewisserung der imperialistischen Staaten gedeutet werden, die sich ihres kulturellen Niveaus versicherten.

Neben dem die Gründungsargumentation begleitenden Wunsch, einer Kulturnation Geltung zu verschaffen, versprach eine Akademie in Rom im angespannten Verhältnis der europäischen Großmächte auch unmittelbare politische und diplomatische Vorteile von internationaler Reichweite. Neben den konkreten politischen Absichten, die mit den Gründungen verbunden sein konnten,[61] boten sie außerhalb des offiziellen Protokolls Gelegenheiten der informellen Begegnung staatlicher Repräsentanten auf höchster Ebene, von Monarchen, Staatsoberhäuptern und Diplomaten, aber auch von Vertretern der Wirtschaft und Kultur. Über kulturelle Zusammenarbeit und Projekte ließen sich politische Bündnisse demonstrativ vorführen oder propagandistisch vorbereiten.[62] Aus diesen klar erkannten Nebeneffekten als Mittel politischer Einflußnahme erklärt sich auch das Interesse Bismarcks an den vermeintlichen Gründungsplänen Rußlands.[63]

In erster Linie herrschte die sicherlich noch heute in Teilen gültige Auffassung, die Akademien repräsentierten den kulturellen Stand ihrer Nation und die wirtschaftlichen Kapazitäten, die die entsprechenden Länder für ihre Kultur bereitstellten:

> „An embassy offically represents a government in a foreign capital, but schools devoted to art, to scholarship, to the deepening of interest in the masters of idealism and of literature, interpret the higher life of a nation, and stand, not for the work of its hands, but of its spirit."[64]

Interessant ist hier die Sicht des ersten Direktors der *American Academy*, Jesse B. Carters, auf die Gründungen der Akademien als Zeichen kultureller und künstlerischer Blüte der „jungen" Nationen Amerika, Deutschland und Rußland, die nicht nur ihre humanistische Renaissance ankündigten und von ihrer kulturellen Jugend und Kraft zeugten, sondern auch garantierten, daß durch den Aufenthalt in der Ewigen Stadt der noch „unreife" Geist der Länder sich festige und stärke:

> „There is a reason for an American Academy in Rome. It is because the Eternal City is the city of eternal youth, and that is why America, Germany and Russia, the three young men, strong in their youth, are building at this moment new and beautiful institutions as residences for these artists who are to influence their native lands by giving stability and permanence to the devine gost of youth."[65]

Die historisch-wissenschaftliche Beschäftigung mit Wurzeln und Herkunft eines Volkes, die Erarbeitung einer Argumentation zum Antritt eines Erbes im Dienst der Selbstvergewisserung und Propagierung waren die Grundpfeiler einer auswärtigen Kulturpolitik, wie sie von Theoretikern und Politikern wie Karl Lamprecht entwickelt wurden.[66] Auch von diesen Gedanken beeinflußt, nährte sich die außenpolitische Motivation der Akademiegründungen in Rom von der Auffassung,

---

60 Vgl. Said 1993 und Images of Rome 2001.
61 Vgl. Kapitel II. 2. und III. 3.
62 Besonders die britische Ausstellungsvorbereitung für die Jubiläumsausstellung in Rom 1911 und Akademiegründung sind für diesen Aspekt beispielhaft, vgl. Kapitel III. 3.
63 Vgl. z. B. Kapitel II. 4.
64 Anonym, American Art and Scholarship in Rome, in: Outlook, 24. Dezember 1910, S. 897.
65 Jesse B. Carter, in: Memorandum on the American Academy in Rom, New York 1913, S. 15, zitiert nach Yegül 1991, S. 223, Anm. 25. Zu den ergebnislosen Akademieplänen Rußlands, vgl. Warum weiterhin Rom, Anm. 14.
66 Vgl. Kapitel I. 2.

daß der Nutzen auswärtiger Kulturpolitik in der Sichtbarmachung von zivilisatorischer Reife und Überlegenheit bestand, die ihrerseits kriegerische Expansion rechtfertigte. Ein „Kulturvolk" besaß mehr Anrecht auf territoriale Expansion als eine nur geographisch-nativ definierte Nation, die wissenschaftlich und künstlerisch anderen Nationen nachstand. Aus diesem Zusammenhang erklärt sich der auf den Kulturbereich übergreifende wetteifernde Chauvinismus unter den Staaten.[67]

Die Akademien sollten jedoch nicht nur vor dem internationalen Publikum Roms vom Reichtum und den kulturellen Leistungen ihrer Nationen zeugen. Auch die Ideen der Aufklärung blieben weiterhin aktuell, nach denen die Kultur eines Volkes die Grundlage seiner Identitätsfindung und damit Garantin seiner politisch-nationalen Organisation und Freiheit sei. Über eine gemeinsame Kultur definierte man die Einheit einer heterogenen Bevölkerung. Da aber gerade im kulturellen Bereich Vielfalt herrschte und eine einheitliche Nationalkunst in ihrer Definition zumindest schwierig, wenn nicht gar unmöglich war, kam es zu artifiziellen Konstrukten genuiner Stile und Charakteristika.[68] Damit einher ging die Warnung vor einer künstlerischen Fremdorientierung; ob es sich dabei nun um stilistische Anleihen bei der französischen oder italienischen Kunst handelte, spielte nur hinsichtlich der jeweiligen politischen Verhältnisse und der antifranzösischen Stimmungen eine Rolle. In Deutschland bezeichnete der Begriff des „Epigonentums" die angeblich negativen Auswirkungen auf eine originale „nationale" Kunst, die durch die akademischen Romstudien befürchtet wurden.[69]

Bemerkenswert ist, daß der Begriff „Epigonentum" auch in der imperialistischen Staatskritik auftauchte und hier die Furcht vor einer politischen Erschlaffung bezeichnete, die sich mit der Bildung der Nation begnügte, anstatt in Zukunft eine aktive und leitende Rolle im Weltgeschehen anzugehen. Der junge Max Weber forderte beispielsweise eine „originale" Weltpolitik als Mittel zur Überwindung politischen „Epigonentums".[70]

Die Forderung nach Originalität beherrschte also sowohl den ehrgeizigen Kunst- wie auch den Politikdiskurs. Die gewünschte künstlerische Originalität zur Rechtfertigung des Weltmachtsstrebens konnte jedoch nicht der in den Akademien gesuchte Universalismus der klassischen Kunst sein. Die Widersprüche, zwischen einer „Allerweltskunst" und dem Weltmachtstreben kamen auch in der Schilderung der Ziele der Wilhelminischen Kulturpolitik von Georg Malkowsky, 1912, zur Sprache, der zur Differenzierung drängt:

> „Auch der nicht mehr abzuweisende Weltmachtsgedanke findet seinen schwächlichsten Widerhall in dem Rufe nach einer entnationalisierten, jeder rassigen Eigenart entkleideten Allerweltskunst. Demgegenüber betont Kaiser Wilhelm [...] daß die politische Zukunft dem rassestärksten, die künstlerische dem in seiner Eigenart beharrlichsten Volke gehört."[71]

---

67 Vgl. KAPITEL I. 2.
68 Vgl. ebd.
69 Vgl. KAPITEL IV. 2.
70 „[...] nachdem [...] die Einheit der Nation errungen war und ihre politische ‚Sättigung' feststand, kam über das aufwachsende erfolgstrunkene und friedendurstige Geschlecht des deutschen Bürgertums ein eigenartig ‚unhistorischer' und unpolitischer Geist. Die deutsche Geschichte schien zu Ende. Die Gegenwart war die volle Erfüllung vergangener Jahrtausende, wer wollte fragen, ob die Zukunft anders urteilen möchte? [...] An unserer Wiege stand der schwerste Fluch, den die Geschichte einem Geschlecht als Angebinde mit auf den Weg zu geben vermag: das harte Schicksal des politischen *Epigonenthums* [...]. Entscheidend ist auch für unsere Entwicklung, ob eine große Politik uns wieder die Bedeutung der großen politischen Machtfragen vor Augen zu stellen vermag. Wir müssen begreifen, daß die Einigung Deutschlands ein Jugendstreich war, den die Nation auf ihre alten Tage beging und seiner Kostspieligkeit halber besser unterlassen hätte, wenn sie der Abschluß und nicht der Ausgangspunkt einer deutschen Weltmachtpolitik sein sollte [...]" Max Weber bei seiner Freiburger Antrittsrede, 1895, zitiert nach Wolfgang J. Mommsen, Imperialismus. Seine geistigen, politischen und wirtschaftlichen Grundlagen. Ein Quellen- und Arbeitsbuch, Hamburg 1977, S. 128.
71 Georg Malkowsky, Die Kunst im Dienste der Staatsidee. Hohenzollerische Kunstpolitik vom Großen Kurfürsten bis auf Wilhelm II., Berlin 1912, S. 242.

So wurde der römische Akademiegedanke immer in Frage gestellt: Das Klassische konnte als Hoheitskunst bezeichnet werden, aber aufgrund seines Strebens nach Universalität auch als schwach und nicht nationalistisch, weil universal, interpretiert werden. Besonders stark erscheint der Gegensatz, wenn man sich ins Gedächtnis ruft, daß die akademische Kunst schon seit mehreren Jahrhunderten europaweit mit ähnlichen ästhetischen Kriterien hantierte und von nationalen Eigenheiten in der akademischen Kunstpraxis kaum ernsthaft gesprochen werden konnte. Die klassizistisch geprägte Ideologie der Akademien, ihre Suche nach dem absolut Schönen und Regelhaften stand im Gegensatz zu regionalen oder nationalen Abweichungen. Darüber hinaus pflegten die Akademien im 19. Jahrhundert einen internationalen Wettbewerbsgedanken, der insofern nachvollziehbar war, als die künstlerische Werteskala tatsächlich international gültig war. Um so absurder erscheint das Beharren auf nationalem Eigenwert und künstlerischer Originalität bei gleichzeitiger Bemühung, im internationalen Vergleich gut abzuschneiden.

So kam es zu der höchst widersprüchlichen Konstellation der Gründungsinitiativen. Der Staat stand als Vertreter eines gesellschaftlich-politischen Anspruchs hinter den Gründungen, war jedoch als moderner Nationalstaat gleichzeitig bemüht, die Idee der Nation als seine eigene Bestandsvoraussetzung zu verteidigen. Daher rührte die Zurückhaltung gegenüber den durchaus auch auf Universalismus und das Kosmopolitische zielenden Einrichtungen der Akademien in Rom.

Da die Akademien jedoch auch Wahrer von Traditionen waren, konnten sie auf Unterstützung konservativer Kräfte im Staat hoffen, denn die traditionellen Werte in der Kunst standen für konservative Anschauungen in der Politik. Wieder ist es Malkowsky, der die konservative Kunstpolitik des Deutschen Kaiserreiches in diesem Sinn nietzscheanisch verbrämte, aber offenherzig zum Zwecke des Machterhalts verteidigte:

> „Die Wertschätzung überkommener und bewährter Formen führt zu einer Kontinuität des Kunstschaffens, gegen das die „Moderne" mit ihrem Schlachtruf: „Los von der Tradition" vergeblich ankämpft. Die Folgerichtigkeit der Politik findet in der Folgerichtigkeit der Kunst ihre Ergänzung. Die eine wie die andere wurzeln im Willen zur Macht."[72]

Die Lossagung der künstlerischen Avantgarden von den geltenden Regeln akademischer Kunst wurde – immer aus der Überzeugung heraus, daß Kunst staatstragende Funktion innehat – gleichgesetzt mit der Lossagung vom geltenden Gesellschaftssystem. Gegen die regelbrechenden Avantgarden wurden Bilder und Themen aus der bürgerlich-klassischen Bildungswelt als versichernder Rückblick in die Geschichte positioniert, Bilder, die weiterhin vor der Kulisse einer heilen und heroischen Welt mit schönen Kostümen operierten. Mit manchen Werken der Starakademiker wie Lawrence Alma Tadema, Edward Poynter, Hermann Prell, Carl Theodor von Piloty, Francesco Hayez, Hans Makart, Cesare Maccari oder Edwin Blashfield, mit ihrem „Olymp des Scheins", war auch der Versuch einer Rettung der bestehenden Ordnung und der kulturellen Werte unternommen worden – und zwar mit einer gewohnten, auf breite Öffentlichkeit abgestellten, idealisierenden akademischen Bildsprache gegen den „proletarischen Sumpf" eines kritischen Realismus.[73] In ihrem Eklektizismus sind diese Bilder auch typisch für den Kompromiß, den die verschiedenen gesellschaftlichen Kräfte mit dem Akademiegedanken eingingen: Im Festhalten am Rompreis manifestierte sich mit gesammelter Energie, und zwar als Ergebnis einer sich gegenseitig neutralisierenden Mischung der konträren Ansprüche, noch einmal der Klassizismus – ein Klassizismus, der in Rom seine ursprüngliche Quelle

---

72 MALKOWSKY 1912, S. 242.   73 WAPPENSCHMIDT 1984, S. 75.

und originäre Frische und einen goldenen Mittelweg zwischen den drohenden Extremen des Akademischen oder des Charakteristischen suchte.[74] Wie in Agonie gegenüber der künstlerischen Moderne sammelten sich bewahrende Kräfte und bauten in einer letzten Anstrengung die Akademien.

Angesichts der drohenden Krise der akademischen Malerei und der klassischen Bildgattungen, des erzählenden Malens und der figurativen Skulptur nach dem klassischen Kanon wurde versucht, dem Kurs des Neuen gegenzusteuern.[75] Akademiker, Politiker, Staatskünstler, die verschiedenen Vertreter des Kulturestablishments, alle waren sich trotz unterschiedlichster Voraussetzungen und Positionen bei den Akademiegründungen bezüglich der Bestandssicherung der abendländischen Kunstgeschichte als existentieller Vorlage für Kunst einig und bekamen Unterstützung durch das internationale Konkurrenzklima, in dem versucht wurde, kulturelle Einflußzonen auszuweiten. Die privaten Stifter wiederum konnten als gute Patrioten die Idee einer öffentlichen, höheren Kunst fördern und sahen in dem allgemeingültigen klassischen Modell, wie es Rom offerierte, keinen Widerspruch zur nationalen Staatsentwicklung. Im Gegenteil, den globalen Unternehmern unter ihnen war die nationale Abschottung, egal ob im Kulturellen oder Politischen, nur ein Hindernis.

Unter den maßgeblich beteiligten Stiftern und Förderern der hier besprochenen Akademien in Rom waren einige assimilierte Juden wie Eduard Arnhold und Isidore Spielmann, Freimaurer wie Emilio Castelar oder beiden Gruppierungen zugehörig, wie Ernesto Nathan, der römische Bürgermeister und Großmeister der Loge. Sie hatten entweder einen freimaurerisch beeinflußten Humanismus als ideellen Hintergrund oder kamen, wie Castelar, Nathan, Arnhold und John Pierpont Morgan aus dem antiklerikalen Milieu des Liberalismus.

Einige der Stifter, die aufgrund ihrer herausragenden Stellung in der Energie- und Verkehrswirtschaft ihre Länder auf internationalen Handelstreffen vertraten, kannten sich persönlich, wie Eduard Arnhold und John Pierpont Morgan. Auch über Nathan mag es verschiedene Kontakte gegeben haben. Morgan war nicht nur persönlich mit Nathan befreundet, sondern auch mindestens zweimal bei Vittorio Emanuele III. eingeladen.[76] Einzelne Persönlichkeiten des britischen Gründungskomitees, wie der britische Botschafter, Renell Rodd und Isidore Spielmann, waren dem Bürgermeister ebenfalls freundschaftlich verbunden. Den Mäzenen, wie Pierpont Morgan oder Eduard Arnhold, deren Reichtum zu Hause seinesgleichen suchte, bot die Akademiestiftung nicht nur Gelegenheit, sich nun im globalen Kontext mit anderen Weltmillionären zu messen, sondern auch mit dem berühmtesten Kunstförderer der Geschichte, Maecenas, in einen privat sicher stimulierenden Dialog zu treten.[77]

5. Von Historisierung und Kopie zu Ästhetisierung und Kult

Die Verwendung der Gattung der Historienmalerei als politisch-kulturelles Instrument in den aufkommenden Nationalstaaten führte zu einer staatlich geförderten Monumentalkunst und zur Forderung von Künstlern und Kunsttheoretikern nach dafür geeigneten Studieneinrichtungen wie den

---

74 Vgl. die Verwendung des Begriffpaares in Bezug auf die akademische Doktrin im 19. Jahrhundert bei Paul Landowsky, Peut-on enseigner les Beaux-arts? Paris 1948, S. 60 und 198.

75 Pablo Picasso faßte rückblickend den Moment der Bedrohung folgendermaßen zusammen: „Die Griechen, Römer, Ägypter hatten ihre Regeln. Ihrem Kanon konnte sich niemand entziehen, weil die sogenannte Schönheit durch Definition in diesen Regeln enthalten war. Aber sobald die Kunst jede Verbindung zur Tradition verloren hatte und jene Befreiung, die mit dem Impressionismus begann, jedem Maler gestattete, zu tun, was er wollte, war es mit der Malerei vorbei." Zitiert nach: Ders., Über Kunst, Zürich 1988, S. 11/12.

76 Vgl. SATTERLEE 1939, S. 578.

77 Vgl. Ausst.-Kat. C. Cilnius Maecenas. Urbild aller Förderer der Kultur, hrsg. von Bernard Andreae, Mitteilungen des Deutschen Archäologischen Instituts, Sonderdruck, Rom 2006.

Akademien in Rom. Die Kunst historischen Inhalts wurde seit jeher als Mittler der Staatsidee in Dienst genommen. Da das Interesse an der Geschichte lange Zeit nur die antiken Epochen betraf, eigneten sich ausnahmslos römisch-antike Motive und Kulissen zu bildnerischer Nacherzählung. Der Romaufenthalt sollte den Künstlern zum einen den künstlerischen, formalen und wirkungsästhetischen Reichtum der großen Kunstwerke nahebringen, zum anderen aber auch konkrete, motivische Vorlagen bereitstellen. Nachdem jedoch im 18. Jahrhundert, aufgrund der Erklärungen zur Kunstentwicklung durch Winckelmann und Herder, ein historisches Bewußtsein geweckt und Geschichte als Genese, fallbezogen und nachantik, erkannt wurde, mußte sich die Kunst neben ihrer stilistischen Bemühung um die Antike nun auch mit der *authentischen* Wiedergabe nichtantiker Begebenheiten befassen.

Oft näherte sich die wissenschaftliche Geschichtsforschung über eine bildhafte und ästhetische Rekonstruktion ihrem Gegenstand.[78] Die Künstler übernahmen im Historismus zunehmend die Rolle der Vergegenwärtiger und Inszenatoren der Geschichte. Indem die Kunst die Vorstellung von der jeweils vergangenen Zeit prägte und das Geschichtsbewußtseins der Betrachter beeinflußte, nahm die Verwissenschaftlichung der Kunst beziehungsweise, wie kritisch bemerkt wurde, die „Überfremdung der Kunst durch die Wissenschaft" überhand.[79] Waren zuvor die Künstler bei der Wiederentdeckung der Antike und den Naturwissenschaften als Dokumentatoren und Illustratoren gefragt, erhielt die Teilhabe der Kunst an den Wissenschaften im 19. Jahrhundert eine andere Qualität, da Kunst nun selbst als wissenschaftsähnliche Kulturaktivität verstanden wurde, die dem Wohl der Menschheit zu dienen habe.[80] Die wichtige Rolle der Kunst – nicht nur ihre illustrative Dienstleistung für die Wissenschaften – wurde auch in der Forderung nach einer Akademie in Rom unterstrichen. In einem Memorandum als Erwiderung auf die 26. Sitzung des Reichstages 1879 wiesen deutsche Künstler in Rom mit Blick auf die Hochschätzung der Wissenschaften im Kaiserreich und die Finanzierung wissenschaftlicher Institute in Italien auf die fruchtbare Verbindung zwischen Wissenschaft und Kunst bzw. zwischen Archäologie und Kunst hin, weshalb letztere eine vergleichbare Förderung verdiene. Im künstlerischen Schaffen, das der visuellen und materiellen Wiedererschaffung verlorener Gegenstände diente, sahen sie die eigentliche Voraussetzung für ein historisches Verständnis der Vergangenheit. Damit pochten die Künstler erneut auf ihre Fähigkeit zu ästhetischer Verarbeitung von Geschichte und ihre emphatischen, vermittelnden Qualitäten zwischen vergangenen Kulturen, Gegenwart und Zukunft.[81]

> „Ohne Zweifel ist es von großem Interesse, dass wir durch die rückblickende Wissenschaft das Alterthum mehr und mehr kennen lernen, aber erst das Können, die schaffende Kunst vermag die wichtigsten Früchte aus dem alten Kulturboden zu ziehen. Würde es doch ohne die Kunst keine Archäologie geben!"[82]

Auf der handwerklich praktischen Seite der Kunst vollzog sich ein Wandel. Erweiterten sich im 18. Jahrhundert die wissenschaftlichen Methoden, um sich ein Bild vergangener Epochen zu machen, erwuchsen zusätzliche Fähigkeiten nun auch in der Kunsttechnologie: Künstler beherrschten inzwischen so verschiedene Darstellungsmodi, daß sie auch fähig waren, in anderen Epochenstilen und -techniken zu arbeiten, wie beispielsweise neoklassizistisch oder im „primitiven" Stil des

---

78 Vgl. SCHLAFFER 1975.
79 Gerd Wolandt, Objektivismus im Kunstbewußtsein und der Kunstphilosophie des 19. Jahrhunderts, in: Kunst als Bedeutungsträger. Gedenkschrift für Günter Bandmann, Berlin 1978, S. 533–39, S. 536.
80 WOLANDT 1978, S. 536.
81 Ähnlich auch Emilio Castelar, vgl. KAPITEL II. 2.
82 Vgl. MEMORANDUM 1879.

Quattrocento; gleichzeitig wurden Restaurierungen, Rekonstruktionen und auch Fälschungen mit einer bisher nicht dagewesenen Perfektion hergestellt.[83] Das Paradoxe an der Situation war, daß parallel zur Erweiterung der technischen und imitierenden Fähigkeiten der Künstler auch mechanische Reproduktionstechniken wie die Photographie entwickelt wurden, welche die manuellen Errungenschaften, die die Akademien bis hin zu einem „Kult der Technik"[84] pflegten, überflüssig machten oder zumindest entwerteten.

Die Künstler wurden durch die Fähigkeit, wie die Alten Meister zu arbeiten, Historikern ähnlich, die sich in alte Epochen hineinversetzen und diese schildern: Bei der rekonstruktiven Imagination, besonders im Rahmen des Rompreisverfahrens, waren keinerlei fantasievolle Spekulationen erlaubt. Deutlich wird das in der zentralen Studienmethode während des Romaufenthaltes, dem Kopieren nach alten Meisterwerken, und den Erwartungen, die damit verknüpft waren. Mit der Anfertigung von Kopien wurden zwei Ziele verfolgt: erstens die Vervielfältigung jener Kunstwerke, die als Meisterwerke eingestuft wurden und begehrt waren, und zweitens die Ausbildung und Perfektion des künstlerischen Könnens durch das Nachahmen von Vorlagen. Bei der Kopie zum Zweck der Vervielfältigung stand der Anspruch auf Authentizität dem Wunsch nach einer möglichst getreuen „Abbildung" bei weitem nach.[85] Als Ausbildungsmethode stellte die Kopie eine Nachahmung, *Imitatio*, dar, die im allgemein anthropologischen Sinn zu den seit der Antike anerkannten Lernmethoden zählt: Imitation ist, der sophokleischen Hypothese zufolge, die Essenz des Menschen.[86] Die in der Antike durchaus dazugehörige Nachahmung der Natur ordnet Winckelmann mit seiner berühmten Feststellung, „Der einzige Weg für uns, groß, ja, wenn es möglich ist, unnachahmlich zu werden, ist die Nachahmung der Alten," der Nachahmung der Kunst der Vorgänger unter.[87]

Von den Kopien oder Bauaufnahmen, die die Akademien als Probearbeiten von den Rompreisstipendiaten forderten, wurde also nicht nur erwartet, daß sie den Malern oder Architekten durch Nachahmung des Entstehungsprozesses technische Fertigkeiten vermittelten, um den eigenen Ausdrucksmöglichkeiten eine handwerkliche Basis zu verschaffen, sondern die dem Original sklavisch folgenden Reproduktionen wurden als willkommene Gegenleistung für die gewährte Reiseunterstützung verstanden. Die akademischen Lehrer und Schüler glaubten, durch die Kopie nicht nur eine Replik herzustellen und der Bildgenesis näher zu kommen, sondern sich in den Künstler einzufühlen und seinem Geheimnis, dem unfaßbaren „Fluidum" seiner Kunst, nachzuspüren.[88] Durch das intensive Eindringen in den Schaffensprozeß wurden auch „Fehler" entdeckt, so daß ein Gefühl der Überlegenheit entstand, das eine Korrektur der Vorbilder anregte,[89] manchmal aber auch eine Atmosphäre von Vertrautheit und Nähe suggerierte, die die sympathetische Annäherung an den verehrten Meister verstärkte: „We

---

83 Vgl. KAPITEL I. 1. und Ulrike Ilg, Restaurierung, Kopie, Fälschung. Zur Authentizität des Falschen im Ottocento, in: Pittura italiana nell'Ottocento, hrsg. von Martina Hansmann und Max Seidel, Venedig 2005, S. 367–84.

84 BOURDIEU 1993, S. 244.

85 Die Kopie und Vervielfältigung von Kunstwerken, eine von der Antike an gepflegte künstlerische Praxis, wurde erst mit dem Entstehen moderner mechanischer Reproduktionstechniken als Tätigkeit von Künstlern immer mehr in Frage gestellt. Mehrere jüngere Arbeiten setzen sich mit dem Problem der Kopie seit der römischen Kunst bis heute auseinander und richten ihr Augenmerk mehr auf ästhetische Implikationen als die bisherige Kopienkritik, vgl. z. B. Rosalind E. Krauss, Retaining the Original? The State of the Question, in: Retaining the Original. Multiple Originals, Copies, and Reproductions, Center for Advanced Study in the Visual Arts, Washington D. C. 1989, Einleitung, S. 7–12.

86 Vgl. POCHAT 2001, S. 11–47.

87 Johann Joachim Winckelmann, Gedanken über die Nachahmung der griechischen Wercke in der Malerey und Bildhauer-Kunst, Dresden 1755.

88 Vgl. KAPITEL I. 1.; DURO 2000, S. 133–49, S. 134 und BOIME 1971, S. 123/24.

89 Vgl. Solás Aufforderung zur Korrektur von Raffael, KAPITEL II. 1. bzw. Reynolds Befremden über die akademischen Bemühungen, Raffael zu korrigieren, vgl. KAPITEL III. 1. und Pierre Paul Prudhons Bemerkung, daß seine Kopie nach Pietro da Cortonas Deckenfresko im Palazzo Barberini in Rom mindestens genauso gut, wenn nicht besser geworden sei, samt weiterer Beispiele bei BOIME 1971, S. 125 f.

stand before a picture of some great master, and fancy there is nothing between him and us."[90] Paul Baudry, einer der fleißigsten Kopisten der Werke Michelangelos und Raffaels, sprach mit Ehrfurcht von seiner Begegnung mit Raffael: „In unserer stillen Konversation hat er mir das Geheimnis seiner Anmut und seines bewunderungswürdigen Stils gelehrt." Die Kopierpläne Henri Regnaults anläßlich seiner Spanienreise verleiteten diesen zu einer extremen Metapher, „Ich möchte Velasquez ganz verschlingen."[91] – in der sich die tiefe Sehnsucht ausdrückt, die künstlerische Begabung der Alten Meister zu fassen zu bekommen.

In dem Glauben an die künstlerische Befruchtung durch die Wiederholung des Werkprozesses, die beanspruchte, die Machart, das *faire*, zu wiederholen, scheuen die Künstler keine Mühe:[92] Regnault bereute aber später, den Versuch unternommen zu haben, Velasquez' Malweise zu imitieren, denn es schien ihm kaum möglich, dessen intuitiven Pinselstrich, spontan und gleichzeitig strichgenau, ein zweites Mal auf die Leinwand zu setzen. Die hohe Erwartung der Künstler an die alten Bilder und die kollektive und rituelle Nachmalerei ließ Albert Boime den Vorgang mit dem primitiven Glauben an sympathetische Magiepraktiken vergleichen, oder mit dem irrationalen Versuch, Abwesendes durch fetischistischen Umgang mit den hinterlassen Spuren bzw. durch deren Reproduktion neu zu vergegenwärtigen.[93] Die Akademie selbst ermutigte zum fetischistischen Umgang mit der Kopie der alten Meisterwerke, denn zwischen dem Modell und dem Künstler sprosse eine „geheime Beziehung", die in letzterem Vibrationen hervorrufe, die mit denen eines Streichinstruments verglichen werden könnten.[94] Ingres, in seiner Funktion als Direktor der Französischen Akademie in Rom, riet seinen Schülern: „geht zu … den Alten Meistern, sprecht mit ihnen – sie sind lebendig und werden antworten. Sie sind eure Lehrmeister, ich bin nur ein Assistent in ihrer Schule."[95] Ingres selbst ging einen anderen Weg: Im dem Künstlerportrait *Raffael und die Fornarina* (Abb. 3) verarbeitete er Raffaelsche Versatzstücke mit dem Ziel einer Vollkommenheit, die er selbst noch durch die Replik seiner Bilderfindungen zu perfektionieren suchte. Von dem Gemälde existieren mindestens vier Versionen in Öl (1813–60), wobei die neueste die jeweils ältere Version übertreffen sollte; von seinem Gemälde *Paolo und Francesca* gibt es sogar 18 Versionen.[96] Mit diesem „Sich-Selbst-Kopieren" richtete Ingres wie in einem Umkehrschluß, die rezeptive Repetition, die sonst den Alten Meistern gebührte, auf sich selbst.

Vor dem Hintergrund der positivistischen Verwissenschaftlichung des 19. Jahrhunderts lag in den Erwartungen an die Kopie etwas hochgradig Unwissenschaftliches, Romantisch-Begeistertes: Gerade das traute man den große Werken der Vergangenheit zu, daß sie das schwierig Faßbare, das, was sie als zeitlose Kunst ausmachte und dessen man auch durch feinste Technik und Theorie nicht habhaft wurde, vermitteln könnten. Das Ziel des Kopisten war es, dem Genie sein Geheimnis zu ent-

---

90 HAZLITT 1827, S. 136.
91 Übersetzt zitiert nach BOIME 1971, S. 124.
92 „Le talent des faiseurs de pastiches et de copies consiste à s'approcher le faire des peintres dont ils imitent ou copient les ouvrages." M. Boutard, Dictionnaire des arts du dessin, Paris 1838, S. 285.
93 Neben der direkten Wortabstammung des Begriffs ‚Fetisch' vom lateinischen ‚facticius' = nachgemacht, künstlich, wies Albert Boime auch auf die etymologische Verwandtschaft zwischen dem Wort faire im Französischen, lateinischen facticius-facere, dem portugiesischen feitico und den Ausdrücken der Macht bzw. der Verhexung. (facturari, factura) hin – eine Verwandtschaft, die ähnlich auch im Deutschen zwischen dem Verb ‚machen' und dem Subjektiv ‚Macht' besteht, vgl. Alfred C. Haddon, Magic and Fetishism, London 1910, S. 66/7.
94 Vgl. M. Boutard, Dictionnaire des arts du dessin, Paris 1838, S. 285.
95 Zitiert nach BOIME 1971, S. 124.
96 Vgl. Ausst-Kat. In Pursuit of Perfection. The Art of J. A. D. Ingres, hrsg. von Patricia Condon, Louisville 1983 und Rosalind E. Krauss, You Irreplaceable You, in: Retaining the Original. Multiple Originals, Copies, and Reproductions, Center for Advanced Study in the Visual Arts, Washington D. C. 1989, S. 151–59.

Abb. 3: Jean-Auguste-Dominique Ingres, Raffael und die Fornarina, 1814, Fogg Art Museum, Harvard University

reißen.[97] Mit der ehrfürchtigen Wiederholung der ursprünglichen schöpferischen Tätigkeit wurden Hoffnungen auf künstlerische Offenbarung und Vererbung verknüpft, die dem Kontakt mit dem Kunstwerk eine fast magische Übertragungsfunktion zuschrieben. In der Einfühlung in die Vergangenheit, die sich bis in die Lebensform in der Akademie und den römischen Aufenthalt, den tatsächlichen Wirkungsort der verehrten Künstler, wie Raffael oder Michelangelo, fortsetzte, bestand sogar eine doppelte Kopie, eine zweifache rituelle Annäherung, die nicht nur den Schaffensprozeß nachahmte, sondern außer den Werken auch die gleichen Gassen, Plätze, Paläste und Kirchen wie die Alten Meister aufzusuchen, also wortwörtlich in deren Fußstapfen zu treten suchte.

Die Akademiestudenten des 19. Jahrhunderts in Rom kopierten die Werke der Alten Meister und imitierten die Tätigkeit der Künstler vergangener Epochen. In den Akademien konnten Künstler so wohnen wie früher die Renaissancekünstler in den Villen ihrer *Padroni*. In Rom, in der historischen Umgebung und in der Nähe der großen Kunstwerke wurde das Leben selbst zur Kopie eines vergangenen Lebens. So war eine Gesamtinszenierung möglich, die die eigenen Werke mit dem Leben und dem Empfinden der Alten Meister tränken sollte. In den Akademien zeigten sich die Künstler nicht nur als die Schöpfer einer historistischen Kunst, sondern lebten historistisch und emulierten mit Leib und Seele die Vergangenheit.

Die Verehrung für die Vergangenheit war so stark, daß nicht selten ein Totalverlust der eigenen Kreativität eintrat. Der spätere Essayist William Hazlitt gab seine Künstlerkarriere schließlich auf und

---

97 A. Lecoy de la Marche, L'Académie de France à Rome, Paris 1874, S. 366.

hinterließ 1827 eine der sarkastischsten und verzweifeltsten Schilderungen der Kunststudien in der Ewigen Stadt. Er warnte zunächst vor dem Hochmut, der durch die scheinbare Nähe zu den Meisterwerken entsteht:

> „We think that a familiaritiy with great names and great works is an approach to an equality with them; or fondly proceed to establish our own pretensions in the ruins of others, not considering that if it were not what we *do*, but what we *see*, that is the standard of proficiency, thousands of spectators migth give themselves the same airs of self-importance."[98]

Der Glanz und die Wichtigkeit der alten Werke übertrugen sich auf die Betrachter, die sich in ihrer Nähe erhöht fühlten. Der Künstler, der die Werke kopierte, wagte den irreführenden Gedanken, große Kunst wäre gar nicht so schwer, und in der Kopie entstünde etwas, das den Meisterwerken tatsächlich ähne:

> „But after I had once copied some of Titian's portraits in the Louvre, my ambition took a higher flight. Nothing would serve my turn but heads like Titian – Titian expressions, Titian complexions, Titian dresses: and as I could not find these where I was, after one or two abortive attempts to engraft Italian art on English nature, I flung away my pencil in disgust and despair."[99]

In Verzweiflung über die Unvereinbarkeit der eigenen Kultur und Zeitgenossenschaft mit den künstlerischen Vorbildern warf Hazlitt den Pinsel aus der Hand. Er mußte erkennen, wie hoffnungslos weit entfernt das 19. Jahrhundert von der Renaissance war, deren Zeugnisse und Vollkommenheit in ihrer übermächtigen Präsenz jeden eigenen künstlerischen Versuch im Kern erstickten:

> „If it were nothing else, the having the works of the great masters of former times always before us is enough to discourage and defeat all ordinary attempts. How many elegant designs and meritorious conceptions must lie buried under the high arched porticoes of the Vatican! The walls of the Sistine Chapel must fall upon the head of inferior pretensions and crush them. […] What is it we could add, or what occasion, what need, what pretence is there to add anything to the art after this?"[100]

Später sollte die Verzweiflung über das Kunsterbe zu Tagträumen terroristischen Charakters, wie demjenigen Édmond Durantys, führen: „Je viens du Louvre. Si j'avais eu des allumettes, je mettais le feu sans remords à cette catacombe, avec l'intime conviction que je servais le cause de l'art à venir."[101] Doch neben der Feststellung, daß die Meisterwerke den Mut zu eigener Kreativität zunichte machten, beobachtete Hazlitt auch den Effekt der Identifizierung mit der Größe der Vergangenheit, die sich auf die simple gleichzeitige Anwesenheit und eine vage Hoffnung, in Zukunft etwas den verehrten Meistern ähnliches zu erschaffen, stützte. Wie verhext von der Größe der Antike und der Umgebung, dem Leben in den Ruinen, war der Ort mit all den bedeutenden Werken erdrückend; aber die gefährliche Passivität wurde durch das Hochgefühl, Teil am Großen zu haben, überlagert – ein Trugschluß, den Hazlitt treffend entblößt: „The *being at* Rome (both from the sound of the name and the monuments of genius and magnificence she has to show) is of itself a sufficient distinction without doing anything there."[102]

---

98 Hazlitt 1827, S. 135.
99 Ebd., S. 139.
100 Ebd., S. 138.

101 Zitiert nach Goldstein 1996, S. 129.
102 Hazlitt 1827, S. 135 und zu der Verzauberung durch geschichtsträchtige Orte vgl. auch Siegel 2005.

Die Unerreichbarkeit der vergangenen Genies und die lähmende Verehrung fanden schließlich ein künstlerisches Ventil. In der verehrenden, zuweilen sakralisierenden Darstellung der großen Meister, wie beispielsweise den zahlreichen Raffaelportraits der Zeit oder Franz Pforrs Zeichnung, *Raffael, Fra Angelico und Michelangelo auf einer Wolke über Rom,* 1810, läßt sich eine Thematik sehen, die es erlaubte, von sich und der eigenen inbrünstigen Verehrung zu sprechen und dennoch die Haltung der Rückwärtsgewandheit nicht zu verlassen.[103] Allerdings waren diese Themen im Gegensatz zum 18. Jahrhundert weniger Zeichen der Verehrung für *das* eine Meisterwerk, als vielmehr der Bewunderung der Persönlichkeit und des Schicksals des Künstlers. In der aufkommenden Künstlerbiographik, in den Memorialveranstaltungen,[104] in den künstlerischen Darstellungen der Künstlergestalten, die sich in der ersten Hälfte des 19. Jahrhunderts häufen, und in Gedenkräumen wie z. B. dem Raffaelsaal der Akademie in St. Petersburg oder im Orangerie-Schloß in Potsdam, die außer mit Kopien seiner Werke auch mit Portraitbüsten geschmückt waren, wurde der Alte Meister als Heiliger, Star und Kultfigur verklärt.[105]

Die Verehrung war einerseits Ausdruck einer Sehnsucht nach einer besseren Vergangenheit, andererseits reflektierte sie auch den Wunsch nach einer ebensolchen Anerkennung durch die Zeitgenossen: Bei den Gedenkfeiern zu Ehren Raffaels, Dürers, Canovas oder Michelangelos, oder den zahllosen Gemälden zu Künstleranekdoten „handelt es sich fast durchwegs um Verklärungen der gesellschaftlichen Integration, der höchsten Anerkennung und der Offenbarung der Genies von Masaccio bis Rubens. Könige verneigen sich vor Künstlern, Begräbnisse bei denen das Volk trauert."[106]

6. *Et in Academia ego* – die Akademie als Kunstwerk

Die Verehrung der Alten Meister war einerseits Ursache und andererseits Folge der hohen Ansprüche an die Kunst, die den zeitgenössischen Künstler so oft scheitern ließen. Zahlreiche literarische Verarbeitungen des 19. Jahrhunderts thematisieren dieses Scheitern an dem absolut gesetzten Ideal der Kunst.[107] Angeregt durch den Blick der Schriftsteller auf die Künstler des 19. Jahrhunderts und deren zahlreich kolportierte Schaffenskrisen[108] – beginnend mit Balzacs Erzählung *Le chef-d`oeuvre inconnu*, 1831, in der des Malers Bemühungen um ein Super-Bild am Schluß der Erzählung in einem „Geschmier" von Linien und Farben enden – verfolgte die Kunsthistoriographie der letzten

---

103 Vgl. die Bildnisse von Dürer, Raffael usw. die LIEBENWEIN-KRÄMER 1977, S. 222–352 nennt und KAPITEL I. 3.
104 Beispielsweise seien genannt: 1820 die Feiern zum 300jährigen Todestag Raffaels in Rom, mit Exhumierung seines Leichnams in Anwesenheit des Papstes, das Raffaelfest in der Berliner Akademie der Künste und die Raffaelfeiern in München und Mainz; 1822 die Trauerfeierlichkeiten zu Ehren Canovas in ganz Italien mit der makabren Aufteilung seines Leichnams, gleich den Reliquien eines Heiligen, zwischen Venedig, Rom und Possagno; die Dürerfeiern zum 300. Todestag 1828 in verschiedenen deutschen Städten und die Exequien Michelangelos in Florenz 1864, vgl. BÄTSCHMANN 1997, S. 78 ff.
105 Als frühe Bilder dieser Hinwendung ließen sich Nicolas-André Monsiau, Der Tod Raffaels (1804), Pierre-Nolasque Bergerets, Honneurs rendus à Raphaël après sa mort (1806) und Ingres', Leonardo stirbt in den Armen von Franz I. (1818) anführen, vgl. BÄTSCHMANN 1997, S. 78 ff und KAPITEL I. 2.
106 BÄTSCHMANN 1997, S. 78; vgl. auch BELTING 1998, S. 107–15.
107 Genannt seien Honoré Balzac, Vetter Pons, 1847; Gustave Flauberts, Bouvard und Péchuchet, 1874 und Gottfried Keller, Der Grüne Heinrich, 1854/55. Vgl. auch Alexandra Pontzen, Künstler ohne Werk. Modelle negativer Produktionsästhetik in der Künstlerliteratur von Wackenroder bis Heiner Müller, Berlin 2000.
108 Vgl. Angelica Rieger, Alter Ego. Der Maler als Schatten des Schriftstellers in der französischen Erzählliteratur von der Romantik bis zum Fin de siècle. Pictura et Poesis, Bd. 14, Köln – Weimar 2000.

Abb. 4: Franz Pforr, Raffael, Fra Angelico und Michelangelo auf einer Wolke über Rom, 1810, Städelsches Kunstinstitut Frankfurt am Main

Abb. 5: Pelagio Palagi, Le belli arti alla tomba di Raffaello, um 1802, Bibliotheca dell'Arciginnasio Bologna.
Um die Raffaelherme im Pantheon versammeln sich die Musen der Poesie, Architektur und Skulptur um die Malerei zu krönen

Jahre die Ideengeschichte des Werkes,[109] und dabei vor allem, wie das Kunstwerk den neuzeitlichen kunsttheoretischen Forderungen immer weniger gerecht wurde, da es nicht mehr einfach ein Objekt darstellen sollte, sondern kunstimmanenten Kriterien, wie Form, Symbolisierung und Originalität, folgend, es nun auch *ästhetisch* aufladen sollte.[110] Hans Belting ging von der These aus, daß sich vom Zeitpunkt der ersten Museumsgründungen an der bürgerliche Kunstbegriff so perfektioniert habe, daß die Künstler in eine tiefe Schaffenskrise gerieten. Die abstrakte Idee des absolut gesetzten Kunstideals ließ eine konkrete Umsetzung im „Bild" bzw. „Werk" kaum noch zu. Das vergebliche Bemühen um die Realisierung eines utopischen Kunstideals, das aufgrund des zu hohen Anspruches ‚unsichtbar' bleiben muß, brachte den Maler in die paradoxe Situation, sein Leben einer Kreativität zu weihen, die ohne Produktivität auskommen mußte.[111]

Doch nicht nur in der Literatur, sondern auch in der Kunst selbst gab es Hinweise auf die Gedankenschwere und Konzeptualität des Kunstwerks im „Zeitalter der Kunst" (Belting), die sich vermehrt besser durch die Darstellung des Künstlers selbst bzw. dessen schöpferischen Gedankens verkörpern ließ, als durch ein realisiertes Kunstwerk: Schon Raffaels Selbstbildnis ohne Hände weist Andreas Beyer zufolge über den kunstsozialen Aspekt, seine Kunst als Geistesarbeit und nicht als Handwerk zu demonstrieren, hinaus auf eine kunsttheoretische Dimension.[112] Das Kunstwerk sei in erster Linie ein Ideenwerk, das sich in seiner Idealität zwar vorstellen, aber immer weniger malen ließ: Als Ausweg künstlerischer Selbstthematisierung fungiert das Bildnis des Künstlers und erst recht während der Romantik das Bildnis des Alten Meisters. Angesichts der hohen Anforderung, ein den alten Meisterwerken ebenbürtiges Kunstwerk zu schaffen, konnte die Darstellung Raffaels, also desjenigen Künstlers, der in den Augen des 19. Jahrhunderts seine schönen Ideen noch umzusetzen vermochte, konzeptionell befriedigen und den hehren Anspruch ausdrücken, an dem die eigene Schöpfung scheiterte. Nicht also die Kunst verschwand, sondern vielmehr die Möglichkeit, ihr Selbstverständnis im „Werk" umzusetzen.[113]

Auch die schon erwähnte Selbstwiederholung Ingres weist auf eine Krise unbeschwerter Schöpfung und die Unterwerfung unter die Prinzipien der Nachahmung eines perfektionierten Modells. Ingres wiederholte bis an sein Lebensende seine eigenen Bildkompositionen, die er in einem Drang nach einmal gültiger Form zu immer höherer Vollendung zu treiben dachte.[114] Charles Z. Landelle erstellte von seinem Gemälde *Femme fellah* (1866) 32 Kopien, was typisch für den Anspruch auf virtuoses *Finishing* war und den Gombrich als „the error of the too well made" bezeichnete. Edgar Degas, dem seine intensive Kopienarbeit im Louvre die Bezeichnung „Kopist der Meister" einbrachte, führte das extensive Kopieren ebenfalls nicht zum „Meisterwerk" – für ihn bestand der Wunsch nach einem solchen schon gar nicht mehr: „[…] Ich mache es [das Portrait der Familie Bellelli, 1858–62; Anm. d. Verf.] so, als ob ich ein Tableau malen würde; so muß es auch sein, ich will diesen Eindruck hinterlassen und ich habe eine unbändige Lust, Leinwände zu bemalen, sodaß ich alles auf das Tableau anlege, was für ein Kind, wie sie mich nennen, doch ein recht verzeihlicher

---

109 Vgl. BELTING 1998; Beat Wyss, Wille zur Kunst. Zur ästhetischen Mentalität der Moderne, Köln 1996; ders. Ikonographie des Unsichtbaren, in: Ästhetische Erfahrung heute, hrsg. Jürgen Stöhr, Köln 1996, S. 360–80 und Andreas Beyer, Künstler ohne Hände – Fastenzeit der Augen? Ein Beitrag zur Ikonologie des Unsichtbaren, in: Ästhetische Erfahrung heute, hrsg. Jürgen Stöhr, Köln 1996, S. 340–59, S. 344/45.
110 Pierre Bourdieu, The Historical Genesis of a Pure Aesthetic, in: Ders., The Field of Cultural Production, Essays on Art and Literature, hrsg. von Randal Johnson, New York 1993, S. 254–66.
111 Vgl. BELTING 1998.
112 BEYER 1996, S. 340–59, S. 344/45.
113 Dieter Mersch, Ereignis und Aura, Frankfurt am Main 2002, S. 169.
114 Vgl. Ausst.-Kat. In Pursuit of Perfection. The Art of J. A. D. Ingres, hrsg. von Patricia Condon, Louisville 1983 und KRAUSS 1989.

Traum ist." Ein Tableau war ein irreales Ziel, ein Traum, geworden, das Degas nur noch in Verstellung, „als ob", malte und das sich höchstens als Zitat in einem anderen Bild verwenden ließ. „Das Ergebnis wird aber immer ein „Anti-Tableau" sein".[115]

Nach diesen von Belting schlicht „Meisterwerk" getauften Parametern, die die Akademien als „höhere Kunst" bezeichneten, sollte die Kunst, so der Anspruch der gehobenen akademischen Ausbildung, in idealer Form verwirklicht werden. Auf den Künstlern lastete die Erwartung der Akademie, sich sowohl dem als trivial kritisierten Geschmack des Kunstmarktes als auch den Avantgarden zu verweigern und vielmehr die klassischen Wertmaßstäbe, die traditionelle Ikonographie und die veredelte Technik anzustreben. Obwohl sich das Erreichen des Ideals als immer widersprüchlicher, ja fast unmöglich herausgestellt hatte, blieb die Akademie doch dabei, auch auf Kosten einer totalen Schaffenskrise.

Warum widersetzten sich nur wenige Künstler den konventionellen, ästhetischen Modellen der Akademien? Warum nahmen so viele junge Menschen die langen Ausbildungswege in Kauf, bei immer geringeren Aussichten auf eine einigermaßen gesicherte Existenzmöglichkeit? Pierre Bourdieus Erklärungsmodell des akademischen Systems als Feld des ästhetischen Werterhalts[116] war ein wichtiger Aspekt der elitären Ausbildung, zumal im Moment sich widersprechender ästhetischer Bewegungen. Die normative Macht der Akademien machte immer noch Künstler zu Meisterkünstlern: „Pure products of the École, the painters emerging from this training process are neither artisans, like those of previous ages, nor artists like those who are attempting to prevail against them. They are *masters* in the true sense of the word."[117]

Die Akademien in Rom waren aber nicht nur ein wichtiger Bestandteil in der Etablierung einer Künstlerelite. Sie gewannen während der Krise des traditionellen Klassizismus vor allem deshalb an Attraktivität, weil sie den Künstlern einen künstlerischen *Lifestyle* boten, in dem zumindest eine äußerliche Aufrechterhaltung künstlerischer Kreativität nach außen möglich war. Die Studiensituation in Rom und die gehobene Lebensart im rekonstruierten Kontext der alten Villen, die aufwendigen Veranstaltungen, die den Künstlern in der Heimat so nicht zugänglich gewesen wären, weisen auf das Konstrukt einer Künstlerexistenz, die unter dem Aspekt des Verhaltens möglich war. Die Akademie bot den passenden Rahmen für die Performanz, ein Künstler zu sein.[118] Sie war die schützende Fassade, hinter der der Künstler sich mit seinem hohen Anspruch und seiner epigonalen Leistung verbergen konnte und dennoch nicht als Versager entdeckt wurde. Bourdieu formulierte die Frage, auf die die Akademien die Antwort gaben: „What makes the work of art a work of art and not a mundane thing or a simple utensil? What makes an artist an artist and not a craftsman or a Sunday painter?"[119]

---

115 Victor Stoichita, „Kopieren wie einst" oder Degas und die Meister, in: Wege zu Degas, hrsg. von Wilhelm Schmid, München 1988, S. 366–82, S. 376.

116 „[...] the École, that is the state, guarantees their value, by guaranteeing, like paper money, the value of the titles that they receive and confer. It also guarantees the value of their products by assuring them of a near monopoly of the only existing market the salon". BOURDIEU 1993, S. 241.

117 BOURDIEU 1993, S. 241.

118 Die Vorstellungen von einem für Künstler typischen Lebensstil ergaben sich nicht aus anthropologisch gegebenen Eigenheiten eines kreativen Menschentyps, als vielmehr aus dem diskursiven Konstrukt einer Künstlerpersönlichkeit, das sich aus Künstlerbiographik, Künstlerlegenden und Anekdoten ergab, vgl. Beat Wyss, Das Leben des Künstlers, in: Horizonte. Beiträge zu Kunst und Kunstwissenschaft, Zürich 2001, S. 443–48; Eckhardt Neumann, Künstlermythen. Eine psychohistorische Studie über Kreativität, Frankfurt am Main – New York; Catherine M. Soussloff, Absolute Artist. The Historiography of a Concept, Minneapolis – London 1997; Rudolf and Margot Wittkower, Born under Saturn. The Character and Conduct of Artists. A documented History from Antiquity to the French Revolution, London 1963; KRIS 1934 und Pierre Bourdieu, (Flaubert ou) L'invention de la vie d'artiste, in: Actes de la recherche en sciences sociales, Nr. 2, 1975, S. 67–93.

119 Pierre Bourdieu, The Historical Genesis of a Pure Aesthetic, in: BOURDIEU 1993, S. 254–66, S. 258.

Es war nicht mehr das immer schwieriger zu definierende Meisterwerk, das den Künstler zum Künstler machte, sondern die Akademie. Und die die Vergangenheit evozierenden Akademien in Rom machten den Künstler, dessen „Krönung" durch die heimischen „zeitgenössischen" Akademien immer weniger überzeugte, ein letztes Mal zum Künstler. Wenn der Künstler immer weniger wußte, was er schaffen konnte, dann gab er sich auf andere Art als Künstler zu erkennen und zwar durch die Performanz einer Künstlerexistenz, wie das bohemienhafte Wohnen,[120] das Tragen bestimmter Kleidung, die Gewohnheiten und Rituale.[121] Die Aktivitäten der Künstler in den Akademien scheinen, so die These, ebenso durch die in eine Krise geratene Kreativität gekennzeichnet zu sein wie diejenigen der Avantgardekünstler. Nur suchen beide auf verschiedenen Wegen einen Ausweg – einen Ausweg, der innerhalb der Akademien auf Performativität und Kunstinszenierung hinauslief. Das künstlerische Handeln zielte auf künstlerisches Verhalten und Aufführung der Künstlerexistenz. Zielte es damit auch auf eine *amediale* ereignishafte Kunstpraxis, und ließe es sich als einer der frühen Versuche, aus den überbrachten Medien, der Ölmalerei, der Marmorskulptur und dem Meisterwerk, einen Ausweg zu finden, interpretieren?[122] Oder ließe sich in dem Interesse für die Lebensform auch eine Reaktion auf Friedrich Nietzsches Forderung einer aktiven Gestaltung der Daseinsform des Künstlers als Einheit von Leben und Kunst, nach der das Dasein des Künstlers nur mehr als „ästhetisches Phänomen" gerechtfertigt war und dem Künstler „höchstens ein ästhetisches Verhalten" zugestanden wurde, lesen?[123]

Diese Selbstinszenierung begann schon während der heimischen akademischen Erziehung. Die Einstimmung auf die Atmosphäre der Künstlerschaft fand bereits bei der würdevoll feierlichen Verleihung der Rompreise statt, die die anderen Akademien ebenfalls nach dem Vorbild der Académie Royal in ihren Festaulen durchführten – Feiern, die nach einem traditionellen Ritual vollzogen wurden und das Interesse der Öffentlichkeit hervorriefen.[124] Ähnliche öffentliche Veranstaltungen setzten sich in den Akademien in Rom fort, wie dem internationalen Ereignis der feierlichen Jahresausstellungen mit den verschiedenen Staatsoberhäuptern, Botschaftern und illustren Gästen auf Rombesuch. Die römischen Akademien waren aber auch Ort kultureller Zusammenkünfte, festlicher Essen, von Aufführungen, Versammlungen und Auszeichnungen und der Bräuche und Künstlerfeste, die in den internationalen Künstlervereinen oder der „Ponte Molle Gesellschaft" in Rom in besonderem Reichtum ausprägt waren.[125] Mit diesen Veranstaltungen, wie auch dem verkleideten Zug zur *Festa delle Grotte del Cervaro*, schuf sich die internationale Künstlerschaft in Rom eine eigene Festkultur, die auch von dem Versuch geprägt war, vergangene Künstlerfeste wiederzubeleben und in der Wiederholung der alten Riten auch die vergangene Existenz und den Geist des universellen Künstlers der Renaissance heraufzubeschwören. Die erste zeitgenössische Beschreibung der Künstlerfeste in Rom und ihrer historischen Traditionen benennt mit einer erstaunlichen Klarheit auch den Zweck der Veranstaltungen als rituelle Reminiszenz und performativen Akt der metaphysischen Begegnung mit dem Geist der Vergangenheit:

---

120 Das steht in Einklang mit einer Entwicklung, die dem Haus des Künstlers und seinem Atelier zunehmend Kunstwerkcharakter beimißt und es zum Bedeutungsträger erhebt. Die künstlerische Gestaltung des Arbeits- und Wohnraums wurde wichtig und wie die des Kunstwerkes verehrt, vgl. WÜRTENBERGER 1961, S. 502–13; KÜNSTLERHÄUSER 1985 und SCHWARZ 1990, Einleitung.

121 Judith Butler erklärt Performativität als zwei Grundmechanismen, das Zitieren und die Iteration, vgl. dies., Gender Trouble, New York 1999.

122 Vgl. MERSCH 2002, S. 9.

123 Friedrich Nietzsche, Versuch einer Selbstkritik, Vorwort von 1886 zu: Die Geburt der Tragödie aus dem Geist der Musik, in: Friedrich Nietzsche, Werke, hrsg. von Karl Schlechta, 3 Bde., Darmstadt 1997, Bd. I, S. 14 und ders. Über Wahrheit und Lüge im außermoralischen Sinn, in: Schlechta, Bd. III, S. 317. Zur Wirkungsgeschichte Nietzsches, vgl. Theo Meyer, Nietzsche und die Kunst, Tübingen – Basel 2003.

124 Vgl. KAPITEL I. 1. 2.

125 WAPPENSCHMIDT 1984, S. 56 ff. Zu den Ritualen und Festen der Ponte Molle, vgl. Giovanni Boschi, Artistica società di Ponte Molle. Riunita a festa nelle Grotte del Cervaro, Rom 1845.

„Questo vero conobbero i più grandi maestri dell'arte quando tutta l'Italia era (al dir di un moderno scrittore) uno studio, un campo di battaglia, un gabinetto: quando l'artista abbozzava nel tempo istesso un palazzo, un'affresco un quadro una statua, una chiesa, una cittadella: quando i suoi giorni erano pieni d'intrigho, di rivalità, di avventure, di meditazioni, di gravi studj, di artistiche follie: quando la sua mano stringeva ad un punto la tavolozza, lo scalpello, la spada, l'archibuso, la mandolina. Allora unendosi in sollazzevoli brigate nella gioja che in comune retraevan da quelle sollevavano il loro spirito teso del continuo nell'espressione maravigliosa dei loro sublimi concetti. ... Quindi si potrà più facilmente discernere come la società artistica di Ponte Molle riunita a festa nelle Grotte del Cervaro serbi una reminiscenza delle feste già altra volta fatte, e come il carattere degli artisti si mantenga lo stesso in tutto i tempi, quale avente per primo motore quella fiamma che ispirava i più grandi maestri, e che illibata si trasmette di generazione in generazione a chi è vocato dal cielo a riprodurre il bello della natura."[126]

Die Evokation der Vergangenheit und das Spiel der Verkleidung verdeutlichen die Wichtigkeit einer fiktiven künstlerischen Gegenwelt. Durch beides, die römischen Künstlerfeste und die festliche Architektur der Akademien, durch Rekonstruktion und Nachleben der Vergangenheit wurde nach einer Erhöhung der künstlerischen Lebensform gesucht.[127] Das in Rom für ein paar Jahre versuchte Leben auf den Spuren der Alten Meister ließe sich als *Nachleben* des Vergangenen im Unterschied zu den anderen Formen der Rezeption, wie musealer Präsentation oder memorialer Speicherung der Kunstgeschichte, bezeichnen. Aby M. Warburg bezeichnete mit Nachleben genau diese performative Macht, die Unwiderstehlichkeit der Vergangenheit als Kulturmechanismus, der sich an historischen Bruchstellen, in denen ‚Neues' sich zu bilden versucht, durchsetzt. Die Prägnanz von Zeit, ihre „Prägekraft" und ihre „engrammatische" Energie bedeuten, wie Warburg sagt, gerade nicht, daß man aus dem Gedächtnis ein Wissen abruft, sondern daß das Vergangene erinnert, d. h. verleiblicht und gelebt wird. Wie in der Kopie nicht nur versucht wird, zu speichern oder einzuprägen, sondern tatsächlich der vergangene Malprozeß nachgelebt wird, ist das Nachleben der Feste oder des Lebens in Rom eine komplexe temporale Verflechtung, „in der gewissermaßen das ‚Perfekt' der ‚Gegenwart', in ihrer Bannung durch unmittelbares ‚Imperfekt', zur ‚Zukunft' verhilft"[128]

Obwohl die künstlerische Romreise oft in Perplexität und Hilflosigkeit endete, versprach dieser Ort ein künstlerisches Lebensgefühl. Eine Akademie, die ganz diesem Drang nach vergewissernder Selbstinszenierung dienen sollte, gewann in den bereits vorgestellten Entwürfen Hermann Sehrings Gestalt: eine Akademie, so der Architekt, von solchem Reiz, daß die Künstler sie nur abzumalen brauchten – eine Akademie also, die sich tautologisch selbst zum Inhalt der Kunst anböte. War sich Sehring den betäubenden Folgen seines Vorschlags bewußt, der sich damit abfand, Künstler im Süden in eine begehbare Stätte vergangenen Künstlertums zu schicken und sie dieses Bild kopieren zu lassen?[129] So wie das *Et in Arcadia ego* ehemals ein *memento mori* Arkadiens bedeutete, war in dem heiteren, selbstgefälligen Villenleben im Stil der Alten Meister der künstlerische Tod präsent: „The *Being* at Rome (both from the sound of the name and the monuments of genius ad magnificence she has to show) is of itself a sufficient distinction without *doing* anything there."[130]

---

126 BOSCHI 1845, S. 5 ff. Es folgen Beispiele von Künstlerfesten aus der Renaissance und dem Barock.
127 Vgl. Ausst.-Kat. Ernst ist das Leben heiter ist die Kunst! Graphik zu Künstlerfesten des 19. Jahrhunderts. Berlin 1971.
128 Vgl. Hartmut Böhme, Aby M. Warburg, in: Klassiker der Religionswissenschaft. Von Friedrich Schleiermacher bis Mircea Eliade, München 1997, S. 133–57.
129 Vgl. KAPITEL IV. 2.
130 HAZLITT 1827, S. 135.

Abb. 6: Ludwig Haach, Cervarofest am 29. April 1941, oben die Heerschau bei Torre Schiavi, in der Mitte Beschwörung der Sibylle, unten Gelage in den Grotten, Radierung

Diese in Rom immer wieder konstatierte Untätigkeit wirft die Frage auf, ob in die Akademiefunktion und Studiensituation mit der Inszenierung einer zeitlich befristeten historistischen Künstlerexistenz auch Aspekte einer weltanschaulich provozierten Verweigerung mit hineinspielten, wie sie für die Gruppe der Deutsch-Römer konstatiert wurde.[131] Die Akademie konnte in ihrer Verwicklung in außenpolitische und wirtschaftliche Strategien jedoch kaum als dezidierter Rückzugpunkt und Ausstiegsmöglichkeit aus einem als utilitaristisch empfundenen Jahrhundert dienen und einer Verweigerung, wie sie die Deutsch-Römer in ihren arkadischen Lebens- und Bilderwelt realisierten, kein Asyl bieten. Zu sehr war der Aufenthalt in ihr durch das Befolgen der Anforderungen der Rompreisregelungen konditioniert.

Einerseits konnte die Inszenierung nostalgische temporäre Selbsttäuschung bedeuten und mit der Absicht verbunden sein, sich zwischenzeitlich den Zwängen des Lebens zu entziehen, um für einen kurzen Zeitraum Genuß und Erhebung zu gewinnen, andererseits machte der Künstler sich in seiner historisierenden Lebensgestaltung in den Akademien selbst zur Kunstfigur eines „Gesamtkunstwerkes". Das Kunstleben am Kunstort versetzte den Künstler in die Vergangenheit, und zwar in diejenige Vergangenheit, in der „gute" Kunst noch möglich war. Die Kluft zwischen Gegenwart und Vergangenheit wurde durch eine allegorische Fiktion zu überbrücken versucht. Dabei funktionierten die Akademien wie Bühnen performativer Kulturdarstellung: Was auf Ingres *Apotheose Homers* (1827), Paul

---

131 Ausst.-Kat. „In uns selbst liegt Italien". Die Kunst der Deutsch-Römer, hrsg. von Christoph Heilmann, München 1987.

Delaroches Künstlerversammlung als Götterrat im *Hémicycle* der Pariser *École des Beaux-Arts* (1841) (Kapitel I, Abb. 31), Overbecks *Triumph der Religion in den Künsten* (1840) oder Luís García Sampedros *Hispanidad* (Kapitel I Abb. 22) dargestellt ist, machte die Akademie in der Realität mit den Künstlern. Sie stellte sie vor dem Hintergrund der römischen Bühne in anachronistischer Weise in den Kreis der großen Vergangenheit. Als Bühne feierlicher Selbstdarstellung von Kunst und Künstlern wurden die Akademien immer mehr zu einem Museum, in dem der Künstler, der gerne ein Alter Meister gewesen wäre bzw. werden wollte, immer mehr der Vergangenheit zugehörte und selbst zu einem Ausstellungsstück wurde.

Noch heute kann dieser Eindruck unter den Romstipendiaten entstehen: Die Akademie „versetzt den Stipendiaten in eine verschobene leicht verrückte Situation, indem ihm gezeigt wird: so war das mal. Hier bist du in einem Museum für Künstler, und zwar für ein Jahr [...] und so sind denn die eigentlichen Wächter der Akademie diejenigen, die dafür sorgen, daß die Zeit stehen bleibt und das ist, im Sinne des Gründergedankens, auch gut so."[132] Vor hundert Jahren regte die akademisch verordnete Reise in die Vergangenheit einige Künstler unter den Rompreisträgern allerdings zu Gegenreaktionen an, aus denen Neues erwuchs.

132 Michael Wildenhain, Stipendiat der Deutschen Akademie Villa Massimo in Rom im Jahr 1999, in seinem Artikel: Neurosen blühen im Park, in: Der Tagesspiegel, Berlin, 29. Januar 2000.

Bibliographie

Archive:

BERLIN:
Archiv der Preußischen Akademie der Künste (Pr AdK)
Bundesarchiv (BArch)
Geheimes Staatsarchiv Preußischer Kulturbesitz (GStA PK)
Politisches Archiv des Auswärtigen Amtes (PA AA)

LONDON:
Archiv der Royal Society of the Arts
Archiv der Royal Academy of Arts
British Library
National Archives Public Record Office

LOS ANGELES:
The Getty Research Institute, Special Collection

MADRID:
Archivo Academia de San Fernando
Archivo Escuela Técnica Superior de Arquitectura de Madrid
Archivo General del Ministero de Asuntos Exteriores

ROM:
Archiv der Academia de España en Roma (AAE)
Archiv der American Academy (AAR)
Archiv der Bibliotheca Hertziana
Archiv der Deutschen Akademie Villa Massimo
Archivio Capitolino (ACR)
Archivio del Risorgimento
Archivio Storico Diplomatico (ASD)
Archivio della Società Dante Alighieri

A DICTIONARY OF BRITISH AND IRISH TRAVELLERS
A dictionary of British and Irish Travellers in Italy 1701–1800, hrsg. von John Ingamells, New Haven – London 1997

A MONOGRAPH 1915
A Monograph of the Work of McKim, Mead & White 1879–1915, New York 1915–1920

A SHORT STORY 1930
A Short Story of the British Academy of Arts in Rome, Rom o. J., (ca. 1930, ein Exemplar in der British Library, London)

ACADEMIES OF ART 1989
Academies of Art, between Renaissance and Romanticism, Leids Kunsthistorisch Jaarboek V–VI, 1986–1987, Leiden 1989

ACCADEMIE E ISTITUZIONI
Accademie e istituzioni culturali a Firenze, hrsg. von Francesco Adorno, Florenz 1983

ACQUARO GRAZIOSI 1991
Maria Teresa Acquaro Graziosi, L'Arcadia. Trecento anni di storia, Rom 1991

AGSTNER 1998
Rudolf Agstner, Palazzo di Venezia und Palazzo Chigi als k.u.k. Botschaften, in: Römische historische Mitteilungen, Bd. 40, Wien 1998, S. 489–571

ALAUX 1933
Jean-Paul Alaux, Académie de France à Rome, ses directeurs, ses pensionnaires, Paris 1933

ALMANACH AUS ROM 1810–1811
Almanach aus Rom für Künstler und Freunde der bildenden Kunst, hrsg. von Friedrich Sickler und Christian Reinhart, Leipzig 1810–1811

ALONSO SÁNCHEZ 1961
María Ángeles Alonso Sánchez, Francisco Preciado de la Vega y la Academia de Bellas Artes. Artistas Españoles que han pasado por Roma, zugl. Diss., Madrid 1961

AMERICAN ARTISTS 1976
Ausst.-Kat. American Artists in Europe 1800–1900. An Exhibition to celebrate the Bicentenary of American Independence, Walker Art Gallery, Liverpool 1976–77

ANDERSON 1991
Benedict Anderson, Imagined Communities. Reflections on the Origin and Spread of Nationalism, London – New York 1991[2]

ANDREWS 1955
Wayne Andrews, Architecture, Ambition and Americans. A history of American architecture, from the beginning to the present, telling the story of the outstanding buildings, the mens who designed them and the people for whom they were built, New York 1955

ANDREWS 1973
Keith Andrews, Nazarener und Präraffaeliten, in: Ausst.-Kat. Präraffaeliten, hrsg. von Klaus Gallwitz, Baden-Baden 1973, S. 67–68

ANDREWS 1974
Keith Andrews, Die Nazarener, München 1974

ANGELI 1930
Diego Angeli, Le cronache del caffé Greco, Mailand 1930

ANNALES 1928
Annales institutorum quae provehendis humanioribus disciplinis atribusque colendis a variis in urbe erecta sunt nationibus, hrsg. von Eugénie Strong, Govert Hoogewerff, Mario Recchi und Vincenzo Golzio, Palazzo Ricci, Rom 1928

ANNUAL REPORT 1913
American Academy at Rome. Annual Report for the Year ending February 11, Washington D. C. – New York 1913

ARMSTRONG 1905
Walter Armstrong, Sir Joshua Reynolds. First President of the Royal Academy, London – New York 1905

ARMSTRONG 2005
Richard H. Armstrong, Compulsion for Antiquity. Freud and the Ancient World, Cornell University Press, Ithaca 2005

ARNHOLD 1928
Eduard Arnhold. Ein Gedenkbuch, hrsg. von Johanna Arnhold, Privatdruck, Berlin 1928

ART AND THE ACADEMY 2000
Art and the Academy in the Nineteenth Century, hrsg. von Rafael Cardoso Denis und Colin Trodd, Manchester 2000

ART, CULTURE 2003
Art, Culture and National Identity in Fin-de-Siècle Europe, hrsg. von Michelle Facos und Sharon L. Hirsh, Cambridge 2003

AUSST.-KAT.
A Miscellany of Objects from Sir John Soane's Museum, Sir John Soane's Museum, London 1992

AUSST.-KAT. ACADEMY
Academy. The Academy Tradition in American Art, hrsg. von Lois Marie Fink und Joshua C. Taylor, Washington D. C. 1975

AUSST.-KAT. ÆQUA POTESTAS
Æqua potestas. Le arti in gara a Roma nel Settecento, hrsg. von Angela Cipriani, Rom 2000

AUSST.-KAT. THE AMERICAN RENAISSANCE
American Renaissance 1876–1917, hrsg. von Richard Guy Wilson, Dianne H. Pilgrim und Richard N. Murray, New York 1979

AUSST.-KAT. ARCHITECTURAL FANTASY
Architectural Fantasy and Reality. Drawings from the Accademia nazionale di San Luca in Rome, Concorsi clementini 1700–1750, hrsg. von Susan S. Munshower, Pennsylvania State University 1981

AUSST.-KAT.
Art in Rome in the Eighteenth Century, hrsg. von Edgar Peters Bowron und Joseph J. Rishel, Philadelphia, Penn. 2000

AUSST.-KAT.
Arnold Böcklin e la cultura artistica in Toscana, hrsg. von Cristina Nuzzi, Fiesole – Rom 1980

AUSST.-KAT.
Asmus Jakob Carstens, Goethes Erwerbungen für Weimar, Schleswig-Holsteinisches Landesmuseum, Schleswig 1992

AUSST.-KAT.
Auch ich in Arkadien. Kunstreisen nach Italien 1600–1900, hrsg. von D. Kuhn, Marbach 1966

AUSST.-KAT.
Berlin und die Antike. Architektur, Kunstgewerbe, Malerei, Skulptur, Theater und Wissenschaft vom 16. Jahrhundert bis heute, hrsg. von Willmuth Arenhövel und Christa Schreiber, 2 Bde., Berlin 1979

AUSST.-KAT.
Bilder der Macht – Macht der Bilder, hrsg. von Stefan Germer und Michael F. Zimmermann, Berlin – München 1997

AUSST.-KAT. BRITISH ARTISTS IN ROME 1700–1800
British Artists in Rome 1700–1800, hrsg. von Greater London Council, London 1974

AUSST.-KAT.
Camille de Tournon, le préfet de la Rome napoléonniene, 1809–1814, Rom 2001

AUSST.-KAT.
Copias academicas de maestros italianos, Academia de San Fernando, Madrid 1993

AUSST.-KAT.
Deutsche Künstler um Ludwig I. in Rom, hrsg. von Gisela Scheffler, München 1981

AUSST.-KAT.
Deutsche Schriftsteller in der Villa Massimo, Frankfurt am Main 1978

AUSST.-KAT. DIE KUNST HAT NIE EIN MENSCH
„Die Kunst hat nie ein Mensch allein besessen…", 1696–1996. Dreihundert Jahre Akademie der Künste, Berlin 1996

Ausst.-Kat.
Die Mendelssohns in Berlin. Eine Familie und ihre Stadt, hrsg. von Rudolf Elvers und Hans-Günter Klein, Wiesbaden 1983

Ausst.-Kat. Die Nazarener
Die Nazarener, hrsg. von Klaus Gallwitz, Frankfurt am Main 1977

Ausst.-Kat.
Die Nazarener in Rom. Ein deutscher Künstlerbund der Romantik, hrsg. von Klaus Gallwitz, Rom 1981

Ausst.-Kat.
Disegni di Tommaso Minardi 1787–1871, Galleria Nazionale d'Arte Moderna di Roma, hrsg. von Stefano Susinno, 2 Bde, Rom 1982

Ausst.-Kat.
Edwin Austin Abbey 1852–1911, Yale University Art Gallery 1974

Ausst.-Kat.
Eighteenth-Century French Life Drawing. Selections of the Collection of Mathias Polakovits, hrsg. von James H. Rubin, Princeton University, The Art Museum, Princeton 1977

Ausst.-Kat.
Eine neue Kunst? Eine andere Natur! Fotografie und Malerei im 19. Jahrhundert, hrsg. von Ulrich Pohlmann und Johann Georg Prinz von Hohenzollern, München 2004

Ausst.-Kat. Exposiciones Nacionales del siglo XIX
Exposiciones Nacionales del siglo XIX. Premios de Pintura, Centro Cultural del Conde Duque, Ayuntamiento de Madrid, Consejeria de Cultura, Madrid 1988

Ausst.-Kat.
Exposición de la obra de Eduardo Rosales 1836–1873, Madrid 1973

Ausst.-Kat.
Fortuny e la pittura preziosista spagnola. Collezione Carmen Thyssen-Bornemisza, hrsg. von Tomàs Llorens und Felipe Garín, Neapel 1998

Ausst.-Kat. Frammenti di Roma
Frammenti di Roma Antica nei disegni degli architetti francesi vincitori del Prix de Rome 1786–1924, hrsg. von Massimiliano David u. a., Novara 1998

Ausst.-Kat.
Giulio Aristide Sartorio 1860–1932, hrsg. von der Accademia di San Luca, Rom 1980

Ausst.-Kat. Gli artisti di Villa Strohl-Fern
Gli artisti di Villa Strohl-Fern. Tra simbolismo e Novecento, Galleria Arco Farnese, hrsg. von Lucia Stefanelli, Rom 1983

Ausst.-Kat. Gli artisti romantici
Gli artisti romantici tedeschi del primo ottocento a Olevano Romano, hrsg. von Domenico Riccardi, Mailand 1997

Ausst.-Kat.
Grand Tour. The Lure of Italy in the Eigteenth Century, hrsg. von Andrew Wilton und Ilaria Bignamini, London 1996

Ausst.-Kat.
Hans von Marées, hrsg. von Christian Lenz, München 1987

Ausst.-Kat.
Hans von Marées, hrsg. von Paul Cassirer, Berlin 1909

Ausst.-Kat.
Heinrich Hübsch 1795–1863. Der grosse badische Baumeister der Romantik, hrsg. von Wulf Schirmer, Karlsruhe 1983

Ausst.-Kat. I Nazareni a Roma
I Nazareni a Roma, hrsg. von Gianna Piantoni und Stefano Susinno, Rom 1981

Ausst.-Kat.
I pittori Coleman, hrsg. von Pier Andrea De Rosa und Paolo Emilio Trastulli, British School at Rome, Rom 1988

Ausst.-Kat.
Imagining Rome, British Artists and Rome in the Nineteenth Century, hrsg. von Michael Liversidge und Catharine Edwards, London 1996

Ausst-Kat. In Pursuit of Perfection
In Pursuit of Perfection. The Art of J. A. D. Ingres, hrsg. von Patricia Condon, Louisville 1983

Ausst.-Kat. In uns selbst liegt Italien
„In uns selbst liegt Italien". Die Kunst der Deutsch-Römer, hrsg. von Christoph Heilmann, München 1987

Ausst.-Kat.
Italia antiqua. Envois degli architetti francesi, 1811–1950. Italia e area mediterranea, École Nationale Supérieure des Beaux-Arts, hrsg. von Annie Jacques u.a., Paris – Rom 2002

Ausst.-Kat. Italy in the Age of Turner
Italy in the Age of Turner. "The Garden of the World", hrsg. von Cecilia Powell, London 1998

Ausst.-Kat. Künstlerleben
Künstlerleben in Rom. Bertel Thorwaldsen 1770–1844. Der dänische Bildhauer und seine deutschen Freunde, hrsg. von Gerhard Bott, Nürnberg 1991–1992

Ausst.-Kat.
La Campagna Romana da Hackert a Balla, hrsg. von Pier Andrea de Rosa und Paolo Emilio Trastulli, Rom 2001

Ausst.-Kat. La sculpture française
La sculpture française au XIXe siècle, hrsg. von Anne Pingeot, Paris 1986

Ausst.-Kat.
Le Triomphe des Mairies. Grands décors républicains à Paris, 1870–1914, hrsg. von Thérèse Burollet, Dorothée Imbert und Franck Folliot, Paris 1986

Ausst.-Kat.
Les concours d'Esquisses peintes 1816–1863, hrsg. Philippe Grunchec, École Nationale Supérieure des Beaux-Arts, 2 Bde., Paris 1986

Ausst-Kat. Les concours des Prix de Rome
Les concours des Prix de Rome de 1797 à 1863, hrsg. von Philippe Grunchec, Le Grand Prix de Peinture, Bd. 1, École Nationale Supérieure des Beaux-Arts, Paris 1983

Ausst.-Kat. Les prix de Rome
„Les prix de Rome" Concours de l'Académie Royale d'Architecture au XVIIIe siècle. Text von Jean-Marie Pérouse De Montclos, École Nationale Supérieure des Beaux-Arts; Inventaire Général des Monuments et des Richesses Artistiques de la France, Paris 1984

Ausst.-Kat. Maestà 1
Maestà di Roma. Da Napoleone all'Unità d'Italia, Bd. 1, Universale ed Eterna. Capitale delle Arti, Rom 2003

Ausst.-Kat. Maestà 2
Maestà di Roma. Da Napoleone all'Unità d'Italia, Bd. 2, Da Ingres a Degas. Artisti francesi a Roma, Rom 2003

Ausst.-Kat. Mal di Russia
Mal di Russia. Amor di Roma, hrsg. von Marina Battaglini, Rom 2006

Ausst.-Kat.
Max Klinger 1857–1920. Wege zum Gesamtkunstwerk, hrsg. von Manfred Boetzkes, Mainz 1984

Ausst.-Kat. Mythen der Nationen
Mythen der Nationen. Ein europäisches Panorama, hrsg. von Monika Flacke, München – Berlin 1998

Ausst.-Kat.
Nino Costa ed i suoi amici inglese, hrsg. von Sandra Berresford und Giuliano Matteucci, Mailand 1982

Ausst.-Kat.
Österreichische Künstler und Rom. Vom Barock zur Secession, Wien 1972

Ausst.-Kat.
Pintores españoles de la escuela de Roma (siglo XIX), Madrid o. J. (ca. 1986)

Ausst.-Kat. Präraffaeliten
Präraffaeliten, hrsg. von Klaus Gallwitz, Baden-Baden 1973

Ausst.-Kat.
Raphael e l'art française, Paris 1983

Ausst.-Kat. Reisefieber praecisiert
Reisefieber praecisiert. Paul Klee, Reisen in den Süden, hrsg. von Uta Gerlach Laxner, Hamm 1997

Ausst.-Kat.
Rom 1846–1870. James Anderson und die Maler-Fotografen, hrsg. von Dorothea Ritter, Heidelberg 2005

Ausst.-Kat. Roma
Roma 1911, hrsg. von Gianna Piantoni, Rom 1980

Ausst.-Kat.
Roma antiqua. Grandi edifici pubblici. "Envois" degli architetti francesi 1786–1901, hrsg. von Paola Ciancio Rossetto und Giuseppina Pisani Sartorio, École Française de Rome; École Nationale Supérieure des Beaux-Arts, Paris – Rom 1992

Ausst.-Kat. Roma y el ideal
Roma y el ideal académico. La pintura en la Academia Española de Roma 1873–1903, Madrid 1992

Ausst.-Kat.
Rückschau Villa Massimo, Rom 1957–1974, hrsg. von Hans Albert Peters, Baden-Baden 1978

Ausst.-Kat. Ruskin, Turner
Ruskin, Turner and the Pre-Raphaelites, hrsg. von Robert Hewison, Ian Warrell und Stephen Wildman, London 2000

Ausst.-Kat.
Sir Joshua Reynolds 1723–1792, hrsg. Nicholas Penny und Pierre Rosenberg, Paris –London 1985

Ausst.-kat. The Anglo-American Artist
The Anglo-American Artist in Italy 1750–1820, hrsg. von Corlette Rossiter Walker, Santa Barbara 1982

Ausst.-kat. The Fuseli Circle in Rome
The Fuseli Circle in Rome. Early Romantic Art of the 1770s, hrsg. von Nancy L. Pressly, New Haven, Connecticut 1979

Ausst.-Kat.
The Grand Prix de Rome. Paintings from the École des Beaux-Arts; 1797–1863, hrsg. von Philippe Grunchec, Washington D. C. – New York 1984

Ausst.-Kat. The Lure of Italy
The Lure of Italy. American Artists and the Italian Experience 1760–1914, hrsg. von Theodore E. Stebbins, Jr., Boston – New York 1992

Ausst.-Kat.
The Hudson and the Rhine. Die amerikanische Malerkolonie in Düsseldorf im 19. Jahrhundert, Düsseldorf 1976

Ausst.-Kat.
The Pre-Raphaelites, hrsg. von The Tate Gallery, London 1984

Ausst.-Kat.
The Second Empire 1852–1870. Art in France under Napoleon III, Philadelphia 1978

Ausst.-Kat.
Viaggiatori appassionati. Elihu Vedder e altri paesaggisti americani dell'ottocento in Italia, hrsg. von Regina Soria, San Gimignano – Rom 2002

Ausst.-Kat. Zum Beispiel Villa Romana
Zum Beispiel Villa Romana. Zur Kunstförderung in Deutschland, hrsg. von Ingrid Jenderko, Baden-Baden 1977

AUSST.-KAT. ZUSAMMENKOMMEN
„… zusammenkommen um von den Künsten zu räsonieren."
Materialien zur Geschichte der Akademie der Künste, hrsg.
von Kerstin Diether, Berlin 1991

BACCI 1915
Baccio Bacci, L'Artiglio tedesco, Florenz 1915

BAISCH 1882
Otto Baisch, Johann Christian Reinhart und seine Kreise.
Ein Lebens und Culturbild, Leipzig 1882

BARREL 1986
John Barrel, The Political Theory of Painting from Reynolds
to Hazlitt. The Body of the Public, New Haven – London
1986

BARRIO 1966
Margarita Barrio, Relaciones culturales entre España e Italia
en el siglo XIX. La Academia de Bellas Artes, Bologna 1966

BARROERO 1998
Liliana Barroero, I primi anni della scuola del Nudo in Campidoglio, in: Benedetto XIV e le arti del disegno, hrsg. von
Donatella Biagi Maino, Saggi e Ricerche, Istituto per la Storia
della Chiesa di Bologna; Bd. 10, Rom 1998, S. 367–84

BARTHES 1967
Roland Barthes, Der Tod des Autors (1967), in: Texte zur
Theorie der Autorschaft, hrsg. von Fotis Jannidis u. a., Stuttgart 2000

BARTOCCINI 1984
Fiorella Bartoccini, Quintino Sella e Roma. Idea, mito e realtà,
in: Quintino Sella tra politica e cultura 1827–1884, Atti del
Convegno Nazionale di Studi, Turin 1984, S. 245–62,

BÄTSCHMANN 1997
Oskar Bätschmann, Ausstellungskünstler. Kult und Karriere
im modernen Kunstsystem, Köln 1997

BAUDEZ 2000
Basile Baudez, L'académie des beaux-arts de Saint-Pétersbourg
1757–1802. Du Mojik à l'artiste, zugl. Diss., Sorbonne, Paris
2000

BAUDISSIN 1924
Klaus Graf von Baudissin, Georg August Wallis. Maler aus
Schottland 1768–1847, Heidelberg 1924

BECCHIETI 1987
Piero Becchieti und Carlo Pietrangeli, Un inglese fotografo a
Roma. Robert Macpherson, Rom 1987

BECKER 1919
Carl Heinrich Becker, Kulturpolitische Aufgaben des Reiches, Leipzig 1919

BÉDAT 1974
Claude Bédat, L'Académie des Beaux-Arts de Madrid, 1744–
1808, Publications de l'Université de Toulouse, Bd. 19, Toulouse 1974

BELLI BARSALI 1983[2]
Isa Belli Barsali, Villa di Roma. Lazio 1, Rom 1983[2]

BELLONI 1970
Coriolano Belloni, I Pittori di Olevano, Istituto di Studi Romani, Rom 1970

BELTING 1996
Hans Belting, Ikonographie des Unsichtbaren, in: Ästhetische Erfahrung heute, hrsg. von Jürgen Stöhr, Köln 1996,
S. 360–80

BELTING 1998
Hans Belting, Das unsichtbare Meisterwerk, Die modernen
Mythen der Kunst, München 1998

BENAVIDES 1890
José Benavides, La iglesia nacional española y S. M. D. Alfonso
XIII, Rom 1890

BENTMANN 1992[2]
Reinhard Bentmann und Michael Müller, Die Villa als Herrschaftsstruktur. Eine kunst- und sozialgeschichtliche Analyse,
Frankfurt am Main 1992[2]

BERARDI 2001
Gianluca Berardi, Mariano Fortuny y Marsal. Il successo parigino e il nuovo corso della pittura napoletana dell'Ottocento,
in: Paragone, Jg. 52, Nr. 37–38, Florenz 2001, S. 25–50

BERENSON 1894
Bernard Berenson, The Venetian Painters, New York 1894

BERNDT 1998
Ralph Berndt, Bernhard Sehring. Ein Privatarchitekt und
Theaterbaumeister des Wilhelminischen Zeitalters. Leben
und Werk, zugl. Diss., Cottbus 1998

BERNECKER 1990
Walter L. Bernecker, Walter L. Bernecker, Sozialgeschichte
Spaniens im 19. und 20. Jahrhundert. Vom Ancien Régime
zur Parlamentarischen Monarchie, Frankfurt am Main 1990

BETTAG 1998
Alexandra Bettag, Die Kunstpolitik Jean Baptiste Colberts
unter besonderer Berücksichtigung der Académie Royale de
Peinture et de Sculpture, Weimar 1998

BETTLEY 1986
James Bettley, A Design by Stephen Riou for an Academy of
Painting, Sculpture and Architecture, in: The Burlington
Magazine, Vol. CXXVIII, Nr. 1001, 1986, S. 581–82

BEYER 1988
Andreas Beyer, Leben in Gegenwart des Vergangenen. Carl
Justi, Jacob Burckhardt und Ferdinand Gregorovius in Rom
vor dem Hintergrund der italienischen Einigung, in: Rom,
Paris, London. Erfahrung und Selbsterfahrung deutscher
Schriftsteller und Künstler in den fremden Metropolen, hrsg.
von Conrad Wiedemann, Stuttgart 1988, S. 289–300

BEYER 1996
Andreas Beyer, Künstler ohne Hände – Fastenzeit der Augen? Ein Beitrag zur Ikonologie des Unsichtbaren, in: Ästhetische Erfahrung heute, hrsg. von Jürgen Stöhr, Köln 1996, S. 340–59

BEYER 1997
Andreas Beyer, „Ist das die Villa?" Rudolf Borchardt in der Villen-Landschaft, in: Rudolf Borchardt und seine Zeitgenossen, hrsg. von Ernst Osterkamp, Berlin – New York 1997, S. 195–209

BEYER 1999
Andreas Beyer, „Die Kunst ist deshalb da, daß man sie sehe, nicht davon spreche, als höchstens in ihrer Gegenwart". Johann Heinrich Meyer zensiert Preisaufgaben, in: Ausst.-Kat. Wiederholte Spiegelungen. Weimarer Klassik 1759–1832. Ständige Ausstellung des Goethe-Nationalmuseums, Weimar 1999, S. 403–45

BEYER 2002
Andreas Beyer, Prosa versus Poesie. Schadow und Goethe, in: Wechselwirkungen. Kunst und Wissenschaft in Berlin und Weimar im Zeichen Goethes, hrsg. von Ernst Osterkamp, Bern u. a. 2002, S. 267–96

BEYME 1998
Klaus von Beyme, Die Kunst der Macht und die Gegenmacht der Kunst. Studien zum Spannungsverhältnis von Kunst und Politik, Frankfurt am Main 1998

BIENNALE VENEDIG 1995
Biennale Venedig. Der deutsche Beitrag 1895–1995, hrsg. vom Institut für Auslandsbeziehungen, Ostfildern 1995

BIERMANN 1986
Hartmut Biermann, Der runde Hof. Betrachtungen zur Villa Madama, in: Mitteilungen des Kunsthistorischen Institutes in Florenz, Bd. XXX, 1986, Heft 3, S. 493–536

BIRKENHEAD 1944
Sheila Birkenhead, Against Oblivion, The Life of Joseph Severn, New York 1944

BLASHFIELD 1903
E. H. Blashfield, Rome as a Place of Schooling for a Decorative Painter, in: American Architect 82, 1903, S. 51–53

BLASHFIELD 1913
E. H. Blashfield, Mural Painting in America, New York 1913

BOADA Y BALMES 1872[1]
Miguel Boada y Balmes, Emilio Castelar o Refutación de las teorias de este orador, y de los errores del credo democrático, New York 1872 und Valencia 1874

BOASE 1954
Thomas Sherrer Ross Boase, The Decoration of the New Palace of Westminster, in: Journal of the Warburg and Courtauld Institutes, Bd. 17, London 1954, S. 319–58

BODART 1981
Didier Bodart, Les fondations hospitalières et artistique belges à Rome, in: Les fondations nationales dans la Rome Pontificale, Collections de l'Ecole Française de Rome, 52, Rom 1981, S. 61–74

BODE 1930
Wilhelm von Bode, Mein Leben, 2 Bde., Berlin 1930

BÖHME 1997
Hartmut Böhme, Aby M. Warburg, in: Klassiker der Religionswissenschaft. Von Friedrich Schleiermacher bis Mircea Eliade, München 1997, S. 133–57

BOIME 1964
Albert Boime, Le Musée des copies, in: Gazette des Beaux-Arts, Bd. 64, 1964, S. 237–47

BOIME 1971
Albert Boime, The Academy and French Painting in the Nineteenth Century, London 1971

BOIME 1977
Albert Boime, The Teaching Reforms of 1863 and the Origins of Modernism in France, in: The Art Quarterly, Bd. 1, Nr. 1, New York 1977, S. 1–39

BOIME 1984
Albert Boime, The Prix de Rome. Images of Authority and Threshold of Official Succes, in: The Art Journal, Bd. 44, Nr. 3, New York 1984, S. 281–89

BONET CORREA
Antonio Bonet Correa, El viaje artistico en el siglo XIX, in: Ausst.Kat., Roma y el ideal académico. La pintura en la Academia Española de Roma 1873–1903, Madrid 1992

BÖRSCH-SUPAN 1971
Helmut Börsch-Supan, Die Kataloge der Berliner Akademie-Ausstellungen 1786 bis 1850, 3 Bde., Berlin 1971

BÖRSCH-SUPAN 1988
Helmut Börsch-Supan, Die Deutsche Malerei von Anton Graff bis Hans von Marées 1760–1870, München 1988

BOSCHI 1845
Giovanni Boschi, Artistica Società di Ponte Molle. Riunita a festa nelle Grotte del Cervaro, Rom 1845

BOTSCHAFTEN 2000
Botschaften, 50 Jahre Auslandsbauten der Bundesrepublik, hrsg. von Olaf Asendorf, Wolfgang Voigt, Wilfried Wang, Frankfurt am Main 2000

BOURDIEU 1975
Pierre Bourdieu, (Flaubert ou) L'invention de la vie d'artiste, in: Actes de la recherche en sciences sociales, Nr. 2, 1975, S. 67–93

BOURDIEU 1993
Pierre Bourdieu, The Field of Cultural Production, Essays on Art and Literature, hrsg. von Randal Johnson, New York 1993

BRAGAGLIA 1918
Anton Giulio Bragaglia, Territorii tedeschi di Roma, Florenz o. J. [1918]

BRAHMS 1912
Otto Brahms, Karl Stauffer Bern. Sein Leben, seine Briefe, seine Gedichte, Berlin 1912

BRAND 1957
Charles Peter Brand, Italy and the English Romantics. The Italianate Fashion in Early Nineteenth-Century England, Cambridge 1957

BREDEKAMP 1978
Horst Bredekamp, Einleitung zu Ferdinand Pipers Einleitung in die monumentale Theologie, in: Ferdinand Piper. Einleitung in die monumentale Theologie. Eine Geschichte der christlichen Kunstarchäologie und Epigraphik, Gotha 1867, Nachdruck Mittenwald 1978, S. E9–E15

BREDEKAMP 1993
Horst Bredekamp, Antikensehnsucht und Maschinenglauben. Die Geschichte der Kunstkammer und die Zukunft der Kunstgeschichte, Berlin 2007[3]

BRICE 1998
Catherine Brice, Le Vittoriano. Monumentalité publique et politique à Rome, Rom 1998

BRIEF BIOGRAPHIES
Brief Biographies of American Architects who Died Between 1897 and 1947, auf der Homepage der Society of Architectural Historians: http://www.sah.org/index.php?src=gendocs&ref=BiographiesArchitects&category=Resources (30.1.2008)

BRIGANTI 1962
Giuliano Briganti, Il palazzo del Quirinale, Rom 1962

BRILLI 1989
Attilio Brilli, Reisen in Italien. Die Kulturgeschichte der klassischen Italienreise vom 16. bis 19. Jahrhundert, Köln 1989

BRINGMANN 1982
Michael Bringmann, Friedrich Pecht 1814–1903. Maßstäbe der deutschen Kunstkritik zwischen 1850 und 1900, Berlin 1982

BRINKMANN 1979
Rolf Dieter Brinkmann, Rom. Blicke, Hamburg 1979

BROCKE 1991
Bernhard vom Brocke, Internationale Wissenschaftsbeziehungen und die Anfänge einer deutschen auswärtigen Kulturpolitik. Der Professorenaustausch mit Nordamerika, in: Wissenschaftsgeschichte und Wissenschaftspolitik im Industriezeitalter. Das System Althoff in historischer Perspektive, hrsg. von Wolfgang vom Brocke, Hildesheim 1991, S. 185–242

BROOK 1999
Carolina Brook, Storia di una presenza. Gli artisti spagnoli a Roma nella prima metà dell'Ottocento. Vicende e protagonisti dell'Accademia di Spagna prima della sua istituzione ufficiale, in: Scultori nella Roma dell'Ottocento. Ricerche di storia dell'arte, Bd. 68, 1999, S. 17–30

BRU 1971
Margarita Bru Romo, La Academia Española de Bellas Artes en Roma 1873–1914, Madrid 1971

BRUCH 1982
Rüdiger vom Bruch, Weltpolitik als Kulturmission. Auswärtige Kulturpolitik und Bildungsbürgertum in Deutschland am Vorabend des Ersten Weltkrieges, Paderborn u. a. 1982

BRULEY 2001
Yves Bruley und Alain Rauwel, La Trinité des Monts. Cinq cents ans de présence française à Rome, Rom 2001

BÜTTNER 1990
Frank Büttner, Bildung des Volkes durch Geschichte. Zu den Anfängen öffentlicher Geschichtsmalerei in Deutschland, in: Historienmalerei in Europa. Paradigmen in Form, Funktion, und Ideologie, hrsg. von Ekkehard Mai, Mainz 1990, S. 77–94

BÜTTNER 2002
Frank Büttner, Aufstieg und Fall der Geschichtsmalerei. Ein Überblick über die Gattungsgeschichte und Gattungstheorie in Deutschland vom späten 18. bis zum frühen 20. Jahrhundert, in: Geschichte zwischen Kunst und Politik, hrsg. von Ulrich Baumgärtner und Monika Fenn, München 2002, S. 34–58

BURCKHARDT 1843
Jacob Burckhardt, Bericht über die Kunstausstellung zu Berlin im Herbste 1842, in: Kunstblatt 24, 1843, Nr. 4, S. 13–15

BURCKHARDT 1919[3]
Jakob Burckhardt, Vorträge 1844–1887, hrsg. von Emil Dürr, Basel 1919[3]

BURCKHARDT 1963
Jakob Burckhardt, Briefe. Mit Benützung des handschriftlichen Nachlasses hergestellt von Max Burckhardt, 11 Bde., Basel – Stuttgart 1963

BURMEISTER 1980
Joachim Burmeister, Turismo in Arcadia, in: Ausst.-Kat. Arnold Böcklin e la cultura artistica in Toscana, hrsg. von Cristina Nuzzi, Fiesole – Rom 1980

BURMEISTER 1999
Joachim Burmeister, Überlegungen zu den Ursprüngen des deutschen Künstlerhauses Villa Romana in Florenz. Eine schriftliche Geisterbeschwörung, in: Storia dell'arte e politica culturale intorno al 1900. La fondazione dell'Istituto germanico di Storia dell'Arte di Firenze, hrsg. von Max Seidel, Venedig 1999, S. 391–413

BUSCH 1977
Werner Busch, Nachahmung als bürgerliches Kunstprinzip. Ikonographische Zitate bei Hogarth und in seiner Nachfolge, Hildesheim – New York 1977

Busch 1981
Werner Busch, Akademie und Autonomie. Asmus Jakob Carstens' Auseinandersetzung mit der Berliner Akademie, in: Ausst.-Kat. Berlin zwischen 1789 und 1884. Facetten einer Epoche, Berlin 1981, S. 81–92

Busch 1985
Werner Busch, Die notwendige Arabeske. Wirklichkeitsaneignung und Stilisierung in der deutschen Kunst des 19. Jahrhunderts, Berlin 1985

Busch 1990
Werner Busch, Über den Helden diskutiert man nicht. Zum Wandel des Historienbildes im englischen 18. Jahrhundert. in: Historienmalerei in Europa. Paradigmen in Form, Funktion, und Ideologie, hrsg. von Ekkehard Mai, Mainz 1990, S. 57–76

Busuttil 1997
Claude Busuttil, Antonio Sciortino. 1879–1947, o. O. 1997

Cagiano de Azevedo 1951
Michelangelo Cagiano de Azevedo, Le Antichità di Villa Medici, Rom 1951

Càllari 1934
Càllari, Luigi, Le Ville di Roma, Rom 1934

Calov 1979
Gudrun Calov, Russische Künstler in Italien. Ihre Beziehungen zu deutschen Künstlern, insbesondere zu den Nazarenern, in: Beiträge zu den europäischen Bezügen der Kunst in Rußland, 1, hrsg. von Hans Rothe, Giessen 1979, S. 13–40

Calvo Serraller 1982
Francisco Calvo Serraller, Las academias artísticas en España, Vorwort zu Nikolaus Pevsner, Las Academias de Arte, Madrid 1982

Cánovas del Castillo 1989
Soledad Cánovas del Castillo, Artistas españoles en la Academia de San Luca de Roma, Boletín de la Real Academia de Bellas Artes de San Fernando, Nr. 68, Madrid 1989, S. 155–209

Cantatore 2007
Flavia Cantatore, San Pietro in Montorio. La chiesa dei Re Cattolici a Roma, Rom 2007

Carrara 2004
Eliana Carrara, Dall'arte per una nazione all'arte della nazione. La pittura di storia come ‚genere nazionale'. Testimonianze di un dibattito 1840–1871, in: Mitteilungen des Kunsthistorischen Institutes in Florenz, Nr. 47, 2003, Florenz 2004, S. 248–57

Casado Alcalde 1982
Esteban Casado Alcalde, La Academia Española en Roma. Las copias (siglo XIX), in: Archivo Español de Arte, Bd. 55, 1982, S. 156–64

Casado Alcalde 1986, 1
Esteban Casado Alcalde, Pintores pensionados en Roma en el siglo XIX, in: Archivo Español de Arte, Bd. 59, 1986, S. 363–85

Casado Alcalde 1986, 2
Esteban Casado Alcalde, Dos dibujos de Maella en la facultad d. BB. AA. De San Fernando, in: Archivo Español de Arte, Bd. 59, 1986, S. 94–96

Casado Alcalde 1987
Esteban Casado Alcalde, Pintores de la Academia de Roma. La primera Promoción, Barcelona – Madrid 1990

Casado Alcalde 1992
Esteban Casado Alcalde, El mito de Italia y los pintores de la Academia de Roma, in: Ausst.-Kat. Roma y el ideal académico. La pintura en la Academia Española de Roma 1873–1903, Madrid 1992, S. 39–57

Casale 1995
Gerardo Casale, Rapporti tra l'Accademia di San Luca e i Portoghesi a Roma, in: Giovanni V. di Portogallo (1707–1750) e la cultura romana del suo tempo, hrsg. von Sandra Vasco Rocca, Rom 1995, S. 377–84

Casalini 1935
Mario Casalini, Le istituzioni culturali di Roma, Mailand – Rom 1935

Cassirer 1985
Ernst Cassirer, Der Mythus des Staates. Philosophische Grundlagen politischen Verhaltens, (1949), Neuaufl. Frankfurt am Main 1985

Castelar 1873, 1
Emilio Castelar, Retificacion al Sr. Manterola sobre la libertad religiosa y la separacion de la Iglesia y el Estado, pronunciada el 12 de Aprile 1869, in: Discursos parlamentarios de Don Emilio Castelar en la Asamblea Constituyente, Bd. 1, Madrid 1873², S. 257–338

Castelar 1873, 2
Emilio Castelar, Ricordi d'Italia, italienisich von Pietro Fanfani, Tipografia della Gazzetta d'Italia, Florenz 1873

Castelar 1874
Emilio Castelar, L'art, la religion et la nature en Italie, Paris 1874

Castelar 1876
Emilio Castelar, Erinnerungen an Italien. Mit einer Vorrede des Verfassers, deutsch von Julius Schanz, Leipzig 1876

Castelar 1881
Emilio Castelar, Diario de las Sesiones de las Cortes – Congreso de los Diputados, Legislatura 1881–1882, Nr. 63, S. 1541–43

Castelar 1881?
Emilio Castelar, Emilio Castelar alla Real accademia spagnola il 25. Aprile 1880 giorno della sua amissione, italienisch von Demetrio Duca, Neapel 1881(?)

CASTELAR 1882
Emilio Castelar, Prólogo, in: G. Danton, Historia general de la masonería. Desde los tiempos más remotos hasta nuestra época, Barcelona 1883–1889

CASTELAR 1883
Emilio Castelar, Ricordi d'Italia, italienisch von Pietro Fanfani und Demetrio Duca, Livorno 1883–1884

CASTELAR 1895
Emilio Castelar, Nuestra escuela de bellas artes en Roma, in: La Ilustracion Española y Americana, Nr. VII, 22. Februar 1895, S. 111–14 und S. 175–78

CASTELLANI 2002
Francesca Castellani, 'Balbutier la langue de Titien'. Il magistero della pittura veneta attraverso i viaggi e le copie dei pensionnaires, in: L'Académie de France à Rome aux XIXe et XXe siècles. Entre tradition, modernité et création; actes du colloque, org. von Claire Chevrolet, Jean Guillemain u. a., hrsg. von Anne-Lise Desmas, Collection d'histoire de l'art de l'Académie de France à Rome; 2, Paris 2002, S. 93–106

CATALOGO 1832
Catalogo delle opere esposte pubblicamente nell'Aprile del 1832 dalla Società degli Amatori e Cultori delle Belle Arti in Via di Ripetta N. 70, Rom 1832

CATALOGUE 1896
Catalogue of the First Annual Exhibition of the American Academy in Rome, American Fine Arts Galleries, New York 1896

CATALOGUE OF THE RIBA
Catalogue of the Drawings Collection of the Royal Institute of British Architects – Royal Institute of British Architects, 21. Bde., London 1969–1989

CATANEO 1554
Pietro Cataneo, I quattro primi libri di architettura, Venedig 1554

CAVEDA 1867
José Caveda, Memorias para la Historia de la Real Academia de San Fernando y de las Bellas Artes en España, desde el advenimiento al trono de Felipe V, hasta nuestros dias, 2 Bde., Madrid 1867

CECCOPIERI 1993
Franco Ceccopieri Maruffi, Il soggiorno romano di John Gibson e i suoi rapporti artistici con Vincenzo Camuccini, in: Strenna dei romanisti, Bd. 54, Rom 1993, S. 63–72

CHABOD 1962
Federico Chabod, Storia della politica estera italiana dal 1870–1896, Bari 1962

CHALLINGSWORTH 1990
Christine Jeannette Challingsworth, The 1708 and 1709 Concorsi Clementini at the Accademia di San Luca in Rome and the Establishment of the Academy of Arts and Sciences as an Autonomous Building Type, zugl. Diss., Pennsylvania State University, Ann Arbour 1990

CHALLINGSWORTH 1992
Christine Jeannette Challingsworth, The Academy of Arts and Sciences. A Paper Building Type of the Eighteenth Century, in: An Architectural Progress in the Renaissance and Baroque. Sojourns in and out of Italy, Essays in Architectural History presented to Hellmut Hager on his Sixty-sixth Birthday, hrsg. von Henry A. Millon und Susan Scott Munshower, Papers in Art History from the Pennsylvania State University, Nr. 8, Bd. 2, Pennsylvania 1992, S. 720–63

CHARD 2000
Chloe Chard, Lassitude and Revival in the Warm South, in: Pathologies of Travel, hrsg. von Richard Wrigley und George Revill, Amsterdam – Atlanta 2000, S. 175–205

CHASTEL 1989-1991
André Chastel, La Villa Médicis. École française de Rome – Académie de France à Rome, 3 Bde., Rom 1989–1991

CHICKERING 1975
Roger Chickering, Imperial Germany and a World without War. The Peace Movement and German Society 1892–1914, Princeton, New Jersey 1975

CHICKERING 1993
Roger Chickering, Karl Lamprecht. A German Academic Life 1856–1915, Atlantic Highlands, New Jersey 1993

CHICKERING 2000
Roger Chickering, The Lamprecht Controversy, in: Historikerkontroversen, hrsg. von Hartmut Lehmann, Göttingen 2000, S. 15–29

CIRICI PELLICER 1945
Alexandre Cirici Pellicer, Los Nazarenos catalanes y sus dibujos en el Museo de arte moderno, in: Anales y Boletín de los Museos de Arte de Barcelona, Vol. III, 2, 1945, S. 59–93

CIOFETTA 1996
Simona Ciofetta, Nostra Signora del Sacro Cuore già San Giacomo degli Spagnoli, in: Roma sacra. Guida alle chiese della città eterna, Soprintendenza per i Beni Artistici e Storici di Roma, hrsg. von Antonio Federico Caiola, Luciana Cassanelli, Bd. 7, Juni 1996, 2. Jg., Pozzuoli – Neapel 1995

CIPRIANI 1986
Luigi Cipriani, S. Pietro in Montorio e il Tempietto del Bramante. Studio storico-giuridico, Privatdruck, o. O. 1986

CIPRIANI 2002
Angela Cipriani, Presenze francesi all'Accademia di San Luca 1664–1675, in: L'idéal classique. Les échanges artistiques entre Rome et Paris au temps de Bellori (1640-1700), hrsg. von Olivier Bonfait, Collection d'histoire de l'art de l'Académie de France à Rome, Paris 2002, S. 223–28

CLARK 1985
Anthony M. Clark, Pompeo Batoni. A Complete Catalogue of his Works with an Introductory Text, hrsg. von Edgar Peters Bowron, Oxford 1985

CORRESPONDANCE
Correspondance des directeurs de l'Académie de France à Rome avec les surintendants des batiments, publiée d'apres les manuscrits des Archives nationales par Anatole Montaiglon, sous le patronage de la direction des beaux-arts, 18 Bde., Paris 1887–1912

CORRESPONDANCE NOUVELLE SÉRIE
Correspondance des Directeurs de l'Académie de France à Rome. Nouvelle serie, Vol. 1, Répertoires, hrsg. von Georges Bunel, Rom 1979

CORTISSOZ 1910
Royal Cortissoz, Some Critical Reflections on the Architectural Genius of Charles F. McKim, in: The Brickbuilder, Bd. 19, Nr. 2, Februar 1910, S. 24–27

COWDREY 1953
Mary Bartlett Cowdrey, American Academy of Fine Arts and American Art-Union, Introduction 1816–1852, New York 1953

CRAIG 1948
Maurice Craig, The Volunteer Earl. Being the Life and Times of James Caulfield, First Earl of Charlemont, London 1948

CRASKE 1997
Matthew Craske, Art in Europe 1700–1830. A History of the Visual Arts in an Era of Unprecedented Urban Economic Growth, Oxford – New York, 1997

CRETONI 1971
Antonio Cretoni, Roma giacobina. Storia della Repubblica Romana del 1798–99, Rom 1971

CROW 1995
Thomas Crow, Emulation. Making Artists for Revolutionary France, New Haven – London 1995

CULLEN 1995
Fintan Cullen, Visual Politics in 1780s Ireland. The Roles of History Painting, in: The Oxford Art Journal, Bd. 18, 1995, Nr. 1, S. 58–73

CULTURAL IDENTITY
Cultural Identity and Archeology. The Construction of European Communities, hrsg. von Paul Graves-Brown, Siân Jones und Clive Gamble, London – New York 1996

CUOMO 1972
Gabriele Cuomo, Le Leggi Eversive del secolo XIX e le vicende degli Ordini Religiosi della Provincia de Principato Citeriore, Bd. IV. La legge-decreto del 7 luglio 1866 sopprime tutti gli Ordini Religiosi del Regno d'Italia, Mercato S. Severino 1972

CURCIO 2000
Giovanna Curcio, Il buon governo e la pubblica felicità. Architetture per la città e lo stato, in: Storia dell'architettura italiana. Il Settecento, hrsg. von Giovanna Curcio und Elisabeth Kieven, Mailand 2000, S. XI–XXXVII

CURTIUS 1950
Ludwig Curtius, Deutsche und antike Welt. Lebenserinnerungen, Stuttgart 1950

D'AZEGLIO 1859
Roberto d'Azeglio, Delle Accademie di Belle Arti, Turin 1859

DAL MITO AL PROGETTO
Dal mito al progetto. La cultura architettonica dei maestri italiani e ticinesi nella Russia neoclassica, hrsg. von Nicola Navone, Accademia di Architettura, Mendrisio 2004

DAS DEUTSCHE HISTORISCHE INSTITUT
Das deutsche historische Institut in Rom 1888–1988, hrsg. von Reinhard Elze und Arnold Esch, Tübingen 1990

DAS RÖMISCHE KÜNSTLERSTIPENDIUM
Das römische Künstlerstipendium, in: Die Gegenwart, Bd. VIII, Nr. 41, Berlin 1875, S. 235–36

DE FONTBONA 1990
Francesco de Fontbona, Accademie e Nazareni, in: Raffaello e l'Europa, Atti del IV. Corso internazionale di Alta Cultura, hrsg. von Marcello Fagiolo und Maria Luisa Madonna, Rom 1990, S. 735–55

DE FONVIELLE 1873
Wilfried de Fonvielle, Amédée 1er et la République espagnole. Lettre adressée à Don E. Castelar, Paris 1873

DE OCHOA 1835
Eugenio de Ochoa, Los Pensionados en Roma, in: El Artista, Bd. I, Nr. XVI, Madrid 1835, S. 181–83

DE PANTORBA 1980
Bernadino de Pantorba, Historia y crítica de las Exposiciones Nacionales de Bellas Artes celebradas en España, Madrid 1980

DE S. ANA - OSSORIO 1974
Florencio De Santa Ana und Alvarez Ossorio, Rosales y el arte italiano del Renacimiento, in: Bellas artes, 5. Jg., Nr. 32, Madrid 1974, S. 19–26

DE SANDOVAL 1886
F. de Sandoval, Emilio Castelar. Coup d'oeil sur sa vie, son tempérament de'écrivain, son oevre et les tendances qui s'en dégagent. Contenant des extraits des plus remarquables discours de l'éliment orateur avec un beau portrait hors texte, Paris 1886

DE TOCQUEVILLE 1835
Alexis de Tocqueville, De la démocratie en Amérique, Paris 1835

DEAN 1984
Mary A. Dean u. a., 350 Years of Art and Architecture in Maryland, Art Gallery, Gallery of the School of Architecture und University of Maryland 1984

DEICHMANN 1986
Friedrich Wilhelm Deichmann, Vom internationalen Privatverein zur preußischen Staatsanstalt. Zur Geschichte des Instituto di Corrispondenza Archeologica, Deutsches Archäologisches Institut, Geschichte und Dokumente, Bd. 9, Mainz 1986

DELESTRE 1867
J. B. Delestre, Gros, sa vie et ses ouvrages, Paris 1867

DER MALER FEDERICO
Der Maler Federico Zuccari. Ein römischer Virtuoso von europäischem Ruhm; Akten des internationalen Kongresses der Bibliotheca Hertziana Rom und Florenz, 23.–26. Februar 1993, hrsg. von Matthias Winner und Detlef Heikamp, München 1999

DESMOND-CROLY 1906
H. W. Desmond und H. Croly, The Work of McKim, Mead & White, in: Architectural Record, Nr. 20, 1906, S. 153–246

DEUTSCHE AUSWÄRTIGE KULTURPOLITIK
Deutsche auswärtige Kulturpolitik seit 1871, hrsg. von Kurt Düwell und Werner Link, Köln – Wien 1981

DEUTSCHE ITALOMANIE
Deutsche Italomanie in Kunst Wissenschaft und Politik, hrsg. von Wolfgang Lange und Norbert Schnitzler, München 2000

DEUTSCHES ITALIENBILD
Deutsches Italienbild und italienisches Deutschlandbild im 18. Jahrhundert, in: Reihe der Villa Vigoni, Bd. 9, hrsg. von Klaus Heitmann und Teodoro Scamardi, Tübingen 1993

DIARY
Gorham Phillips Stevens, Tagebuch. Dezember 1911–September 1914, Archiv der Amercian Academy in Rom

DIE ANTIKEN 1990
Die Antiken der Deutschen Akademie Villa Massimo Rom, hrsg. von Götz Lahusen, Rom 1990

DIE KÜNSTLERKOLONIE
Die Künstlerkolonie Villa Romana in Florenz, in: Zeitschrift für bildende Kunst, 40. Jg., Heft 12, Leipzig 1905, S. 327

DIE PRÄRAFFAELITEN
Die Präraffaeliten. Dichtung, Malerei, Ästhetik, Rezeption, hrsg. von G. Hönnighausen, Stuttgart 1992

DIMICK 1989
Lauretta Dimick, Veiled Memories, or, Thomas Crawford in Rom, in: The Italian Presence in American Art, 1760–1860, hrsg. von Irma B. Jaffe, New York – Rom 1989, S. 176–94

DONATH 1929
Adolph Donath, Der Berliner Kaufmann als Kunstfreund, in: Berlins Aufstieg zur Weltstadt. Ein Gedenkbuch, hrsg. von Max Osborn, Berlin 1929, S. 257–60

DORMENT 1975
Richard Gerard Dorment, Burne-Jones and the Decoration of St. Paul's American Church, Rome, zugl. Diss., Columbia University, New York 1975

DORRMAN 2002
Michael Dorrman, Eduard Arnhold 1849–1925. Eine biographische Studie zu Unternehmer- und Mäzenatentum im Deutschen Kaiserreich, zugl. Diss., Berlin 2002.

DROSTE 1980
Magdalena Droste, Das Fresko als Idee. Zur Geschichte öffentlicher Kunst im 19. Jahrhundert, Münster 1980

DUNLAP 1834
William Dunlap, History of the Rise and Progress of the Arts of Design in the United States, 2 Bde., New York 1834

DURO 2000
Paul Duro, The Lure of Rome. The Academic Copy and the Académie de France in the Nineteenth Century, in: Art and the Academy in the Nineteenth Century, hrsg. von Rafael Cardoso Denis, Manchester 2000, S. 133–49

EGBERT 1980
Donald Drew Egbert, The Beaux-Arts Tradition in French Architecture illustrated by the Grands Prix de Rome, Princeton, New Jersey 1980

EICHENDORFF 1970
Joseph von Eichendorff, Sämtliche Werke, Bd. IX, Regensburg 1970

EICHLER 1986
Inge Eichler, Künstler-Vereins-Häuser, Frankfurt am Main 1986

EIN POTSDAMER MALER
Ein Potsdamer Maler in Rom, Briefe des Batoni-Schülers Johann Gottlieb Puhlman aus den Jahren 1774–1787, hrsg. von Eckhart Götz, Berlin 1979

ELVERS 1983
Rudolf Elvers und Hans-Günter Klein, Die Mendelssohns in Berlin. Eine Familie und eine Stadt, Wiesbaden 1983

ERBEN 2004
Dietrich Erben, Paris und Rom. Die staatlich gelenkten Kunstbeziehungen unter Ludwig XIV., Berlin 2004

ESCH 2005
Arnold Esch, Archäologie des Ewigen. Rom als europäischer Erinnerungsort, in: Frankfurter Allgemeine Zeitung, 23. März 2005

FALKENHAUSEN 1993
Susanne von Falkenhausen, Italienische Monumentalmalerei im Risorgimento 1830-1890. Strategien nationaler Bildersprache, Berlin 1993

FASTERT 2001
Sabine Fastert, Deutsch-Französischer Kulturaustausch im frühen 19. Jahrhundert am Beispiel der Nazarener, in: Münchner Jahrbuch der bildenden Kunst, 3. Folge, Bd. LII, München 2001, S. 159–84

FEHL 1997
Philipp Fehl, Kunstgeschichte und die Sehnsucht nach der hohen Kunst. Winckelmann, Fiorillo und Leopoldo Cicognara, in: Johann Dominicus Fiorillo. Kunstgeschichte und die romantische Bewegung um 1800, hrsg. von Antje Middeldorf Kosegarten, Göttingen 1997, S. 450–76

FELDENKIRCHEN 1982
Wilfried Feldenkirchen, Staatliche Kunstfinanzierung im 19. Jahrhundert, in: Kunstpolitik und Kunstförderung im Kaiserreich. Kunst im Wandel der Sozial- und Wirtschaftsgeschichte, hrsg. von Ekkehard Mai, Hans Pohl und Stephan Waetzold, in: Kunst, Kultur und Politik im Deutschen Kaiserreich, Bd. 2, Berlin 1982, S. 35–54

FENTON 2006
James Fenton, School of genius. A History of the Royal Academy of Arts, London 2006

FERNANDEZ FLOREZ 1884
Isidoro Fernandez Florez, Exposicion de Bellas Artes, in: La Ilustracion Española y Americana, Nr. XX, 1884, S. 331–34

FERNÁNDEZ MARTÍN 1997
Juan José Fernández Martín, Recursos compositivos en la obra de Francisco Sabatini los patios y la elipse. Análisis del concorso clementino de 1750, in: Il disegno di progetto dalle origini al XVIII secolo, Atti del Convegno, Università degli Studi di Roma la Sapienza, hrsg. Michela Cigola und Tiziana Fiorucci, Rom 1997, S. 330–34

FERRARIS 1986
Paola Ferraris, L'Arcadia nella diplomazia internazionale. Il bosco Parrasio Gianicolense, in: „Atti e Memorie dell'Arcadia" Serie 3a, Vol. VIII, Bd. 4, Rom 1986–87

FERRARIS 1995
Paola Ferraris, Il bosco Parrasio dell'Arcadia 1721–1726, in: Giovanni V di Portogallo (1707–1750) e la cultura romana del suo tempo, hrsg. von Sandra Vasco Rocca, Rom 1995, S. 137–52

FICTIONS OF ISOLATION
Fictions of Isolation. Artistic and Intellectual Exchange in Rome during the First Half of the Nineteenth Century, Analecta Romana Instituti Danici, Supplementum 37, hrsg. von Lorenz Enderlein und Nino Maria Zchomelidse, Rom 2006

FILARETE 1450
Antonio Averlino Filarete's Tractat über die Baukunst nebst seinen Büchern von der Zeichenkunst und den Bauten der Medici, hrsg. und bearb. von Wolfgang von Oettingen, Quellenschriften für Kunstgeschichte und Kunsttechnik des Mittelalters und der Neuzeit, Bd. 3, Wien 1890

FINK 1975
Lois Marie Fink, National Academy of Design. A century and a half of American art commemorating the 150th anniversary of the founding of the National Academy of Design, National Academy of Design, New York 1975

FISCHER 1998
Hartwig Fischer, Ein Wilhelminisches Gesamtkunstwerk auf dem Kapitol. Hermann Prell und die Einrichtung des Thronsaals in der Deutschen Botschaft zu Rom 1894–1899, zugl. Diss., Lörrach 1998

FÖRSTER 2001
Frank Förster, Christian Carl Josias Bunsen. Diplomat, Mäzen und Vordenker in Wissenschaft, Kirche und Politik, zugl. Diss., Bad Arolsen 2001

FRANCHI VERNEY 1903
Franchi Verney della Valetta, L'Académie de France à Rome 1666–1903, Turin 1903

FRANCISCONO 1974
Marcel Franciscono, Paul Klee's Italien Journey and the Classical Tradition, in: Pantheon, 32, München 1974, S. 54–64

FRANK 2001
Christoph Frank, ‚Plus il y en aura, mieux ce sera'. Caterina II di Russia e Anton Raphael Mengs. Sul ruolo degli agenti ‚cesarei' Grimm e Reiffenstein, in: Ausst.-Kat. Mengs. La scoperta del Neoclassico, hrsg. von Steffi Roettgen, Padua 2001, S. 86–95

FRANK 2003
Christoph Frank, ‚et que je n'aurai ni paix ni repos jusqu'à ce que cela soit sur pied…' Johann Friedrich Reiffenstein consigliere e agente di Caterina II, in: Pinakotheke, Nr. 16–17, 2003, S. 44–48

FRASER 2000
Hilary Fraser, Ruskin, Italy, and the Past, in: Britain and Italy from Romanticism to Modernism, hrsg. von Martin L. MacLaughlin, Oxford 2000, S. 87–106

FRAZER 1890
James George Frazer, The Golden Bough. A Study in Comparative Religion, 2 Bde., London – New York 1890. Dt. Übers., Der Goldene Zweig, Das Geheimnis von Glauben und Sitten der Völker, Leipzig 1928

FREUD 1960
Sigmund Freud, Briefe 1873–1939, ausgewählt und hrsg. von Ernst und L. Freud, Frankfurt am Main 1960

GAGE 1998
John Gage, More „french" than the French? British Romantic Artists and the Roman Landscape, in: Corot. Un artiste et son temps, Actes des colloques, Musée du Louvre und Académie de France à Rome, Villa Medici, hrsg. von Chiara Stefani, Vincent Pomarède und Gérard de Wallens, Paris 1998, S. 527–44

GÁLLEGO 1979
Julián Gállego, La pintura de Historia en la Academia Española de Bellas Artes de Roma, in: Exposición Antológica de la Academia Española de Bellas Artes de Roma (1873–1979), Madrid 1979, S. 17–27

GALOFRE 1851
José Galofre, El Artista en Italia y demás países de Europa atendido el estado actual de las Bellas Artes, Madrid 1851

GARCIA CASANOVA 1982
Juan F. Garcia Casanova, Hegel y el republicanismo en la España del siglo XIX, Granada 1982

GARCIA FELGUERA 1997
Maria de los Santos Garcia Felguera, „Tötet alle Zeugen!" Gegen die Historienmalerei, in: Ausst.-Kat. Bilder der Macht – Macht der Bilder, hrsg. von Stefan Germer und Michael F. Zimmermann, München 1997, S. 403–16

GARMS 1997
Jörg Garms, Das römische Milieu der europäischen Künstler im frühen 19. Jahrhundert, in: Ausst.-Kat. Gli Artisti romantici tedeschi del primo Ottocento a Olevano Romano, Mailand 1997, S. 75–81

GAUDY 1854
Franz von Gaudy, Der Deutsche in Trastevere, in: Ders., Poetische und prosaische Werke, Berlin 1854

GAYA NUÑO 1975
Juan Antonio Gaya Nuño, Historia de la crítica de arte en España, Madrid 1975

GERDTS 1969
William Gerdts, Washington Allston and the German Romantic Classicists in Rome, in: Art Quarterly, Vol. 32, Detroit 1969, S. 166–96

GERMER 1988
Stefan Germer, Historizität und Autonomie. Studien zu Wandbildern im Frankreich des 19. Jahrhunderts, Hildesheim – Zürich – New York 1988

GERMER 1997
Stefan Germer, Taken on the Spot. Zur Inszenierung des Zeitgenössischen in der Malerei des 19. Jahrhunderts, in: Ausst.-Kat. Bilder der Macht – Macht der Bilder, hrsg. von Stefan Germer und Michael F. Zimmermann, München 1997, S. 17–36

GERMER 1998
Stefan Germer, Erfindung der Nationen durch die Kunst, in: AUSST.-KAT. MYTHEN DER NATIONEN 1998, S. 33–52

GIGLI 1987
Laura Gigli, Il complesso Gianicolense di S. Pietro in Montorio, Rom 1987

GIULIANI 2002
Rita Giuliani, La ‚meravigliosa' Roma di Gogol. La città, gli artisti, la vita culturale nella prima metà dell'Ottocento, Rom 2002

GLI INGLESI IN ITALIA 1998
Gli Inglesi in Italia, hrsg. von Agostino Lombardo, Mailand 1998

GOETHE 1809
Johann Wolfgang von Goethe, Die Wahlverwandtschaften, in: Jubiläumsausgabe von Goethes Sämtlichen Werken, hrsg. von E. von der Hellen, Bd. 21, Stuttgart – Berlin o. J.

GOLDSTEIN 1996
Carl Goldstein, Teaching Art. Academies and Schools from Vasari to Albers, Cambridge 1996

GÓMEZ-MORENO 1993
María Elena Gómez-Moreno, Pintura y Escultura Española del siglo XIX, in: Summa Artis. Historia general de Arte, Vol. XXXV, Madrid 1993

GONZÁLEZ - MARTÍ 1987
Carlos González und Montse Martí, Pintores españoles en Roma 1850–1900, Barcelona 1987

GONZÁLEZ ARACO 1900
Manuel González Araco, Castelar, su vida y su morte, Madrid 1900

GORDON 1976
Esme Gordon, The Royal Scottish Academy of Painting. Sculpture and Architecture 1826–1976, Edingburgh 1976

GRAF 1911
Arturo Graf, L'anglomania e l'influsso inglese in Italia nel secolo XVIII, Turin 1911

GRANGER 1913
Alfred Hoyt Granger, Charles Follen McKim. A Study of his Life and Work, Boston 1913

GRASSI 1989
Paolo Grassi und Luciano Zangarini, La festa degli artisti a Tor Cervara, Rom 1989

GRASSKAMP 1898
Walter Grasskamp, Die unbewältigte Moderne. Kunst und Öffentlichkeit, München 1989

GRAY 1915, 1
Ezio Maria Gray, Germania in Italia, in: Problemi italiani, Mailand 1915

GRAY 1915, 2
Ezio Maria Gray, L'invasione tedesca in Italia. Professori, commercianti, spie, Florenz 1915

GREGOROVIUS 1892
Ferdinand Gregorovius, Römische Tagebücher, hrsg. von Friedrich Althaus, Stuttgart 1892

GRENZFÄLLE 1993
Grenzfälle. Über alten und neuen Nationalismus, hrsg. von Michael Jeismann und Henning Ritter, Leipzig 1993

GUATTANI 1802
G. A. Guattani, Catalogo degli artisti stabilitisi e attualmente dimoranti in Roma – Memorie enciclopediche romane sulle belle arti, Rom 1802

GUIDA UFFICIALE 1911
Guida ufficiale delle Esposizioni de Roma, Rom 1911

GUIDE RIONALI 1976
Guide rionali di Roma, Rione VII. Regola, hrsg. von Carlo Pietrangeli, Rom 1976

GUTIÉRREZ BURÓN 1987
J. Gutiérrez Burón, Exposiciones Nacionales de Pintura en España en el siglo XIX, zugl. Diss., Universidad Complutense, Madrid 1987

HABERMAS 1962
Jürgen Habermas, Strukturwandel der Öffentlichkeit. Untersuchungen zu einer Kategorie der bürgerlichen Gesellschaft, Neuwied – Berlin 1962

HABICH 1899
Georg Habich, Alte und neue Akademien, in: Kunst für Alle, hrsg. von Friedrich Pecht, XIV. Jg., München 1899, S. 335–45

HAGER 1939
Werner Hager, Das geschichtliche Ereignisbild. Zur Typologie des weltlichen Geschichtsbildes bis zur Aufklärung, München 1939

HAGER 1989
Werner Hager, Geschichte in Bildern, Hildesheim – Zürich – New York 1989

HAMLIN 1891
A. D. F. Hamlin, The Battle of Styles, in: Architectural Record 1, 1891, S. 265–75

HAMLIN 1908
A. D. F. Hamlin, The Influence of the Ecole des Beaux-Arts on Our Architectural Education, in: Architectural Record 23, 1908, S. 241–47

HANNAY 1875
David Hannay, Don Emilio Castelar, London 1875

HARDER 1991
Marion Harder, Entstehung von Rundhof und Rundsaal im Palastbau der Renaissance in Italien. Untersuchungen zum Mantegnahaus in Mantua und zu den Traktaten des Francesco di Giorgio Martini, zugl. Diss., Freiburg 1991

HARDTWIG 1978
Wolfgang Hardtwig, Traditionsbruch und Erinnerung. Zur Entstehungsgeschichte des Historismusbegriffs, in: Geschichte allein ist zeitgemäß. Historismus in Deutschland, Tagungsband des Ulmervereins, hrsg. von Michael Brix und Monika Steinhäuser, Lahn Gießen 1978, S. 17–27

HARNACK 1895
Otto Harnack, Der deutsche Künstlerverein zu Rom in seinem fünfzigjährigen Bestehen, Weimar 1895

HARRIS 1987
Neil Harris, Collective possession. J. Pierpont Morgan and the American Imagination, in: John Pierpont Morgan, Collector. European Decorative Arts from the Wadsworth Atheneum, Ausst.-Kat. hrsg. von Linda Horwitz Roth, Hartford – New York 1987, S. 43-57

HARTLEBEN 1898
Otto Erich Hartleben, Der römische Maler, in: Ders., Erzählungen, Berlin 1898

HASKELL 1967
Francis Haskell, Tiepolo e gli artisti del secolo XIX, in: Sensibilità e razionalità del settecento, hrsg. von Vittore Branca, Florenz 1967, S. 481–97

HASKELL 1976
Francis Haskell, Rediscoveries in Art. Some Aspects of Taste, Fashion and Collecting in England and France, New York 1976

HASKELL 1981
Francis Haskell und Nicholas Penny, Taste and the Antique, New Haven – London 1981

HASSELBLATT 1886
Julius Hasselblatt, Historischer Überblick der Entwickelung der Kaiserlich Russischen Akademie der Künste in St. Petersburg. Ein Beitrag zur Geschichte der Kunst in Russland, St. Petersburg – Leipzig 1886

HASTINGS 1901
Thomas Hastings, Influence of the Ecole des Beaux-Arts upon American Architecture, in: Architectural Record, Spezialausgabe, 1901, S. 66–90

HAUFE 1965
Eberhard Haufe, Deutsche Briefe aus Italien, Hamburg 1965

HAUSENSTEIN 1921
Wilhelm Hausenstein, Kairuan oder eine Geschichte vom Maler Klee und der Kunst dieses Zeitalters, München 1921

HAUTECOEUR 1912
Louis, Hautecoeur, Rome et la renaissance de l'antiquité à la fin du XVIIIe siècle, Paris 1912

HAZLITT 1827
William Hazlitt, English Students at Rome, 1827, in: The Complete Works of William Hazlitt, hrsg. von Percival Presland Howe, Bd. 17, Uncollected Essays, London 1967, S. 134–43

HEGEL 1973²
Georg Wilhelm Friedrich Hegel, Ästhetik. Mit einer Einführung von Georg Lukács, 2 Bde., Frankfurt am Main 1973²

HELD 1966
Jutta Held, Goyas Akademiekritik, in: Münchner Jahrbuch der bildenden Kunst, Serie III, XVII, 1966, S. 214–24

HELD 1996
Jutta Held, Die Pariser Académie Royale de Peinture et de Sculpture von ihrer Gründung bis zum Tode Colberts, in: Europäische Sozietätsbewegung und demokratische Tradition. Die europäischen Akademien der Frühen Neuzeit zwischen Frührenaissance und Spätaufklärung, 2 Bde. hrsg. von Klaus Garber und Heinz Wismann, Tübingen 1996, Bd. 2, S. 1748–79

HELD 2001
Jutta Held, Französische Kunsttheorie des 17. Jahrhunderts und der absolutistische Staat. LeBrun und die ersten acht Vorlesungen an der königlichen Akademie, Berlin 2001

HERDER 1773
Johann Gottfried Herder, Von deutscher Art und Kunst. Einige fliegende Blätter, Hamburg 1773

HERDER 1775
Johann Gottfried Herder, Preisschrift für die Berliner Akademie. Ursachen des gesunknen Geschmacks bei den verschiednen Völkern, da er geblühet, o. O. 1775

HERDER 1778
Johann Gottfried Herder, Preisschrift für die Münchner Akademie. Über die Wirkung der Dichtkunst auf die Sitten der Völker in alten und neuen Zeiten, o. O. 1778

HILDEBRAND 1999
Klaus Hildebrand, Das vergangene Reich. Deutsche Außenpolitik von Bismarck bis Hitler, Berlin 1999

HIRTH 1880
Georg Hirth, Das deutsche Zimmer der Renaissance. Anregungen zu häuslicher Kunstpflege, München 1880

HISTORIA DE ESPAÑA
Historia de España, hrsg. von Antonio Domingo Ortiz, Barcelona 1998

HISTORIENMALEREI 1996
Historienmalerei, hrsg. von Thomas W. Gaehtgens und Uwe Fleckner, Berlin 1996

HISTORIENMALEREI IN EUROPA
Historienmalerei in Europa. Paradigmen in Form, Funktion, und Ideologie, hrsg. von Ekkehard Mai, Mainz 1990

HITCHCOCK 1987
Henry Russel Hitchcock, Architecture. Nineteenth and Twentieth Centuries, in: The Pelican History of Art, Harmondsworth 1987

HOBHOUSE 2002
Hermione Hobhouse, The Crystal Palace and the Great Exhibition. Art, Science and Productive Industry; a History of the Royal Commission for the Exhibition of 1851, London 2002

HOBSBAWM 1991
Eric J. Hobsbawm, Nationen und Nationalismus. Mythos und Realität seit 1780, Frankfurt am Main – New York 1991

HÖNIG 1944
Johannes Hönig, Ferdinand Gregorovius. Eine Biographie, Stuttgart 1944

HOFMANN 1995
Werner Hofmann, Das entzweite Jahrhundert. Kunst zwischen 1750 und 1830, München 1995

HOFMANN 1999
Werner Hofmann, Wie deutsch ist die deutsche Kunst? Eine Streitschrift, Leipzig 1999

HOOCK 2003
Holger Hoock, The King's Artists. The Royal Academy of Arts and the Politics of British Culture 1760–1840, Oxford 2003

HOVEY 1911
Carl Hovey, The Life Story of J. Pierpont Morgan. A Biography, New York 1911

HUBERT 1964
Gérard Hubert, La sculpture dans l'Italie napoléonienne, Paris 1964

HUBERT 1997
Hans W. Hubert, Das Kunsthistorische Institut in Florenz. Von der Gründung bis zum hundertjährigen Jubiläum 1897–1997, Florenz 1997

HÜBSCH 1828
Heinrich Hübsch, In welchem Style sollen wir bauen? Karlsruhe 1828

HUDSON 1939
Derek Hudson, Sir Joshua Reynolds, London 1939

HUTCHINSON 1994
John Hutchinson, Cultural Nationalism and Moral Regeneration, in: Nationalism, hrsg. von John Hutchinson und Anthony Smith, Oxford – New York 1994

HUTCHISON 1986
Sidney C. Hutchison, The History of the Royal Academy 1768–1986, London 1986

HYLAND 1985
Douglas K. S. Hyland, Lorenzo Bartolini and Italian Influences on American Sculptors in Florence 1825–1850, zugl. Diss, New York – London 1985

I DISEGNI DI ARCHITETTURA
I disegni di architettura dell'Archivio storico dell'Accademia di San Luca, hrsg. von Paolo Marconi, Angela Cipriani und Enrico Valeriani, 2 Bde., Rom 1974

I MINISTERI DI ROMA
I Ministeri di Roma Capitale. L'insediamento degli uffici e la costruzione delle nuove sedi, Roma Capitale 1870–1911, Venedig 1985

I PITTORI COLEMAN 1990
I pittori Coleman all'Accademia Brittanica, in: Giornale del Mezzogiorno, 20.–27. Februar 1990

IL RINASCIMENTO
Il rinascimento nell'ottocento in Italia e Germania – Die Renaissance im 19. Jahrhundert in Italien und Deutschland, hrsg. August Buck und Cesare Vasoli, Jahrbuch des italienisch-deutschen historischen Instituts in Trient, Berlin – Bologna 1989

ILG 2005
Ulrike Ilg, Restaurierung, Kopie, Fälschung. Zur Authentizität des Falschen im Ottocento, in: Pittura italiana nell'Ottocento, hrsg. von Martina Hansmann und Max Seidel, Venedig 2005, S. 367–84

IMAGES OF ROME 2001
Images of Rome. Perceptions of Ancient Rome in Europe and the United States in the Modern Age, hrsg. von Richard Hingley, Journal of Roman Archaeology, Supl. 44, Portsmouth, Rhode Island 2001

INTERNATIONAL FINE ARTS EXHIBITION ROME 1911
International Fine Arts Exhibition Rome 1911. Souvenir of the British Section, compiled by Sir Isidore Spielmann, C. M. G., F. S. A., Director of Art, Exhibition Branch, Board of Trade, Commissioner-General, Rome International Exhibition, Issued under the auspices of the Board of Trade, London 1911

INVENTARIO
Inventario de los dibujos arquitectónicos (de los siglos XVIII y XIX) en el museo de la Real Academia de Bellas Artes de San Fernando in: Academia, Boletín de la Real Academia de Bella Artes de San Fernando, Nr. 91 und folgende, Madrid 2000

JANDOLO 1953
Augusto Jandolo, Studi e modelli di Via Margutta, 1870–1950, Mailand 1953

JENKINS 1998
Ian Jenkins, 'Gods Without Altars'. The Belvedere in Paris, in: Il cortile delle Statue. Der Statuenhof des Belvedere im Vatikan, hrsg. von Matthias Winner u. a., Mainz 1998, S. 459–69

JONES 1945
Howard Mumford Jones, The Renaissance and American Origins, in: Ideas in America, Cambridge, Mass. 1945, S. 140–51

JORDÁN DE URRÍES 1992
Javier Jordán de Urríes de la Colina, José de Madrazo in Italia 1803–1819, Teil 1, in: Archivo Español de Arte, Bd. 65, 1992, S. 351–70

JORDÁN DE URRÍES 1994
Javier Jordán de Urríes de la Colina, José de Madrazo in Italie 1803–1819, Teil 2, in: Archivo Español de Arte, Bd. 67, 1994, S. 129–48

JORDÁN DE URRÍES 1995
Javier Jordán de Urríes de la Collina, La Galería de estatuas de la Casa del Labrador de Aranjuez. Antonio Canova y los esultores españoles pensionados en Roma, in: Archivo Español de Arte, Bd. 68, 1995, S. 31–44

JUSTI 1898
Carl Justi, Winckelmann und seine Zeitgenossen, 3 Bde. Leipzig 1898

KARL HOFER 1989
Karl Hofer und Theodor Reinhart. Maler und Mäzen. Ein Briefwechsel in Auswahl, hrsg. von Ursula und Günter Feist, Berlin 1989

KEHRER 1953
Hugo Kehrer, Deutschland in Spanien. Beziehung, Einfluß und Abhängigkeit, München 1953

KELLER 1980
Fritz-Eugen Keller, Zum Villenleben und Villenbau am römischen Hof der Farnese. Kunstgeschichtliche Untersuchung der Zeugnisse bei Annibal Caro, mit einem Katalog der Villen Frascatis im 16. Jahrhundert als Anhang, zugl. Diss., Berlin 1980

KENWORTHY-BROWNE 1983
John Kenworthy-Browne, Matthew Brettingham's Rome Account Book 1747–1754, in: The Walpole Society, Vol. 49, 1983, S. 37–132

KENWORTHY-BROWNE 1993
John Kenworthy-Browne, Designing around the Statues. Matthew Brettingham's Casts at Kedleston, in: Apollo, Vol. 137, 1993, S. 248–52

KIENE 1988
Michael Kiene, Der Palazzo della Sapienza. Zur italienischen Universitätsarchitektur des 15. und 16. Jahrhunderts, in: Römisches Jahrbuch für Kunstgeschichte, Bd. 23–24, 1988

KIEVEN 1996
Elisabeth Kieven, Beobachtungen zum Verhalten französischer Künstler in Rom Ende des 17., Anfang des 18. Jahrhunderts, in: Italien in Aneignung und Widerspruch, hrsg. von Günter Oesterle, Reihe der Villa Vigoni, Bd. 10, Tübingen, S. 8–14

KING-CROSS 1956
Edward S. King und Marvin C. Cross, Catalogue of the American Works of Art, Baltimore 1956

KIRCHNER 1990
Thomas Kirchner, Neue Themen – neue Kunst? Zu einem Versuch, die französische Historienmalerei zu reformieren, in: Historienmalerei in Europa. Paradigmen in Form, Funktion, und Ideologie, hrsg. von Ekkehard Mai, Mainz 1990, S. 107–20.

KIRCHNER 2001
Thomas Kirchner, Der epische Held, Historienmalerei und Kunstpolitik im Frankreich des 17. Jahrhunderts, München 2001

KLINGER 1924
Briefe von Max Klinger aus den Jahren 1874–1919, hrsg. von Hans Wolfgang Singer, Leipzig 1924

KLINGER 2005
„Mir tanzt Florenz auch im Kopfe rum." Die Villa Romana in den Briefen von Max Klinger an den Verleger Georg Hirzel, hrsg. und eingeleitet von Angela Windholz, Berlin – München 2005

KLOOSTERHUIS 1981
Jürgen Kloosterhuis, Deutsche Auswärtige Kulturpolitik und ihre Trägergruppen vor dem ersten Weltkrieg, in: Deutsche Auswärtige Kulturpolitik seit 1871. Geschichte und Struktur, hrsg. von Kurt Düwell und Werner Link, Köln – Wien 1981

KLUSSMANN 1980
Paul Gerhard Klussmann, Andachtsbilder. Wackenroders ästhetische Glaubenserfahrung und die romantische Bestimmung des Künstlertums, in: Festschrift für Friedrich Kienecker zum 60. Geburtstag, hrsg. von Gerd Michels, Heidelberg 1980, S. 69–95

KOHLE 2001
Hubertus Kohle, Adolph Menzels Friedrich-Bilder. Theorie und Praxis der Geschichtsmalerei im Berlin der 1850er Jahre, München – Berlin 2001

KONRAD 1877
M. G. Konrad, Spanisches und Römisches. Kritische Plaudereien über Don Emilio Castelar, Pio Nono, den vaticanischen Gott und andere curiose Zeitgenossen, Breslau 1877

KÖRTE 1935
Werner Körte, Der Palazzo Zuccari in Rom. Sein Freskenschmuck und seine Geschichte, in: Römische Forschungen der Bibliotheca Hertziana, Band XII, Leipzig 1935

KRAUSS 1989
Rosalind E. Krauss, You Irreplaceable You, in: Retaining the Original. Multiple Originals, Copies, and Reproductions, Center for Advanced Study in the Visual Arts, Washington D. C. 1989, S. 151–59

KRIS 1934
Ernst Kris und Otto Kurz, Die Legende vom Künstler. Ein geschichtlicher Versuch, Wien 1934

KRIWDINA 1994
Olga A. Kriwdina, A propos des consignes données aux sculpteurs russes lauréats de l'académie à Rome, in: Revue de l'art, Nr. 104, 1994, S. 40–42

KRÜGER 1991
Jürgen Krüger, Die preußische Gesandtschaftskapelle in Rom. Gedanken zu Bunsens Romidee, in: Universeller Geist und guter Europäer. Christian Carl Josias Bunsen 1791–1860, hrsg. von Hans-Rudolf Ruppel, Korbach 1991, S. 202–20

KRÜGER 1997
Jürgen Krüger, Wilhelminische Baupolitik im Ausland. Die deutsche evangelische Kirche in Rom, in: Römische historische Mitteilungen, hrsg. von Hermann Fillitz und Otto Kresten, Bd. 39, 1997, S. 375–94

KÜNSTLERHÄUSER 1985
Künstlerhäuser von der Renaissance bis zur Gegenwart, hrsg. von Eduard Hüttinger, Zürich 1985

KUNST - ZEUGUNG - GEBURT
Kunst – Zeugung – Geburt. Theorien und Metaphern ästhetischer Produktion in der Neuzeit, hrsg. von Christian Begemann und David E. Wellbery, Freiburg 2002

KUNSTPOLITIK
Kunstpolitik und Kunstförderung im Kaiserreich. Kunst im Wandel der Sozial- und Wirtschaftsgeschichte, hrsg. von Ekkehard Mai, Hans Pohl und Stephan Waetzold, in: Kunst, Kultur und Politik im Deutschen Kaiserreich, Bd. 2, Berlin 1982

KUNSTVERWALTUNG
Kunstverwaltung, Bau- und Denkmal-Politik im Kaiserreich, hrsg. von Ekkehard Mai und Stephan Waetzoldt, Berlin 1981

L'ACADÉMIE DE FRANCE
L'Académie de France à Rome aux XIXe et XXe siècles. Entre tradition, modernité et création, actes du colloque, org. von Claire Chevrolet, Jean Guillemain u. a., hrsg. von Anne-Lise Desmas, Collection d'histoire de l'art de l'Académie de France à Rome; 2, Paris 2002

L'AREA FLAMINIA
L'Area flaminia. L'auditorium, le ville, i musei, hrsg. von Flaminio Lucchini, Rom 1988

LA CITTÀ DEGLI ARTISTI
La Città degli Artisti nell'età di Pio VI. Roma moderna e contemporanea, Jg. 10, Bd. 1–2, hrsg. von Liliana Barroero und Stefano Susinno, Rom 2002

LAFARGE 1914
Christopher Grant La Farge, History of the American Academy in Rome, o. O. 1914

LAFARGE 1920, 1
Christopher Grant La Farge, The American Academy in Rome. Twenty fifth Anniversary, New York 1920

LAFARGE 1920, 2
John LaFarge, Why Rome, in: The American Academy in Rome. Twenty fifth Anniversary, New York 1920, S. 14–19

LAFARGE 1896
John La Farge, Considerations on Painting, New York – London, 1896

LAFUENTE FERRARI 1953
Enrique Lafuente Ferrari, Breve historia de la pintura española, Madrid 1953

LAGO 1991
Mario Lago, Angelo Zanelli, Rom 1911

LAMB 1951
Walter R. M. Lamb, The Royal Academy. A Short Story of its Foundation and Development, London 1951

LAMPRECHT 1914
Karl Lamprecht, Die Nation und die Friedensbewegung, Berlin – Leipzig 1914

LANDOWSKY 1948
Paul Landowsky, Peut-on enseigner les Beaux-arts?, Paris 1948

LAPAUZE 1924
Henry Lapauze, Histoire de l'Académie de France à Rome, 2 Bde., Paris 1924

LAUGIER 1771
Marc Antoine Laugier, Manière de bien juger des ouvrages de peinture, Paris 1771

LE SCUOLE MUTE
Le „scuole mute" e le „scuole parlanti". Studi e documenti sull'Accademia di San Luca nell'Ottocento, hrsg. von Paola Picardi und Pier Paolo Racioppi, Rom 2002

LE VILLE A ROMA 1994
Le Ville a Roma. Architetture e Giardini 1870–1930, hrsg. von Alberta Campitelli, Rom 1994

LEBENSZTEJN 1996
Jean Claude Lebensztejn, De l'imitation dans les beaux-arts, Paris 1996

LEIGHTON 1996
Frederic, Lord Leighton 1830-1896. A Centenary Celebration, in: Apollo, Vol. 143, Nr. 408, Februar 1996

LENZ 1975
Christian Lenz, Max Beckmann und Italien, Frankfurt am Main 1975

LEONARDO DA VINCI
Leonardo da Vinci. The Literary Works of Leonardo da Vinci, New York 1970

LES DESSINS D'ARCHITECTURE
Les dessins d'architecture de l'École des Beaux-Arts, hrsg. von Annie Jacques und Riichi Miyaké, Paris 1988

LESLIE 1914
G. D. Leslie, The Inner Life of the Royal Academy, London 1914

LESSING 1977
Julius Lessing, Die Renaissance im deutschen Kunstgewerbe, Berlin 1877

LEVI 1927
Alessandro Levi, Ricordi della vita e dei tempi di Ernesto Nathan, Florenz 1927

LICHTENSTEIN 1996
Jacqueline Lichtenstein, Die königliche Akademie für Malerei und Bildhauerei. Erwünschte Institution oder auferlegter Befehl? in: Europäische Sozietätsbewegung und demokratische Tradition. Die europäischen Akademien der Frühen Neuzeit zwischen Frührenaissance und Spätaufklärung, 2 Bde., hrsg. von Klaus Garber und Heinz Wismann, Tübingen 1996, 2. Bd., S. 1732–47

LIEBENWEIN-KRÄMER 1977
Renate Liebenwein-Krämer, Sakralisierung und Säkularisierung. Studien zum Bedeutungswandel christlicher Bildformen in der Kunst des 19. Jahrhunderts, zugl. Diss., Frankfurt am Main 1977

LILL 1980
Rudolf Lill, Geschichte Italiens vom 16. Jahrhundert bis zu den Anfängen des Faschismus, Darmstadt 1980

LO GATTO 1971
Ettore Lo Gatto, Russi in Italia. Dal secolo XVII ad oggi, Rom 1971

LOCHER 1996
Hubert Locher, Stilgeschichte und die Frage der „nationalen Konstante" in: Zeitschrift für schweizerische Archäologie und Kunstgeschichte, Bd. 53, Zürich 1996, S. 285–94

LOCQUIN 1978
Jean Locquin, La peinture d'histoire en France de 1747 à 1785, Paris 1912, Neuaufl. 1978

LÖHNEYSEN 1960
Wolfgang Frhr. von Löhneysen, Der Einfluß der Reichsgründung auf Kunst und Kunstgeschmack in Deutschland, in: Zeitschrift für Religions- und Geistesgeschichte, XII. Jg., Köln 1960, S. 17–44

LOMONACO 1993
Gianfrancesco Lomonaco, Tra detrattori e glorificatori. L'arte e l'insegnamento di Fortuny, in: Ottocento. Cronache dell'arte italiana dell'ottocento, hrsg. von Maurizio Agnellini, Nr. 22, Mailand 1993, S. 181–86

LÓPEZ SANZ 2000
Genoveva E. López Sanz, Romanticismo frente a clasicismo en El Artista (1835-1836), auf der Website von: Espéculo. Revista de estudios literarios. Universidad Complutense de Madrid, http://www.ucm.es/info/especulo/numero14/artista1.html (Jan 2006)

LORD CHARLEMONT 2001
Lord Charlemont and his Circle. Essays in Honour of Michael Wynne, hrsg. von Michael McCarthy, Dublin 2001

LORENZETTI 1953
Costanza Lorenzetti, L'Accademia di Belle Arti di Napoli, 1752–1952, Florenz 1953

LOTTER 1996
Konrad Lotter, Ästhetik des Nationalen. Entstehung und Entwicklung der nationalen Ästhetik in Deutschland 1770–1830, in: Zeitschrift für schweizerische Archäologie und Kunstgeschichte, Bd. 53, Zürich 1996, S. 205–31

LOTTI 1978
Luigi und Pier Luigi Lotti, La Comunità Cattolica Inglese di Roma. La sua chiesa e il suo collegio, o. O. 1978

LUTYENS ABROAD 2002
Lutyens Abroad. The Work of Sir Edwin Lutyens outside the British Isles, hrsg. von Andrew Hopkins und Gavin Stamp, London – Rom 2002

LÜTZOW 1877
Karl von Lützow, Geschichte der kaiserlich-königlich Akademie der bildenden Künste, Wien 1877

LYNES 1982
Russel Lynes, Una Prospettiva, in: Ausst.-Kat. Artisti di Quattro Accademie straniere a Roma, Rom 1982, S. 87–94

MACDONALD 1970
Stuart Macdonald, The History and Philosophy of Art Education, London 1970

MACDONALD 1989
Margaret. F. MacDonald, British Artists at the Accademia del Nudo in Rome, in: Academies of Art, between Renaissance and Romanticism, Leids Kunsthistorisch Jaarboek, V–VI, 1986–1987, Leiden 1989, S. 77–94

MACIOTI 1983
Maria I. Macioti, Ernesto Nathan. Un sindaco che non ha fatto scuola, Rom 1983

MAI 2002
Ekkehard Mai, „Nur Geschichte allein ist zeitgemäß". Die Akademien und die Historienmalerei im 19. Jahrhundert, in: Neue Zürcher Zeitung, 30.–31. März 2002

MALKOWSKY 1912
Georg Malkowsky, Die Kunst im Dienste der Staatsidee. Hohenzollerische Kunstpolitik vom Großen Kurfürsten bis auf Wilhelm II., Berlin 1912

MALTESE 1960
Corrado Maltese, Storia dell'Arte in Italia, 1785–1943, Turin 1960

MALTESE 1985
Corrado Maltese, Nazareni, Accademici di San Luca e Puristi nel Coloquio Ottocento romantico a Roma, in: Las Academias de Arte, VII. Coloquio Internacional en Guanajuato, Mexiko, 1985, S. 59–85

MANINCHEDDA 2004
Stefania Maninchedda, Lo studio di John Gibson, in: Il primato della scultura. Fortuna dell'Antico, fortuna di Canova, hrsg. von Fernando Mazzocca u. a., Bassano del Grappa 2004, S. 257–67

MARABOTTINI 1990
Alessandro Marabottini, Nino Costa, Turin 1990

MARKINA 2002
Ljudmila Markina, Otto Friedrich von Moeller, Moskau 2002

MARONI LUMBROSO 1964
Matizia Maroni Lumbroso, Hanno ormai un secolo i „pensionados" di Spagna, in: Capitolium, 42. Jg., Nr. 2, Rom 1964, S. 74–79

MARTINI 1482
Francesco di Giorgio Martini, Trattato di Architettura, ingegneria e arte militare (1482), hrsg. von Corrado Maltese, Mailand 1967

MATTA 1978
Franco Matta, Dos documentos de 1879 sobre la creación de la Academia española de Bellas Artes en Roma, Comite Español de Historia del Arte, Madrid 1978, S. 35–39

MAURER 2005
Golo Maurer, Preußen am tarpejischen Felsen. Chronik eines absehbaren Sturzes. Die Geschichte des Deutschen Kapitols 1817–1918, Regensburg 2005

MAX BECKMANN 1999
Max Beckmann. Ausblick aus der Villa Romana (sonnig) 1907, hrsg. von der Kulturstiftung der Länder, Bonn 1999

MAZZOCCA 1997
Fernando Mazzocca, La dinastia dei Fortuny, in: Presenze straniere nella vita e nella storia d'Italia, hrsg. von Dario Puccini, Bd. 5, Gli spagnoli e l'Italia, Mailand 1997, S. 201–5

MC INTYRE 1987
Paul Mc Intyre, Reynolds in Italia. Un confronto con l'eredità del Correggio, in: Aurea Parma, Rivista di Storia, Letteratura e Arte, Jg. LXXI, Fasc. III, 1987, S. 229–37

MECKLENBURG 1970
Carl Gregor Herzog zu Mecklenburg, Correggio in der deutschen Kunstanschauung in der Zeit von 1750–1850. Studien zur deutschen Kunstgeschichte, Bd. 347, zugl. Diss., Baden-Baden 1970

MEDVEDKOVA 1997
Olga Medvedkova, Catherine II. et l'architecture „à la française". Le cas de Vallin de la Mothe, in: Catherine II. & l'Europe, hrsg. von Anita Davidenkoff, Institut d'études slaves, Paris 1997, S. 35–44

MEIER-GRAEFE 1907
Julius Meier-Graefe, Neue Deutsche Römer, in: Kunst und Künstler, Jg. V, 1907, S. 424–35

MEIER-GRAEFE 1905
Julius Meier-Graefe, Der Fall Böcklin und die Lehre von den Einheiten, Stuttgart 1905

MEMORANDUM 1879
Memorandum des Vereins deutscher Künstler in Rom über ein in Rom zu gründendes Kunstinstitut, Rom Mai 1879, PAAA Botschaft Rom Quirinal, Bd. 282 a, Blatt 31–42

MEMORANDUM 1895
Memorandum, Februar 1895, Archives of American Art, Smithonian Institution, Washington, D. C.

MEREU 1905
Honoré Mereu, The American Academy at Rome, in: American Architect. 88, 1905, S. 99

MESECKE 1999
Andrea Mesecke, Zum städtebaulichen Ensemble von Bernhard Sehring in Berlin-Charlottenburg 1889–1927, in: Architectura, Bd. 2, Heft 2, München 1999, S. 191–209

METKEN 1974
Günter Metken, Die Präraffaeliten, Köln 1974

METTERNICH 1955
Franz Graf Wolff von Metternich, Die Bibliotheca Hertziana und der Palazzo Zuccari in Rom, in: Arbeitsgemeinschaft für Forschung des Landes Nordrhein-Westfalen, Heft 46, Köln – Opladen, 1955

MEYER 2002
Susanne Adina Meyer und Serenella Rolfi, L'„elenco dei più noti artisti viventi a Roma" di Alois Hirt, in: La città degli artisti nell'età di Pio VI, hrsg. von Liliana Barroero, Rom 2002, S. 241–61

MEYER 1908
Franz Meyer, Friedrich von Nerly, Erfurt 1908

MILLER 1969[2]
Lillian B. Miller, Patrons and Patriotism. The Encouragement of the Fine Arts in the United States, 1790–1860, Chicago – London 1969[2]

MILLET 1905
F. D. Millet, The American Academy in Rome, in: American Monthly Review of Reviews, 31, 1905, S. 713–15

MOLA 1992
Aldo A. Mola, Storia della Massoneria italiana dalle origini ai nostri giorni, Mailand 1992

MOLEÓN 2003
Pedro Moleón, Arquitectos españoles en la Roma del Grand Tour 1746–1796, Madrid 2003

MOMMSEN 1977
Wolfgang J. Mommsen, Imperialismus. Seine geistigen, politischen und wirtschaftlichen Grundlagen. Ein Quellen- und Arbeitsbuch, Hamburg 1977

MONKHOUSE 1897
Cosmo Monkhouse, Sir Edward J. Poynter President of the Royal Academy. Life and Work, Extraausgabe Art Journal 1897

MONTAIGLON 1853
Anatole de Montaiglon, Mémoires pour servir à l'histoire de l'Académie Royale, Paris 1853

MONTIJANA GARCÍA 1998
Juan Mª Montijana García, La Academia de España en Roma, Madrid 1998

MOORE 1929
Charles Moore, Daniel H. Burnham, Architect, Planner of Cities, Bd. 1. Boston 1929

MOORE 2003
Sarah J. Moore, John White Alexander and the Construction of National Identity. Cosmopolitan American Art 1880–1915, Newark – London 2003

MOORE 2005
Sarah J. Moore, Defining Nationalism in the Valle Giulia. American and British Pavilions of Art at the International Exposition of Fine Arts in Rome, 1911, in: Spellbound by Rome. The Anglo-American Community in Rome 1890–1914 and the Founding of the Keats-Shelley House, hrsg. von Christina Huemer, Rom 2005, S. 121–26

MORELLI 1953
Emilia Morelli, La politica estera di Tommaso Bernetti, Segretario di Stato di Gregorio XVI., Rom 1953

MORELLI 1966
Emilia Morelli, Lo stato pontifico e l'Europa nel 1831–1832, Rom 1966

MORITZ 1792
Karl Phillip Moritz, Reisen eines Deutschen in Italien, Berlin 1792

MÜLLER 1896
Hans Müller, Die königliche Akademie der Künste zu Berlin 1696 bis 1896. Von der Begründung durch Friedrich III. von Brandenburg bis zur Wiederherstellung durch Friedrich Wilhelm II. von Preussen, 1. Teil, Berlin 1896

MUNRO, 1953
Ion Smeaton Munro, The British Academy of Arts in Rome, in: Journal of the Royal Society of Arts, Nr. 102, 1953, S. 42–56

MUNRO 1955
Ion Smeaton Munro, British Art and a Rome Academy, in: Rivista, 95, Nr. 4, 1955, S. 1–7

MUTHER 1893
Richard Muther, Geschichte der Malerei im 19. Jahrhundert, 3 Bde., München 1893–1894

MYRONE 1998
Martin David Myrone, Body-building. Reforming Masculinities in British Art 1750–1810, New Haven 2005

NARDI 2005
Carla Nardi, Napoleone e Roma dalla consulta romana al ritorno di Pio VII (1811–1814), Rom 2005

NATHAN 1998
Scritti massonici di Ernesto Nathan, hrsg. von Giuseppe Schiamone, Foggia 1998

NATION UND NATIONALISMUS
Nation und Nationalismus in Europa. Kulturelle Konstruktion von Identitäten. Festschrift für Urs Altermatt, hrsg. von Catherine Bosshardt-Pfluger u. a., Frauenfeld u. a. 2002

NATIONALISMUS
Nationalismus, hrsg. von Heinrich August Winkler, Königstein 1985

NATOLI - SCARPATI 1989
Marina Natoli, Maria Antonietta Scarpati u. a., Il palazzo del Quirinale. Il mondo artistico a Roma nel periodo napoleonico, 2 Bde., Rom 1989

NAVARRO LEDESMA 1897
F. Navarro Ledesma, Esposición de Bellas Artes, in: El Globo, 22. Juni 1897

NEBEL 1913
Heinrich Nebel, Eine deutsche Akademie in Rom, in: Die Woche, 15. Jg., Nr. 11, Berlin 1913, S. 432–34

NICOSIA 2000
Concetto Nicosia, Arte e Accademie nell'Ottocento. Evoluzione e crisi della didattica artistica, Bologna 2000

NIETZSCHE 1873
Friedrich Nietzsche, David Strauss. Der Bekenner und der Schriftsteller, Leipzig 1873, in: Ders., Werke, Kritische Gesamtausgabe, Abt. 3, Bd. 1, hrsg. von G. Colli und M. Montinari, Berlin – New York 1972

NIETZSCHE 1874
Friedrich Nietzsche, Vom Nutzen und Nachteil der Historie für das Leben, in: Unzeitgemäße Betrachtungen, Leipzig 1874 in: Ders. Werke, Kritische Gesamtausgabe, Abt. 3, Bd. 1, hrsg. von G. Colli und M. Montinari, Berlin – New York 1972

NIPPERDEY 1988
Thomas Nipperdey, Wie das Bürgertum die Moderne fand, Berlin 1988

NOACK 1900
Friedrich Noack, Italienisches Skizzenbuch, Stuttgart 1900

NOACK 1901
Friedrich Noack, Die Casa Buti in Rom, in: Westermanns Illustrierte Deutsche Monatshefte, Bd. 90, Braunschweig 1901, S. 788–95

NOACK 1903, 1
Friedrich Noack, Ein deutsches Künstlerheim in Rom. Das alte Caffè Greco, in: Die Gartenlaube, Heft 2, Leipzig 1903, S. 53–56

NOACK 1903, 2
Friedrich Noack, Villa Malta und die Deutschen in Rom, in: Deutsche Revue, 28. Jg. Stuttgart – Leipzig, 1903, S. 362–70

NOACK 1907
Friedrich Noack, Deutsches Leben in Rom, Stuttgart – Berlin 1907

NOACK 1910
Friedrich Noack, Die Römische Campagna, Rom 1910

NOACK 1912
Friedrich Noack, Das deutsche Rom, Rom 1912

NOACK 1927
Friedrich Noack, Das Deutschtum in Rom, 2 Bde., Berlin – Leipzig 1927

NOEHLES 1969
Karl Noehles, La Chiesa dei SS. Luca e Martina nell'opera di Pietro da Cortona, Roma 1969

NORTON 1977
Paul F. Norton, Latrobe, Jefferson and the National Capitol, New York – London 1977

O'CONNOR 1983
Cynthia O'Connor, The Parody of The School of Athens. The Irish Connection, in: Bulletin of the Irish Georgian Society, XXVI, 1983, S. 20–22

ÖCHSLIN 1970
Werner Öchslin, Aspetti dell'internazionalismo nell'architettura italiana del primo settecento, in: Barocco europeo, Barocco italiano, Barocco salentino, hrsg. von Pier Fausto Palumbo, Lecce 1970, S. 141–55

ORVELL 1989
Miles Orvell, The Real Thing. Imitation and Authenticity in American Culture 1880–1940, Chapell Hill 1989

OVIDI 1902
Ernesto Ovidi, Tommaso Minardi e la sua scuola, Rom 1902

PACINI 2001
Piero Pacini, Le sedi dell'Accademia del Disegno. Al „Cestello" e alla „Crocetta", Florenz 2001

PANOFSKY 1960
Erwin Panofsky, Idea. Ein Beitrag zur Begriffsgeschichte der älteren Kunsttheorie, Berlin 1960

PANOFSKY 2002
Erwin Panofsky, Et in Arcadia ego. Poussin und die Tradition des Elegischen, aus dem Franz. übers. von Wilhelm Höck, Berlin 2002

PANTORBA 1980
Bernadino de Pantorba, Historia y crítica de las Exposiciones Nacionales de Bellas Artes celebradas en España, Madrid 1980

PARET 1981
Peter Paret, Die Berliner Secession. Moderne Kunst und ihre Feinde im kaiserlichen Deutschland, Berlin 1981

PARET 1993
Peter Paret, Bemerkungen zu dem Thema Jüdische Kunstsammler, Stifter und Kunsthändler, in: Sammler, Stifter und Museen. Kunstförderung in Deutschland im 19. und 20. Jahrhundert, hrsg. von Ekkehard Mai und Peter Paret, Köln / Weimar / Wien 1993, S. 173–85

PATHOLOGIES OF TRAVEL
Pathologies of Travel, hrsg. von Richard Wrigley und George Revill, Amsterdam – Atlanta 2000

PAUL 1988
Barbara Paul, Drei Sammlungen französisch impressionistischer Kunst im kaiserlichen Berlin – Bernstein, Liebermann, Arnhold, in: Zeitschrift des deutschen Vereins für Kunstwissenschaft, Bd. 42/3, Berlin 1988, S. 11–30

PEABODY 1910
Robert S. Peabody, A Tribute, in: The Brickbuilder, Vol. XIX, Nr. 2, Februar 1910, S. 55–56

PÉREZ BUENO 1947
Luis Pérez Bueno, Dokumente, in: Archivo Español de Arte, Bd. 20, 1947, S. 155–57 und S. 255

PERRY 1999
Gill Perry, „Mere face painters"? Hogarth, Reynolds and Ideas of Academic Art in Eighteenth-Century Britain, in: Academies, Museums and Canons of Art, hrsg. von Gill Perry und Colin Cunningham, New Haven – London 1999, S. 124–68

PETERSEN 1984
Jens Petersen, Rom als Hauptstadt des geeinten Italien 1870–1914, in: Quellen und Forschungen aus italienischen Archiven und Bibliotheken, hrsg. vom Deutschen Historischen Institut, Bd. 64, Tübingen 1984, S. 261–83

PETERSEN 1995
Jens Petersen, Quo vadis, Italia? Ein Staat in der Krise, München 1995

PETILI BEVILAQUA 1985
Fernanda Petilli Bevilaqua, Origine dell'„Acadèmie de France à Rome" e suo ruolo nella cultura francese del XVII secolo, in: Bollettini della biblioteca, facoltà di architettura dell'università degli studi di Roma „la sapienza", Nr. 34–35, Rom 1985, S. 180–84

PETTER 1992
Hugh Petter, Lutyens in Italy. The Building of the British School at Rome, Rom 1992

PEVSNER 1957
Nikolaus Pevsner, Universities Yesterday, in: The Architectural Review, CXXII, 1957, S. 235–39

PEVSNER 1976
Nikolaus Pevsner, A History of Building Types, Princeton 1976

PEVSNER 1982
Nikolaus Pevsner, Le Accademie d'arte, Torino 1982

PEVSNER 1986
Nikolaus Pevsner, Die Geschichte der Kunstakademien, München 1986

PIANTONI 1986
Gianna Piantoni, Burne-Jones e la fortuna dell'arte italiana in Inghilterra fra preraffaellismo e simbolismo, in: Ausst.-Kat. Burne-Jones. Dal preraffaellismo al simbolismo, hrsg. von Maria Teresa Benedetti und Gianna Piantoni, Mailand 1986, S. 30–43

PICA 1913
Vittorio Pica, L'arte mondiale a Roma nel 1911, Bergamo 1913

PIETRANGELI 1959
Carlo Pietrangeli, „L'accademia del Nudo" in Campidoglio, in: Strenna dei Romanisti, Bd. 20, Rom 1959, S. 123–29

PIETRANGELI 1961
Carlo Pietrangeli, Villa Paolina, Florenz 1961

PIETRANGELI 1974
Carlo Pietrangeli, L'Accademia nazionale di San Luca, Rom 1974

PINACOTECA VATICANA
Pinacoteca Vaticana. Nella pittura l'espressione del messaggio divino nella luce la radice della creazione pittorica, hrsg. von Umberto Baldini u. a., Mailand 1992

PINE-COFFIN 1974
Robert S. Pine-Coffin, Bibliography of British and American Travel in Italy to 1860, Florenz 1974

PINON 1988
Pierre Pinon, Les envois de Rome 1778-1968. Architecture et archéologie, Rom 1988

PIROTTA 1969
Luigi Pirotta, I direttori dell'Accademia del Nudo in Campidoglio, in: Strenna dei Romanisti, Bd. 30, Rom 1969, S. 327

PIZÁN 1973
Manuel Pizán, Los hegelianos en España y otras notas criticas, Madrid 1973

PLATON
Platon, Ion, übers. und hrsg. von Hellmut Flashar, Stuttgart 1997

POCHAT 2001
Götz Pochat, Imitatio und Superatio in der bildenden Kunst, in: Imitation. Von der Produktivität künstlerischer Anspielungen und Mißverständnisse, hrsg. von Paul Naredi-Rainer, Berlin 2001, S. 11–47

POLLAK 1994
Ludwig Pollak, Römische Memoiren. Künstler, Kunstliebhaber und Gelehrte 1893–1943, hrsg. von M. Merkal-Guldan, Rom 1994

Pommier 1991
Édouard Pommier, L'Art de la Liberté. Doctrines et Débats de la Révolution Française, Paris 1991

Pontzen 2000
Alexandra Pontzen, Künstler ohne Werk. Modelle negativer Produktionsästhetik in der Künstlerliteratur von Wackenroder bis Heiner Müller, Berlin 2000

Pophanken 1995
Andrea Pophanken, Graf Schack als Kunstsammler. Private Kunstförderung in München, München 1995

Powers 1985
Alan Powers, The Rome Scholarships in „Decorative Painting", in: Ausst.-Kat. British Artists in Italy 1920–1980, Canterbury 1985, S. 16–23

Predieri 1990
Daniela Predieri, Bosco Parrasio. Un giardino per l'arcadia, Modena 1990

Pressly 1981
William L. Pressly, The Life and Art of James Barry, hrsg. von The Paul Mellon Centre for Studies in British Art, New Haven – London 1981

Preyer 1980
Robert Preyer, Bunsen and the Anglo-American Literary Community in Rome, in: Der gelehrte Diplomat. Zum Wirken Christian Carl Josias Bunsens, hrsg. von Erich Geldbach, Leiden 1980, S. 35–44

Procès-verbaux
Procès-verbaux de l'Académie Royale de Peinture et de Sculpture 1648–1792, Société de l'Histoire de l'Art Français, hrsg. von Anatole De Montaiglon, 10 Bde., Paris 1875–1892

Producing the Past
Producing the Past. Aspects of Antiquarian Culture and Practice 1700-1850, hrsg. von Martin David Myrone und Lucy Peltz, Ashgate 1999

Puchta 1996
Andreas Puchta, Die deutsche evangelische Kirche in Rom. Planung, Baugeschichte, Ausstattung, Bamberg 1997, zugl. Magisterarbeit, Universität Erlangen – Nürnberg, 1996/1997

Quatremère 1824
Antoine Chrysostôme Quatremère de Quincy, Histoire de la vie et des ouvrages de Raphaël, Paris 1824

Quazza 1992
Guido Quazza, L'utopia di Quintino Sella. La politica della scienza, Istituto per la Storia del Risorgimento italiano, Turin 1992

Quintino Sella 1986
Quintino Sella tra politica e cultura 1827–1884, Atti del Convegno nazionale di Studi, hrsg. von Cristina Vernizzi, Turin 1986

Raffaello e l'Europa
Raffaello e l'Europa, Atti del IV. Corso Internazionale di Alta Cultura, hrsg. von Marcello Fagiolo und Maria Luisa Madonna, Rom 1990

Raggi 1880
Oreste Raggi, Della vita e delle opere di Pietro Tenerani, del suo tempo e della sua scuola nella scultura, Florenz 1880

Ranke 1988
Winfried Ranke, Graf Schack und die Deutsch-Römer. Nachträge zu einer undeutlichen Überlieferung, in: Münchner Jahrbuch der bildenden Kunst, Bd. 39, München 1988, S. 175–99

Raspe 1994
Martin Raspe, Das Architektursystem Borrominis, München 1994

Rattazzi 1899
Marie Letizia Rattazzi, Une époque. Emilio Castelar. Sa vie, son œvre, son role historique. Notes, impressions et souvenirs, Paris 1899

Reber 1884
Franz von Reber, Geschichte der neueren deutschen Kunst, 3 Bde., Leipzig 1884

Recki 2001
Birgit Recki, Ästhetik der Sitten. Die Affinität von ästhetischem Gefühl und praktischer Vernunft bei Kant, Frankfurt am Main 2001

Redford 1998
Bruce Redford, „Frisch weht der Wind". Reynolds und das parodistische Portrait, in: Edgar Wind. Kunsthistoriker und Philosoph, hrsg. von Horst Bredekamp, Bernhard Buschendorf, Freia Hartung und John Michael Krois, Berlin 1998, S. 13–32

Reichensperger 1876
August Reichensperger, Über monumentale Malerei, Köln 1876

Reichensperger 1879
August Reichensperger, Die Renaissance im deutschen Kunstgewerbe, Aachen 1879

Reichstag 1879
Verhandlungen des Reichstages, Stenographische Berichte, 26. Sitzung am 26. März, Berlin 1879, S. 603–9

Religion und Gesellschaft
Religion und Gesellschaft im 19. Jahrhundert, hrsg. von Wolfgang Schieder, Industrielle Welt, Bd. 54, Stuttgart 1993

Renard 2001
Isabelle Renard, L'Institut français de Florence 1900–1920. Un'épisode des relations franco-italiennes au début du XXe siècle, Rom 2001

Retaining the Original
Retaining the Original. Multiple Originals, Copies, and Reproductions; Center for Advanced Study in the Visual Arts, Washington D. C. 1989

Reyero 1987
Carlos Reyero, Imagen histórica de España 1850–1900, Madrid 1987

Reyero 1990, 1
Carlos Reyero, Emilio Sala. Un pensionado romano en Paris, in: Archivo de arte valenciano, 1990, Bd. 71, S. 99–104

Reyero 1990, 2
Carlos Reyero, La disyuntiva Roma – Paris en el siglo XIX. La didas de Ulpiano Checa, in: Anuario del Departamento de Historia y Teoría del Arte, 1990, Bd. 2, S. 217–28

Reyero 1992, 1
Carlos Reyero, El cadáver exquisito. El desnudo y la muerte en las pinturas de la Academia de Roma 1873–1903, in: Ausst.-Kat. Roma y el ideal académico. La pintura en la Academia Española de Roma 1873–1903, Madrid 1992, S. 59–72

Reyero 1992, 2
Carlos Reyero, La pintura del ochocientos en la Academia de Roma, in: Accademia Spagnola di Storia, Archeologia e Belle Arti Roma, Rom 1992, S. 78–81

Reyero 1993, 1
Carlos Reyero, La Academia de Roma y la tardía modernización de la pintura en España 1900–1915, in: Anuario del Departamento de Historia y Teoría del Arte, Universidad Autónoma de Madrid, Vol. V, 1993, S. 143–57

Reyero 1993, 2
Carlos Reyero, El mundo clásico y la pintura en la Academia Española en Roma 1900–1936, in: La visión del mundo clásico en el arte español, Actas de las VI Jornadas de Arte, Madrid, CSIC, 1993, S. 389–401

Reyero 1994
Carlos Reyero, La recepción de la vanguardia en los pintors españoles pensionados en Roma o como iniciarse en el desorden a través de la vuelta al orden, in: Anuario del Departamento de Historia y Teoría del Arte, Universidad Autónoma de Madrid, Vol. VI, Madrid 1994, S. 245–48

Reyero 1994, 1
Carlos Reyero, La crisis de la formación académica entre los pintores españoles pensionados en Roma 1915–1927, in: Boletín del Museo e Instituto Camón Aznar, LVIII, Zaragoza 1994, S. 81–104

Reyero 2004, 2
Carlos Reyero, La escultura del eclecticismo en España. Cosmopolitas entre Roma y París 1850–1900, Madrid 2004

Reynolds 2000
Sir Joshua Reynolds. A Complete Catalogue of his Paintings, hrsg. von David Mannings, 2 Bde., New Haven – London 2000

Richter 1918
Ludwig Richter, Lebenserinnerungen eines deutschen Malers (1885), Dachau 1918

Rico y Ortega 1894
Martín Rico y Ortega, Las Pensiones de Roma. Voto de calidad, in: El Imparcial, 24. November 1894

Riegel 2002
Nicole Riegel, San Pietro in Montorio in Rom. Die Votivkirche der katholischen Könige Isabella und Ferdinand von Spanien, in: Römisches Jahrbuch der Bibliotheca Hertziana, Bd. 23, 1997/1998, München 2002, S. 273–320

Rieger 2000
Angelica Rieger, Alter Ego. Der Maler als Schatten des Schriftstellers in der französischen Erzählliteratur von der Romantik bis zum Fin de siècle, Pictura et Poesis, Bd. 14, Köln – Weimar 2000

Rincon Garcia 1986
Wifredo Rincon Garcia, Francisco Pradilla y la pintura de historia, in: Archivo Español de Arte, Bd. 59, 1986, S. 291–303

Ritter 2000
Henning Ritter, Die Fassaden am East River, Frankfurt am Main 2000

Robels 1974
Hella Robels, Sehnsucht nach Italien. Bilder deutscher Romantiker, München 1974

Robinson 1986
Andrew Robinson, Piranesi. Early Architectural Fantasies. A Catalogue raisonné of the Etchings, Washington D. C. – Chicago – London 1986

Rocchi 1984
Lorenza Rocchi, I Francesi a Olevano Romano, in: Atti del Convegno Artisti e Scrittori europei a Roma e nel Lazio. Dal Grand Tour ai Romantici, Rom 1984, S. 71–77

Rodd 1922
Rennell Rodd, Social and Diplomatic Memoires, 3 Bde., London 1922–1925

Rodiek 1983
Thorsten Rodiek, Das Monumento Nazionale Vittorio Emmanuele II. in Rom, Frankfurt am Main u. a. 1983

Roeck 2001
Bernd Roeck, Florenz 1900. Die Suche nach Arkadien, München 2001

Römisches Künstlerleben
Römisches Künstlerleben, in: Die Grenzboten, 15. Jg., II. Semester, 4. Bd., Berlin 1856, S. 361–71

Roettgen 1984
Steffi Roettgen, Un ritratto allegorico di Lord Charlemont dipinto da Mengs e alcune annotazioni sul rapporto tra Piranesi e l'Ambiente neoclassico romano, in: Piranesi e la cultura antiquaria, hrsg. von Maurizio Calvesi, Rom 1984, S. 149–70

ROETTGEN 1990
Steffi Roettgen, Antonio Raffaello Mengs e Raffaello – Rendiconto di un rapporto programmatico, in: Raffaello e l'Europa, Atti del IV. Corso Internazionale di Alta Cultura, hrsg. von Marcello Fagiolo und Maria Luisa Madonna, Rom 1990, S. 619–53

ROETTGEN 1993
Steffi Roettgen, Anton Raphael Mengs 1728-1779, and his British Patrons, London 1993

ROETTGEN 1999
Steffi Roettgen, Anton Raphael Mengs 1728–1779, 2 Bde., München 1999–2003

ROM – EUROPA
Rom – Europa. Treffpunkt der Kulturen 1780–1820, hrsg. von Paolo Chiarini und Walter Hinderer, Würzburg 2006

ROMA NELL'ETÀ
Roma nell'età Giolittiana. L'Ammistrazione Nathan, Atti del Convegno di Studio, Rom 1984

ROMAN PRESENCES
Roman Presences. Receptions of Rome in European Culture 1789–1945, hrsg. von Catharine Edwards, Cambridge 1999

ROSENBERG 1883
Adolf Rosenberg, Die Pflege der Monumentalmalerei in Preussen, in: Die Grenzboten, Zeitschrift für Politik, Literatur und Kunst, Jg. 42, Nr. 1, Berlin 1883

ROSENBERG 1901
Adolf Rosenberg, Prell, Bielefeld 1901

ROSS 1948
Marvin Chauncey Ross und Anna Wells Rutledge, Catalogue of the Works of William Henry Rinehart. Maryland Sculptor 1825–1875, Baltimore 1948

ROTH 1978
Leland M. Roth, The Architecture of McKim, Mead & White, 1870–1920. A building list, New York 1978

ROTH 1983
Leland M. Roth, McKim, Mead & White. Architects, New York 1983

ROYAL COMMISSION
Royal Commission for the international Fine-Arts Exhibition Rom, Memorandum. Drucksache, in: Archivio storico diplomatico, inventario delle rappresentanze diplomatiche Londra 1861–1950, 1911, Busta Nr. 294, Fasc. 1, 2

RUBIO 1998
Javier Rubio, El reinado de Alfonso XII. Problemas iniciales y relaciones con la santa sede, Madrid 1998

RÜCKBROD 1977
Konrad Rückbrod, Universität und Kollegium. Baugeschichte und Bautyp, Darmstadt 1977

RUDOLF 1981
Karl Rudolf, Geschichte des österreichischen historischen Instituts in Rom von 1881 bis 1938, in: Römische Historische Mitteilungen, 23. Heft, Rom – Wien 1981

RUPPRECHT 1966
Bernhard Rupprecht, Villa. Zur Geschichte eines Ideals, in: Wandlungen des Paradiesischen und Utopischen. Studien zum Bild eines Ideals, hrsg. von Hermann Bauer u. a., Berlin 1966, S. 210–50

RUSSEL 1750
James Russel, Letters from a Young Painter Abroad to his Friends in England. Adorned with Copper Plates. Printed for W. Russel, 2 Bde., London 1750

RUSSO 1969
Francesco Russo, Nostra Signora del Sacro Cuore, Rom 1969

SAARINEN 1977
A. Bernstein Saarinen, I grandi collezionisti americani. Dagli inizi a Peggy Guggenheim, Turin 1977

SAID 1993
Edward W. Said, Culture and Imperialism, New York 1993

SAINT GIRONS 1990
Baldine Saint Girons, Michel-Ange et Raphaël. Les enjeux d'une confrontation 1662–1824, in: Les Fins de la peinture, Actes du colloque organisé par le Centre de Recherches Littérature et Arts visuels, 9.–11. März 1989, hrsg. von René Démoris, Paris 1990, S. 173–94

SALMON 1995
Frank Salmon, Storming the Campo Vaccino. British Architects and the Antique Buildings of Rome after Waterloo, in: Architectural History. Journal of the Society of Architectural Historians of Great Britain, Vol. 38, London 1995, S. 146–75

SALMON 1996
Frank Salmon, British Architects, Italian Fine Arts Academies and the Foundation of the RIBA 1816–43, in: Architectural History. Journal of the Society of Architectural Historians of Great Britain, Vol. 39, London 1996, S. 77–113

SALMON 2000
Frank Salmon, The Impact of the Archaeology of Rome on British Architects and their Work c. 1750–1840 in: The Impact of Italy. The Grand Tour and beyond, hrsg. von Clare Hornsby, London 2000, S. 219–43

SAMMLER, STIFTER
Sammler, Stifter und Museen. Kunstförderung in Deutschland im 19. und 20. Jahrhundert, hrsg. von Ekkehard Mai und Peter Paret unter Mitwirkung von Ingrid Severin, Köln – Weimar – Wien 1993

SATTERLEE 1939
Herbert L. Satterlee, J. Pierpont Morgan. An Intimate Portrait, New York 1939

SCARPA 1954
Piero Scarpa, Alfredo Strohl Fern e la sua villa al Flaminio, in: Strenna dei Romanisti, Rom 1954, S. 219–20

SCHABERT 1996
Thilo Schabert, Räume der Gelehrsamkeit. Die Architektur der Akademie, in: Europäische Sozietätsbewegung und demokratische Tradition. Die europäischen Akademien der Frühen Neuzeit zwischen Frührenaissance und Spätaufklärung, hrsg. von Klaus Garber und Heinz Wismann, 2 Bde., Tübingen 1996, Bd. 2, S. 1748–79

SCHEFFLER 1907
Karl Scheffler, Der Deutsche und seine Kunst. Eine notgedrungene Streitschrift, München 1907

SCHEFFLER 1913
Karl Scheffler, Italien. Tagebuch einer Reise, Leipzig 1913

SCHILLER 1795
Friedrich Schiller, Über die ästhetische Erziehung des Menschen in einer Reihe von Briefen (1795), hrsg. von Wolfgang Düsing, Wien – München, 1981

SCHLAFFER 1975
Hannelore und Heinz Schlaffer, Studien zum ästhetischen Historismus, Frankfurt am Main 1975

SCHLINK 1996
Wilhelm Schlink, „Der Charakter ganzer Nationen in den Künsten". Jacob Burckhardt über das Verhältnis von Volk und Nation zur Kunst, in: Zeitschrift für schweizerische Archäologie und Kunstgeschichte, Bd. 53, Zürich 1996, S. 307–12

SCHMIDT-OTT 1952
Friedrich Schmidt-Ott, Erlebtes und Erstrebtes 1860–1950, Wiesbaden 1952

SCHRÖTER 1990
Elisabeth Schröter, Raffael-Kult und Raffael-Forschung. Johann David Passavant und seine Raffael-Monographie im Kontext der Kunst und Kunstgeschichte seiner Zeit. in: Römisches Jahrbuch für Kunstgeschichte, Bd. 26, Tübingen 1990, S. 303–97.

SCHUDT 1959
Ludwig Schudt, Italienreisen im 17. und 18. Jahrhundert, Wien – München 1959

SCHUSTER 1994
Peter-Klaus Schuster, Mäzenatentum in Berlin, in: Museumsjournal, 8. Jg., Heft 2, Berlin 1994, S. 42–44

SCHWARZ 1990
Hans Peter Schwarz, Das Künstlerhaus. Anmerkungen zur Sozialgeschichte des Genies, Braunschweig 1990

SCOTT 1996
Russel T. Scott und Paul Rosenthal, The Academy and the Forum. One Hundred Years in the Eternal City, New York 1996

SEDLMAYR 1950
Hans Sedlmayr, Verlust der Mitte. Die bildende Kunst des 19. und 20. Jahrhunderts als Symptom und Symbol der Zeit, Salzburg 1950

SEHRING 1886
Bernhard Sehring, Ideal-Projekt für ein Deutsches Künstlerheim und -Werkstatt in Rom, Berlin 1886

SEVERI 1999
Stefania Severi, Villa Strohl-Fern tra passato e presente, in: Lazio ieri e oggi, Bd. 35, 1999, S. 205–7

SHARP 1892
William Sharp, Life and Letters of Joseph Severn, London 1892

SIEGEL 2005
Jonah Siegel, Haunted Museum. Longing, Travel, and the Art-Romance Tradition, Princeton University Press 2005

SILIGATO 1990
Rosella Siligato, Le due anime del Palazzo. Museo Artistico Industriale e la Società degli Amatori e Cultori di Belle Arti, in: Il Palazzo delle Esposizioni, hrsg. von Rosella Siligato, Rom 1990, S. 165–81

SIMON 1936
Karl Simon, Eine unbekannte Denkschrift der deutsch-römischen Künstlerschaft an Fürst Metternich, in: Zeitschrift des deutschen Vereins für Kunstwissenschaft, Bd. 3, 1936, S. 445–50

SMIDT 1904
Heinrich Smidt, Ein Jahrhundert römischen Lebens, Leipzig 1904

SMITH 1993
Gil R. Smith, Architectural diplomacy. Rome and Paris in the late Baroque. The Architectural History Foundation, Cambridge, Mass. 1993

SOCIAL CONSTRUCTIONS
Social Contructions of the Past. Representation as Power, hrsg. von G. C. Bond und A. Gilliam, London 1994

SOLÁ 1818
Antonio Solá, Lettera di Antonio Solá al signor Giacomo Ferretti, Roma, Salviucci, Biblioteca Apostolica Vaticana 1818

SOLÁ 1835
Antonio Solá, Intorno al metodo che usarono gli antichi greci nel servirsi de' modelli vivi per le loro belle opere d'arte. Discorso detto agli alunni dell'insigne e pontifica Accademia romana di S. Luca nella premiazione scolastica del 1835 dal cavaliere Antonio Solá ... Roma, Tipografia R.C.A., Biblioteca Apostolica Vaticana 1835

SORIA 1982
Regina Soria, Dictionary of Nineteenth-Century American Artists in Italy 1760–1914, London – Toronto 1982

SPECULUM MUNDI 1992
Speculum mundi. Roma centro internazionale de ricerche umanistiche. Unione internazionale degli Istituti di Archeologia, Storia e Storia dell'Arte in Roma, hrsg. von Paolo Vian, Rom o. J. [1992]

SPELLBOUND BY ROME
Spellbound by Rome. The Anglo-American Community in Rome 1890–1914 and the Founding of the Keats-Shelley House, hrsg. von Christina Huemer, Rom 2005

SPERLING 1982
L. Joy Sperling, Allston, Vanderlyn, and the German Artistic Community in Rom 1800–1810, in: Ausst.-Kat. The Anglo-American Artist in Italy 1750–1820, hrsg. von Corlette Rossiter Walker, Santa Barbara 1982, S. 115–24

SPRINGER 1994
Peter Springer, Die „Società Amatori e Cultori di Belle Arti", in: Vom realen Nutzen idealer Bilder. Kunstmarkt und Kunstvereine, hrsg. von Peter Gerlach, Aachen 1994, S. 75–90

SQARROW 1904
Walter Shaw Sqarrow, Painters of the Royal Academy 1768–1868, in: The Royal Academy from Reynolds to Millais, hrsg. von Charles Holme, London – Paris – New York 1904, S. P ix

STALEY 1989
Allen Staley, Benjamin West in Italy, in: The Italian Presence in American Art 1760–1860, New York – Rom 1989, S. 1–8

STATUTO 1830
Statuto della Società degli Amatori e Cultori delle Belle Arti, Rom 1830

STATUTO 1840
Statuto della Società degli Amatori e Cultori delle Belle Arti, Rom 1840

STEFANI 2002
Chiara Stefani, ‚Observations sur le paysage'. Une pièce justificative concernant l'institution du grand prix de paysage historique, in: L'Académie de France à Rome aux XIXe et XXe siècles. Entre tradition, modernité et création; actes du colloque, org. von Claire Chevrolet, Jean Guillemain u. a., hrsg. von Anne-Lise Desmas, Collection d'histoire de l'art de l'Académie de France à Rome, 2, Paris 2002, S. 47–53

STEIN 1967
Roger B. Stein, John Ruskin and Aesthetic Thought in America 1840–1900, Cambridge 1967

STELLA 1977
Stella Rudolph, Felice Giani. Da accademico „de'Pensieri" a Madonnero, in: Storia dell'arte, IX., Bd. 30–31, 1977, S. 175–86

STEPHENSON 2004
Gunther Stephenson, Kunst als Religion. Europäische Malerei um 1800 und 1900, Würzburg 2004

STOICHITA 1988
Victor Stoichita, „Kopieren wie einst" oder Degas und die Meister, in: Wege zu Degas, hrsg. von Wilhelm Schmid, München 1988, S. 366–82

STORIA DELL'ARTE
Storia dell'arte e politica culturale intorno al 1900. La fondazione dell'Istituto germanico di Storia dell'Arte di Firenze, hrsg. von Max Seidel, Venedig 1999

STRONG 1928, 1
Eugénie Strong, La formazione delle scuole e delle accademie straniere in Roma, in: Atti del Convegno Nazionale di Studî Romani, Rom 1928–1929, S. 717–24

STRONG 1928, 2
Eugénie Strong, La formazione delle Accademie e scuole straniere di Roma, in: Capitolium, Jg. IV, Mailand – Rom 1928–29, S. 94–111

STROUSE 1999
Jean Strouse, Morgan, American Financier, London 1999

SULLIVAN 1926
Louis Henry Sullivan, Autobiography of an Idea, New York 1926

SUSINNO 1990
Stefano Susinno, La Pittura in Italia. L'ottocento, Mailand 1990

SUTTUN 1956
Denys Sutton, The Roman Caricatures of Reynolds, in: Country Life Annual, 1956, S. 113–6

TAFEL 1992
Verena Tafel, Von Sammlern und Sammlungen. Ein historischer Streifzug, in: Museumsjournal, 6. Jg., Heft 2, Berlin 1992, S. 24–27

TALBOT 1916
Wilson Muriel Talbot, The History of the English Church in Rome, Rom 1916

TATARINOVA 2005
Irina Tatarinova, 'The Pedagogic Power of the Master'. The Studio System at the Imperial Academiy of Fine Arts in St. Petersburg, in: Slavonic and East European Studies, Vol 83. Nr. 3, 2005, S. 470–89

TAYLOR 1970
Francis Henry Taylor, Pierpont Morgan as Collector and Patron 1837–1913, New York 1970

TENERANI 1998
Pietro Tenerani. Centodieci lettere inedite, hrsg. von Rosa Maria Galleni Pellegrini, Massa 1998

TESCHE 2002
Doreen Tesche, Ernst Steinmann und die Gründungsgeschichte der Bibliotheca Hertziana in Rom, München 2002

THE ACADEMY 1967
The Academy. Five Centuries of Grandeur and Misery from the Carracci to Mao Tse-tung, Art News Annual XXXI-II, hrsg. von Thomas B. Hess und John Ashbery, New York 1967

THE ARCHITECTURE OF MCKIM
The Architecture of McKim, Mead & White in Photographs, Plans and Elevations, McKim, Mead & White, with a new Introduction by Richard Guy Wilson, New York 1990

THE ARCHITECTURE 1977
The Architecture of the Ecole des Beaux-Arts, hrsg. von Arthur Drexler, London 1977

THE IMPACT OF ITALY
The Impact of Italy. The Grand Tour and beyond, hrsg. von Clare Hornsby, Rom 2000

THE INVENTION
The Invention of Tradition, hrsg. von Eric Hobsbawn und Terence Ranger, Cambridge 1983

THE ITALIAN PRESENCE 1989
The Italian Presence in American Art 1760–1860, hrsg. von Irma B. Jaffe, New York – Rom 1989

THE ITALIAN PRESENCE 1992
The Italian Presence in American Art, 1860–1920, hrsg. von Irma B. Jaffe, New York – Rom 1992

THE LETTERS
The Letters of Sir Joshua Reynolds, hrsg. von John Ingamells und John Edgcumbe, New Haven 2000

THE LITERARY WORKS 1855
The Literary Works of Sir Joshua Reynolds, First President of the Royal Academy, hrsg. von Henry William Beechy, London 1855

THE PROGRESS
(Anonym), The Progress of British Art, in: Art Union, London 1848

THE REPORT
The report of the Commissioners appointed to inquire into the Present Position of the Royal Academy in Relation to the Fine Arts, containing the evidence of John Ruskin, 8. Juni 1863, London, 1863; Report of the Commissioners Appointed to Inquire into the Present Position of the Royal Academy in Relation to the Fine Arts: together with the minutes of evidence: presented to both Houses of Parliament by command of Her Majesty, Her Majesty's Stationery Office, London 1863

THE SCHOOL OF RAPHAEL
The School of Raphael: or, The students guide to expression in historical painting, described and explained by Benjamin Ralph. Illustrated by examples engraved by G. Duchange, and others, under the inspection of Sir Nicholas Dorigny, from his own drawings after the most celebrated heads in the cartoons at the King's Palace ... with instructions for young students in the art of designing and the passions as characterised by Raphael in the cartoon, London 1759

THIEME-BECKER
Allgemeines Lexikon der bildenden Künstler von der Antike bis zur Gegenwart, hrsg. von Ulrich Thieme und Felix Becker, Leipzig 1907–1950

THIESSE 2001
Anne-Marie Thiesse, La création des identités nationales, Europe XVIIIᵉ-XXᵉ siècle, Paris 2001

THIESSE 2003
Anne-Marie Thiesse, Die Rückkehr der Nationen im postnationalen Zeitalter, in: Le Monde diplomatique, 23. Februar 2003

TIECK 1798
Ludwig Tieck, Franz Sternbalds Wanderungen. Eine altdeutsche Geschichte, 2 Bde., Berlin 1798

TOURNON 2002
Paolo Tournon, Vicende ottocentesche di due ville dei duchi Massimo, in: Strenna dei romanisti, 63. Jg. Rom 2002, S. 657–63

TRANSPORTS. TRAVEL
Transports. Travel, Pleasure, and Imaginative Geography, 1600–1830, hrsg. von Chloe Chard und Helen Langdon, Studies in British Art 3, New Haven – London 1996

TREUE 1972
Wilhelm Treue, Das Bankhaus Mendelssohn als Beispiel einer Privatbank im 19. und 20. Jahrhundert, in: Mendelssohn-Studien, Bd. 1, Berlin 1972

TROMBADORI 1982
Antonello Trombadori, Villa Strohl-Fern, Associazione Amici di Villa Strohl-Fern, Strenna dei Romanisti, Rom 1982, S. 530–43

TSCHUDI 1908
Hugo von Tschudi, Die Sammlung Arnhold, in: Kunst und Künstler, Jg. 7, Heft. 1–3, vom 3. 10., 3. 11. und 3. 12., Berlin 1908, S. 3–24, 45–62 und 99–109

TUCKERMAN 1848
Henry Theodore Tuckerman, The Italian Sketch Book, New York 1848[3]

TUCKERMAN 1867
Henry Theodore Tuckerman, Book of the Artists American Artist Life comprising Biographical and Critical Sketches of American Artists. Preceded by an Historical Account of the Rise & Progress of Art in America, 1867, Neudruck New York 1966

ULFERTS 1993
Gert-Dieter Ulferts, Louis Tuaillon 1862–1919. Berliner Bildhauerei zwischen Tradition und Moderne, Berlin 1993

URREA FERNÁNDEZ 2006
Jesús Urrea Fernández. Relaciones artísticas hispano-romanas en el siglo XVIII, Madrid 2006.

VALDIVIESO 1992
Mercedes Valdivieso, Malerei im 19. Jahrhundert, in: Spanische Kunstgeschichte. Eine Einführung, hrsg. von Sylvaine Hänsel und Henrik Karge, Berlin 1992, S. 153–68

VALENTINE 1973
Lucia und Alan Valentine, The American Academy in Rom 1894–1969, Charlottesville 1973

VANCE 1989
William L. Vance, America's Rome, 2 Bde., New Haven – London 1989

VANNICELLI 1971
Primo Luigi Vannicelli, San Pietro in Montorio e il tempietto del Bramante, Rom 1971

VASARI VITE
Giorgio Vasari, Le Vite de'più eccellenti pittori, scultori e architettori nelle redazioni del 1550 e 1568, 2 Bde., hrsg. von Rosanna Bettarini und Paola Barocchi, Florenz 1966–1987

VÁZQUEZ 1997
Oscar E. Vázquez, Defining Hispanidad. Allegories, Genealogies and Cultural Politics in the Madrid Academy's Competition of 1893, in: Art History, Vol. 20, Nr. 1, 1997, S. 100–23

VILLA DURANTE
Villa Durante. La vita e l'architettura di un edificio nella Roma tra Ottocento e Novecento, Rom 2003

VISION DEL MUNDO
Visíon del mundo clásico en el arte español, Jornadas de Arte, Departamento de Historia del Arte „Diego Velázquez", Madrid 1993

VITET 1870
Louis Vitet, L'Académie Royale de Peinture et de Sculpture, Paris, 1870²

VIVES 2000
Rosa Vives, Fortuny visto por Van Gogh, in: Goya, Nr. 274, Madrid 2000, S. 10–16

VOGEL 1995
Dietmar Vogel, Der Deutsch-Römer Emil Wolff, 1802–1879. Bildhauer, Antikenrestaurator und Kunstagent, Frankfurt am Main 1995

WACKENRODER 1797
Wilhelm Heinrich Wackenroder, Herzensergiessungen eines kunstliebenden Klosterbruders, Berlin 1797, in: Ders., Sämtliche Werke und Briefe. Historisch-kritische Ausgabe, hrsg. von Silvio Vietta und Richard Littlejohns, 2 Bde., Heidelberg 1991

WAETZOLD 1927
Wilhelm Waetzold, Das Klassische Land. Wandlungen der Italiensehnsucht, Leipzig 1927

WAETZOLD 1934
Wilhelm Waetzold, Deutschland und Italien in der kunstwissenschaftlichen Literatur der letzten zwanzig Jahre, in: Zeitschrift des Vereins für Kunstwissenschaft, Heft 4, Berlin 1934, S. 151–62

WAGNER 1967
Walter Wagner, Die Geschichte der Akademie der bildenden Künste in Wien, Wien 1967

WAGNER 1972
Wilhelm Wagner, Die Rompensionäre der Wiener Akademie der Künste 1772–1848. Nach den Quellen im Archiv der Akademie, 1. Teil: Anfänge und Krisenzeit während der Revolutionskriege, in: Römische historische Mitteilungen, Bd. 14, 1972, S. 65–109

WAGNER 1973
Wilhelm Wagner, Die Rompensionäre der Wiener Akademie der Bildenden Künste 1772–1848. Nach den Quellen im Archiv der Akademie, 2. Teil: Die Zeit des Vormärz, in: Römische historische Mitteilungen, Bd. 15, 1973, S. 13–66

WAGNER 1989
Monika Wagner, Allegorie und Geschichte, Ausstattungsprogramme öffentlicher Gebäude des 19. Jahrhunderts in Deutschland, Tübingen 1989

WAIBLINGER WERKE
Wilhelm Waiblinger, Werke und Briefe, hrsg. von Hans Königer, 4 Bde., Stuttgart 1986

WALDMANN 1911
Emil Waldmann, Wie die „deutschen" Kunstausstellungen im Auslande gemacht werden, in: Pan, Nr. 5, Berlin 1911, S. 146–49

WALLACE-HADRILL 2002
Andrew Wallace-Hadrill, The British School at Rome. One hundred Years, Rom 2002

WALTHER 1910
Hugo Walther, Die Freimaurerei. Ein Beitrag zur Geschichte der politischen Geheimbünde, Wien 1910

WAPPENSCHMIDT 1984
Heinz Toni Wappenschmidt, Allegorie, Symbol und Historienbild im späten 19. Jahrhundert, München 1984

WARBURG 2000
Aby M. Warburg, Der Bilderatlas Mnemosyne, hrsg. von Martin Warnke unter Mitarbeit von Claudia Brink, Abt. 2, Bd. 2, in: Aby Warburg. Gesammelte Schriften. Studienausgabe, hrsg. von Horst Bredekamp, Michael Diers u. a., Berlin 2000

WATERHOUSE 1954
Ellis K. Waterhouse, The British Contribution to the Neo-Classical Style in Painting, London 1954

WEILAND 1988
Albrecht Weiland, Der Campo Santo Teutonico in Rom und seine Grabdenkmäler, in: Römische Quartalschrift für christliche Altertumskunde und Kirchengeschichte, Suppl. 43, Rom 1988

WILDENHAIN 2000
Michael Wildenhain, Neurosen blühen im Park, in: Der Tagesspiegel, Berlin 29. Januar 2000

WILLE 1908
Ernst Wille, Die Villa Bonaparte in Rom und deren Umgestaltung zum Sitze der Königlich preussischen Gesandtschaft i. J. MCMVIII, Rom 1908

WILSON 1983, 1
R. G. Wilson, McKim, Mead & White, New York 1983

WILSON 1983, 2
R. G. Wilson, Architecture and the Reinterpretation of the Past in the American Renaissance, in: Winterthur Portfolio, 18, 1983, S. 69–87

WILTON-ELY 1994
John Wilton-Ely, Giovanni Battista Piranesi. The Complete Etchings, 2 Bde., San Francisco 1994

WINCKELMANN BRIEFE
Johann Joachim Winckelmann, Briefe, hrsg. von Walter Rehm, Berlin 1952–56

WINCKELMANN 1755
Johann Joachim Winckelmann, Gedanken über die Nachahmung der griechischen Wercke in der Mahlerey und Bildhauer-Kunst, Dresden 1755

WINCKELMANN 1764
Johann Joachim Winckelmann, Geschichte der Kunst des Alterthums, 2 Bde. Dresden 1764

WIND 1949
Edgar Wind, A Source for Reynolds' Parody of the School of Athens, in: Harvard Library Bulletin, Vol. 3, Nr. 2, 1949, S. 294–97

WIND 1986
Edgar Wind, Hume and the Heroic Portrait, hrsg. von Jayne Anderson, Oxford, 1986

WINDHOLZ 2003
Angela Windholz, Villa Massimo. Zur Gründungsgeschichte der Deutschen Akademie Rom und ihrer Bauten, Petersberg 2003

WINDHOLZ 2005
„Mir tanzt Florenz auch im Kopfe rum." Die Villa Romana in den Briefen von Max Klinger an den Verleger Georg Hirzel, hrsg. und eingeleitet von Angela Windholz, Berlin – München 2005

WINDHOLZ 2006, 1
Angela Windholz, Idealentwürfe für ein Deutsches Künstlerhaus in Rom im 19. Jahrhundert: zur Vorgeschichte der Deutschen Akademie Villa Massimo, in: Italien in Preußen, Preußen in Italien, Schriften der Winckelmann-Gesellschaft, Bd. 25, Stendal 2006, S. 276–96

WINDHOLZ 2006, 2
Angela Windholz, Religiöse Kunst im Spannungsfeld romantischen Nationalismus' und römischer Tradition – Die Darstellung der Tugenden und der geistigen Werke der Barmherzigkeit im „Salone rosso" des spanischen Priesterkollegs Santa Maria de Monserrato in Rom von 1857, in: Fictions of Isolation. Artistic and Intellectual Exchange in Rome during the First Half of the Nineteenth Century, Analecta Romana Instituti Danici, Supplementum 37, hrsg. von Lorenz Enderlein und Nino Maria Zchomelidse, Rom 2006, S. 167–93

WISEMAN 1981
Timothy Peter Wiseman, The First Director of the British School, in: Papers of the British School, Vol. XLIX, London 1981, S. 144–63

WISEMAN 1990
Timothy Peter Wiseman, Short History of the British School at Rome, London 1990

WHITE 1993[2]
Harrison C. und Cynthia A. White, Canvases and Careers. Institutional Change in the French Painting World, Chicago 1993[2]

WITTMAN 1952
Otto Jr. Wittman, The Italian Experience. American Artists in Italy 1830–1875, in: The American Quarterly, Frühjahr 1952

WOLANDT 1978
Gerd Wolandt, Objektivismus im Kunstbewußtsein und der Kunstphilosophie des 19. Jahrhunderts, in: Kunst als Bedeutungsträger. Gedenkschrift für Günter Bandmann, Berlin 1978, S. 533–39

WÖLFFLIN 1931
Heinrich Wölfflin, Italien und das deutsche Formgefühl, München 1931

WOOD 1983
Christopher Wood, Olympian Dreamers. Victorian Classical painters 1860–1914, London 1983

WOODS 1828
Joseph Woods, Letters of an Architect from France, Italy, and Greece, 2 Bde., London 1828

WOODS 1987
Mary N. Woods, Charles McKim and the Fondation of the American Academy in Rome, in: Light on the Eternal City. Observations and Discoveries in the Art and Architecture of Rome, hrsg. von Hellmut Hager und Susan Scott Munshower, Pennsylvania Universtity 1987, Bd. 2, S. 307–27

Wrigley 2000
Richard Wrigley, Pathological Topographies and Cultural Itineraries, in: Pathologies of Travel, edited by Richard Wrigley and George Revill, Atlanta – Amsterdam 2000

Würtenberger 1961
Franzsepp Würtenberger, Das Maleratelier als Kultraum des 19. Jahrhunderts, in: Miscellanea Bibliotheca Hertziana, Römische Forschungen, Rom 1961, S. 502–13

Wyss 1996, 1
Beat Wyss, Der doppelte Boden der Erinnerung. Museologie zwischen Idealismus und Maurertum, in: Kunst und Geschichte im Zeitalter Hegels, hrsg. von Christoph Jamme, Hamburg 1996, S. 227–53

Wyss 1996, 2
Beat Wyss, Wille zur Kunst. Zur ästhetischen Mentalität der Moderne, Köln 1996

Wyss 1996, 3
Beat Wyss, Ikonographie des Unsichtbaren, in: Ästhetische Erfahrung heute, hrsg. von Jürgen Stöhr, Köln 1996, S. 360–80

Yegül 1991
Fikret K. Yegül, Gentlemen of Instinct and Breeding. Architecture at the American Academy of Rome, 1894–1940, New York – Oxford 1991

Zahn 1920
Leopold Zahn, Paul Klee. Leben, Werk, Geist, Potsdam 1920

Zanten 1978
David van Zanten, Felix Duban and the Buildings of the École des Beaux-Arts 1832–1840, in: Journal of the Society of Architectural Historians XXXVII, 1978, S. 161–74

Zapperi 2002
Roberto Zapperi, Wilhelms gute Gaben an die Ewige Stadt, in: Frankfurter Allgemeine Zeitung, 11. Juni 2002

Zastoupil 1989
Carol Zastoupil, Creativity, Inspiration, and Scandal. Harriet Hosmer and Zenobia, in: The Italian Presence in American Art, 1760–1860, hrsg. von Irma B. Jaffe, New York – Rom 1989, S. 195–207

Abbildungsnachweis

Umschlag SEHRING 1886
Frontispiz Kunsthaus Zürich

Einführung

Abb. 1 Cleveland Museum of Art
Abb. 2 FINK 1975

I. Historische Voraussetzungen

Abb. S. 27 Fotografie von Angela Windholz
Abb. 3 Getty Research Institute, Special Collection
Abb. 4 Courtauld Institute of Art Gallery, London
Abb. 5 Louvre Cabinet des Dessins, Paris
Abb. 6 Ausst.-Kat. Gaspare Vanvitelli le origini del vedutismo, Rom 2002
Abb. 7 Cleveland Museum of Art
Abb. 8 Galleria Palatina, Florenz
Abb. 9 CHASTEL 1989–1991
Abb. 10 AUSST.-KAT. MAESTÀ 2
Abb. 11 Fotografie von Angela Windholz
Abb. 12 Getty Research Institute, Special Collection
Abb. 13 Alexis Lemaistre, L'École des Beaux-arts dessinée et racontée par un elève..., Paris 1889
Abb. 14 NICOSIA 2000
Abb. 15 LE SCUOLE MUTE
Abb. 16 LE SCUOLE MUTE
Abb. 17 AUSST.-KAT. ROMA Y EL IDEAL
Abb. 18 AUSST.-KAT. FRAMMENTI DI ROMA
Abb. 19 AUSST.-KAT. MAESTÀ 2
Abb. 20 Klassik Stiftung Weimar
Abb. 21 BÄTSCHMANN 1997
Abb. 22 VÁZQUEZ 1997
Abb. 23 MACIOTI 1983
Abb. 24 PETTER 1992
Abb. 25 RASPE 1994
Abb. 26 AUSST.-KAT. ÆQUA POTESTAS
Abb. 27 THE ARCHITECTURE 1977
Abb. 28 Russisches Museum St. Petersburg
Abb. 29 THE ARCHITECTURE 1977
Abb. 30 AUSST.-KAT. LES CONCOURS DE PRIX DE ROME
Abb. 31 Stephen Bann, Paul Delaroche. History painted, London 1997
Kat.-Nr. 1 I DISEGNI DI ARCHITETTURA, Kat.-Nr. 189
Kat.-Nr. 2 I DISEGNI DI ARCHITETTURA, Kat.-Nr. 190
Kat.-Nr. 3 I DISEGNI DI ARCHITETTURA, Kat.-Nr. 191
Kat.-Nr. 4 I DISEGNI DI ARCHITETTURA, Kat.-Nr. 193
Kat.-Nr. 5 I DISEGNI DI ARCHITETTURA, Kat.-Nr. 195
Kat.-Nr. 6 I DISEGNI DI ARCHITETTURA, Kat.-Nr. 197
Kat.-Nr. 7 I DISEGNI DI ARCHITETTURA, Kat.-Nr. 198
Kat.-Nr. 8 I DISEGNI DI ARCHITETTURA, Kat.-Nr. 200
Kat.-Nr. 9 I DISEGNI DI ARCHITETTURA, Kat.-Nr. 201
Kat.-Nr. 10 I DISEGNI DI ARCHITETTURA, Kat.-Nr. 201
Kat.-Nr. 11 I DISEGNI DI ARCHITETTURA, Kat.-Nr. 2139
Kat.-Nr. 12 I DISEGNI DI ARCHITETTURA, Kat.-Nr. 2140
Kat.-Nr. 13 I DISEGNI DI ARCHITETTURA, Kat.-Nr. 2141
Kat.-Nr. 14 I DISEGNI DI ARCHITETTURA, Kat.-Nr. 2137
Kat.-Nr. 15 I DISEGNI DI ARCHITETTURA, Kat.-Nr. 2138
Kat.-Nr. 16 I DISEGNI DI ARCHITETTURA, Kat.-Nr. 462
Kat.-Nr. 17 I DISEGNI DI ARCHITETTURA, Kat.-Nr. 465
Kat.-Nr. 18 I DISEGNI DI ARCHITETTURA, Kat.-Nr. 468
Kat.-Nr. 19 I DISEGNI DI ARCHITETTURA, Kat.-Nr. 467
Kat.-Nr. 20 I DISEGNI DI ARCHITETTURA, Kat.-Nr. 471
Kat.-Nr. 21 I DISEGNI DI ARCHITETTURA, Kat.-Nr. 474
Kat.-Nr. 22 WILTON-ELY 1994
Kat.-Nr. 23 AUSST.-KAT. LES PRIX DE ROME
Kat.-Nr. 24 AUSST.-KAT. LES PRIX DE ROME
Kat.-Nr. 25 AUSST.-KAT. LES PRIX DE ROME
Kat.-Nr. 26 AUSST.-KAT. LES PRIX DE ROME
Kat.-Nr. 27 AUSST.-KAT. LES PRIX DE ROME
Kat.-Nr. 28 AUSST.-KAT. LES PRIX DE ROME
Kat.-Nr. 29 AUSST.-KAT. LES PRIX DE ROME
Kat.-Nr. 30 AUSST.-KAT. LES PRIX DE ROME
Kat.-Nr. 31 AUSST.-KAT. LES PRIX DE ROME
Kat.-Nr. 32 Marie-Joseph Peyre, Oeuvres d'architectures, Paris 1765
Kat.-Nr. 33 Marie-Joseph Peyre, Oeuvres d'architectures, Paris 1765
Kat.-Nr. 34 AUSST.-KAT. LES PRIX DE ROME
Kat.-Nr. 35 AUSST.-KAT. LES PRIX DE ROME
Kat.-Nr. 36 Collection des prix (cahier VII, pl. 1 et 2) 1785
Kat.-Nr. 37 Collection des prix (cahier VII, pl. 1 et 2) 1785
Kat.-Nr. 38 LES DESSINS D'ARCHITECTURE 1988
Kat.-Nr. 39 LES DESSINS D'ARCHITECTURE 1988
Kat.-Nr. 40 LES DESSINS D'ARCHITECTURE 1988
Kat.-Nr. 41 HASSELBLATT 1886
Kat.-Nr. 42 HASSELBLATT 1886
Kat.-Nr. 43 HASSELBLATT 1886
Kat.-Nr. 44 THE ARCHITECTURE 1977
Kat.-Nr. 45 THE ARCHITECTURE 1977

II. Die Spanische Akademie

Abb. S. 135 Fotografie von Angela Windholz
Abb. 1 Jesús Urrea Fernández, Relaciones artísticas hispano-romanas en el siglo XVIII, Madrid 2006
Abb. 2 URREA 2006
Abb. 3 Museo del Prado Madrid
Abb. 4 AUSST.-KAT. ROMA Y EL IDEAL
Abb. 5 AUSST.-KAT. ROMA Y EL IDEAL
Abb. 6 La Ilustración Española y Americana, 1883
Abb. 7 Archivo General del Ministerio de Asuntos Exteriores, Fondo: Fundaciones Españolas en el Extranjero, Serie: Italia, Academia de Bellas Artes en Roma, H 4331, 1873–1926
Abb. 8 Archivo General del Ministerio de Asuntos Exteriores, Fondo: Fundaciones Españolas en el Extranjero, Serie: Italia, Academia de Bellas Artes en Roma, H 4331, 1873–1926

Abb. 9	Saggi in onore di Gaetano Miarelli Mariani, Rom 2007
Abb. 10	Giuseppe Vasi, Prospetto dell'Alma Città di Roma visto dal Monte Gianicolo, 1765
Abb. 11	ACR fondo T 54 44526 1879
Abb. 12	ACR fondo T 54 44526 1879
Abb. 13	ACR fondo T 54 44526 1879
Abb. 14	ACR fondo T 54 44526 1879
Abb. 15	Fotografie von Angela Windholz
Abb. 16	La Ilustración Española y Americana, 1881
Abb. 17	AUSST.-KAT. ROM 1846–1870
Abb. 18	AUSST.-KAT. ROM 1846–1870
Abb. 19	La Ilustración Española y Americana, 1881
Abb. 20	AUSST.-KAT. ROMA 1911

III. Die Britische Akademie

Abb. S. 195	PETTER 1992
Abb. 1	Yale Center of British Art, Paul Mellon Collection
Abb. 2	Fotothek der Bibliotheca Hertziana Rom
Abb. 3	British Architectural Library, Drawing Collection, RIBA
Abb. 4	Diderot, D'Alembert et. al., Encyclopédie
Abb. 5	British Architectural Library, Drawing Collection, RIBA
Abb. 6	British Architectural Library, Drawing Collection, RIBA
Abb. 7	National Gallery of Ireland, Inv.-Nr. 734
Abb. 8	FENTON 2006
Abb. 9	GOLDSTEIN 1996
Abb. 10	Sir John Soane's Museum
Abb. 11	National Portrait Gallery, London 3091
Abb. 12	Fotografie von Angela Windholz
Abb. 13	AUSST.-KAT. DISEGNI DI TOMMASO MINARDI
Abb. 14	AUSST.-KAT. SIR LAWRENCE ALMA TADEMA
Abb. 15	AUSST.-KAT. THE PRE-RAPHAELITES
Abb. 16	JANDOLO 1953
Abb. 17	Alinari, Fototeca Nazionale Rom
Abb. 18	PETTER 1992
Abb. 19	PETTER 1992
Abb. 20	RODD 1922
Abb. 21	WALLACE-HADRILL 2002
Abb. 22	WALLACE-HADRILL 2002
Abb. 23	Archivio Capitolino Rom, Ispettorato Edilizio 2621/1915
Abb. 24	Archivio Capitolino Rom, Ispettorato Edilizio 2621/1915
Abb. 25	Archivio Capitolino Rom, Ispettorato Edilizio 2621/1915
Abb. 26	Archivio Capitolino Rom, Ispettorato Edilizio 2621/1915
Abb. 27	WALLACE-HADRILL 2002
Abb. 28	WALLACE-HADRILL 2002
Abb. 29	WALLACE-HADRILL 2002

IV. Die Deutsche Akademie

Abb. S. 255	Fotografie von Angela Windholz
Abb. 1	Fototeca Nazionale Rom
Abb. 2	AUSST.-KAT. ROM 1846–1870
Abb. 3	NOACK 1912
Abb. 4	AUSST.KAT. KÜNSTLERLEBEN
Abb. 5	Bibliotheca Hertziana, Rom
Abb. 6	Bibliotheca Hertziana, Rom
Abb. 7	Giovanni Battista Falda, Vedute di Roma e dintorni, Rom 1665–1699
Abb. 8	RASPE 1996
Abb. 9	I DISEGNI DELL'ARCHITETTURA, Kat.-Nr. 345
Abb. 10	Ausst.-Kat. Gottfried Semper 1803–1879, München – Zürich 2003
Abb. 11	Privatsammlung München
Abb. 12	SEHRING 1886
Abb. 13	I DISEGNI DELL'ARCHITETTURA, Kat.-Nr. 2313–2315
Abb. 14	SEHRING 1886
Abb. 15	SEHRING 1886
Abb. 16	SEHRING 1886
Abb. 17	SEHRING 1886
Abb. 18	SEHRING 1886
Abb. 19	Verso il Vittoriano. L'Italia unita e i concorsi di architettura, hrsg. von Maria Luisa Scalvini und Fabio Mangone, Neapel 2002
Abb. 20	AUSST.-KAT. MAESTÀ 1
Abb. 21	NOACK 1912
Abb. 22	NOACK 1912
Abb. 23	Fototeca Nazionale Rom
Abb. 24	Archiv Akademie der Künste Berlin
Abb. 25	Archiv Villa Romana Florenz
Abb. 26	Fototeca Nazionale Rom
Abb. 27	Fototeca Nazionale Rom
Abb. 28	A. G. Bragaglia, Territorii tedeschi di Roma, Florenz 1918
Abb. 29	Archiv Villa Massimo Rom
Abb. 30	Archivio Capitolino Rom
Abb. 31	Archivio Capitolino Rom
Abb. 32	Archivio Capitolino Rom
Abb. 33	Die Woche, 15. Jg., Nr. 11, Berlin 1913
Abb. 34	KARL HOFER 1989
Abb. 35	Archivio Capitolino Rom
Abb. 36	Fotografie von Angela Windholz
Abb. 37	Stich nach Letaroully
Abb. 38	PUCHTA 1996
Abb. 39	Archivio fotografico comunale Rom
Abb. 40	Archiv Villa Massimo
Abb. 41	Archivio fotografico comunale, Rom
Abb. 42	Archivio fotografico comunale, Rom
Abb. 43	Archivio fotografico comunale, Rom
Abb. 44	WINDHOLZ 2003

V. Die Amerikanische Akademie

Abb. S. 337	YEGÜL 1991
Abb. 1	Frank Lesie's illustrated Weekly, 3. Juni 1865
Abb. 2	Hubert Howe Bancroft The book of the fair. An historical and descriptive presentation of the world's science, art, and industry, as viewed through the Columbian exposition at Chicago, Chicago 1893
Abb. 3	ITALIAN PRESENCE 2
Abb. 4	ITALIAN PRESENCE 2
Abb. 5	GRANGER 1913
Abb. 6	GRANGER 1913
Abb. 7	ITALIAN PRESENCE 2
Abb. 8	FINK 1975
Abb. 9	Ingres Museum Montauban
Abb. 10	YEGÜL 1991
Abb. 11	Russel T. Scott und Paul Rosenthal, The Academy and the Forum. One Hundred Years in the Eternal City, New York 1996
Abb. 12	YEGÜL 1991
Abb. 13	BELLI BARSALI 1983
Abb. 14	ITALIAN PRESENCE 2
Abb. 15	ITALIAN PRESENCE 2
Abb. 16	Fotoarchiv der American Academy Rom
Abb. 17	SATTERLEE 1939
Abb. 18	Fotoarchiv der American Academy Rom
Abb. 19	Fotoarchiv der American Academy Rom
Abb. 20	Archivio Capitolino Rom, Ispettorato Edilizia 1546/1912
Abb. 21	Archivio Capitolino Rom, Ispettorato Edilizia 1546/1912
Abb. 22	LaFarge 1915
Abb. 23	Archivio Capitolino Rom, Ispettorato Edilizia 3311/1912
Abb. 24	Archivio Capitolino Rom, Ispettorato Edilizio 3311/1912
Abb. 25	Archivio Capitolino Rom, Ispettorato Edilizio 3311/1912
Abb. 26	Fotoarchiv American Academy Rom
Abb. 27	Fotoarchiv der American Academy Rom
Abb. 28	Fotoarchiv der American Academy Rom
Abb. 29	Fotografie von Angela Windholz
Abb. 30	Fotografie von Angela Windholz

VI. Zusammenfassende Überlegungen

Abb. S. 393	JANDOLO 1953
Abb. 1	Archiv Villa Massimo
Abb. 2	WALLACE-HADRILL 2002
Abb. 3	Fogg Art Museum, Harvard University
Abb. 4	SCHRÖTER 1990
Abb. 5	L'ombra di Core, Disegni dal fondo Palagi della bibliotheca dell'Arciginnasio, hrsg. von Claudio Poppi, Bologna 1988
Abb. 6	AUSST.-KAT. KÜNSTLERLEBEN

Personenregister

Abbey, Edwin Austin 230, 241, 350/1
Abbott, Samuel A. B. 366
Adam, Robert 204
Agustín, Francisco 138
Albacini, Carlo 57
Albert Eduard, Prince of Wales 233
Alcántara, Francisco 161
Alcudia, Duque de la 140
Alexander F. Kokorinov 102–4, 133
Alfons XII., König von Spanien 153, 168, 173, 182
Allen, William 341
Allston, Washington 211, 343
Alma Tadema, Lawrence 60, 223–5, 230, 409
Althoff, Friedrich 77, 305, 307/8, 333
Álvarez Cubero, José 142
Álvarez, Domingo 138
Amadeo I. D'Aosta, König von Spanien 150/1
Andrade, Angel 166
Angeli, Diego 330
Angiviller, Comte d' 34, 65
Arnhold, Eduard 285, 300, 307–9, 312–9, 321, 323/4, 327, 330–5, 377, 395, 406, 410
Arthur, Prince of Connaught 232
Asam, Cosmas Damian 255
Ashby, Thomas 228, 240, 377, 390
Avellá, Pedro José 144
Azara, José Nicolás de 139
Balzac, Honoré de 416
Barba, Ramón 142/3
Barlach, Ernst 302
Barry, James 207/8
Bartolini, Lorenzo 342
Batoni, Pompeo 57/8, 205, 208
Baudry, Paul 413
Becker, Carl Heinrich 78
Beckett, Ernest William 319
Beckmann, Max 302
Bedford, Duke of 251
Belli, Francesco 93, 97, 115
Benedikt XIV., Papst 58, 96, 203/4
Benlliure, José 377, 385
Berenson, Bernhard 225, 346
Berlioz, Hector 43
Bernini, Giovan Lorenzo 92/3, 96, 99
Bestelmeyer, German 319, 326
Bethmann Hollweg, Theobald von 77/8
Bewick, William 220
Beyer, Christian Wilhelm Friedrich 256
Billaudel, Jean René 98, 124/5
Bismarck, Otto von 285, 291/2, 374, 407
Blashfield, Edwin H. 22, 24, 364, 409
Blomfield, Reginald 230
Böcklin, Arnold 226, 295, 300, 303, 315, 317–9, 331, 334
Bode, Wilhelm von 300, 307, 315
Böhmer, Johann Friedrich 68
Bonaparte, Joseph 142
Borchardt, Rudolf 401
Boring, William A. 356/7, 386

Borromini, Francesco 92/3, 275, 305
Botticelli, Sandro 162, 190
Boullée, Étienne-Louis 100/1, 105/6
Bourdieu, Pierre 19, 419
Boussoi, Charles Louis 377, 385
Boynton, Reverend 345
Bradshaw, Harold Chalton 231
Bragalia, Anton Giulio 311/2
Bramante, Donato 174, 179, 349, 359
Brettingham d. J., Matthew 199/200, 202/3, 205
Brock, Thomas 230
Bugni, Balthazar de 99, 128
Bunsen, Christian Carl Josias von 218, 265, 403
Burckhardt, Jakob 81, 159
Buren Magonigle, Harold Van 361
Buren, W. A. Van 384, 390
Burne Jones, Edward 223–5
Burnham, Daniel 348/9, 357
Byron, Lord George Gordon 155, 343, 406
Caesar, Gaius Iulius 374
Campeny, Damián 58, 142
Camuccini, Vincenzo 59, 72
Canova, Antonio 59, 72, 142, 212, 214, 342, 416
Cánovas del Castillo, Antonio 158,
Caracci, Agostino 47
Caracci, Annibale 47
Carlos II., König von Spanien 135
Carlos III., König von Spanien 59
Carlos IV., König von Spanien 142/3
Caro, Annibale 88
Caroll Jr., Charles 383
Carpaccio, Vittore 48
Carpenter, Kenneth E. 384
Carrère, John 357, 383
Carstens, Asmus Jacob 54, 109, 258
Carter, Jesse Benedict 375, 377, 386–91
Carus, Carl Gustav 111
Casado del Alisal, José 149, 157–9, 165, 178
Casalini, Mario 15
Castelar, Emilio 150–3, 155/6, 158, 160, 168, 176, 185, 187, 394, 398, 410
Cataneo, Pietro 88
Catel, Franz Ludwig 265, 267
Cauer, Carl 278
Cauer, Robert 291
Cellini, Benvenuto 349
Cennini, Cennino 52
Chabod, Federico 82
Chalgrin, Jean François Thérèse 50
Chapu, Henri 51/2
Charlemont, James Caulfeild, 1st Earl of 196, 198, 205–7
Chavannes, Puvis de 230, 351
Chodowiecki, Daniel 65
Clausen, George 231
Clemens XII., Papst 204
Clerisseau, Charles-Louis 58
Coello y Quesada, Conde Diego de 173–6, 178, 182, 185
Colbert, Jean-Baptiste 29, 31/2, 34, 49

459

Cole, Thomas 65
Coleman, Alexander 226
Coleman, Charles 226
Coleman, Enrico 226
Collecini, Francesco 96, 122
Conca, Sebastiano 137
Conca, Tommaso 58
Consalvi, Ercole 215/6
Constable, John 111
Cooke, P. Davis 252
Coplaud, Alexander 251
Copley, John Singleton 204
Cornelius, Peter 74/5, 222, 260, 262/3, 265, 277, 281
Correggio, Antonio Allegri da 46, 209, 344
Costa, Nino 226
Cotte, Robert de 103
Cowen, William 216
Cox, Kenyon 22/3
Coypel, Noël 32
Crane, Walter 223
Cromeck, Thomas Hartley 222
Cruz, Alejandro de la 138
Curt, Hermann 226
David, Jacques-Louis 13, 34, 54, 72, 258
Debret, François 104/5
Degas, Edgar 418/9
Delaroche, Paul 71, 105, 108, 423
Devonshire, Georgiana Cavendish Duchess of 215/6, 249
Devonshire, William George 6. Duke of 218, 249, 251
Domenichino, Domenico Zampieri gen. 47, 208
Donner, Conrad Hinrich 275/6
Dreber, Heinrich 296/7
Duban, Félix 104–6, 134
Dürer, Albrecht 68, 110, 154, 255, 283, 416
Dumont, Gabriel-Pierre-Martin 95/6, 98, 118
Dunlap, William 65, 342/3
Dunstanville, Lord de 252
Duranty, Édmond 415
Dyce, William 220
Eakins, Thomas 340
Eastlake, Charles Lock 216, 218, 222
Eberlein, Gustav 307, 315
Elena, Königin von Italien 167, 366
Elsheimer, Adam 255
Engelhard, Gottlob 270–4, 276, 285
Ercolani, Giuseppe 93–5, 98, 116
Errard, Charles 29, 32
Esher, Lord Reginald Baliol Brett, 2. Viscount 228–230, 253/4
Espinosa, Carlos 136, 138
Estevan Fernando, Hermenegildo 166
Evans, Richard 217/8
Everett, Edward 338
Farsetti, Filippo 203
Ferdinando di Medici 184
Fernando VII., König von Spanien 143, 148
Fernow, Carl Ludwig 109
Feuerbach, Anselm 295, 315
Figueras, Estanislao 151
Filarete, Antonio Averlino 89, 93
Firdusi 406
Fohr, Carl Philipp 265
Fontana, Carlo 95/6

Fontana, Carlo Stefano 95, 98, 117
Fortuny, Mariano 149, 154, 168/9
Foulis, Andrew 209
Foulis, Robert 209/210
Frampton, George 230
Franz I., Kaiser von Österreich 260, 264
Fraser, Patrick Allen 223
French, Daniel Chester 230, 349, 351
Freud, Sigmund 22, 307
Frick, Henry C. 304, 372
Friedrich I., König von Preußen 256/7
Friedrich Wilhelm IV., Kronprinz von Preußen 14, 47, 264, 267
Friedrich, Caspar David 68, 111
Füssli, Johann Heinrich 4, 58, 209
Galassi, F. 375, 385–91
Gale, Edwards J. 358
Galofre Jiménez, Baldomero 165, 168
Galofre, José 148, 157
García Sampedro, Luís 71, 423
Garibaldi, Giuseppe 84, 179
Garnelo Alda, José 162, 190/1
Gaul, August 291, 315
Georg III., König von England 145
Georg IV., König von England 217
Georgi, Johann Gottlieb 102
Gerhardt, Heinrich 268, 292, 296, 298/9
Ghezzi, Pier Leone 205, 305
Ghiberti, Lorenzo 52, 311
Giani, Felice 58, 143
Gibson, John 211/2, 218
Gilbert, Alfred 223
Gill, Colin 231
Giolitti, Giovanni 236
Giotto di Bondone 277, 311
Goethe, Johann Wolfgang von 13, 72, 110, 156, 307, 406
Golzio, Vincenzo 15
Götzenberger, Jakob 75
Goupil, Adolphe 149
Goust, Louis Robert E. 100, 104, 131
Goya, Francisco 54, 141, 154, 187, 258
Gray, Ezio M. 311
Greenough, Horatio 342
Gregor XVI., Papst 144, 216
Gregorovius, Ferdinand 80/1
Gros, Antoine 18
Guercino, Giovanni Francesco Barbieri gen. 47, 146, 361
Gurlitt, Fritz 315
Haes, Carlos de 165
Haller, Hermann 291
Hamilton, William 209
Hamilton, William Richard 217/8, 248/9, 251
Hansemann, Adolph von 315
Hardenberg, Karl August von 261
Harnack, Adolf 77, 312
Hastings, Thomas 354, 357, 383
Hawthorne, Nathaniel 346
Hayez, Francesco 409
Hazlitt, William 217, 414/5
Head, Edmund 222
Heath, Frank 230
Hébert, Ernest 37
Hegel, Georg Wilhelm Friedrich 63, 69, 70, 156

Heinitz, Friedrich Anton Freiherr von 64, 257
Heinrich VIII., König von England 195
Herder, Johann Gottfried 53, 66/7, 77, 155/6, 411
Herrero y Herreros, Alejandro del 172/3, 179, 181, 193, 398
Hertz, Henriette 310, 315
Heyland, Clara Jessup 372/3, 387
Hildebrand, Adolf von 295, 300, 315
Hirt, Aloys 57, 140
Hirzel, Georg 300
Hofer, Karl 291, 321
Hofmann, Ludwig von 319, 321
Holbein, Hans 283
Hölderlin, Friedrich 69, 111
Hottinger, Johann Konrad 259
Howard, John Galen 354, 357
Howells, John Mead 358
Hugo, Victor 155, 307
Humboldt, Caroline von 220, 264
Humboldt, Wilhelm von 262/3, 268
Hunt, Richard Howland 349, 356
Ingres, Jean-Auguste-Domique 47, 55, 71, 107, 142, 148, 362, 413/4, 416, 418
Isabella II., Königin von Spanien 145, 148, 150, 155
Isabella von Kastilien, Königin von Spanien 174
Jagow, Gottlieb von 313/4
James, Henry 37, 371
Jardin, Louis Henri 98, 126
Jatho, Georg 270–2
Jefferson, Thomas 344, 352, 371
Johnson, John 212
Jones, Inigo 225, 236
Jones, Thomas 204
Justi, Carl 81, 256
Justi, Ludwig 295
Juvarra, Filippo 93/4
Kampf, Arthur 331/2
Kanold, Edmund 296
Kant, Immanuel 109, 110, 257
Karl d. Gr., römischer Kaiser 35
Katharina II., Zarin des russischen Reiches 102
Kauffmann, Angelika 212, 255
Kaunitz, Wenzel Anton Fürst 57
Keats, John 215, 228
Kehr, Paul Fridolin 307, 313/4, 330
Kendall, William Mitchell 357, 362, 375, 386
Kennedy, Thomas 196, 198
Kenyon, Frederic 230
Kestner, Christian August 265
Keudell, Robert von 278, 285
Kirkup, Seymur 217/8
Klee, Paul 291, 302
Klimt, Gustav 302
Klinger, Max 300, 303
Koch, Joseph Anton 62, 143, 296
Kolbe, Georg 302
Kollwitz, Käthe 302
Koner, Max 332
Konstantin d. Gr., römischer Kaiser 35
Körner, Christian Gottfried 155
Koyl, George 383–5, 388
LaFarge, Christopher Grant 348, 371, 387
LaFarge, John 55, 348/9, 353, 386
Lago, Mario 169/70, 191

Lamprecht, Karl 77/8, 407
Landelle, Charles Z. 418
Landseer, Charles 211
Lane, John Bryant 218
Latrobe, Benjamin Henry 344
Lawrence, Thomas 215, 217, 248–52
Lazarus, Jacob H. 356, 362, 368
Le Nôtre, André 361
Le Vau, Louis 92
Ledward, Gilbert 231
Lee, Stirling 230
Lee, William 203
Leibl, Wilhelm 334
Leighton, Frederic 223/4, 226,
Leiter, Levi 357
Lenbach, Franz von 226, 303, 332
Lenoir, Alexandre 104
Leo XIII., Papst 14, 173, 405
Leonardo da Vinci 29, 53, 88, 310/1
Leroy, Julien-David 50
Leslie, Charles Robert 65
Lester, Charles Edward 345
Lethière, Guillaume Guillon 265
Liebermann, Max 334/5
Liszt, Franz 226
Llimona, Juan 148
Loat, Samuel 212
Lord, Austin Willard 357, 361, 366
Lorenzo di Medici 88
Ludwig I., König von Bayern 261, 264/5, 267, 403
Ludwig XIV., König von Frankreich 14, 30/1, 57
Lutyens, Edwin 232–4, 236/7, 239/40, 242–5, 318
Lytton, Lord 233
Mac Veagh, Franklin 357
Maccari, Cesare 226, 409
Macpherson, Robert 222
Madrazo, José de 142/3
Makart, Hans 409
Malkowsky, Georg 408/9
Mancini, Antonio 226
Manship, Paul 364
Marées, Hans von 295, 300
Margarita, Königin von Italien 167
Maria Theresia, deutsch römische Kaiserin 57
Marigny, Marquis de 50
Maron, Anton von 57, 139, 256
Marval de Marval 189
Masaccio, Tommaso Cassai gen. 416
Max Kurzweil 302
Maxwell, Jacob 205, 209/10
Mazzini, Giuseppe 84, 237
McCormick, Cyrus 357
McKim, Charles Follen 230, 349–59, 361–3, 365, 366–8, 370/1, 374/5, 383, 395
McLachlan, Archbauld 209/10
McNeil Rushforth, Gordon 228, 356
Mead, William Rutherford 349–54, 358, 374/5, 383, 385–9, 395
Meier-Gräfe, Julius 303
Mendelssohn-Bartholdy, Ernst von 305–7, 315
Mengs, Anton Raffael 57/8, 136–40, 255/6, 341
Mereu, Honoré 361
Meurer, Moritz 226, 282, 292

Michelangelo Buonarotti 46–8, 52/3, 203, 208/9, 225, 257, 311, 359, 413/4, 416/7
Milà y Fontanals, Pau 148
Millet, Francis Davis 349, 353, 359/60, 370, 374/5, 385
Minardi, Tommaso 143, 221/2, 252, 266/7, 403
Minghetti, Marco 226
Mommsen, Theodor 82
Monts, Anton Graf von 304, 310/1, 372
Moreau, Gustave 48
Morelli, Domenico 226
Morera Galicia, Jaime 165/6
Moritz, Karl Philipp 109
Morris, William 18
Mosler, Carl 262
Mosse, Rudolf 315
Mowbray, H. Siddons 366
Moyaux, Constant 41/2, 50
Mühlberg, Botschafter von 308, 313
Müller, Friedrich (Maler Müller) 256
Müller, Wilhelm 71
Muther, Richard 159
Napoleon Bonaparte 35, 59, 66, 107, 142, 211, 216, 218, 259–61, 267, 276, 308, 333, 340, 374, 393, 402, 404
Napoli, Manuel 138
Nathan, Ernesto 84–6, 177, 236–8, 313/4, 331, 396, 399, 410
Nebel, Heinrich 330
Neureuther, Eugen Napoleon 274, 279
Niebuhr, Barthold Georg 262/3
Nietzsche, Friedrich 22/3, 75, 258, 283, 420
Nippold, Otfried 78
Northcote, James 204
Novalis, G. F. P. Freiherr von Hardenberg 109, 260
Ochoa, Eugenio de 146/7
Ojetti, Ugo 397
Oliva, Eugenio 184, 186
Olivier, Friedrich Woldemar 263
Olmsted, Frederick Law 349
Otto, Paul 268, 284
Overbeck, Johann Friedrich 71, 143, 148, 215, 220, 222, 259/60, 262, 265, 274, 281, 343, 403, 423
Page, George Bispham 361, 389
Palladio, Andrea 100, 225, 353
Palmaroli, Vicente 149, 157, 162, 192
Pannini, Giovanni Paolo 58, 308
Parker, John 196–8, 207
Passavant, Johann David 265
Patch, Thomas 205, 207
Pater, Walter 225
Peale, Charles Willson 339
Pelham, Henry 228
Percier, Charles 100, 104, 130
Perrault, Charles 31
Peruzzi, Baldassare 359
Peyre d. Ä., Marie Joseph 99, 100, 129, 286
Peyre d. J., Antoine-François 100
Pforr, Franz 259, 265, 416
Philipp V., König von Spanien 137
Pierpont Morgan, John 367/8, 370, 372, 374–6, 386, 395, 410
Piles, Roger de 46
Piloty, Carl Theodor von 409
Piranesi, Giovanni Battista 96/7, 99/100, 123, 197/8
Pius IX., Papst 80, 170, 173
Pius VI., Papst 35
Pius VII., Papst 35, 145, 215/6
Platner, Ernst Zacharias 260, 265
Platon 37, 88
Posi, Paolo 275/6, 308
Poussin, Nicolas 29, 31/2, 40
Poynter, Edward 223, 225/6, 230, 409
Pradilla, Francisco 149, 157
Prampolini, Enrico 311
Preciado de la Vega, Francisco 57, 137–9, 141
Prell, Hermann 409
Prinsep, Valentine 223
Pugin, Augustus 225
Puschkin, Alexander S. 155, 406
Quandt, Johann Gottlob von 265
Quatremère de Quincy, Antoine Chrysostôme 46, 53
Querol, Augustin 190
Raffael Sanzio 32, 40, 46–8, 53/4, 58, 64, 70, 92, 103, 110, 136, 142, 146, 162, 198, 205, 206, 207–9, 222, 257, 268, 277, 311, 351, 413/4, 416–8
Ramos, Francisco Javier 138
Rath, Adolf Wilhelm vom 307–9
Rauch, Christian Daniel 260
Reber, Franz von 282
Regnault, Henri 413
Rehberg, Friedrich 57, 257
Reichensperger, August 277, 279–82
Reiffenstein, Johann Friedrich 57
Reinhart, Johann Christian 143, 211, 257, 260
Renard, Benedykt 91, 93, 114
Reni, Guido 47, 208
Rennie, George 251
Reynolds, Joshua 47, 53, 54, 198, 205–9, 412
Ribera, Jusepe de 154, 187
Ricci, Corrado 169, 192
Ricci, Giovanni 35
Richardson, Henry Hobson 353
Riepenhausen, Franz 260
Riepenhausen, Johannes 260
Rilke, Rainer Maria 291
Rinehart, William Henry 342, 356, 362
Riou, Stephen 203/4
Rockefeller, John D. 372
Rodd, Rennell 228, 231, 237/8, 253/4, 313, 410
Rohden, Johann Martin von 260
Röll, Fritz 135/6
Ronald, Graham 232
Roosevelt, Theodor 371
Root, Elihu 371
Rosales, Eduardo 149, 157
Rossetti, Dante Gabriel 226, 233
Rubens, Peter Paul 55, 217, 416
Runge, Philipp Otto 111, 274
Ruskin, John 51, 215, 222–5, 352/3
Russel, James 196
Sabatini, Francisco 96, 119
Saint-Gaudens, Augustus 230, 349, 351, 353, 362
Salesa, Buenaventura 138
San Martino, Conte 233
Sangallo d. J., Antonio da 359
Sartorio, Aristide 226
Schadow, Johann Gottfried 269, 281
Schadow, Rudolf 260, 263, 265, 281

Schadow, Wilhelm 260, 281, 403
Scheffel, Viktor von 296
Schiller, Friedrich 60, 109/10, 156, 257
Schlegel, Friedrich 259
Schlüter, Andreas 255, 283
Schmidt-Ott, Friedrich 307, 313, 317/8, 331–3
Schnorr von Carolsfeld, Julius 220, 263
Schwechten, Franz 324, 326/7
Sciortino, Antonio 226/7, 232
Sehring, Bernhard 99, 172, 286–91, 395, 421
Sella, Quintino 80, 82/3, 177, 226, 396
Semper, Gottfried 275/6
Sergel, Johan Tobias 211
Severn, Joseph 215–22, 248–50
Shaw Sqarrow, Walter 231
Shaw, Evelyn 230, 238, 254
Shaw, Richard 223
Sickler, Friedrich 211
Sievers, Johannes 333
Simpson, John 228
Singer Sargent, John 223, 230/1, 351
Sintes, Gaetano 96, 120/1
Sixtus V., Papst 89, 92
Skelton, Jonathan 204
Solá, Antonio 142–7, 149
Soler y Pla, Santiago 152, 189
Spielmann, Isidore 233, 410
Sprüngli, Nicolas 98/9, 127
Squarcione, Francesco 29
Stanhope, Earl 222
Stauffer Bern, Karl 290
Stevens, Gorham Phillips 349, 375, 377, 383–9
Stilke, Hermann 75
Stillman, James 370
Stirling, Charles 252
Story, William Wetmore 226, 342, 366, 403
Strohl-Fern, Alfred Wilhelm 285, 290/1
Strong, Eugénie 15, 240, 290, 393
Stürmer, Carl 75
Sullivan, Louis 348, 352
Sulzer, Johann Georg 61
Summers, Charles 226
Sykes, Richard 252
Tambroni, Giuseppe 59
Temple, Seth Justin 356, 361
Tenerani, Pietro 59, 143
Theodor Rehbenitz 263
Thode, Henry 332
Thorwaldsen, Bertel 48, 142–4, 212, 214, 342/3
Thrasher, Harry 384, 389
Thür, Georg 318, 330
Tieck, Christian Friedrich 74, 268
Tieck, Ludwig 111
Tiepolo, Giovanni Battista 49
Tischbein, Johann Heinrich Wilhelm 72
Tite, William 225
Tizian Vecellio 46, 103, 344, 415
Tobin, F. 218/9, 222, 251/2
Tocqueville, Alexis De 342
Trippel, Alexander 58, 257
Trumbull, John 339
Tschudi, Hugo von 315, 332–5

Tuaillon, Louis 295, 315, 317–9, 321, 324, 330–2
Tuch, Kurt 302
Tuckerman, Henry T. 343/4
Turner, Joseph Mallord William 211, 218
Twain, Mark 347
Uhden, Johann Daniel Wilhelm Otto 268
Uhland, Ludwig 155
Ury, Lesser 291, 315
Vallin de la Mothe, Jean Baptiste 102, 133
Vanderbilt, William K. 370
Vanderlyn, John 211, 343
Vasari, Giorgio 46, 88/9, 110
Vaudoyer, Léon 100/1, 132 171
Vedder, Elihu 357
Vega, Garcilaso de la 406
Veit, Johannes 220, 260, 281
Velazquez, Diego 154
Velde, Henry van de 302
Vera, Alejo 149, 157
Vernet, Claude Joseph 205
Vernet, Horace 59
Vertunni, Achille 226
Vignola, Giacomo Barozzi da 225, 325, 359
Viktoria, Kronprinzessin von Preußen 300
Villegas, José 149, 168
Villeneuve, Pierre de 91–3, 98, 101, 103, 105, 112/3
Viniegra, Salvador 192
Viollet-le-Duc, Eugène 51, 56
Vittorio Emanuele II., König von Italien 150, 289/90, 368
Vittorio Emanuele III., König von Italien 366/7, 375, 405, 410
Vogel, Ludwig 259
Voss, Richard 305
Vouet, Simon 29
Vulliamy, John Lewis 212
Wackenroder, Wilhelm Heinrich 109
Wagner, Johann Martin 260, 265
Wagner, Richard 226
Walters, Henry 367, 370/1
Ware, William Robert 357, 359
Warner, Thomas 207
Watts, Georg Frederick 223
Webb, Aston 230
Weber, Max 408
West, Benjamin 337, 339, 341
Westmacott, Richard 217/8, 248
White, Stanford 347, 349, 350, 353, 356
Wicar, Jean Baptiste 211
Wiegand, Heinrich 324
Wilbraham, Randle 251
Wilhelm II., deutscher Kaiser und König von Preußen 280, 286, 292, 296, 306/7, 332–5
Wille, Ernst 308
Wilton, Joseph 205
Winckelmann, Johann Joachim 19, 33/4, 63, 66, 73, 136, 137, 255/6, 259, 411/2
Wintergerst, Josef 265
Woods, Joseph 214/5, 217/8, 245, 247, 252
Wren, Christopher 234–6, 240/1, 326, 398
Xeller, Christian 265
Zucchi, Jacopo 37
Zürcher, Maximilian 231, 313, 318–27, 330, 377, 388–91

Ortsregister

Aequer Berge 296
Albaner Berge 305, 317/8
Amsterdam 166
Aranjuez
    Casa del Labrador 142
Athen 14, 16, 37, 51, 338, 375
    Platonische Akademie 37, 88
    Parthenon 105, 225
Bagnaia
    Villa Lante 40, 382
Baltimore 356
Baltimore
    Homewood 382
Barcelona 148
Berlin 16, 56, 64/5, 74, 256–8, 263, 267/8, 284–6, 289–91, 295, 299, 304, 313–8, 331, 372, 388
Bologna 316
Bonn 74
    Schloß Poppelsdorf 103
Bordeaux 56
Boston 353, 356
    Public Library 350/1, 366
    Trinity Church 353
Brandenburg 65
Caprarola 389
    Palazzo Farnese 103
Castelli Romani 271
Chicago 347, 349–51, 355, 357, 366, 394
Edinburgh 56, 223
San Domenico di Fiesole 315
    Villa Bellagio 315, 319, 331
Flandern 137
Florenz 16, 52, 84, 92, 139, 144, 162, 191, 196, 222/3, 232, 248, 271, 300–4, 310–2, 314–6, 318, 326, 331, 342, 359, 399,
    Kloster S. Maria Maddalena de'Pazzi 89
    Loggia dei Lanzi 271
    Orto di San Marco 88
Frascati 305
    Villa Falconieri 305, 334, 406
Gennazzano 296
Granada
    Palast Karls V. 103
Griechenland 34, 51, 63, 69, 155/6, 211, 214, 338, 345, 356, 359, 363–4, 388
Hamburg
    Conrad Hinrich Donners Privatmuseum 276
Holland 146, 165/6, 341
Istanbul 16
Katalonien 148
Konstantinopel 203, 319
Lago di Trasimeno 165
Las Vegas 349
Loyola
    Jesuitenkolleg 96
Lissabon 56
Lombardei 59, 223, 271

London 56, 107, 195/6, 198, 203, 205, 210/1, 214, 217, 223, 228, 230/1, 237, 248/9, 251–3, 302, 337, 406
    St. Paul's Kathedrale 234–6, 240, 326, 398
Los Angeles 16
    Villa Aurora 16
Madrid 56, 71, 107, 135, 136–41, 144, 146, 157, 161, 165/6, 171, 189
Mailand
    Galleria Vittorio Emanuele 173
    Ospedale Maggiore 93
Mantua
    Casa di Mantegna 103
München 107, 416
    Glyptothek 74
    kurfürstliches Mauthaus 107
    Michaelskirche 107
    Villa Stuck 324
Neapel 59, 97, 165, 207, 217/8, 310
Neu Dehli 239
New York 16, 56, 304, 339–41, 349, 353, 357/8, 362/3, 365/6, 386
    Pennsylvania Railroad Station 350, 351
    Pierpont Morgan Library 351, 366, 367
Olevano Romano 296–9, 311
    Albergo Roma 298
    Casa Baldi 296, 298/9
    Serpentara 295–7, 299, 311
    Villa Serpentara/Schutzhütte 295, 298
Padua 316
Paris 13, 16, 19/20, 29, 31–5, 40–6, 49/50, 53/4, 56/7, 79, 87, 98/9, 102, 104, 106/7, 134, 140–2, 149, 166, 171, 195, 209, 259/60, 267, 276, 294, 302, 306, 337, 340, 353, 355, 359/60, 362, 385–7, 423
    Collège des Quatre Nations 104
    Couvent des Petits-Augustins 87, 104, 107, 134, 276
        Amphithéâtre d'honneur 105/6, 134
        Bâtiment des Loges 104, 134
        Cour du Mûrier 104, 134
        Palais d'Études 105, 134
        Salle d'Olympie 105, 134
        Salle de Melpoméne 104, 134
    Louvre 35, 44, 92/3, 104, 415, 418
    Musée des monuments français 104
Passignano 165
Pennsylvania 340/1, 356,
    State Capitol 230
Philadelphia
    Pennsylvania Hospital 383
Polen 14/5, 25, 91
Prag 316
Ravello
    Villa Cimbrone 319
Rio de Janeiro 56, 405
Rom
    Café Greco 170, 197, 270
    Café Inglese 197
    Casino dell'Aurora 228, 361, 366, 368

Casino Massimo 70, 264
Cestius Pyramide 215
Città d'Arte 85, 312/3
Collegio Germanico 59
Denkmal Vittorio Emanueles II. am Kapitol 289/90
English Church 406
Esquilin 89, 178
Fontana Acqua Paola 373, 387
Galleria nazionale d'arte moderna 85
Gianicolo 15, 136/7, 167, 177–9, 285, 372–5, 377, 385/6, 389, 405
Kapitol 58, 203, 209, 263/4, 271, 285, 289, 309, 311, 366, 383, 403
Kloster der Trinitarios Calzados 174
Kloster S. Pietro in Montorio 108, 136/7, 139, 174–8, 394, 398, 405
Kloster Sant'Anselmo sull'Aventino 143
Kloster Sant'Isidoro 107, 219/20, 222, 259, 265/6, 274, 403
Kloster S. Maria Maddalena delle Convertite 107, 214
Kloster S. Trinità dei Monti 107, 184, 257, 403
Kloster von Aracoeli 107
Konservatorenpalast 40, 96
Ospedale di S. Spirito in Sassia 271, 274
Ospizio di S. Michele 93
Palazzetto Regis ai Baullari 382
Palazzo Altemps 383, 385, 389
Palazzo Barberini 143, 342, 403, 412
Palazzo Caffarelli-Vidoni 92, 382
Palazzo Caprini 382
Palazzo degli Esposizioni 178
Palazzo della Cancelleria 272
Palazzo della Sapienza 92/3, 96, 101, 107, 173, 275/6, 383, 389, 397
Palazzo di Spagna 139
Palazzo Farnese 59, 103, 177
Palazzo Jacopo da Brescia 382
Palazzo Mancini 35, 100
Palazzo Odescalchi 228/9
Palazzo Patrizi Naro 225, 227
Palazzo Tomati 265
Palazzo Torlonia 361
Palazzo Venezia 15, 59, 147, 256, 262, 265, 284, 388, 403, 405
Palazzo Zuccari 205, 255, 278, 282
    Casa Bartholdy 70, 278
Pantheon 99, 100, 104, 199, 417
Petersplatz 92, 99
Piazza Cavour 406
Piazza di Spagna 149, 167, 170, 197, 265, 342, 361, 403
Piazza Navona 139, 172/3
Piazza SS. Apostoli 228/9, 267
Pincio 35, 177, 184, 265, 281/2, 361, 373, 400, 403/4
Ponte Molle/ Ponte Milvio 52, 271, 420
Porta del Popolo 286, 290
Porta Pia 80, 178, 308, 317/8, 368
Quartiere Ludovisi 309, 361
Quirinal 142, 143, 170, 291, 313, 375
Sant'Antonio 393
S. Giacomo degli Spagnoli 139, 172–5, 179
S. Gregorio al Celio 197/8
Sant'Ivo 92/3, 275/6
S. Luca auf dem Esquilin 89
SS. Luca e Martina 90
S. Maria degli Angeli 359
S. Maria dell'Anima 309
S. Maria di Monserrato 139, 172
St. Paul's, Amerikanisch-Lutherische Kirche 223, 389, 406
St. Peter 96, 326, 359, 363
S. Pietro in Montorio 108, 136, 139, 168, 174–9, 394, 398, 405
S. Trinità dei Monti 36, 107, 184, 257, 279, 403
Senatorenpalast 383
Thermen von Diocletian 359
Torloniagärten 373, 386
Trajansmarkt 146, 272
Trastevere 177, 179
Valdeserkirche 406
Valle Giulia 15, 85/6, 231, 233/4, 237/8, 286, 312–4, 326, 397
Via Bocca di Leone 361
Via Capo le Case 342
Via Condotti 174, 197, 361
Via degli Artisti (heute Via Sant'Isidoro) 147, 219/20, 222, 265, 403
Via del Babuino 406
Via della Croce 170, 403
Via di Sant'Isidoro (s. Via degli Artisti)
Via Gregoriana 265
Via Margutta 211, 222, 225–7, 255, 291, 323, 342, 405
Via Mario dei Fiori 170
Via Nazionale 406
Via Nomentana 304, 317/8, 327, 368, 405
Via Sistina 220, 256, 284, 342
Vicolo Alibert 211
Villa Aldobrandini 370, 406
Villa Aurelia 370, 372/3, 385/6, 388
Villa Balestra 406
Villa Bellacci 373, 377, 386/7, 389
Villa Bonaparte 266, 307/8, 309, 311, 313/4, 317, 370, 406
Villa Borghese 239, 260, 285/6, 307, 319, 344, 406
Villa Chiaraviglio 373, 389, 391
Villa Farnesina 370, 389
Villa Giulia 239, 325/6
Villa Madama 103, 386, 406
Villa Malta 264–7, 278, 306, 311, 403, 406
Villa Massimo 268, 285, 296, 300, 308, 312–4, 316, 318–20, 322, 324–35, 377, 395, 397, 406, 423
Villa Medici 14, 35–42, 44, 51/2, 87, 100/1, 107, 172/3, 177/8, 184/5, 214, 217, 239, 245, 270, 276, 281, 283, 292, 306, 330, 349, 351, 356, 358, 361, 366, 373, 384, 387, 391, 394/5, 397/8, 400/1, 404/5
Villa Mirafiori 304, 318, 368–70, 372, 385/6, 388/9, 391, 406
Villa Patrizi 370, 406
Villa Strohl-Fern 172, 285–7, 290–3, 315/6, 321, 323, 370, 406
Sabiner Berge 271
Salamanca
    Palacio de Monterrey 185, 187, 398
Sizilien 359, 363
Speyer
    Dom 271

St. Louis 293, 366
St. Petersburg 15, 56/7, 102–4, 106, 110, 133, 291, 403, 416
Stockholm 56
Subiaco 165
Tivoli 285, 319
    Villa d'Este 285, 406
Turin 84, 232/3
    Galleria Subalpina 173
Valenciennes 41
Vatikan 14, 40, 48, 82, 207, 215, 239, 281, 309, 362, 405
    Belvederehof 40, 100, 199, 217
    Bibliothek 383
    Casino Pius IV. 384
    Scala Regia 92
    Vatikanischer Palast 100
    Stanzen 146, 208, 268, 351
    Campo Santo 309
Venedig 35, 48, 85, 162, 222, 304, 316, 347, 351, 416
    Dogenpalast 340
Venetien 59
Verona 316
Vicenza
    Villa Rotonda 100
Viterbo 40
Washington 339, 344, 366
    Kapitol 339, 344
Wien 15, 56/7, 70, 152, 256, 259/60, 403
    Konvent St.-Anna 107

Sachregister

Abgußsammlung/ Gipsabgüsse/Abgußgallerien 29, 34, 40, 52, 54, 101, 105, 136/7, 182, 199, 203, 211, 214/5, 217, 226, 261, 337, 339–41, 399
Abschlußarbeit 50, 55/6, 99
Academia dell'Arcadia Rom 137, 178
Academia di Gigi 342
Academia Española de las Bellas Artes in Rom 146, 160, 167, 173, 178–82, 188, 193, 366, 394, 396, 398
Académie de France à Rome 14/5, 19, 27, 29, 31/2, 34/5, 37, 39/40, 47, 49, 53–60, 64, 87, 95, 97, 100, 104–7, 132, 135–7, 139, 141, 144, 147, 173, 177, 182, 184, 195, 198, 204, 214, 217, 219, 222, 239, 265, 270, 281, 283, 306, 342, 355/6, 358, 361, 365/6, 373, 377, 384, 393/4, 402–4, 413
Académie de Peinture et de Sculpture de Cassel 256
Académie pour les sciences, les lettres e les'arts Paris 99, 130/1
Académie royale d'architecture Paris 49, 124, 125, 126, 127, 128, 130
Académie royale de peinture et de sculpture (Académie Royale) 19/20, 29–31, 34, 40, 43, 46, 53, 56, 65, 87, 98/99, 104, 106, 230, 259, 276, 294, 353
Academy for British Artists Rom 195–9, 204/5, 207, 209
Academy of Fine Arts New York 339
Academy of Fine Arts Pennsylvania 230, 339
Accademia del Disegno Florenz 89, 91, 196, 399
Accademia del Disegno Rom (Entwürfe) 112–6
Accademia del Nudo Rom 58, 59, 107, 204, 209/10, 214, 257
Accademia di belle arti e lettere dei virtuosi al Pantheon 144
Accademia di Berlino Rom 286, 290
Accademia di San Luca Rom 27–9, 58, 69, 86/7, 89/90, 93–6, 99, 105, 107, 137, 143, 144, 146, 149, 196, 209, 221, 255, 257, 275, 286, 399, 403
Akademie der Künste in St. Petersburg 15, 56/7, 102–4, 106, 110, 133, 403, 416
Akademiekapelle 91, 93, 95, 101, 103/4, 106/7, 172, 276
Akademiereformen 25, 31, 40, 45, 55, 56, 136, 140, 141, 169, 171, 198, 214, 257, 258, 293
Aktmodell 29, 51, 58, 91, 144, 163, 163, 179, 209, 214, 261, 265, 268, 284, 290, 292, 296, 317, 337, 339, 342, 368, 396, 399
Aktstudien 29/30, 40, 43, 45/6, 51, 57/8, 62, 89, 91, 94, 101, 139, 146, 160/1, 163, 171, 1989, 209/10, 214, 217, 219/20, 232, 257, 263, 265, 317, 321, 324, 339/40, 342/43, 362, 364, 399, 404
Alliance Française 16
Alte Meister 18, 19, 24, 45/6, 55, 110, 144, 208, 280, 341, 400, 412/3, 418, 421, 423
Altertumswissenschaft/Archäologie 14–6, 22, 49, 57, 64, 67, 83, 141, 195–7, 198, 205, 227, 228, 262, 267, 346, 353, 358, 362, 365, 411
American Academy in Rome 15, 22, 228, 230, 231, 240, 241, 304, 318, 345, 348, 355, 357, 365–7, 370–4, 376–81, 383, 384–7, 395–9, 406
American Institute of Architects 371
American Renaissance 230, 347, 351/2, 353, 394
American School of Architecture in Rome 355–7, 359, 361, 365
American School of Classical Studies Rom 349, 361, 374

Anatomie 28/9, 53, 58, 91, 144, 146, 160, 163, 199, 202, 218/9, 251, 261, 340, 364, 404
antike Skulptur 29, 37, 40, 52, 62, 63, 64, 91, 98, 105, 136–8, 146, 171, 182, 199, 203, 327, 339, 341, 397, 399
antike Mythologie 13, 51, 61, 268
antike Thermen 97, 99, 106
Antikenkopie 32, 146
Antikenstudium 32, 33, 49, 50, 57, 66, 83, 138, 171, 195, 203, 205, 212, 224, 257, 268, 339
antiklerikal 21, 83, 84, 145, 150, 168, 236, 394, 410
Antisemitismus 335
Apoll des Belvedere 40, 199, 200, 217
Archäologisches Institut in Rom 14, 176, 262, 292, 309–11, 362, 366
Architekturstudium/Architekturlehre 32, 49/50, 102/3, 146, 212, 225, 355
Argentinische Akademie in Rom 15, 86, 405
Arithmetik 32
Arts and Crafts 224
Asociación de Artistas pensionados Españoles Rom 149
Associazione Artistica Internazionale Rom 176
Aufklärung 60, 62, 83, 106, 109, 156, 345, 393, 408
Ausstellungen 13, 19, 59, 74, 85, 91, 101, 149, 160, 167, 168, 169,170, 220, 222, 232, 261, 264, 276, 324, 339, 366, 396, 420
Austausch 20, 21, 59, 69, 197, 221, 238, 342, 344, 377, 396, 404
„autonome" Künstler 74
Autonomie der Kunst 85, 110
Autonomie der Staaten 151, 282, 341
Avantgarden 13/4, 17, 19, 22, 25, 142, 224, 226, 303, 311, 331, 395, 401, 409, 419/20
Barock 73, 90, 93, 236, 257, 319, 382, 393, 397, 400
Bauaufnahmen 49, 137, 146, 203, 268, 358, 412
Bayern 261, 264, 282, 293, 311, 265, 304
Beaux Arts Society of Architects New York 356
Belgische Akademie in Rom 14/5, 176, 283/4, 292, 405
Bibliotheca Hertziana 310, 312, 315
Board of Trade Großbritannien 233, 234, 398
British Academy of Arts in Rome (Accademia Brittanica Rom) 145, 178, 196, 203, 205, 207, 210, 212, 214–22, 225/6, 228, 230, 232, 238, 240, 251, 265, 291, 313, 318, 364, 396, 404/5
British Council 16
British School in Rome 211, 226–8, 230–3, 237–40, 243, 246–8, 253/4, 314, 326, 375, 377, 383, 396/7, 399
Century Club New York 363
Chauvinismus 310, 371, 408
Circolo artistico internazionale Rom 222, 226, 291
Circolo degli Artisti Rom 362
Círculo de San Lucas Barcelona 148
Columbia University New York 351, 356, 357, 366
collaborative problem 365
Comitato Esecutivo per le feste commemorative del 1911 233
Concorso Clementino 45, 90, 94–7, 103, 113–5, 119–22, 198, 276

467

decorative painting 231
dekorative Kunst 64, 103, 207, 230, 342, 343, 347, 364
Demokratie 150, 333, 338, 342, 345, 352
Deutsche Akademie in Rom 15, 77, 99, 108, 169, 231, 256, 260–2, 267, 270, 276, 278, 281, 283, 285, 290, 295, 303, 305–7, 315, 330, 377, 395, 398/9, 423
Deutsche Künstlerwerkstätten 324
deutsche Renaissance 281
deutscher Idealismus 60, 156
Deutscher Künstlerbund 107, 300/1
Deutscher Künstlerverein in Rom 226, 266, 270, 278, 282–4, 286, 292, 299, 404
Deutsches Historisches Institut in Rom 292, 307–9, 312/3
Deutsch-Römer 148, 295, 315, 395, 422
Deutschtum 303, 330
Diplomatie 19, 42, 145, 150, 215/6, 262, 338, 407
Disegno 29, 46, 93
Draperiestudium 199
drei Schwesterkünste 72, 91, 93–6, 98–101, 199, 203, 271
Dreifaltigkeit 94
École des Beaux-Arts Paris 18, 41/2, 53, 56, 95, 104, 106–8, 132, 134, 212, 267, 306, 353, 355, 357–9, 362, 375
École Française d'Athènes 14, 16, 51
École Française de Rome 14, 314
Edda 67
Ehrungen 98, 100/1, 103, 148, 404
Einfühlung 55, 414
Epigonentum 303, 408
Erste Spanische Republik 1873 150–6, 160, 170, 338, 394
Escuela Española de Historia y Arqueología de Roma 314
Escuela Superiore de Arquitectura Madrid 146
exempla virtutis 61
Exposiciones Nacionales 148, 157
Fälschung 412
Faltenwurf- und Hell-Dunkel-Studien 91
Farbgebung 53
Festa delle Grotte del Cervaro 420–2, 430
Festsaal 94/5, 101, 106, 271, 274, 276
fin de siècle 23, 400
Firma McKim, Mead & White 350–4, 357, 361/2, 375, 383, 395
Flagge 306, 311, 358, 398
französische Revolution 34/5, 49, 63, 65–9, 71, 139, 141, 257/8
Freiheit 19, 54, 63, 67, 77, 88, 141, 155/6, 209, 258, 302, 402, 408
Freimaurer 83/4, 156, 331, 410
Freskomalerei/Wandmalerei 19, 70, 74/5, 207, 226, 230, 264, 277/8, 351, 356, 361/2, 364, 366
Frührenaissance 148, 162, 259, 271/2
Garten/Gärten 19, 37, 40, 88–90, 93, 101–3, 137, 171–2, 179, 182, 240, 286, 290, 299, 307, 318–9, 327, 330–1, 361, 368, 373, 378, 384, 397, 399, 400, 406
Genie 47, 53/4, 63, 74, 258, 281, 413, 416
Genremalerei 42, 61, 63–5, 73, 157, 277
Geometrie 29, 32, 144
Gesamtkunstwerk 98, 230/1, 348/9, 364/5, 395/6, 422
Geschichtswissenschaft 83, 84, 159, 262
Geschmack 62, 72, 74, 76, 95, 111, 258, 281, 282, 339, 346, 351, 353, 355
Gewandfrage 72
Goethe-Institut 16

Gotik 271, 280, 351–3
Goût 31, 50, 95, 111
grand style 198, 225
Grand Tour 13, 34, 195, 198, 205, 256, 341/2
Gymnasien 97, 101
Herkules Farnese 199
Hispanidad 71, 423
Historie/Historienmalerei/Historienbild 29, 32, 42–6, 61–5, 67, 69, 72–5, 109, 148, 157–62, 165, 196, 198, 207, 211, 222, 343, 346, 410
Historismus 22, 25, 75, 281, 351, 398, 411
Hochrenaissance 75, 207, 225, 354
Hofkünstler 34, 142/3, 256
Identität 20, 66/7, 71, 76–8, 278/9, 281, 303, 348, 352, 394, 399, 402, 408
imperialistisch 77–9, 170, 306, 347, 374, 407/8
Imperium Romanum 21, 345
Impressionisten/Impressionismus 13, 166, 293, 295, 315, 331/2, 334/5, 395, 410
Inspiration 13, 40, 55, 69, 94, 110, 208, 225, 294, 351, 400/1
Instituto Cervantes 16
Instituto di corrispondenza archeologica Rom 14, 267, 403
Instruktionen 137, 268
Inszenierung 20, 25, 401, 414, 420–2
Internationalität 67, 84, 221
Italianità 82
italienisch-österreichische Akademie in Rom 262
Kaiser-Wilhelm-Gesellschaft 77, 312, 315, 317
Kirchenstaat 58, 80, 81, 85, 107, 145, 152, 155, 195, 214, 216, 393
Klima 19, 165, 210
Klosterarchitektur 90, 104, 107/8, 170, 274, 326, 394, 397
Kolonialpolitik 77
Komposition 45, 46, 48, 53, 100, 160, 206/7, 231, 232, 263, 340, 364, 418
Königlich-Preußische Akademie der Künste zu Berlin 64/5, 256–8, 267/8, 284–6, 291, 293/4, 299/300, 315, 317/8, 331/2
Kopie/Kopieren 13, 19, 24, 29, 32, 33/4, 45–9, 51–7, 68, 105, 110, 136/7, 139, 146, 154, 160–3, 203, 207–9, 257, 268, 337, 341/2, 344, 355, 358, 403, 412–6, 418, 421
Kosmopolitismus 81/2, 281, 335
Kostümgeschichte 146, 197
Kreativität 18/9, 281, 358, 400, 414/5, 418/9
Akademiekritik/Protest 18/9, 33, 54, 56, 140/1, 257/8, 286, 293
Kubisten 302
Künstlerexistenz 25, 74, 419/20, 422
Künstlerfeste 170, 420/1
Künstlerhaus/Künstlerheim 16, 88, 111, 255, 270/1, 273/4, 276, 278, 281–3, 285–7 295/6, 298–300, 307–9, 311/2, 318/9, 324, 326, 335
Künstlerhilfskasse 266
Künstlernot 270
Kultraum 106, 406
kulturelle Überlegenheit 21/2, 79, 170, 283, 374, 407/8
Kulturkampf 281
Kulturpolitik 21, 76–8, 80, 151/2, 157, 170, 236/7, 282, 303, 311, 333, 407/8
Kunstförderung 20, 60/1, 74, 76, 153, 156, 173, 228, 261, 281, 309, 318, 332, 338/9, 372, 396

Kunstgeschichte/Kunstwissenschaft 17, 25, 48, 66, 68, 160, 195, 262, 277, 292, 303, 342, 346 400, 410, 421
Kunsthistorisches Institut in Florenz 300, 310–2, 315
Kunstideal 68, 207, 418
Kunstmanufaktur 34
Kunstmarkt 20, 73/4, 149, 154, 162, 284, 293, 295, 395, 404/5, 419
Kunstpolitik 30, 311, 406, 409
Landschaftsmalerei 61/2, 64/5, 73, 157, 163, 165/6, 277, 317, 397, 406
Laokoon 199
Laufbahn/Karriere 13, 17, 18, 41, 102, 110, 149, 269, 332, 338, 414
Lega delle Nazioni 84
Liberalismus 155, 278, 410
Lifestyle 170, 419
Lobrede 100, 103
logiste 43
Lukasbund 70, 222, 259, 403
Lukasgilde 90
Machtpolitik 77, 333, 408
Malaria 317, 397
Mathematik 91, 96/7, 137
Mäzen/*maecenas* 24, 198, 216, 218, 314/5, 327, 334/5, 341, 357, 374, 395, 410
Medaillen 149, 211
Meisterwerk 19, 24/5, 29, 32, 54/5, 68, 72, 105, 207, 259, 355, 412/3, 415/6, 418–20
Metropolitan Museum of Art New York 341, 356, 362
monumentale Kunst 67, 71, 73–6, 226, 229, 231, 276/7, 395–7, 404, 410
Nachahmung/Imitation 13, 19, 31, 34, 53, 55, 63, 70, 205, 208, 342, 347, 352, 400, 412, 418
National Academy of Design New York
nationale Kultur 21, 65, 67
nationale Mythen 61, 346
Nationalismus 21, 59, 81, 84, 311, 335, 402
Nationalstaat 13, 16, 20, 61, 80, 82/3, 228, 260, 278, 280, 283, 394, 402, 405/6, 409/10
Nationalstil 21, 68/9, 142, 187, 221, 279, 326, 394/5, 402
Naturalismus 163, 280
Nazarener 68, 70, 142, 148, 162, 220, 222, 259, 264, 274, 278, 343, 395, 403
neapolitanische Akademie in Rom 59
Niederländer 357
Obra Pía 139, 144, 152, 168, 170, 172, 176, 188
öffentliche Aufträge 73, 74, 230, 261, 269, 332, 342
Optik 144
Originalität 67, 154, 280, 371, 408/9, 418
Ossian 67
Österreichische Pensionäre 15, 35, 57, 139, 264, 265
Österreichische Akademie in Rom 15, 57, 147, 173, 227, 257, 262, 264, 265, 284, 403, 405
Pariser Salon 19, 44, 56, 148, 419
Patriotismus 20, 61, 65/6, 68/9, 72, 74, 84, 146, 159, 233, 260, 296, 302, 372, 402, 410
Peale's Columbianum Philadelphia 339
Pension/Stipendium 19, 49, 57–9, 79, 137, 140–4, 146, 148, 157, 160–2, 165, 170, 188, 190, 207, 210–2, 215, 223–5, 228, 229–31, 256, 258/9, 268–70, 292/3, 295, 303, 313, 316, 341–3, 355/6, 362–4, 396, 405
Performativität 419/20

Perspektive 29, 32, 160, 265, 340, 364
Pflichtarbeiten/Probearbeiten 45, 49–51, 56, 60, 136, 146, 160/1, 164–7, 171, 302, 317, 363, 412
poeta faber 110
poeta vates 110
polnische Stipendiaten 59
Portraitgalerie/Portraitsammlung 39, 40, 89, 92, 98, 101, 110, 199, 270, 296, 399, 416
Portraitmalerei 61, 62, 64, 73, 206, 277, 341
portugiesische Stipendiaten 57, 59, 257
portugiesisches Kulturinstitut in Rom 15, 393
Präraffaeliten 70, 222–4, 233, 352
Preisverleihung 44/5, 56, 103, 105–107, 135, 293, 362
Preußen 14, 64, 74, 257, 264–7, 282, 284/5, 304, 308, 310, 314, 334, 403
Privatakademie 13, 20, 147, 209, 211, 215, 226, 228, 257, 267, 296, 300, 304, 342, 365, 367, 370–2, 396
Produktivität 53, 418
Proportionslehre 29
Prüderie 163, 339
Purismus 70, 142/3, 148, 162, 221, 403
Raffael-Kult 110, 416
Real Academia de San Fernando de Bellas Artes Madrid 71, 98, 107, 135–9, 140/1, 143–5, 157/8, 162, 165, 171
Realismen/us 163, 165, 187, 277, 409
Reinaxença Barcelona 157
Religion 21, 70/1, 87, 108–10, 150/1, 155/6, 260, 344, 393
Repubblica Romana 35, 139, 258/9
Resakralisierung 109
Ressentiments 155, 309/10, 312
Restauration 13, 69, 158, 168, 259, 260
retrospektive Verehrung 47, 68, 100, 106–8, 110–1, 136, 414, 416
Risorgimento 21, 80, 84, 168, 177, 185, 236, 396, 398
Ritual 19, 25, 31, 82, 84, 95, 107, 271, 420
Rokoko 33, 49, 62, 198
Römische Jubiläumsausstellung 1911 79, 84, 186, 187, 232, 233, 234, 235, 236, 313, 326, 357, 396, 398, 407
Rompreisverfahren 17, 19, 41–4, 49, 51, 56, 59, 64, 75, 110, 135, 137, 145, 160/1, 166, 223, 230, 268, 293, 331, 356, 358, 362, 377, 396, 404/5, 412
Rotchfoundation 356, 361
Royal Academy in London 196, 198, 205, 207, 210–2, 214, 215, 217–9, 221–3, 225/6, 228, 231/2, 238, 245, 247, 249, 251/2, 337–9, 349, 396, 405
Royal Commissioners of the Exhibition of 1851 228/9, 233, 253/4, 396
Royal Institute of British Architects (RIBA) 212, 225, 228, 230, 238
Russische Akademie in Rom 15, 86, 291, 314
russischen Stipendiaten 57, 59, 341, 403
Sakralraum 89, 106
Schaffenskrise 303, 416, 418/9
Schweizer 59
Schule von Athen, Fresko von Raffael 198, 205/6, 208–210
Secession 300/1, 303/4, 319, 332
Serbien 234
skandinavische Künstler 343
Skelett 208
Società Dante Alighieri 16, 84
Società degli Amatori e Cultori di Belle Arti Rom 59, 89, 266
Società delle Nazioni / Lega delle Nazioni 84

469

Society of Dilettanti 195, 198, 203, 211, 256
Statuten 20, 31/2, 45, 49, 60, 89, 135, 143, 145, 157, 160, 162, 230, 318, 358, 371
Stichsammlung 199
Stuarts 195
Studi dell'Accademia brittanica 221
Studi tedeschi 324
Tableau Vivant 221, 289
Tiermalerei 62
Titanic 385
Tite prize 225
ultramontan 278, 281
Ungarische Akademie 14, 15, 405
Università dei Pittori, Miniatori e Ricamatori Rom 89
University of Glasgow 209
Vatikan 14, 40, 48, 80, 82, 143–5, 150, 155, 174, 182, 195, 203, 215–7, 281, 396

Vergangenheit 13, 22/3, 25, 63, 66–8, 72, 89, 206, 277, 280, 326, 348, 384, 295, 401, 411, 413–6, 420-3
Verwelschung 280/1, 303
Villa Romana, Florenz 295, 300–3, 311, 314/5
Villa Romana-Preis 300/1
Villenarchitektur 100/1, 326, 394, 401
Villenkultur 300, 326, 400/1
Volksdichtung 67
Weltausstellung 79, 152, 169, 229, 233/4, 293, 347–9, 351–3, 355, 394–6, 398/9
Weltmacht 347, 406–8
Wiener Kongreß 1814/15 70, 259/60
World's Columbian Exposition Chicago 1893 347–53, 355, 394/5